读懂碳中和

中国2020—2050年低碳发展行动路线图

中国长期低碳发展战略与转型路径研究课题组　清华大学气候变化与可持续发展研究院 ＿著

中信出版集团｜北京

图书在版编目（CIP）数据

读懂碳中和/中国长期低碳发展战略与转型路径研究课题组,清华大学气候变化与可持续发展研究院著. --北京：中信出版社, 2021.8（2021.10 重印）
ISBN 978-7-5217-3234-4

Ⅰ.①读… Ⅱ.①中… ②清… Ⅲ.①中国经济—低碳经济—经济发展—研究 Ⅳ.①F124.5

中国版本图书馆CIP数据核字(2021)第114174号

读懂碳中和

著　　者：中国长期低碳发展战略与转型路径研究课题组　清华大学气候变化与可持续发展研究院
出版发行：中信出版集团股份有限公司
　　　　　（北京市朝阳区惠新东街甲4号富盛大厦2座　邮编　100029）
承 印 者：北京尚唐印刷包装有限公司

开　　本：787mm×1092mm　1/16　　印　张：37.75　　字　数：570千字
版　　次：2021年8月第1版　　　　　印　次：2021年10月第4次印刷
书　　号：ISBN 978-7-5217-3234-4
定　　价：168.00元

版权所有·侵权必究
如有印刷、装订问题，本公司负责调换。
服务热线：400-600-8099
投稿邮箱：author@citicpub.com

撰写组作者名单

第 一 章：	祝宝良	李继峰	肖宏伟			
第 二 章：	潘家华	葛全胜	张丽峰	娄 伟	李 萌	崔惠娟
	孙丽丽	李曼琪	刘 敏	张 兴		
第 三 章：	顾学明	张 威	程 慧	陈 曦		
第 四 章：	王仲颖	赵勇强	郑雅楠	韩 雪		
第 五 章：	李 政	董文娟	陈思源	刘 培	杜尔顺	麻林巍
	张 宁	程耀华	李广胜			
第 六 章：	戴彦德	田智宇	谷立静	符冠云	伊文婧	裴庆冰
第 七 章：	王 灿	蔡闻佳	聂耀昱	赵一冰	张雅欣	李明煜
	宋欣珂	翁宇威	李 晋	丛建辉	郑馨竺	仲 平
	张 贤	刘家琰				
第 八 章：	熊华文	符冠云	白 泉			
第 九 章：	江 亿	燕 达	胡 姗	郭偲悦	张 洋	
第 十 章：	欧阳斌	凤振华	王雪成	毕清华	周亚林	李忠奎
	郭 杰	张海颖	曹子龙	张 毅	王 双	陈书雪
第十一章：	康艳兵	姚明涛	王恬子	付毕安		
第十二章：	贾 峰	杨 珂	栾雪菲			
第十三章：	滕 飞	顾阿伦	佟 庆	周 胜	陈敏鹏	高庆先
	马占云	王国胜				
第十四章：	贺克斌	张 强	同 丹	程 静	刘 洋	
第十五章：	王 毅	谭显春	傅志华	陈少强	顾佰和	于智媛
	杨 东	郭建新	王 溥	牛苗苗	张倩倩	李 辉
	涂唐奇	朱开伟	黄 晨	李 璇		
第十六章：	徐华清	柴麒敏	高 翔	祁 悦	樊 星	温新元
	梁媚聪	高启慧				
第十七章：	张希良	周 丽	欧训民	郭偲悦	黄晓丹	张鸿宇

研究项目设置

项目名称
中国长期低碳发展战略与转型路径研究

项目主持单位
清华大学气候变化与可持续发展研究院

项目总指导
解振华

项目负责人
何建坤、李政

课题设置、牵头单位及负责人

课 题 一　中国经济社会发展的中长期目标、战略与路径
　　　　　国家信息中心｜祝宝良

课 题 二　中国东、中、西部经济协调发展及城市化进程中的低碳战略及实现路径
　　　　　中国社会科学院城市发展与环境研究所｜潘家华

课 题 三　全球化背景下国际贸易和产业转移对我国低碳发展的影响及对策
　　　　　商务部国际贸易经济合作研究院｜顾学明

课 题 四　中国能源系统转型的中长期战略与途径
　　　　　国家发展和改革委员会能源研究所｜王仲颖

课 题 五　中国低碳排放目标下电源及电网优化构成及技术路线图
　　　　　清华大学能源与动力工程系｜李政

课 题 六　中国中长期节能潜力、目标、政策及成本效益分析
　　　　　国家发展和改革委员会能源研究所｜戴彦德

课题七	中国中长期减排技术评价、成本效益分析及技术发展路线图
	清华大学环境学院｜王灿
课题八	中国工业部门转型升级与低碳排放战略与途径
	国家发展和改革委员会能源研究所｜白泉
课题九	中国建筑部门低碳排放战略与途径
	清华大学建筑学院｜江亿
课题十	中国交通部门低碳排放战略与途径
	交通运输部科学研究院｜欧阳斌
课题十一	中国中长期能源基础设施转型发展投资战略研究
	国家发展和改革委员会能源研究所｜康艳兵
课题十二	中国消费方式转型和低碳社会建设的对策与途径
	生态环境部宣传教育中心｜贾峰
课题十三	中国非能源相关二氧化碳及其他温室气体与农林业及土地利用低排放增汇战略、措施与路径
	清华大学能源环境经济研究所｜滕飞
课题十四	中国温室气体减排与环境治理的协同对策与效果分析
	清华大学环境学院｜贺克斌
课题十五	中国实现低碳发展的政策保障体系建设
	中国科学院科技战略咨询研究院｜王毅
课题十六	中国推动全球气候治理和国际合作的思想和对策
	国家应对气候变化战略研究和国际合作中心｜徐华清
课题十七	中国中长期低碳排放的情景分析与实施路径
	清华大学能源环境经济研究所｜张希良
课题十八	中国低碳发展转型战略和路径的综合报告
	清华大学气候变化与可持续发展研究院｜何建坤

研究项目管理办公室　麻林巍　孔庚　洪毅

注：本研究项目得到清华大学教育基金会全球气候变化与绿色发展专项基金和能源基金会的资助，特此感谢。

目录

序言　XI
前言　XVII

第一章
中国经济社会发展的中长期目标、战略与路径

中国经济社会发展目标　3
国际经济环境　4
中长期宏观经济预测　6
经济增长前景展望　8
产业结构变化趋势　10
人口及社会发展趋势　12
新时期发展路径　13

第二章
中国不同区域低碳协同发展战略及实现路径

五大区域重新划分　21
各区域碳排放达峰预测　23
各区域近零碳建设及协调低碳发展　32
政策建议　39

第三章
中国国际贸易、产业转移与低碳发展

背景分析　47

关于碳排放水平的定性判断　48

关于碳排放水平的定量计算　49

对碳排放影响机制的理论模型　50

对碳排放影响机制的计量检验　62

政策建议　63

结语　65

第四章
中国能源系统转型的中长期战略与途径

中国能源发展回顾与形势　69

中国能源低碳转型情景设计　72

终端能源消费低碳化　81

电力低碳转型路径分析　84

供热低碳转型路径分析　92

一次能源需求及供给变化趋势与特征　95

政策建议　101

第五章
中国电源及电网优化构成及技术路线图

未来电力需求预测　105

情景和边界条件设置　106

主要研究结果　111

政策建议　137

第六章
节能提效：潜力、路径和成本效益分析

中国的节能进展与挑战　145

中长期节能潜力与目标分析　146

工业部门节能提效　151

建筑部门节能提效　155

交通运输部门节能提效　160

政策建议　163

第七章
中长期减排技术：成本效益分析及发展路线图

综合成本效益分析　169

风电、光伏发电等可再生能源　175

生物质能　183

碳捕集与封存（CCS）　191

氢能　198

核能　205

结论与建议　212

第八章
工业部门：转型升级和低碳发展战略

重大战略意义　223

研究框架及方法　225

参数设定及模型分析结果　230

工业部门低碳发展四大途径　241

碳减排效果和贡献度分析　247

工业部门低碳发展目标与实施路线图　251

第九章
建筑部门：低碳转型战略及路径研究

背景分析　257

建筑运行部门的能耗及排放　264

低碳发展路径分析　271

建造相关的节能减排　281

运行相关的节能路径　284

能源转型　289

政策建议　300

第十章
交通运输部门：低碳排放战略与途径研究

低碳发展现状与形势　307

碳排放情景分析　320

战略思路与目标　327

战略重点与路径　329

政策建议　344

第十一章
中国能源基础设施转型与投资战略研究

能源基础设施的内涵　349

投资分析方法学　356

低碳情景分析　363

投资需求分析　376

投资思路与建议　380

第十二章
中国消费方式转型和低碳社会建设

低碳消费的深远意义　387

居民消费的碳排放空间　390

居民消费的碳减排量潜力预测　392

低碳消费的制约因素　398

重点路径和方向性建议　400

创新引导手段　409

设计低碳消费行为指南　414

第十三章
非二氧化碳气体减排与农林业的减排增汇技术

非二氧化碳温室气体的排放现状　417

非二氧化碳气体的未来排放情景　420

非二氧化碳气体的减排技术与减排潜力　426

非二氧化碳气体的减排成本　433

研究结论与政策建议　435

第十四章
中国未来排放情景：温室气体减排与环境治理

大气污染防治　441

清洁空气总体目标设计　446

减排路径探究　449

未来污染物排放和空气质量演变　452

气候政策与清洁空气目标　462

空气质量改善的健康效益　466

主要结论　469

第十五章
中国低碳发展政策保障体系建设

从国际看国内　474

中国低碳发展制度和政策体系现状　476

机遇和挑战　479

政策建议　479

第十六章
推动全球气候治理和国际合作

国际环境长期变化趋势和中国定位　491

战略和对策：推动全球气候治理　498

战略和对策：推动应对气候变化的国际合作　514

第十七章
中国中长期低碳排放战略情景

世界主要国家低碳排放政策　527

全球和主要国家低碳发展现状　531

中国能源活动二氧化碳低排放路径与战略　534

结论与建议　556

参考文献　561

序言

　　2020年是一个特殊的年份，新冠肺炎疫情肆虐、席卷全球，对各国的公共卫生系统、公众健康、经济活动和居民生活造成了严重冲击，也深刻影响并将重塑世界政治经济贸易格局。

　　与新冠肺炎疫情相似，气候变化也是人类面临的重大而紧迫的全球性挑战。新冠肺炎疫情是突发的、紧迫的危机，影响人类的健康和生命；而气候变化是更为长期、深层次的挑战，威胁人类的生存和发展。我们看到，过去几十年间，随着温室气体浓度的不断增加，气候变化和日益频发的极端气候事件越来越多地威胁到人类的生存和健康，危害到陆地和海洋生态系统，带来了生物多样性的丧失。联合国政府间气候变化专门委员会（IPCC）报告阐述了气候变化带来的八大灾难性风险，并提出气候变化已经不是未来的挑战，而是眼前的威胁。联合国秘书长古特雷斯指出，人类已经站在了事关存亡的十字路口，并呼吁世界各国努力应对气候变化这一人类最为重大和紧迫的问题。

　　面对新冠肺炎疫情、气候变化等重大危机，人类开始重新思考人与自然的关系，越发认识到人与自然是一个休戚与共的命运共同体，我们要更加尊重自然、顺应自然和保护自然，更加重视人与自然和谐共生，统筹当前和长远，未雨绸缪地应对全球性挑战。这就意味着我们必须从根本上转变传统的生产方式、生活方式和消费模式，推动转型和创新，走绿色、低碳、循环的发展道路，不能就气候谈气候，就发展谈发展，就环境谈环境，而要将气候行动与经济、社会、环境、健康、就业、稳定、安全等问题作为一个大系统，实现协同发展，通过走可持续发展的道路来应对气候变化，保护环境，扭转生物多样性丧失趋势，确保人类长期健康和安全。

2020年新冠肺炎疫情暴发后，通过绿色低碳发展实现经济复苏成为国际社会的普遍共识。联合国秘书长古特雷斯在2020年4月"世界地球日"提出绿色高质量复苏的倡议，号召世界各国确保气候行动处于经济复苏举措的核心。截至目前，全球已有100多个国家提出2050年实现碳中和。其中，欧盟2019年年底发布《欧洲绿色协议》，承诺于2050年前实现碳中和，并出台了能源、工业、建筑、交通、食品、生态、环保等七个方面的政策和措施路线图，坚持绿色复苏。新任欧盟理事会主席国的德国在提议的新冠肺炎疫情复苏计划中提出大力支持绿色增长，并将应对气候变化列为三大优先事项之一。英国2020年实现了两个多月的"无煤发电"运行。美国众议院在2020年6月发布的《气候危机行动计划》报告中也提出要为全球1.5℃温升控制目标努力，将应对气候变化作为国家的首要任务，要实现2050年温室气体排放比2010年减少88%、二氧化碳净零排放目标，并从经济、就业、基础设施建设、公共健康、投资等领域详细阐述了未来拟采取的措施，该计划得到了当时民主党总统候选人拜登的赞赏和支持。

中国始终高度重视应对气候变化，坚持绿色发展、循环发展、低碳发展，一直将其作为促进高质量可持续发展的重要战略举措。中国将应对气候变化融入社会经济发展全局，从"十二五"时期起，以单位GDP碳排放强度下降这一系统性、约束性目标为抓手，促进低碳发展，2015年提出了碳排放2030年前后达峰并尽早达峰等自主贡献目标，采取了调整产业结构、节约能源和资源、提高能源资源利用效率、优化能源结构、发展非化石能源、发展循环经济、增加森林碳汇、建立运行碳市场、开展南南合作等各方面政策措施，推动全社会加速向绿色低碳转型。与 2005 年相比，2019 年中国单位 GDP 二氧化碳排放下降了 48%，相当于减少二氧化碳排放约 56.2 亿吨，相应减少二氧化硫排放约 1 192 万吨、氮氧化物排放约 1 130 万吨。同期，GDP 增长超 4 倍，实现 95% 的贫困人口脱贫，第三产业占比从 41.3% 增长到 53.9%，煤炭消费比重从 72.4% 下降到 57.7%，非化石能源占一次能源比重从 7.4% 提高到 15.3%，居民人均预期寿命由 72.9 岁提高到 77.3 岁。由此可见，应对气候变化的政策行动不但不会阻碍经济发展，而且有利于提高经济增长的质量，培育带动新的产业和市场，扩大就业，改善民生，保护环境，提高人们的健康水平，发挥协同增效的综合效益。

然而，我们应当看到，中国的低碳发展转型还存在巨大的发展空间和发展潜力，面临巨大挑战：一是制造业在国际产业价值链中仍处于中低端，产品能耗、物耗高，增值率低，经济结构调整和产业升级任务艰巨；二是煤炭消费占比较高，仍超过 50%，单位能源的二氧化碳排放强度比世界平均水平高约 30%，能源结构优化任务艰巨；三是单位 GDP 的能耗仍然较高，为世界平均水平的 1.5 倍、发达国家的 2~3 倍，建立绿色低碳的经济体系任务艰巨。

气候变化是中国可持续发展的内在需要。习近平总书记多次强调，应对气候变化不是别人要我们做，而是我们自己要做。展望未来，中国特色社会主义现代化建设进入新时代，要解决发展不平衡、不充分的问题，协同推进发展经济、改善民生、消除贫困、防治污染等工作任务，实现到 2020 年年底全面建成小康社会、到 2035 年基本实现社会主义现代化、到 2050 年建成富强民主文明和谐美丽的社会主义现代化强国，绿色低碳转型发展是根本的解决之道。

应对气候变化是人类共同的事业。2017 年 10 月 18 日，习近平总书记在中国共产党第十九次全国代表大会上的报告中指出，我国积极引导应对气候变化国际合作，是全球生态文明建设的重要参与者、贡献者、引领者。放眼全球，绿色低碳已成为各国经济体系、能源体系、技术体系、治理体系不可逆转的发展潮流，是应对人类共同危机的根本途径。以习近平生态文明思想为指导，推动世界范围内的绿色低碳转型，努力构建人类命运共同体，是我国作为发展中大国的责任担当。

因此，我们更要保持战略定力，在"十四五""十五五"以及未来更长的一段时期内，始终坚持绿色低碳的发展理念，推动生态文明建设，继续采取积极应对气候变化的政策和行动，百分之百落实已经提出的国家自主贡献目标，并要努力做得更好。站在当前的历史方位，面对日益复杂的国际形势，中国如何在新时代社会主义现代化建设的宏伟蓝图中规划低碳发展的战略、路径和措施，如何根据《巴黎协定》的原则履行符合我国国情和能力的国际责任和义务，如何推动和引领全球气候治理进程，是我们必须深入研究和思考的课题。

2019年年初到2020年6月，针对以上课题，我作为创始院长的清华大学气候变化与可持续发展研究院与国家应对气候变化战略研究和国际合作中心、国家信息中心、中国社会科学院城市发展与环境研究所、中国科学院科技战略咨询研究院、国家发展和改革委员会能源研究所、生态环境部宣传教育中心、商务部国际贸易经济合作研究院、交通运输部科学研究院和清华大学的能源与动力工程系、能源环境经济研究所、环境学院、建筑学院等24家研究机构合作，在清华大学教育基金会全球气候变化与绿色发展专项基金和能源基金会的大力支持下，开展了"中国长期低碳发展战略与转型路径"项目研究。项目团队本着对国家负责、对时代负责、对全人类负责的精神，开展了扎实、全面、深入的研究，基于中国国情，针对实现2050年建成社会主义现代化强国、建成美丽中国目标，以及实现《巴黎协定》全球温升控制目标和全球可持续发展目标，综合考虑社会经济、政策和能源等宏观发展趋势与需求，提出了中国到2050年的低碳发展战略、路径、技术和政策的建议。

  本书即是对该项目的梳理和总结，希望我们的研究成果能够为社会各界开展相关研究提供参考，为制定和实施国家低碳发展战略和各项政策提供支撑，也为未来书写全球绿色低碳发展大趋势中的"中国故事"贡献力量。

2020 年 7 月

前言

气候变化是人类社会面临的共同挑战。2015年，全球近200个国家和地区达成了应对气候变化的《巴黎协定》，该协定于2016年11月4日正式生效。《巴黎协定》确立了全球应对气候变化的长期目标：到21世纪末将全球平均气温升幅控制在工业化前水平2℃以内，并努力将气温升幅控制在工业化前水平1.5℃以内；全球尽快实现温室气体排放达峰，并在21世纪下半叶实现温室气体净零排放。《巴黎协定》邀请各缔约方在2020年通报或更新2030年的国家自主贡献，并不晚于2020年向《联合国气候变化框架公约》（UNFCCC）秘书处通报面向21世纪中叶的长期低排放发展战略。截至目前，各缔约方都在制定或已提交各自的中长期低排放发展战略，全球已有121个国家提出到21世纪中叶实现碳中和，114个国家提出将更新2030年自主贡献目标。

党的十九大报告提出了新时代中国特色社会主义现代化建设的目标、基本方略和宏伟蓝图，同时也把气候变化列为全球重要的非传统安全威胁，并指出中国要"引导应对气候变化国际合作，成为全球生态文明建设的重要参与者、贡献者、引领者"。在这一宏伟蓝图之下，需要尽快研究和制定与我国现代化建设目标相契合的应对气候变化的目标和战略。一方面，作为《巴黎协定》的签署国，中国政府需要制定并提交满足《巴黎协定》下2℃温升控制目标的长期低排放发展战略，更新2030年的国家自主贡献目标。另一方面，实现《巴黎协定》所倡导的气候适宜型低碳发展路径也是我国顺应和引领世界能源变革和经济转型的潮流，打造经济、贸易、科技领域竞争优势，提升国际影响和竞争力的重要战略选择。

清华大学气候变化与可持续发展研究院联合国内24家研究机构，从2019年年初起，针对以上研究目标开展了"中国长期低碳发展战略与转型路径"项目研究。该项目聚焦于在实现2050年建成社会主义现代化强国、建设美丽中国、全球温升控制2℃目标以及全球可持续发展目标下，到2050年我国低碳转型的发展路径，以及资金、技术和政策需求；在满足全球温升控制1.5℃目标下，研究论证我国在2050年实现碳中和的可能性，并评价相应技术路径、成本、障碍以及对经济和社会的影响。

本书各章的研究得到了清华大学教育基金会全球气候变化与绿色发展专项基金和能源基金会的大力支持，特此致谢。

第一章

中国经济社会发展的中长期目标、战略与路径

本章运用国家信息中心已有的生产函数模型和可计算一般均衡模型对我国经济社会发展的中长期目标进行预测。测算结果显示：

（1）经济实力进一步增强。"十四五"期间我国经济潜在增长率为5.5%左右，2021—2035年经济潜在增长率为5%左右，2036—2050年经济潜在增长率为3.5%左右。预计在2030年前，按市场汇率计算的中国名义GDP总量将超过美国，中国将成为世界第一大经济体，成功跨越中等收入陷阱；到2035年，中国名义GDP总量将达到55万亿美元，到2050年，中国名义GDP总量将达到115万亿美元左右，人均GDP将达到8.5万美元左右，相当于同期美国人均GDP的55%左右，达到中等发达国家的发展水平。

（2）产业结构持续升级。中国工业发展迈向中高端，服务业处于主导地位。到2025年，中国基本实现工业化，第二产业比重将降至34%左右，第三产业占比有望达到59%左右；到2035年，中国将彻底完成工业化进程，第二产业比重将降至28%左右，第三产业比重将升至66.5%左右；到2050年，中国将进入世界最发达的服务业强国行列，第三产业比重将突破70%。

（3）社会发展更趋协调。从人口总量来看，预计将在2030年前后出现人口总量峰值（约为14.5亿），2050年人口总量将下降至13.95亿。从人口年龄结构来看，2035年，中国老龄人口将增长到3.09亿，中国社会开始过渡到中度老龄化阶段；2050年，老龄人口将增至3.89亿，占比达到27.9%。从城镇化水平来看，2025年，中国的城镇化率将达到64.6%左右，进入中级城市型社会；2035年，城镇化率将达到68.5%左右，进入城镇化推进的后期阶段；2050年，城镇化率将达到75%左右，总体完成城镇化的任务。

2021—2050年是中国经济社会转型发展的重要"战略期"，在全面建成小康社会后，应在各方面建设取得扎实进展的基础上，明确新时期发展路径：一是消除发展隐患，尽最大可能规避发展中存在的系统性风险；二是填平发展鸿沟，为发展寻找可持续的动力；三是突破发展瓶颈，使发展的动力有充足的施展空间和回旋余地。

中国经济社会发展目标

党的十九大报告从党和国家事业发展的全局高度和长远角度，对新时代中国特色社会主义发展做出了战略部署，要求既要全面建成小康社会、实现第一个百年奋斗目标，又要乘势而上开启全面建设社会主义现代化国家新征程，向第二个百年奋斗目标进军。在2020年到21世纪中叶的30年间，全面建设社会主义现代化国家分两个阶段来安排，每个阶段15年。

第一个阶段（2020—2035年），在全面建成小康社会的基础上，再奋斗15年，基本实现社会主义现代化。这意味着，我们党原来提出的"三步走"战略的第三步，即基本实现现代化，将提前15年实现。这是考虑到改革开放以来，中国经济持续较快发展，工业化、城镇化快速推进，各项事业全面进步，国家面貌发生了前所未有的巨大变化。以目前的良好基础和发展势头，到2035年基本实现社会主义现代化是有把握的。届时，中国的经济实力、科技实力将大幅跃升，跻身创新型国家前列；国家治理体系和治理能力现代化基本实现，依法治国得到全面落实，科学立法、严格执法、公正司法、全民守法的局面基本形成；社会文明达到新高度，文化软实力显著增强；人民获得感、幸福感、安全感更加充实、更有保障、更可持续；生态环境根本好转，美丽中国目标基本实现。

第二个阶段（2035年到21世纪中叶），在基本实现现代化的基础上，再奋斗15年，把中国建成富强民主文明和谐美丽的社会主义现代化强国。展望那时的中国，通过坚持不懈地推进"五位一体"总体布局，将全面提升中国社会主义物质文明、精神文明、政治文明、社会文明、生态文明。到那时，中国作为具有5000多年文明历史的古国，将焕发出前所未有的生机活力，实现国家治理体系和治理能力现代化，成为综合国力和国际影响力领先的国家，对构建人类命运共同体、推动世界和平与发展将做出更大贡献，中华民族将以更加昂扬的姿态屹立于世界民族之林，实现中华民族伟大复兴的中国梦。

国际经济环境

当前，世界正经历百年未有之大变局，中国发展的外部环境更趋严峻、复杂、多变。全球政治经济格局深度调整，国际金融市场动荡加剧，国际经贸规则加速变革，贸易保护主义不断增强，中美经贸摩擦仍存在着较强的不确定性，给中国乃至全球经济带来更大变数。中国既是全球供应链中心，又是世界重要的需求来源地，在全球产业链中的重要地位不言而喻，中国与世界经济的关联度变化对全球产业链、供应链的稳定和世界经济平稳运行的影响不容忽视。从世界经济发展的历史长河来看，当前全球正处于二战后第三次格局转换的大调整期，未来 30 年将是全球新一轮经济格局变革、政治版图塑造以及国际秩序重构全方位深入展开并逐步形成新的全球经济体系的重要时期，这既是中国面临的重要战略机遇期，也是国际各种潜在矛盾的凸显期和风险高发期。同时，随着中国更加深入地融入全球政治经济，中国因素也正成为影响世界形势变化的重要内生变量，未来中国与世界的互动也将对全球政治经济的走势产生更为深远的影响。为此，中国应积极把握和顺应世界格局的发展趋势和阶段性特征，趋利避害，从而为顺利实现两个"一百年"目标和中华民族的伟大复兴提供坚实的基础和保障。

2021—2050 年，世界经济年均增速将放缓至 2.5% 左右，世界经济长期增长动力正在逐渐减弱，原因主要有以下五个方面：

（1）人口红利逐步消退。由于受到资源、环境、生态等方面地球承载能力的限制，未来全球人口增长将呈现逐步下降趋势。据联合国推算，世界整体的劳动年龄人口比率已在 2013 年达到顶峰，长期人口增长率将急剧下降，再加上劳动成本上升压力增强，最终将影响全球企业的生产率，从供给方面给经济增长造成压力。

（2）发展中国家面临转型。全球经济增长的主要动力——发展中国家的结构转型步伐将加快。长期以来，发展中国家的经济快速增长主要得益于较高的国民储蓄率，但是 2020—2050 年，这一特征将发生转变。经济合作与发展组织（OECD）认为，发展中国家的储蓄率将从 2014 年的峰值 34% 下降到 2030 年的 32%。储蓄率下降将迫使部分发展中国家由投资主导向消费主导转变，同时以服务业为代表的第三产业比重将提高。

（3）技术进步成为经济的主要支撑。在传统生产要素产出效率下降的背景下，人力资本质量提升与技术进步将成为支撑世界经济增长的重要因素。2020—2050 年，伴随受教育程度提高，主要国家的劳动力素质将得到改善。

（4）区域经济增长重心转移。21 世纪以来，世界经济增长的重心逐步由欧洲、北美洲向亚洲地区转移，预计在 21 世纪中期，世界经济的重心将逐步由亚洲向非洲地区转移。

（5）能源需求持续上升。国际能源署（IEA）《能源技术展望 2014》认为，在过去几年里，风电和太阳能光伏发电保持了两位数的增长，全球的可再生能源份额在 2011 年增长到 20%，在 2℃情景下，2050 年可再生能源的份额将达到 65%，将实现能源系统脱碳。要实现 2050 年达到 2℃情景的目标，需要 44 万亿美元的额外投资，抵消超过 115 万亿美元的燃料节约，从而实现 71 万亿美元的净节约。

基于以上诸多因素，初步预计，2021—2030 年世界经济平均增速为 3.4%，2031—2050 年世界经济平均增速为 2.7%。

未来 30 年将是中国的经济、社会向更高层次发展的重大变化期。世界经济的增长动力和变化格局将给中国经济发展带来诸多新的机遇，但也会面临并需要克服一些重大困难及挑战。一方面，全球经济正处于大发展、大调整、大变革阶段，中国参与国际分工的能力与条件也将发生重大变化，这为中国经济的发展带来了技术、市场、资源、国际规则以及金融改革等方面的新需求；同时，随着世界多极化、经济全球化程度的加深，各国的相互依存不断增强，中国将借"一带一路"倡议、亚投行、丝路基金等举措深度融合全球经济。另一方面，"一带一路"倡议下的区域贸易投资合作需要克服诸多难题，世界新科技革命的迅猛发展将导致国与国之间的竞争进一步加剧，全球金融危机后的经济转型将使未来的世界经济发展面临更多未知的风险和更趋复杂的问题；同时，全球气候变化导致的环境和生态问题将变得日益突出，世界"多极化"趋势的发展将使"后美国世界"的主角博弈变得更加激烈……这些因素将成为制约中国经济发展的瓶颈，而各种社会矛盾复杂交织也将使中国的经济发展面临更大的脆弱性。总体来看，未来 30 年外部环境中的有利因素与不利因素叠加交织，对中国的影响将呈现机遇与挑战并存且机遇大于挑战的根本走向。

中长期宏观经济预测

本章在国家信息中心已有的中国中长期宏观计量经济模型和基于 GEMPACK 软件的大规模动态可计算一般均衡模型（CGE）的基础上，以实现经济社会发展目标、满足潜在增长能力、突破国际环境约束等条件为前提，开展了中国中长期经济发展情景预测。

本章采用生产函数测算中国长期经济增长潜力，公式如下：

$$Y_t = AK_t^{\alpha}L_t^{\beta}$$

其中，Y_t 为现实产出，L_t 为劳动投入，K_t 为资本存量，A 为全要素生产率，α 为资本的产出弹性，β 为劳动力的产出弹性。

根据宏观经济生产函数，可以将 GDP 增长分解为资本存量、劳动力和全要素生产率三部分。基于对劳动力、资本存量和全要素生产率在未来的趋势分析，可以预测 2035 年、2050 年中国经济增长的动力构成，进而测算经济潜在增长率。

将宏观经济潜在增长率预测结果输入国家信息中心可计算一般均衡模型，按照各种产品、要素的市场供需平衡原则，对未来的需求结构、产业结构、就业增长、收入水平开展平衡测算。这是个迭代计算的过程：首先，给出最终需求的初值；然后，测算满足最终需求的产业结构，生产过程产生的工资、资本回报、就业需求、资本需求会改变最终需求的初值以及相应产品、要素的价格，调整后的最终需求会计算出新的产业结构并开始迭代；最后，通过价格调整实现所有产品和要素的供需平衡。其中，在生产决策中，中间产品和要素投入取决于满足需求下的成本最小化原则；在投资决策中，投资需求总额取决于当前资本存量和对未来期望回报率的判断，而在投资品组合的决策中遵循成本最小化原则；在消费决策中，在消费预算总额的约束下，以实现消费效用最大化为原则选择各类消费品；此外，产品出口主要取决于产品在国际市场上的价格优势和偏好程度，产品进口主要取决于国内市场需求、进口产品与国内产品相比的可替代程度以及价格优势。

在各种情景的模拟中，首先，外生设定了人口、城镇化进程等；其次，设定了有偏向性的技术进步，考虑了一般情况下技术进步对劳动生产率提高的推动作用；此外，各种情景下均假定社会保持基本稳定，没有重大的社会、政治环境动荡以及战乱等事件发生。设置方案包括基准方案、高方案、低方案三种。

基准方案：综合考虑了影响中国潜在经济增长的要素投入及其变化规律、全面深化改革取得积极成效、世界经济延续温和增长态势。劳动力数量投入对经济增长的贡献为负，储蓄率下降导致资本存量对经济增长的贡献稳步小幅减弱，而人力资本增长和科技进步对经济增长的贡献均稳步提高。中国收入分配改革取得一定的进展，收入差距缩小，节能减排和环境保护政策得到有效实施，环境质量显著改善。

高方案：在基准方案的基础上，资本依然发挥重要的经济增长拉动作用，人力资本增长和科技进步对经济增长的贡献大幅提高，全面深化改革取得显著成效，市场配置资源的效率趋于最大化、效益趋于最优化，社会财富的积累和分配更加体现公平、正义、合理，包括扩大人力资本投入、实质性推进科技创新和管理创新、不断优化改进体制机制、进一步完善高质量安全健康开放体系等在内的诸多因素，逐步成为支撑中国保持中高速经济潜在增长率的主要驱动力，但在环境质量改善方面成效一般。

低方案：在基准方案的基础上，资本对经济增长的贡献呈下降趋势，劳动力对经济增长的贡献依然为负，而人力资本增长和科技进步对经济增长的贡献均取得一定程度的提高，全面深化改革未取得进展，环境质量较之前有所改善。

经济增长前景展望

2020年年初，突如其来的新冠肺炎疫情迅速蔓延至全国乃至全球多个国家和地区。中国迅速启动突发公共卫生事件一级响应，居家隔离、取消各类公共活动、延长春节假期等疫情防控措施的力度和涉及范围均超过"非典"时期。新冠肺炎疫情在给人民生命健康造成危害的同时，也给中国经济社会发展带来前所未有的冲击。面对严峻形势，在以习近平同志为核心的党中央坚强领导下，各地区、各部门统筹推进疫情防控和经济社会发展工作，全国上下众志成城、齐心协力，疫情防控形势持续向好，中国本土疫情的传播基本阻断，经济社会大局保持稳定。当前，境外疫情持续蔓延，世界经济陷入衰退，不稳定不确定因素显著增多，中国经济发展面临新的困难和挑战。为应对疫情的不利冲击，中国牢牢把握稳中求进工作总基调，进一步加大宏观政策对冲力度，强化底线思维，做好"六稳"工作，强化"六保"举措。随着政策的持续发力，中国经济稳步回升，预计2020年经济增长2.5%~3.0%。

从经济学意义来看，影响经济正常运行的因素包括内部因素（内生变量）和外部因素（外生变量）两大部分，新型肺炎疫情属于影响经济运行的突发外部冲击因素，对中国经济的短期影响较大，但并不会改变中国经济中长期发展趋势。从2020年第一季度的经济运行来看，中国经济虽受疫情冲击影响出现负增长，但中国具有完备的经济体系、坚实的经济基础、巨大的国内市场、丰富的劳动力供给，经济发展的韧性、潜力和空间较大，部分民生保障领域和新动能领域仍保持增长甚至较快增长，而且整体经济呈现出恢复势头，显示出我国经济长期向好的趋势没有发生改变。同时，此次疫情防控不仅彰显了中国共产党领导和中国特色社会主义制度的显著优势，而且彰显了中国特色社会主义市场经济制度在促进经济增长、应对国内外冲击等方面的巨大优势。可以预期，中国经济将会继续保持稳定健康发展态势，顺利实现党的十九大报告提出的"两个阶段"战略目标。

2021—2050年，中国的经济社会发展将经历以下两个阶段：

（1）2021—2035年：中国工业化趋于稳定，城镇化继续较快推进，经济处于中速增长阶段，在此期间，中国经济总量将超过美国，中国将成为世界第一大经济体，到2030年基本完成工业化。从资本和劳动力要素来看，中国的投资增速慢于"十三五"期间，但仍保持较高增速，劳动力数量负增长。从全要素生产率来看，随着研发投入增加、人力资本增长以及通过改革增强市场活力，全要素生产率增速加快。在这一时期，世界进入新一轮创新周期，中国的科技进步速度也相应加快，资本和全要素生产率对经济增长的贡献基本持平。

（2）2036—2050年：中国将进入后工业化发展阶段，城镇化进程放慢并趋于稳定，经济将进入低速增长阶段，到2050年接近中等发达国家的发展水平。从资本和劳动力要素来看，工业化和城镇化放慢之后，经济主要靠服务业和消费拉动，投资增速降低。由于中国人均GDP水平仍低于欧美发达国家，所以投资率和投资增速高于发达国家平均水平，劳动力数量负增长。从全要素生产率来看，世界进入新一轮创新周期的高潮时期，新技术对经济各部门的渗透率提高，将推动中国及全球的经济增长加速。在这一时期，全要素生产率将成为推动经济增长的最主要因素。

综合考虑影响中国潜在经济增长的要素投入及其变化规律，预计：2021—2025年，中国GDP年均增长率为5.5%，资本积累依然是拉动经济增长的主要动力，随着研发投入增加、人力资本增长以及通过改革增强市场活力，全要素生产率对经济的贡献逐步提高，而劳动力对经济的贡献依然为负，但对经济增长的负贡献率较"十三五"期间有所收窄，主要受"渐进式"延迟退休政策的影响；2026—2035年，中国GDP年均增长率为5.0%，全要素生产率对经济增长的贡献超过资本，对经济增长的贡献率高达54.5%；2036—2050年，中国GDP年均增长率为3.5%，经济增长主要靠全要素生产率拉动。

预计在2030年前，按市场汇率计算的中国名义GDP总量将超过美国，从而使中国成为世界第一大经济体，成功跨越中等收入陷阱；2035年，中国名义GDP总量将达到55万亿美元。2050年，中国名义GDP总量将达到115万亿美元左右，人均GDP将达到8.5万美元左右，相当于同期美国人均GDP的55%左右，达到中等发达国家的发展水平，顺利实现第二个百年梦想——建成富强民主文明和谐美丽的社会主义现代化强国。

产业结构变化趋势

改革开放以来，中国经济持续快速发展，开创了"中国奇迹"和"中国模式"，具体体现在产业结构上就是国家引导、政策支持、资金投入、技术人才等不同产业发展要素相互作用的结果。当前，中国正处在新时代的大背景下，积极调整和优化产业结构成为中国经济社会发展的重中之重。今后一段时期，大力规范、调整、引领产业结构升级，积极推进以"知识型服务业"为主体的现代服务业发展将成为中国经济增长的重要推动力。

综合考虑2021—2035年、2036—2050年两个时段分产业的GDP实际增速和价格指数，可以得出基准方案现价条件下的产业结构：

（1）2021—2025年，我国制造业整体素质大幅提升，创新能力显著增强，两化（工业化和信息化）融合迈上新台阶，第二产业比重将降至34%左右，第三产业比重继续呈稳步上升趋势，其在经济发展中的主导产业地位将进一步凸显，2025年第三产业比重将上升至59%左右。

（2）2026—2035年，第三产业比重呈稳步上升趋势，逐步成为经济发展的主导产业，第三产业比重在2030年前后将突破60%，三次产业结构由2020年的7.5∶37.5∶55.0调整为2035年的5.4∶28.1∶66.5。

（3）2036—2050年，中国进入世界最发达的服务业强国行列，将成为全球高端服务业集聚中心，主导和引导全球价值链，经济控制力显著增强，第三产业比重在2050年前后将突破70%，三次产业结构由2035年的5.4∶28.1∶66.5调整为2050年的3.5∶24.1∶72.3左右。

以上这些预测表明中国的服务业正在走向一个全新时代，在经济中的比重将不断增加。无论是生活型服务业还是生产型服务业，它们的发展和整体经济的发展都是一种良性互动的关系，也是中国经济整体转型和升级的关键所在。中国经济需要跨越原有增长模式，通过服务业的转型和发展再造"中国奇迹"。在当前和今后一段时期，中国应积极重视和引导第三产业的发展，尤其是鼓励和支持重点产业的知识创新和科技创新，确保中国在下一轮技术革命中处于引领地位。

人口及社会发展趋势

根据国内外的相关研究结论，受有史以来最严厉的计划生育政策的影响，中国人口增长速度呈明显放慢趋势。但是，考虑到庞大的人口基数和增长的惯性作用，以及近年来先后实施的"双独二孩"和"单独二孩"政策，以及全面放开二孩政策，短期内中国的人口出生率会出现小幅反弹。2020年中国人口总量约为14.12亿人，2030年前后将出现人口总量峰值（约为14.5亿），2050年人口总量将下降至13.95亿。

总体来看，今后中国的老龄化趋势将进一步加剧。根据中国人口年龄结构变化以及考虑到可能的生育政策调整，预计2021—2050年，中国人口老龄化的发展将大致经历两个阶段：

（1）加速老龄化阶段（2021—2035年）。中国的老年人口将在此阶段迎来第二个增长高峰，也是21世纪老年人口增长规模最大的一次，由1.86亿增长到3.09亿人，开始过渡到中度老龄化阶段。老年人口将超过少儿人口，标志着中国从主要抚养儿童的时代迈入主要扶养老人的时代。这一阶段的老年人口主要是"60后"，他们经历了严格的计划生育时期，子女数量锐减，城市老年夫妇平均只有不到1个子女，农村老年夫妇平均也只有2个子女左右；同时，他们的思想观念开放、生活方式现代化，经济实力也比较雄厚。

（2）缓速老龄化阶段（2036—2050年）。在此阶段，中国人口中度老龄化，中国总人口呈负增长，人口总量开始减少，老年人口增长态势放缓，由3.09亿人增长到3.89亿人，占比达到27.9%，也就是说中国每3个人中就有1名65岁及以上的老年人。这一阶段增加的老年人口大多是"70后"，他们中很多人拥有巨大的老龄金融资产，将是老龄产业的直接消费者和间接消费者。在此阶段，中国老龄产业发展进入成熟期。

采用经验曲线法、经济模型法和联合国城乡人口比增长率法对中国城镇化趋势进行预测，综合考虑三种方法的预测结果可以得出结论：到 2020 年，中国的城镇化率将达到 60.4% 左右，根据城市型社会的阶段划分标准，届时中国将进入中级城市型社会；到 2025 年，中国的城镇化率将达到 64.6% 左右；到 2035 年，中国的城镇化率将达到 68.5%，之后中国将进入城镇化缓慢推进的后期阶段；到 2050 年，中国的城镇化率将达到 75% 左右，总体完成城镇化的任务。

新时期发展路径

2021—2050 年是中国经济社会转型发展的重要"战略期"。在全面建成小康社会以后，中国应在各方面建设取得扎实进展的基础上，明确新时期发展路径，概括起来有三个方面：一是消除发展隐患，尽最大可能规避发展中存在的系统性风险；二是填平发展鸿沟，为发展寻找可持续的动力；三是突破发展瓶颈，使发展的动力有充足的施展空间和回旋余地。

消除发展隐患

在全面建成小康社会以后，重要战略机遇期将与风险高发期交汇。一方面，经过前期发展，经济社会等各领域建设取得明显进步；另一方面，长期积累的各种风险也将进一步凸显并相互交织，你中有我，我中有你，对经济发展的制约作用也将越来越大。识别风险、化解风险从而消除发展隐患，将是后小康社会建设的重中之重。

1. 金融风险

国际上存在国家财富缩水风险和国际资本流向逆转风险。中国作为美国最大债权国的地位在中长期内不会改变，美元贬值的趋势在短期内不会改变，巨额外汇储备的保值增值任务艰巨。中国一直是国际资本流动的最大目的地，在国际经济周期波动的过程中，应时刻防范国际资本流向突然逆转风险。

国内的金融风险将集中在四大领域：

（1）地方融资平台债务风险。信贷刺激后形成的地方融资平台负债数量不清，虽然整体风险可控，但是存在流动性风险。

（2）与房地产、城投债有关的投融资信用风险。房地产行业与金融存在天然联系，房地产市场波动，特别是房价回落将会明显影响金融机构资产质量，加速金融风险传导，使金融风险复杂化。

（3）影子银行风险。影子银行体系日益活跃，发展速度过快与监管滞后并存，传统金融机构的坏账风险易通过影子银行转嫁到普通金融服务购买者身上。

（4）产能过剩引发的信用违约风险。以制造业为代表的实体经济已成为不良贷款的重灾区，钢贸、光伏、船舶等产能过剩行业成为不良贷款增长的高发行业。

2. 财政风险

（1）财政收入下降风险。一方面，土地出让收入是地方政府重要的综合财政收入来源之一。房地产市场拐点的到来导致土地市场冷却，房地产投资减速和土地出让金收入下降将会给地方财政带来双重压力，使财政收入中低速增长成为常态。另一方面，先行地方税体系存在严重缺陷，地方税缺乏主体税种、税收渠道狭窄、财权与事权不匹配，这些都将加剧财政风险。

（2）地方债务流动性风险加大。当前，已有近20个省市的偿债率高于20%的国际警戒线。财政收入增速递减、民生刚性支出的双重压力将加大地方债务流动性风险，使财政支出可持续性受到制约。如果财政增收乏力现象进一步加剧，或将波及教育、社会保障和卫生等民生支出。一旦出现债务偿付危机，地方政府就需要在短期内拿出巨额财政资金支付债务。

3. 房地产风险

（1）楼市区域分化加剧。房地产市场调整可能成为首先暴露的风险点。一、二线城市房地产市场泡沫风险继续累积，三、四线城市房地产开发投资增长较快，房地产自住与投资需求不足，出现了严重过剩局面，部分城市价格出现连续下跌。

（2）房地产风险的扩散效应。一旦房地产市场出现调整，波及传导效应就会使相关行业的经营风险上升并形成共振反应，同时带来负财富效应，冲击企业与居民的资产负债表，使经济受到较大冲击，银行信贷质量问题也将暴露。国际经验表明，房地产风险将迅速演变成金融风险，对实体经济将造成严重伤害。

以上三种风险你中有我，我中有你，相互交织，错综复杂。化解这三种风险，重在统筹协调、分类处理。

填平发展鸿沟

要克服发展中不平衡、不协调、不可持续的问题，必须消除发展动力的不平衡、经济建设与社会建设的不平衡、区域发展的不平衡等关系经济运行和人民切身利益的矛盾。

1. 发展动力的不平衡

在经济新常态下，投资边际效益递减、新兴经济体贸易竞争追赶态势进一步增强，使投资和出口对经济的拉动作用减弱，扩大消费的作用日益凸显。更重要的是，消费主导型的经济增长不是短期内能实现的，从实现小康到形成真正的大众消费需求需要一个过渡阶段。虽然扩大民间消费具有迫切性，但是发展动力不平衡的问题短期内难以消除。实现发展动力的平衡，关键是实现由主要依靠投资、出口拉动向依靠消费、投资、出口协调拉动的转变，在"短期经济增长与长期结构调整""转型升级与保持合理增长速度"之间找到"黄金平衡点"，重点是完善促进消费的相关政策，提升消费对经济增长的拉动作用。切实提高居民收入，保障消费；优化消费环境，便利消费；培育新的消费热点，引导消费；积极发展消费信贷，创造消费；促进消费升级，提升消费。

2. 经济建设与社会建设的不平衡

经济增速快与民生改善慢、经济改革快与社会保障建设慢、硬件建设快与社会管理软实力没长进等矛盾都是经济社会与社会建设不平衡的具体表现，也是后小康社会时期可持续发展的难点所在。加强经济建设与社会建设的协调性、平衡性，处理二者的不平衡关键要做到：

（1）经济发展和民生改善良性循环。发展必须回应人民期待，必须让人民看得见、摸得着，没有民生改善的经济增长是没有意义的，经济增长的最终目的是提高人民的生活水平。

（2）社会政策要托底。各项改革难免产生阶层阵痛，社会政策要起到托底的作用，完善社会救助体系和社会保障体系是社会政策真正发挥作用的基础。

（3）抓住人民最关心、最直接、最现实的利益问题。

（4）创新社会治理体制。政策的支持重心要落到城乡社区，提升社区的服务和管理能力，尽可能把资源、服务、管理放到基层。

3. 区域发展的不平衡

继续推进区域协调发展是后小康社会建设的重要任务。区域发展的不平衡性主要体现在：区域间人均生产总值差距过大，各区域人民在教育、医疗等公共服务方面存在较大差异，各区域的比较优势尚未合理有效发挥，优势互补、互利互惠的格局尚未形成。区域经济发展不平衡，表面看是经济差距大，本质上则是要素配置效率、要素创新能力的差距。缩小差距不能靠投资驱动，更不能靠行政指令，而是要形成一个要素自由流动、合理配置、积极创新的机制，实现区域经济发展的动态平衡。在继续实施西部开发、东北振兴、中部崛起、东部率先的区域发展总体战略的同时，找准主体功能区的定位和自身优势，利用"一带一路"、京津冀协同发展、长江经济带三大优势，合理配置资源，避免重复建设，形成竞争新优势，更加注重跨行政区域的、大区域的协同发展。

突破三大发展瓶颈

当前，传统要素（劳动力、资本）的边际效应递减，新要素（创新）对经济增长的支撑作用尚未形成。2020年以后，中国要保持经济社会可持续发展，关键在于突破制约发展的三大瓶颈。

1. 要素瓶颈

（1）能源资源和生态环境约束压力越来越大。能源资源以及生态环境长期处于"硬约束、紧运行"的状态，单靠本国的能源资源已经没有可能，利用国际能源资源的代价越来越高。能源资源采购市场复杂化，运输安全保障程度降低。

（2）劳动力无限供给和低成本竞争时代面临终结，劳动力供需形势发生了深刻变化。土地、原材料要素供应日趋紧张。人民币汇率升值步伐加快。

要突破要素瓶颈，关键是要实现要素升级。一方面要深化关键生产要素价格形成机制改革，完善资本、土地、能源资源等生产要素市场，充分发挥市场在资源配置中的基础性作用，形成反映资源要素稀缺程度的价格形成机制，推动关键要素进入有效供给领域；另一方面要创新人才优先发展战略政策体系。针对制造业信息化，生物技术与医药，电子信息，农业新品种、现代农业重大技术，农业科技园区建设，新材料、新能源及应用，企业经营管理等领域的创新人才紧缺，通过人才入户、子女入学、人才安居、薪酬补贴等系列人才支持政策，科技成果转化激励等优惠政策，创造拴心留人的条件，让各类人才安心、安身、安家、安业。

2. 体制瓶颈

（1）政府过多干预微观经济主体活动，政府和市场的关系仍需进一步理顺，市场的资源配置决定性作用尚未完全发挥。

（2）重点领域改革出现利益固化，现行机制体制不能满足探索性、攻坚式改革的要求。

要突破体制瓶颈，核心要义在于充分调动市场经济各主体的积极性，共同分享改革发展成果。

（1）发挥市场配置资源的决定性作用，减少政府对微观主体事务的干预，以利润为导向引导生产要素流向，以竞争为手段决定商品价格，以价格为杠杆调节供求关系。

（2）防止既得利益集团阻挠改革，建立公众参与的决策机制，重视对改革的整体设计，制定全方位改革的具体规划。

（3）继续完善产权保护制度，拓展产权保护制度的内涵，特别是加速农村土地确权改革，完善土地确权工作完成后的纠纷预防、调节、处理机制。

3. 生态瓶颈

"生态赤字"正在逐年扩大，依靠大量消耗不可再生资源来实现经济快速增长的模式已经难以为继。根据国际经验，对中国这样一个发展中大国而言，进入工业化中后期所消耗的能源资源，即使是利用效率达到国际先进水平，其排放污染物的规模也是前所未有的，必须引起高度警惕。

要破解生态瓶颈，关键是坚持绿色发展。在全社会范围内培育树立尊重自然、顺应自然、保护自然的生态文明理念，坚持节约资源和保护环境的基本方针，形成节约资源和保护环境的空间格局、产业结构、生产方式、生活方式。

第二章

中国不同区域低碳协同发展战略及实现路径

中国国土面积广阔，不同区域在能源资源特别是可再生能源资源方面存在很大的差异性，需要加强区域合作，通过西电东送、产业梯度转移等措施实现优势互补，推动中国不同区域实现协同低碳发展。

在快速城市化的进程中，中国将逐步形成一些大的城市群、都市圈，如何实现这些区域的低碳发展，对我国的城市规划布局及产业布局提出了新的要求。

本章在把中国划分为东部、中部、东北、西南及西北等五大区域的基础上，采用IPAT模型的随机形式（STIRPAT模型）预测了中国五大区域的碳排放梯次达峰情况，并通过预测各区域的节能减排、能替减排、去能减排潜力及森林碳汇潜力，分析了五大区域面向2050年建设近零碳城市的路径及潜力，同时以可再生能源开发利用为重点研究了五大区域的协调低碳发展问题。主要结论如下：

（1）在政策情景下，东部、中部和西南可以在2025年前后达峰，东北在2030年前后达峰，西北在2035年前后达峰；在强化政策情景下，东部、中部和西南可以在2020年前后达峰，东北在2025年前后达峰，西北在2030年前后达峰。

（2）西部在中国区域协调低碳发展中承担着产业转移及西电东送的双重功能，需要放大并强化其作用，将西北定位为可再生能源电力基地及智能化重型产业基地，将西南水电丰富区域定位为高耗能信息产业基地及可再生能源电力调峰基地。

（3）分区域、分步走建设近零碳城市，在西部积极推动100%可再生能源电力城市建设，在东、中部试点100%新能源城市建设，完善并积极采用"基于自然的近零碳城市解决方案"。

（4）在人口向大都市、城市群转移的大背景下，打破传统的"融合式+集中式"城市及产业布局模式，降低近零碳城市的建设难度。

五大区域重新划分

五大区域的划分

中国地域辽阔，自然、经济和社会的区域差异性及分化较为明显，存在由省域汇集而成的区域集合，通常以东、中、西部进行区分。进入21世纪，又出现了南北分化态势。因此，重新划分区域并探讨区域协调路径，意义十分重大。

党的十八大和随后的"十二五"规划明确提出京津冀、长江经济带和一带一路三大区域发展战略及倡议，涉及东部、中部、西部和东北四大板块的地区发展格局，四大板块的地域分化和特征随着经济社会发展而进一步明确。但是，辽阔的西部在自然、经济和社会发展方面差异显著，以自然降水和人口密度为例，西北和西南迥异。从城市化和应对气候变化的视角来看，需要对西南部和西北部进行区分。因此，本章把地域界定为东部、中部、东北、西南及西北五大区域，具体参见表2-1。

表 2-1 中国五大区域的划分

区域	省级行政区
东部	北京、天津、河北、上海、江苏、浙江、山东、广东、海南、福建
中部	河南、湖南、湖北、安徽、江西、山西
东北	黑龙江、吉林、辽宁
西南	西藏、四川、重庆、贵州、云南、广西
西北	新疆、青海、宁夏、内蒙古、陕西、甘肃

注：西藏虽然在地理位置上属于西南，但气候等地理环境特征同西南其他各省级行政区有很大的差异，且大量相关数据不详，因此，本章在计算西南区域的碳排放达峰及森林碳汇时未包含西藏。

五大区域的基本情况

在五大区域中，常住人口最多的为东部和中部，这两个区域的人口长年占总人口 60% 以上，而东北和西北的常住人口最少。从历史数据来看，东部、中部和西北的常住人口逐年增长，东北和西南常住人口则呈现先稳步增加后基本保持不变的状态。参见图 2-1。

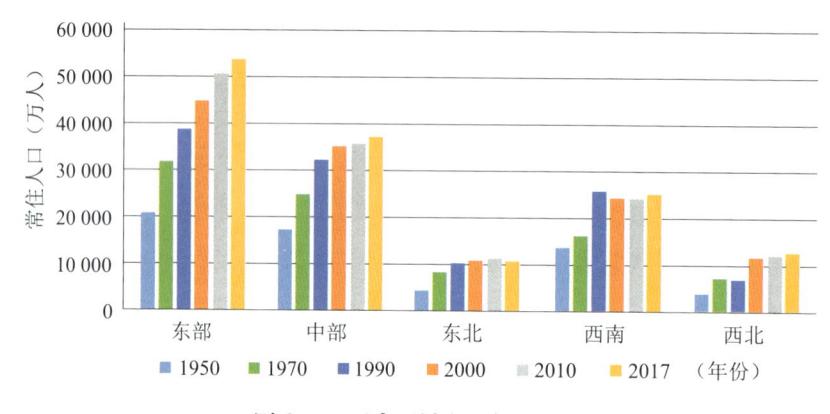

图 2-1 五大区域人口数据统计

每个区域的 GDP 均逐年上升，尤其是在 2000 年以后，GDP 的总量增长较快。东部 GDP 占比最大，一直占全国的 50% 左右；中部的 GDP 占比由 1950 年的 28% 下降至 1970 年的 22%，此后一直维持在 20% 左右；东北的 GDP 占比逐年下降，2017 年只有 1970 年的一半；西南的 GDP 占比在 1950 年较高，达到 20%，其他年份均为 10%~15%；西北的 GDP 在 1970—2017 年占比维持在 7% 左右。参见图 2-2。

各个区域的城镇化率总体上保持上升趋势；2000 年为拐点，此前上升较慢，此后上升较快，呈 S 形曲线。在 2000 年前，东北的城镇化率高于其他区域，而这一地位在 2000 年后被东部取代；西南的城市化率一直居于末位。参见图 2-3。

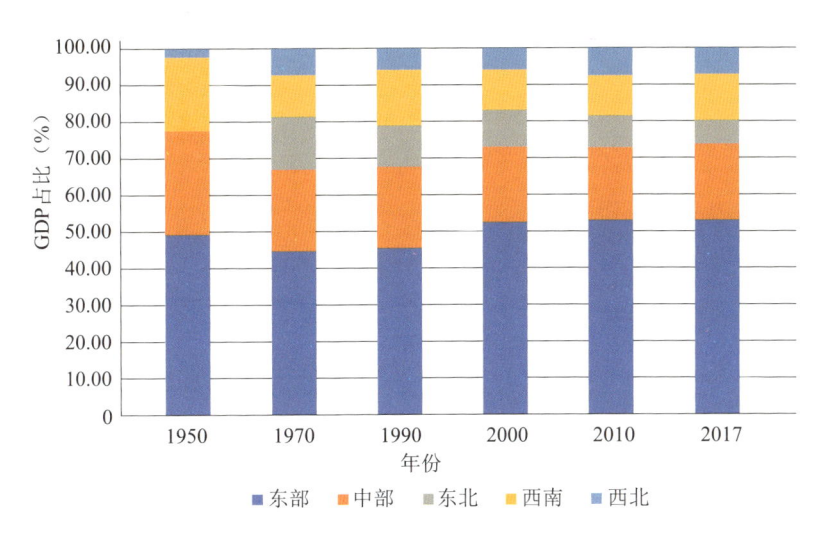

图 2-2 五大区域 GDP 情况统计

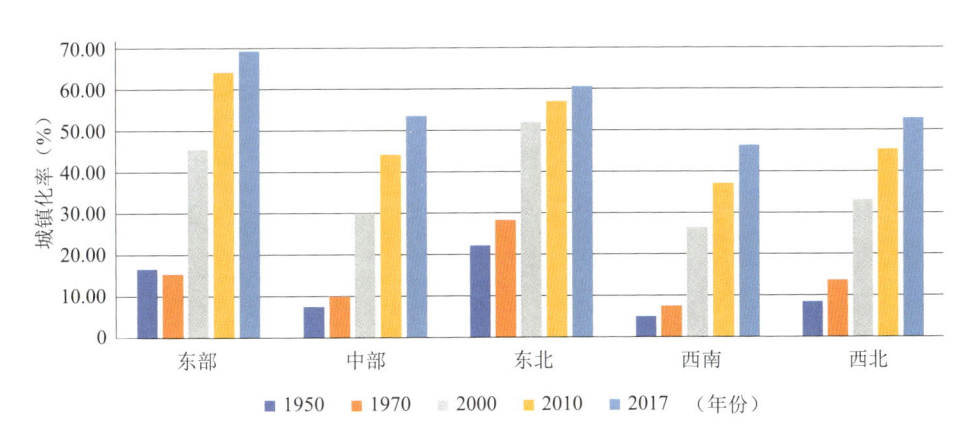

图 2-3 五大区域城镇化率统计（1950—2017 年）

各区域碳排放达峰预测

由于在经济、社会及自然条件等方面存在差异性，五大区域在碳排放达峰的时间方面也表现出较大的差异性。

区域碳排放预测模型

IPAT 模型的随机形式即 STIRPAT 模型，标准形式如下：

$$I_i = a P_i^b A_i^c T_i^d U_i \tag{2.1}$$

等号两边取对数得到

$$\ln I_i = a + b \times \ln P_i + c \times \ln A_i + d \times \ln T_i + U_i \tag{2.2}$$

其中 I 表示区域的碳排放量，P 为区域人口，A 为区域经济发展水平，T 为区域技术因素，a 为模型系数，b、c、d 分别为变量 P、A、T 的指数，U 为模型误差项。

对数处理后的开放 STIRPAT 模型如公式（2.3）所示：

$$\ln I = \ln a + b_i \ln P_i + c_i \ln A_i + d_i \ln T_i + f_i \ln R_i + g_i \ln IN_i + h_i \ln RE_i + U \tag{2.3}$$

其中，P_i、A_i、T_i、R_i、IN_i 和 RE_i 分别为各区域碳排放量 I 的驱动因子；b_i、c_i、d_i、f_i、g_i 和 h_i 分别为变量 $\ln P_i$、$\ln A_i$、$\ln T_i$、$\ln R_i$、$\ln IN_i$ 和 $\ln RE_i$ 的回归系数，反映了各驱动因子与各区域碳排放量间的弹性关系，即弹性系数；$i=1$、2、3、4、5 表示东部、中部、东北、西北和西南五大区域。

根据式 2.3，采用 1995—2017 年的相关数据进行模型拟合。相关计算涉及五大区域的人口、人均 GDP、城市化率、三产比重、非化石能源比重等，相关数据根据《中国能源统计年鉴（1996—2016 年）》和各地区 1996—2016 年统计年鉴中的数据计算汇总得到。

由于采用的是时间序列数据，为了防止出现伪回归问题，我们对数据进行了单位根检验和协整检验，检验结果表明各区域变量间具有协整关系。另外，由于变量较多，容易出现多重共线性问题，主要采用岭回归方法进行回归。各区域回归结果表明判定系数较高，变量显著性检验通过而且模型的预测精度较高，东部回归模型的预测相对平均误差为 2.8%，中部为 0.14%，东北为 0.08%，西南为 0.05%，西北为 0.07%，预测误差远小于 5%，能够运用模型进行预测。

情景设置

针对区域的未来发展，模型共设定 3 种情景对五大区域碳排放峰值进行预测，时间跨度为 2018—2050 年。

1. 政策情景（延续 2030 年的国家自主贡献目标）

此情景以各区域实现"十三五"节能减排和碳减排目标的社会发展情况为基础，人口增长、产业结构、能源利用和节能技术等因素的未来发展速率基于"十三五"实施节能减排及碳减排政策的水平设定。

2. 强化政策情景（自下而上）

此情景在政策情景的基础上，进一步提高政策措施的约束力度，对人口增长、产业结构、能源利用和节能技术等目标的设定更加严格，寻求经济与资源环境的协调可持续发展。

3. 2℃情景（近零排放）

与强化政策情景相比，此情景加大了节能和能源替代力度，2030 年后 GDP 的二氧化碳强度下降速度加快，2040 年前后达到 6%~7% 并持续增大。考虑到未来会有更先进技术突破（如氢能、大规模储能等），测算投资需求和减排成本的增加。

在进行预测时，模型把人口、人均 GDP、三产比重和城市化率等指标作为控制变量，主要考虑单位 GDP 碳排放强度和非化石能源比重对碳排放的影响，因此只对单位 GDP 碳排放强度和非化石能源比重进行了 3 种情景的设置，其余 4 个指标没有进行细分。

1. 各区域人口情景设置

各区域人口情景的设置采用《人口发展战略研究报告 2010—2011》中各地区的预测数据，对各地区的数据进行加总得到五大区域 2020—2050 年的人口数据，见表 2-2。

表 2-2　各区域 2020—2050 年的人口　　　　　（单位：百万人）

区域	2020	2025	2030	2035	2040	2045	2050
东部	563.58	602.01	643.06	674.73	707.95	734.92	762.92
中部	352.77	337.24	322.40	301.50	281.96	257.88	235.85
东北	112.30	111.26	110.22	107.86	105.55	101.04	96.73
西南	230.60	223.78	217.16	205.42	194.32	181.58	169.68
西北	133.66	134.77	135.88	134.24	132.62	127.58	122.73
合计	1 392.91	1 409.05	1 428.72	1 423.75	1 422.40	1 403.00	1 387.91

注：由于人口的变化在研究内容和模型中不是主要的考量变量，因此本章没有根据目前各区域人口的发展变化趋势进行预测，也没有设置不同的情景去分析各区域人口对碳排放的影响，而是直接采用了《人口发展战略研究报告 2010—2011》中的预测数据进行分析。

2. 各区域 GDP 增长速度的情景设置

依据各区域过去的经济发展阶段及特征、各区域"十三五"发展规划、各区域未来的发展趋势，以及发达国家在相近发展阶段的增速设置各区域 GDP 增长速度的情景，具体数值见表 2-3。

表 2-3　各区域 2020—2050 年 GDP 年均增速　　　（单位：%）

区域	2020	2025	2030	2035	2040	2045	2050
东部	6.5	5.5	5.0	4.0	3.3	3.0	2.9
中部	7.5	6.5	5.5	4.5	3.5	3.3	3.1
东北	5.5	4.5	3.5	3.0	2.8	2.7	2.7
西南	7.5	6.5	5.5	4.5	3.5	3.3	3.1
西北	7.0	6.0	5.0	4.5	3.8	3.5	3.0

3. 各区域单位 GDP 碳排放强度情景设置

各区域单位 GDP 碳排放强度情景设置主要参考全国 30 多个地区的

"十三五"能源发展规划、"十三五"节能减排综合工作实施方案，具体数值见表2-4。根据表2-4中各区域2020—2050年单位GDP碳排放相比2005年的下降幅度，利用各区域2005年单位GDP碳排放强度，就可以求出各区域2020—2050年的单位GDP碳排放强度。

表2-4 各区域2020—2050年单位GDP碳排放相比2005年的下降幅度 （单位：%）

区域	情景	2020	2025	2030	2035	2040	2045	2050
东部	政策情景	55	65	75	80	85	90	92
	强化政策情景	58	70	80	85	90	92	95
	2℃情景	60	75	85	90	93	95	97
中部	政策情景	55	65	75	80	85	90	92
	强化政策情景	58	70	80	85	90	93	95
	2℃情景	60	75	85	90	92	94	97
东北	政策情景	50	55	60	70	75	80	85
	强化政策情景	55	60	70	75	80	85	90
	2℃情景	58	63	73	80	85	90	95
西南	政策情景	60	70	80	85	90	93	95
	强化政策情景	61	75	85	89	92	94	96
	2℃情景	63	76	86	91	93	95	97
西北	政策情景	30	40	50	60	70	80	85
	强化政策情景	35	45	55	65	75	85	90
	2℃情景	40	50	60	70	80	90	95

4. 各区域非化石能源比重情景设置

各区域非化石能源比重情景设置主要分为3种情况：一是根据区域自身非化石能源的发展情况，参考全国30多个地区的"十三五"能源发展规划、"十三五"节能减排综合工作实施方案进行设置，属于政策情景；二是根据五大区域非化石能源尤其是风、光、水的发展潜力进行情景设置，属于强化政策情景；三是在五大区域非化石能源发展潜力的基础上，考虑到五大区域非化石能源发展的差异性，从区域间协调发展的角度进行情景设置，属于2℃情景。具体数值见表2-5。

表2-5 各区域2020—2050年非化石能源比重 （单位：%）

区域	情景	2020	2025	2030	2035	2040	2045	2050
东部	区域自身（政策情景）	15	20	25	30	35	40	45
	区域潜力（强化政策情景）	20	25	30	35	40	45	50
	区域协调（2℃情景）	25	30	35	40	45	50	55
中部	区域自身（政策情景）	10	15	20	25	30	35	40
	区域潜力（强化政策情景）	15	20	25	30	35	40	45
	区域协调（2℃情景）	20	25	30	35	40	45	50
东北	区域自身（政策情景）	7	12	17	25	30	35	40
	区域潜力（强化政策情景）	13	18	25	30	35	40	45
	区域协调（2℃情景）	18	25	30	35	40	45	50
西南	区域自身（政策情景）	35	40	45	50	55	58	60
	区域潜力（强化政策情景）	40	45	50	55	58	60	62
	区域协调（2℃情景）	45	50	55	58	60	62	63
西北	区域自身（政策情景）	17	25	30	35	40	45	50
	区域潜力（强化政策情景）	25	30	35	40	45	50	55
	区域协调（2℃情景）	30	35	40	45	50	55	60

5. 各区域城市化率情景设置

根据由全国30多个地区的城镇化率汇总计算得出的五大区域城镇化率的发展情况，2017年东部为67%，超过全国近10个百分点，东北高出全国近5个百分点，而其他3个区域均低于全国水平。从今后的发展趋势看，东部的城镇化率应该会始终高于全国水平，东北的城市化率应该与全国水平接近，其余3个区域的城市化率会低于全国水平，具体数值见表2-6。

表 2-6　各区域 2020—2050 年城市化率　　　　　（单位:%）

区域	年份						
	2020	2025	2030	2035	2040	2045	2050
东部	70	73	76	78	80	82	83
中部	59	64	68	71	73	76	80
东北	63	65	67	68.5	70	71.5	73
西南	55	58	61	63	65	67	70
西北	58	61	64	66	68	70	72

6. 各区域三产比重情景设置

各区域三产比重的情景设置参考了五大区域近年来的产业结构情况。具体数值见表 2-7。

表 2-7　各区域 2020—2050 年三产比重　　　　　（单位:%）

区域	年份						
	2020	2025	2030	2035	2040	2045	2050
东部	56	59	61.5	64	66	68	69
中部	49	52	55	58	60	62	64
东北	54	57	60	62	64	65	66
西南	52	54	56	58	60	62	63
西北	49	52	55	58	60	62	63

区域碳排放达峰预测结果

根据表 2-2 至表 2-7 情景设置的数值，利用各区域岭回归的结果，可以计算出各区域 3 种情景下的碳排放量，具体结果见图 2-4。

在政策情景下，东部、中部和西南可以在 2025 年前后达峰，东北在 2030 年前后达峰，而西北会更晚些，在 2035 年前后达峰。

在强化政策情景下，东部、中部和西南由于减排力度加大，可以在

2020 年前后达峰，东北在 2025 年前后达峰，而西北能够在 2030 年前后达峰。2030 年，五大区域的碳排放总量为 104 亿吨，与"中国长期低碳发展战略与转型路径研究"项目得出的全国达峰时碳排放量约为百亿吨的结论基本相符；2050 年，各区域的碳排放量为 46.8 亿吨，为达峰时碳排放量的 45%。

在 2℃情景下，随着减排力度的进一步加大，虽然各区域的达峰时间没有变化，但达峰时的碳排放得以进一步下降，达峰后各区域 2050 年的碳排放量为 27.3 亿吨，为达峰量 97.5 亿吨的 28%。

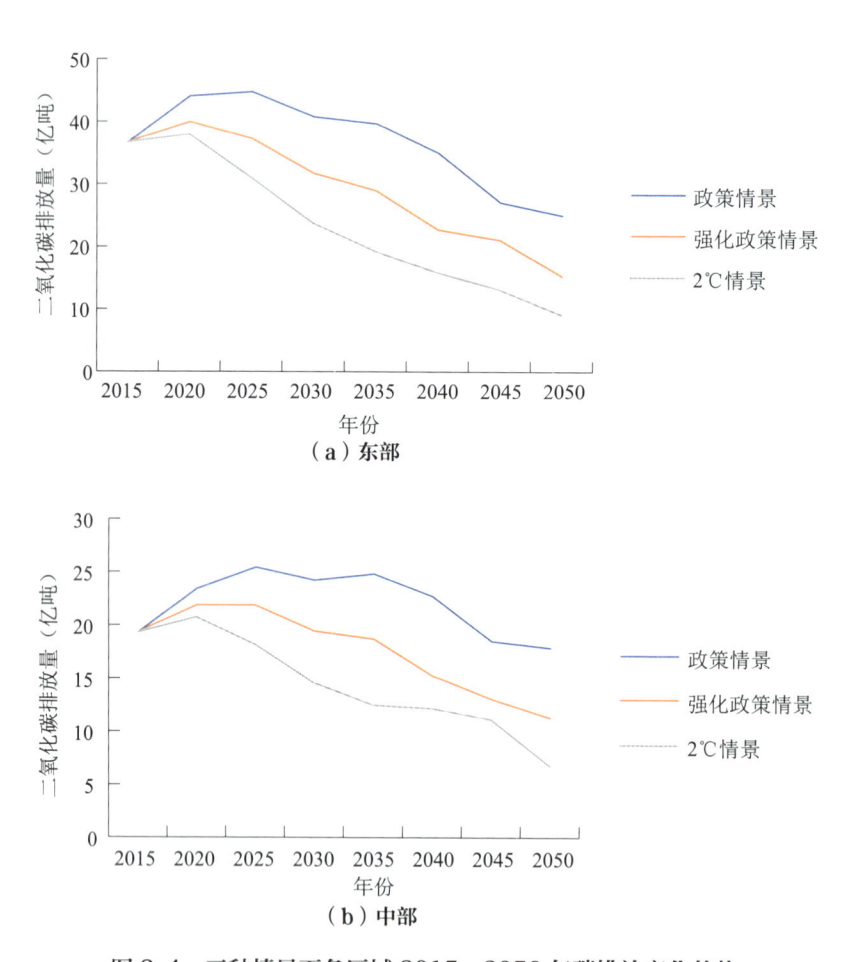

图 2-4　三种情景下各区域 2015—2050 年碳排放变化趋势

（c）东北

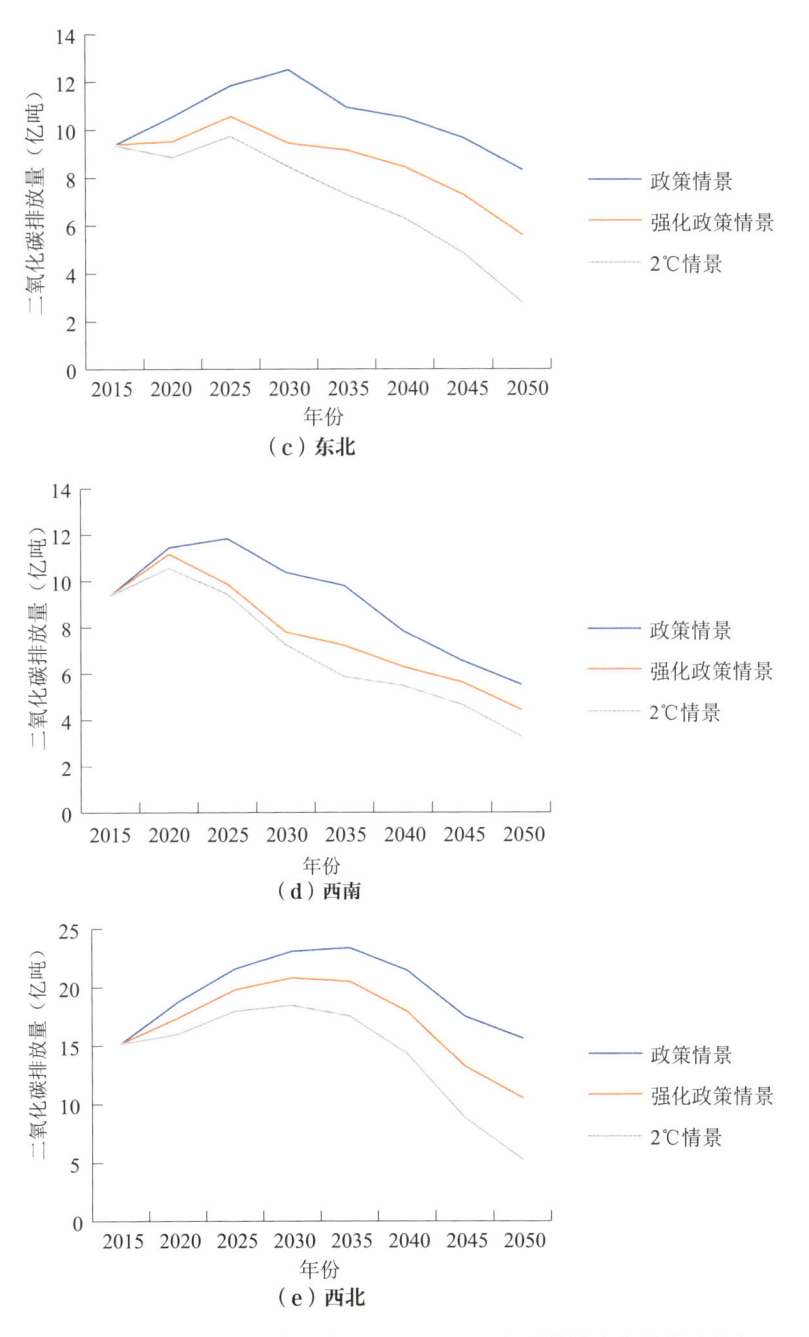

（d）西南

（e）西北

图 2-4　三种情景下各区域 2015—2050 年碳排放变化趋势（续）

各区域近零碳建设及协调低碳发展

减源路径：节能减排、能替减排及去能减排的潜力

1. 节能减排、能替减排及去能减排的边界问题

节能是指采取技术上可行、经济上合理、环境和社会可接受的一切措施，提高能源资源的利用效率。节能减排主要通过提高能源利用效率来实现。能替减排是指利用清洁能源特别是可再生能源替代化石能源以减少能源污染物的排放，是通过转变能源结构实现减排。去能减排也是当前我国推动能源领域减排工作的重要路径，是指通过"关停并转"等去产能手段实现减能减排。

近年来，随着节能减排工作的不断推进，节能减排的空间越来越小。要实现减排目标和经济发展，应进行减排的三轮驱动，即在能源生产和消费的过程中，综合节能减排、能替减排和去能减排三个方面，通过提高能源利用效率、改变能源结构和减少能源消费规模来减少能源污染物的排放。三者在减少能源污染物的排放方面具有明显的互补性，应该成为能源领域减排工作中三个并驾齐驱的车轮（见图 2-5）。当然，在不同的发展时期，三者的重要性也会发生变动。

2. 节能减排与能替减排的碳减排潜力对比

近年来，随着节能减排工作的推进，中国的碳减排量呈快速增加态势。同时，中国目前是全球水力发电量、光伏发电量及风能发电量最大的国家，能替减排的贡献也越来越大。为比较中国节能减排与能替减排的碳减排潜力，本章根据能源节约量和能源替代量分别计算并比较 2010—2015 年及 2020 年节能减排及能替减排的碳减排量。

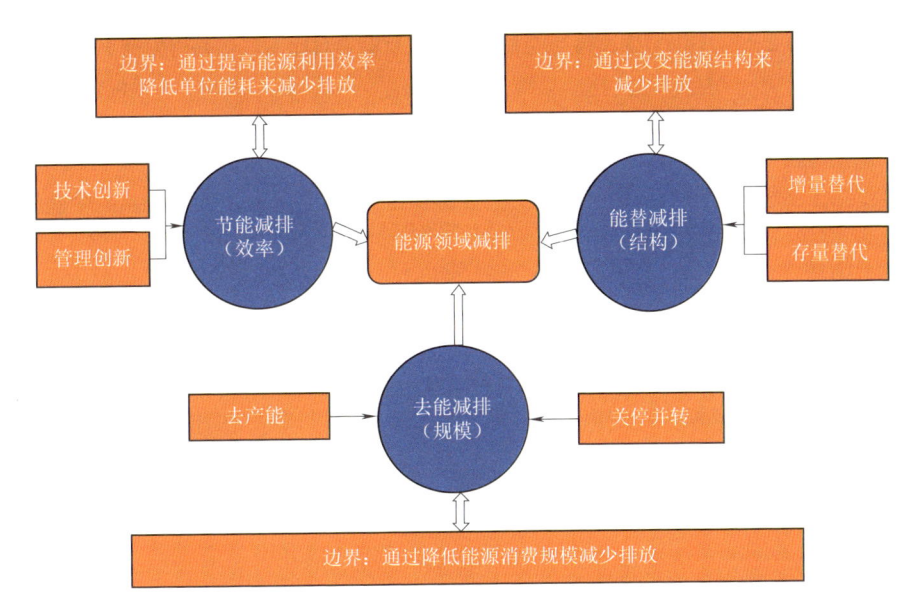

图 2-5　节能减排、能替减排和去能减排三轮驱动

假定节约的能源与被替代的能源均为煤炭，并以标准煤为单位进行计算。由于不同行业消费煤炭时的产污系数不同，且不同技术工艺的排污系数也不同，为简化计算，本章统一采用以下标准进行折算：节约 1 千克标准煤 = 减排 2.493 千克二氧化碳 = 减排 0.68 千克碳；1 万千瓦时电力 = 1.229 吨标准煤。

表 2-8 给出了 6 个年份由于提高能源利用效率而带来的碳减排量（以 2010 年单位 GDP 能耗及消费价格为基准）和由于使用水电、核电、风电而带来的碳减排量。未来，能源效率的提升将日益困难，节能减排的空间也会越来越小。而可再生能源等非化石能源所占能源总消费的比重将快速上升[1]，能替减排的贡献将逐步赶上并超过节能减排。

---

[1] 根据规划，中国非化石能源燃料占能源消费总量的比重将从 2015 年的 11% 增加至 2030 年的 20%，到 2050 年，2/3 的能源将来自太阳能等清洁能源。

表 2-8　中国节能减排与能替减排现状及潜力对比（以碳减排为例）

（单位：万吨碳）

碳减排量	年份					
	2011	2012	2013	2014	2015	2020
节能减排	11 593.9	22 117.5	33 622.0	46 674.3	62 385.9	88 799.7
能替减排	—	26 735.3	28 788.8	32 727.2	35 641.5	51 000.0

注：计算节能减排碳减排量用到的 2010—2016 年的 GDP、能源消费总量、可再生能源消费总量等数据均来自《中国统计年鉴》。2020 年的能源消费总量、单位 GDP 能耗、非化石能源总量是根据《"十三五"节能减排综合工作方案》中"到 2020 年，全国万元国内生产总值能耗比 2015 年下降 15%，能源消费总量控制在 50 亿吨标准煤以内，非化石能源占能源消费总量比重达到 15%"的目标计算得出的。

3. 去能减排的减排效益分析

以"关停并转"为主要手段的去能减排见效更快，是当前中国产业结构及能源结构调整的重要手段。例如，工业和信息化部印发的《钢铁工业调整升级规划（2016—2020 年）》（工信部规〔2016〕358 号）提出，到 2020 年，粗钢产能净减少 1 亿~1.5 亿吨，产能过剩矛盾得到有效缓解，污染物排放总量下降 15% 以上；国家发展改革委和国家能源局印发的《煤炭工业发展"十三五"规划》（发改能源〔2016〕2714 号）提出，到 2020 年，化解淘汰过剩落后产能 8 亿吨/年左右；《电力发展"十三五"规划（2016—2020 年）》提出，到 2020 年，力争淘汰火电落后产能 2 000 万千瓦以上。根据国家发展改革委、工业和信息化部以及国家能源局 2019 年 4 月联合发布的《关于做好 2019 年重点领域化解过剩产能工作的通知》（发改运行〔2019〕785 号），2016—2018 年，中国累计压减粗钢产能 1.5 亿吨以上，退出煤炭落后产能 8.1 亿吨，淘汰关停落后煤电机组 2 000 万千瓦以上，均提前两年完成"十三五"去产能目标任务。2018 年，二氧化硫总量同比减排 6.7%，较 2015 年下降 18.9%，提前完成"十三五"规划下降 15% 的目标，其他污染物减排目标也有望提前完成。

增汇路径：森林碳汇现状评估及预测

1. 五大区域的碳汇核算

自从1997年《京都议定书》规定在联合履约、排放贸易和清洁发展机制中允许各国通过人工造林、森林及农田管理等人为活动产生的"碳汇"用于抵消本国承诺的碳减排指标后，全球碳源汇的分布特征、机理及其对碳减排的贡献等一系列研究得以迅速发展。中国作为世界上最大的碳排放国，在应对气候变化方面以创新、协调、绿色的发展理念，积极落实节能减排和低碳发展的政策，把恢复陆地生态系统的碳汇能力作为绿色发展的重要途径。森林碳汇在区域和全球的碳循环中起着关键作用，研究中国森林生物量变化对于估算区域碳收支和制定应对气候变化的森林管理政策有重要意义。

为应对气候变化，中国不仅提出了一系列的温室气体减排承诺目标，而且制定了相应的植树造林和环境保护政策。在这些政策的影响下，中国整体森林面积有了较大的提升。截至2018年，中国森林覆盖率达到22.96%，比2005年增加了5.74%，高于世界平均增速水平；森林蓄积量达到112.7亿立方米，比2005年增加了45.6亿立方米，对减排增汇起到了积极的推动作用。本章利用中国统计年鉴和地方统计年鉴中关于各省森林资源的清查资料及卫星遥感数据等，参考联合国粮食及农业组织（FAO）关于生态系统碳汇核算的方法，对中国五大区域2000—2015年森林的碳汇量及单位面积碳汇量进行了核算（见表2-9）。

表 2-9　中国五大区域碳汇核算

区域	年均碳汇量（亿吨）			单位面积碳汇量（千克）		
	2000—2005	2005—2010	2010—2015	2000—2005	2005—2010	2010—2015
东部	0.44	0.79	1.05	0.15	0.23	0.29
中部	0.74	0.45	0.88	0.22	0.12	0.22
东北	0.54	0.67	0.91	0.17	0.21	0.27
西南	1.07	0.85	1.86	0.19	0.14	0.29
西北	0.38	0.74	0.94	0.08	0.15	0.18

碳汇核算结果显示，2000—2015 年森林生态系统碳汇量累计增加了 61.63 亿吨，年均碳汇量达到 4.1 亿吨，这在一定程度上反映了中国陆地生态系统正在逐渐修复。分区域碳汇结果显示，从西南、东部、西北、东北到中部的碳汇总量逐渐降低，且单位面积的碳汇量也是西南和东部最高，尤其是东部在国家减排政策的指引下，森林储蓄量得到了较大的提升，单位面积的碳汇量由 2000 年的 0.15 千克提升到 2015 年的 0.29 千克；其次为东北，单位面积的碳汇量达到 0.27 千克；中部紧随其后，单位面积的碳汇量为 0.22 千克；而西北单位面积的碳汇量最低，虽然 2000—2015 年的年均碳汇量有了一定的提升，但单位面积的碳汇量仅为 0.18 千克，这主要是由西北的陕甘宁地区气候干燥，降水不足，大面积植树造林难以成活，森林覆盖率低导致的。

2. 情景模拟

为进一步分析未来陆地生态系统碳汇对碳减排的贡献，本章设置了三种减排情景。①政策情景：以 2015 年为基准年，2015—2030 年森林面积以每年 1% 的增速增加，2030 年后以每年 0.5% 的增速增加。②强化政策情景：以 2015 年为基准年，2015—2030 年森林面积以每年 1.5% 的增速增加，2030—2050 年以每年 0.5% 的速度增加。③2℃情景：以 2015 年为基准年，2015—2030 年森林面积以每年 2% 的增速增加，2030—2050 年以每年 1% 的速度增加。在这三种减排情景下，中国东部、中部、西南、西北和东北 2020 年、2030 年以及 2050 年的碳汇变化情况预测结果如表 2-10 所示。

表 2-10 三种情景下 2020—2050 年五大区域碳汇量预测

区域	情景	碳汇量（亿吨）		
		2020 年	2030 年	2050 年
东部	政策情景	1.11	1.22	1.35
	强化政策情景	1.14	1.32	1.46
	2℃情景	1.16	1.42	1.73

（续表）

区域	情景	碳汇量（亿吨）		
		2020年	2030年	2050年
中部	政策情景	0.92	1.02	1.13
	强化政策情景	0.95	1.10	1.21
	2℃情景	0.97	1.18	1.44
西北	政策情景	0.99	1.09	1.20
	强化政策情景	1.01	1.17	1.30
	2℃情景	1.04	1.26	1.54
西南	政策情景	1.96	2.16	2.39
	强化政策情景	2.01	2.33	2.58
	2℃情景	2.06	2.51	3.06
东北	政策情景	0.96	1.06	1.17
	强化政策情景	0.98	1.14	1.26
	2℃情景	1.01	1.23	1.50

从表2-10中可以看出，随着人工造林和天然林保护力度的加强，以及水土保持和土地有效管理等事业的推进，中国陆地生态系统的固碳潜力会得到进一步增强。相比于政策情景，强化政策情景和2℃情景下五大区域的碳汇量都得到了较大的提升，虽然到2050年三种情景下五大区域的总碳汇潜力将达到7.24亿~9.27亿吨，但是也仅相当于同期碳排放量预测值88亿~121亿吨的8%左右，碳减排仍面临着巨大的缺口，亟须结合相应的减排增汇措施（比如加大可再生能源的消费占比、改变能源消费结构、提高能源利用率）以实现全球的碳减排目标。

区域协调低碳发展的路径

区域协调低碳发展的路径主要有三条：一是能源协调，主要是指可再生能源电力的协调问题，包括可再生能源电力的稳定性协调和统一负荷协调，具体来说就是通过地域联动推动可再生能源电力的互补,特别是西电东送;二是产业协调,主要是区域产业布局,重点是把一些能耗大的产业转移到西部,扩大西部地区可再生能源电力的就地消纳能力;三是碳汇协调,主要是构建碳汇市场,重点是森林碳汇。

1. 能源协调与产业协调

西部是中国太阳能、风能及水能资源的主要集中地,也是中国重要的可再生能源电力基地。由于风电、光电的间歇性和储能技术的不完备,需要与水电、生物质发电等进行互补,以增加可再生能源电力的稳定性。其中,西南的水电同当地的生物质发电及西北部的风电、光电具有天然的互补性。

西部可再生能源电力消费主要有两条路径。一是电力外销,主要是西电东送。中国各省份均重视发展能源产业,根据近几年的数据,除广东、浙江、江苏、山东、河南、河北、上海、北京、重庆等少数省份及直辖市,大部分省份都能达到用电量与发电量的平衡,甚至是电力充裕,西电东送面临较严重的省际壁垒问题。二是就地消纳,通过承接产业转移等途径发展西北的本地产业,推动可再生能源电力的就地消费。推动西北的产业特别是工业产业的发展,扩大能源就地消费规模,不仅是应对西北弃风弃光问题的重要途径,也是通过区域协调实现中国 2030 年碳排放达峰的重要路径。西北地广人稀,土地资源丰富,有承接产业转移的条件。

西南有丰富的水电资源,但该区域以山区为主,发展第二产业所需要的土地资源严重不足,需要发展或承接占地面积小的产业。

东部及中部经济相对发达,能耗总量大,但可再生能源资源不足,土地资源日趋紧张,在区域协调发展中主要是承接西电,同时需要把一些能耗大的产业转移到西部。

东北的产业发展缓慢,可再生能源资源不足,但风能等本地可再生能源可以满足本地产业需要,主要是推动能源替代,减少弃风问题。

2. 碳汇协调

为了协调区域发展，最大限度地发挥碳汇的作用，实现低碳甚至零碳发展，中国五大区域在碳汇协调方面需要重视以下几个方面。

首先，五大区域要充分利用自身地理位置优势，比如西北、中部要扩大植被面积，东北、东南、西南要进一步加强森林、草地等碳汇管理。同时，将陆地生态系统碳汇纳入全国碳交易的配额管理体系，以增加陆地生态系统的碳汇潜力，实现五大区域的多重效益减排。

其次，五大区域相关部门应加强应对气候变化的碳汇研究，包括森林、湿地、荒漠、城市绿地等生态系统的适应性研究。此外，还要完善与国际接轨的国家生态系统碳汇计量与监测技术体系。

最后，在五大区域产业结构协调发展的背景和前提下，不断完善生态系统碳汇应对气候变化的相关政策制度，通过区域间的资源优势互补，促进碳交易市场的规范发展，带动企业、组织、公众等社会各界力量积极参与，使森林植被恢复、保护和森林经营得到进一步加强，最大限度地发挥陆地生态系统碳汇在减缓和适应气候变化以及协调区域发展中的作用。

政策建议

1. 分区域、分步走建设近零碳城市

由于发展阶段不同，中国少数可再生能源开发基础较好的城市应积极推动近零碳城市建设，其他城市应大力推动新能源与可再生能源城市建设，并采取分步走战略。

第一步：2020—2035 年，建设一批 100% 可再生能源电力城市。在可再生能源电力丰富的西部建设一批 100% 以风电、光电、水电为主的可再生能源电力城市，在中部建设一批 100% 可再生能源城镇（重视风能、光能、水

能及生物质能的协调互补，且以小城镇、农村为主），在东部沿海建设一些100%可再生能源岛屿。

第二步：2036—2050年，在国内建设一批近零碳城市。首先从社区、偏远地区的小城镇着手，建设一批近零碳社区及城镇，再逐步扩展到中等城市、大型城市。在东部和中部一些基础条件较好的区域推动建设一批各种类型的100%新能源城市。

中国西部具有建设一些100%可再生能源电力城市的基础与条件，应在完善100%可再生能源电力城市标准的基础上，首先在西部积极推动100%可再生能源电力城市建设。在这一过程中，应重点关注政策与制度引导、完善市场结构、降低价格、创新技术、资金支持、规划引领、多渠道保障、争取公众支持等方面的内容。

中国各区域的太阳能、风能资源相对不足，建设100%可再生能源城市面临的挑战较大，因此更适合建设一些范围更广的100%新能源城市。一般来说，要推动100%新能源城市的实现，需要重点关注能源效率优先、扩大可再生能源在热力和运输部门的应用、最大限度地提高公民参与并推动新商业模式的发展、教育培训市民和企业等方面的内容。对绝大多数城市来说，实现100%新能源城市的目标是一个长期的过程，在实现时间的设定方面要注意可操作性，需要政府针对当地实际情况制定一个长期规划，然后分步骤完成。

2. 实施绿色电力配额，防范盲目上马项目

绿色电力配额制有利于推动各省积极开发利用可再生能源电力。当前，中国实施绿色电力配额制的各项条件都趋于成熟，应尽快实施。理论上，由于中部及东部可再生能源资源不足，实施绿色电力配额制有利于打破西电东送的省际壁垒，倒逼中部及东部各省从西部外购可再生能源电力。但在实际工作中，东部和中部开始大量出现不顾实际情况盲目上马太阳能及风能项目的情况。例如，近年来，东部和中部的很多地方安装了大量的风力发电机组，

但一些区域的风力资源严重不足，大量风力发电机在一年的大多数时间中处于闲置状态。导致这一问题的原因主要有两点：一是政绩工程，为完成绿色能源开发利用任务或增加当地 GDP 而开展工程建设，有意忽视投入产出比；二是套取国家补贴资金，这方面不仅有企业的参与，也涉及一些地方政府。

针对这一问题，应从资源可开发潜力、盈利潜力等角度加大对相关工程的审核力度，严禁一些投入产出比低的项目上马。这不仅有利于减少政绩工程项目，也有利于推进西电东送工作，通过区域协调推进中国的低碳发展。

3. 强化西部区域双重功能，加快实现碳达峰

在中国区域协调低碳发展过程中，西部承担着双重责任：一是承担着承接产业转移的责任，以利于东部、中部的去能减排；二是承担着西电东送的责任，以利于东部、中部的能替减排。

根据前面的研究可以看出，无论在哪种情景下，西北的碳达峰时间都相对滞后，原因在于，该区域属于产业发展的低梯度地区，需要承接产业转移。西南也属于产业发展的低梯度区域，但该区域以山地为主，产业发展空间有限，且水电丰富，碳达峰压力相对较小。

西部可再生能源电力丰富，属于能源的高梯度区域，与其他第二产业的梯度转移相比是逆向的，西电东送有利于推动东部及中部的能源替代，减少碳排放。同时，加大西北可再生能源就地消纳的规模，有利于减轻西电东送面临的省级壁垒压力。在产业空间布局方面，建议把西北定位为可再生能源电力基地及"一大两高三低"类型的智能化重型产业基地。"一大"是指占地面积大，比如光伏发电；"两高"是指高能耗及高危行业，比如冶金、化工等；"三低"是指低水耗、低产业链配套要求及对交通成本的低敏感性。"一大两高"是东部和中部的弱项，"三低"属于西北发展的限制性条件。在传统重工业（包括钢铁、冶金、机械、能源、化学、材料等工业）中，符合"一大两高三低"要求的产业基本都属于重型产业。

把西北定位为智能化重型产业基地及可再生能源电力基地的主要依据：

一是西北太阳能及风能资源丰富，有成为可再生能源电力基地的基础条件，在可再生能源电力具有市场竞争力后，适合发展高能耗类产业；二是西北矿产资源丰富，本身就适宜发展多种重型产业；三是"智能化"有利于应对西北人力资源不足及自然环境不适合人居的问题；四是西北土地资源丰富，东部及中部土地资源紧缺，这种基本态势决定了西北适合发展占地面积大及高危类产业；五是西北地广人稀、水资源缺乏及产业配套不足，决定了西北发展的产业要具有低水耗、低产业链配套要求及对交通成本低敏感性等特性。

要把西北打造成智能化重型产业基地及可再生能源电力基地，需要国家在产业布局、工业用地、清洁能源的开发利用、生态环境保护等方面给予宏观政策支持。特别是在工业用地指标及生态环境保护指标方面，应给予充分松绑。西北很多所谓的林地没有几棵树，农用地也只是戈壁滩，不能用东部及中部的标准来要求西北。

4. 充分发挥西南区域水电优势

近年来，信息产业的能耗增长迅速。随着智慧时代的来临，智慧产业中的大数据处理等一些能耗大的行业对能耗的需求将快速增加。四川、云南、贵州等省的水电丰富区域多为山地，不适合发展占地大的产业。在云南、贵州等省的气候环境适合区域增加一些类似贵州大数据处理的基地，既能充分发挥这些区域水电资源丰富的优势，减少弃水问题，又能分散风险，保障以大数据为代表的信息产业的安全。

西北风电及光电资源丰富，但大规模开发需要建设大量的火电以进行调峰。从理论上看，要避免这一问题，最好的解决方案是与西南进行合作，利用水电进行调峰。通过建立西部可再生能源电力联盟等机构或组织，推动整个西部的风、光、水互补。但由于面临省际壁垒问题，要推动西部各省在可再生能源电力开发利用方面加强合作，需要从国家层面进行协调及制度安排。

5. 打破传统"融合式 + 集中式"的城市及产业布局模式

在传统经济范式下，人与产业是融合在一起的，产业布局模式可被归纳为"融合式 + 集中式"。在该模式下，人与产业高度融合（产城融合），并以城市为中心进行"摊大饼"布局，容易带来较大的交通压力及严重的环境污染等"城市病"问题，导致碳排放总量大且较为集中。

随着中国城市化进程的加快，未来人口将向大都市、城市群等区域转移，自然环境较差区域及远离大都市区域的人口将越来越少。在大都市及城市群，如果沿用传统的产城融合及集中式产业布局模式，将加剧"大城市病"问题，使近零碳城市建设难度增大。

智慧技术和智能经济范式推动分离式与分布式产业布局模式的出现及应用。分离式产业布局是指智能化程度高的产业（无人工厂等）与城市在地理空间上分离（产城分离），智能化程度高的企业对劳动力的集聚效应弱化，在空间布局上应逐步与城市人口集中区域分离。分布式布局的主要特点是多中心，以"点状""线状"等形成多个卫星城的空间布局形态。对一座城市或一个区域来说，"分离式 + 分布式"的空间布局有利于形成多中心的产业布局模式，能大幅度减少城区能源消费的集中度，并有利于发展分布式能源，在一定程度上降低近零碳城市建设面临的碳排放压力。

6. 完善并积极采用"基于自然的近零碳城市解决方案"

"基于自然，顺应自然，利用自然"是中国生态文明建设的基本要求，在中国区域协调低碳发展及近零碳城市建设过程中，应重视发挥"基于自然的解决方案"（NbS）的应用，完善"基于自然的近零碳城市解决方案"。

一是重视 NbS 在城市建设中的应用。从绿色城市、森林城市、生态城市、公园城市到低碳城市，以及中国提出的园林城市、生态园林城市、资源节约型与环境友好型城市等侧重于生态环境保护的各类城市，尽管城市建设的侧重点有所差异，但 NbS 在这些城市类型中也有大量的体现。

通过城市森林、湿地及建筑物外挂植物（南方城市）等措施来固碳，以及通过被动房利用太阳能等森林城市与生态城市建设的重要内容,都属于基于自然的低碳方案。同时,要重视五大区域间的差异性,在西部的一些区域及西藏的大部分地区,由于水资源缺乏,植树造林应科学进行,盲目扩大林地规模不仅不可行,而且会破坏自然。

二是重视发挥森林碳汇市场的作用,推动碳汇的区域协调。中国西南及东北森林覆盖率高,激活森林碳汇市场有利于通过区域协调更大地发挥森林碳汇的作用。首先,中国五大区域要充分利用自身的地理位置优势,比如西北、中部主要是扩大植被面积,而东北、东南、西南要进一步加强森林、草地等碳汇管理。其次,将陆地生态系统碳汇纳入全国碳交易的配额管理体系,以增加陆地生态系统的碳汇潜力,实现五大区域多重效益减排。

三是基于自然的低碳能源方案。光电、风电及水电属于技术驱动型的基于自然的低碳能源方案,建设 100% 可再生能源城市属于典型的基于自然的低碳解决方案,也是建设近零碳城市的重要路径之一。

第三章

中国国际贸易、产业转移与低碳发展

本章从全球低碳经济发展的大背景出发，探讨了新时代下中国国际贸易和产业转移低碳发展的意义、趋势、影响机制和政策措施。

（1）系统梳理了与国际贸易和产业转移相关的低碳发展理论、政策和研究成果，从全球、南北国家和国别三个层面收集整理了经济端和环境端数据，基于历史数据分析了国际贸易、产业转移以及碳排放水平的演变趋势，为研究的开展提供了翔实的背景资料。

（2）对中国国际贸易和产业转移碳排放变化趋势进行了总体定性判断，分别计算了自20世纪90年代以来中国国际贸易和产业转移的碳排放水平，并基于计算数据分别分析了中国国际贸易和产业转移所产生碳排放水平的演变趋势，还计算并分析了受国际贸易和产业转移影响的外向型经济对中国碳排放水平的影响，即探讨外向型经济对于推动中国跨越环境库兹涅茨曲线的作用及变化趋势。

（3）构建了国际贸易和产业转移与碳排放水平影响机制的理论模型，从宏观、中观、微观三个层面探讨了国际贸易和产业转移与碳排放的相互影响因素，并构建了影响因子数据矩阵，通过建立计量经济模型对影响因子相关性进行了实证检验。

（4）依据以上成果，从贸易结构、投资结构以及配套政策支持，包括法律体系、财税政策、金融政策、市场机制、监管体制与国际治理等方面，提出了国际贸易和产业转移助力中国低碳发展的政策建议。

背景分析

在全球资源能源趋紧和气候变化的约束下，低碳经济成为全球经济发展的大趋势。中国自20世纪90年代以来承接了第四次国际产业转移，再加上近几十年以出口导向型经济为主，从而成为世界碳转移和碳排放第一大国。碳排放问题使中国在国际贸易和国际气候谈判中面临巨大压力。2015年中国加入《巴黎协定》，开始积极推进和引领全球气候治理。

关于国家贸易和产业转移领域碳排放的研究非常丰富，已经构成了环境经济学领域的一个分支。但现有研究存在一些比较大的缺陷：一是研究数据老化，现有的所有研究数据均集中在2000—2010年，没有近10年的最新动态；二是缺乏系统阐述影响机制的理论构建。现有的研究观点认为，中国出口贸易和承接国际产业转移是造成中国巨大碳排放量最直接也是最主要的原因。

伴随2008年全球金融危机所导致的全球经济格局重构，以及党的十八大、十九大以来我国将生态文明体制改革上升到五位一体国家战略层面，中国国际贸易和产业转移与碳排放水平显著正相关的关系是否已经扭转？中国国际贸易和产业转移对中国环境库兹涅茨曲线又起到怎样的作用？希望本章的研究，能够为中国国际贸易和产业转移在环境污染方面正名，探讨国际贸易和产业转移对中国碳排放的影响机制，并提供推动中国国际贸易和产业转移低碳发展的一系列可行的政策建议。

关于碳排放水平的定性判断

在低碳经济条件下，碳排放问题成为世界各国经济发展的重要约束条件，碳排放权成为稀缺要素并参与资源配置，因而给以比较优势、资源禀赋、国家竞争优势等因素为特点的传统国际贸易和跨国投资理论带来了新的挑战。目前，在国际贸易和跨国投资领域，碳规制问题仍存在巨大争议，但并不影响低碳经济日益成为影响全球贸易分工和投资流向的重要因素。

当前，世界发达国家和地区在碳排放问题上立场不尽相同。欧盟是全球低碳经济的发起者和倡导者，也是全球气候变化谈判的主要推动者，低碳已经成为欧盟经济竞争力的重要支柱。欧盟在21世纪初就制定了低碳发展战略，同时通过启动一系列计划、法律、法规、标准、政策来落实低碳发展目标并承担减排责任。欧盟也是全球最早提出碳关税等碳相关环境贸易壁垒和投资壁垒的地区，并以此保护欧盟相关产业竞争力。相对于欧盟，美国在应对气候变化问题上态度较为消极，美国在低碳经济方面主要关注新能源开发和技术创新。日本则逐步形成了包括新能源开发、技术创新、制度变革和生活方式转变在内的全方位低碳战略，并逐步完善了城市级碳排放交易机制，以推进温室气体减排。但与欧盟相比，日本在低碳经济层面并未过多涉及贸易和投资领域。

当前，国内外在国际贸易和产业转移领域对碳排放的研究主要集中在两个方面：一是国际贸易和产业转移对碳排放水平的影响，二是低碳经济引发的贸易和投资条件改变对国际贸易和产业转移产生的影响。虽然在这两个方面均有大量学者从理论层面和实证角度进行详细阐述，但如前所述，由于研究数据老化和碎片化问题，该领域研究缺乏系统性、历史性的观察问题视角，这也为本章的研究提供了创新空间。

关于碳排放水平的定量计算

在分析中，我们在世界贸易组织、经济合作与发展组织、世界银行、联合国贸易和发展会议、国际货币基金组织和英国石油公司的数据库中搜索了国际贸易、跨国投资和碳排放从 1980 年至今约 40 年时间跨度的相关数据，从全球、南北国家和国别三个层面进行宏观演变趋势的分析，从而为本章的研究提供了一个宏观数据趋势背景。

从全球层面来看，世界贸易数据、投资数据和碳排放数据总体呈增长趋势，但均在 2008 年全球金融危机后出现断崖式下跌。2017 年全球贸易总额约为 23 万亿美元（约占全球 GDP 的 30%），跨国直接投资约为 1.5 万亿美元，碳排放总量约为 334 亿吨。

从南北国家层面来看，发达国家（经合组织国家）的贸易额一直高于发展中国家（非经合组织国家），但两者的差距在不断收窄。FDI 流入量（外商直接投资）和 FDI 流出量（对外直接投资）的差距也在不断收窄，尤其是发展中国家对外直接投资近年来迅猛增长，学术界称这种现象为国际资本流动悖论（卢卡斯悖论）。在碳排放总量方面，发展中国家在 2004 年反超发达国家。在人均碳排放量方面，发达国家远高于发展中国家。在碳排放强度，也就是单位 GDP 碳排放量方面，发达国家则远低于发展中国家，但发展中国家近年来碳排放强度降幅非常明显。

从国别层面来看，除欧盟外，中国目前是仅次于美国的世界第二大贸易国。中国的外贸依存度在 2006 年一度达到 70%，远高于其他主要国家，2017 年下降到 40%。中国的 FDI 流入量总体趋势是稳步上升的，FDI 流出量在 2007 年后快速上升，这个趋势与发展中国家总体对外投资趋势相同，国际资本流动悖论在很大程度上也成为"中国之谜"。在碳排放总量方面，中国于 2004 年超过欧盟、2006 年超过美国，成为世界碳排放第一大国，2017 年碳排放量约为 92 亿吨。在人均碳排放量方面，中国在 2005 年超过全球人均碳排放水平，目前与欧盟持平。在碳排放强度方面，中国在 20 世纪八九十年代远高于其他主要国家，但自 1995 年后降幅非常明显，目前已经低于俄罗斯和印度。

对碳排放影响机制的理论模型

定性判断

基于内、外两种因素的分析，可以对中国国际贸易和产业转移的碳排放水平变化趋势做一个总体的定性判断。内在因素的分析，即中国国际贸易和产业转移自身的结构特征；外部因素的分析，即在国际贸易和产业转移领域，碳排放最大的不确定性不仅来自技术的不确定性，更来自国际政治经济环境的不确定性。由此，我们可以从两个角度做出定性判断：一是国际贸易和产业转移对中国碳排放的影响，即什么时候和什么条件下可以实现国际贸易和产业转移领域的碳达峰和碳中和；二是实施碳规制对中国国际贸易和产业转移的影响，即怎样实现碳规制对国际贸易和产业转移的调控作用，这个调控作用既包括限制作用也包括促进作用。

在国际贸易方面，从内在因素（自身结构）来看，中国从 1984 年开始实现贸易盈余，且商品贸易一直处于顺差状态（服务贸易是逆差，服务贸易占比历年稳定在 10% ~ 15%），2018 年总体顺差约为 0.3 万亿元。从行业结构来看，中国的出口行业结构比例历年没有发生明显变化，而进口行业中的第三产业近年来大幅增长。从外部因素（国际环境不确定性）来看，中美贸易战以及世界贸易组织改革极有可能将长期导致中国国际贸易环境持续恶化、贸易摩擦进一步加剧。基于此判断，中国国际贸易的碳排放总量可能已实现达峰，但要实现碳中和，中国的碳排放强度以 2017 年为基年至少要下降 75%。

在产业转移方面，从内在因素（自身结构）来看，中国对外直接投资近年来迅猛增长，甚至在 2014 年、2015 年、2016 年连续三年的跨国投资是净流出状态。从投资结构来看，FDI（外国直接投资）流入量在近十几年出现了倒置。第一产业和第三产业从 2004 年占总投资比重的 25% 上升至 70%，而制造业则从 70% 下降至 25%。而 FDI 流出量一直都集中在第三产业，占比为 75%~80%。从外部因素（国际环境不确定性）来看，中美对抗、其他国家抵制都会对中国对外直接投资产生较大影响，也会给中国自身的跨国投资政策带来不确定性。基于此判断，中国跨国直接投资碳排放总量可能已实现达峰，且在理论上也已接近实现碳中和。

碳规制对中国国际贸易和产业转移的反制影响可以从两方面来看：一是限制作用，就是利用碳排放标准来设立贸易和投资壁垒，在这方面欧盟是全球环境壁垒的发起者和推动者；二是促进作用，就是利用碳排放标准来控制制造业和投资回流，在这方面美国特朗普政府在全球范围内积极签署双边、区域贸易和投资框架协议，其中比较重要的一点就是采用更严格的环境标准（包括碳排放标准）和劳工标准，迫使制造业和投资回流美国。

定量计算

我们具体测算了 1990 年至今跨度近 25 年的中国国际贸易和产业转移碳排放水平。总体测算思路是先计算分行业碳排放强度和总量，然后乘以分行业贸易值和 FDI 产出值，计算得到国际贸易和产业转移碳排放总量和强度，国际贸易和产业转移的并集就是中国外向型经济引致的碳排放水平。对于国际贸易和产业转移的测算结果，均从总量、结构、强度、脱钩水平四个方面进行分析。

1. 国际贸易领域测算结果

从国际贸易碳排放总量来看（图 3-1），中国出口贸易直接碳排放总量波动较小，1992 年约为 0.8 亿吨，2012 年达到历史峰值（约 2.5 亿吨）；中国出口贸易隐含碳排放总量变化较为剧烈：1992—2002年逐渐缓慢上升，2002—2007年则呈急剧上升趋势，并在2007年达到历史峰值（约28.2亿吨），这与中国加入世界贸易组织后出口导向型经济的形成有关。受经济危机影响，2012年中国出口贸易隐含碳排放总量降至约22亿吨，其后数年基本维持在这一水平。从占比来看，出口贸易直接碳排放总量占中国碳排放总量的比重较小，基本维持在2%~4%区间内；隐含碳排放总量占比则较高且波动较大，1992年占比约14%，至2007年攀升至46%，几乎占据中国碳排放总量的半壁江山，之后占比回落到25%左右。

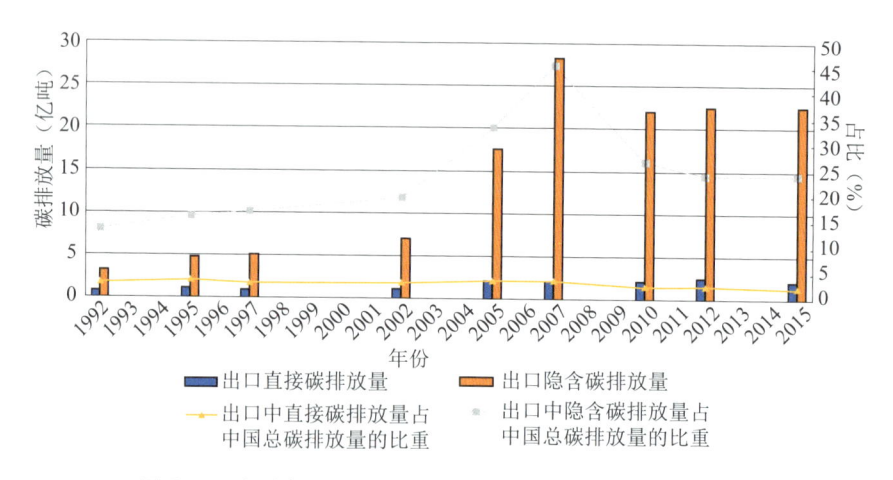

图3-1 中国出口贸易的直接和隐含的碳排放总量及其占比

从国际贸易碳排放结构来看（图3-2），在直接碳排放方面，出口贸易高碳行业集中在化学工业、纺织业及能源相关行业。具体来说，化学工业、纺织业、非金属矿物制品业、石油和天然气开采业及石油、炼焦产品和核燃料加工业、金属冶炼及压延加工业出口贸易的直接碳排放量总计占中国出口贸易直接碳排放总量的60%~75%。其中，纺织业、石油和天然气开采业及石油、炼焦产品和核燃料加工业出口贸易的直接碳排放量占比整体呈现下降趋势，其他行业波动较大，这与出口贸易的结构变化有关。在隐含碳排放方面，出口贸易高碳行业逐步从纺织相关行业转向电气机械及器材制造业、机械工业（图3-3）。20世纪90年代，纺织相关行业出口贸易的隐含碳排放水平在各行业中名列前茅。然而，到2015年，纺织相关行业隐含碳排放量虽较1992年有所上升，但占比大幅度下滑。与此同时，电气机械及器材制造业、机械工业的出口隐含碳排放水平上升。近年来，电气机械及器材制造业、机械工业已经取代纺织相关行业成为出口贸易中隐含碳排放水平最高的行业。

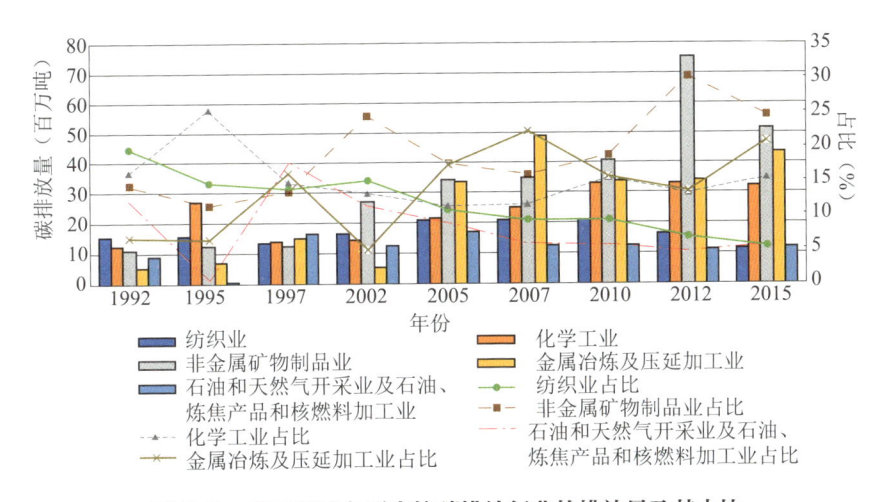

图3-2 出口贸易主要直接碳排放行业的排放量及其占比

图3-3 出口贸易主要隐含碳排放行业的排放量及其占比

从国际贸易碳排放强度来看，在直接碳排放强度层面，中国出口贸易直接碳排放强度一直远低于中国总体碳排放强度；在隐含碳排放强度层面，在2007年前，中国出口贸易直接碳排放强度也一直低于中国总体碳排放强度（图3-4）。这说明，在2007年前，中国出口贸易实际上对中国总体碳排放强度下降起到了积极作用。但二者差距在不断收缩，说明出口贸易对中国低碳发展的贡献在不断收窄，在2007年后，出口贸易隐含碳排放强度与中国总体碳排放强度趋于接近，甚至一度超出，比如2015年出口贸易隐含碳排放强度（0.91千克/美元）略高于中国平均碳排放强度（0.82千克/美元）。这些数据表明，出口结构以及出口贸易附加带来的技术进步等已经滞后于中国整体产业结构调整、技术进步和节能减排的步伐，这也从侧面证明，中国出口贸易转型升级势在必行。同时，相对于中国工业部门碳排放强度，第二产业占比约90%的出口贸易碳排放强度依然较低，但二者的差距也在不断收窄。

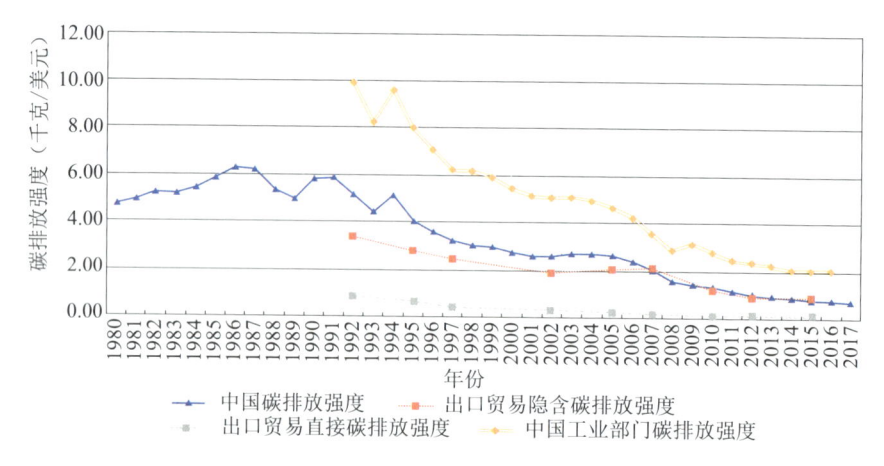

图3-4 中国出口贸易的直接碳排放强度、隐含碳排放强度
与中国平均碳排放强度、工业部门碳排放强度的比较

从国际贸易碳排放脱钩水平来看，在碳排放总量层面（图3-5），2012—2015年出口贸易的直接碳排放量对出口额已经实现了绝对强脱钩，说明近

几年出口贸易额在保持快速增长的同时，实现了出口贸易直接碳排放量（绝对值）的减少。此外，同期出口贸易的隐含碳排放量对出口额虽仍处于相对强脱钩，但已经十分接近绝对弱脱钩（弹性系数为 0.04）。从碳排放强度的角度来看（图 3-6），脱钩更为显著：2012—2015 年，出口直接碳排放强度对出口贸易额的弹性系数为 –2.25%，为各时期最低值，表明中国直接碳排放强度对出口贸易额的绝对强脱钩关系达到了历史最高水平；出口隐含碳排放强度对出口额的脱钩弹性系数为 –0.86，较 2010—2012 年的绝对弱脱钩程度进一步加深。

综上所述，本章关于中国国际贸易碳排放水平的测算结果隐含着三个重要的政策含义：一是中国国际贸易曾对促进中国总体碳排放强度（环境库兹涅茨曲线）下降起到积极作用；二是近年来国际贸易对中国低碳发展的贡献作用不断收窄；三是鉴于中国国际贸易碳排放强度已与中国平均碳排放强度曲线基本拟合甚至出现反超，意味着中国已达到需要在国际贸易领域设立碳规制的临界点。至于具体如何在国际贸易领域设置碳规制以进一步推动中国低碳发展，还有待进一步深入研究。

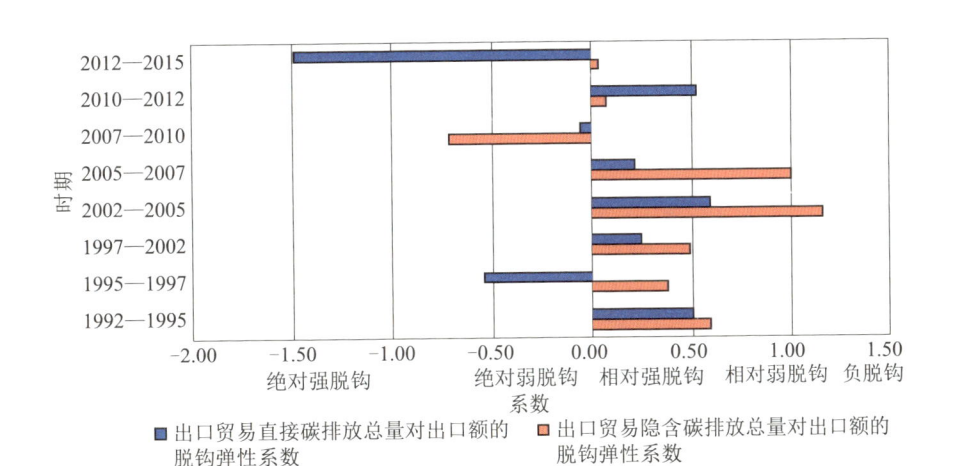

图 3-5 出口贸易直接和隐含的碳排放总量对出口额的脱钩弹性系数

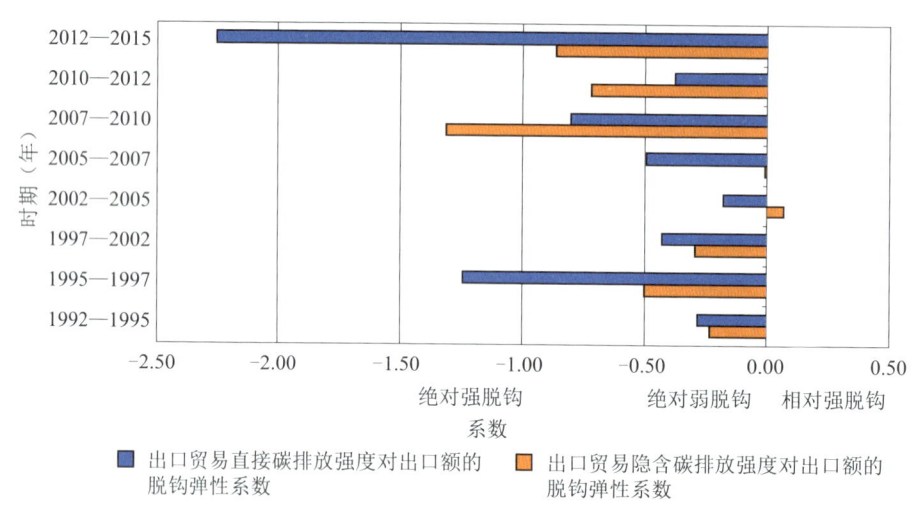

图 3-6　出口贸易直接和隐含的碳排放强度对出口额的脱钩弹性系数

2. 产业转移领域测算结果

从产业转移碳排放总量来看（图 3-7），中国（依托 FDI 流入量）承接国际产业转移所产生的直接碳排放总量呈缓慢上升趋势：直接碳排放总量在 1995 年约为 22 亿吨，2012 年达到历史峰值（约 80 亿吨），2015 年略有下降。隐含碳排放总量则呈现前期相对平稳中期急剧攀升而后期又趋于平稳的趋势：1995 年约为 52 亿吨，且 2002 年前增长相对缓慢；2002—2007 年，隐含碳排放总量呈迅速上升趋势，并于 2007 年达到峰值（约 353 亿吨），相对于 1995 年增长了 6 倍，这与中国加入世界贸易组织后外商直接投资增速加快有关，也与承接大量高碳和低端产业有关；2007 年后，隐含碳排放总量基本保持平稳，没有较大波动。从占比来看，直接碳排放总量占中国碳排放总量的比重变化相对缓和、先升后降，基本在 8%～10% 的区间浮动。而隐含碳排放总量占比则呈现先急剧上升而后下降再到趋于平稳的较为明显的变化趋势：1997—2007 年，隐含碳排放总量占比从约 15% 急剧攀升至历史峰值（57%）；之后又急剧下降，至 2010 年后逐步趋于平稳并略有下降，

2015年回落至38%。

图3-7 中国（依托FDI流入量）承接国际产业转移的直接和隐含的碳排放总量及其占比

从产业转移碳排放结构来看，在直接碳排放层面（图3-8），中国（依托FDI流入量）承接国际产业转移所产生的碳排放主要集中在电力及热力的生产和供应业、化学工业、金属冶炼及压延加工业、非金属矿物制品业，这4个行业的直接碳排放量占中国碳排放总量的80%以上。其中电力及热力的生产和供应业高居榜首，原因是该行业自身碳排放强度很高，但自2002年起占比呈明显下降趋势，这与FDI流入量的结构变化有关。从隐含碳排放角度来看（图3-9），前四位行业分别是化学工业，交通运输设备制造业，电气机械及器材制造业，电子及通信设备、仪器仪表及文化办公用品制造业，占总量的40%~60%。其中，占比最高的是电子及通信设备、仪器仪表及文化办公用品制造业，在2005年达到24.03%，而后逐步下降；化学工业占比先降后升；交通运输设备制造业、电气机械及器材制造业占比都呈缓慢上升趋势。

从产业转移碳排放强度来看，碳排放强度，即单位GDP碳排放量，是

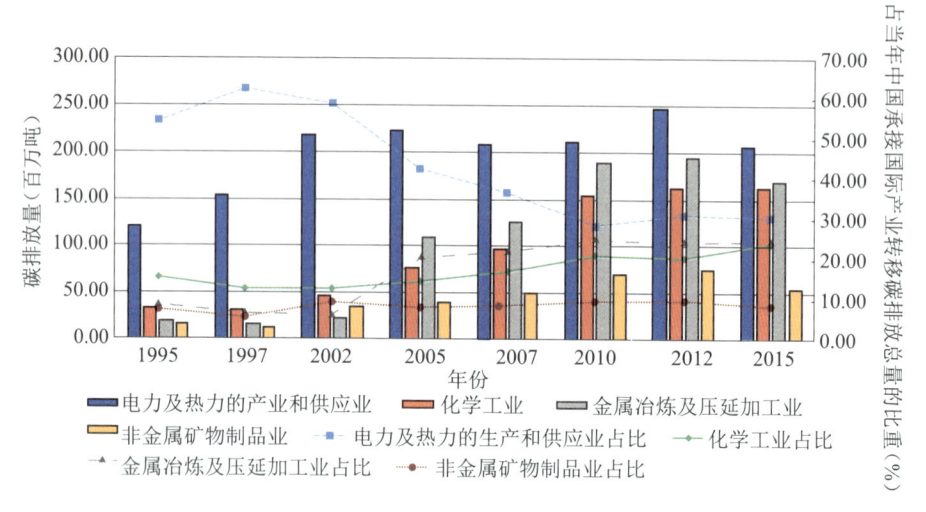

图 3-8 中国（依托 FDI 流入量）承接国际产业转移直接碳排放量前四位行业

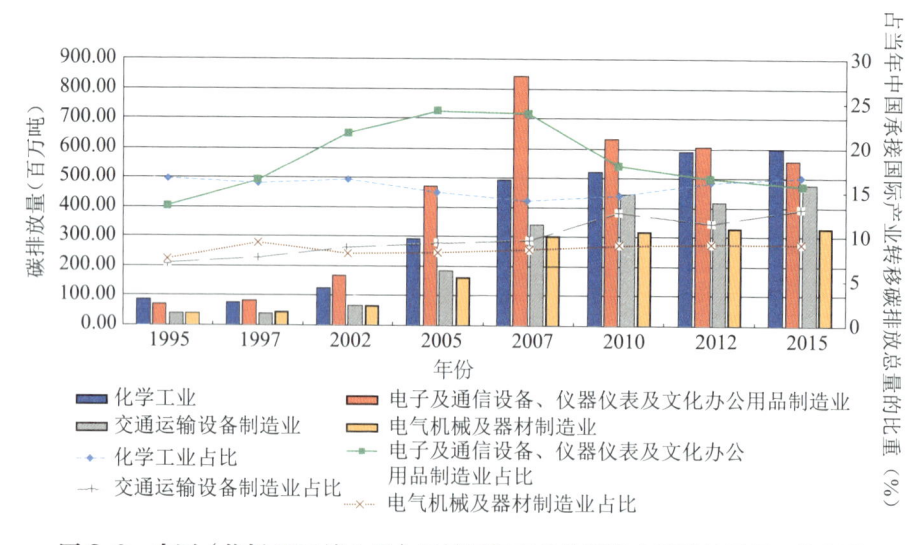

图 3-9 中国（依托 FDI 流入量）承接国际产业转移隐含碳排放量前四位行业

反映碳排放经济效率的重要指标。虽然自 20 世纪 90 年代以来，中国（依托 FDI 流入量）承接国际产业转移产生的碳排放总量明显扩大，但从强度来看

（图 3-10），在相当长时期内都低于（隐含碳排放强度）甚至一直远低于（直接碳排放强度）中国平均碳排放强度。换言之，国际产业转移的技术溢出效应以及对中国产业结构的影响，尤其是在中国承接国际产业转移初期，显著促进了中国总体碳排放强度的下降。在 2007 年前，中国（依托 FDI 流入量）承接国际产业转移的直接碳排放强度和隐含碳排放强度与中国总体碳排放强度的差距相对明显，换言之，其对于促进总体碳排放强度下降的作用较大。而在 2007 年后，直接碳排放强度与中国总体碳排放强度的差距逐步收窄，隐含碳排放强度也与中国总体碳排放强度的变化曲线基本重合，甚至在 2007 年高于总体碳排放强度，这表明伴随中国发展模式的转变和中外技术差距的缩小，国际产业转移对降低中国总体碳排放强度的边际效应在不断减弱，对中国低碳发展的贡献也在逐步收窄。

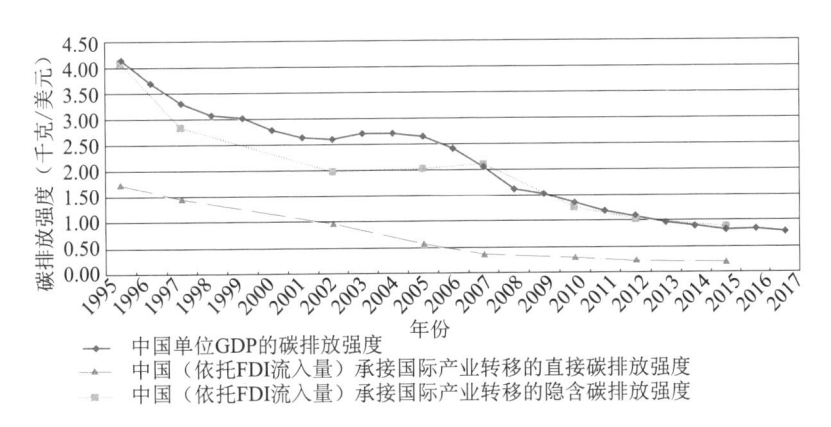

图 3-10 中国（依托 FDI 流入量）承接国际产业转移的直接和隐含的碳排放强度与中国碳排放强度变化趋势

从产业转移碳排放脱钩水平来看，在碳排放总量层面（图 3-11），在 2007 年前，碳排放总量增长率长期快于 FDI 流入量增长率，脱钩系数大于 1，呈"负脱钩"趋势。其中，隐含碳排放总量"负脱钩"趋势尤其明显，2005—2007 年负脱钩系数高达 5.2，即碳排放总量增长率是 FDI 流入量增长率的 5 倍之多；2007—2012 年，无论是直接还是隐含碳排放总量都已实现"相对脱钩"，即碳排放总量虽然仍处于增长状态，但其增长率慢于 FDI 流入量增长率；在 2012 年后，碳排放总量与 FDI 流入量实现了"绝对脱钩"，即直接碳排放总量和隐含碳排放总量均实现负增长。在碳排放强度层面（图 3-12），其脱钩趋势呈波动状态，但无论是直接还是间接碳排放强度都与 FDI 流入量呈"脱钩"状态，且除 2002—2007 年隐含碳排放强度与 FDI 流入量"相对脱钩"，其他时段均为"绝对脱钩"，即碳排放强度均呈下降趋势；2010—2012 年，碳排放强度对 FDI 流入量绝对脱钩程度最高，即碳排放强度的负增长率是 FDI 流入量增长率的 3 倍之多。总体而言，中国（依托 FDI 流入量）承接国际产业转移所产生的碳排放总量和碳排放强度对 FDI 流入量的脱钩程度都在不断增强。原因之一是中国在承接国际产业转移的同时也在积极吸纳国外先进技术；原因之二在于外商投资结构的优化，表现为跨国企业在中国高技术制造业和高技术服务业领域投资不断加大。此外，碳排放水平脱钩也与中国转变发展方式、积极应对气候变化、在环境保护领域顶层制度设计和监管不断完善有关。而中国如何在未来抓住全球价值链重构机遇，在深度参与国际产业转移中实施低碳发展战略，以实际行动引领全球气候治理，是个值得继续深入探讨的问题。

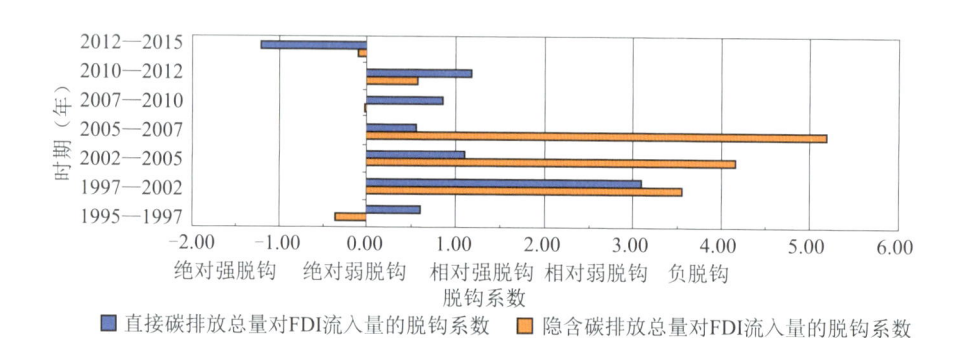

图 3-11 中国（依托 FDI 流入量）承接国际产业转移的直接和隐含的碳排放量与 FDI 流入量的脱钩系数

图 3-12 中国（依托 FDI 流入量）承接国际产业转移的直接和隐含的碳排放强度对 FDI 流入量的脱钩系数

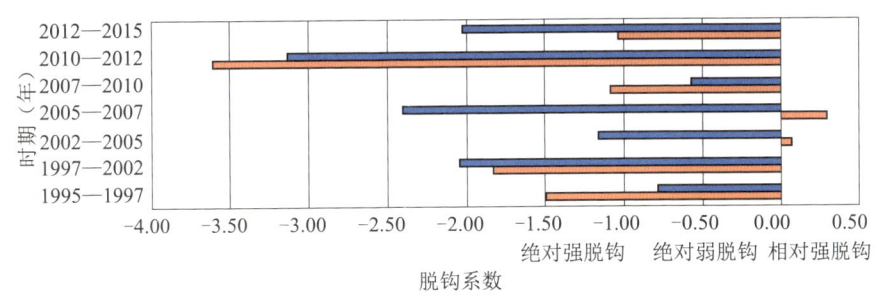

综上所述，本章关于中国（依托 FDI 流入量）参与国际产业转移碳排放水平的测算结果，隐含着三个重要的政策含义：一是中国（依托 FDI 流入量）承接国际产业转移曾对促进中国总体碳排放强度（环境库兹涅茨曲线）下降起到积极作用；二是近年来外商直接投资对于中国低碳发展的贡献作用不断收窄；三是鉴于中国（依托 FDI 流入量）承接国际产业转移碳排放强度已与中国平均碳排放强度曲线基本拟合甚至出现反超，意味着中国已达到需要在外商投资领域设立碳规制的临界点。至于具体如何在产业转移领域设置碳规制以进一步推动中国低碳发展，还有待进一步深入研究。

国际贸易和产业转移的碳排放并集，就是中国外向型经济引致的碳排放水平。研究表明，外向型经济的发展模式虽使中国付出了巨额碳排放的高昂代价，但不可因此否认其对中国跨越库兹涅茨曲线拐点的贡献。从碳排放总量的角度来看，2007 年至今外向型经济的直接碳排放量持续下降，但隐含碳排放量一直在 50 亿吨附近波动。换言之，目前中国已经遏制了外向型经济隐含碳排放量持续升高的势头，但仍在环境库兹涅茨曲线拐点附近呈胶着状态。从碳排放强度的角度来看，中国平均碳排放强度持续下降，意味着中国已经跨越了环境库兹捏次曲线拐点，其中外向型经济的直接碳排放强度显著低于中国平均碳排放强度，表明其所带来的技术溢出效应、外资和出口贸易结构的优化对中国跨越环境库兹涅茨曲线拐点起到了促进作用。

对碳排放影响机制的计量检验

理论模型

国际贸易和产业转移作为国家间最重要的两种经济交流方式，对一国的经济发展状况影响深远，对与经济发展密切相关的碳排放也有着重大的影响。我们从宏观、中观、微观三个层面，以及国际贸易和产业转移对碳排放的影响与碳排放的反制影响两个角度，探讨国际贸易和产业转移与碳排放水平之间的影响机制，碳排放水平又可以通过碳排放总量和碳排放强度两个指标来表征。各影响层面和影响因子对碳排放总量和强度的影响各不相同。

在宏观层面，即基于国际和总量视角，国际贸易和产业转移对碳排放的影响因素包括总量效应和规模效应，碳排放对国际贸易和产业转移的反制影响因素包括气候变化、国际规则制定；在中观层面，即基于国家和结构视角，国际贸易和产业转移对碳排放的影响因素包括碳转移、产业结构升级、贸易结构升级和投资结构升级，碳排放对国际贸易和产业转移的反制影响因素包括国家间碳排放权分配和国家承担减排责任；在微观层面，即基于个体和技术视角，国际贸易和产业转移对碳排放的影响因素包括技术进步、贸易政策、投资政策和产业政策等，碳排放对国际贸易和产业转移的反制影响因素包括碳相关技术壁垒、碳边境调节税、国家环保政策、碳相关技术标准以及公众舆论等。

计量检验

我们根据理论模型建立影响因子数据库，基于数据可获取性，并剔除典型自相关因子，最终选取 GDP（宏观层面）、高技术产品出口占工业制成品出口比重（中观层面）、研发投资占 GDP 比重和环境污染治理投资占 GDP 比重（微观层面）为自变量，外向型经济碳排放总量和碳排放强度为因变量，建立计量经济模型进行实证检验。由于计算数据受限于投入产出表公布年份的不连续性，因此，在研究中首先采用三次样条插值法对碳排放总量和碳排放强度缺漏年份数据进行填补，并基于此建立时间序列模型，并分别对模型进行平稳性检验、协整检验和格兰杰因果关系检验。

在碳排放总量层面，模型结果显示，外向型经济隐含碳排放总量和 GDP 之间并不是简单的线性关系，而是存在倒 U 形关系，即随着 GDP 的增加，外向型经济隐含碳排放总量先升后降，环境库兹涅茨曲线成立。模型结果还显示，技术进步（研发投资占 GDP 的比重增加）对降低外向型经济隐含碳排放总量有积极作用，但可能受多重共线性的影响，环境污染治理投资占 GDP 的比重（RateEnvir）与外向型经济隐含碳排放总量正相关。此外，高技术产品出口占比增加是导致外向型经济隐含碳排放总量增加的格兰杰原因，这说明从总量来看，贸易结构升级使中国经济进一步融入世界经济，推动了中国外向型经济隐含碳排放总量的增长。

在碳排放强度层面，模型结果显示，GDP 增长引致的规模效应对外向型经济隐含碳排放强度下降起到了显著促进作用。此外，技术进步（研发投资占 GDP 的比重上升）、贸易结构升级（高技术产品出口占工业制成品出口的比重上升）、环保投入增加（环境污染治理投资占 GDP 的比重上升）均显著推动了外向型经济隐含碳排放强度的下降。

政策建议

虽然一国的政策制定需要综合考虑政治、经济、文化、社会、生态等各方面的影响，不可能仅从低碳发展角度出发，但如前所述，在中国国际贸易和产业转移领域，已达到需要将碳规制纳入战略布局的临界点。基于此，我们从国际贸易调整、产业转移调整以及相关配套政策支持三方面提出了中国国际贸易和产业转移低碳发展的政策建议。

1. 在国际贸易调整层面

从出口贸易角度来看，中国应优化出口贸易结构，构建绿色核算体系，调整区域出口结构，保障低碳战略实施，支持战略性新兴产业出口，培育绿色创新能力。从进口贸易角度来看，中国应扩大进口贸易规模，缓解出口负环境效应，优化进口贸易结构，提升国内资源配置。

2. 在产业转移调整层面

从承接国际产业转移角度来看，中国应调整外资引进策略，加快国内产业转型升级，持续引入减排技术，充分发挥外资溢出效应。从对外产业转移角度来看，中国应承担大国减排责任，实行绿色"走出去"战略，支持和培育跨国公司，促进资源全球配置，加快优势产业收购兼并，追求低碳安全和公平竞争。

3. 在相关配套政策支持层面

从健全法律体系角度来看，中国应完善能源立法体系，完善国际贸易领域法规政策，完善国际投资领域法规政策。从改革财税政策角度来看，中国应着力应对碳关税问题，降低低碳壁垒对经济的负面影响，改革税收政策体系，形成完整低碳发展财税链条，综合运用财政支出，扩大低碳资金政策支持范围。从推动低碳金融角度来看，中国应完善银行主导型低碳金融体系，健全市场主导型低碳金融价格机制和投融资渠道，提供低碳金融相应的制度支持。从强化市场机制角度来看，中国应健全碳排放交易市场，明确碳排放额度和价格机制，构建碳足迹与碳标签制度，加强森林碳汇和碳汇贸易发展，推行碳中和补偿措施。从完善监管体制角度来看，中国应建立碳排放统计与监督制度，落实减排目标责任制。从参与国际治理角度来看，中国应稳步降低对外贸易依存度，持续关注低碳领域贸易投资壁垒风险，积极参与低碳领域国际谈判与合作。

结语

  中国国际贸易和产业转移的规模和结构是影响中国总体碳排放水平的重要因素。国际政治经济环境的不确定性与技术的不确定性一样，都在很大程度上影响着中国碳减排目标的实现。而全人类和中国碳减排目标的实现，都有赖于和平的国际环境。在中国国际贸易和产业转移领域设置碳规制政策，一方面应站在人类命运共同体的高度，积极参与全球碳排放治理，担负起大国责任，为全人类和中国的低碳发展事业服务；另一方面，碳规制政策也是打入中国国际贸易和产业转移领域的一枚楔子，可以对中国外向型经济起到重要的调控作用。我们需要立足国家主权，真正用好"碳"这张牌，以维护中国的贸易安全、投资安全、产业安全乃至国家总体安全。

第四章

中国能源系统转型的中长期战略与途径

本章对中国能源系统的发展历史和能源结构进行了回顾，对未来发展趋势和要求进行了总结。基于对中国能源系统的低碳发展要求，设计了减排技术和政策力度依次递增的4个能源系统发展情景，并从经济社会发展、能源资源情况、主要技术的发展趋势、电力系统调度优化以及电力市场建设情况等方面对未来能源情景进行了刻画。基于终端能源消费和电力系统优化的模型工具，对能源情景的约束和目标进行了量化分析，评估了未来中国能源系统转型的路径，并从终端能源消费、电力生产和供热、各类一次能源供需等方面对未来能源系统的特征和结构进行了描述，提出了能源消费总量、能源消费强度以及碳排放等主要指标。

本章的研究认为，在支撑我国经济社会发展的同时，通过目标引领、技术创新、机制建设，可以实现能源结构的显著调整，电气化和能效提升将促进能源消费结构的持续改善，而电力领域的清洁化将引领能源生产结构持续优化。随着产业结构的不断优化调整，先进节能技术、高效终端用能设备、需求侧响应技术的普及和推广，中国终端能源消费将更加智能化和高效化，深度电气化将成为显著特征；发电结构将发生结构性逆转，以风电和光伏发电为主的可再生能源将成为电力结构的主力。

情景研究显示：在政策情景下，二氧化碳排放量在2030年前后达峰；在强化政策情景下，坚持能源双控政策，大力发展可再生能源和天然气，积极推动电能替代，二氧化碳排放量在2025—2030年达峰后持续下降，但2050年仍然高达37.9亿吨；在2℃情景下，通过推广经技术验证具有可规模推广前景的现有技术、大幅提升电气化水平、规模发展氢能、提高非化石能源发电比重到80%以上、远期降低天然气消费等措施，2050年二氧化碳排放量可降低到25亿吨左右。如果需要实现1.5℃目标，则需要规模化应用低成本、高效率、高可靠的CCUS（碳捕集、利用与封存）等技术，努力实现近零碳排放。

建议中国坚持和加强既定政策措施，确保在2030年前、争取在2025年前后实现碳排放达峰。为实现2℃目标，必须全面加强国际合作，在工业、建筑、交通、发电等各领域采用世界领先技术标准和最佳实践，在2030年前达到世界一流的能效水平、可再生能源开发利用水平，在2050年使人均碳排放量不高于世界平均水平。考虑到1.5℃目标情景在技术成熟度、经济可承受能力、各领域能源转型实施路径等方面仍缺乏充分基础，中国必须与国际社会深入合作，以合作创新突破关键技术瓶颈，早日形成技术成熟、经济可承受、全社会共同参与的零碳能源系统方案，推动实现全社会净零碳排放。

中国能源发展回顾与形势

中国能源发展回顾

进入 21 世纪以来，随着中国经济社会的快速发展，能源消费出现了大幅度的增长，由 2004 年的 23.0 亿吨标准煤上升至 2017 年的 44.9 亿吨标准煤（见图 4-1）。煤炭在中国能源消费中长期占据着主导地位，目前占比为 60% 左右，远远高于世界平均水平（见图 4-2）。中国长期以煤炭等化石能源为主的能源结构造成了严重的大气污染等生态环境问题，也导致了能源领域的二氧化碳排放量持续增加。如果不加快能源转型步伐，中国将难以支撑经济社会的建设和可持续发展。

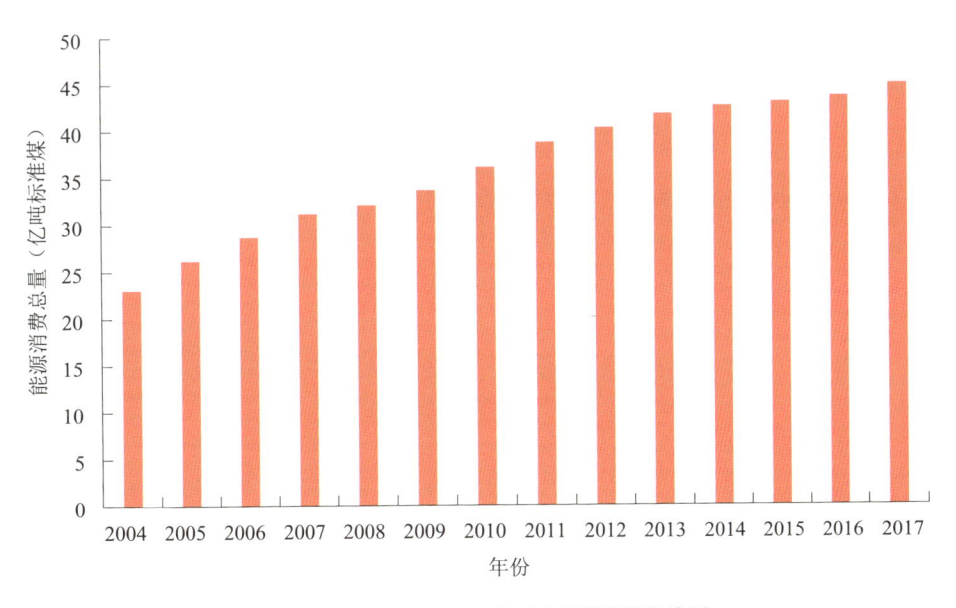

图 4-1　2004—2017 年中国能源消费总量

资料来源：国家统计局，《中国统计年鉴 2018》

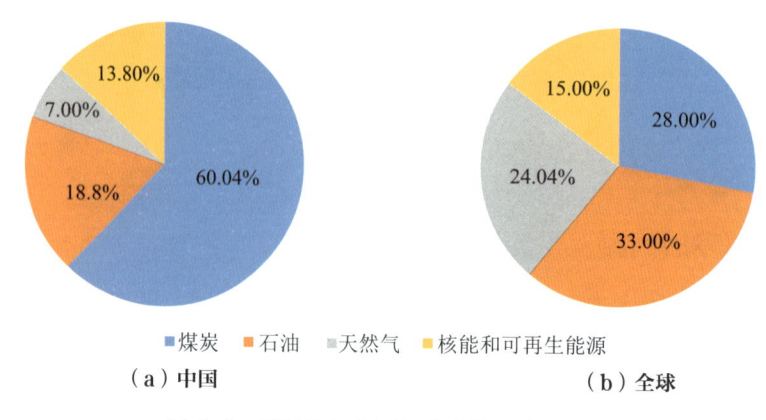

图 4-2　2017 年中国和全球能源消费结构

资料来源：国家统计局，《中国统计年鉴 2018》

为了保障能源安全、保护生态环境、应对全球气候变化，中国确立了推动生态文明建设和能源革命的重大战略，提出了到 2020 年非化石能源占一次能源消费比重达到 15%、2030 年达到 20% 左右的目标，制定了《能源生产和消费革命战略（2016—2030）》，出台了一系列大力发展可再生能源、安全发展核电建设的政策举措，推动了中国非化石能源消费比重呈现快速增长趋势（见表 4-1）。2005 年中国非化石能源消费比重仅为 7.4%，2019 年该比重已超过 15.3%，为改善能源结构、保护生态环境、应对气候变化做出了重要贡献。

表 4-1　中国各类非化石能源发电装机规模　　　（单位：万千瓦）

发电技术	2005	2010	2015	2016	2017	2018
核电	696	1 082	2 717	3 364	3 582	4 466
水电（含抽蓄）	11 739	21 606	31 954	33 207	34 377	35 226
风电	106	2 958	13 075	14 817	16 400	18 426
生物质发电	200	550	1 032	1 214	1 487	1 781
太阳能发电	7	86	4 318	7 742	13 042	17 463

资料来源：中国电力企业联合会

中国能源低碳发展的战略要求

党的十九大报告提出，中国将决胜全面建成小康社会，开启全面建设社会主义现代化国家新征程，2035 年基本实现现代化，2050 年全面建成社会主义现代化强国。生态文明建设作为"五位一体"总体布局的重要组成部分，将坚持绿色发展、低碳发展、循环发展，到 2035 年生态环境根本好转，美丽中国目标基本实现，到 21 世纪中叶实现生态文明的全面提升。

能源是经济社会现代化的重要物质基础，也是贯彻生态文明建设、推进绿色、低碳、循环发展的关键领域。2017 年国家发展改革委和国家能源局发布的《能源生产和消费革命战略（2016—2030）》明确提出：在消费侧推动产业结构调整与能源结构优化互驱共进，使能源消费结构迈入更加绿色、高效的中高级形态，大幅提高城镇终端电气化水平；在供给侧推动非化石能源跨越式发展，优化能源供应结构，推动清洁能源成为能源增量主体，构建清洁低碳新体系；2020 年后新增能源需求主要依靠清洁能源满足，到 2030 年，非化石能源发电量占全部发电量的比重力争达到 50%，2050 年非化石能源占比超过一半，二氧化碳排放 2030 年前后达到峰值并争取尽早达峰。

2015 年第 21 届联合国气候变化大会通过的《巴黎协定》确立了全球气温上升控制在"2℃以内……努力（将气温上升）限制在 1.5℃之内"的目标。2019 年国际可再生能源机构（IRENA）发布的《全球能源转型：2050 年路线图》显示，当今世界为实现《巴黎协定》所做出的减少与能源相关的碳排放量的努力还远远不够，过去 5 年与能源相关的碳排放量平均每年增加 1.3%，全球能源系统需加速转型才能实现气候目标。到 2050 年，全球与能源相关的碳排放量需减少 70% 才能实现《巴黎协定》的目标。

中国坚定不移地实施积极应对气候变化国家战略，推动能源低碳发展，落实《巴黎协定》。习近平主席在致 2019 年太原能源低碳发展论坛的贺信中指出，能源低碳发展关乎人类未来。中国高度重视能源低碳发展，积极推进能源消费、供给、技术、体制革命。中国愿同国际社会一道，全方位加强能源合作，维护能源安全，应对气候变化，保护生态环境，促进可持续发展，更好造福世界各国人民。因此，我们需要更深入地探讨中国能源系统转型的中长期战略与途径，为共同实现《巴黎协定》目标做出中国贡献。

中国能源低碳转型情景设计

能源系统分析方法

情景分析是研究长期复杂问题的有效工具。近年来，国际社会普遍通过建立能源中长期发展情景来反映未来的能源生产和消费结构变化以及能源转型路径，并将其作为协助世界各国合作组织、政府部门、企业进行战略决策的重要手段和实施有效的能源转型行动的指南针。

国家发展改革委能源研究所建立了能源模型决策系统平台，基于全社会效益最大化的标准，结合技术经济评价、能源系统优化、政策措施及社会经济评价、能源外部性分析和系统理论等方法进行综合决策分析（见图 4-3）。该模型工具主要由电力和区域供热优化模型（EDO）、终端能源需求分析模型（CREAM-Demand）以及能源发展经济社会评价模型（CREAM-CGE）三者构成。

本章主要基于情景的趋势和倒逼分析，通过对未来经济社会人口的预测提出相应的能源需求，依据碳排放总量和强度要求设计合理的能源结构，并通过模型分析等定量分析的方式确定未来的能源结构和发展路径。首先，基于宏观经济发展增速和环境约束，通过终端能源需求分析模型研究得到能源需求总量及分部门、品种需求量。其次，结合可再生能源资源及产业基础等约束，对电力系统发展路径和并网输电消纳进行模拟分析和优化，分析优化电力结构和布局的总体方案，重点提出可再生能源电力的布局方案。最后，

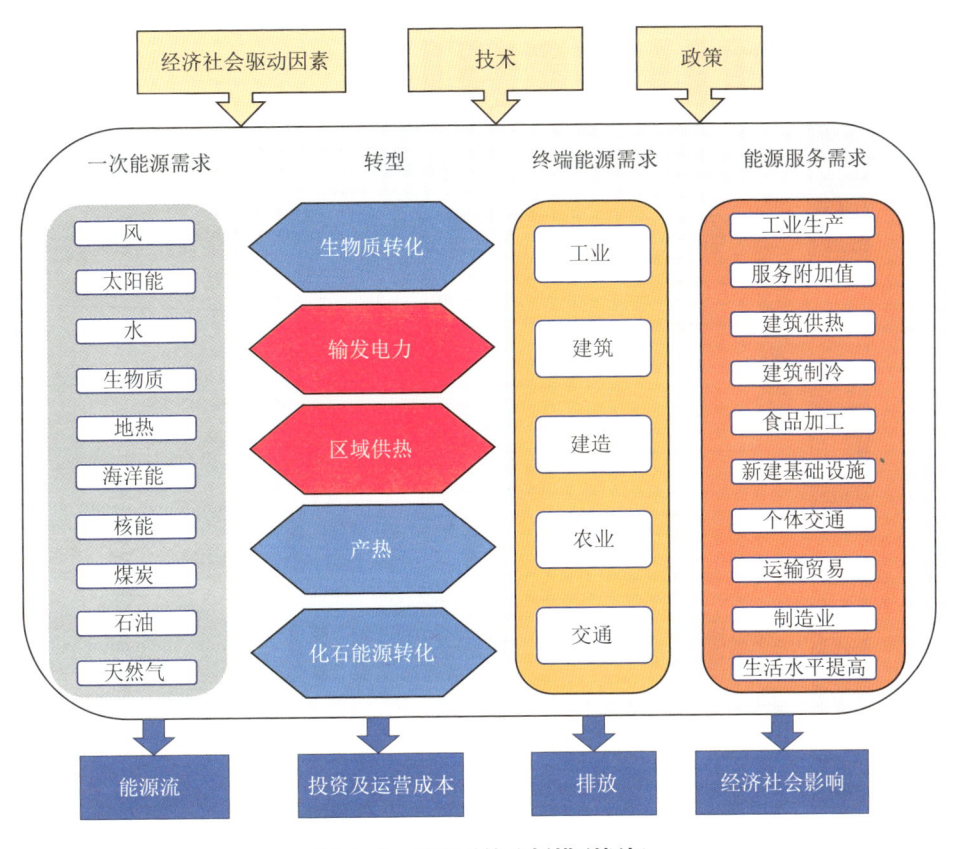

图 4-3　能源系统分析模型框架

通过模型研究结果，提出中国 2050 年能源低碳发展战略的路径选择和重点方向。

自下而上的终端能源需求分析模型分析：利用现有的统计和预测数据，对人口，城镇化进程，工商业、建筑、交通和农业等各部门中不同技术转换，能源产品生产以及终端用能特性进行分析，推演并预估能源消费终端中消耗的能源类型、消费方式、能源效率以及年活动水平等参数的变化趋势，同时根据发展需求设置不同情景，特别是电气化情景，依此分析预测 2050 年前的终端能源需求规模和结构（见图 4-4）。

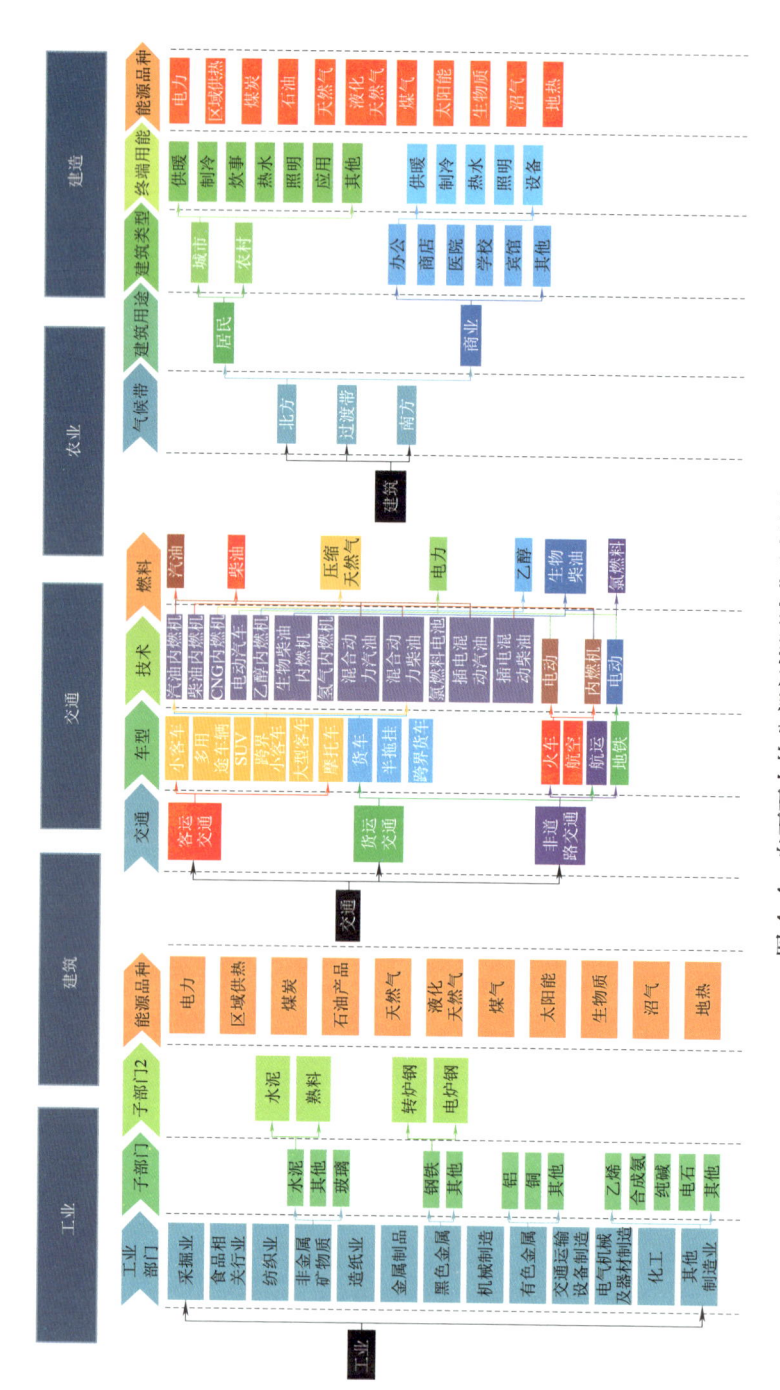

图 4-4 自下而上的分部门能源消费分析框架

读懂碳中和

74

电力和区域供热优化模型：电力系统顶层部署将是中国能源转型的关键。基于对 2018—2050 年总体能源发展的判断以及对主要类型可再生能源发电的技术经济性、资源条件、配套电网优化运行、环境影响等因素的分析，并参考中国现有规划政策和目标，通过 EDO 模型，对我国未来电源结构以及电力流向的发展目标和布局进行分析。研究利用 EDO 模型模拟目标年小时级电力系统运行情况，通过对 2018—2050 年电力生产、运输和使用方式的假设，分析不同情景下我国电力系统的发展路径，同时根据不同地区各情景下的电源组合和发展特点，研究相关电网、储能、需求响应等发展路径。此外，EDO 模型还兼顾区域供热系统分析，研究了可再生能源电力接入后系统总成本最低的发电和区域供热模式，分析了提高可再生能源电力接纳的方法，以实现全社会电力系统最低经济投入。EDO 模型逻辑框架如图 4-5 所示。

图 4-5　EDO 模型逻辑框架

4 种情景设计

按照中国低碳项目研究的情景设计总体思路，统筹国际应对气候变化与国内推动能源生产和消费革命两个大局，通过采用展望和倒逼相结合的方式进行情景设计,在 4 种情景中依次增加力度递增的强化减排技术政策措施,探讨能源系统低碳转型的中长期战略和途径(见表 4-2)。"政策情景"和"强化政策情景"分析了在现有国家自主贡献目标基础上,如何自下而上强化减排技术措施的情景和实施路径;"2℃情景"和"1.5℃情景"则进一步探究为履行《巴黎协定》义务、把全球气温上升控制在 2℃以内并努力将限制在 1.5℃的情景和更有力措施。

表 4-2 能源系统低碳转型情景总体设计

	政策情景	强化政策情景	2℃情景	1.5℃情景
情景内涵	落实并延续 2030 年国家自主贡献目标	自下而上强化 2030 年国家自主贡献目标的减排力度	2050 年实现与 2℃目标相契合的减排	2050 年实现净零碳排放
递增减排技术措施	当前技术政策	快速能效进步 积极电气化 高比例可再生能源 碳定价	快速深度电气化 氢能利用 快速高比例可再生能源 更高碳定价	推广 CCUS 技术

情景边界条件设定

在瞄准 2050 年现代化强国目标的基础上,按照上述 4 种情景的内涵和递增减排技术措施,设定经济社会发展、资源环境约束(碳约束)、技术进步和成本下降、灵活电力系统和竞争性市场建设等方面的情景边界条件。

1. 经济社会发展

从目前到 2035 年,中国将处于工业化、城镇化中后期阶段,将拥有全球规模最大的制造业、服务业、城市群和中高收入群体,经济增长方式将发生重大改变。2035 年后,中国将开启全面建设现代化强国。到 2050 年,人均 GDP 将达到约 4 万美元(见表 4-3)。

表 4-3　2018—2050 年经济社会发展预测

主要假设	年份					
	2018	2020	2025	2030	2035	2050
人口（亿）	13.95	14.10	14.30	14.50	14.24	13.8
城市化率（%）	60	61	66	67	72	78
阶段年均增速（%）		6.5	6.0	5.6	4.8	3.1
GDP（万亿元）	90	102	136	179	226	379
人均 GDP（美元）	9 214	10 334	13 638	17 660	22 727	40 169

2. 资源环境约束

中国的能源转型需要考虑能源资源条件、生态环境保护，也需要考虑碳排放国际承诺目标。中国拥有丰富的煤炭资源，但必须减少煤炭消费，油气将长期依靠国内国际两种资源，核电需要统筹考虑安全、生态保障和发展布局，未来需要大幅开发本土水能、风能、太阳能和生物质资源。随着能源领域散煤治理、电厂和机动车排放标准提升，应对气候变化将成为中国生态环境保护的长期主要挑战和推动能源系统转型的主要动力。

在清洁化、低碳化的趋势下，电力作为效率高、品质好的终端能源品种将发挥巨大作用。为了刻画电力部门的碳排放，我们特别对不同情景下电力部门的碳排放总量约束进行了差异性的设置，见图 4-6 和表 4-4。

3. 技术进步和成本下降

从消费侧看，随着工业经济驱动力和增长模式的转变，中国的重工业将进入平台期和下降期，重工业产能产量会逐步降低，增长点将主要是"低能耗、高附加值"的生产型服务业以及先进制造业，产业结构将呈现服务化、轻型化和高端化发展的势态，电炉钢、再生铝等循环技术产业水平大幅提高，交通部门也将全面发展新能源汽车，新增乘用车、货运汽车将更多采用纯电动汽车和氢燃料汽车（见表 4-5）。到 2030 年，中国工业能效将达到经合组织国家的水平，新能源汽车比例快速提高。

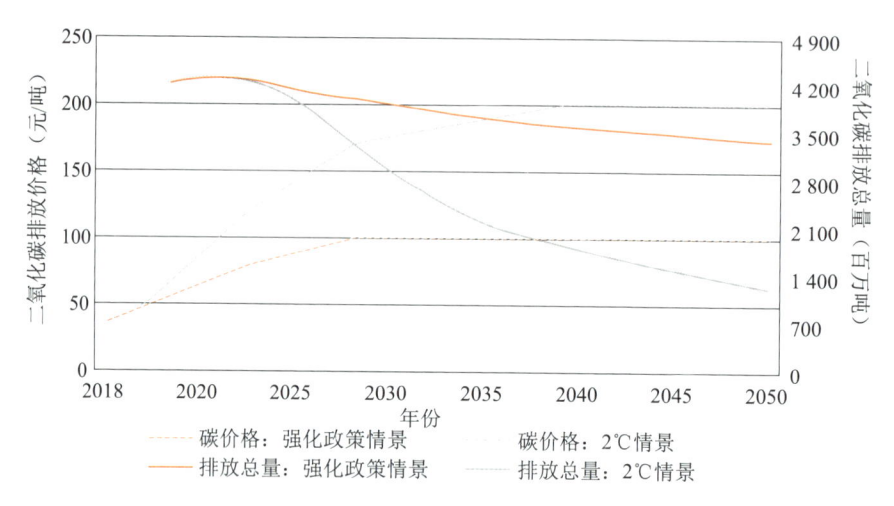

图 4-6　强化政策情景和 2℃情景下碳排放相关约束设计

表 4-4　资源条件和碳排放约束

	政策情景	强化政策情景	2℃情景	1.5℃情景
资源潜力和开发条件	煤炭：资源丰富充足，减少煤炭消费是基本趋势和政策导向 油气：全球供应长期充足，对 2030 年后的油气供应不设定任何限定性条件 核电：依据社会影响和政治决策等众多因素，不考虑内陆建设核电站，近期核电开发量将达到 0.6 亿千瓦，远期将达到 1.2 亿千瓦 水电：近期开发量将达到 3.4 亿千瓦，远期可达到 5.3 亿千瓦 风电：陆上风电可开发量为 49 亿千瓦，海上风电可达到 22 亿千瓦 太阳能：我国太阳能资源可开发储量为 147×10^{14} 千瓦时，集中式光伏发电资源量达 50 亿千瓦以上，分布式光伏资源量超过 20 亿千瓦 生物质发电：近期可开发量达到 5 514 拍焦，远期将达到 8 295 拍焦			
碳排放约束	延续 2030 年国家自主贡献目标和 2035 年前的基准情景构想	2050 年与能源相关的 CO_2 排放量较峰值水平下降 50%，约排放 50 亿吨；单位能耗 CO_2 强度比 2005 年下降 60%~70%，年下降率到 2050 年前后将超过 4%	2050 年与能源相关的 CO_2 排放量比峰值排放减少 70%~80%，CO_2 排放量为 20 亿~30 亿吨；2030 年后单位 GDP 的 CO_2 强度下降速度加快，2040 年前后达到 6%~7% 并持续增大	能源部门近零碳排放，电力部门实现负排放 [CCS（碳捕集与封存技术）和 BECCS（生物质能结合碳捕集与封存）技术大规模应用]
碳价	无（无偿配额）	电力部门的 CO_2 价格从 2020 年的每吨 50 元上升到 2030 年的每吨 100 元	到 2030 年电力行业的 CO_2 排放成本将增加到每吨 160~180 元，到 2040 年将增加到每吨 200 元左右的水平	同 2℃情景

表 4-5　典型高效低碳技术应用　　　　　　　　（单位:%）

主要技术措施	2018	2020	2025	2030	2035	2050
强化政策情景						
电炉钢比例	13	15	18	21	25	60
氢气合成氨比例	0	0	5	10	17.5	40
再生铝比例	18	18	24	30	35	45
乘用车新能源车销售占比	5.8	8.1	28.5	50.8	66	100
货车新能源车销售占比	2.2	10	25	45	69	100
2℃情景加强措施						
电炉钢比例	13	14	18	21	25	70
氢气合成氨比例	0	0	12.5	25	30	50
再生铝比例	18	18	25.5	33	39.5	58
乘用车新能源车销售占比	5.8	8.1	39.5	71.1	100	100
货车新能源车销售占比	2.2	10	25	48	77	100

从供给侧看，化石能源发电的成本受燃料价格变化、年运行小时数以及启停次数影响较大，在初始投资成本不变、燃料价格增加、运行小时数降低和启停次数增加的影响下，化石能源发电成本总体呈现上升趋势；可再生能源发电技术随着效率提升和成本下降，在总体消纳环境改善的情况下度电成本呈现持续下降趋势；预计"十四五"期间，陆上风电和光伏发电的成本均将低于煤电发电成本（见表 4-6）。长期来看，风能和太阳能光伏与煤电等化石能源电源相比具有更优经济性（见图 4-7）。可再生能源等新的技术进步和成本的快速下降将助推电力系统的绿色低碳转型。

4. 灵活电力系统和竞争性市场建设

电力系统是能源系统低碳转型的核心领域。电力系统低碳转型的主要趋势是高比例可再生能源电力代替煤电发电，关键因素是在发电侧和负荷侧释放灵活资源，为此需要大幅降低火电发电计划电量，构建竞争性电力市场，并通过电力现货市场的价格信号激励资源的灵活性（见表4-7）。

表4-6 发电技术投资的边界条件及主要指标

	强化政策情景	2℃情景
发电成本	煤电发电技术成本长期保持不变，30万千瓦的煤电机组初始投资成本为3 930元/千瓦，其灵活性改造的成本为140元/千瓦；百万千瓦机组的初始投资成本为3 160元/千瓦	
	光伏发电2035年、2050年单位初始投资成本分别下降至2 850元/千瓦和2 500元/千瓦以下	
	陆上风电2035年、2050年单位初始投资成本（包括机组、建设、税费等）分别下降至6 200元/千瓦和6 000元/千瓦以下；海上风电2035年、2050年单位初始投资成本分别下降至8 900元/千瓦和8 000元/千瓦以下	

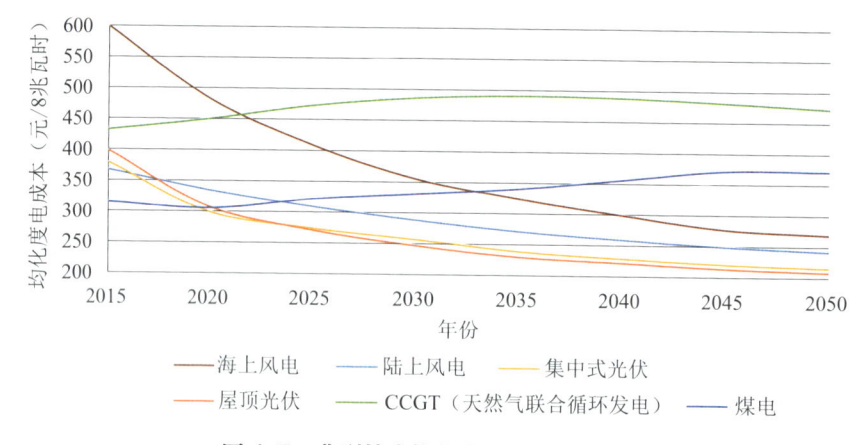

图4-7 典型技术均化度电成本变化趋势

表4-7 电力系统发展和市场建设

	政策情景	强化政策情景	2℃情景	1.5℃情景
火电机组	大部分煤电担任基荷，小部分煤电开展灵活性改造	小部分煤电担任基荷，大部分煤电推进灵活性改造	煤电全面转为灵活机组	煤电全面转为灵活机组

（续表）

	政策情景	强化政策情景	2℃情景	1.5℃情景
需求响应	工业：到2030年，10%的电力负荷提供灵活性调节资源，2050年参与比例达到30%	工业：到2030年，20%的电力负荷提供灵活性调节资源，到2050年，参与比例达到46% 电动汽车：到2050年20%的电动汽车提供有序充电服务进行需求响应	工业：到2050年，需求响应提供灵活性调节资源的比例达到50%以上 电动汽车：约有60%的电动汽车提供有序充电服务进行需求响应	
CCUS技术	无CCUS技术规模应用	无CCUS技术规模应用	无CCUS技术规模应用	火电和生物质发电站采用CCUS技术
电力市场	竞争性电力市场建设进展缓慢	发电计划：机组计划最低年度满负荷小时数自基准年线性下降，直到2025年降至0 竞争性电力市场：在2020年前，省级市场试点建成运行；2020—2025年，京津冀、长三角、南方电网开始出现跨省统一电力市场；2035年，基本形成基于区域电网的区域电力市场；2040—2050年，形成统一的全国市场		

终端能源消费低碳化

终端能源消费转型趋势

发达国家的能源发展历程显示，能源需求随着工业化、城镇化过程呈现增长趋势，在基本完成工业化、城镇化后达到能源消费峰值，能源消费强度也普遍呈现先升后降的趋势。如今，中国进入工业化、城镇化中后期阶段，各类行业技术正在加速向世界一流技术靠拢，能源使用效率渐渐提高。今后，中国应坚持能源需求侧与供应侧并重，优化经济和产业产品结构，培育绿色清洁能源消费模式，积极调整终端能源消费结构。特别是，要融合绿色低碳工业、城镇和交通体系建设，在各个领域、环节推进生产技术工艺和用能技术升级，大力削减和替代煤炭与石油消费，积极有序地推广电能替代、可再生能源供热和燃料、天然气和绿色氢能等清洁低碳能源，不断提高电气化率和能源系统效率，形成与人口、资源、环境相协调的能源生产消费格局。

在本节中，我们重点分析预测强化政策情景和 2℃情景下未来终端能源消费的低碳化路径。

强化政策情景和 2℃情景下的能源消费革命

在强化政策情景下，随着落实新发展理念，新旧增长动力加快转换，产业结构不断优化调整，先进节能技术、高效终端用能设备、需求侧响应技术的普及和推广，中国能源消费的粗放式增长将发生根本转变，终端能源消费将更加智能化和高效化，能源发展进入从总量增长向提质增效转变的新阶段。

在强化政策情景中，主要终端部门能源需求将于 2030 年前后达峰（约 35.1 亿吨标准煤），之后呈现下降趋势，2050 年下降至 31.6 亿吨标准煤（见图 4-8）。在 2℃情景下，2030 年和 2050 年终端能源消费进一步降低，分别约为 34.4 亿吨标准煤和 30.5 亿吨标准煤（见图 4-9）。随着产业结构调整和产业间优化升级，未来能源需求的增长动力将从工业部门转移到建筑部门（包括住宅和商业建筑）和交通部门。

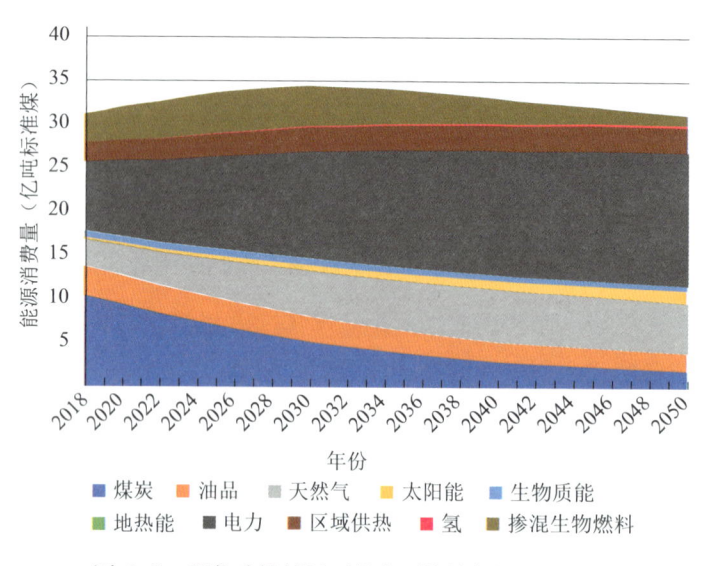

图 4-8 强化政策情景下的主要终端部门能源消费

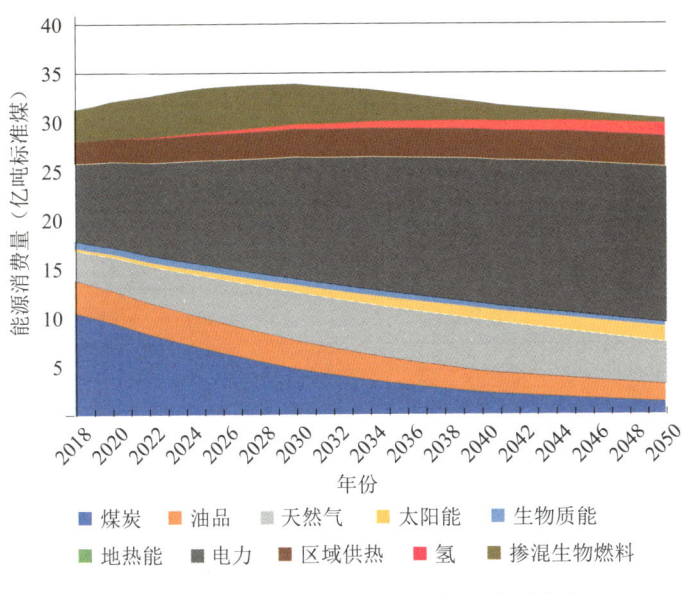

图 4-9　2℃情景下的主要终端部门能源消费

电力是终端部门消费增长最快的能源品种。到 2050 年，在强化政策情景和 2℃情景下，主要终端部门的电力消费将分别达到 11.7 万亿千瓦时和 13.9 万亿千瓦时（见表 4-8）。在强化政策情景下，电力占主要终端部门能源消费的比重将从 2018 年的 24% 提高到 2035 年的 35%，2050 年达到 46%。在 2℃情景下，到 2050 年，电力占交通部门终端能源消费的比重上升到 39%，工业部门增加到 51%，建筑部门增加到 58%。

表 4-8　主要终端部门电力需求　　　　　　　　（单位：太瓦时）

情景	强化政策情景			2℃情景		
年份	2025	2035	2050	2025	2035	2050
农业	162	243	345	175	290	459
建筑业	91	121	151	92	123	169
工业	4 546	4 902	5 099	4 594	4 990	5 153
交通	228	622	1 332	252	794	1 488

（续表）

情景	强化政策情景			2℃情景		
年份	2025	2035	2050	2025	2035	2050
建筑（商业和居民）	2 754	3 603	4 339	2 806	3 991	5 120
电解制氢	133	333	445	473	1 180	1 543
合计	7 914	9 824	11 711	8 391	11 367	13 933

氢为扩大可再生能源的使用提供了可行途径，扩大了电力产生的氢在长途运输（作为燃料）、化学品（作为原料）和钢铁（代替焦炭）中的使用。到2035年和2050年，氢在最终能源消费中的比重分别达到2.3%和4.5%，分别增加了1 047太瓦时和1 536太瓦时的用电量。供热系统与区域供热也发挥了重要的核心作用，2050年区域供热满足了约50%的稳定供热需求。

电力低碳转型路径分析

电力需求发展趋势和结构

电力是未来能源系统的核心，电气化是能源低碳转型的重要特征趋势，未来电力需求将持续增长。一方面，可以大幅提高需求侧的能效；另一方面，通过非化石能源电力对化石能源的深度替代，可以加速能源供应侧的低碳化发展。考虑到电力系统网损以及储能设施在充放电中的损耗，全社会用电量将高于终端电力需求。在强化政策情景下，从2018年到2050年，中国全社会电力消费预计增加近两倍，达到13.3万亿千瓦时；在2℃情景和1.5℃情景下，则为15.5万亿千瓦时（见图4-10）。

图 4-10 全社会电力需求增长情况

区域电力需求分布的变化主要受人口密度和区域经济发展趋势影响。华北和华东的电力消费在近中期占全国的比重较高，但增速将首先趋缓。华中由于人口稠密且经济发展空间较大，因此电力需求保持快速增长，到2040年前后，其电力需求将和华北、华东持平。西北电力需求也将呈现快速增长趋势，但由于人口较少，其电力需求在全国占比仍然较低。东北由于人口流失以及高耗能行业的节能和技术转型升级，电力需求增长较缓，到2050年在全国占比最低（见图4-11）。

图 4-11 区域电力需求变化情况

电力供应发展趋势和结构

非化石能源发电是非化石能源利用量增长的主要原因。受可再生能源发电技术成本下降和碳价提高的影响,非化石能源装机占比在"十四五"期间及2035年前后将大幅提升。表4-9给出了中国2018年、2025年和2050年的发电装机规模及结构。

表4-9 中国2018年、2025年和2050年发电装机规模及结构

(单位:万千瓦)

电力种类	2018年	政策情景 2025年	政策情景 2050年	强化政策情景 2025年	强化政策情景 2050年	2℃情景/1.5℃情景 2025年	2℃情景/1.5℃情景 2050年
水电	32 227	38 000	50 000	38 608	53 255	38 608	53 255
火电	112 587	126 000	88 000	115 032	63 418	116 836	59 721
核电	4 466	8 000	18 000	7 000	11 000	6 622	10 000
风电	18 426	39 605	110 200	40 042	192 199	50 715	253 601
太阳能	17 463	40 833	140 833	48 464	213 453	53 646	300 279
生物质	1 780	4 500	5 000	4 586	5 735	5 142	5 471

到2025年,在政策情景、强化政策情景、2℃情景(1.5℃情景与2℃情景同)下,预计全国电力总装机分别为25.7亿千瓦、25.4亿千瓦和27.2亿千瓦,化石能源装机约12.6亿千瓦、11.5亿千瓦和11.7亿千瓦,可再生能源总装机分别为12.3亿千瓦、13.2亿千瓦和14.8亿千瓦。在强化政策情景下,可再生能源装机占比为12%,化石能源占比较2018年的60%下降15个百分点。在2℃情景下,化石能源装机占比降低17个百分点,可再生能源装机占比为55%。

到2050年,可再生能源装机大幅提升。在政策情景、强化政策情景、2℃情景(1.5℃情景与2℃情景同)下,预计全国电力总装机分别为41.2亿千瓦、53.9亿千瓦和68.2亿千瓦,化石能源装机分别为8.8亿千瓦、6.3亿千瓦和6.0

亿千瓦，可再生能源总装机分别为 30.6 亿千瓦、46.5 亿千瓦和 61.2 亿千瓦。风电和光伏发电成为中国电力系统的主力电源，二者发电装机均超过煤电装机。在强化政策情景下，非化石能源装机占比为 88%，可再生能源装机占比为 86%。在 2℃ 情景下，非化石能源装机占比为 91%，可再生能源装机占比为 90%。

可再生能源发电量在全部发电量中的比重也显著提升。表 4-10 给出了不同情景下中国 2018 年、2025 年和 2050 年的发电量及结构，图 4-12 为强化政策情景和 2℃ 情景下的电力供应构成变化情况。

到 2025 年，在强化政策情景下，预计全国电源总发电量为 95 739 亿千瓦时。其中，火电发电量占比为 60.3%，煤电仍为主要电源；非化石能源发电量占比在"十四五"期间大幅提升到 39.7%，可再生能源发电量占比达到 34.2%。在 2℃ 情景下，相较于强化政策情景，虽然化石能源发电装机容量高，但化石能源发电量较低，煤电和天然气发电的角色由提供基荷电量向调节电源发生转变。届时，非化石能源发电量占比为 42.2%，可再生能源发电量占比为 37.0%。

到 2035 年，在强化政策情景下非化石能源发电量占比可达到 63.7%，2℃ 情景下的非化石能源发电量较强化政策情景下提升 14.5 个百分点。到 2050 年，在强化政策情景下，非化石能源发电量占比为 85.4%，风电和光伏发电逐渐替代煤电成为中国电力系统的主力电源；在 2℃ 情景下，非化石能源发电量占比为 91.5%。

表 4-10　中国 2018 年、2025 年和 2050 年发电量及结构

（单位：亿千瓦时）

电力种类	2018 年	政策情景 2025 年	政策情景 2050 年	强化政策情景 2025 年	强化政策情景 2050 年	2℃情景/1.5℃情景 2025 年	2℃情景/1.5℃情景 2050 年
水电	11 924	13 475	15 890	13 970	18 345	13 970	18 345

（续表）

电力种类	2018年	政策情景 2025年	政策情景 2050年	强化政策情景 2025年	强化政策情景 2050年	2℃情景/1.5℃情景 2025年	2℃情景/1.5℃情景 2050年
火电	47 113	54 243	39 518	57 771	19 458	55 567	13 214
核电	2 944	4 900	6 650	5 272	8 287	4 987	7 533
风电	3 659	11 170	37 300	10 858	55 539	11 473	65 939
太阳能	1 774	9 350	20 380	6 304	28 789	9 042	47 581
生物质	1 014	2 750	3 000	1 565	2 453	1 136	2 242

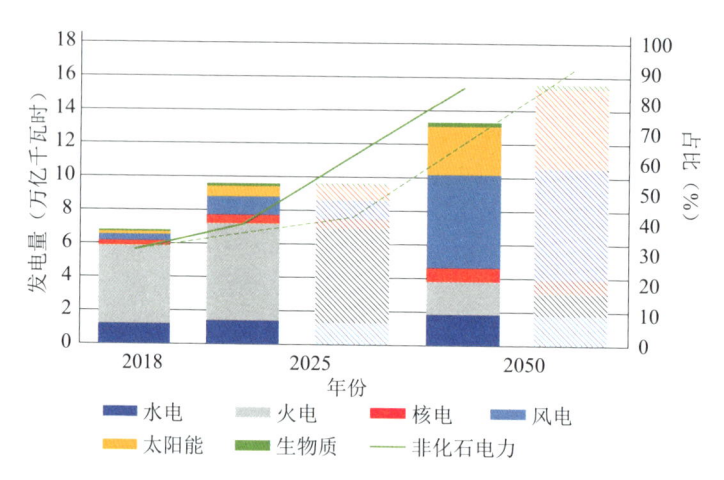

图 4-12　强化政策情景（实心）和 2℃情景（虚线填充）下电力供应构成变化情况

友好型电网发展趋势和结构

未来电网发展将紧紧围绕国家经济建设和能源战略的总体部署，依托先进的技术和市场化运作机制，建设成既适应电源布局又能满足用户需求的可靠、绿色、高效、灵活的友好型电网，使电网成为保障国家能源安全的基础平台、优化配置能源资源的绿色平台和满足用户多元需求的服务平台。

2020 年前，电网发展以解决电网与电源不协调和完善配电网建设为重点任务，中国 32 个省市自治区基本实现超高压输电网紧密覆盖，跨省跨区特高压输电线路提供"西电东送、北电南送"服务，智能化关键技术和设备得到广泛应用，配电网的分布式能源接入适应性持续改善，适应各级电网发展需要的省级、区域、全国三级调度机制将不断完善。可再生能源电力在实现本地消纳的同时，中国西部、北部富余的风电、光电和西南富余的水电还可以利用与周边省市电网相连的多回输电通道，就近满足周边的电力需求和替代化石能源消费的需要；西部、北部的大型可再生能源发电基地通过跨区域专用输电通道与东中部负荷中心直接相连，满足大规模风电、光电、水电可再生能源消纳的需要。

预计到 2030 年，电网建设将重点解决电网经济高效问题。届时，不仅中国 32 个省市完成超高压输电网紧密覆盖，而且省间壁垒将被逐步打破，六大区域电网内部各省市也将实现灵活互通，各级电网发展合理；依托智能化水平的提升，电网跨省、跨区接力互济能力不断提高；配电网结构将得到进一步加强，积极服务可再生能源、分布式电源、电动汽车等多元化的接入需求，各环节基本实现智能化，供电能力和供电可靠性提高到一个新高度；分级调度机制将进一步加强，以保障各类资源的就近优化利用。不仅各区域内的大型电源基地、分布式电源与负荷中心之间形成紧密的电网互联，具备无阻塞输送能力，可再生能源可以实现在省内与周边省市间接力式消纳平衡，能源资源在区域电网内得到充分地优化配置，而且在坚持灵活、高效的原则下，交直流特高压输电通道仍将是西部、北部大型可再生能源基地跨区消纳的重要载体。

预计到 2050 年，我国将建成各级电网协调发展、跨省跨区电网灵活互通、配电网智能互动的现代友好型电网体系。输电网和配电网将协调发展，各类发电资源集中使用与分散利用并重；各类能源资源将就近使用与跨省、跨区利用相结合；可靠灵活的接力互济和完善的多级调度将保障可再生能源实现全国范围内的自由平衡，在满足本地电力负荷需要的同时实现可再生能源跨省、跨区接力式消纳；依靠与智能技术、互联网技术等的深度融合，形成多种能源综合协同、绿色低碳、智慧互动的配电网供电模式。区域间壁垒将进一步被打破，西北、东北的富裕资源通过跨省、跨区通道接力输送到华北、华中和华东，南方地区大规模的水电和风电在满足本区域大型负荷中心需要的同时，还与华中和华东互济，华中将成为中国电力能源的中转站。

电力系统灵活性发展趋势

在供给侧灵活性资源中，水电具有独特的优势，其既能以较低的边际成本提供清洁能源，又能提供可控、灵活的发电。因此，需要改变中国水电当前的运营和市场模式，使其从目前低价值的基荷能源转向高价值的灵活性资源。

未来煤电将主要用来提供灵活性。热电联产和热泵是电力系统和集中供暖系统之间的重要衔接。随着热电解耦技术应用于热电联产，热泵为华中、华东提供了更多热能，热电联产的协调使灵活性资源可以从一个系统转移到另一个系统。这种灵活性主要适用于季节性甚至是年度变化，将加强这两个系统的安全性。

除了供应端电源的灵活运行，储能和需求响应也是提供系统灵活性的两种重要资源。随着储能技术成本的下降和市场改革的推进，储能在中长期电力系统运行中发挥着越来越大的作用。在日常运行中，储能时段主要集中在白天，此时太阳能发电量超过当地的需求；而在下午和晚上，太阳能发电量减少，电力需求增加，此时需要释放能量。需求响应的获取一方面需要充分挖掘电力负荷，另一方面也需要采用适当的市场激励手段。尽管目前需求响应的实施有限，但预计其作用将随着市场手段的发展而增大，主要技术类型包括工业需求响应、电动汽车有序充电以及 V2G（Vehicle to Grid，车网互动技术）等。图 4-13 所示为 2℃情景下 2050 年冬季全国发电和用电曲线。

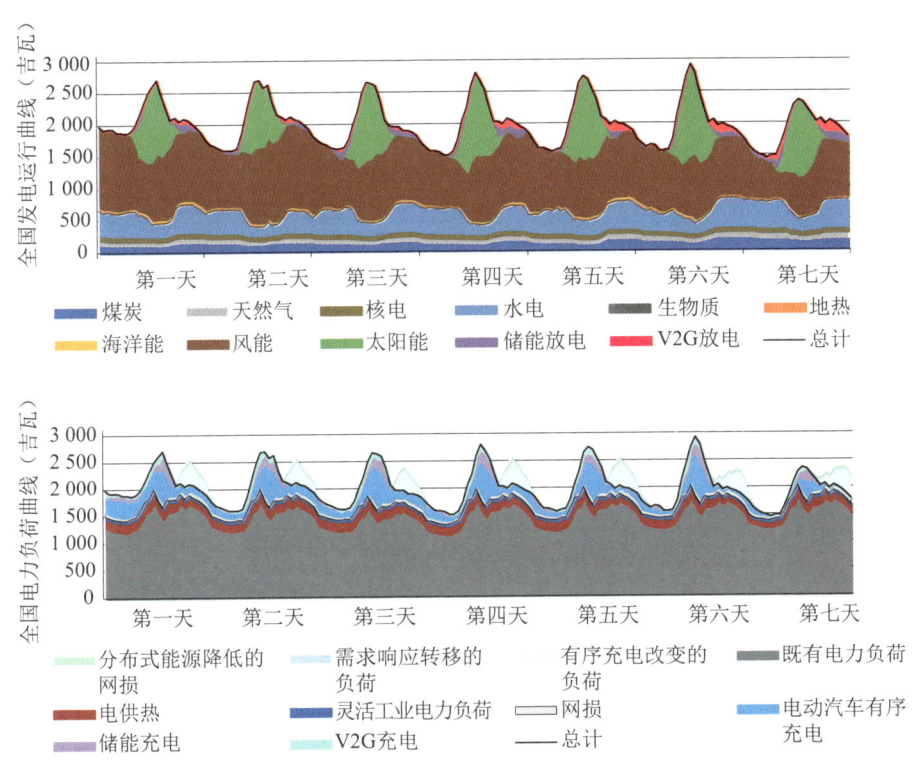

图 4-13　2℃情景下 2050 年冬季全国发电和用电曲线

电力系统经济性发展趋势

电力系统经济性呈初始投资成本增加，但总投资成本小幅降低的发展趋势。随着可再生能源发电技术创新带来的效率提升、规模化发展带来的成本下降，以及电力供应结构的调整，电力系统投资总量和投资构成也发生了相应的变化。随着化石能源占比的降低，初始投资成本占比大幅提升，成为投资的主体，而燃料投资成本总量和占比均大幅下降。为应对可再生能源的波动性，系统成本呈现一定程度的增加，但总体投资成本随着非化石能源占比的提升仍呈下降趋势。图 4-14 所示为强化政策情景和 2℃情景下电力系统成本总量和构成变化趋势。

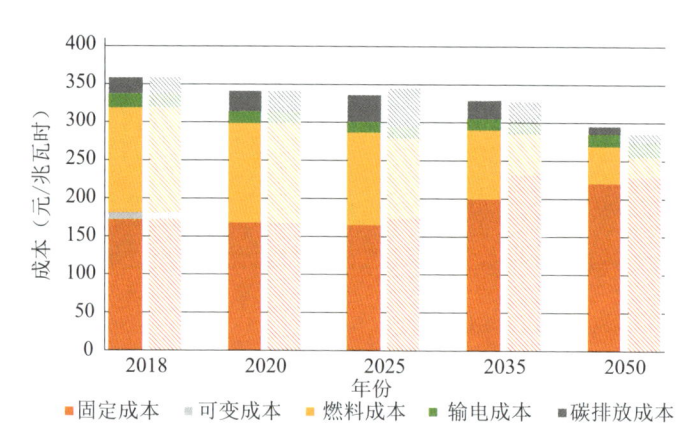

图 4-14　强化政策情景（左）和 2℃情景（右）下电力系统成本总量和构成变化趋势

供热低碳转型路径分析

供热整体转型路径

"十三五"期间，区域供热需求的增加带动了各类技术装机需求的发展，多种清洁供热技术的应用实现了对燃烧散煤的替代。2020 年后，随着潜在热需求的满足以及建筑节能技术的应用，区域供热的需求增长速度逐渐减缓，热源容量保持稳定。从长期来看，热泵技术的应用和具有灵活性的热电联产机组配合储热技术，将继续替代一部分燃煤供热的应用，生物质能供热量也将逐渐增加。到 2035 年，在 2℃情景下，区域供热中煤炭供热锅炉的供热量占比将从 2019 年的 88% 减少到 50%，而清洁能源供热（包括电供热和高效煤炭热电联产）占比将上升至 44%（见图 4-15）。

热电协同将成为系统耦合的先行者和提供电力系统灵活性的重要方式。随着清洁供暖的推进，热电联产机组供热和热泵技术将成为供暖的重要方式。通过以上技术，可实现电力系统和热力系统的互联，借助不同的控制和协调机制，结合储能（热）装置，可实现更灵活的热力负荷和电力负荷的调节，互联的系统互为备用还可以提高整体的稳定性。应用热电协同技术可以有效地解决电力负荷不足时的弃风、弃光问题，也可以更好地协调季节性的风光发电波动以及热负荷的系统平衡，同时作为清洁供暖的技术手段之一，更加有效地解决分散热力用户的清洁供暖问题。

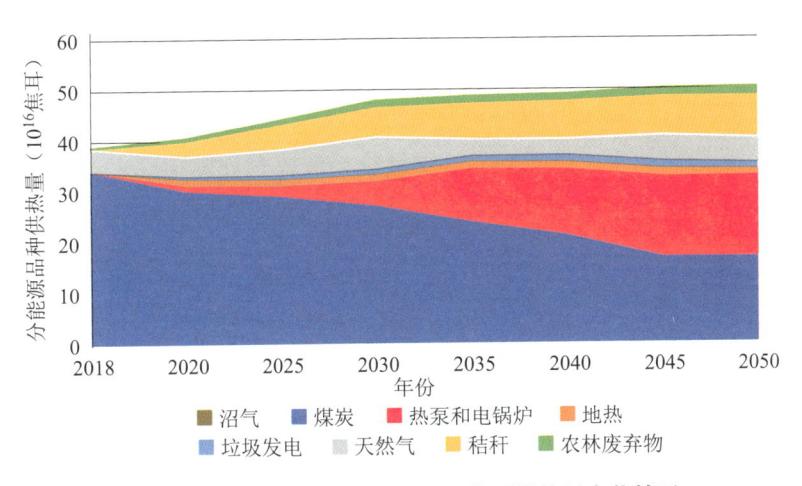

图 4-15　2℃情景下区域供热的热源供热量变化情况

分技术转型分析

1. 太阳能供热

在强化政策情景下，到 2020 年，太阳能热水系统开始普及，太阳能供暖和工农业热利用获得规模化推广，太阳能空调示范推广，使得太阳能中低温热利用装机容量达到 512GWth[①]（7.3 亿平方米太阳能集热器面积）；到 2030 年，太阳能热水系统基本普及，太阳能供暖和工农业热利用开始大规模应用，太阳能空调开始规模化推广，使得太阳能中低温热利用装机容量达到 746GWth；到 2050 年，太阳能热水系统全面普及，太阳能供暖和工农业热利用实现大规模应用，太阳能空调开始规模化推广，使得太阳能中低温热

---

① GWth 即 Giga watt thermies，吉瓦兆卡，用来统计太阳热能。1×10^6 平方米装设面积 = 0.7GWth。

利用装机容量达到 1 241 GWth。

在 2℃情景下，太阳能热利用应用领域将从民用热水拓展到工业热水、建筑供暖和区域热力供应。到 2020 年，太阳能热水系统大面积普及，太阳能供暖和工农业热利用开始规模化推广，太阳能空调小规模应用，使得太阳能中低温热利用装机容量达到 713 GWth（8 亿平方米太阳能集热器面积）；到 2030 年，太阳能热水系统全面普及，太阳能供暖和工农业热利用大规模应用，太阳能空调开始规模化推广，使得太阳能中低温热利用装机容量达到 1 202 GWth；到 2050 年，太阳能热水、供暖和空调三联供系统得到规模化推广，太阳能供暖和工农业热利用实现规模化应用，使得中低温热利用装机容量达到 2 411 GWth。

2. 生物质供热

生物质供热是绿色、低碳、清洁、经济的可再生能源供热方式，主要包括生物质热电联产和生物质锅炉供热，适合城镇民用清洁供暖以及替代中小型工业燃煤燃油锅炉。中国农作物秸秆及农产品加工剩余物、林业剩余物等生物质资源丰富，每年约有 4 亿吨标准煤可供能源化利用，发展生物质能供热具有较好的资源条件。未来生物质供热将保持平稳发展，在 2℃情景下，2035 年后，中国生物质供热将达到年均 2 亿吨标准煤左右的相对平稳阶段（见图 4-16）。

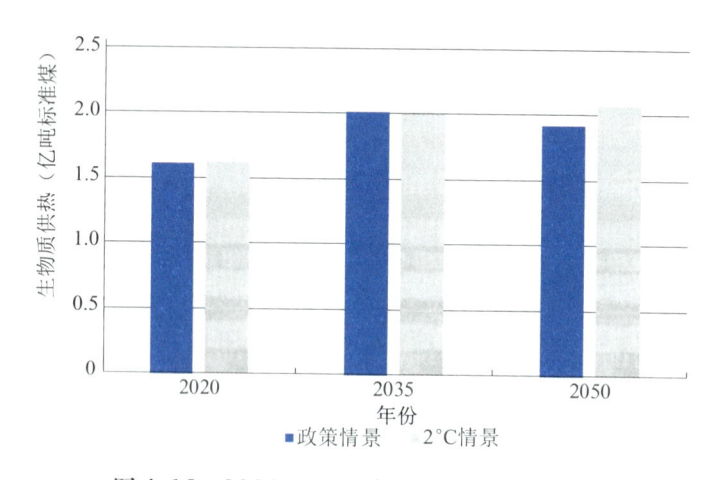

图 4-16 2020—2050 年生物质供热变化趋势

3. 地热供热

地热能利用的分布主要集中于需要供暖且地热资源丰富的东北、华北、西北、华东北部以及华中的部分省市。其中，东北地区以黑龙江北部、辽宁中南部、内蒙古东部为主，规划新增 7 000 万平方米；华北地区以北京、天津、河北、山西中南部和内蒙古中部为主，规划新增 19 000 万平方米；西北地区以新疆西部、宁夏、甘肃中部、青海西宁为主，规划新增 3 000 万平方米；华东北部地区以山东、江苏、安徽为主，规划新增 6 000 万平方米；华中地区以河南为主，规划新增 5 000 万平方米。到 2035 年，通过利用完备的地下水回灌技术措施和控制手段，将建立地热能综合开发利用技术、标准和装备体系，实现地热能的大规模发展，在 2020 年布局的基础上，在传统供暖区和中南部、西南部等地区实现地热供热的全面发展，总供热面积达到 30 亿平方米以上，利用地热能 7 500 万吨标准煤以上，形成完善的地热能开发利用技术和产业体系。

一次能源需求及供给变化趋势与特征

能源消费总量和结构

1. 能源消费总量持续增长，年均增幅将大幅下降

在 4 种情景下，2050 年一次能源消费总量将分别达到 57.9 亿吨标准煤、50.8 亿吨标准煤、50.0 亿吨标准煤和 49.7 亿吨标准煤（见图 4-17）。中国将先后完成工业化进程和城镇化进程，人民生活水平将继续提高，这些都需要持续增长的能源消费总量来支撑。2020 年前后中国将完成工业化，随后工业领域的部分能耗增长空间将会被城镇化带来的建筑和交通等消费领域的能耗增长所填补；到 2030 年后，城镇化进程也将跨越快速发展阶段，逐步趋于饱和，增速将有所回落。在 2℃情景下，2020—2050 年的能源消费总量年

均增速以 5 年为单位由 2.1% 逐步下降到 0.3% 和 0.2%，而 2035 年城镇化基本完成后，增速将回落至 –1.5%、–0.3% 和 –0.3%。

图 4-17　4 种情景下一次能源消费总量变化（发电煤耗法）

2. 能源消费结构持续改善，非化石能源总量持续增长，化石能源结构逐步优化

4 种情景下的非化石能源利用量均持续增长，其中 2℃情景和 1.5℃情景下的非化石能源利用量增速更快，国家自主贡献目标实现难度不大。从非化石能源比重看，在 4 种情景下，到 2020 年，均实现 15% 的非化石能源发展目标，对化石能源形成有效补充；到 2030 年，非化石能源比例超过 20%，分别达到 25.0%、29.8%、39.7% 和 41.7%，成为主流能源之一；到 2050 年，非化石能源比例进一步增加到 45.4%、64.8%、75.6% 和 76.0%，成为主力能源。非化石能源发电是非化石能源利用量增长的最主要来源，在各种非化石能源发电量构成中，水电与核电所占比重一直在 20% 左右；风电和太阳能发电在 2020 年后发展加速，到 2050 年，4 种情景下的风电和太阳能发电占非化石能源发电总量的比重分别达到 60.8%、72.4%、77.4% 和 77.4%，成为主力非化石能源品种。

3. 天然气消费比重持续提升，煤炭消费比重持续下降

在治理大气污染和保护生态环境的要求下，天然气将逐步替代煤炭成为化石能源结构优化的重要内容。随着工业部门钢铁、水泥等高耗能产品产量的下降，对煤炭等高碳能源的需求将出现峰值拐点。中国常规天然气有一定的资源基础，非常规天然气资源雄厚，同时石油资源匮乏，对外依存度较高，因此需加快发展天然气并替代煤炭，优化化石能源结构，实现节能和减排污染物的双重目标。

主要化石能源品种消费量

1. 煤炭

煤炭消费量达峰后将逐步下降。在不同情景下，由于面临的碳排放和生态环境保护的约束程度不同，煤炭消费总量达峰时间并不相同。在政策情景下，煤炭消费量峰值将出现在 2025 年，为 28.6 亿吨标准煤，折合原煤约 40.0 亿吨；在强化政策情景、2℃情景和 1.5℃情景下，煤炭消费量达峰均提前至 2020 年，峰值消费量均为 26.6 亿吨标准煤，折合原煤约 37.2 亿吨（见图 4-18）。

煤炭消费未来仍主要集中在工业终端消费部门和火电部门。中国煤炭发电效率世界领先，加上天然气供应和价格存在短板，因此煤炭用于发电仍将占较高比重。工业部门的原料需求无法实现深度替代的燃料需求，工业领域在煤炭消费中的占比仍将保持较高水平。居民用能将转向清洁、便捷的电力和天然气，建筑部门的煤炭消费占比逐步下降。通过末端污染治理的规模效应，可有效提高煤炭清洁利用水平。

2. 石油

石油消费总量在短期内仍将增长。在工业部门和交通部门的驱动下，石油消费量在短期内仍将增长，并于 2025 年前后达峰，石油对外依存度也将呈现先升后降的趋势。在 4 种情景下，到 2025 年，中国的石油消费总量均

图 4-18　4 种情景下煤炭消费量变化

将达峰，峰值消费量均为 6.8 亿吨，对外依存度均为 70.4%；到 2050 年，中国的石油消费总量将分别达到 2.8 亿吨、2.4 亿吨、1.8 亿吨和 1.8 亿吨。

交通部门在石油消费中的占比逐步增长，工业部门的占比逐年下降。石油消费增长主要源于人们对机动车辆的使用要求，但随着电动汽车的快速发展，交通领域的石油消费也将呈现先升后降。工业部门的石油消费增长主要来自石油化工，从中长期来看，工业部门在石油消费中的占比会由于天然气的部分替代而降低，但仍将保持一定比重。

3. 天然气

天然气消费量将持续增长。中国的常规天然气有一定的资源基础，非常规天然气资源雄厚，加上对境外资源的利用，天然气消费将在较长时间内继续增长。在 4 种情景下，到 2040 年，中国天然气消费量将达到峰值，分别为 6 817 亿立方米、6 817 亿立方米、5 451 亿立方米、5 448 亿立方米；到 2050 年，天然气消费总量分别为 5 865 亿立方米、5 865 亿立方米、4 323 亿立方米和 4 324 亿立方米。

建筑部门是天然气最大消费部门，工业部门消费占比次之。城镇家庭炊事热水、居民采暖天然气消费需求增长贡献最大；工业燃料和化工原料用于替代燃煤锅炉和石油使天然气需求保持增长，其中建筑部门天然气消费量占天然气消费总量的近40%，工业部门约占30%。发电用天然气消费会小幅增长。

能源消费强度

1. 人均一次能源消费量在2030年趋于稳定

随着城镇化和工业化的完成，中国未来人口总数相对于能源消费总量变化不大，人均一次能源消费量的变化趋势与一次能源消费总量，变化趋势基本一致。到2030年，在政策情景、强化政策情景、2℃情景、1.5℃情景下，人均一次能源消费量分别达到4.18吨标准煤、4.12吨标准煤、3.81吨标准煤和3.73吨标准煤，此后趋于稳定（见表4-11）。生产领域技术效率的快速提升和资源环境约束，将引导中国形成节能低碳的生活消费方式，人均能源消费量将低于当前主要发达国家水平。

表4-11 4种情景下人均一次能源消费量

（单位：吨标准煤）

情景	年份							
	2018	2020	2025	2030	2035	2040	2045	2050
政策情景	3.32	3.44	3.90	4.18	4.07	4.10	4.18	4.18
强化政策情景	3.32	3.44	3.77	4.12	4.12	3.95	3.80	3.76
2℃情景	3.32	3.44	3.81	3.81	3.91	3.68	3.70	3.70
1.5℃情景	3.32	3.44	3.79	3.73	3.76	3.68	3.67	3.68

2. 单位GDP能耗持续下降

中国目前的产业结构和综合能源产出效率低于发达国家水平，但随着经济发展逐渐步入后工业化阶段，主要驱动产业从高能耗强度的工业向低能耗强度的服务业转移，产业结构向高附加值、高科技含量、低能耗优化升级，以及节能技术的研发和推广，单位 GDP 能耗将逐渐达到当前发达国家水平。表 4-12 给出了 2018—2050 年以 5 年为单位 4 种情形下的单位 GDP 能耗。

表 4-12　4 种情景下单位 GDP 能耗

（单位：吨标准煤 / 万元）

情景	2018	2020	2025	2030	2035	2040	2045	2050
政策情景	0.51	0.48	0.41	0.34	0.26	0.21	0.18	0.15
强化政策情景	0.51	0.48	0.39	0.33	0.26	0.20	0.16	0.13
2℃情景	0.51	0.48	0.40	0.31	0.25	0.19	0.16	0.13
1.5℃情景	0.51	0.48	0.40	0.30	0.24	0.19	0.15	0.13

碳排放情况

1. 碳排放量将在近期达峰

中国的能源消费总量近中期仍将较快增长，中远期增速将下降并趋于稳定，同时能源消费结构也将得到优化调整。中国已经提出了能源革命和大气污染治理的目标，人民对环境质量和能源使用的便捷性也提出了更高要求，能源结构的优化调整将使碳排放的增长速度与能源消费的增长逐渐放缓。能源资源、生态环境和碳排放约束将影响排放峰值及其出现的时间，峰值出现的时间越晚，峰值水平将越高。如图 4-19 所示，在政策情景下，碳排放总量将在 2030 年前后达到峰值，峰值水平约为 109.6 亿吨；在强化政策情景、2℃情景和 1.5℃情景下，碳排放总量将在 2025 年前后提前达到峰值，峰值水平分别为 100.2 亿吨、99.7 亿吨、98.8 亿吨。

图 4-19 4 种情景下碳排放总量变化曲线

2. 高比例可再生能源将助力 2℃温升控制目标实现

如表 4-13 所示，在 2℃情景下，2050 年碳排放总量将降至 25.5 亿吨，人均碳排放量将降至 1.9 吨；在 1.5℃情景下，进一步考虑 CCUS 技术应用，到 2050 年有望实现碳排放总量近零，人均碳排放量降至约 0.1 吨。

表 4-13 4 种情景下人均二氧化碳排放　　　　　　　（单位：吨）

情景	2018	2020	2025	2030	2035	2040	2045	2050
政策情景	7.1	7.0	7.6	7.6	6.9	6.4	5.9	5.6
强化政策情景	7.1	7.0	7.0	6.9	5.6	4.3	3.3	2.8
2℃情景	7.1	7.0	7.0	5.4	3.9	2.8	2.2	1.9
1.5℃情景	7.1	7.0	6.9	5.1	2.5	1.4	0.6	0.1

政策建议

中国正在推进能源低碳发展，必须大力推动能源消费革命、供给革命、技术革命和体制革命，核心任务是减少煤炭消费、扩大天然气替代规模、安全发展核电、高比例发展可再生能源、持续提高电气化水平、高效利用氢能和热力。

情景研究显示，在政策情景下，二氧化碳排放在2030年前后达峰。在强化政策情景下，通过坚持能源双控政策，大力发展可再生能源和天然气，积极推动电能替代，二氧化碳排放将在2025—2030年达峰后持续下降，但到2050年仍然高达37.9亿吨。在2℃情景下，通过推广经技术验证具有可规模推广前景的现有技术、大幅提升电气化水平、规模发展氢能、提高非化石发电比重到80%以上、远期降低天然气消费等措施，到2050年，二氧化碳排放量可降低到25亿吨左右。如果需要实现1.5℃目标，则需要规模化应用低成本、高效率、高可靠的CCUS等技术，努力实现近零碳排放。

建议坚持和加强强化政策措施，确保在2030年前、争取在2025年前后实现碳排放达峰。为实现温升控制2℃目标，必须全面加强国际合作，在工业、建筑、交通、发电等各领域采用世界领先技术标准和最佳实践，在2030年前达到世界一流的能效水平、可再生能源开发利用水平，在2050年使人均排放量不高于世界平均水平。考虑到1.5℃目标情景在技术成熟度、经济可承受能力、各领域能源转型实施路径等方面仍缺乏充分基础，中国必须与国际社会深入合作，以合作创新突破关键技术瓶颈，早日形成技术成熟、经济可承受、全社会共同参与的零碳能源系统方案，推动实现全社会净零碳排放。

第五章

中国电源及电网优化构成及技术路线图

电力部门是中国能源低碳转型的关键部门，需要在 21 世纪中叶率先实现碳中和乃至负排放。本章基于自下而上的电力系统模型，重点分析 2℃温升控制目标下电力行业到 21 世纪中叶的脱碳路径和相应投资需求。

研究表明，保障非化石能源，尤其是间歇性可再生能源发展规模，是实现电力部门深度脱碳的关键。在不同情景下，2050 年非化石能源装机占比均超过 80%，间歇性可再生能源（风力发电和太阳能光伏发电）装机容量占比均超过 60%，间歇性可再生能源发电量占比为 42.9% ~ 62.8%，这也对系统平衡和电网灵活性提出了更高的挑战。此外，需要大力发展增强运行稳定性和灵活性的电网技术，2030 年前可以依靠煤电灵活性改造进行调峰和电网互联互济来支撑间歇性可再生能源消纳；在 2030 年后，需要新建储能装置来保证消纳，尤其是在内蒙古、新疆、山东和西北地区。从不同技术路径的投资来看，在 2℃情景下，不同技术路径的投资差别并不显著，投资最高路径（提前减排路径）和投资最低路径（高核电路径）的差别为 2 万亿元，占提前减排路径总投资的 6%。考虑到这是 33 年的加总投资，这一差距并不大，因此从新增投资和成本来看，从"十四五"时期开始部署 2℃情景减排行动是可以接受的。与其他几种技术路径相比，2030 年后再部署深度脱碳的延后减排路径并无突出优势。最后，实现电力部门深度脱碳，还需要提前部署煤电机组有序退出、CCS 技术和 BECCS 技术、电网相关技术的研发和示范应用。

《巴黎协定》确立了将全球平均气温较工业化前水平升高控制在 2℃ 以内，并为把升温控制在 1.5℃ 之内而努力的目标。电力部门是中国低碳转型的关键部门，每年消耗全国约 50% 的煤炭，占能源相关碳排放量的 40% 左右，需要在 21 世纪中叶率先实现碳中和乃至负排放。中国电力行业转型的核心和难点在于规模庞大的煤电机组。2018 年中国煤电机组约占全球煤电装机容量的 48%，机组技术水平高，在役机组平均服役时间短（仅为 12 年），包括上游煤炭行业在内的相关从业人数接近 400 万，煤电及煤炭相关产业占地方经济比重高。可以预见，中国电力行业的低碳转型将对社会、经济、技术等方面产生深远影响。本章将基于自下而上的、详细考虑时空精度和技术准确度的电力系统模型，针对不同政策和排放目标，定量分析电力行业到 21 世纪中叶的脱碳路径和相应投资需求。

未来电力需求预测

中国的电力行业转型引起了全球范围内的广泛关注，核心问题之一是 2℃ 和 1.5℃ 温升控制目标下的未来用电量需求。在已有研究中，各机构预测的 2℃ 情景下 2050 年的用电量为 11.7 万亿 ~14.4 万亿千瓦时，1.5℃ 情景下 2050 年的用电量为 14.4 万亿 ~15.2 万亿千瓦时[1-9]。本章根据这些文献中的预测来设定未来电力需求，结合本章的情景设置，归纳各研究中 3 种情景（政策情景、2℃ 情景、1.5℃ 情景）或非常接近的情景下的电力需求，并对 3 种情景下不同时间节点的电力需求取各研究结果的平均值。在此基础上，假设时间节点之间各年增长率保持不变，计算出各年的电力需求值。各情景下关键时间节点的电力需求如表 5-1 所示。

表 5-1　未来电力需求预测　　　　　　（单位：万亿千瓦时）

情景	2020	2030	2035	2050
政策情景	7.14	9.54	10.42	12.30
强化政策情景				
2℃情景	7.33	9.66	10.64	13.10
1.5℃情景	7.57	11.01	12.24	14.86

情景和边界条件设置

情景设置

本章共设置了 4 种情景，分别为政策情景、强化政策情景、2℃情景和 1.5℃情景，表 5-2 列出了 4 种主要情景的条件和边界。政策情景是基于当前电力行业实际发展情况的延伸，作为与其他情景比较的基础。强化政策情景是基于中国已经出台的能源和电力领域的中长期政策，进一步强化国家自主贡献目标，加大减排力度的情景。2℃情景和 1.5℃情景是与《巴黎协定》中全球碳减排目标相一致的减排情景，将电力行业碳排放预算作为约束性边界条件，进行未来碳排放轨迹模拟，并判定中国电力行业的技术路径和减排成本。为了探索不同减排行动时间和技术路径的可能性，除了基于给定边界优化计算得到的 2℃情景（模型基于最小成本的输出结果），本章还设置了 2℃情景（高水电路径）、2℃情景（高核电路径）、2℃情景（提前减排路径）和 2℃情景（延后减排路径）。这 4 种路径相对于正常的 2℃情景的碳预算约束设置了其他特殊的约束条件，具体如下：

2℃情景（高水电路径）：假设水电技术进步可以解决或降低长江上游和西藏诸河水电开发的生态环境影响等问题，将水电可开发容量最高值设定为508吉瓦。

2℃情景（高核电路径）：假设核电开发出现了重大技术突破，将每年新建的核电装机容量约束从10吉瓦提高到20吉瓦，2050年核电开发容量为445吉瓦。

2℃情景（提前减排路径）：假设从"十四五"开始部署2℃情景下的深度减排行动，将2030年非化石能源发电量占比提高到55%，在2030年前设置更高的非化石能源开发力度。

2℃情景（延后减排路径）：假设2030年前按照政策情景的减排路径，2030年后再加大减排力度，在2050年前实现碳预算约束。

表5-2　4种主要情景的条件和边界

情景	条件和边界			
政策情景	2020年前核电低于规划速度，水电逐渐达到资源顶峰，风电按照规划，太阳能超出规划	2030年前可再生能源装机容量保守增长（2030年风电450吉瓦、太阳能发电350吉瓦，非化石能源发电量占总发电量比重为42.8%）	2030年前非化石能源电力发展速度：核电8.3吉瓦/年，风电24吉瓦/年，太阳能发电14吉瓦/年	2030年后可再生能源装机加速增长，每年新增装机与强化政策情景保持一致
强化政策情景	2020年非化石能源占一次能源消费的比重达到15%	2030年非化石能源占一次能源消费比重达到25%，非化石能源发电量占总发电量比重达到50%	2030年前非化石能源电力发展速度：核电8.3吉瓦/年，风电35吉瓦/年，太阳能发电32吉瓦/年	2050年非化石能源占一次能源消费比重达到50%
2℃情景	2011—2050年全球碳预算为14 000亿吨，中国碳预算为3 700亿吨	电力部门2018—2050年碳预算为947亿吨		2065—2070年实现净零排放
1.5℃情景	2011—2050年全球碳预算为9 000亿吨，中国碳预算为2 300亿吨	电力部门2018—2050年碳预算为764亿吨		2050年实现净零排放

可再生能源资源与技术边界条件

在设置可再生能源资源与技术边界条件时，本章主要采用了国家可再生能源中心编撰的《可再生能源数据手册2017》中的资源量数据。全国水电、陆上风电、海上风电、太阳能发电可开发量分别限制在432吉瓦、3 042吉瓦、209吉瓦、3 148吉瓦内，并根据各区域可再生能源资源情况设置了区域层面的容量上限（见表5-3）。此外，为了充分讨论各种路径的可行性，本章增加了一个较高水电开发水平（508吉瓦）的情景。中国生物质能产业以农林剩余物、有机废弃物、能源作/植物作为三大原料来源，到2050年，资源可获得总量将达到近6亿吨标准煤（见表5-4）。2030年后，液体燃料技术进入商业化阶段，生物质发电将不再扩大规模，生物质发电所提供的能源将维持在1.06亿吨标准煤左右[10]。

表 5-3　风能和太阳能资源潜力

	总量（吉瓦）	数据来源
陆地 80 米高度风能资源潜力	3 513	国家气象局，2016
海上风电资源潜力	217	王仲颖等，2017
集中式光伏电站开发潜力	2 600	发改委能源研究所
分布式光伏开发潜力（建筑分布式）	540	发改委能源研究所
分布式光伏开发潜力（其他分布式）	410	发改委能源研究所

表 5-4　中国各时期生物质资源及生物质发电发展目标

	年份			
	2020	2030	2040	2050
生物质能发展目标（亿吨标准煤）				
农林剩余物类	2.155	2.169	2.185	2.201
有机废弃物类	1.476	1.956	2.063	2.171
能源作物类	0.493	0.849	1.356	1.521
合计	4.124	4.974	5.604	5.893

（续表）

	年份			
	2020	2030	2040	2050
生物质发电发展目标				
发电量（亿千瓦时）	1 520	3 140	3 540	3 680
装机容量（万千瓦）	2 890	5 300	5 840	5 900
替代能源量（万吨标准煤）	4 860	9 720	10 610	10 660

资料来源：秦世平，胡润青，2015.

中国核电的发展前景面临着很大的不确定性。在政策情景下，根据对参与政策制定专家的访谈，我们将 2020 年的核电装机容量设定为 53 吉瓦。在 4 种情景下，每年新建的核电装机容量均设置在 10 吉瓦以内。考虑到未来核电发展可能出现大的突破，本章增加了一个高核电情景（445 吉瓦）。CCS 技术和 BECCS 技术是讨论较多的负排放技术，研究认为，这两项技术在 2030 年后发展成熟，可大规模投入使用。

各类发电技术的成本预测

发电技术的成本包括建设投资成本、运行维护成本和燃料成本（仅针对火电和核电机组）。选取合适的成本数据作为输入参数对于优化电力行业低碳发展路径至关重要。本章基于中国当前实际发电技术成本，综合各机构对未来成本发展趋势的预测，确定了模型研究中所使用的成本数据（见表 5-5）。其中，发电技术的单位建设投资成本以 2017 年为基础年，参考各机构的预测结果，将各类发电技术的单位投资成本设定为在考察期内以固定增速变化[1,7,11]。运行维护成本也是发电总成本的重要组成部分，具体包括人员成本、消耗品成本、设备维修/更换成本、其他杂项成本等。一般来说，发电机组每年的运行维护成本会与其总投资成本呈一定比例关系，表 5-5 设定了不同发电技术的运行维护成本占比。

表 5-5 发电技术单位投资和运行维护成本

发电技术类型	2017年单位投资成本（元/千瓦）	单位投资年下降率（%）	运行维护成本占投资成本比例（%）
亚、超临界煤电	4 106	0.2	1.8
亚、超临界煤电+CCS	16 792	3	4
超超临界煤电	3 384	0.5	1.8
超超临界煤电+CCS	16 085	3	4
燃气发电	2 723	1	3.7
核电	16 720	0.8	2.7
水电	11 360	-0.1	0.9
陆上风电	7 719	2.5	2.9
海上风电	16 233	3	4
集中式光伏	7 258	5	1
分布式光伏	6 606	5	1
生物质发电	11 186	1	2
生物质发电+CCS	23 797	3	4

对火电机组和核电机组来说，燃料成本也是发电成本中的重要组成部分。本章设定了此类发电机组的燃料消耗率，考虑到技术进步，各类机组的燃料消耗率都会随时间逐渐下降，估计了2020年、2030年和2050年各类发电机组的燃料消耗率，并设定各类机组的燃料消耗率在各个时间段内都以线性规律变化，具体燃料成本数据见表5-6。

表 5-6 各类发电机组的燃料消耗率

发电技术类型	单位	2020年	2030年	2050年
亚、超临界煤电	克标煤/千瓦时	322	311	289
超超临界煤电	克标煤/千瓦时	276	270	260
燃气发电	标准立方米/千瓦时	0.168	0.163	0.154
核电	吨天然铀/千瓦时	0.212	0.212	0.212
生物质发电	克生物质/千瓦时	565	550	519

主要研究结果

不同情景下电力部门碳排放轨迹

政策情景和强化政策情景的设置中包含了中国已有的能源政策目标。政策情景是基于当前政策执行情况的延伸，包括实现国家自主减排贡献中"2030年非化石能源占一次能源消费比重达到20%"的目标，2030年后基本上是政策趋势外推。强化政策情景加入了"2050年非化石能源消费比重达到50%"的目标，并且加大了2030年前可再生能源的发展规模，2030年非化石能源占一次能源消费的比重提高到25%。政策情景和强化政策情景下电力行业的碳排放达峰时间分别为2029年和2023年，碳排放峰值分别为44.1亿吨和41亿吨（见图5-1）。强化政策情景下，电力行业碳排放达峰时间提前，且峰值降低。需要指出的是，从政策情景和强化政策情景的碳排放轨迹来看，两种情景都无法实现2℃温升控制目标，即现有政策中的电力及能源行业中长期目标与实现2℃温升控制目标尚未实现很好的衔接。

图5-1中的1.5℃情景的设定也有明确的政策含义，该情景设定2030年前采纳强化政策情景的路径，在2030年后加强减排力度以实现1.5℃温升控制目标。但是，1.5℃情景下2030年后的碳排放轨迹呈现非常陡峭的下降趋势，并且在2046年就已经接近零排放。这样陡峭的碳排放轨迹不仅意味着短期内产业、技术、市场、政策等将面临巨大挑战，还意味着2030年后煤电机组需要密集地退出，导致后期减排压力巨大。

2℃情景下，探讨了5种不同的减排路径，包括考虑了减排时间的提前减排路径和延后减排路径、考虑了技术的高核电路径和高水电路径，以及

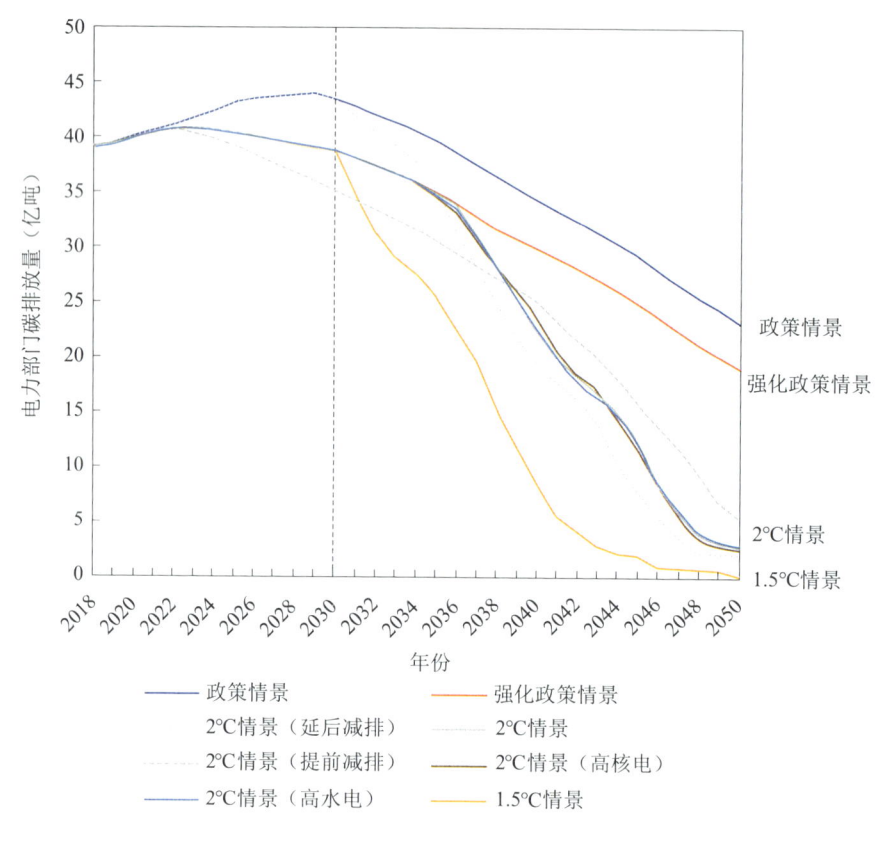

图 5-1　不同情景和路径下电力部门的碳排放轨迹

模型在边界条件设定下根据最小化成本原则输出的 2℃ 情景。延后减排路径在 2030 年前采取政策情景的排放轨迹，在 2030 年后加大减排力度，该路径下 2030 年后的减排轨迹是所有 2℃ 情景中最为陡峭的，在 2050 年的碳排放水平也是最低的，这也意味着更低的化石能源机组发电空间，以及 2030 年后更高的减排压力。提前减排路径下，2030 年前需要采取更强的减排力度，但是 2030 年后碳排放轨迹最平缓，2050 年留存的碳排放空间也最大，前期更深的减排强度为 2030 年后留出了较为充足的减排空间。其余 3 种路径的碳排放轨迹非常接近。

电力装机容量和发电量结构

从转型技术路径来看，不同的研究一致认为需要大力发展非化石能源发电技术、增强运行具有稳定性和灵活性的电网技术，具体的差异则体现在不同种类非化石能源发电的发展水平上。目前的研究中 2050 年水电的最高开发水平达到 630 吉瓦[6]，核电最高达到 540 吉瓦，间歇性可再生能源（风电和光伏发电）最高达到 5 100 吉瓦[5]。在本章的研究中，2℃情景高水电路径下 2050 年水电装机容量达到 508 吉瓦，2℃情景高核电路径下 2050 年核电装机容量达到 445 吉瓦，1.5℃情景下的间歇性可再生能源装机容量达到 5 400 吉瓦。

尽管现有研究中均认为煤电行业应该深度减排，但对于未来能够保留的煤电容量却存在着巨大分歧。一些研究认为，中国可以在较少经济代价下实现《巴黎协定》提出的气候目标，在 2050—2055 年淘汰传统煤电，届时的煤电装机容量可以接近于零[12]。另外一些研究则认为，至 2050 年中国仍需保留 400~700 吉瓦煤电，承担基荷、调峰和供暖需求，但是需要对现有机组进行灵活性改造和热电协同改造[4]。本章的研究中考虑了煤电 CCS 技术，在 1.5℃情景下仍可保留 265 吉瓦煤电（含 230 吉瓦煤电 CCS），在 2℃情景下可保留 129~226 吉瓦煤电装机，这说明如果大规模保留煤电，需要以牺牲技术经济性为代价。

随着电力在终端部门中更多地替代其他种类能源，在政策情景、强化政策情景、2℃情景和 1.5℃情景下，2050 年电力系统总装机容量将分别达到 4 465 吉瓦、4 617 吉瓦、5 686 吉瓦和 6 666 吉瓦（见图 5-2）。在 4 种情景下，非化石能源装机占比和间歇性可再生能源（风电和光伏发电）装机占比逐渐增加。其中，非化石能源装机容量 2050 年的占比相应为 80.9%、83.9%、93.1% 和 93%，虽然 1.5℃情景下非化石能源装机容量占比低于 2℃情景，但是其装机容量（6 201 吉瓦）显著高于 2℃情景（5 294 吉瓦）；间歇性可再生能源装机容量 2050 年的占比分别为 65%、67.8%、79.5% 和 81%。具体数据见表 5-7~表 5-10。

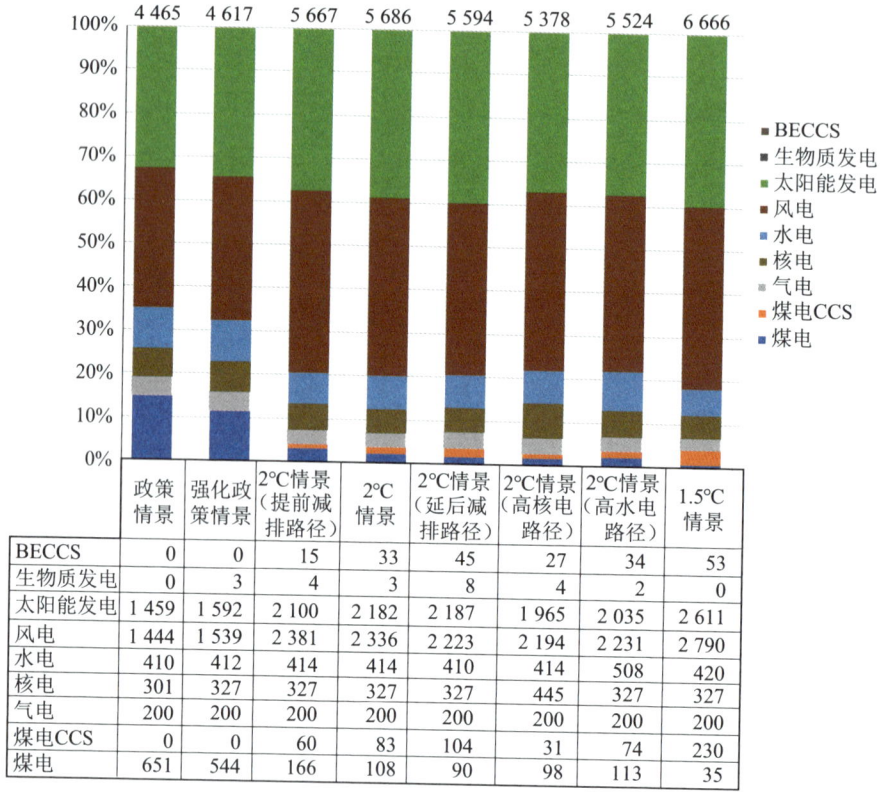

	政策情景	强化政策情景	2℃情景（提前减排路径）	2℃情景	2℃情景（延后减排路径）	2℃情景（高核电路径）	2℃情景（高水电路径）	1.5℃情景
BECCS	0	0	15	33	45	27	34	53
生物质发电	0	3	4	3	8	4	2	0
太阳能发电	1 459	1 592	2 100	2 182	2 187	1 965	2 035	2 611
风电	1 444	1 539	2 381	2 336	2 223	2 194	2 231	2 790
水电	410	412	414	414	410	414	508	420
核电	301	327	327	327	327	445	327	327
气电	200	200	200	200	200	200	200	200
煤电CCS	0	0	60	83	104	31	74	230
煤电	651	544	166	108	90	98	113	35

单位：吉瓦

图 5-2　不同情景和路径下 2050 年电力装机结构

表 5-7　政策情景下的电力装机容量　　　　（单位：吉瓦）

	年份					
	2017	2020	2030	2035	2040	2050
总装机容量	1 746	2 085	2 547	3 044	3 522	4 465
煤电	981	1 100	1 044	1 011	899	651
煤电 CCS	0	0	0	0	0	0

（续表）

	年份					
	2017	2020	2030	2035	2040	2050
气电	76	110	140	155	170	200
核电	36	53	136	184	232	301
水电	344	380	410	410	410	410
陆上风电	163	205	445	709	1 038	1 353
海上风电		5	5	5	5	91
集中式光伏	129	164	264	327	521	1 053
分布式光伏		51	86	226	243	406
生物质发电	17	18	18	17	4	0
BECCS	0	0	0	0	0	0

表 5-8　强化政策情景下的电力装机容量　　（单位：吉瓦）

	年份					
	2017	2020	2030	2035	2040	2050
总装机容量	1 746	2 085	2 809	3 294	3 748	4 617
煤电	981	1 100	992	948	813	544
煤电 CCS	0	0	0	0	0	0
气电	76	110	140	155	170	200
核电	36	53	136	184	232	327
水电	344	380	412	412	412	412
陆上风电	163	205	559	823	1152	1 448
海上风电		5	5	5	5	91
集中式光伏	129	164	299	362	556	1 087
分布式光伏		51	235	375	391	505
生物质发电	17	18	31	30	18	3
BECCS	0	0	0	0	0	0

表5-9　2℃情景下的电力装机容量　　　　　　　　　　（单位：吉瓦）

	年份					
	2017	2020	2030	2035	2040	2050
总装机容量	1 746	2 085	2 844	3 325	4 207	5 685
煤电	981	1 100	1 015	935	655	108
煤电 CCS	0	0	0	0	0	83
气电	76	110	140	155	170	200
核电	36	53	136	184	232	327
水电	344	380	414	414	414	414
陆上风电	163	205	598	984	1 390	2 245
海上风电		5	5	5	59	91
集中式光伏	129	164	264	298	787	1 495
分布式光伏		51	237	317	460	686
生物质发电	17	18	35	34	22	3
BECCS	0	0	0	0	20	33

表5-10　1.5℃情景下的电力装机容量　　　　　　　　（单位：吉瓦）

	年份					
	2017	2020	2030	2035	2040	2050
总装机容量	1 746	2 091	3 517	4 564	5 443	6 666
煤电	981	1 100	992	836	308	35
煤电 CCS	0	0	0	14	179	230
气电	76	114	140	155	170	200
核电	36	53	136	184	232	327
水电	344	381	420	420	420	420
陆上风电	163	205	1 167	1 635	2 042	2 620
海上风电		5	5	35	93	170
集中式光伏	129	164	320	787	1 343	1 846
分布式光伏		51	302	451	606	765
生物质发电	17	18	34	18	5	0
BECCS	0	0	0	30	47	53

2℃情景下共有5种路径，充分考虑了开始深度减排时间的差异和技术路径差异。从2050年的煤电装机占比来看，提前减排路径下煤电装机占比为4%，高核电路径下为2.4%，其余路径下较为接近，均为3.4%~3.5%。从非化石能源装机占比来看，各路径下差异很小，提前减排路径下占比最低（92.5%），高核电路径下占比最高（93.9%）。从间歇性可再生能源装机占比来看，高水电路径下占比最低（77.2%），2℃情景下占比最高（79.5%）。从CCS装机容量来看，高核电路径下最低（58吉瓦），提前减排路径下次之（75吉瓦），延后减排路径下最高（150吉瓦）。从储能需求来看，各路径较为接近，最低的是提前减排路径（1 102吉瓦时），最高的是2℃情景（1 198吉瓦时）。

从发电量结构变化来看，新增电力需求主要由非化石能源电力满足。长期来看，非化石能源电力将进一步置换存量煤电，以实现低碳排放要求。政策情景下，2030年和2050年非化石能源发电量占比分别为43%和73%；强化政策情景下，2030年和2050年非化石能源发电量占比分别为50%和78%；2℃情景下，2030年和2050年非化石能源发电量占比分别为50%和91%；1.5℃情景下，2030年和2050年非化石能源发电量占比分别为56%和91%（具体数据见表5-11~表5-14）。从间歇性可再生能源占比来看，在政策情景、强化政策情景、2℃情景和1.5℃情景下，2050年发电量占比分别达到42.9%、46.2%、59.8%和62.8%；2℃情景和1.5℃情景下的间歇性可再生能源发电量占比大幅升高，达到60%左右，这也对系统平衡和电网灵活性提出了更大的挑战。

表5-11 政策情景下的发电量　　　　　　　　　　（单位：拍瓦时）

	年份					
	2017	2020	2030	2035	2040	2050
总发电量	6.30	7.40	9.63	10.51	11.40	12.56

（续表）

	年份					
	2017	2020	2030	2035	2040	2050
煤电	4.15	4.69	5.26	4.92	4.40	3.04
煤电CCS	0.00	0.00	0.00	0.00	0.00	0.00
气电	0.20	0.19	0.25	0.27	0.33	0.35
核电	0.25	0.40	1.02	1.38	1.74	2.26
水电	1.19	1.34	1.51	1.52	1.52	1.52
陆上风电	0.30	0.42	0.99	1.55	2.26	2.94
海上风电		0.02	0.02	0.02	0.02	0.35
集中式光伏	0.12	0.21	0.37	0.47	0.78	1.53
分布式光伏		0.05	0.11	0.30	0.34	0.56
生物质发电	0.08	0.08	0.11	0.08	0.02	0.00
BECCS	0.00	0.00	0.00	0.00	0.00	0.00

表 5-12　强化政策情景下的发电量　　　　　　　（单位：拍瓦时）

	年份					
	2017	2020	2030	2035	2040	2050
总发电量	6.30	7.40	9.66	10.55	11.44	12.66
煤电	4.15	4.67	4.65	4.29	3.80	2.45
煤电CCS	0.00	0.00	0.00	0.00	0.00	0.00
气电	0.20	0.19	0.25	0.27	0.33	0.37
核电	0.25	0.40	1.02	1.38	1.74	2.45
水电	1.19	1.35	1.52	1.52	1.52	1.53
陆上风电	0.30	0.43	1.24	1.81	2.52	3.16
海上风电		0.02	0.02	0.02	0.02	0.35
集中式光伏	0.12	0.21	0.43	0.53	0.84	1.66
分布式光伏		0.05	0.34	0.53	0.55	0.67
生物质发电	0.08	0.09	0.21	0.21	0.12	0.02
BECCS	0.00	0.00	0.00	0.00	0.00	0.00

表 5-13　2℃情景下的发电量　　　　　　　　　　　（单位：拍瓦时）

	年份					
	2017	2020	2030	2035	2040	2050
总发电量	6.30	7.40	9.76	10.74	11.95	13.52
煤电	4.15	4.66	4.67	4.29	2.91	0.38
煤电 CCS	0.00	0.00	0.00	0.00	0.00	0.51
气电	0.20	0.19	0.25	0.27	0.40	0.40
核电	0.25	0.40	1.02	1.38	1.74	2.42
水电	1.19	1.35	1.53	1.53	1.53	1.50
陆上风电	0.30	0.43	1.32	2.16	3.03	4.75
海上风电		0.02	0.02	0.02	0.23	0.34
集中式光伏	0.12	0.21	0.37	0.42	1.21	2.17
分布式光伏		0.05	0.34	0.45	0.62	0.84
生物质发电	0.08	0.10	0.24	0.23	0.15	0.02
BECCS	0.00	0.00	0.00	0.00	0.14	0.20

表 5-14　1.5℃情景下的发电量　　　　　　　　　　（单位：拍瓦时）

	年份					
	2017	2020	2030	2035	2040	2050
总发电量	6.30	7.40	11.13	12.47	13.85	15.39
煤电	4.15	4.66	4.64	3.30	1.20	0.14
煤电 CCS	0.00	0.00	0.00	0.10	1.10	0.92
气电	0.20	0.20	0.25	0.33	0.39	0.40
核电	0.25	0.40	1.02	1.38	1.72	2.42
水电	1.19	1.36	1.54	1.54	1.54	1.51
陆上风电	0.30	0.43	2.55	3.56	4.42	5.54
海上风电		0.02	0.02	0.14	0.36	0.56
集中式光伏	0.12	0.21	0.46	1.21	2.05	2.65
分布式光伏		0.05	0.43	0.61	0.75	0.91
生物质发电	0.08	0.08	0.22	0.10	0.03	0.00
BECCS	0.00	0.00	0.00	0.21	0.29	0.33

从 2℃情景 2050 年不同路径的非化石能源发电量占比来看，高核电路径下最高（93.1%），其余几种路径占比较为接近（89.9%~90.6%）。从对电网稳定和平衡影响最大的间歇性可再生能源占比来看，5 种路径下间歇性可再生能源发电量占比很高，均位于 56%~60%，最低的是高核电路径（56%），然后是高水电路径（57.3%），其余路径比较接近（58.8%~59.8%）（见图 5-3）。

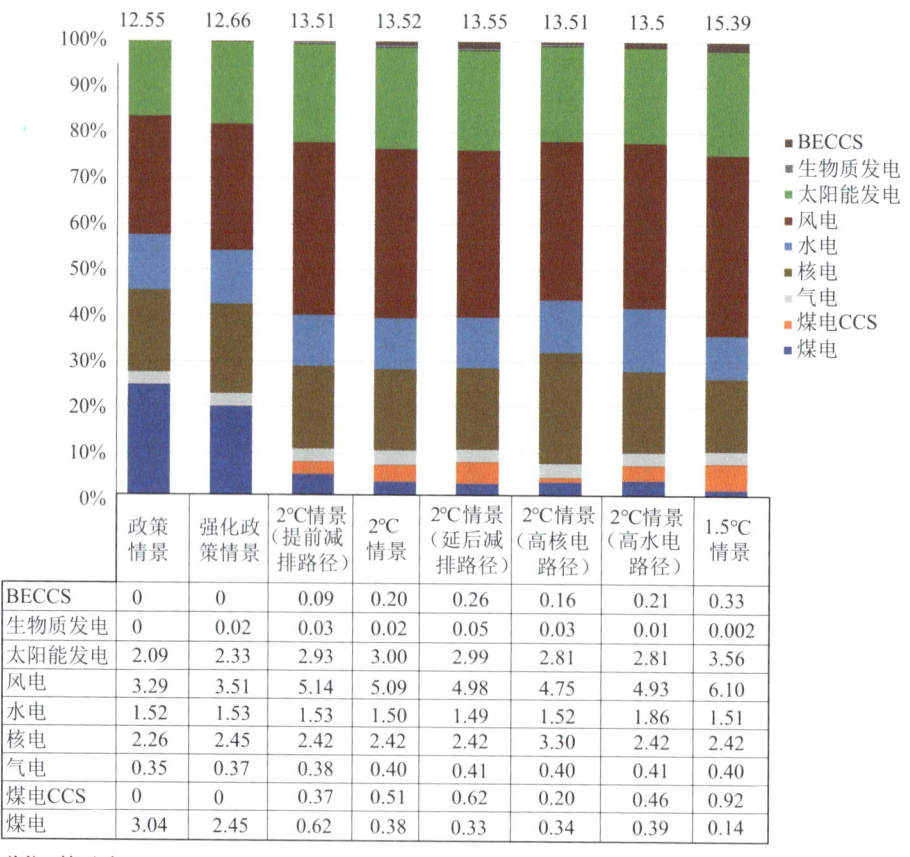

	政策情景	强化政策情景	2℃情景（提前减排路径）	2℃情景	2℃情景（延后减排路径）	2℃情景（高核电路径）	2℃情景（高水电路径）	1.5℃情景
BECCS	0	0	0.09	0.20	0.26	0.16	0.21	0.33
生物质发电	0	0.02	0.03	0.02	0.05	0.03	0.01	0.002
太阳能发电	2.09	2.33	2.93	3.00	2.99	2.81	2.81	3.56
风电	3.29	3.51	5.14	5.09	4.98	4.75	4.93	6.10
水电	1.52	1.53	1.53	1.50	1.49	1.52	1.86	1.51
核电	2.26	2.45	2.42	2.42	2.42	3.30	2.42	2.42
气电	0.35	0.37	0.38	0.40	0.41	0.40	0.41	0.40
煤电CCS	0	0	0.37	0.51	0.62	0.20	0.46	0.92
煤电	3.04	2.45	0.62	0.38	0.33	0.34	0.39	0.14

单位：拍瓦时

图 5-3　不同情景和路径下 2050 年发电量结构

各区域煤电机组逐年退役情况

本章研究发现，若按照当前煤电建设情况，"十三五"结束时煤电装机容量接近 11 亿千瓦。如图 5-4 所示，除政策情景外，其余 3 种情景下的煤电机组发电量在 2023 年后就开始下降，2030 年后所有情景下的煤电机组发电量均迅速下降。因此，除了不再新增煤电装机以避免造成浪费，还需要考虑实现现役煤电机组功能的转变，从承担基荷转为支撑调峰，充分利用存量煤电。2030 年前电力需求增长基本由非煤电力满足，同时对煤电机组大力实施灵活性改造，以满足系统平衡需求。2030 年后，随着更大力度的深度减排和可再生能源份额的增加，煤电的功能定位逐渐由基本负荷向调峰负荷转变，非化石能源发电逐渐替代存量煤电机组发电。在充分利用存量煤电机组的思路下，除了 1.5℃情景，其他 3 种情景仍可实现较高的煤电机组利用水平（见图 5-5）。值得注意的是，由于 1.5℃情景下从 2034 年开始大规模使用煤电 CCS 技术，煤电 CCS 机组的高利用小时使得煤电整体利用小时有所上升，2045 年后随着煤电 CCS 机组总量不再增加以及传统煤电机组利用小时的进一步下降，煤电整体利用小时会有所下降。

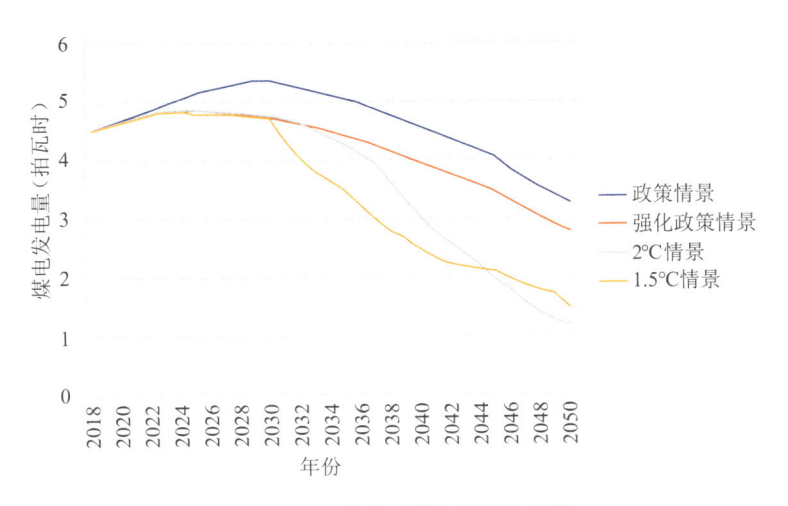

图 5-4 各情景下煤电机组发电量

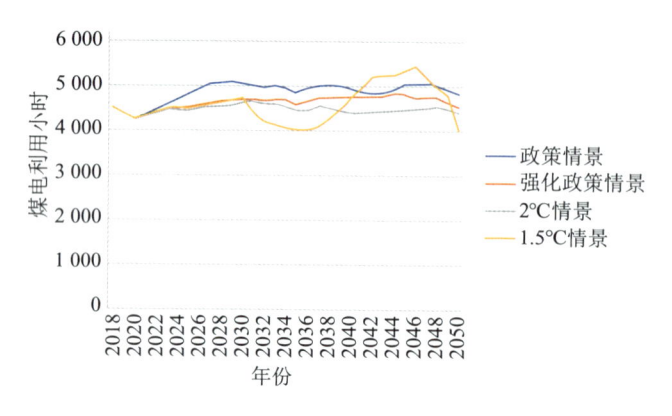

图 5-5　各情景下煤电机组利用小时

  煤电机组装机容量在 2020 年达到峰值并持续下降。煤电总装机容量的下降主要通过现役煤电机组逐渐退役实现。在正常情况下，煤电机组是在达到使用寿命后按期退役。政策情景和强化政策情景对机组服役寿命影响不大，机组可以正常服役 30 年左右，不涉及煤电机组提前退役问题。[①] 在 2℃ 情景和 1.5℃ 情景下，部分煤电机组需要在未达到使用寿命时提前退役。需要指出的是，本章中所说的提前退役是指发电厂不能按照当前语境下的方式和运行时长经济运行，但因为发电机组还可以用于提供辅助服务等有价值的用途，提前退役并不一定意味着关闭甚至拆除发电厂。在 2℃ 情景下，少量机组提前退役，退役时的服役年限为 22~29 年。在 1.5℃ 情景下，提前退役机组规模更大，而且退役机组的服役年限更短。从煤电机组退出规模来看，随着不同情景下减排力度的增加，煤电机组退出规模逐渐增加，而煤电机组大规模退出的时间也逐渐提前；同时，退役煤电机组的平均寿命也逐渐降低（见图 5-6 和图 5-7）。因此，即使是在大规模使用煤电 CCS 技术和 BECCS 技术的情况下，中国煤电机组的平均服役寿命也过短，需要考虑可能引起的投资浪费问题。在 2℃ 情景下，2018—2050 年由于煤电机组提前退役导致的

---

① 本章研究中设置煤电机组寿命为 30 年，国际能源署在《世界能源投资年度报告 2018》中设置煤电机组寿命为 40 年。

读懂碳中和

122

搁浅成本为 1 048 亿元，1.5℃情景下为 6 551 亿元，因此需要妥善应对煤电机组的有序退出问题。

图 5-6　不同情景下煤电机组退出规模

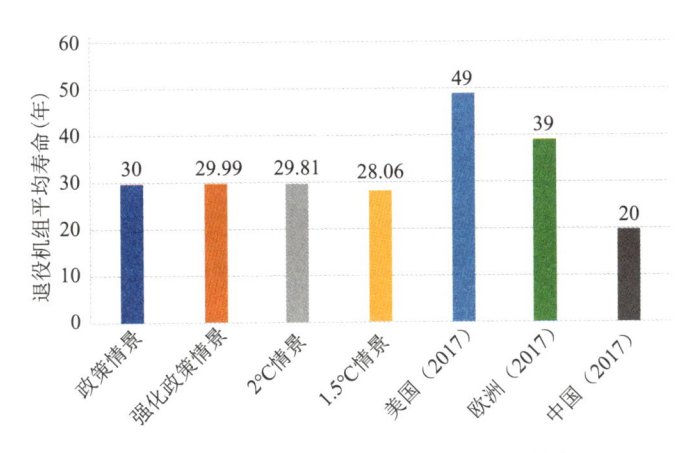

图 5-7　不同情景下退役煤电机组平均寿命

跨区域电力交换规模和储能设施需求

随着间歇性可再生能源发电量的提高，电力系统需要提供更多的灵活性来满足逐时的电力调峰需求。煤电机组的角色也相应发生了转变，在装机容量减少的同时，从 2030 年开始逐渐由原来的提供基础负荷转为提供灵活性和满足调峰需求的机组。在 2030 年前，依靠火电灵活性改造进行调峰和电网互联互济支撑间歇性可再生能源消纳；在 2030 年后，随着碳减排加速以及可再生能源份额的进一步提高，同时可以提供部分灵活性的煤电装机逐渐下降，需要新建储能装置来保证消纳，尤其是在内蒙古、新疆、山东和西北地区。

2030 年前，要加强建设区域间输电通道，形成电网互联互济，为消纳可再生能源提供灵活性并提高资源利用效率。到 2030 年，跨区域电力交换功率总容量需要达到当前的 2~3 倍。2030 年后，由于东中部地区剩余可开发的可再生能源资源有限，出于持续深度减排的需求，需要继续大力开发西北部地区的可再生能源，与此同时需要进一步配套建设远距离输电通道，到 2050 年，跨区域电力交换功率总容量需要达到当前的 3~7 倍（见图 5-8）。计算结果表明，2050 年所需的跨区域输电通道总容量分别为 771 吉瓦（政策情景）、935 吉瓦（强化政策情景）、1 173 吉瓦（2℃情景）和 1 362 吉瓦（1.5℃情景）。2℃情景下不同路径的跨区域电力交换总容量有明显的差别：高核电路径下跨区域电力交换需求最低；提前减排路径下跨区域电力交换需求最高；延后减排路径下的跨区域电力交换需求呈现前低后高的趋势，但是其逐年需求变化与高水电情景是非常接近的。

到 2050 年，政策情景、强化政策情景、2℃情景和 1.5℃情景下所需的储能装机容量分别达到 587 吉瓦时、682 吉瓦时、1 198 吉瓦时和 1 417 吉瓦时。与政策情景相比，2℃情景和 1.5℃情景下 2050 年所需的储能装机容量规模分别是其 2 倍和 2.4 倍（见图 5-9）。2℃情景下不同路径的储能需求却显示了和跨区域输电需求不同的趋势：延后减排路径下的储能需求最高，而提前减排路径下的储能需求却是最低的，高核能路径下的储能需求也较低。从储能技术大规模应用的时间节点来看，政策情景、强化政策情景、2℃情景中储能技术大规模应用的时间节点在 2035 年，1.5℃情景下该时间提前至 2030 年。

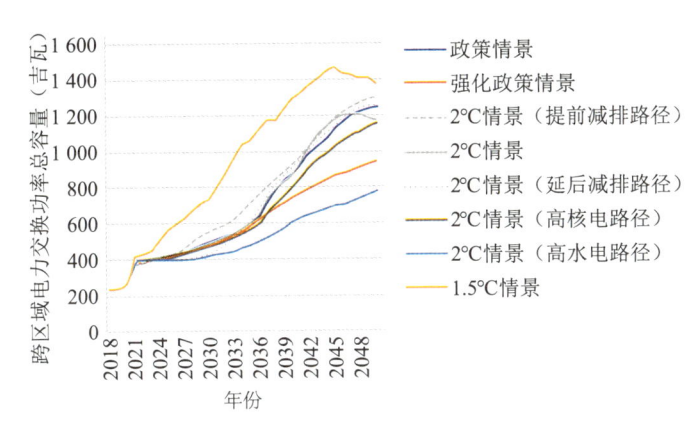

图 5-8　跨区域电力交换功率总容量

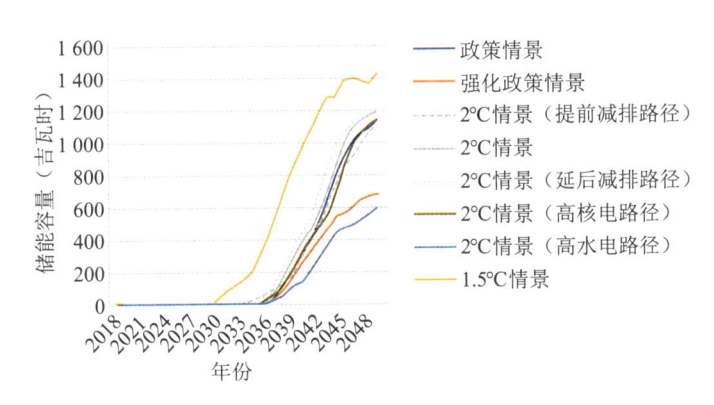

图 5-9　储能容量需求

不同情景和路径下的技术需求

从 4 种情景下的减排技术来看，可再生能源、煤电 CCS 技术和 BECCS 技术在电力行业的深度减排中将发挥关键作用。以政策情景为参考，强化政策情景、2℃情景和 1.5℃情景下的碳排放下降主要归因于可再生能源的大力发展（见图 5-10）。在 2℃情景下，开始规模使用 CCS 技术和 BECCS 技术，2050 年煤电 CCS 技术和 BECCS 技术的装机容量分别达到 83 吉瓦和 33 吉瓦，二氧化碳捕集量达到 3.9 亿吨和 1.9 亿吨。在 1.5℃情景下，CCS 技术和 BECCS 技术将发挥更大作用，2050 年煤电 CCS 技术和 BECCS 技术的装机容量分别达到 230 吉瓦和 53 吉瓦，二氧化碳捕集量分别达到 7.1 亿吨和 3.1 亿吨。

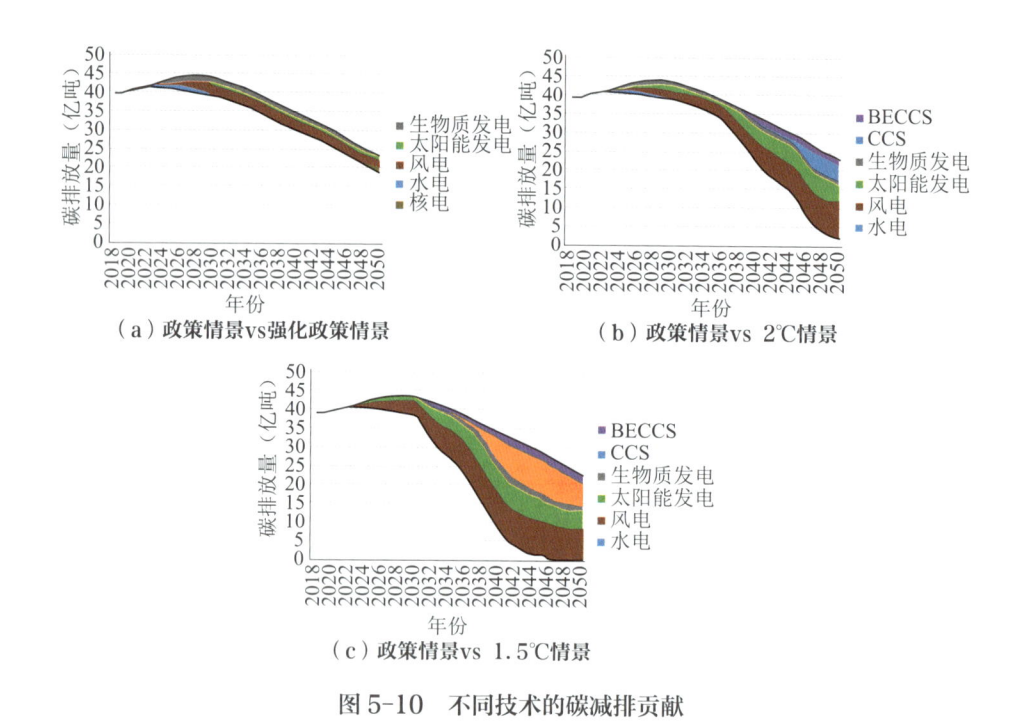

图 5-10　不同技术的碳减排贡献

表 5-15 展示了 2℃情景下不同减排路径在两个时间段（2020—2030 年，2030—2050 年）的技术需求。从时间上来看，各路径下主要的装机增速规模差别发生在 2020—2030 年，这是由技术成本变化和设定深度减排的时间不同导致的。2030—2050 年，各路径下都进入了深度减排阶段，减排关键技术（风电、太阳能发电、储能和跨区域输电）的年度发展规模接近并且都处于高水平。从具体的技术来看，风电和太阳能发电在各路径下的装机

规模都很高，但是由于技术路径和开始深度减排的时间不同，在各路径下2020—2030年的装机规模有较大差异。水电和核电的装机规模只在相应的高水电和高核电路径下较高。生物质发电由于受到成本和原料利用方式的限制，难以成为关键减排技术。从储能需求来看，2030年后各路径下都处于非常接近的高水平。区域输电需求最主要的差异体现在提前减排路径下和延后减排路径下，提前减排路径下区域输电需求一直处于高水平，而延后减排路径下区域输电需求呈现前低后高的特点。

表 5-15　2℃情景下不同减排路径的技术需求　　（单位：吉瓦/年）

	年份	2℃情景（提前减排路径）	2℃情景	2℃情景（延后减排路径）	2℃情景（高核电路径）	2℃情景（高水电路径）
风电装机年均增量	2020—2030	54	39	26	38	35
	2030—2050	82	87	88	80	83
太阳能发电装机年均增量	2020—2030	39	29	20	29	25
	2030—2050	75	84	89	73	79
水电装机年均增量	2020—2030	3	3	3	3	8
	2030—2050	0	0	0	0	2
核电装机年均增量	2020—2030	8	8	8	8	8
	2030—2050	10	10	10	15	10
生物质发电装机年均增量	2020—2030	2	2	0	2	1
	2030—2050	-1	0	2	0	0
储能容量年均增量	2020—2030	0	0	0	0	0
	2030—2050	55	60	59	57	57
输电容量年均增量	2020—2030	31	25	18	24	24
	2030—2050	37	34	42	33	38

不同情景下的电力投资需求

1. 电力投资[①]

随着碳减排力度的加大,电力部门的新增投资将大幅上升。与政策情景相比,在强化政策情景、2℃情景和1.5℃情景下,2018—2050年电力行业新增投资(只包含固定资产投资成本)将分别增加12%、31%和90%(见图5-11)。从新增投资规模来看,在2℃情景与1.5℃情景下,2018—2050年分别达到34.93万亿元和50.79万亿元,年均新增投资规模分别为10 585亿元和15 391亿元,约为2018年电力工程建设完成投资(8 094亿元)的1.3倍和1.9倍。考虑到2018年电力行业属于高投资水平,所以实现2℃情景与1.5℃情景,需要维持超过30年的高水平电力投资规模。

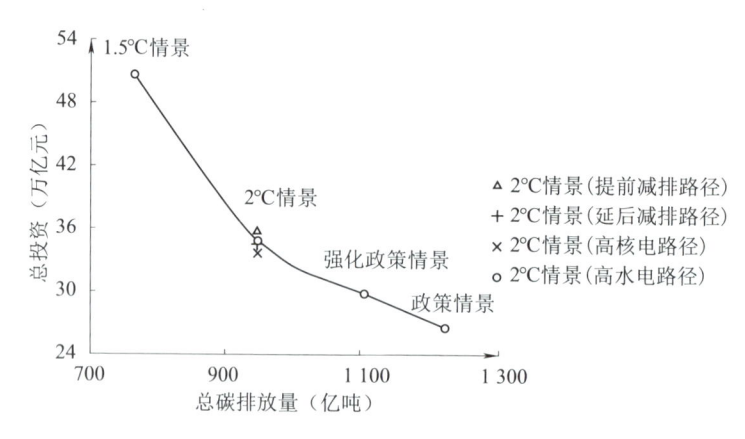

图5-11 不同情景下电力碳排放总量与总投资的关系

在2℃情景下,不同路径的投资差别并不显著,投资最高路径(提前减排路径)和投资最低路径(高核电路径)的差别为2万亿元,占提前减排路径总投资的6%。提前减排路径下的总投资最高,为35.8万亿元;高水电路

---

① 本章讨论的电力投资中电网投资部分只包括跨区域电网投资,不包含配电网投资。

径下的总投资为34.8万亿元；延后减排路径下的总投资为34.5万亿元；高核电路径下的总投资最低，为33.8万亿元。该计算结果表明，通过不同路径实现2℃情景，总投资规模是比较接近的。此外，提前减排路径下的总投资比延后减排路径下高出1.3万亿元，考虑到这是33年的加总投资，这一差距并不大。因此，从新增投资上来看，提前部署2℃情景减排行动是可以接受的。

从边际减排成本来看，随着减排力度的增加，边际减排成本呈显著增加趋势，1.5℃情景下的边际减排成本是2℃情景下的2.7倍。与2℃情景相比，1.5℃情景下行业累计碳排放量继续减少184亿吨，需新增加投资15.96万亿元，边际减排成本为862元/吨二氧化碳。2℃情景比强化政策情景行业累计碳排放量减少了155亿吨，需新增加投资5.02万亿元，减排成本为324元/吨二氧化碳。与政策情景相比，强化政策情景下的边际减排成本为272元/吨二氧化碳（见表5-16）。

表5-16 电力行业累计排放量和总成本（2018—2050年）

	累计排放量（亿吨二氧化碳）	累计新增建设投资（万亿元）	新增减排量（亿吨二氧化碳）	新增加投资（万亿元）	边际减排成本（元/吨二氧化碳）
政策情景	1 222	26.70			
强化政策情景	1 104	29.91	118	3.21	272
2℃情景	949	34.93	155	5.02	324
1.5℃情景	765	50.79	184	15.86	862

注：表中新增建设投资均为当期值。

从新增投资的构成来看，从政策情景到1.5℃情景，随着减排力度的增加，主要的投资增加领域为风电、光伏发电、电网建设、储能、煤电CCS和BECCS，1.5℃情景下这几类投资均显著增加（见图5-12a）。此外，随着减排力度的增加，煤电投资也逐渐减少。在2℃情景下，尽管不同路径下总投资的差异并不显著，但是投资分布略有一些差别（见图5-12b）。在提前减排路径下，煤电的新增投资高于其他情景，煤电 CCS 和 BECCS 的投资水平是最低的，增加显著的是风电投资和电网传输投资。综合来看，在提前减排路径下，煤电的空间最大，对 CCS 技术的依赖也最低；但是需要增加电网传输投资。与其他几种路径相比，延后减排路径并无突出优势。

（a）不同情景下

（b）2℃情景不同路径下

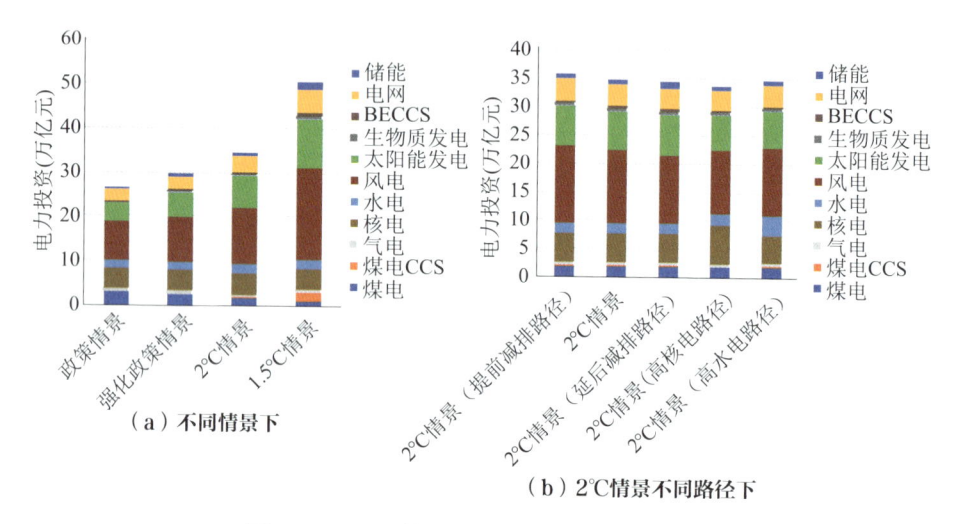

图 5-12 不同情景和路径下的电力投资构成

图 5-13 是 2018—2050 年电力投资的年度变化。从中可以看到，政策情景、强化政策情景、2℃情景下的年度投资呈增加趋势；1.5℃情景下的电力投资在 2046 年达到峰值，之后略有下降。从年度投资总量来看，政策情景下 2050 年投资额为 2018 年的 14 倍，强化政策情景下为 15 倍，2℃情景下为 19 倍，1.5℃情景下为 24 倍。此外，2℃情景下虽然各路径的总投资较为接近，但是年际投资有差别，其中差别较大的是提前减排路径和延后减排路径。提前减排路径下的年度投资呈现"前高后低"的特点，2023—2038 年的年度投资水平高于其他路径，其余年份投资水平和其他路径较为接近。延后减排路径下的年度投资呈现"前低后高"的特点，2034 年前的年度投资水平较低，2039 年后显著高于其他路径。

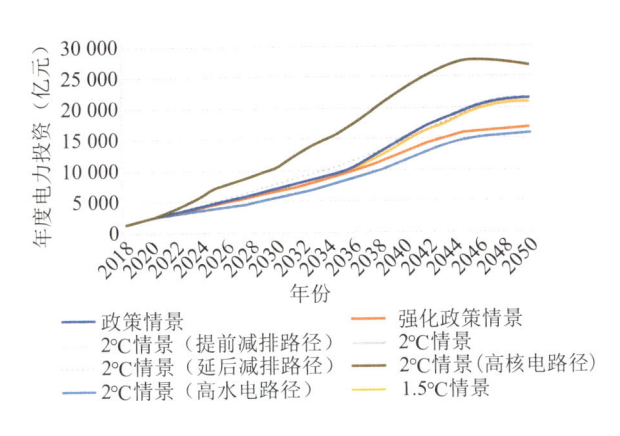

图 5-13　各情景下 2018—2050 年年度投资需求变化

2. 煤电搁浅成本

在能源低碳转型的大趋势下，煤电资产的搁浅成为各方都广泛关注的问题。本章中把煤电资产搁浅成本定义为煤电在未达预期使用寿命提前退役时的固定资产残值。

各情景下的煤电资产搁浅成本差异很大（见图 5-14）。1.5℃情景下的煤电资产搁浅总成本达到 6 551 亿元，政策情景下仅为 11 亿元，而强化政策情景下也只有 26 亿元。2℃情景下各路径的煤电资产搁浅成本差异较大，其中差异最大的是提前减排路径和延后减排路径：提前减排路径下煤电资产搁浅成本最低，为 373 亿元；而延后减排路径下煤电资产搁浅成本最高，为 1 583 亿元；高水电路径和高核电路径下的煤电资产搁浅成本很接近。

图 5-15 展示了各情景和路径下的煤电资产搁浅成本的年际变化。总的来看，在 1.5℃情景下，煤电资产搁浅成本集中于 2031—2046 年，尤其是在 2032—2043 年呈最高水平。在 2℃情景下，提前减排路径下的煤电资产搁浅年际分布较为分散，其余路径下煤电资产搁浅高峰期出现在 2042 年后，而延后减排路径下的煤电资产高峰期延续时间最长。

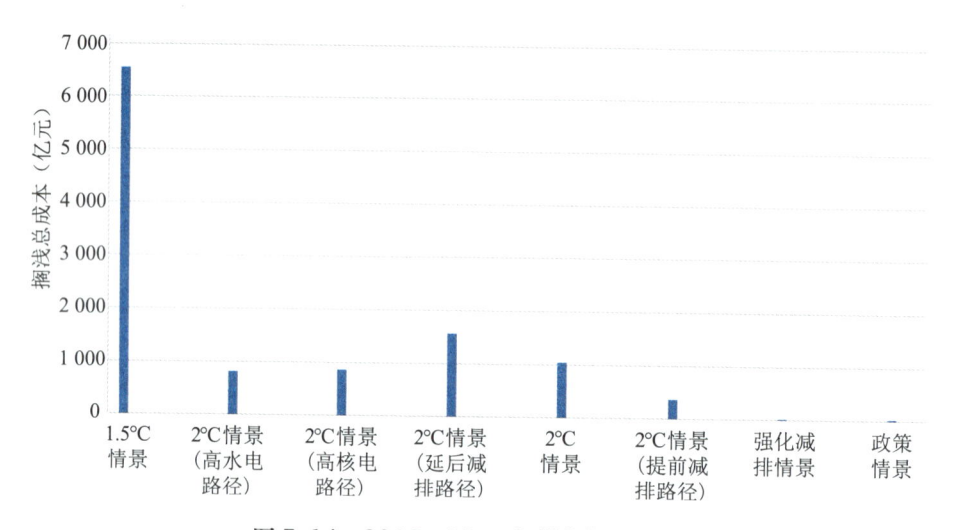

图 5-14 2018—2050 年煤电搁浅总成本

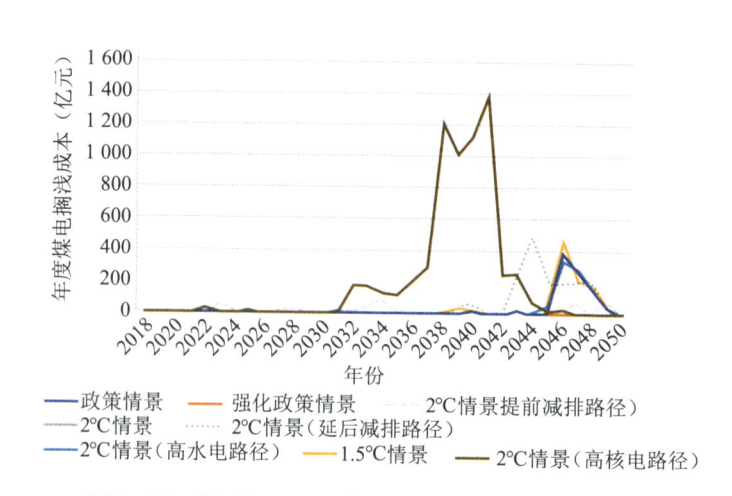

图 5-15 2018—2050 年煤电资产搁浅成本年际变化

综合来看，2℃情景下的延后减排路径虽然总投资较低，前期投资水平也较低，但是煤电资产搁浅成本高，且将投资压力和煤电资产搁浅压力集中于 2040 年之后，后期减排压力更大。而提前减排路径下的总投资较高（高出投资最低路径 6%），但是煤电资产搁浅成本最低，且对 CCS 技术依赖水平低。从相关利益方的意愿来看，在提前减排路径下容易取得共识。从低碳技术布局来看，中国已具有相关技术基础，提前减排路径可以为这些技术提供更明朗的政策预期和市场，容易在国际中取得比较优势。从国内大气污染情况来看，提前减排路径对大气污染治理也具有更强的协同效益，更容易得到大众的认可。此外，考虑到日益增强的国际压力，提前减排路径也容易受到国际社会的认可。

高比例可再生能源并网下的电网运行挑战与解决方案

在高比例可再生能源并网下，由于具有强不确定性与波动性的风能和太阳能将从次要能源转变为主要能源，成为电力供应的主要支柱电源，电力系统的运行平衡机制以及统筹规划机制将出现质变，亟须解决两大关键科学问题。其一，以绿色发展为目标，中国即将步入可再生能源大规模集群并网、高渗透率分散接入并重的高比例发展阶段，电力系统形态将发生巨大变化。在源端强波动性、随机性与荷端大量含源负荷的共同作用下，输配电网络的规划与运行特征也将发生根本性变化。必须解决高比例可再生能源并网下应对源-荷强不确定性的电力系统灵活性稀缺和输配电网构建问题。其二，电力电子技术广泛应用于新能源并网、电能传输和负荷接入，使源-网-荷都将呈现高度电力电子化的趋势。电力电子装备具有低惯性、弱抗扰性和多时间尺度响应特性，导致电力电子化电力系统的稳定性分析理论和优化运行方法将出现根本性变化。必须解决源-网-荷高度电力电子化条件下电力系统多时间尺度耦合的稳定机理与优化运行问题。

图 5-16 总结了不同可再生能源发电占比阶段，电力系统面临的挑战以及可能的技术解决方案。在可再生能源低比例接入时（可再生发电量占比 0~10%），电力系统可通过调整现有运行方式实现可再生能源消纳。随着可再生能源并网比例的提高，电力系统逐渐面临严峻的运行挑战。为此，我们将大规模可再生能源接入电网情形分为中比例接入（可再生能源发电量占比

10%~30%)、高比例接入(可再生能源发电量占比 30%~50%)、极高比例接入(可再生能源发电量占比 50%~100%)分别进行讨论。

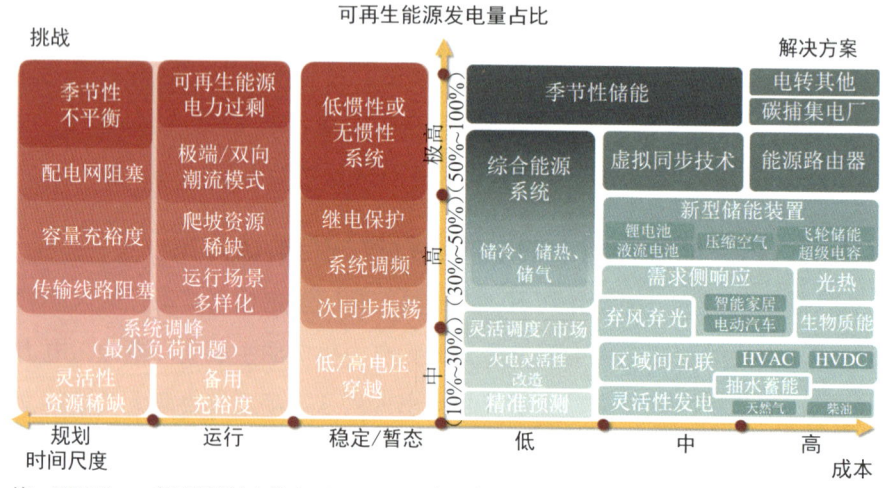

注：HVAC——高压交流输电技术，HVDC——高压直流输电技术。

图 5-16　高比例可再生能源接入的挑战与技术解决方案

从时间尺度上来看，可再生能源并网的挑战可以分为超短期的稳定/暂态方面的挑战、短期的运行环节的挑战，以及中长期的规划环节的挑战。具体来说，从暂态特性上看，当可再生能源发电量占比不高时，风电、光伏发电的间歇性容易引起并网点电压跌落至允许的电压下限，从而造成无法正常并网发电。此外，风电通过串补交流输电模式并入电网可以提高输电能力，但同时串联补偿电路中的补偿电容与风电机组轴系的定子电感之间形成次同步谐振回路，可能带来次同步振荡问题，引起风机脱网或设备损坏，危及风电机组与电网安全稳定运行。因此，在可再生能源接入比例不高时，需要关注电网的电压穿越和次同步振荡问题。

当可再生能源发电量占比达到 30% 时，系统调频和继电保护问题将凸显。一方面，系统中的灵活调节电源(如燃煤发电、燃气发电)可能不足以应对风电、光伏发电所引起的波动性，从而导致电网频率脱离正常运行区间。另一方面，由于风电、光伏发电等间歇性电源的结构和控制方式的特殊性，它们具有与同步机电源不同的故障特征，将会引起系统的继电保护问题。以风电为例，无论是双馈风机还是直驱风机，在故障过程中为保护变流器安全提供短路电流的能力有限，而低电压穿越等故障暂态控制使得风电机组等效阻抗随时间变化，最终造成正序负序阻抗相差较大，并且在某些故障类型下表现出电流频率偏移特征。风电、光伏发电上述有别于同步发电机系统的故障特征，使得目前的继电保护原理可能存在适应性问题，即存在误动或拒动可能性。

当实现极高比例的可再生能源并网时，系统中的火电等同步机组容量占比很小，惯量支撑不足，电力系统将变成低惯性或者无惯性系统，稳定性挑战十分严峻，稳定机理也将变得更为复杂。一方面，风电、光伏发电等可再生能源通过电力电子变换装置接入电网；另一方面，柔性直流输电技术、直流配电技术、负荷侧电力电子装置也在不断涌现。源-网-荷不同环节的电力电子元件普及程度不断提高，特性不一，导致电力系统的暂态特性难以用现有的经典理论解释与分析。

从运行环节来看，可再生能源发电量占比的提升，将带来注入备用充裕度、系统调峰、运行场景多样化、爬坡资源稀缺性等问题。以运行场景为例，在较少可再生能源并网时，由于负荷变化相对有规律，整个电力系统的运行方式相对固定。例如在做电力系统规划时，只需要选取不同季节的典型负荷曲线，而在高比例可再生能源电力系统中，由于在源端和荷端存在较大的不确定性，电力系统的"边界条件"将更加多样化，未来的电网结构形态需要具有更大的"可行域"以满足整个系统的安全性。尤其是当可再生能源发电量占比超过50%时，有可能导致可再生能源的瞬时出力大于负荷，配电网将会发生潮流反转，导致双向潮流甚至是极端潮流，可能产生严重的过电压问题。另外，发电量占比太高时，可再生能源电力过剩问题将变得显著。

从规划环节来看，可再生能源发电量占比不高时，间歇性电源对电力规划的影响主要体现在灵活性资源稀缺和系统调峰能力不足，需要将爬坡和调峰能力等约束引入规划决策过程；当可再生能源发电量占比超过30%时，则需要关注输电线路阻塞、电力系统容量充裕度不足的问题；当达到极高比例可再生能源并网时，配电网阻塞和季节性不平衡问题将十分突出。

为了应对可再生能源并网带来的上述挑战，电力系统中可以采取一系列的技术手段，这些技术手段带来的成本不一而同。可再生能源发电量占比不高时，可以采取可再生能源出力精准预测、火电灵活性改造、灵活调度等成本相对较低的技术手段，重点解决电网中可能存在的爬坡能力不足、调峰备用等问题。同时，可辅以灵活性发电、抽水蓄能、区域间网络互联、弃风弃光、生物质发电等技术，这些技术需要付出相对较高的经济成本，可起到一定的支撑作用。当可再生能源发电量占比超过30%时，可再生能源的波动性对电网的规划、运行影响较大，使得运行方式变得比较复杂，因此可以采取基于多能互补的综合能源系统，借助成本较低的储气、储热、蓄冷等储能设备来平抑可再生能源的波动性；当上述技术不能满足需求时，可进一步考虑需求侧响应和光热发电等新型技术，或者建设新型的电力储能装置，比如压缩空气储能、液流电池储能、超级电容储能等，这些技术目前仍处于示范阶段，离规模化应用还有差距，因此实施成本相对高昂。当可再生能源发电量占比超过50%时，系统惯性不足、季节不平衡问题的存在，使得上述技术手段难以为继。鉴于此，一方面，可采取虚拟同步发电技术等措施增强系统的同步惯量，提高系统的稳定能力；另一方面，可通过季节性储能（如季节性储热、蓄冷）等技术实现季节性的能量转移，或者可配备能源路由器或电转气装置等成本较高的设备，以解决季节性不平衡的问题。

综上所述，随着可再生能源并网比例的提高，电力系统面临的挑战越来越复杂，需要考虑多种技术组合，以较经济的方式应对高比例可再生能源的接入，促进电力低碳转型。

政策建议

1. 电力行业应尽快采取深度减排行动

本章的研究结果表明，中国在当前的政策实施力度（政策情景）以及实现全部现有能源和电力领域中长期政策目标并加强 2030 年前政策力度的情况下（强化政策情景），仍无法实现电力行业 2℃情景下的深度脱碳和 1.5℃情景下的零碳目标。若 2030 年后再采取深度减排行动，从行业碳排放轨迹可以看出，在 2℃情景下从 2038 年开始年度减排量骤然增加，而在 1.5℃情景下从 2030 年开始就需要实现碳排放的迅速下降，短期内这样大的排放量减幅对产业、技术、市场、政策都是巨大的挑战。因此，应该尽早制定并开展针对 2℃温升控制目标的政策措施，并且尽早研究和理解 1.5℃温升控制目标下的要求和可能的影响。

综合来看，在 2℃情景下，延后减排路径虽然总投资较低，前期投资水平也较低，但是煤电资产搁浅成本高，且将投资压力和煤电资产搁浅压力集中于 2040 年之后，后期的减排压力更大。而提前减排路径的总投资较高（高出投资最低路径 6%），但是煤电资产搁浅成本最低，同时节省了大量的燃料费用和运行维护费用。除了本章研究中计算的煤电资产搁浅成本，提前减排行动也可以减少由大量煤电提前退役带来的煤电产业及上游煤矿产业失业问题等社会成本。此外，提前减排路径由于为远期碳排放留下了一定的空间，且远期对于 CCS 技术的需求有所降低，因此可以降低 CCS 技术发展不及预期或者二氧化碳埋存利用受限带来的不确定性。

从相关利益方的意愿来看，由于为化石能源留出了较多的生存空间和转型时间，提前减排路径容易取得包括化石能源企业在内的共识。从低碳技术布局来看，中国已具有相关技术基础，提前减排路径可以为这些技术提供更明朗的政策预期和市场,从而在国际中取得比较优势。从国内大气污染情况来看,提前减排路径对大气污染治理也具有更强的协同效益,更容易得到大众的认可。此外,考虑到日益增强的国际压力,提前减排路径也容易受到国际社会的认可。

加大核电和水电的开发力度,都可以降低实现2℃温升控制目标的总投资成本,但核电的发展需要考虑安全性问题和核电厂选址问题。考虑到剩余水电资源主要分布于长江上游和西藏诸河,都位于生态环境脆弱区,且少数河流是国际河流,因此需要综合考量国际政治因素和生态环境因素。

2. 严格控制新增煤电机组,加强对可再生能源的支持,保障可再生能源发展规模与速度

在新冠肺炎疫情冲击和经济下行压力下,各地扩内需、稳增长的措施中出现了一些停建缓建的煤电项目重新得到核准、煤炭消费预期反弹的现象,因此建议"十四五"时期要严格控制新增煤电项目,通过增加可再生能源供应满足未来绝大部分新增电力需求,在新基建中加强对可再生能源的支持,解决可再生能源发展面临的瓶颈和挑战。此外,从长远来看,煤电装机容量必然会减少,因此新上煤电机组应当非常慎重。除了原则上不再新增煤电装机以避免造成浪费,还需要考虑实现煤电功能和运行方式的转变,例如,通过提高灵活性调峰能力和提供辅助服务功能,适应和服务于可再生能源高比例接入的情形,充分利用存量煤电的价值。总之,煤电机组利用率大幅下降会导致前期投入的大量社会资源和投资无法收回,因此需要建立存量煤电机组容量成本回收机制,以妥善应对煤电机组转型问题。

从远期来看,应建立措施保障可再生能源发展速度和规模。研究表明,中国电力行业脱碳依赖于非化石能源电力的发展,远期更加依赖间歇性可再生能源的发展实现深度脱碳。尤其在1.5℃情景下,在充分考虑环境和生态保护的前提下,各种可再生能源的开发已经接近其资源的经济可开发量上限。在2℃情景下,风电装机规模在2020—2030年应维持每年不低于39吉瓦,

2030—2050 年应维持每年不低于 87 吉瓦；太阳能发电装机规模在 2020—2030 年应维持每年不低于 29 吉瓦，2030—2050 年应维持每年不低于 84 吉瓦。在 1.5℃情景下，风电装机规模在 2020—2030 年应维持每年不低于 96 吉瓦，2030—2050 年应维持每年不低于 81 吉瓦；太阳能发电装机规模在 2020—2030 年应维持每年不低于 41 吉瓦，2030—2050 年应维持每年不低于 100 吉瓦。

3. 积极发展储能技术研发和应用，加强跨区域电力交换通道建设，继续推进电力市场改革

随着间歇性可再生能源发电量的提高，电力系统需要提供更多的灵活性来满足逐时的电力调峰需求。在 2030 年前，依靠火电灵活性改造进行调峰和电网互联互济足够支撑间歇性可再生能源消纳；在 2030 年后，随着碳排放加速以及可再生能源份额的进一步提高，同时可以提供部分灵活性的煤电装机逐渐下降，需要新建储能机组来保证消纳，尤其是在内蒙古、新疆、山东和西北地区。2030 年跨区域电力交换功率总容量需要达到当前的 2~3 倍，2050 年跨区域电力交换功率总容量达到当前的 3~7 倍。此外，2℃情景和 1.5℃情景下将大规模应用储能技术，到 2050 年，上述情景所需的储能装机容量规模分别是政策情景的 2 倍和 2.4 倍。

因此，需要积极部署储能技术的研发、示范和应用，建立绿色融资手段，为大规模的跨区域电力交换通道建设提供资金。未来的电力行业深度脱碳从政策上取决于电力市场机制建设，需要继续推进电力市场改革，通过市场手段实现社会总成本的最小化。

4. 部署电网相关技术的研发和示范应用，通过多种技术手段组合保障高比例可再生能源消纳

相比于常规火电等灵活电源，间歇性可再生能源的波动性和季节不平衡特性对电网运行的影响较大。随着风电、光伏并网发电比例的增加，电网运行逐渐呈现电力电量平衡概率化、运行方式多样化、灵活性资源稀缺化、稳

定机理复杂化等特征。电网运行的挑战加剧,需要采取多种技术手段来保证电网的正常运行。

当间歇性可再生能源发电量比例低于50%时,电网的运行需要增加灵活性资源以平抑可再生能源分钟级到小时级的波动性以及不确定性,主要通过增加调峰调频以及备用容量,主要的技术手段包括火电机组灵活性改造、引入需求侧响应、建设综合能源系统、建设跨区输电、建设光热发电技术以及电储能。这些技术手段中的每一个单一手段都无法完全解决可再生能源的消纳问题,需要通过合理的配置形成"合力",技术的最优组合取决于电源电网结构以及各类型技术的成熟度和经济性。

当间歇性可再生能源发电量占比高于50%时(本章研究中2℃情景和1.5℃情景下间歇性可再生能源占比可高达56%~60%),电力系统消纳可再生能源将出现新的问题,主要包括同步转动惯量不足、频率稳定性问题凸显,可再生能源会在较多时段出现高于电力负荷的情况,可再生能源出力与负荷需求季节不平衡性凸显。电网的运行需要考虑加强系统同步旋转惯量、消纳部分时段多余可再生能源并缓解季节性不平衡性。前者需要在可再生能源发电设备上引入虚拟同步技术,后者需要季节性储能技术。这两种技术目前尚处于研发或示范阶段,需要进一步加大研发和投资力度,通过技术、政策、市场等多种手段促进技术的成熟度和成本的降低,为规模化应用做好准备。

5. 研发和应用示范 CCS 技术,加强地质勘探

研究结果表明,2℃情景和1.5℃情景均需要大规模使用 CCS 技术。CCS 技术的引入增强了系统电源的灵活性,而且可以替代一部分间歇性可再生能源发电,对保证未来电网的正常运行有一定的正面作用。当前 CCS 技术还处在应用示范阶段,尚未开展大规模的地质勘探,应积极探明哪些地块可以作为大规模存储区域,为该技术的大规模应用做好准备。

研究结果还表明,在不使用 CCS 技术和 BECCS 技术,只使用可再生能源(极限可再生能源路径)的情况下,无法实现1.5℃温升控制目标,即基

于对中国可再生能源资源现状和未来发展的判断，在没有革命性的技术突破的情况下，电力行业无法实现1.5℃零碳路径转型。因此，应该将CCS技术作为重大技术，积极开展研发和应用示范，为大规模应用做好准备。

6. 完善绿色投融资机制，支持电力行业深度脱碳

随着碳减排力度的加大，电力部门的新增投资将大幅上升，年均新增投资规模也将长期维持在较高水平，需要建立和完善绿色投融资机制，以绿色金融支持中国低碳转型。在2℃情景和1.5℃情景下，2018—2050年电力行业新增投资比政策情景分别增加31%和90%。1.5℃情景下每吨二氧化碳的平均减排成本是2℃情景下的2.67倍。在2℃情景与1.5℃情景下，年均新增投资规模分别为10 585亿元和15 391亿元，约为2018年电力工程建设完成投资（8 094亿元）的1.3倍和1.9倍。

系统消纳可再生能源的边际成本也将逐步增加，在1.5℃情景下，各种电网技术手段的应用将使总成本大幅上升。当可再生能源发电量占比较低时，通过火电灵活性改造、需求响应等成本较低的技术手段就能有效地消纳可再生能源；随着可再生能源发电量占比进一步提高，跨区输电、电池储能、虚拟同步技术等成本高昂的技术就成为必要选择。特别是在1.5℃情景下，电网运行面临极大挑战，在发电侧大力开发可再生能源的同时，需要大规模应用各类技术手段来保证电网的稳定可靠运行，例如跨区输电、储能技术、光热发电技术、虚拟同步技术等；此外，还需要考虑电网侧各类技术的配置及应用成本，对应的系统总成本将大幅上升。考虑到未来持续多年的高投资规模，完善绿色投融资机制对于电力行业深度脱碳至关重要。

7. 电力行业需深入研究1.5℃情景下零碳路径

研究结果表明，电力行业实现2050年零碳排放目标仍然存在许多技术、经济方面的挑战，社会代价较高，在政策上也需要做出艰难抉择。1.5℃情景下每吨二氧化碳的平均减排成本是2℃情景下的2.67倍。2018—2050年电力行业的年均新增投资规模为15 391亿元，比2℃情景下高出45%，电

力行业新增投资需要长期维持在很高的投资水平。在1.5℃情景下，各种电网技术手段的应用将使总成本大幅上升，目前还无法准确估算这部分的成本。此外，该情景下大量的煤电机组需要提前退役，将造成大量的社会资源和投资浪费。

在1.5℃情景下，最重大的技术挑战发生在电网侧。由于高比例间歇性可再生能源的接入，电力系统的运行平衡机制以及统筹规划机制将出现质变，需要着力解决应对源-荷强不确定性的电力系统灵活性稀缺和输配电网构建问题，以及源-网-荷高度电力电子化条件下电力系统多时间尺度耦合的稳定机理与优化运行问题。这需要大规模应用各类技术手段保证电网的稳定可靠运行，而1.5℃情景也使很多尚在研发的技术规模应用的时间大幅提前。

对电力行业而言，1.5℃情景也对各类政策的协调提出了严峻挑战，不仅要考虑化石能源和非化石能源政策的协调，电力系统的源-网-荷在规划、运行、调度方面的协调，也要综合考虑供电和供热的协调，还需要协调多个领域内的政策，包括绿色金融、财税（碳定价）、科技（重大技术部署）、消费等。此外，该情景下也需要进行政策上的艰难抉择，例如煤电机组的大规模提前退役将引发煤电产业、煤电装备制造业、煤炭采掘业整个行业的生产和就业等一系列问题。因此，需要进一步加强对1.5℃情景的研究，并提前做出重大技术研发部署。

第六章

节能提效:
潜力、路径和成本效益分析

节能提效是中国建设生态文明、加快绿色低碳发展转型的无悔选择，是从源头减少污染物和碳排放负荷的重要支撑。中国中长期能源需求刚性增长压力大，如果延续传统发展模式，那么资源保障、生态环境、能源安全、气候变化等都将难以承受。中国需要开拓以更高能效保障现代化和实现低碳发展目标的创新发展路径，这是引领全球生态文明建设和绿色低碳转型的重要担当。

研究表明，中国在重塑工业化和城镇化模式、研发推广先进节能技术装备产品、转变终端消费模式、推进能源供需系统一体化等方面都有巨大的节能潜力。经过政策努力，中国可以在到2050年能源需求少增或不增的情况下，实现新的"分两步走"战略目标。要实现中长期低碳发展战略目标，中国需长期保持较快的能效改善速度，从挖掘技术节能潜力，转变到合理引导需求、调整优化结构、挖掘系统节能潜力并重方向，整合推进终端部门节能提效和"再电气化"发展，整合推进能源技术变革与新材料、信息化、智能化等协同创新，推动先进技术与绿色消费理念、行为模式转变等深度融合。通过制定积极的、持续强化的节能约束性目标，完善现代化的节能治理体系，引导重构城镇化、工业化、全球化发展模式，推动能源利用技术效率和经济效益同步提升，引领全球能源效率革命和绿色低碳发展。

中国的节能进展与挑战

中国节能提效的成效进展

中国的节能进展成效居于全球前列，对促进经济绿色高质量发展发挥了重要支撑作用。2005—2017 年，中国累计节能量占全球总节能量的 48.9%，是同时期全世界节能贡献最大的国家。2005—2018 年，中国以能源消费年均增长 4.5% 支持 GDP 年均增长 8.9%，单位 GDP 能耗累计下降 41.4%；通过节能和提高能效，中国相当于减少能源消费 21.1 亿吨标准煤，减排二氧化碳 45 亿吨，对从源头上降低经济发展的资源环境代价发挥了重要贡献作用。目前，中国已提前两年实现国家自主贡献碳强度降低上限目标，其中节能提效的贡献率达 87%。

节能提效对提升产业竞争力、培育绿色增长动能等发挥了积极的促进作用。通过淘汰落后产能、实施节能技术改造、开展能源管理体系认证等，中国高耗能行业整体技术装备水平显著提升，水泥、电解铝等行业能效水平达到世界先进。目前，中国已处在全球能效技术开发创新的前沿，一些行业技术装备由主要依靠进口发展为世界领先水平，并且成为高附加值产品和先进技术装备出口国，自主能源科技创新能力迈上新台阶。节能环保产业特别是节能服务产业快速发展，成为战略性新兴产业发展的新亮点。

节能提效支撑污染防治攻坚战取得明显成效。2005—2018 年，中国通过节能和提高能效，相当于减少二氧化硫排放 1 426 万吨，减少氮氧化物排放 1 526 万吨，减少粉尘 555 万吨。这也间接减少了能源开发、运输过程的生态破坏和环境污染问题，从源头上遏制了环境问题的进一步恶化。节能提效不仅节约了生态环境末端治理的大量投资，而且通过培育壮大节能环保等新兴产业，为长期绿色低碳转型奠定了坚实的产业基础。

中国节能提效面临的挑战和机遇

中国能源需求刚性增长压力大，经济增长尚未摆脱资源能源型路径依赖，持续提升能效面临严峻挑战。中国人均能耗只有发达国家平均水平的一半左右，不足美国平均水平的三分之一，城乡区域用能水平亦存在显著差距。传统经济增长主要建立在高耗能、高排放行业基础上，整体利用效率水平不高，节能体制机制不完善造成大量系统性能源浪费。如果延续传统发展模式，中国到 2050 年的能源消费量可能还要增长一倍，这从资源保障、生态环境、能源安全、气候变化等角度看都难以承受。

作为全球能源生产和消费第一大国，中国有条件成为世界能源技术变革的创新高地，面临深化能源效率革命引领绿色高质量发展的战略机遇。伴随人民群众对现代高效能源服务需求的不断增加，超低能耗建筑、电动汽车、超高效家电等在中国都有广阔的市场空间。同时，中国先进与落后产能大量并存，在节能技术创新、产业循环链接、能源供需一体化、智慧能源等领域具有较好的产业基础。伴随能源供给侧结构性改革的不断深入，通过发挥市场优势和体制优势，中国有望在全球能源消费革命和绿色低碳转型中发挥引领作用。

中长期节能潜力与目标分析

研究思路与模型方法

国内外理论和实践表明，节能提效潜力的实现既是发展阶段变迁、经济结构演变、技术创新进步等客观条件下产生的结果，也是社会目标导向、政策努力、体制机制变革、消费文化与模式等推动的结果。本章主要基于 LEAP（长期能源替代规划系统）模型，采用情景分析、国家比较分析等方法，结合最佳实践案例研究、跨部门影响分析、成本经济性分析等，利用"自下而上"和"自上而下"相结合的分析思路，综合考虑实现经济社会两个"一百年"发展目标任务要求、全球积极应对气候变化等因素，对中国能源需求及碳排放情景进行展望分析，重点剖析主要行业领域节能潜力空间，以及强化节能提效对实现长期低排放战略目标愿景的贡献。

情景定义

本研究主要考虑 4 个情景，分别是政策情景、强化政策情景、2℃情景和 1.5℃情景。

政策情景主要从现有政策条件、现实发展趋势出发，描述在确保实现国家自主贡献承诺目标的前提下，中国积极推动经济发展方式转变、加快能源生产和消费革命、引导绿色低碳消费模式的情景。

强化政策情景主要从全面挖掘技术可行、经济合理、社会可接受的节能提效潜力角度，围绕确保实现两个"一百年"战略目标任务，对强化节能和能源革命政策情景下中国能源和碳排放趋势进行展望分析。

2℃情景主要从确保到 21 世纪末全球温升相比工业革命前不超过 2℃发展目标的角度，按照"共同但有区别的责任""各自能力"等原则，进一步强化国内政策努力，对中国能源和碳排放趋势进行展望分析。

1.5℃情景在 2℃情景的基础上，进一步强化减排努力，到 2050 年全球温室气体接近零排放，结合各国减排责任分担等因素，对中国能源和碳排放趋势进行展望分析。

节能提效对实现低碳发展目标的贡献

中国能源需求将持续增长，为实现强化政策和 2℃情景目标，中国一次能源需求要在2030—2035年达到峰值。模型分析表明，在强化政策情景下，中国一次能源需求在2030—2035年出现峰值，峰值水平约为59.1亿吨标准煤，此后能源需求趋于饱和，到2050年缓慢降至57.5亿吨标准煤；在2℃情景下，中国一次能源需求要在2030年达到峰值，峰值水平约为57.0亿吨标准煤，此后一次能源需求持续下降，到2050年降至约53.2亿吨标准煤；在1.5℃情景下，中国一次能源需求要在2030年达到峰值，到2050年降至约48.1亿吨标准煤（见图6-1）。

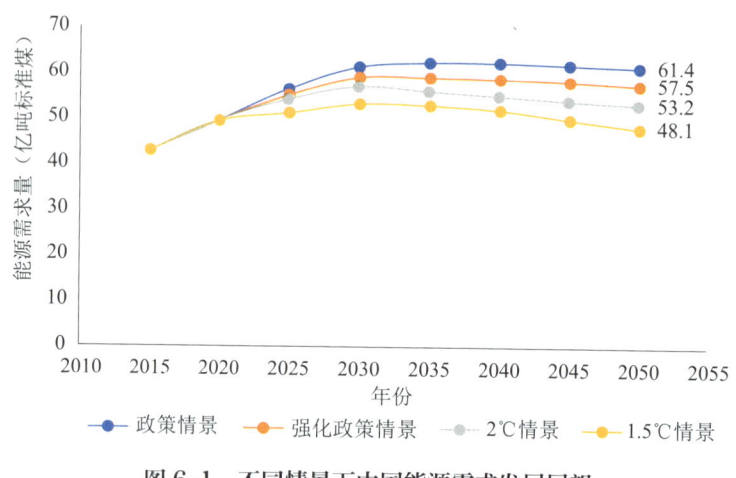

图6-1　不同情景下中国能源需求发展展望

为实现低碳发展战略目标，中国要从挖掘技术节能潜力，转变到挖掘系统节能潜力和控制能耗总量并重方向。工业部门能源需求要在2025年前达峰，建筑、交通运输部门能源需求也要尽早达峰。在强化政策情景下，工业能源需求要尽早达峰并持续降低，建筑、交通运输部门要在2035—2040年达到峰值。在2℃和1.5℃情景下，工业能源需求达峰后要实现显著下降，建筑、交通运输部门要在2030—2035年达到峰值，并且峰值水平要明显降低。图6-2给出了不同情景下重点领域能源需求展望。

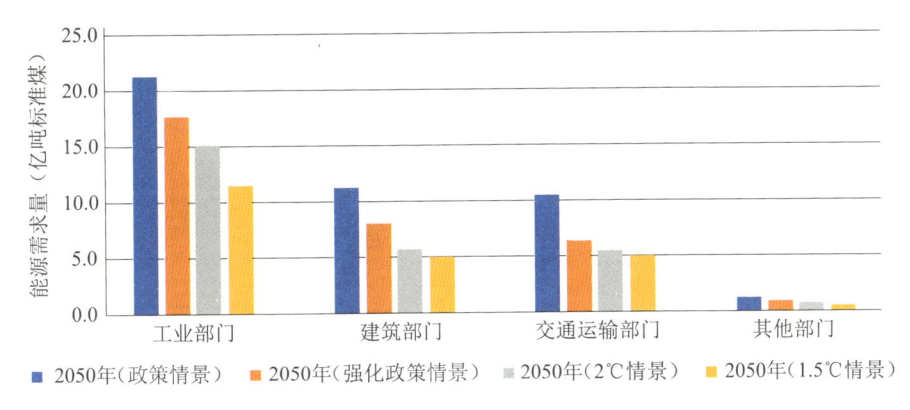

图 6-2　2050 年不同情景下重点领域能源需求展望

要实现低碳发展战略目标，中国需长期保持较快的能效改善速度，2015—2050 年节能提效对实现减碳目标的贡献达 78.7%~85.3%（见图 6-3）。2010—2018 年，中国单位 GDP 能耗强度年均下降 3.9%，是世界平均下降速度的 2 倍多。要实现低碳发展战略目标，中国需保持节能提效力度不放松。在强化政策情景下，中国需要确保持续当前能源强度下降趋势，2015—2050 年能源强度降低约 3.6%；在 2℃和 1.5℃情景下，中国需要进一步强化节能提效力度，2015—2050 年能源强度年均降低 3.8%~4.1%。

要实现低碳发展战略目标，需整合推进终端部门节能提效和"再电气化"发展。提高电气化率对终端部门节能提效有促进作用，并可以带来减碳放大效果。如图 6-4 所示，到 2050 年，在政策情景下，工业部门电气化率相比 2015 年将提高约 9 个百分点，建筑部门电气化率提高 24 个百分点，交通运输部门电气化率提高 11 个百分点；在 2℃情景下，工业部门电气化率达到 44%，建筑部门电气化率达到 76%，交通运输部门电气化率达到 33%；在 1.5℃情景下，工业部门电气化率达到 54%，建筑部门电气化率达到 90%，交通运输部门电气化率达到 42%。

中国加快由技术"追赶者"向"引领者"转变，传统技术减排潜力相对收

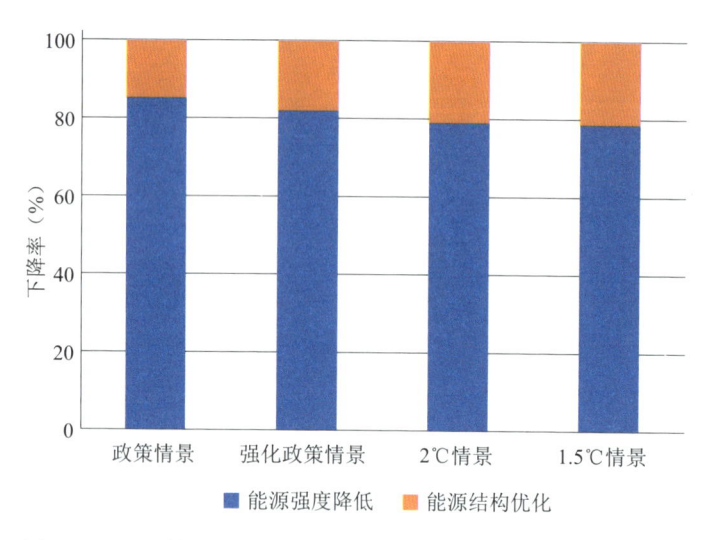

图 6-3 不同情景下实现 2050 年低碳发展目标的贡献因素分解

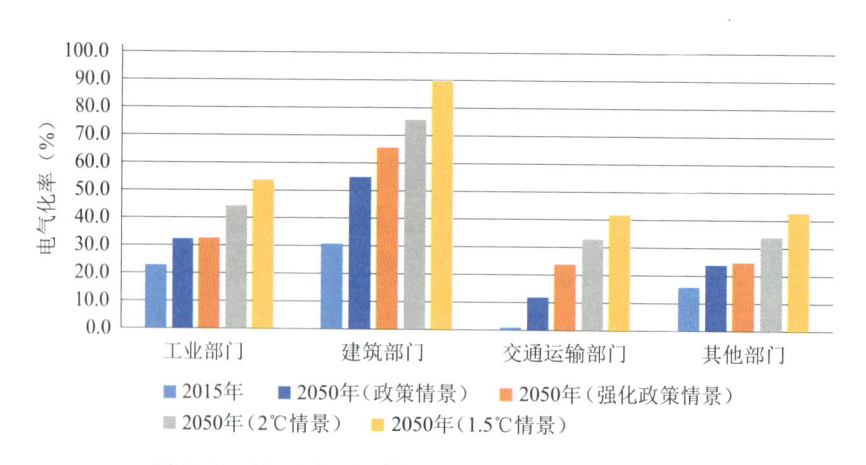

图 6-4 2050 年不同情景下终端部门电气化水平展望

窄，合理引导需求、结构调整优化的贡献不断上升。中国仍存在大量负成本、低成本节能降碳潜力，伴随技术进步、结构升级，今后的潜力可能更大。实践案例表明，在传统工业行业、现代制造业、低品位余热利用、超低能耗建筑、交通结构调整、节能与新能源汽车等领域，中国仍有大量负成本、低成本节能潜力。近期，中国节能潜力主要来自成熟节能技术推广、先进技术创新等方面，中长期在需求减量、系统结构优化、智能化发展等方面具有更大潜力。

终端部门要实现深度减排目标，需要发展低碳或零碳工艺、技术和产品，推进能源技术变革与新材料、信息化、智能化等协同创新，推动先进技术与绿色消费理念、行为模式转变等深度融合。工业部门近中期的节能低碳技术发展要与污染物减排、节水等技术加强协同，而中长期的节能低碳技术发展要与材料技术、先进制造、信息化等融合创新。交通运输部门的深度减排需要整合推进交通强国建设与能源革命，加快交通运输网络、分布式能源网络、信息网络融合提升，系统挖掘高效化、电气化、智能化等潜力。建筑部门的减排潜力主要来自提高建筑本体性能、提升设备效率、合理控制建筑面积规模、利用清洁低碳能源等，重点是实现先进技术与合理消费模式相耦合。

实现低碳发展战略目标，需要引导投资方向调整和加快社会发展转型。要尽早实现碳排放达峰和持续大幅降低，不能仅靠降低高耗能产业规模，还需引导各行业领域加快优化投资方向和内容，由单项节能技术进步到生产方式、用能模式、工艺路线和产品质量系统重塑，在产业能效水平、绿色技术创新、价值链地位等方面达到世界先进水平。同时，需引导社会发展理念、消费模式的根本转变，探索以明显较低的人均能耗支撑实现现代化，以低碳能源为主支撑工业化、城市化发展的创新道路。

工业部门节能提效

工业部门节能提效的潜力分析展望

随着中国整体进入工业化中后期发展阶段，工业部门用能总量与结构出现明显变化。中国正面临工业绿色转型升级的挑战，也具备以节能低碳、信息技术、智能化等改造提升传统产业的潜力。2014—2017年，工业部门终端能源消费总量下降了150万吨标准煤，工业部门的煤炭和焦炭消费总量及占比出现"双下降"。从总体上来看，工业仍在国民经济发展中处于主导地位，但工业用能已进入高位平台，基本不存在大幅增长的可能性。伴随新兴工业行业用能的快速增长，以及中国布局建设一批石油化工和煤化工项目，工业用能还将持续增长，工业用能形态、方式和结构将出现深刻变革。

通过强化结构升级、需求减量、技术提升，工业部门终端能源需求将在2025年前达到峰值，并在中长期持续降低。如图6-5所示，在政策情景下，2025年工业部门能源需求峰值为23.9亿吨标准煤，比2015年增加3.3亿吨标准煤，到2050年降至21.3亿吨标准煤，下降约11%；在强化政策情景下，2025年工业部门能源需求峰值为23.3亿吨标准煤，到2050年降至17.7亿吨标准煤，下降约24%；在2℃情景下，2025年工业部门能源需求峰值为23.2亿吨标准煤，到2050年降至15.1亿吨标准煤，下降约35%。

图6-5 不同情景下工业部门终端能源需求展望

节能提效对推动工业部门能源需求尽早达峰、持续降低能耗及碳排放量等具有重要作用，并且高耗能行业和非高耗能行业都有巨大的节能潜力。在强化政策情景下，通过节能提效，2035 年与 2015 年相比可实现超过 2 亿吨标准煤节能量，其中高耗能行业节能占总节能量的 75%；2050 年比 2035 年可实现接近 2.7 亿吨标准煤节能量，高耗能行业和非高耗能行业各占 50%。同时，节能提效对于实现工业深度减碳意义重大。2035 年，从政策情景到强化政策情景，节能提效将贡献近 40% 的碳减排潜力；2050 年，从强化政策情景到 2℃情景，节能提效将贡献 24% 的碳减排潜力。

工业部门节能提效的具体路径

为实现工业部门低碳发展目标，要从结构转型与需求减量、工艺革新与循环经济、技术进步与管理提升、电气化与用能结构调整等多方面挖掘节能减碳潜力。

一是发展高质量现代制造业和服务型经济，优化工业部门内部产业结构和贸易结构，挖掘结构节能潜力。大力发展服务型制造和生产性服务业，降低对高耗能、高排放行业的依赖。优化进出口贸易模式和商品结构，减少高载能、低附加值产品出口，由当前的"大进大出"向"优进优出"转变，降低出口商品携带的"隐含能源"。推动国际产能合作及技术交流，鼓励行业龙头企业高水平"走出去"，构建全球供应链。

二是转变传统高碳生产方式，提高产品质量和使用寿命，研发低碳或零碳技术工艺或产品。杜绝大拆大建等浪费现象，提高材料强度和质量，从源头上减少高耗能产品需求。推进资源综合利用，积极发展循环经济，减少原生资源路线的工业产品产量。以"减量化、资源化、无害化"为目标，对产业发展、产业链构建和生产力布局进行重新设计，对物质流、能源流进行系统优化。从"建链、补链、强链"入手，实施工业园区循环化改造，提高园区公共基础设施建设水平，建设循环经济网络体系，构建产业链共生、企业间耦合的网络化发展格局。

三是普及先进节能技术和设备，持续挖掘工业部门节能减排潜力，提升工业智慧用能水平。以"技术可行、经济合理"为原则，推动节能减碳技术设备的普及。选择钢铁、水泥、化工等行业，建设一批复合型工厂，在生产主产品的同时，高值化利用工艺副产品。提升企业用能的精细化、智能化水平，挖掘智慧用能和"大数据"节能潜力。

四是提高工业部门电气化水平，利用低碳能源替代化石能源。鼓励利用热泵技术满足工业低温热力需求，推进"煤改电""煤改气"等清洁能源替代工程，减少工业散煤利用。提升工业电气化水平，因地制宜利用可再生能源和生物质能替代煤炭。发挥绿色氢能作为低碳原料和绿色能源的"双重属性"，扩大氢能、生物质能在石化、化工、钢铁等工业行业的应用。

工业部门节能提效的成本效益分析

工业部门实现强化政策情景、2℃情景和1.5℃情景所需的增量投资分别为3 937亿元、22 708亿元和45 176亿元（不考虑结构升级和需求减量，见图6-6）。分路径来看，先进工艺应用和低碳能源替代是增量投资的主要来源，而这两个路径也将创造大部分节能减排效果。节能提效的增量投资为负数，这一方面是由于能效提升潜力递减，难以在这一领域拉动大规模投资，另一方面是由于需求减量途径大幅压缩了高耗能产品产能，尽管单位产能所需投资增加，但总投资仍然出现下降。

从分行业投资情况来看，钢铁、水泥、化工和石化这4个高耗能行业是节能投资的主要来源。在强化政策情景下，四大高耗能行业增量投资占比分别为24.1%、7.6%、19.1%和22.1%；在2℃情景下，四大高耗能行业增量投资占比分别为39.2%、4.5%、19.4%和24.2%；在1.5℃情景下，四大高耗能行业增量投资占比分别为29.8%、5.3%、20.4%和22.6%。其中，钢铁行业主要增量投资来自以氢能炼钢技术为代表的先进工艺应用；水泥行业主要增量投资来自以 CCUS 技术为代表的低碳能源替代；化工行业主要增量投资来自以"绿氢替代灰氢"为主的低碳能源替代；石化行业主要增量投资来自轻烃制烯烃等先进工艺应用。

图 6-6 分途径不同情景下增量投资情况

建筑部门节能提效

建筑部门节能提效的潜力分析展望

中国建筑部门能源需求的快速增长，直接和间接地导致了大量能源消耗和碳排放。2000—2017 年，中国建筑部门终端能源消费量从 2.0 亿吨标准煤增长到 6.3 亿吨标准煤，增长了 2 倍多。2017 年，建筑部门终端能源消费量占全国终端能源消费量的比重约为 19.3%。从发展趋势来看，中国人均建筑能耗强度、单位面积建筑能耗强度还远低于发达国家水平，伴随着城镇化进程的进一步推进，中国建筑规模将继续增长，建筑服务水平持续升级，建筑部门能源消费和碳排放将进一步攀升。从近中期来看，伴随建筑节能理念的发展和建筑节能技术的推广应用，以及清洁取暖工作的深入推进，建筑能源利用效率将持续提高，建筑部门用能结构不断优化，这将在一定程度上抑制建筑部门能耗和碳排放量的过快增长。从中长期来看，伴随建筑能源服务日趋普及、建筑面积和用能需求逐步饱和，以及建筑能效水平持续提升和用能结构持续优化，建筑部门能源需求和碳排放量有望达峰并有所下降。

通过不断强化政策努力，建筑部门终端能源需求有望较早实现较低峰值，同时用能结构趋于无煤化、高电气化。如图6-7所示，在政策情景下，建筑部门终端能源消费在2050年前没有峰值；在强化政策情景下，建筑部门终端能源需求在2040年前后达到峰值，峰值约为9.4亿吨标准煤，到2050年降至8.1亿吨标准煤，下降约15%；在2℃情景下，建筑部门终端能源需求在2030年前后达到峰值，峰值水平约为8.0亿吨，到2050年降至5.8亿吨标准煤，下降约28%。在各个情景下，建筑部门的用能结构都将持续优化。政策情景、强化政策情景和2℃情景下2050年的煤炭消费占比将分别下降至4.3%、0.7%和0%，电气化率将分别提升至55.0%、65.8%和75%。

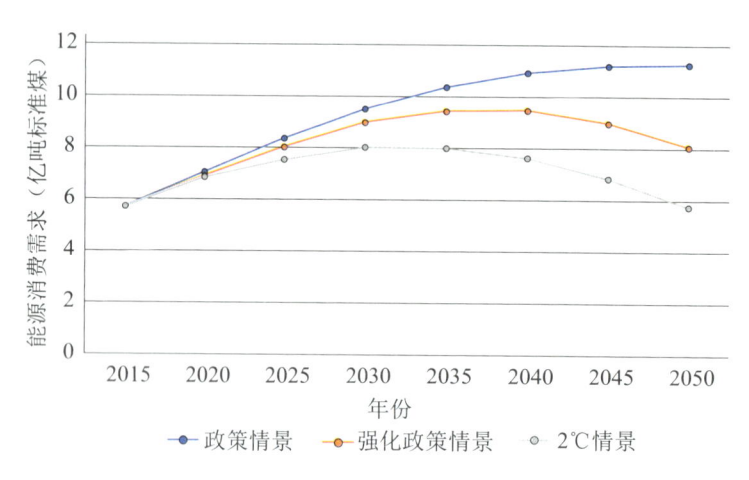

图6-7 不同情景下建筑部门能源消费需求

从近中期来看，节能提效对于抑制建筑部门能源需求过快增长具有重要作用；从中远期来看，节能提效有望实现建筑部门能源需求负增长。以强化政策情景为例，2015—2035 年，建筑部门终端能源消费呈持续较快增长趋势，其中，建筑面积增长带来的能耗增量为 1.6 亿吨标准煤，服务水平提升带来的能耗增量高达 7.0 亿吨标准煤；但通过节能提效，有望降低 4.8 亿吨标准煤的能源需求，由推广超低能耗建筑、普及高效用能系统和设备、优化终端用能结构、其他（如建筑工业化、智能化等）四类措施带来的节能量分别为 1.2 亿吨标准煤、1.3 亿吨标准煤、1.8 亿吨标准煤和 0.5 亿吨标准煤。2035—2050 年，建筑面积增长和服务水平提升带来的能耗增量分别为 0.7 亿吨标准煤和 1.5 亿吨标准煤，但通过强化节能提效，有望降低 3.6 亿吨标准煤的能源需求，其中，由推广超低能耗建筑、普及高效用能系统和设备、优化终端用能结构、其他四类措施带来的节能量分别为 1.2 亿吨标准煤、1.5 亿吨标准煤、0.6 亿吨标准煤和 0.3 亿吨标准煤。

建筑部门节能提效的具体路径

推动建筑部门节能低碳发展，需要从引导建筑面积合理增长、推广超低能耗建筑、普及高效建筑用能设备和系统、优化建筑终端用能结构等方面挖掘节能降碳潜力。

一是科学进行城乡规划，引导面积总量合理增长。合理设定人均建筑面积发展目标，尽早实施全国建筑面积总量控制，明确提出不同时期全国城镇建筑面积总量，力争 2050 年将全国建筑面积控制在 860 亿平方米以内，并在充分考虑地方实际的基础上，对不同省份提出差别化的建筑面积总量控制要求。推动发展紧凑型城市，积极优化城市空间布局，合理配比不同功能建筑面积，开发融合居住、工作场所、生活服务场所、休闲娱乐场所于一体的综合社区。

二是加强技术创新研发，加快推广超低能耗建筑。研究超低能耗建筑系统设计方法、施工和质量控制办法等新技术、新工艺，开发真空隔热板、双层 Low-E（低辐射）玻璃、玻璃窗膜、可光控玻璃窗户、空气密封、光伏屋顶等先进围护结构部件或技术，研究开发高性能的绿色建材，推动优质建筑材料、高性能围护结构部件、高效用能设备等产业发展。普及一体化和被动式设计理念，出台一体化和被动式设计的技术指南，开发建筑能效综合评估工具，加强对超低能耗建筑施工人员的培训。

三是持续提升标准，加快普及高效用能设备和系统。建立基于实际用能的建筑节能标准体系，制定更加细化可行的建筑能耗定额标准。抓紧出台国家层面的超低能耗建筑标准，以及配套的技术规范、施工工法等，并逐步强制推行。制修订各类建筑用能设备能效限额标准，扩大标准覆盖面。将标准更新纳入法制体系，明确更新周期，制定标准提升路线图、时间表。推行建筑用能设备能效"领跑者"制度，不断提高准入目标，促进设备能效提升。严格强制性建筑节能标准的执行监管，加强对中、小城市实施情况的核查，逐步将农村地区纳入强制执行范围。

四是依托市场化机制，推进电气化率提高和可再生能源建筑应用。完善峰谷电价、季节性电价、阶梯电价、调峰电价等电价政策，促进提升建筑用能电气化水平；完善可再生能源电力上网政策，鼓励就地发电并网，提高建筑光伏发电装机和可再生电源比重等；研究制定有利于推进工业余热供暖的热费结算机制等。加强农村电网、城镇天然气管网等能源基础设施建设，为建筑部门提高电气化水平、应用清洁能源创造条件。积极发展分布式能源及微网系统，鼓励可再生能源就地发电并网，开展主动式产能型建筑的试点、示范。

建筑部门节能提效的成本效益分析

与强化政策情景相比，建筑部门实现 2℃情景的节能目标需要各类节能技术多投入约3.3万亿元。如果考虑建筑面积控制减少的房屋建造成本，则2℃情景可比强化政策情景减少约31万亿元资金投入。

具体而言，建筑面积控制措施不增加任何技术或设备的应用成本，而且还减少了房屋建造、装修、维护以及室内设备购置等成本，粗略估算，仅房屋建筑成本即可节省约34万亿元，可以说是最经济的节能措施。同时，2℃情景下推广超低能耗建筑需比强化政策情景下多投入2.5万亿元，其中城镇居住建筑和农村居住建筑需分别多投入2.1万亿元和0.6万亿元，而公共建筑由于新建超低建筑面积大幅减少投入反而减少了0.2万亿元。这些增量投入中最大的部分来自改造超低能耗建筑，城镇居住建筑和公共建筑分别为1.6万亿元和1.7万亿元，合计3.3万亿元。此外，在2℃情景下，超高效设备和系统将实现80%的普及率，较强化政策情景下的普及率提高15个百分点，粗略估算需要增加投资约0.5万亿元；建筑部门终端用能结构也有进一步优化，主要考虑在能源价格变化的引导下，实现可再生能源和电力在炊事、热水、采暖领域对其他能源品种的替代。由于替代技术和设备大多属于常规成熟类型，预计增量成本较少，粗略估计大约为0.3万亿元。

在1.5℃情景下，建筑部门各类节能技术措施需要增加投资约33万亿元，是强化政策情景到2℃情景增量投资的10倍。即便考虑建筑面积控制减少的房屋建造成本，仍需增加投资约31万亿元。具体而言，1.5℃情景下总建筑面积减少非常有限，节约的房屋建造成本约为1.8万亿元。推广超低能耗建筑对实现1.5℃情景的贡献最为突出，同时增量成本也十分显著，约为31万亿元。在1.5℃情景下，超高效设备和系统普及率还有进一步提升的空间，粗略估计需要增加投资约0.7万亿元；用能结构也较2℃情景有较多优化，粗略估计需要增加投资约1万亿元。

交通运输部门节能提效

交通运输部门节能提效的潜力分析展望

中国交通运输部门的能耗和碳排放量一直呈现稳步增长趋势,并且带来了能源安全、城市环境污染等问题挑战。2017 年,中国交通运输部门能源消费为 4.47 亿吨标准煤,碳排放量为 9.8 亿吨二氧化碳,能耗和碳排放量占终端能耗的比重也逐年提升。近年来,通过运输结构优化、交通运输装备能效水平提升、燃料结构改善、制度创新与技术应用等领域的突破,交通运输部门能效水平不断提升。但总体来看,中国交通运输部门能耗占终端能耗的比重、人均交通用能、车辆保有量水平与发达国家仍存在巨大差距,货运强度偏高,运输结构不合理,交通运输整体能源效率有待提升。

通过不断强化政策努力,交通运输部门终端能源需求有望在 2035 年前后达到峰值,用能结构趋向去油化、电气化。在政策情景下,交通运输部门能源需求没有出现峰值;在强化政策情景和 2℃情景下,交通运输部门能源需求在 2035 年达到峰值,强化政策情景下峰值水平为 6.4 亿吨标准煤,2℃情景下为 5.8 亿吨标准煤,随后开始出现不同程度的下降态势(见图 6-8)。交通运输部门用能的电气化趋势明显,石油占交通运输部门能源需求的比重不断下降。在政策情景下,电气化率从 2015 年的 1% 提升至 2050 年的 6%,油品消费占终端能耗的比重从 2015 年的 93% 下降至 2050 年的 76%。在强化政策情景下,电气化率提高更快,2050 年会达到 23%,油品消费占终端能耗的比重到 2050 年会下降到 49%。在 2℃情景下,电气化率到 2050 年为 33%,油品消费占比到 2050 年会下降至 27%,氢能会有较快的发展,占比到 2050 年将增长到 25%。

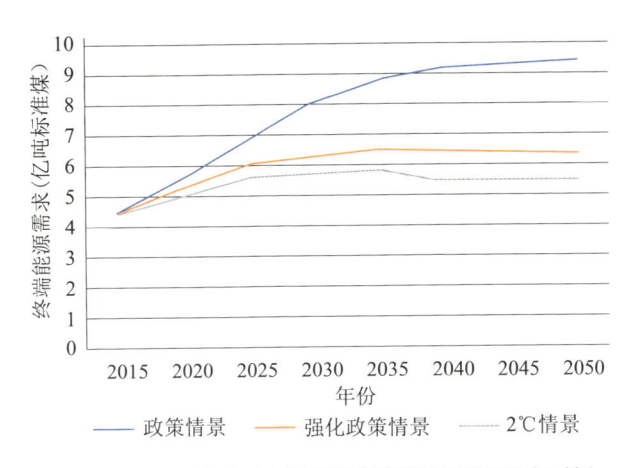

图 6-8　不同情景下交通运输部门终端能源需求展望

交通运输活动水平的增长会使能耗有大幅增加，节能降耗主要来自运输结构优化、燃料替代和交通工具效率改进。在强化政策情景下，2015—2035 年由中国交通运输结构调整带来的节能降碳潜力较大，2035—2050 年由燃料替代带来的节能减碳潜力较大。从政策情景到强化政策情景，需要在绿色协调的工业化、城镇化模式减少周转量、信息通信技术与交通相结合、运输结构优化、物流和车辆的优化管理、燃料替代和效率改进方面付出努力，2015—2035 年的节能量为 2.25 亿吨标准煤。从强化政策情景到 2℃情景，2035—2050 年，通过铁路电气化、电动汽车、生物燃料、天然气替代等燃料替代，可以实现节能 0.27 亿吨标准煤，占全部节能量的 30%，通过提高铁路、水运、公共交通占比等运输结构优化措施，可以实现节能 0.29 吨标准煤，占全部节能量的 32%。

交通运输部门节能提效的具体路径

推动交通运输部门节能降碳，需要从降低周转量水平、运输结构转型优化、电气化和用能结构调整、技术进步与燃油效率提升等方面挖掘节能减碳潜力。

一是重构工业化和城镇化模式，减少不必要的交通运输需求。优化工业生产力布局，促进高附加值产业和服务业的发展，减少货运周转量增长速度，推动经济增长与货物运输需求逐步脱钩。以精明增长和新城市主义理念引领城市发展，引导各类型城市合理布局、协同发展，倡导交通引导城市发展的模式，坚持"公交优先"方针，积极发展在线办公、电子商务等，减少不必要的机动化出行需求。把充换电设施作为城市基础设施的重要组成部分，推动交通转型与能源变革融合发展。

二是优化交通运输结构，建设以铁路和高铁为骨架的交通主干线。推进铁路系统的市场化改革步伐，建成完善的高铁和铁路的全国性网络，实现普通铁路的改造升级，使普通铁路有更多运力进行长途货运，释放铁路的运输潜力，提升运行效率。提高多式联运比重，构建铁路和水运长距离运输、公路短距离灵活机动运输的多式联运模式。

三是加快普及节能与新能源汽车，促进交通燃料的多元化发展。加大电动汽车技术研发力度，在电池续航里程、使用寿命、可靠性、电网储能方面实现技术突破。完善补贴政策，加快普及节能与新能源汽车。出台基于车辆足迹的燃油经济性标准，鼓励天然气生物液体燃料等替代油品，积极发展氢能在交通领域的应用。

四是优化物流组织管理，形成高效智能的交通运输网络。构建基于大数据和信息化的物流平台，实现物流链和物联网的最优化、运输路程和空车回程路线的最小化，实现物流运输体系的最优化。推动信息通信技术与交通体系加快融合，推广 ITS（智能交通系统）、GPS（全球定位系统）、RFID（射频识别）等信息技术，提高交通运输体系的运行效率和运行方式，支撑智慧城市和智慧中国发展。

交通运输部门节能提效的成本效益分析

挖掘交通运输部门节能提效潜力，需要调整优化工业化和城市化发展模式，增加高速铁路、城市轨道交通、充换电基础设施等方面的投资，其中与节能减碳对应的投资难以准确界定。从具体节能途径措施来看，在"公转铁"方面，铁路货运总耗和单耗均远低于公路货运，未来随着油价上涨、铁路换装/接驳成本下降，铁路货运比价优势有望得到进一步巩固，整体具有较好的成本效益；在车辆燃油经济性提升方面，包括车身轻量化技术中碳纤维、铝、高强度钢、负荷材料等新材料的应用，发动机设计优化、车辆传动系统改进、智能启停、能量回收系统、空气动力学改进、摩擦阻力减少技术等，以重型货车燃油效率提升技术为例，在当前柴油价格下，多数技术是成本有效的，可在5年之内收回成本；在电动汽车方面，随着电池成本不断下降、技术成熟度不断提升，加上电动汽车保养费用更低等因素，预计"十四五"时期电动汽车综合成本经济性将超过传统燃油汽车；在氢能汽车方面，预计到2030年，氢燃料电池汽车的成本会降至目前的1/5，但仍会高于届时传统燃油车和电动汽车的成本。

政策建议

1. 制定积极的持续强化节能约束性目标

对标国际先进水平，明确提出中长期能源强度降低约束性目标，建议年均能源强度降低目标设定在3%~4%。根据节能降耗实际进展，推动分阶段进一步强化节能力度，确保与气候变化长期减排目标相一致。明确能源消费总量长期控制目标，重点是控制化石能源消耗，作为引导性目标进行分解落实，推动全社会树立"大节能"理念，依靠节能提效、增加低碳能源供给来满足合理需求。

2. 推动能源利用技术效率和经济效益同步提升

把能源利用技术效率作为产业发展的重要标尺和降低实体经济用能成

本的主要途径，推动我国由世界第一制造大国向能效领先国家跨越。以全球能效先进为标杆，全面推广能效领跑者行动，推动工业、建筑、交通、电力等领域的能效赶超升级。转变发展绩效评价体系，把能源利用经济效率和经济效益纳入工业园区、城市、自贸区等发展绩效评价，以需求模式高效转变引领供给体系不断升级，减少大拆大建等系统性能源浪费，挖掘释放节能提效的经济"红利"。

3. 重构城市化、工业化、全球化发展模式

打破区域、产业和企业边界，对交通、建筑、工厂、园区、城市等进行"一体化"设计或改造，促进智慧城市、物联网、云计算等与城市能源体系融合发展，从源头实现资源能源的集约、高效和优化利用。加快紧凑型城市和城市群发展，推动城乡空间和功能布局不断优化。以全面普及超低能耗建筑、公共交通、电动汽车、智能电网、分布式能源体系为重点，推动城市能源环境服务普惠化、公平化、现代化。

4. 创新构建促进能源效率革命的治理体系

明确节能提效全社会共同发展目标，统筹推进能源外部成本内部化与降低实体经济用能成本，把强化节能的提效法规、标准、政策落实作为弥补资源环境领域政府和市场失灵的重要手段。完善节能目标责任评价考核机制，把效率革命纳入经济社会发展、城镇化、产业政策等各项规划政策，引导各级政府效率优先发展。在用能权、碳排放权、工业产能等交易体系中，把激励节能提效技术进步作为重要考量，催生并培育创新的节能技术、业态和商业模式。

5. 完善财税金融等经济激励政策

加快推进化石能源财政补贴政策改革与现代财税制度建设，逐步取消鼓励浪费的低效化石能源补贴。制定科学有效的财税激励政策，综合运用减免税、出口退税、加速折旧等手段丰富促进绿色低碳发展的税收优惠政策，优化财政资金激励方式，对节能环保、清洁生产、清洁能源

产业给予必要且合理的扶持，在绿色科技研发和推广应用、绿色产业基金等行业领域制定具有针对性的激励政策。积极发展绿色金融、绿色信用等，构建促进绿色低碳发展的公平市场体系。

6. 加强前沿关键节能技术研发示范

加强对零碳建筑、电动汽车、可再生电力、高效设备产品、储能等的研发，提升全产业链自主创新水平和竞争力。加快发展智能电网，推动互联网、物联网、智能化技术加快发展，与各类能源基础设施进一步深度融合，构建面向未来的下一代能源电力系统。推进能源技术变革与新材料、信息化、智能化等协同创新，把绿色低碳作为建设创新型国家的重要标志，提升中国绿色低碳国际竞争力。

7. 推动工业节能领先发展

以全球领先水平为标杆，推动主要工业行业能效水平和技术竞争力不断提升。提升工业原材料质量性能，促进工业集约循环发展，实现钢铁、水泥等复合型工厂与城市发展融合。大力发展第三产业、先进制造业，促进传统产业能效水平、产业链价值大幅提升，实现信息化、智能化与工业化深度融合。

8. 加快建筑用能方式转型

全面推广超低能耗建筑，强化标准执行监管，尽早在新建建筑中全面普及。树立科学的城乡规划理念方法，强化城乡建设规划管理，引导新增建筑合理布局有序发展。完善电价形成机制、热费结算机制等，鼓励可再生能源建筑应用，发展分布式能源及微网系统。

9. 构建节能交通运输体系

构建以铁路为主的节能型综合交通运输体系，以公共交通、慢行交通为主体的城市布局基础。坚持节能汽车和电动汽车并重发展，不断提升技术效率水平，加强氢燃料汽车研发示范。推动电动汽车与电网、大数据等协同发展，构建智能低碳交通出行体系。

10. 促进绿色低碳发展的基本制度和基础设施

以促进绿色低碳发展为目标，加快相关法律法规的制修订工作，鼓励重点区域和城市制定更积极的地方性法规。逐步提高各类产品的节能低碳标准，鼓励重点区域和城市提高市场准入门槛。把绿色低碳基础设施作为政府公共服务的重要内容，加快发展城乡绿色建筑、公共交通和慢行交通体系，健全城乡资源分类回收、循环利用基础设施。

第七章 ▸

中长期减排技术：
成本效益分析及发展路线图

低碳战略需要在未来大规模应用若干关键减缓技术，但这些技术的大规模应用可能会对经济、社会、环境等造成潜在影响，进而不利于低碳战略目标的实现。本章提出了技术成熟度、经济影响、局地环境影响、生态影响、人群健康影响和公众接受度 6 个维度的综合成本效益分析框架，并对风电和光伏发电、CCS 技术、生物质能、氢能和核能等国际比较公认的关键减缓技术进行了基于文献的综合评估，得出以下结论：

（1）综合成本效益分析有利于增强低碳技术发展路径规划的可操作性，促进协同实现碳减排目标与可持续发展目标。

（2）风电、光伏发电等可再生能源技术在中国的高比例发展会增加局部地区的生态风险，需要结合生态空间布局优化其发展路径。

（3）负排放技术目前尚未成熟，难以达到低碳转型所需要的大规模应用的程度，且其大规模应用情景往往伴随着负面环境风险。

（4）满足中国低碳发展战略所需的生物质发展规模将占用大量非边际土地和人为灌溉，需要关注由此带来的水－土地－粮食关联问题，生物质能源发展的成本效益具有显著的异质性，应制定有针对性的发展策略。

（5）中国氢能市场潜力巨大，其环境效益具有较强的技术路径依赖特征，制氢技术的选择将显著影响氢能产业的环保性，中国氢能行业大规模发展的减排潜力取决于能否实现技术突破和快速降低成本。

（6）核能技术是中国电力系统低碳转型的重要保障，核电发展仍需有力的政策支持。

综合成本效益分析

本章一方面对国内外中长期减排技术清单进行了梳理总结，发现无论是从中长期减排目标需求得到的技术战略需求，还是直接从技术发展角度出发的研究都得出了相似的结论，即全球以及中国要实现气候减缓目标都必须依赖 CCS 技术、可再生能源技术、核能、终端的燃料转换等核心技术；另一方面指出了对关键技术展开综合成本效益分析的必要性，并以技术为核心，以经济、社会、环境三大领域为出发点，提出了综合成本效益分析的 6 个主要评价维度，同时针对每个维度提出了定性或定量的衡量指标。

实现中长期减排目标所需技术清单

2015 年，《巴黎协定》在 2℃温升控制目标的基础上提出了 1.5℃目标，使得全球温室气体减排任务更加艰巨。要实现温升控制目标，减缓技术的开发与大规模应用至关重要。2015 年，国际能源署在《能源技术展望 2015》中列举出中国为实现 2℃温升控制目标所需的技术（见图 7-1），除终端用能效率提升和终端燃料转换外，可再生能源、CCS 技术是重要的中长期减排技术[1]。

本章研究进一步调研了一系列国内外研究报告，对中国及全球中长期减排技术做了列举分析（见图 7-2），发现 CCS 技术、核能和氢能技术被公认为重要的中长期减排技术。此外，这些报告还展望了在建筑、交通、工业和储能等行业领域的诸多潜在的中长期减排技术。然而，已有研究和报告大都基于行业需求和技术经济分析来制定减排技术发展和部署路线图，对技术的环境生态影响等综合的成本效益分析并不全面。

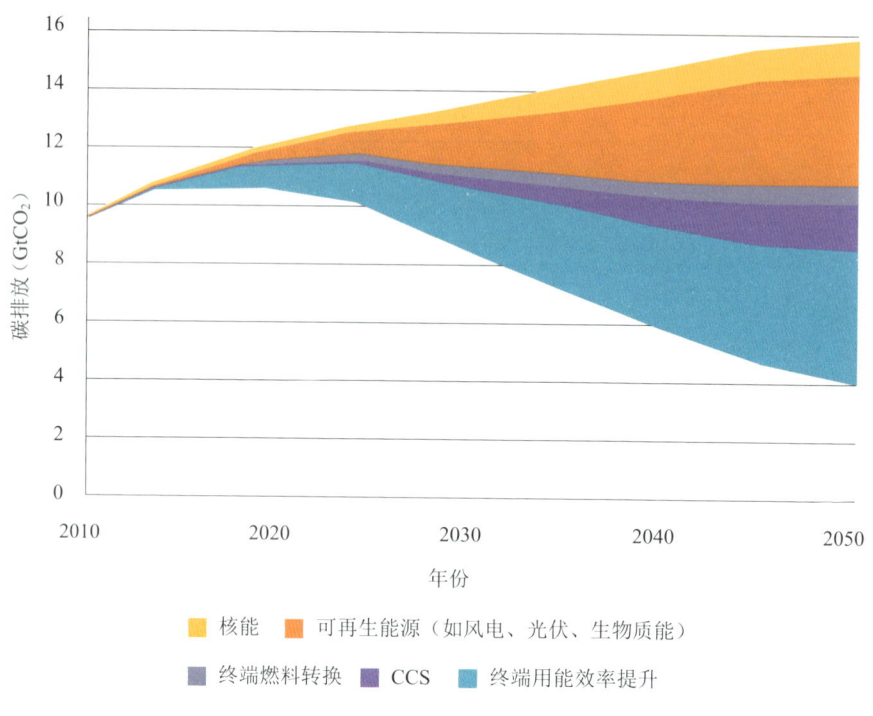

图 7-1　中国实现 2℃温升控制目标的核心技术

资料来源：国际能源署，2015[1]

图例：核能　可再生能源（如风电、光伏、生物质能）　终端燃料转换　CCS　终端用能效率提升

通过对上述报告的横向对比可以发现，国内外报告都关注新技术的研发以及降低已有减排技术的成本。相比之下，国内报告更侧重于技术细节和已有技术的改进推广，而国际报告则更关心一些新技术的发展方向和减排潜力（见图 7-3）。总的来说，各研究报告识别出来的技术及技术类别，与由应对气候变化及实现温升目标反推出来的能够相对应，包括 CCS、核能、生物质能、太阳辐射管理这样的负排放技术，以及在工业等传统领域提高能效的技术等。

对关键技术开展综合成本效益分析的必要性

无论是从中长期减排目标反推出的技术战略需求，还是直接从技术发展

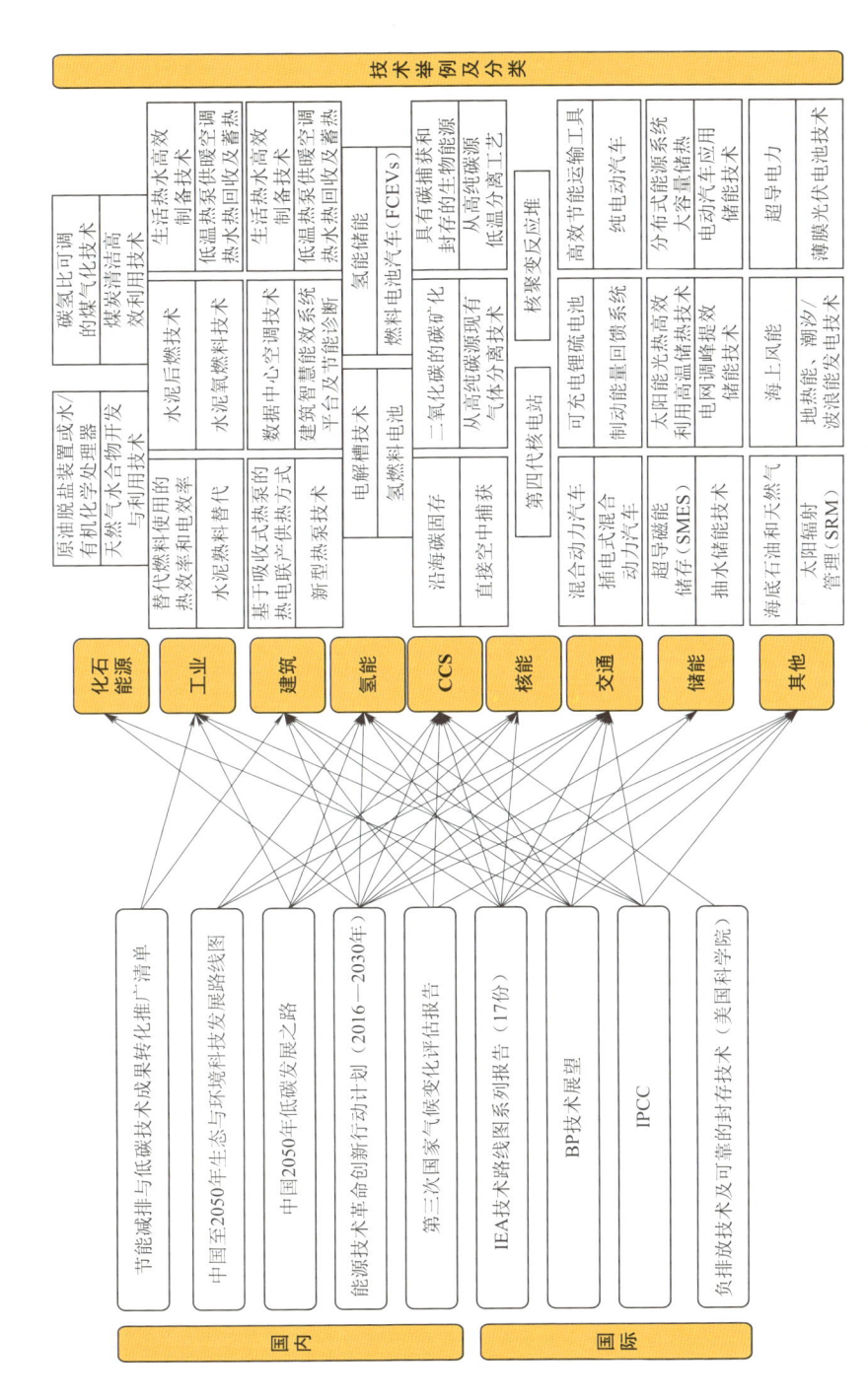

图 7-2　国内外研究报告中关于中长期减排技术的举例及分类

第七章
中长期减排技术：成本效益分析及发展路线图

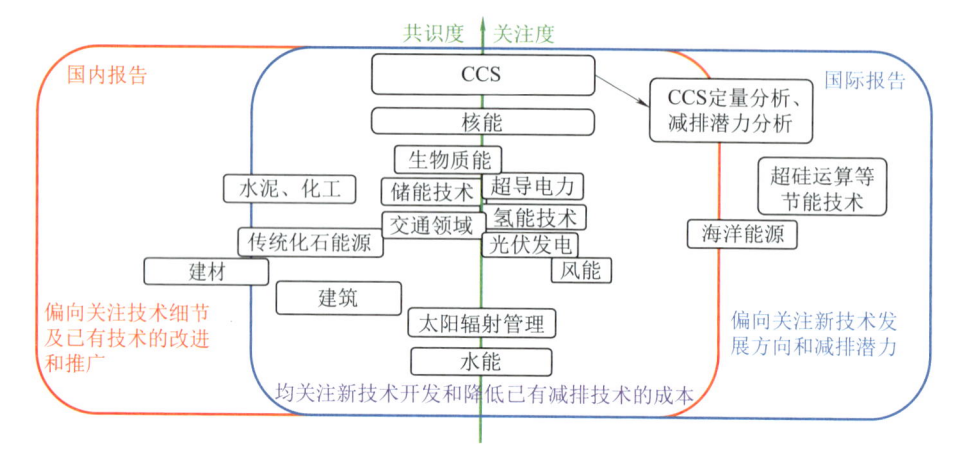

图 7-3　国内外研究报告中关于中长期减排技术的对比分析

出发的研究报告得出的结论都十分相似，即全球以及中国要实现中长期减排目标都依赖于 CCS 技术、核能、可再生能源、终端的燃料转换等核心技术。事实上，中国在诸多行业也做了中长期规划，包括基于行业未来发展的需求去识别在经济上、技术成熟度上具有竞争力的一些中长期战略部署。

对新技术的需求或对已有技术的大规模部署应用，单从技术或传统技术经济的角度来看虽然可行，但可能带来新的挑战，对这些挑战的关注也已成为当前学术界关心的话题。IPCC 报告[2]给出了从需求端、供给端和基于土地的减缓行为可能对 17 项 2030 年可持续发展目标中除第 13 项应对气候变化外的影响，发现需求侧的减缓对其他可持续发展目标的实现多为正面影响，而供给侧的减缓则可能会对健康、经济增长与就业、生物多样性及社会接受程度等方面产生影响，这些影响包括正面影响和负面影响，但很多的评估结果是空白的，也就是说这些影响可能因地而异，或存在其他复杂的情况，需要根据当地的实际案例进行分析，无法简单地用正面或负面进行评价。

通过研究分析发现，目前对中长期减排的战略认识多是定性的判断，较多关注已有技术改进、系统优化、成本降低、普及推广，而较少研究未来可能出现的新技术，较少进行定量分析技术的减排潜力，并且多是以技术经济成本评估为基础，而对它大规模应用之后的生态、环境、社会影响的评估缺乏由目标反推并且兼顾生态和社会影响的中长期技术战略和部署。

为此，本章提出在结合中国国情的情况下对中长期减排技术的大规模应用进行成本效益分析，此处的成本效益不同于传统技术经济中的财务分析（如企业的成本和收益），而是包括了社会成本（如导致失业、公众接受度降低生态破坏、环境污染和健康影响等），同时效益则包括了促进就业、改善环境质量和健康效益等方面。希望通过本章的研究，能够更好地提高对减排技术在长时间尺度、大规模应用情况下的综合影响的认识。

综合成本效益分析的六大方面

本章以中长期减排技术为核心，从可持续发展的三个层面——经济、环境、社会出发，提出了六个维度的分析框架（见图 7-4）：经济层面包括基于传统技术经济成本的技术成熟度以及重要的宏观经济指标（即就业）；环境层面包括减排技术应用所在地的局地环境影响以及自然生态影响（如土地利用变化）；社会层面包括人群健康和公众接受度两个维度。在进行综合成本效益分析时，不同于传统技术经济中的财务分析（如企业的成本和收益），成本部分包括了生态破坏、局地环境污染、负面的健康影响以及经济社会成本（如导致失业和公众不愿接受）等，效益部分则包括了促进就业、改善局地环境质量和健康效益等方面。

研究进一步对上述六个分析维度进行了定性描述，并提供了部分维度的量化指标。

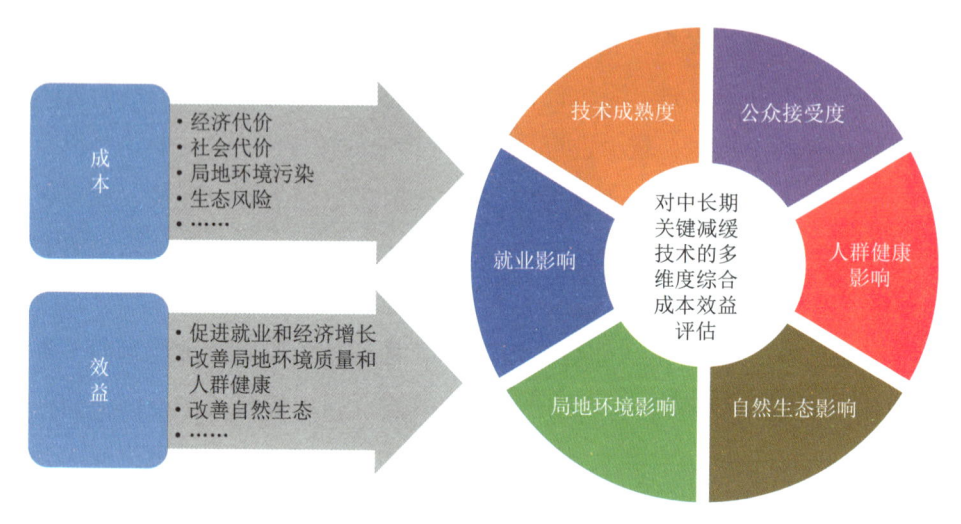

图 7-4 中国中长期技术大规模应用的成本与效益综合评估

1. 技术成熟度

主要从传统技术经济角度考量技术的市场竞争力。对于已经进入市场应用甚至大规模推广的技术，其成熟度主要基于其成本竞争力；对于尚未展开大规模应用的减缓技术，主要考察其所处发展阶段，比如不成熟的概念阶段和基础研究阶段、中试阶段、工业示范和商业应用阶段等。技术的传统经济成本可作为其成熟度的量化指标。

2. 就业影响

指技术应用所带来的净就业机会，即同时考虑采用新技术所带来的就业增加和对受到冲击的部门造成的就业损失。技术带来的净就业机会可作为其就业影响的量化指标。

3. 局地环境影响

指技术对大气环境、水环境、土壤环境产生的影响，本章主要考察大气环境影响。一些技术在推广应用过程中能够替代传统的造成局地环境污染的技术，从而减少环境污染；另一些技术则可能带来新的局地环境污染。

技术应用带来的局地环境污染排放的变化可作为其局地环境影响的量化指标。

4. 自然生态影响

指技术对整体自然生态的影响，如大幅改变土地利用、威胁生物多样性等。自然生态影响的量化指标较为多元，如土地利用和水资源变化、生物多样性等。

5. 人群健康影响

技术的健康影响取决于其改变环境和生态质量的程度，以及人口密度和暴露程度等一系列因素，进一步通过货币化方法对健康损害或收益进行价值评估，可以作为技术的人群健康影响的量化指标。

6. 公众接受度

指公众对技术的了解程度、认可程度及接受程度。若公众对技术的接受程度较低，可能造成在推行该技术过程中产生"邻避效益"，从而阻碍技术的推广应用。对公众进行的问卷调研结果可以作为技术的公众接受度的量化指标。

本章主要针对风电和光伏发电、生物质能、CCS、氢能、核能等技术的综合成本效益分析进行较为细致的梳理，并提供一些综合考量的评价结论，从而为中长期减排技术的综合评价提供参考。

风电、光伏发电等可再生能源

本章以风能发电和太阳能发电中的光伏发电为例，对可再生能源发电的综合成本效益进行分析，主要包括技术成熟度、发电成本、就业等经济成本效益、局地环境影响及健康影响，并针对其自然生态影响进行重点分析。

风电、光伏发电成本下降但仍存在技术障碍

风能发电和光伏发电是相对较为成熟的可再生能源发电，近年来相关技术发展迅速，尤其是全球太阳能光伏市场快速发展，总体规模迅速扩大，且成本大幅度下降。

以目前风电和光伏发电的成本来看，2018年中国风电、光伏发电的上网电价已降至 0.5~0.6 元/千瓦时，略高于煤电与核电（见图 7-5），风电、光伏发电大范围推广及无补贴平价上网将在近期实现[3]。

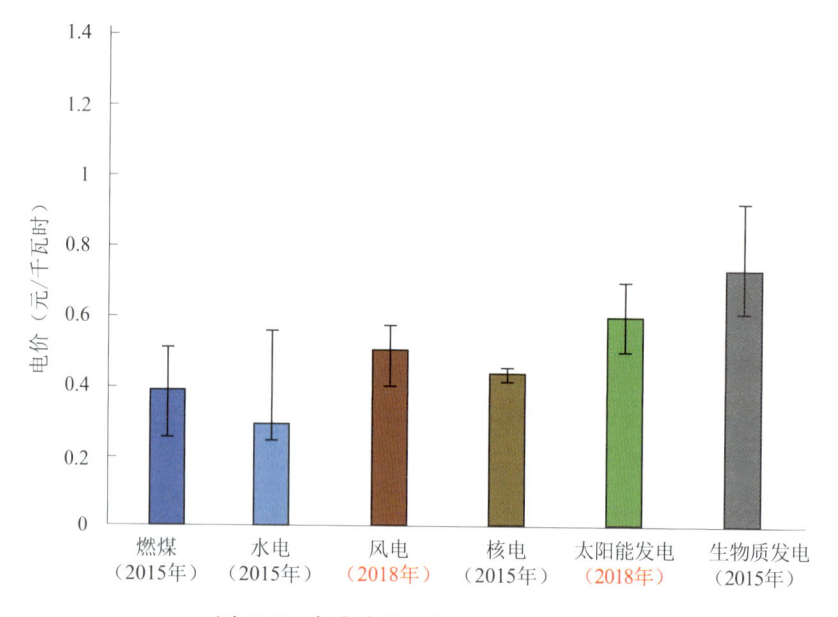

图 7-5　各发电技术标杆上网电价对比

资料来源：国家能源局，2019[3]

如果进一步考虑学习曲线的效应，根据历史数据可以得出，随着装机容量的增长、时间的推移，成本会大幅度下降。通过学习曲线模型得到的结论是，装机容量每翻一倍，成本将下降 20%，未来装机容量若大幅度上升，成本会进一步下降。若对中国的太阳能光伏成本与发电量进行回归，可以发现，

到 2025 年前后光伏发电成本能够下降 0.3~0.4 元 / 千瓦时，与煤电的成本接近。

然而，可再生能源的发展还面临着并网稳定性等技术层面的障碍和跨区域输配电及基础设施建设等问题。例如，可再生能源资源与负荷中心错位，无法就地消纳，需要大规模跨省或跨区域输电；输电线路建设成本高，建设周期长，电网公司建设投资外送通道意愿不足；配套设施建设落后于电源建设；等等。

可再生能源发展可带来大量直接和间接就业机会

研究显示，可再生能源的发展在就业方面具有促进作用。蔡闻佳等研究发现，决策者需警惕"结构性失业"的发生，即新能源技术的推广会加剧当前劳动力需求市场的性别失衡，也会大大增加对高素质就业人群的需求，这与当前中国的劳动力供应市场不相匹配（见图 7-6）[4]。

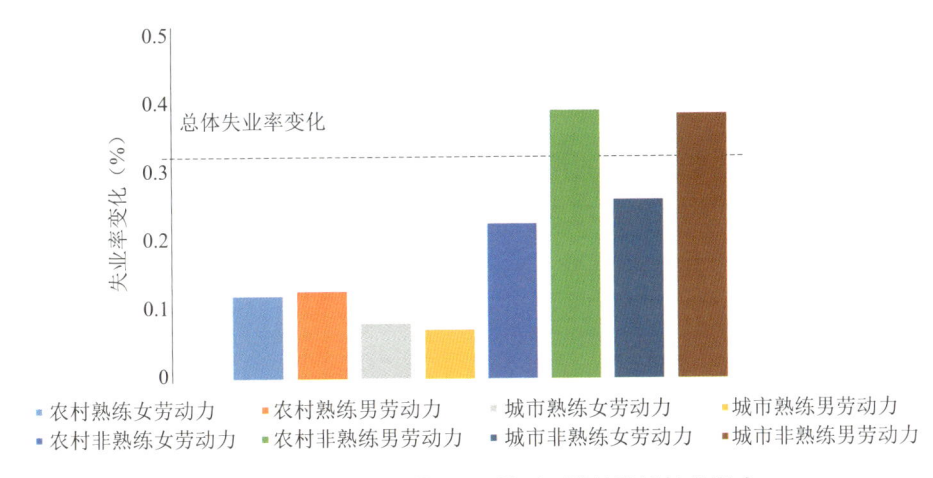

图 7-6　电力行业减排 10% 情景下的结构性就业影响

资料来源：CAI, et al., 2014[4]

母亚乾等基于中国混合排放与就业研究（CHEER）模型，将就业影响进一步分解为直接影响、间接影响和引致影响三部分[5]。总体而言，无论发电量扩张的幅度如何，引致效应都将对就业需求产生负面的影响，且随着扩张幅度的加大，引致效应导致的就业损失也将明显增加（见图7-7）。

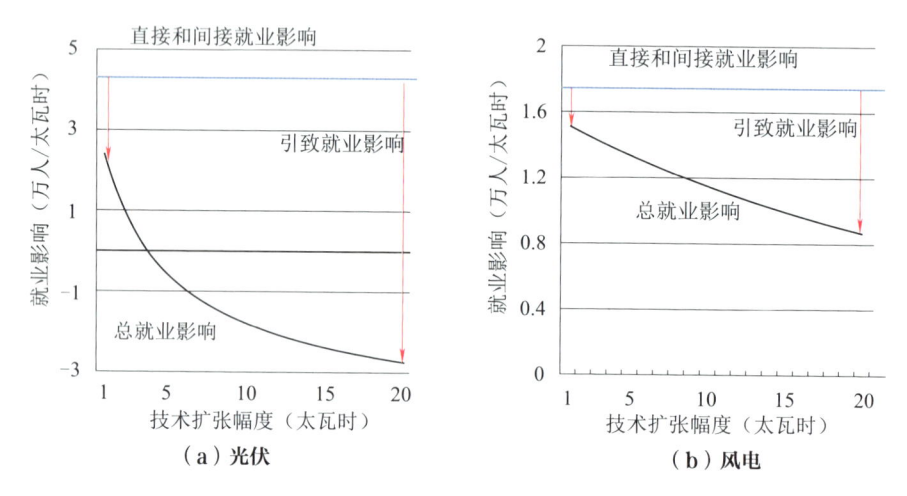

图7-7　光伏发电和风电扩张的引致就业影响

资料来源：MU, et al., 2018[5]

以风电为例，无论是在投资建设阶段还是在运行维护阶段，受间接就业影响最大的行业都是服务业，约占间接就业影响的33.3%。这一比例远高于服务业在风电成本中所占的比例。图7-8所示为风电、光伏发电在不同阶段给不同部门带来的就业影响。

风电和光伏发电的健康效益显著

近年来，可再生能源发展所带来的健康效益受到了很多学者的关注，研究发现，考虑煤电带来的健康损失等外部性，风电和太阳能发电的健康效益显著上升。有研究发现，风电和太阳能技术在减少碳排放的同时也能够减少空气污染物排放，带来健康协同效益；风能和太阳能每多发1千瓦时电的健康效益为0.35~0.69元（见图7-9）[6]。

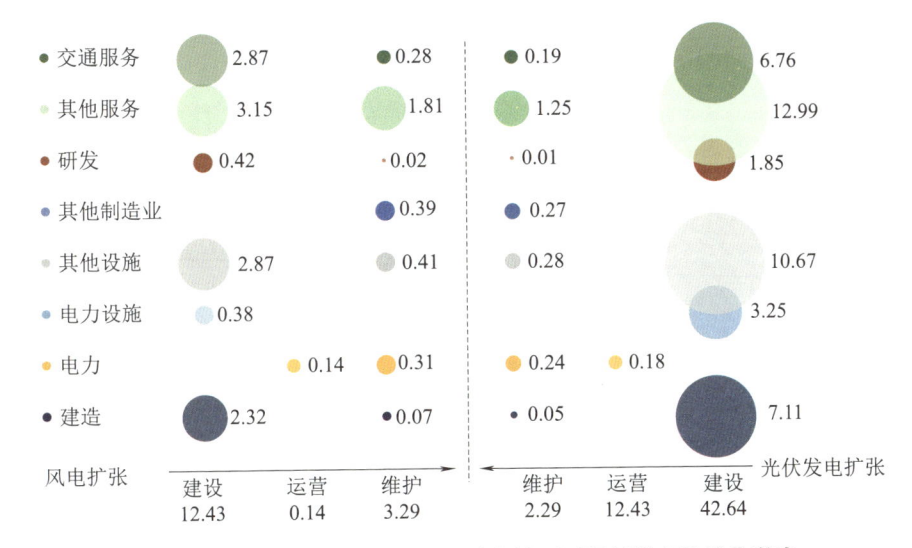

图 7-8 风电、光伏发电在不同阶段给不同部门带来的就业影响

资料来源：MU, et al.，2018[5]

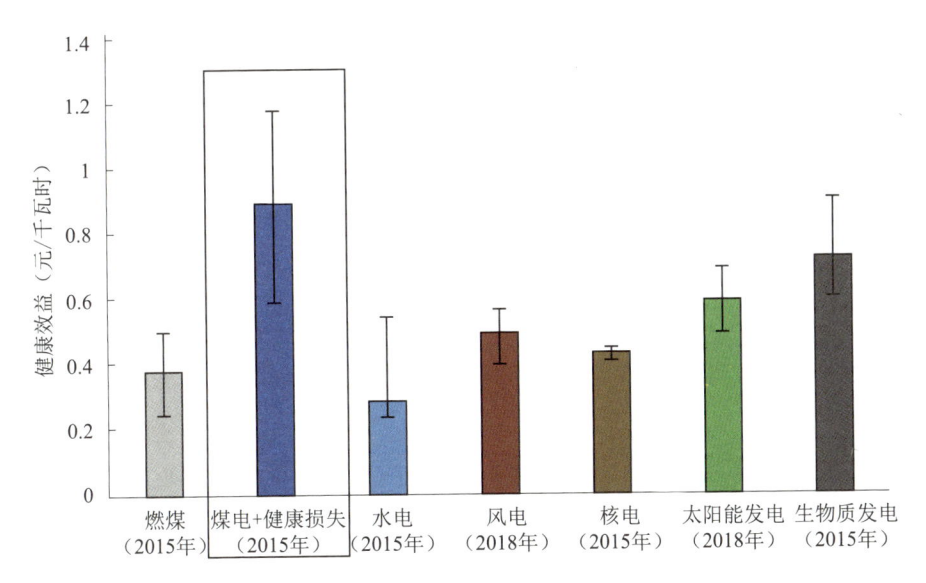

图 7-9 中国风能和太阳能发电技术的健康效益

资料来源：国家能源局，2019[3]；CAO, et al.，2019[6]

第七章
中长期减排技术：成本效益分析及发展路线图

179

蔡闻佳等通过中国省级电力优化模型及综合环境影响评估（见图7-10），发现中国电力部门实现碳强度目标可实现显著的健康协同效益：到2030年，电力部门二至六成的减排成本能够被健康效益抵消；到2050年，健康协同效益将增长到减排成本的3~9倍[7]。

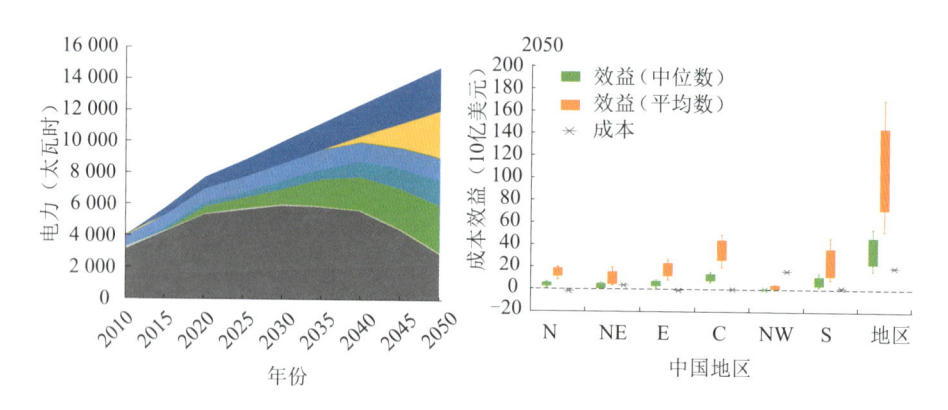

图7-10　中国省级电力优化模型及综合环境影响评估
资料来源：CAI et, al., 2018[7]

现有风电、光伏发电的空间布局对生态环境考虑不足

传统的风电、光伏发电项目潜力评价缺乏对生态环境、社会、经济等多重因素的综合考虑，对大规模应用的发展潜力采用线性外推的方式，往往导致过于乐观的估计。有研究运用DbD景观尺度的分析方法（见图7-11），对中国已有的集中式风能/光伏发电项目与生态保护之间的平衡性进行了评估，并对近中期生态友好的集中式风能/光伏发电发展空间布局进行了规划和建议[8]。

对现有的风电、光伏发电项目的评估结果显示，现有集中式风能发电项目的建设基本遵循了生态保护的宗旨。71%的项目位于低风险发展区的范围之内，但华北、西北和东北地区的部分项目位于高风险开发区，甚至是发展规避区。华东、华中和南方地区的风电项目在生态平衡方面表现较好，西北和东北地区表现较差。现有集中式光伏发电项目的建设也基本遵循了生态保护的宗旨。85%的项目位于低风险开发区范围之内，但西北的部分项目位于高风险开发区，甚至是发展规避区。总体来说，除了西北地区，其他地区的光伏项目在生态平衡方面表现较好。

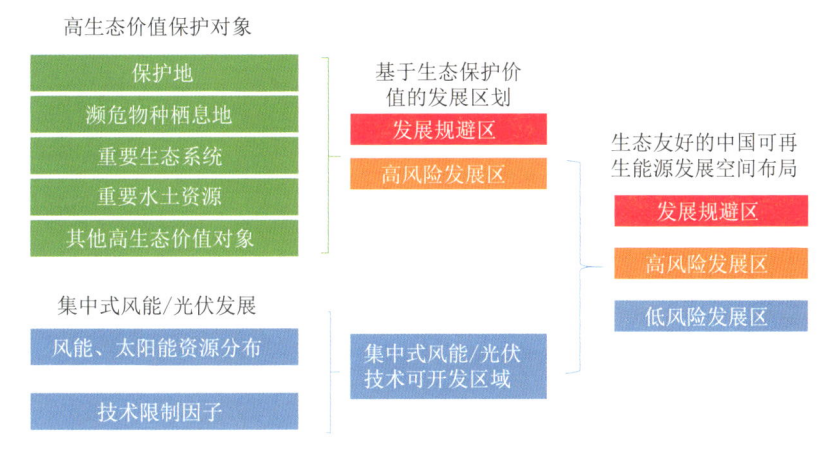

图 7-11　生态友好的中国可再生能源发展空间布局项目的技术流程
资料来源：大自然保护协会，发改委能源研究所，2018[8]

该研究在生态安全区域考虑了实现 2030 年风电、光伏发电装机目标的可行性（见图 7-12）。从全国总目标量来看，2030 年高比例可再生能源发展目标在低风险发展区内可以实现，然而部分省份存在较大的目标缺口。开展综合成本效益评估后可以对适宜风电、光伏发展区域以及制定详细目标提供调整建议：一是省际调配，即对于缺口较大的地区，可以从邻近地区的低风险发展区调入风电/光伏电力；二是省内布局调整，即调整项目地理位置，避开生态高风险区，尽量在低风险发展区内进行规划。

本章进一步探讨了 2050 年深度减排目标下风电、光伏发电的需求量与潜力的对比情况（见图 7-13）。从全国总目标量来看，深度减排目标[9]下 2050 年的风电、光伏发电需求量是可以实现的。

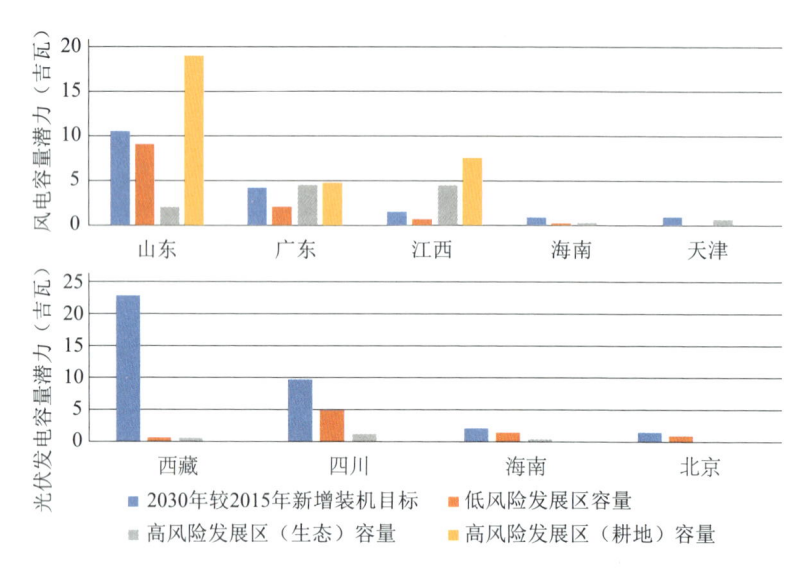

图 7-12　2030 年高比例风电、光伏发电发展目标与生态风险区容量潜力

资料来源：大自然保护协会，发改委能源研究所，2018[8]

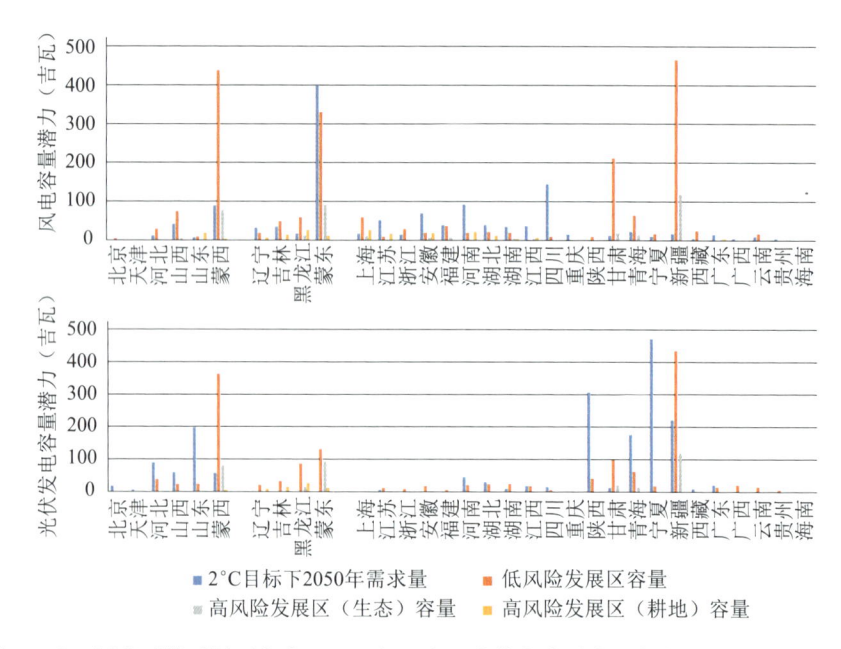

图 7-13　深度减排目标下各省 2050 年风电、光伏发电需求量与各类生态区容量潜力

资料来源：大自然保护协会，发改委能源研究所，2018[8]；TENG, et al., 2015[9]

生物质能

本章将生物质能作为一个整体进行综合成本效益分析，对其技术成熟度及发电成本、局地环境影响及健康影响进行整体评估；针对甜高粱这一能源作物对水资源和土地利用方面的生态影响进行重点分析；对中国未来生物质能源的资源潜力和减排潜力进行模拟评估；以煤电厂掺烧的生物质掺烧改造为例，评估发展生物质在不同机组中的分布。

生物质发电目前经济成本较高

本章首先考察生物质能的经济成本，在目前相对成熟的供电技术中，生物质能的发电成本最高，甚至高于核电。对各种生物质能源来讲，沼气发电上网成本最低，然后由低到高依次是生物质直燃发电、生物柴油发电和生物乙醇发电，这三类生物质能源发电的单位成本均高于0.6元（见图7-14）。生物质能发电成本高有多种原因，一方面是上述的投资规模效应所致，另一方面则是燃料成本较高。

(a) 各发电技术标杆上网电价对比　　(b) 生物质各项技术成本

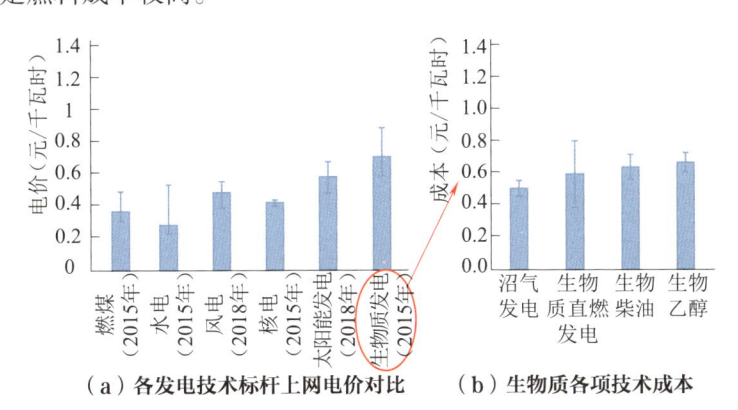

图7-14　各发电技术标杆上网电价对比及生物质各项技术成本对比

资料来源：国家能源局，2019[3]

生物质利用对局地环境和健康影响的不确定性较大

本章也考察了生物质能源的局地环境和健康影响。有研究认为，生物质能源在减少二氧化碳、粉尘、二氧化硫和氮氧化物排放方面有显著作用。然而也有研究[10]指出，生物质直燃发电和与煤混燃发电，可能增加多种气态污染物和气溶胶排放，从而带来负面健康效益，例如在农村地区进行生物质直接燃烧会带来室内空气污染。但若进行大规模的沼气发电以代替燃煤发电，则可以减少空气污染。图 7-15 显示了农村家用沼气对室内空气质量和健康效益的影响。生物质能源对局地环境和健康影响的不确定性较大，具体的健康影响取决于相应的生物质的类型和利用方法。

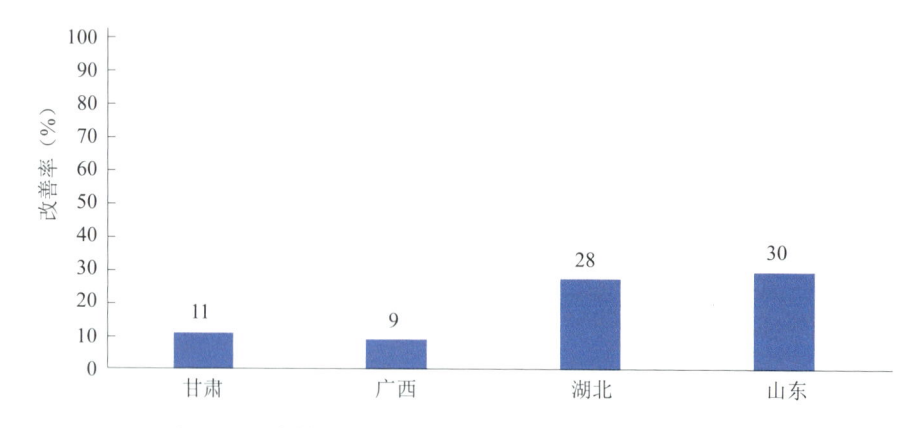

图 7-15　农村家用沼气对室内空气质量和健康效益的影响

资料来源：Gosens et al., 2013[10]

生物质能源的大规模发展受土地利用和水资源因素制约

生物质能源来源虽广泛，但能够用于作为替代能源减缓碳排放的比例较低，为满足中长期的减排目标，需要生物质能源的长时间大规模发展应用。然而，有研究指出生物质能源作物的种植可能对土地利用产生显著影响[11]，还有研究发现能源作物种植可能会影响森林覆盖率[12]；此外，生物质能源作物的大规模种植还受到自然生态条件的约束，其中土地利用[13]和水资源[14]

对部分能源作物可利用能源潜力影响显著[15]。

本章为研究其规模能否支撑应对气候变化的减排需求，结合已有文献[16]，通过能量流动图的方式，系统地对生物质能潜力进行了估算，并估算了能源作物在对土地利用、水资源两种生态因素影响的不同情景下的潜力。

本章首先通过分别统计不同土地利用类型面积、不同生物质可利用量、生物质能源可利用技术潜力等数据，做出了中国"土地－生物质－生物质能源"能量流动图（见图7-16）。从生物质总量来看，可利用的农林剩余物、能源作物和垃圾的生物质中共有48.11艾焦①的生物质能源，其中一部分生物质按照生态需要归还土壤，以保持土壤的营养平衡，另一部分用于其他经济活动，再减去利用过程中的物理损耗，剩下的生物质能源通过技术转化利用，可以得到总计约3.01艾焦的可利用的生物质能源；因此，真正能够用于气候变化相关领域分析的作为能源替代的是生物质能源中很小的一部分。

总体来说，除返土还田、其他经济用途和利用损失外，中国2015年可用作生物质能源的生物质能可提供约3.01艾焦（约1.03亿吨标煤）的能量，目前能够满足"十三五"规划中提出的2020年生物质能年利用量约5 800万吨标准煤。然而，随着未来对生物质能源需求的增长，一方面存在潜在影响到生物质归还土壤比例的可能，进而对土壤碳库平衡产生影响，另一方面若加大能源作物种植力度，则可能影响土地利用或水资源利用。

因此，本章以甜高粱这一能源作物为例，针对能源作物种植力度的加大，对土地利用或水资源的生态需求进行了进一步分析。土地利用和水资源对能源作物（甜高粱）可利用能源潜力影响显著（见图7-17）。

---

① 1艾焦（EJ）=1×10^{18}焦耳（J）。

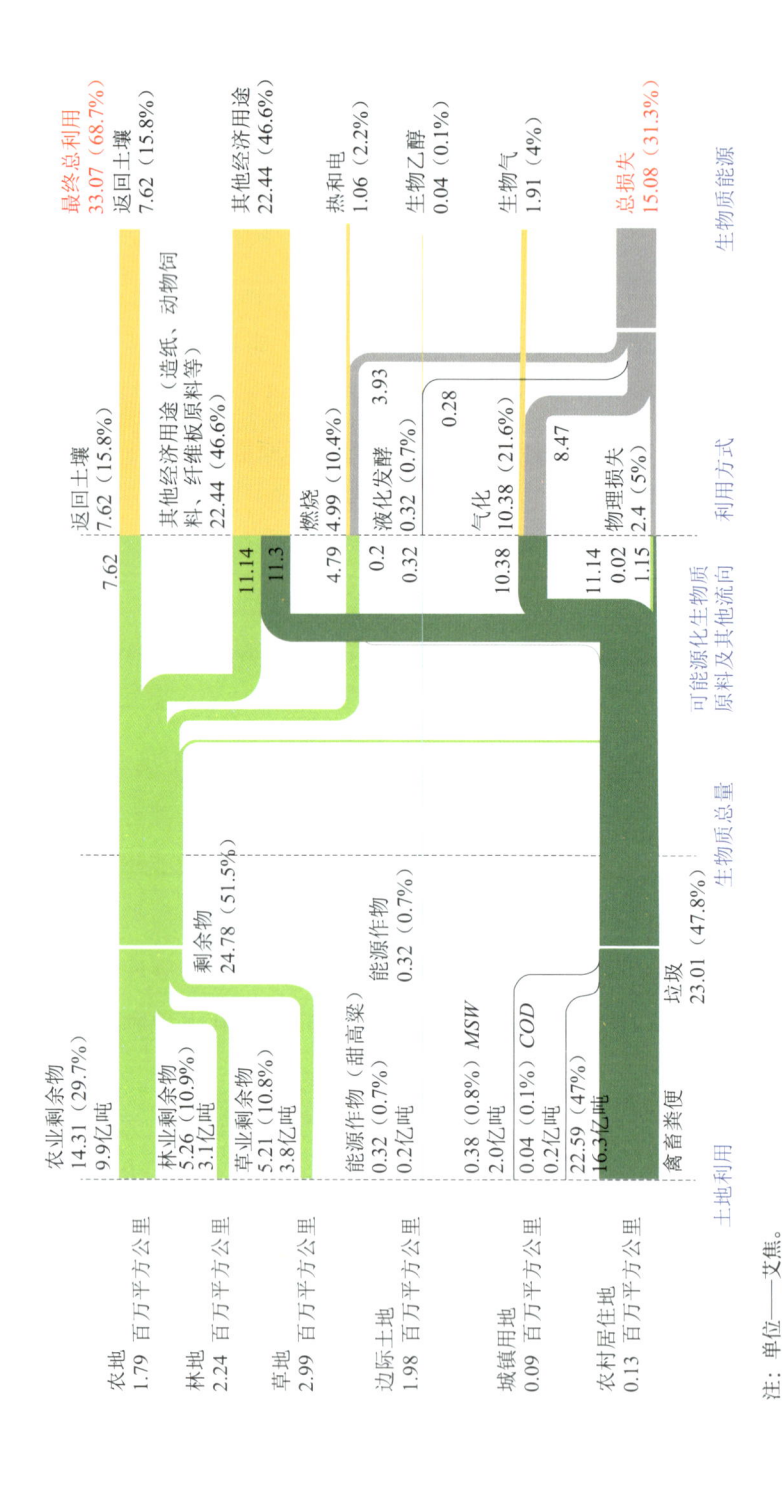

图 7-16 中国"土地-生物质-生物质能源"能量流动图

注：单位——艾焦。

资料来源：NIE, CHANG 等, 2019 [16]

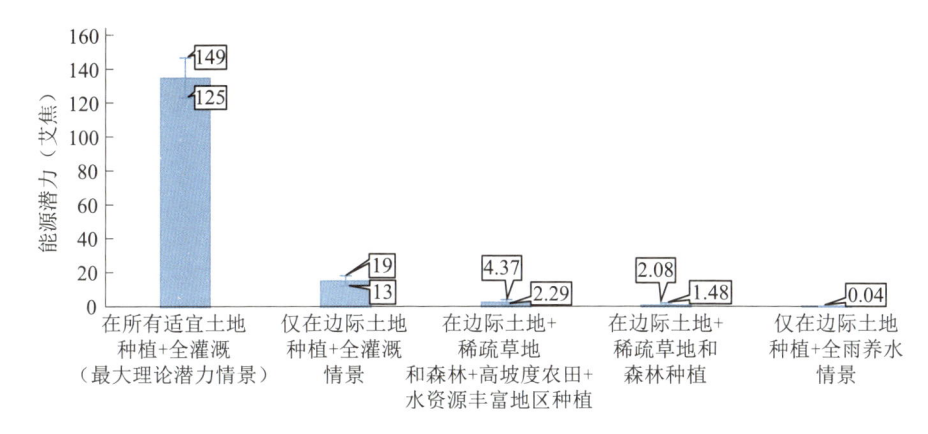

图 7-17　不同土地和水资源情景下能源作物（甜高粱）可利用能源潜力

资料来源：NIE, CAI, et al., 2019[17]

目前在国际能源署情景下对全球生物质能源的需求为 200 艾焦，其中生物燃料的需求为 30 艾焦。当前在严格的土地利用和水资源约束条件下的能源作物（甜高粱）供给潜力尚无法满足生物质能源的发展需求，为此不得不占用一些非边际土地、增加水资源压力。在对空间布局进行研究后发现，若需要占用非边际土地，应优先在东北和西南的稀疏草原和稀疏森林，以及云南、重庆、四川的高坡度农田种植能源作物；而在水资源方面，应优先在云南、广西、广东等水资源丰富地区种植能源作物。

中国未来生物质的资源及能源技术潜力预估

本章通过自主搭建的 HABEP 模型，自下而上对 2020—2100 年中国高分辨率农林草业剩余物和能源作物的资源及能源技术潜力进行了预估。

研究结果表明，2020 年、2030 年、2050 年和 2100 年中国农林草剩余物总资源潜力分别为 19.65 亿~28.59 亿吨、21.22 亿~30.49 亿吨、22.74 亿~34.14 亿吨和 26.35 亿~46.54 亿吨；用于肥料化、原料化、基料化、饲料化等生态和其他经济用途并考虑利用过程中的物理损失后，可能源化的资源通过热电联产燃烧供热和供电可产生的 2020 年、2030 年、2050 年和 2100 年中国农林草剩余物总能源技术潜力分别为 3.81~4.88 艾焦、3.97~5.09 艾焦、4.21~6.03 艾焦和 4.77~8.03 艾焦[18]。不同情景下的结果如图 7-18 所示。

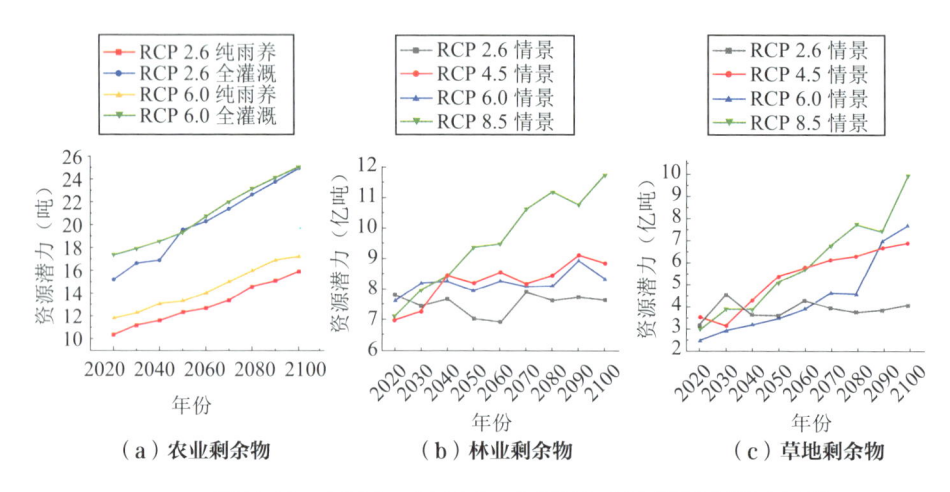

图 7-18 2020—2100 年不同情景下中国的资源潜力评估

资料来源：聂耀昱，2020[18]

在空间分布格局方面，中国农业剩余物可能源化的资源潜力集中在河南、山东、江苏、河北、安徽、四川、吉林和黑龙江等省级行政区。气候变化对农业剩余物资源潜力时空变化的影响显著不均衡，其中水资源使纯雨养和全灌溉情景差异显著，温升使多熟制向北推移，降水和温度的时空分布不均使南北方的农业剩余物资源差异显著。中国林业剩余物可能源化利用潜力分布在广东、福建、吉林、辽宁和黑龙江等省级行政区。林业剩余物呈现明显的垂直地带性和水平地带性：水平地带性体现在可能源化资源潜力从北向南在温度主导下、从西向东在水资源主导下不断增高；垂直地带性体现在同区域海拔高的林业剩余物可能源化的资源潜力显著高于海拔低的地方。中国草地剩余物可能源化利用资源潜力的空间分布集中在西藏、内蒙古、新疆、青海和甘肃等省级行政区，在南方省份也有零星分布。草地剩余物资源潜力时空变化呈现明显的水平地带性和垂直地带性，在青藏高原区也体现着资源潜力变化的垂直地带性。草地剩余物和林业剩余物呈现明显的空间分异格局，主要受降水影响，草地剩余物主要分布在胡焕庸线西北侧，林地剩余物主要分布在胡焕庸线东南侧。

对能源作物而言，2100年纯雨养和全灌溉情景下中国甜高粱资源潜力分别为556万~870万吨和10 354万~16 231万吨；相应地，中国柳枝稷资源潜力分别为4 062万~7 937万吨和20 593万~33 559万吨。2100年纯雨养和全灌溉情景下中国甜高粱能源技术潜力分别为0.010~0.016艾焦和0.188~0.294艾焦；相应地，柳枝稷能源技术潜力分别为0.325~0.635艾焦和1.626~2.686艾焦。图7-19展示了具体情景下的能源技术潜力。

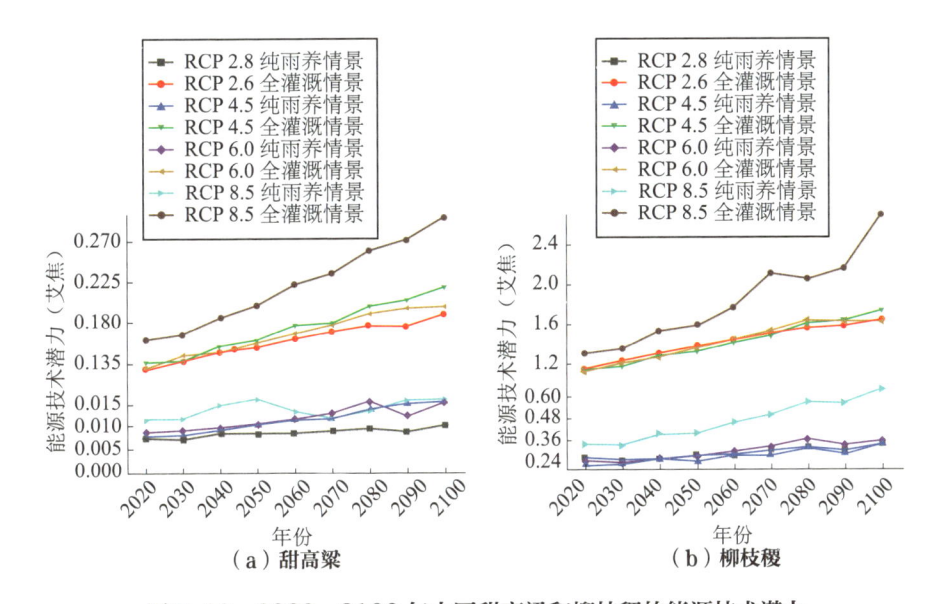

图7-19 2020—2100年中国甜高粱和柳枝稷的能源技术潜力
资料来源：聂耀昱，2020[18]

在空间格局方面，适宜甜高粱种植的土地主要分布在新疆、内蒙古等省区，零星分布在西藏、青海和甘肃等省区；适宜柳枝稷种植的土地主要分布在新疆、内蒙古、青海和西藏等省区，零星分布在四川和陕西等省区；受温度和降水空间格局差异影响，甜高粱和柳枝稷的单产均呈现东部高西部低、南方高北方低的趋势；由于柳枝稷耐寒性高于甜高粱，青藏高原地区某些情景下甜高粱单产为0，柳枝稷单产高于0；降水对甜高粱和柳枝稷单产均有约束作用，且柳枝稷抗旱性强于甜高粱，导致纯雨养和全灌溉情景下柳枝稷资源潜力的差异幅度小于甜高粱；在土地利用变化和气候变化的共同影响下，内蒙古西部和新疆东部等地的甜高粱和柳枝稷的土地种植适应性波动较小，适于规划能源作物的发展。

综合上述模拟评估的结果，可以回答生物质能源对于中国中长期能源供给和碳减排的作用：在1.5℃情景下，2050年中国农林草和能源作物生物质资源折合2.91亿~5.01亿吨标准煤，可供给2050年一次能源总需求的5.29%~10.91%，可减排7.27亿~11.76亿吨二氧化碳，实现二氧化碳减排量占2030年排放总量的4.72%~11.88%，占当年二氧化碳需要减排量的7.26%~19.94%；在2℃情景下，2050年中国农林草剩余物和能源作物资源潜力可供给本年度能源总消费的3.99%~7.42%，可减排7.62亿~13.13亿吨二氧化碳，实现二氧化碳减排量占当年与能源相关排放量的12.59%~21.72%。

燃煤电厂生物质掺烧改造的成本效益分布特征

本章结合我国现有燃煤电厂数据库（10.07亿千瓦4 688个机组）及全国可利用生物质（农业剩余物和林业剩余物）网格数据，基于地理信息系统分析平台和全生命周期的分析方法，核算了不同机组进行生物质掺烧改造（掺烧比例为25%）的全生命周期下的经济成本和环境效益。不同机组由于生物质掺烧改造带来的额外平准化度电成本（Levelized Cost of Energy，LCOE）在15~80美元/兆瓦时范围内，其中东南沿海等地区存在着较多改造成本较大的机组，而经济性较好的机组主要分布在中西部地区。不同机组改造的碳减排收益的变化范围是 230~405 千克/兆瓦时，个体差异性变化幅度相较于成本较低。地区分布上呈现西高东低的特征。二者结合获得二氧化碳的减排成本变化范围在 38~330 美元/吨。当碳价达到 50 美元/吨、60 美元/吨和 80 美元/吨时，在现役机组中，分别有 33%、82% 和 96% 的装机容量在进行生物质掺烧改造中实现经济成本的不亏损。在该情况下，燃煤电厂可通过生物质改造实现二氧化碳减排量达到 6.8 亿吨、16.6 亿吨和 19.0 亿吨。

碳捕集与封存（CCS）

本章选取 CCS 技术作为负排放技术的代表进行综合成本效益分析，主要包括技术成熟度、就业等经济成本效益、局地环境影响及其健康影响、公众接受度等方面。

气候地球工程技术具有一定减排潜力，但仍存在不确定性及风险

有研究[19]对已提出的地球工程技术（见图 7-20）进行了综述，综述涵盖的技术分析发现：二氧化碳去除（CDR）技术中，BECCS 到 2050 年可每年去除 10 吉吨二氧化碳，到 2100 年累积去除潜力可达 700 吉吨。

国际能源署发布的报告[20]指出：为了达到在 2050 年将温室气体浓度稳定在 450 ppm 的目标，需要进行一系列能源技术变革，其中 CCS 技术在最低成本减排路径中贡献显著，在 2050 年整体减排量中占 19%。全球碳捕集与封存研究院（GCCSI）的报告[21]指出：CCS 是唯一能够实现大型工业部门去碳化的减缓技术，在气候变化减缓行动中具有不可替代的重要作用。从源汇匹配角度来看，中国适合二氧化碳捕集的大规模集中排放源为数众多、分布广泛、类型多样，且中国理论地质封存容量巨大，估算在万亿吨级规模[22]，

为 CCS 部署提供了良好基础。

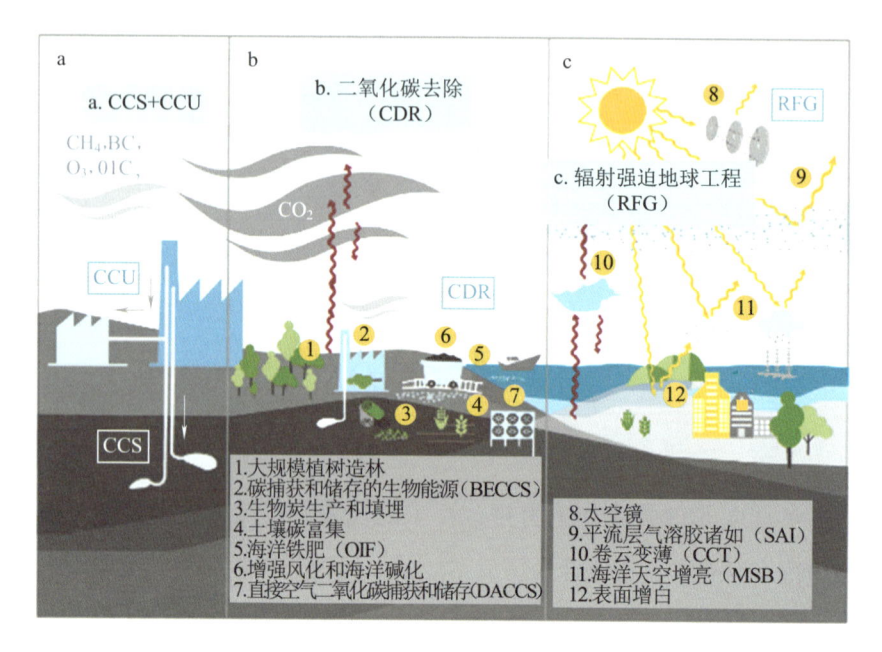

图 7-20 目前已提出的地球工程技术

资料来源：LAWRENCE, et al., 2018[19]

有研究[23]利用 GCAM-China 综合评估模型预测了不同社会经济情景下中国未来分省 CCS 技术部署的规模，结果表明，在减排目标和气候政策的约束下，不同社会经济情景对应的中国 2050 年 CCS 技术部署规模达到每年 5.9 亿~13.5 亿吨二氧化碳，并且直到 21 世纪末，中国大多数省份存储资源将不再限制 CCS 技术的部署。

CCS 技术的投资运营成本和能耗成本目前较高，但未来有望实现一定程度的下降

CCS 技术与其他减排技术相比尚处于发展阶段，目前中国已有多地部署

了 CCS 设施，但与理想状况仍有较大差距（见图 7-21）。根据 GCCSI 数据平台[24]中的中国 CCS 设施数据计算得出截至 2020 年中国已有 CCS 设施捕集能力总和为 4.78 兆吨/年。在亚洲开发银行 2015 年制定的 CCS 技术路线图[25]中，2020 年 CCS 部署目标是捕集能力达到 10 兆吨/年。目前中国的 CCS 部署较为落后，距离路线图目标还有很大差距，CCS 技术成熟度不足及投资运营成本高是主要原因。

图 7-21 中国 CCS 部署现状与亚洲开发银行路线图目标对比

资料来源：GCCSI，2019[24]；亚洲开发银行，2015[25]

高成本和高商业风险成为制约 CCS 技术大规模商业化部署的主要障碍。以煤电 CCS 项目为例，CCS 技术的成本主要包括采购维护成本和捕集过程中的能耗。在电厂加装 CCS 设备会造成大量的额外资本投入和运行维护成本，从而使总发电成本增加[26]。在电厂运行的总成本方面，有研究[27]通过对煤电厂加装 CCS 设备进行经济分析，计算得到增加 CCS 装置使电厂的平准化度电成本升高 29%~32%（见图 7-22），同时企业需要面对包括封存风险、基础设施风险等在内的商业风险。

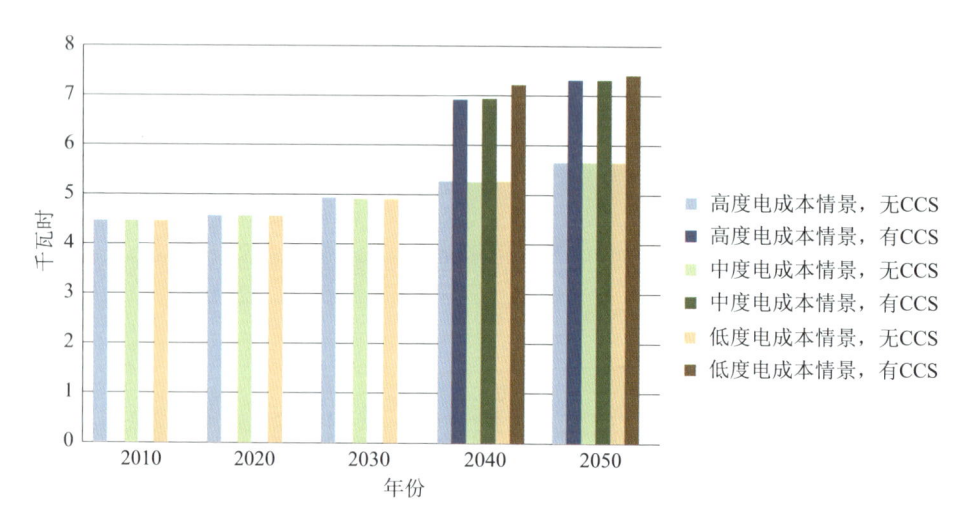

图 7-22　不同能源情景下有／无 CCS 装置超临界电厂的平准化度电成本
资料来源：VIEBAHN, et al., 2015[27]

根据生态环境部环境规划院气候变化与环境政策研究中心的统计数据[28]，中国目前典型的 CCS 项目的成本为 120~900 元／吨。在各类技术中，燃烧后捕集技术最为成熟，已进入工程示范阶段，主要应用于低浓度燃煤电厂。中国华能集团有限公司所属工程二氧化碳捕集成本约为 300 元／吨，2019 年投产的华润电力（海丰）有限公司碳捕集测试平台成本为 500 元／吨。富氧燃烧捕集仅华中科技大学在燃煤电厂开展了小试与中试，成本分别为 900 元／吨、780 元／吨。

总体而言，CCS 技术的成熟度尚未达到商业应用水平，大规模推广仍面临成本高、能耗大、安全性和可靠性不足等挑战，但碳捕集技术代际更替及其电厂应用成本与能耗变化预期前景可观[22]（见图 7-23）。预计 2030 年前，CCS 技术虽在中国仍处于研发示范阶段，面临高成本、高能耗问题，但随着技术逐渐成熟，其成本和能耗有望实现一定程度的下降。

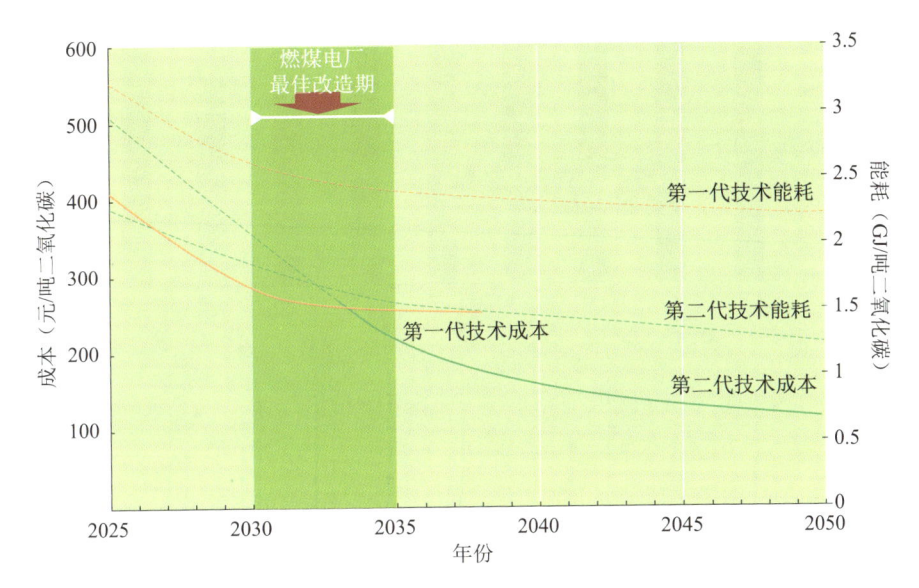

图 7-23　碳捕集技术代际更替及其电厂应用成本与能耗变化预期前景
资料来源：科学技术部社会发展科技司，中国 21 世纪议程管理中心，2019[22]

CCS 技术可以拉动就业，促进整体经济增长

　　CCS 技术的发展将对就业等经济层面带来影响。GCCSI 于 2018 年发布的 CCS 全球现状评估报告[21]中指出，CCS 技术部署会在项目运行与管理、工程设计、金融、组件与设施生产等领域形成新的低碳岗位，从而推动当地的经济发展。另有文献[29]研究结果表明，截至 2050 年，CCS 对中国总增加值的贡献在电力部门中的占比超过 20%，煤电 CCS 的就业贡献超过风电、太阳能发电等可再生电力能源部门（见图 7-24）。

　　该研究进一步对不同 CCS 发展情景下的就业影响进行了分析，结果发现，在 CCS 中等发展情景下，煤电 CCS 技术将带来显著的就业红利（见图 7-25）。因此认为，CCS 技术的推广在就业和经济方面能带来一定的积极影响。

图 7-24　电力部门直接与间接经济总增加值贡献对比

资料来源：JIANG Y, et al., 2019[29]

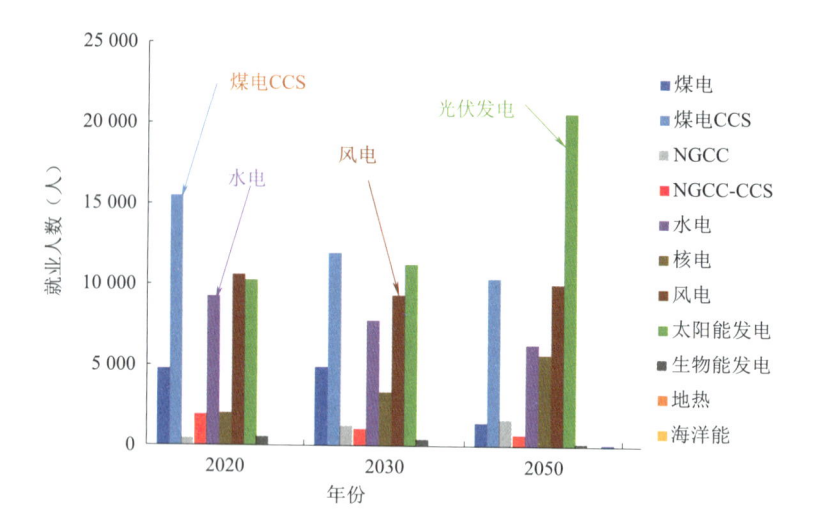

图 7-25　CCS 中等发展情景下电力各部门可增加的直接与间接就业人数

资料来源：JIANG Y, et al., 2019[29]

CCS 技术可能导致负面环境影响，且目前社会接受度较低

本章选取电力部门 CCS 技术作为案例，考察 CCS 技术可能带来的局部环境影响。有研究[27]发现，与部分类型的发电技术结合的 CCS 技术等可能增加一系列环境污染（见图 7-26）。此外，CCS 技术与煤电等化石能源结合，虽然减少了碳排放，但有可能使煤电淘汰速率下降，导致现有化石能源的"锁定"效应，再加上 CCS 技术的电能消耗和水资源消耗，可能对局地环境造成负面影响。

还有研究[30]对 CCS 技术在中国的社会接受度开展了调查，发现目前中国公众对 CCS 技术缺乏了解，对该技术的支持水平较低（见图 7-27）。

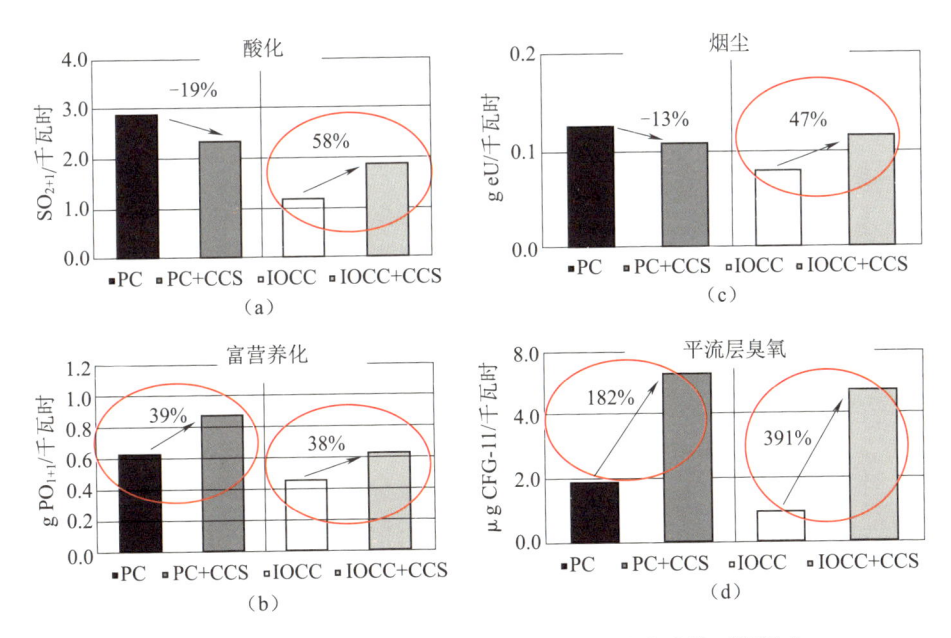

图 7-26 在 PC 和 IGCC 电厂加装 CCS 设施产生的环境影响

资料来源：VIEBAHN, et al., 2015[27]

(a) 中国公众对CCS技术缺乏了解　　(b) 中国公众对CCS技术的态度

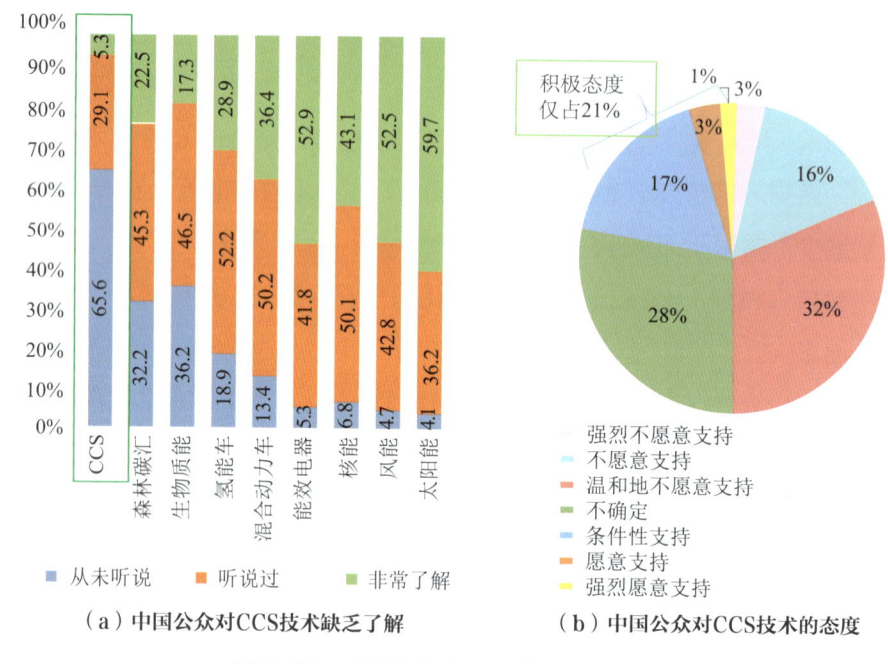

图 7-27　中国公众对 CCS 技术的接受度

资料来源：YANG, et al., 2016[30]

氢能

本章对氢能进行了初步的综合成本效益分析，主要涉及氢能的技术成熟度和就业等经济成本效益等方面，并指出了氢能巨大的市场潜力及发展需求。

氢能技术较为成熟且具有就业红利

根据国际氢能委员会（Hydrogen Council）发布的报告，未来氢能发展迅速，技术成熟后可带来可观的碳减排效益以及经济效益，直接推动就业。

国际氢能委员会预计[31]，2050年氢能将占全球总能耗的近18%，每年可减排60亿吨二氧化碳，全球氢能和氢能技术市场预计每年创收超过2.5万亿美元，带来超过3 000万人的直接就业。

国际氢能委员会给出的氢能发展路线图（见图7-28）显示，2015—2050年，氢能为全球能源需求提供的能源从8艾焦增加至78艾焦；至2050年，交通、工业、建筑和氢能发电等将成为氢能快速发展的主要行业。

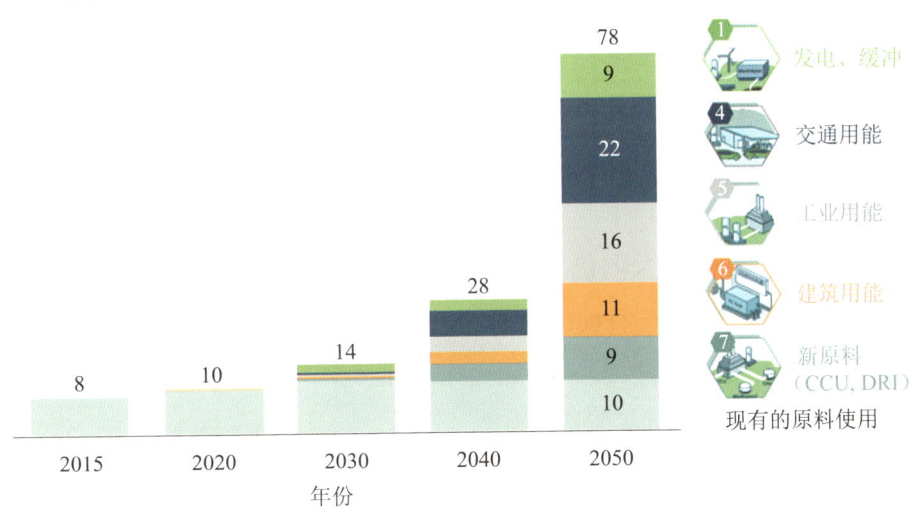

图7-28 氢能至2050年发展路线图

资料来源：国际氢能委员会，2017[31]

作为清洁能源，氢能具有显著的减排潜力（见图7-29）。国际氢能委员会预计，到2050年，氢能发展的五大行业领域将具有6.0吉吨的二氧化碳减排潜力，其中交通部门减排最为显著，约为3.2吉吨，而汽车占交通部门减排的一半以上。

单位：吉吨

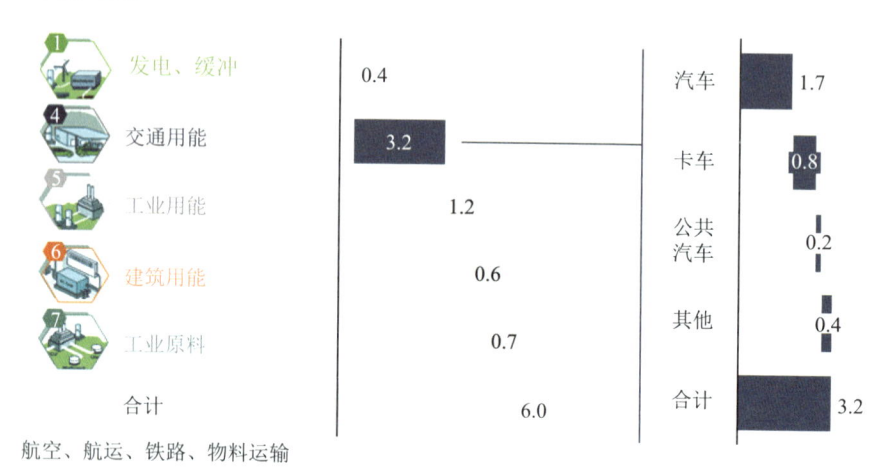

1 发电、缓冲	0.4		汽车	1.7
4 交通用能	3.2		卡车	0.8
5 工业用能	1.2		公共汽车	0.2
6 建筑用能	0.6		其他	0.4
7 工业原料	0.7		合计	3.2
合计	6.0			

航空、航运、铁路、物料运输

图 7-29　2050 年氢能的碳减排潜力

资料来源：国际氢能委员会，2017[31]

中国氢能市场潜力大但仍需降低成本

本章研究针对中国目前的氢能发展进行了专家咨询，相关领域专家表示，中国氢能市场潜力巨大，但目前清洁氢能发展落后于欧洲、美国和日本，亟待相关的政策支持和氢能技术突破。

在生产侧，中国每年的氢产能近 2 200 万吨，占全球的 34%，然而其中多为工业用氢，绿氢的制取和消纳仅占 4%。有学者提出使用发电过程中的弃风、弃光、弃水制取绿氢，目前中国"三弃"电量高达 1 007 亿千瓦时，若全部制取成氢，可达约 180 万吨，但这仅占全年氢需求的 8%，仍无法满足对氢的需求。在消费侧，目前氢能以工业原料消费为主；同时中国拥有全世界最大的汽车与新能源汽车市场，未来氢能在交通部门大规模应用的市场空间巨大[32]。

当前采用不同方式制氢的成本差异较大，煤制氢是中国最成熟、最便宜的制氢方式，可再生能源电解水制氢成本则依赖于发电效率及成本，有大幅下降的空间。随着用氢规模的扩大及技术进步，预计未来终端用氢价格将从现在的 35~50 元 / 千克下降至 25~40 元 / 千克，这将使燃料电池乘用车百公里用能成本略低于燃油车[33]。如何将我国制氢、储氢、加氢等环节的关键核心设备进行"国产化"，成为降低成本的关键[34]。表 7-1 给出了各种制氢技术的成本比较。

表 7-1　各种制氢技术的成本比较

制氢技术分类	制氢技术名称	氢气成本
中国化石燃料制氢及工业副产氢[①]	煤制氢	0.69~1.18 元 / 立方米（煤炭价格范围 400~800 元 / 吨）
	煤制氢 +CCS	0.98~1.43 元 / 立方米（煤炭价格范围 400~800 元 / 吨）
	天然气制氢	0.8~1.7 元 / 立方米（天然气价格范围 2~4 元 / 立方米）
	石脑油制氢	0.92 元 / 立方米
	重质油制氢	1.42 元 / 立方米
	炼干气制氢	1.10 元 / 立方米
	煤焦制氢	0.74 元 / 立方米
	焦炉气制氢	0.96~1.40 元 / 立方米
各国可再生能源发电、电解水制氢	中国"四弃"发电制氢[②]	1.1~2.2 元 / 立方米
	挪威水电制氢[③]	0.23 澳元 / 立方米（约 1.10 元 / 立方米）
	澳大利亚光伏发电和风电制氢[③]	0.22 澳元 / 立方米（约 1.05 元 / 立方米）
	美国光伏发电和风电制氢[③]	0.24 澳元 / 立方米（约 1.15 元 / 立方米）
	卡塔尔光伏发电制氢[③]	0.19 澳元 / 立方米（约 0.91 元 / 立方米）

①根据中国石化九江、茂名、南京、镇海等炼厂实际生产运行数据测算。
②根据中国 2017 年弃水、弃光、弃风、弃核发电成本估算。
③以 2025 年澳大利亚、挪威、美国、卡塔尔国的可再生能源发电成本计算。
资料来源：高慧等，2019[35]

因此，中国氢能发展虽然具有较大的市场潜力，但仍有待进一步的政策支持和技术突破。专家认为，目前中国氢能发展的关键在于5年内能否在有效需求大规模增长的情况下实现成本的快速降低。图7-30所示为中国目前氢能的来源及消耗情况。

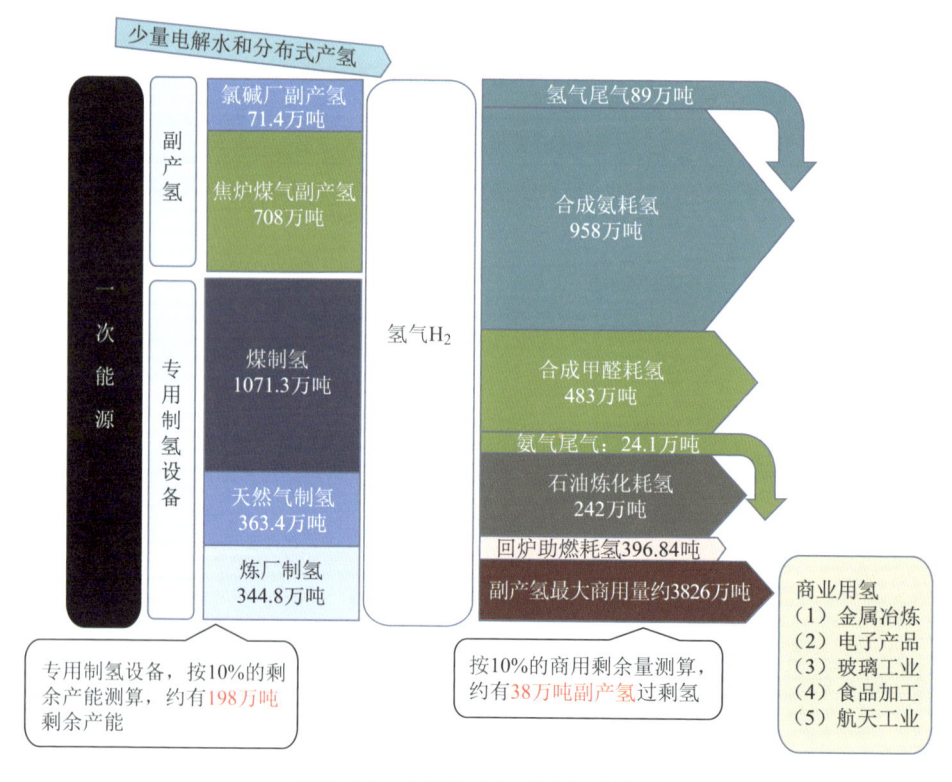

图 7-30　中国目前氢能来源及消耗

资料来源：李佳蓉等，2020[36]

根据《中国氢能源及燃料电池产业白皮书》[37]，2050年，氢能在中国能源体系中的占比约为10%，氢能需求量接近6 000万吨，年经济产值超过10万亿元，全国加氢站达到10 000座以上（见图7-31）。

	现状（2019年）	近期目标（2020—2025年）	中期目标（2026—2035年）	远期目标（2036—2050年）
氢能源比例（%）	2.7	4	5.9	10
产业产值（亿元）	3 000	10 000	50 000	120 000
装备制造规模 加氢站（座）	23	200	1 500	10 000
燃料电池车（万辆）	0.2	5	130	500
固定式电源/电站（座）	200	1 000	5 000	20 000
燃料电池系统（万套）	1	16	150	550

图 7-31　中国氢能发展现状及展望

资料来源：中国氢能联盟. 中国氢能源及燃料电池产业白皮书 [R]. 2019[37]

氢能的环保性依赖对制氢技术的选择

世界能源理事会把伴有大量二氧化碳排放制得的氢称为"灰氢"，把将二氧化碳通过捕集、埋存、利用而避免了大量排放制得的氢称为"蓝氢"，把通过来源于风能和太阳能等可再生能源电解水制取的氢称为"绿氢"。工业和信息化部原部长、中国工业经济联合会会长李毅中指出，中国的氢能产业发展应遵循"灰氢不可取，蓝氢可以用，废氢可回收，绿氢是方向"这一原则。

从生命周期分析角度来看，不同制氢方式造成的环境生态影响显著不同，各类制氢技术生命周期温室气体释放当量及能耗如图 7-32 和图 7-33 所示。整体而言，可再生能源利用的相关制氢技术节能环保性最佳，核能利用制氢次之，而传统能源制氢对环境的节能环保性最差。

制氢产业的发展需同时兼顾环保效益和经济效益。目前，传统能源制氢技术成熟、产氢量大、成本把控较好，在未来一段时间内仍是制备氢气的主要途径。新型制氢技术尚未取得产业化推广的原因不仅在于技术上需要完善，还在于其成本尚未能把控在符合生产效益的水准。在成本问题得以控制，技术取得突破后，新型制氢技术将随着可再生能源和核能的快速发展很快投入实际应用。

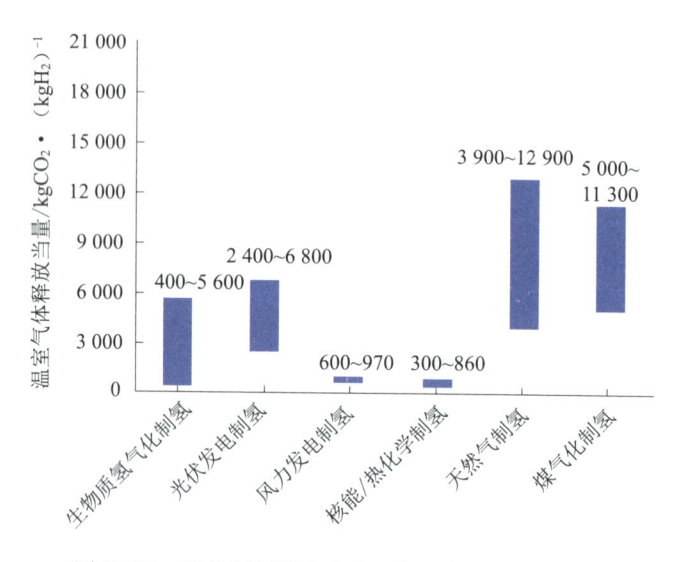

图 7-32　各类制氢技术生命周期温室气体释放当量

资料来源：谢欣烁等，2018[39]

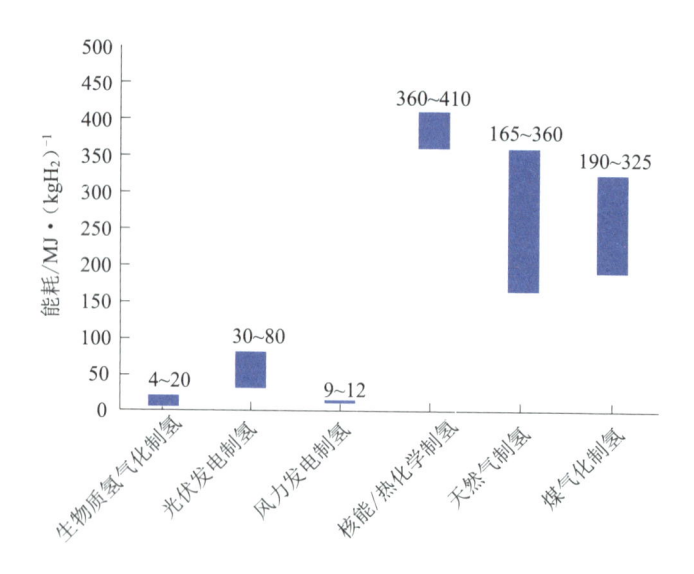

图 7-33　各类制氢技术生命周期能耗

资料来源：凌文等，2019[32]

氢能的社会影响具有一定的不确定性

国际能源署在报告《氢的未来》(*The Future of Hydrogen*)[38]中指出：氢能技术目前尚未达到成熟，其价值链具有高度复杂性，且需要大量的基础设施建设以配合氢能的储运。同时，氢能具有一定的安全风险，需要高昂的前期基础设施投入。民众将如何对氢能的这些特征做出反应还尚不明确。

有研究[40]对传统的蒸汽甲烷重整制氢技术和生物质气化制氢技术进行了生命周期可持续性评估，其中对技术的社会影响从童工、工资性别差异、健康支出三方面进行，评估结果如表 7-2 所示。

表 7-2 两种制氢技术的社会影响（单位：中位风险小时数 / 千克氢）

社会指标	蒸汽甲烷重整制氢	生物质气化制氢
童工	0.040	0
工资性别差异	0.309	0.594
健康支出	0.044	0.128

资料来源：VALENTE 等，2019[40]

该研究的评估结果表明，氢能的全生命周期社会影响可能是负面的，未来需要对技术进行改进，以增加技术的可持续性。总体而言，氢能技术的社会影响具有一定的不确定性。

核能

核能技术部分关注以核电为主的核能技术的综合成本效益，结合技术现状探明核电发展的趋势，并从国际关系动态、公众态度等方面研究核电技术的发展需求。

核电具有积极的减排作用和就业红利,中国核能增长潜力看好

目前诸多国内外文献、报告对核电技术进行了综合评估,强调了核电技术重要的减排作用和可观的就业红利,以及在实现温升控制目标背景下核能的积极发展趋势。

核能在减缓气候变化方面发挥着重大作用,核电是当前仅次于水电的第二大低碳电源[41]。据估计,自 1980 年以来,核电减少了 600 亿吨二氧化碳的排放。通过对核能技术的全生命周期评估,有研究[42]指出得益于铀浓缩方面的技术进步,近年来核能的碳足迹显著下降(见图 7-34)。

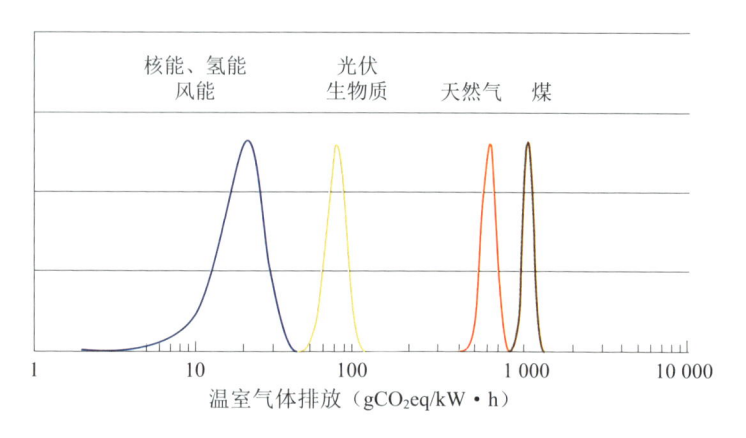

图 7-34 发电技术二氧化碳排放全生命周期评价
资料来源:VAN DER ZWAAN, 2013[42]

除了积极的减排作用,核电技术也会带来可观的就业红利。经合组织核能署(NEA)和国际原子能机构(IAEA)的联合报告[43]聚焦核电对就业的影响,通过综合考虑可知,在信息互联的时代背景下,核电与各部门的联系逐渐深化,进而扩大其对就业的积极拉动作用。

根据报告[44],如果用核能取代天然气或煤炭发电,会对当前电力行业二氧化碳减排有较大贡献,在全球范围内,核能占电力行业减排的平均值为 13%,但地区间存在较大差异(见图 7-35)。

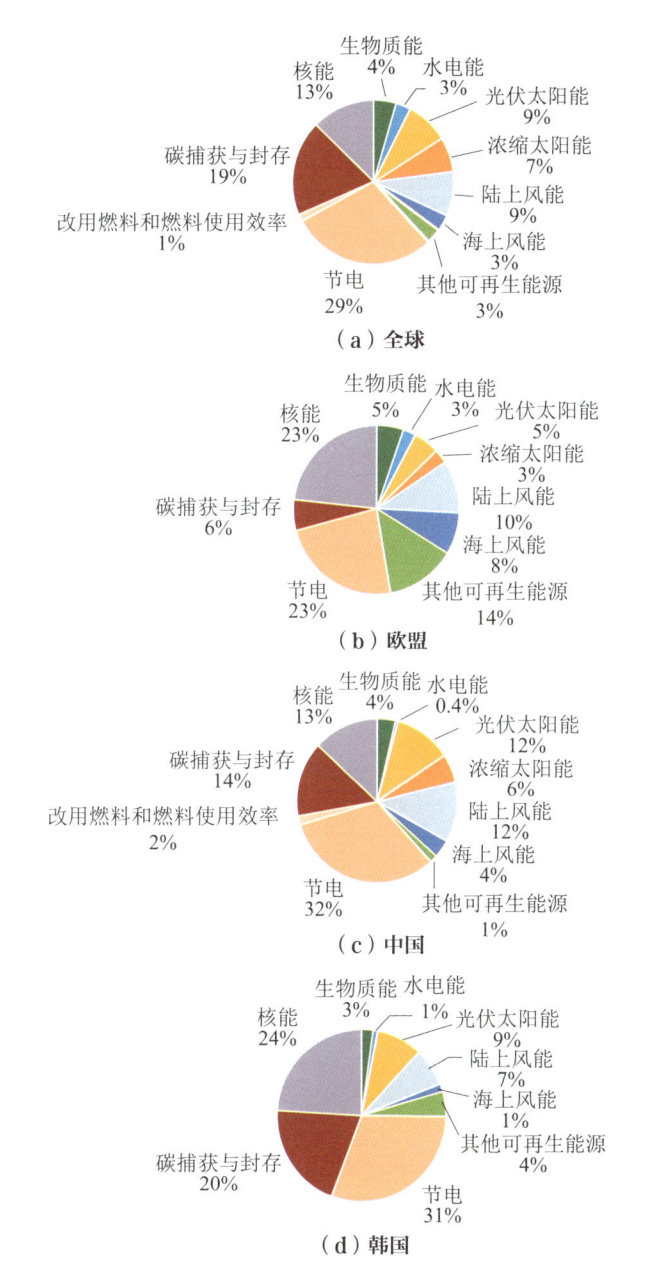

图 7-35 国际能源署的 2D 情景下电力行业各类能源减排情况

资料来源：国际原子能机构，2019[44]

在符合全球 1.5℃温升控制目标的大多数途径中，核电到 2050 年的份额都有所增加。根据 MESSAGE 模型，核能的大力发展可保障 1.5℃温升控制目标的实现，核电可以充分弥补可再生能源电力供应的随机性和波动性，并且可以满足 2020—2100 年全球 40% 的低碳电力需求[45]。

根据中国在应对气候变化行动中的积极作用和核能发展实力，中国未来核电增长潜力被普遍看好。现阶段核电作为清洁能源发电中的重要一员，在中国能源系统转型中地位不断提高。2018 年中国核电发电量为 2 865.11 亿千瓦时，约占全国累计发电量的 4.22%，比 2017 年上升了 15.78%，在非化石能源发电量中的占比达到 15.83%。目前，中国有 46 台在运核反应堆机组，还有 11 台正在建设过程中。

国家发展和改革委员会设定了中国到 2020 年实现 58 吉瓦在运行装机容量（净装机容量）和 30 吉瓦在建装机容量的目标[46]。同时，国家能源局设定到 2030 年使核电容量达到 120~150 吉瓦的目标，并计划到 2030 年在海外建造 30 座反应堆。

2015 年版核能技术路线图[1]显示（见图 7-36），中国将引领核电装机容量的增长势头，在 2℃情景下，中国的核电装机容量将在 2030 年超过美国，而到 2050 年可能将会是美国的两倍，达到 250 吉瓦核电装机容量；核电在中国总发电量中的占比将从现在的 4.2% 上升到 2035 年的 10% 左右。有研究[47]指出，要实现 1.5℃温升控制目标，中国核电的大规模发展是必不可少的，这就要求到 2050 年核电占中国电力结构的比重达到 28%。

中国核电技术具有较强竞争力，但需降低投资成本

根据国际原子能机构 2018 年年度报告，截至 2018 年年底，全球共有 450 座在运核动力堆，总发电量达到了创纪录的 396.4 吉瓦。根据国际原子能机构发布的 2019 年核技术评论，目前运行核电厂的 30 个成员国中，有 11 个正在积极建造更多的核电机组或扩大核电计划。图 7-37 所示为部分国

家 2018 年年底在建核电净装机容量与数量。

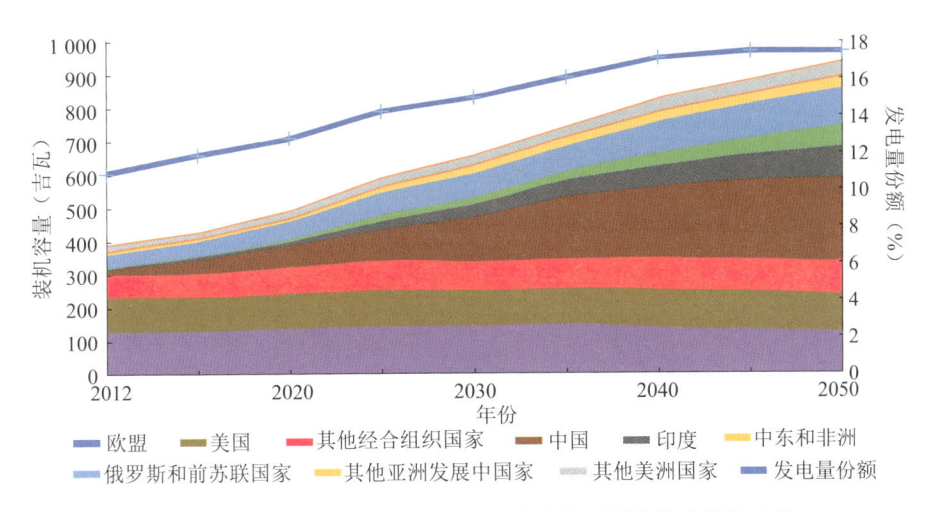

图 7-36　国际能源署的 2℃情景下全球各区域的核电装机容量

资料来源：国际能源署 & 国际原子能机构，2015[1]

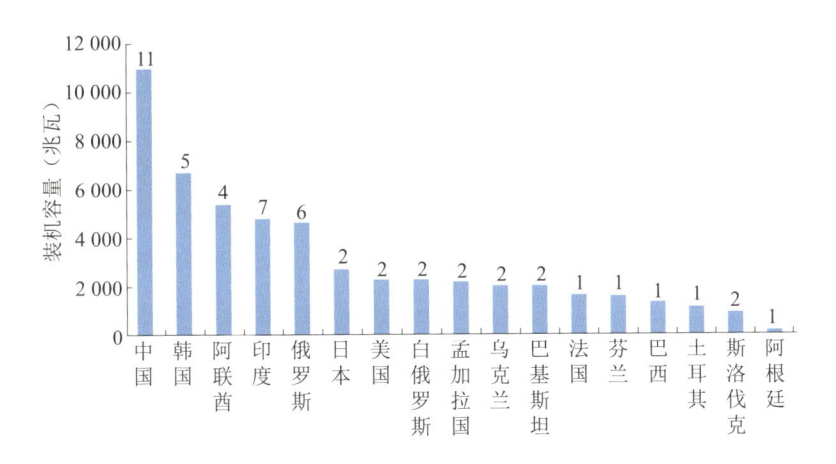

图 7-37　部分国家 2018 年年底在建核电净装机容量与数量情况

资料来源：国际原子能机构，2019[44]

目前第三代核电技术已经成为全球核电产业发展的技术主流。从 20 世纪

90 年代起,世界主要核电国家或地区发展了第三代核电技术。经过 30 余年的努力,中国也已迈入核电大国行列,特别是自 2018 年以来,中国第三代核电建设取得了突破性进展。此外,中国也积极推进小型反应堆的研发和应用,第四代核能系统的研发与落地正在加紧布局,聚变堆技术创新取得一定成果。

经济性是国际市场竞争的决定性因素之一。为了满足更高的安全标准和更长设计寿命的要求,第三代核电采用了更高性能的设备、材料和更高安全水平的系统设计,这意味着第三代核电较第二代机组建造成本明显增加。此外,设计层面的国产化偏低和管理经验不足也是当前第三代核电造价成本高昂的原因之一。这意味着与第二代核电造价相比,第三代核电成本仍有较大下降空间,预期规模化建设的第三代核电项目上网电价将降至 0.40 元 / 千瓦时左右。

公众接受度是影响核能全球战略发展的关键因素之一

随着新建核电站数量的快速增加,地域政治和公众安全开始对核能产业发展提出挑战。在 1979 年三里岛核事故、1986 年苏联切尔诺贝利核电站重大事故,以及 2011 年日本福岛核事故之后,公众对核设施产生强烈的抵触心理,反核抗议活动一度导致许多国家的后续核能项目陷入困境。因此,核能的公众接受度问题成了核能全球战略发展的关键因素之一[48]。

在福岛核电站事故之后,中国立即通过多方面的努力,加强核安全文化宣传和公众沟通工作,以增强公众对核能的接受度。但是由于公众对核能安全、核废料安全及其对环境和人体健康影响的关注,社会对核能的接受度仍然是复杂和不明确的;同时,在核设施选址过程中出现了显著的邻避效应。

几项关于中国公众核能接受度的调查结果显示(见表 7-3),大部分公众对发展核能仍存在疑虑,在福岛核电站事故之后,公众对核电产业更为敏感;对本地发展核电持支持态度的被调查者不足半数,相较于全国的核电发展政策,公众对附近的核电发展反对程度更加剧烈。

表 7-3 中国公众核能接受度的典型调查结果

调查时间	调查对象	样本数量	公众对核能发展的态度
2004 年	田湾核电站周边公众	17 797	对国家发展核电，51.7% 支持；对本地发展核电，40.6% 支持
2009 年 11 月—2010 年 12 月	红沿河、阳江、秦山、田湾核电站周边公众	6 623	对国家发展核电，12.8% 支持，9.74% 应当减少，20.2% 不变，27.3% 不知道；对本地发展核电，35.7% 不支持，32.0% 支持
2012 年 12 月—2013 年 4 月	三门核电站周边公众（宁波区域）	1 520	对本地发展核电，20.13% 支持，26.91% 反对，52.96% 中立
2013 年 1 月—2013 年 4 月	三门核电站周边公众（宁海区域）	1 470	对国家发展核电，43.95% 支持；对本地发展核电，17.82% 支持
2013 年 10 月—2014 年 6 月	福清核电站周边公众	1 095	对本地发展核电，16.9% 支持，37.3% 中立，15.8% 反对

资料来源：任晓娜等，2018[49]

关于公众对核能的风险认知和接受态度，英国社会心理学家提出了"不情愿地接受（Reluctant Acceptance）"这一概念：当人们考虑到风险问题的时候，由于选择有限，他们会不情愿地接受核能[50]。有研究表明，制度与环境因素，以及公众个体因素、对核能知识的掌握、社会心理因素等均会对公众接受度产生影响[51]（见表 7-4）。

表 7-4 核能公众接受性研究的知识与实践

		研究结论	现有研究不足	实践问题
制度环境因素	信息公开制度	促使公众接纳核能，有助于核能安全运营	缺乏探究信息公开效果的定量实证研究，政策效果不明；未涉及信息公开发生作用的中介机制及信息接收方的特征	单向沟通；事后公开
	公众参与制度	有助于提升公众支持	缺乏对公众参与制度政策效果的评估研究	只在政策过程的末期开放；缺乏对民众的回应性
	核损害责任制度	现行核损害责任制度存在重大缺陷，不利于中国核电稳定发展	需要更多地从立法和法律视角出发，关注公民权利的学术研究	中国尚未建立完整的核能法律体系与核损害责任制度
	媒体环境	受到政治因素影响，体现政府政策导向	主要集中于西方国家，对中国等发展中国家的研究很少；缺乏舆论环境对公众意见影响的实证研究	在公众对核能的政策审议中并未起到实质性的作用，政府对媒体报道的过度管制易引发民众质疑

(续表)

		研究结论	现有研究不足	实践问题
公众个体因素	人口学因素	对于公众核能接受性的影响在不同的国家和具体情境下呈现出差异化的特征	需深入理解其背后的社会文化因素,需进一步探究人口学特征与社会心理、制度环境等因素的相互作用	有关政策未能考虑到不同特征民众的具体特点
	核能知识	对于公众核能接受性的影响受到社会价值观、个人经验意识形态等因素的调节	缺乏统一的测量标准	未能考虑科学知识作用的局限性和民众非理性的一面
	社会心理因素	直接影响公众核能接受性;各因素之间相互关联,共同对公众核能接受性产生影响	缺乏对社会心理因素形成机制的研究,需进一步探究社会心理特征与人口特征、制度环境等因素的中介、调节作用	政策制定缺乏对民众心理的把握与考量
核安全事故因素		导致公众对核能的接受性降低,其影响受到距离事故发生地远近的调节	缺乏对核事故长期影响的探究,未能揭示核事故导致公众接受性降低的机制	核事故应急管理缺乏对公众的关注、教育与引导

资料来源:韩自强等,2015[51]

结论与建议

各项关键技术的横向对比及优先序排列

尽管各项技术的各方面效应评价可能有争议,但总体上我们可以进行如表 7-5 所示的分析。

表 7-5 各项关键技术的综合成本效益横向对比

	技术成熟度	就业影响	局地环境效应	生态效应	人群健康	公众接受度
需求侧管理	±	+	++	++	++	++
提高能源效率	++	+	++	++	++	++

(续表)

	技术成熟度	就业影响	局地环境效应	生态效应	人群健康	公众接受度
风能、光伏等可再生能源	++	++	++	−	++	++
生物质能	+	+	±		±	++
氢能	−	+	+	±	+	+
核能	+	+	+		+	−
CCS	−	+	−	±	−	
示例	++：成熟 +：较为成熟 −：尚未完全成熟	++：显著增加就业 +：增加就业	++：显著利于局地环境改善 +：利于局地环境改善 ±：对局地环境影响不确定 −：对局地环境造成潜在破坏	±：对生态影响不确定 −：对生态造成潜在风险	++：显著有益于人群健康 +：有益于人群健康 ±：对健康影响不确定 −：对人群健康有潜在不利影响	++：公众接受程度高 −：公众接受程度目前较低

需求侧管理的成熟度具有一定的争议，有研究表明这个技术已经相对成熟，因为在日常生活中较为常见，但从气候变化的角度来看仍有较大提升空间。需求侧管理对环境、生态和人群健康有正面效益，提高能源效率从技术上来看是较为成熟的。总体而言，需要侧管理和能效提升在可持续发展方面具有普遍的积极效益，是未来低碳发展中重要的、需要着力推进的优先领域，但二者的潜力和规模具有不确定性，既取决于未来的技术发展和突破，也取决于政策部署情况。

如前所述，风能和光伏等可再生能源，具有正面的就业和环境健康效益，技术成熟度和公众接受度也相对较高，因此可再生能源可以作为中长期减排技术的优先领域，但其高比例的应用也会对生态友好的空间布局带来一些影响，例如将相关设施建设在高风险发展区可能会给当地带来生态破坏，因此需要考虑怎样避免这样的生态风险。

生物质能总体上量相对较小，技术相对较为成熟，但由于生物质资源在中国分布不均，各个地区发展生物质能的成本和效益具有异质性。同时，由于生物质能的种类和应用方法较多，因此对环境和人群健康的影响不能确定，如沼气发电可能减少煤电的环境污染，但在室内焚烧生物质燃料可能会导致室内空气污染，进而影响人体健康。就生态影响而言，仅依赖边际土地和雨水灌溉，不考虑水和土地影响的能源作物种植无法满足中国生物质能减排的需求，生物质能源的快速发展将会利用更多的土地资源和水资源，如果突破边际土地并进行大量人工灌溉，有对生态系统造成负面影响的风险。因此，从近期和远期发展来看，可以将生物质能发展与其他领域相结合，如交通、电气化等，尽量集中使用生物质能而不是分散使用，避免对健康造成影响。

关于氢能与核能技术，本章研究主要采用专家咨询的形式。根据专家判断，氢能的环境效益具有较强的技术路径依赖特征，清洁的"绿氢"应成为产业发展和技术攻关的主要方向。目前中国的氢能技术还有待进一步提高，亟待政策支持和技术突破；核能则主要是其生态风险和公众接受度较低。

以 CCS 技术为代表的负排放技术目前还不成熟，如果电力系统没有实现低碳或零碳的转型，而是高比例地依赖于煤炭，那么 CCS 这类负排放技术往往会带来负面的环境影响。此外，这类技术还有在生态和商业上的风险、公众可接触度上的障碍。

基于上述分析，图 7-38 给出了中长期减排技术的减排成本在考虑生态和健康影响后的变化，从中可以看出，提高能效能够带来各方面的收益，风电、光伏等可再生能源的发展由于具有较好的局地环境和人群健康效益，总体上来看也具有一定的综合效益；生物质能、氢能和 CCS 则分别由于潜在的生态风险或环境影响，减排成本较高。然而，上述判断仅是当前的一个定性判断,随着电力行业的低碳化或零碳化,成本效益还会发生进一步变化。

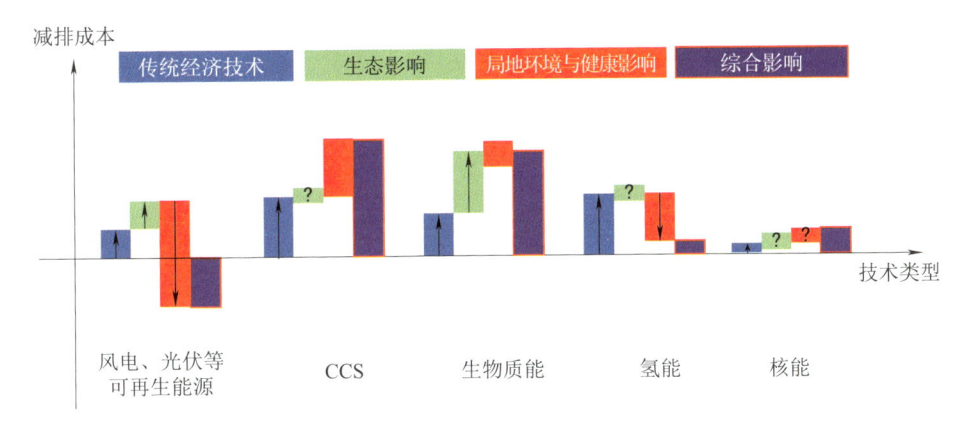

图 7-38 中长期减排技术的减排成本在考虑生态和健康影响后发生的变化

2050 年战略性低碳技术发展的情景设想

2050 年战略性低碳技术发展将促进各行业变革,同时为实现深度减排提供技术支撑(见图 7-39)。由于创新技术与能源系统的相互作用紧密,技术锁定、制度框架以及技术系统与能源系统同步发展等均具有路径依赖性,因此,能源系统的低碳技术发展也将与整个行业的创新变革相辅相成。电源系统的低碳技术与能源系统的能源互联网、能源大数据以及能源与人工智能相关联,进一步与信息技术、新材料以及高端装备等产业的发展相互促进。

就具体行业部门来看,战略性低碳技术将在交通、建筑以及工业数字化等领域发挥重要作用。麦肯锡公司对交通行业发展趋势与驱动力进行了分析(见图 7-40),认为未来汽车领域将出现"四化",其中低碳减排的监管要求能够促进电气化发展,消费者的环境意识、减少城市拥堵的需求则加快了共享汽车的进一步发展。

电源系统 → 能源系统 → 技术系统

风能、光伏等可再生能源

氢能

核能

生物质能

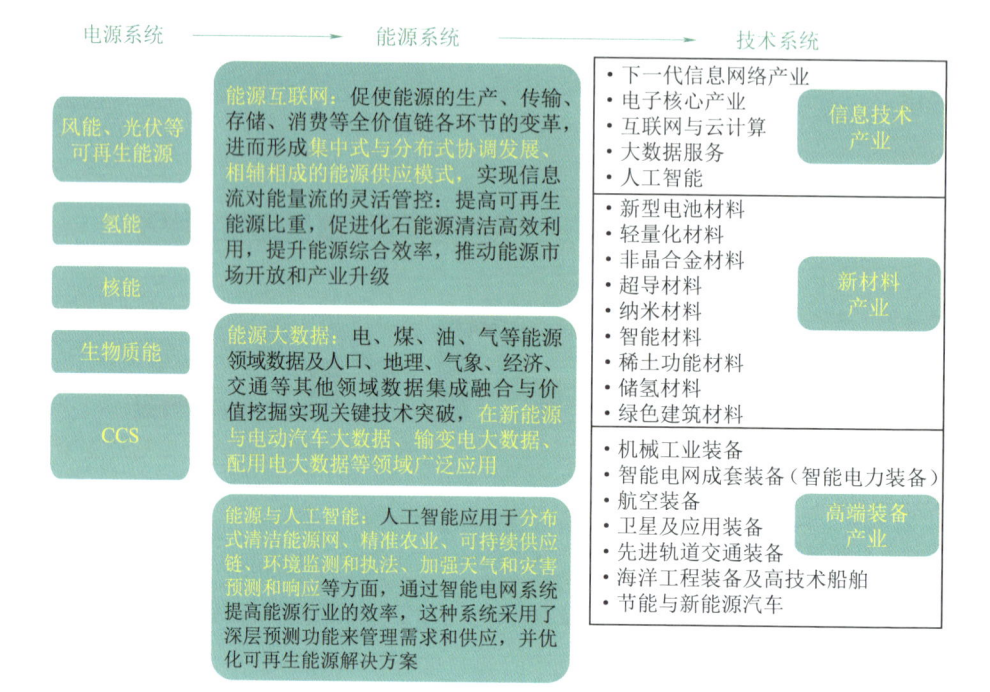

CCS

能源互联网：促使能源的生产、传输、存储、消费等全价值链各环节的变革，进而形成集中式与分布式协调发展、相辅相成的能源供应模式，实现信息流对能量流的灵活管控；提高可再生能源比重，促进化石能源清洁高效利用，提升能源综合效率，推动能源市场开放和产业升级

能源大数据：电、煤、油、气等能源领域数据及人口、地理、气象、经济、交通等其他领域数据集成融合与价值挖掘实现关键技术突破，在新能源与电动汽车大数据、输变电大数据、配用电大数据等领域广泛应用

能源与人工智能：人工智能应用于分布式清洁能源网、精准农业、可持续供应链、环境监测和执法、加强天气和灾害预测和响应等方面，通过智能电网系统提高能源行业的效率，这种系统采用了深层预测功能来管理需求和供应，并优化可再生能源解决方案

- 下一代信息网络产业
- 电子核心产业
- 互联网与云计算
- 大数据服务
- 人工智能

信息技术产业

- 新型电池材料
- 轻量化材料
- 非晶合金材料
- 超导材料
- 纳米材料
- 智能材料
- 稀土功能材料
- 储氢材料
- 绿色建筑材料

新材料产业

- 机械工业装备
- 智能电网成套装备（智能电力装备）
- 航空装备
- 卫星及应用装备
- 先进轨道交通装备
- 海洋工程装备及高技术船舶
- 节能与新能源汽车

高端装备产业

图 7-39 战略性低碳技术发展促进各行业变革

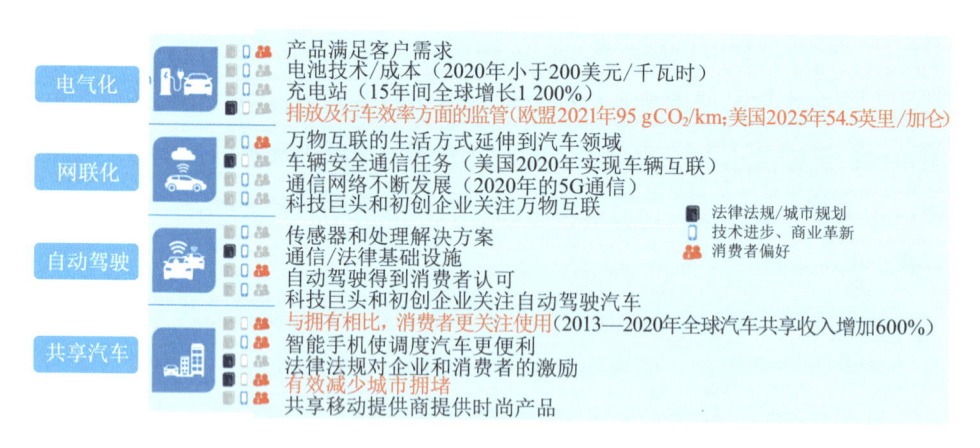

电气化
- 产品满足客户需求
- 电池技术/成本（2020年小于200美元/千瓦时）
- 充电站（15年间全球增长1 200%）
- 排放及行车效率方面的监管(欧盟2021年95 gCO₂/km；美国2025年54.5英里/加仑)

网联化
- 万物互联的生活方式延伸到汽车领域
- 车辆安全通信任务（美国2020年实现车辆互联）
- 通信网络不断发展（2020年的5G通信）
- 科技巨头和初创企业关注万物互联

自动驾驶
- 传感器和处理解决方案
- 通信/法律基础设施
- 自动驾驶得到消费者认可
- 科技巨头和初创企业关注自动驾驶汽车

共享汽车
- 与拥有相比，消费者更关注使用(2013—2020年全球汽车共享收入增加600%)
- 智能手机使调度汽车更便利
- 法律法规对企业和消费者的激励
- 有效减少城市拥堵
- 共享移动提供商提供时尚产品

■ 法律法规/城市规划
□ 技术进步、商业革新
👥 消费者偏好

图 7-40 交通行业发展趋势与驱动力分析

资料来源：GAO P, et al., 2016[15]

读懂碳中和

216

低碳技术促进了电气化的发展，带来了用能行为的变化，有利于整个社会建设自我实现的经济体系。国际可再生能源机构指出，建筑部门将成为终端用能电气化程度最高的部门，烹饪电气化带来了室内空气污染的减少[52]。在工业领域，各工业部门用能逐渐减少。

BP 集团在 2018 年的技术展望中，将数字化对能源行业的影响概括为"四个视域"，如图 7-41 所示。[53]

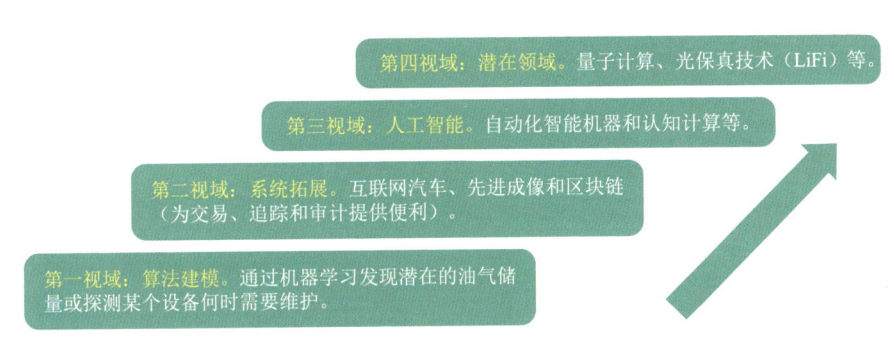

第四视域：潜在领域。量子计算、光保真技术（LiFi）等。

第三视域：人工智能。自动化智能机器和认知计算等。

第二视域：系统拓展。互联网汽车、先进成像和区块链（为交易、追踪和审计提供便利）。

第一视域：算法建模。通过机器学习发现潜在的油气储量或探测某个设备何时需要维护。

图 7-41　BP 集团概括数字化对能源行业影响的"四个视域"

资料来源：BP，2018[53]

BP 集团认为，第一视域已经与能源行业广泛交叉；第二视域上的技术已经部署于相邻行业；第三视域包含了正在形成中的创新技术；第四视域上的技术处于早期阶段，人们才刚刚意识到它们的潜力。也就是说，能源行业正在从当前的第一、第二视域，发展至 2050 年及之后的第三、第四视域。

主要结论

综合本章对风能、光伏等可再生能源、生物质能、CCS 和氢能等技术的综合成本效益分析，可以得出以下结论：

第一，传统的仅考虑技术成本和减排潜力的成本效益分析难以支撑中长期减排技术战略和部署方案的制定。综合考虑技术的就业、环境、生态、健康影响及公众可接受度等因素，可以改进技术的潜力、成本有效性和空间布局等评估的系统性和可操作性，有利于促进碳减排目标与可持续发展目标实现过程中的协同增效。

第二，需求侧管理和提高能效技术在可持续发展方面普遍具有积极影响，是未来低碳发展战略中需要着力促进的优先领域，但其潜力和规模具有不确定性，取决于未来技术的发展和突破。

第三，风电、光伏发电等可再生能源技术可作为中国中长期减排技术的优先选项，但其高比例发展需要考虑生态友好的空间布局，避免潜在的生态风险。

第四，仅依赖边际土地和雨水灌溉种植能源作物无法满足中国的深度减排需求。近期能源作物发展主要服务于交通行业，但因其可能带来占用土地资源、增加水资源压力等风险，可作为促进交通行业低碳甚至零碳化的过渡技术，最终还是要靠交通行业的电气化；远期能源作物发展应主要服务于电力行业的电力和热力供应，末端应加上 CCS 技术。燃煤机组生物质掺烧改造的成本效益具有显著的异质性，应制定有针对性的生物质发展策略。

第五，氢能技术预计能够提供 2050 年大比例的终端能源需求，同时氢能的环境效益具有较强的技术路径依赖特征，其减排潜力取决于制氢技术的选择，清洁的"绿氢"应成为产业发展和技术攻关的主要方向。从长期来看，中国氢能市场潜力巨大，氢能发展的关键在于能否在有效需求大规模增长的情况下实现技术突破和成本的快速降低。

第六，负排放技术（如 CCS 技术）目前还未成熟，且如果电力系统没有实现低碳或零碳，负排放技术的发展往往会带来负面环境影响，加上其生态和商业风险、公众接受度等阻碍，因而应作为实现中长期减排的储备技术，加大研究力度。

第七，核能在保障清洁、安全、可靠的电力供应方面起到了重要作用，同时具有积极的就业红利，是实现温升控制目标的电力系统深度脱碳的重要组成。中国核电具有较大发展潜力，但面对供应链建设、经济性、核安全、政治因素等多方面的挑战，中国的核电发展仍需有力的政策支持。

发展路线建议

第一，强化对减排技术成本－效益的多维度、系统性研究，识别不同技术在未来多种情景、不同约束下的空间分异规律。

第二，加速构建市场导向的绿色技术创新体系，重视发挥各类市场对减排技术发展的推动作用。

第三，系统、持续地建设需求端管理和能效提升技术的创新体系，通过政策设计、科技研发、教育、宣传等综合性手段，推动公众意识提升、新产品／新技术使用、消费模式创新与需求结构优化。

第四，保障绿色技术产业供应链的战略安全，加快突破"卡脖子"技术。

第五，探讨通过强化知识产权保护、优化知识产权利益平衡机制来促进技术发展与技术扩散的方案。

第六，构建针对战略性技术研发的多元投融资保障机制和针对储备性技术的风险分担机制。

第七，通过"一带一路"、南南合作等框架，推动世界各国的减排技术合作，打造技术创新"命运共同体"。

第八章

工业部门：
转型升级和低碳发展战略

工业部门是中国二氧化碳排放的主要部门，也是二氧化碳减排潜力的重要贡献者。实现低碳发展对工业部门破解资源环境约束、塑造核心竞争力具有重要意义，也将为全社会低碳转型提供基础保障和坚实支撑。

本章对2050年中国工业部门能源需求和碳排放进行情景分析，设定了政策情景、强化政策情景、2℃情景和1.5℃情景4个情景，结合情景分析结果提出了以产业现代化为支撑提升能源生产力、以需求减量为支撑控制高耗能产品生产规模、以生产和组织方式变革为支撑实现能效倍增、以低碳能源替代为支撑推动能源结构升级等四大途径。结果显示，以政策情景为基准，到2050年2℃情景下的二氧化碳减排潜力为18.1亿吨（仅计入与能源消费相关的二氧化碳排放），其中四大途径及CCUS技术对减排潜力的贡献度分别为22%、18%、19%、21%和20%；钢铁、石化化工、建材及有色金属四大高耗能行业对减排潜力的贡献度分别为36%、34%、17%和1%。

在上述工作基础上，本章还提出了工业部门转型升级与低碳发展"三步走"战略，其中，2020—2025年的战略主题为"控产能、提质量、抓能效、促环保"，2025—2035年的战略主题为"优势重构、系统优化、产城融合"，2035—2050年的战略主题为"智能化、数字化、网络化、低碳化"，并给出了不同时间段和关键时间节点上的里程碑指标。

重大战略意义

工业部门的低碳转型已刻不容缓

1. 工业部门高消耗发展模式给资源、能源供应造成了巨大压力

改革开放以来，中国工业发展取得的成绩举世瞩目，但水平式扩张特点明显。2000—2018年，工业部门增加值增长了4倍以上，而工业部门能源消费总量增长了3倍，钢铁、水泥等高耗能原材料产品产量也增长了3~6倍。中国已成为全球最大的铁矿石、原油、铝土矿甚至煤炭等大宗产品进口国和消耗国，随之而来的"中国威胁论"不绝于耳。工业发展已背负过重的资源和能源"包袱"，可持续发展面临重大挑战[1]。

2. 中国生态环境质量持续恶化，需从工业入手破解环境约束

工业部门排放了全国70%~90%的二氧化硫、氮氧化物和粉尘，排放的污水、废弃物中含有大量含汞、铅、砷等高危害、致病致畸环境污染物，这些都在进一步破坏中国本已非常脆弱的水体和土壤生态系统。工业部门既是造成资源环境问题的"罪魁祸首"，同时也是解决资源环境问题的先决因素。未来工业部门应承担起破解资源环境约束问题的主要责任，率先走上绿色低碳转型的道路[2]。

3. 传统产业市场需求触顶，需加快推进经济新旧动能转换

中国工业产品产能过大，产能过剩已成为可持续发展面临的重大挑战。2017年，工业产能平均利用率仅为75%左右，粗钢、水泥、焦炭、风机设备、造船的产能利用率均低于70%，光伏与电解铝不足60%。城镇化企稳、消费升级等因素将导致全社会对传统工业产品的需求进一步下降，未来将加剧产能过剩问题。由此可见，过去一段时期以传统产业为主导的发展模式所创造的经济增长动能正在逐渐减弱，亟待开辟新动能。与工业低碳发展相关的新技术、新业态和新模式正是新动能的重要组成部分，促进工业部门深度减碳有利于形成新的经济增长点并提升发展质量。

低碳发展与重塑工业竞争力相得益彰

1. 全球绿色转型已成共识，需树立工业低碳发展新样板

随着消费者环保意识的增强和对产品品质要求的提升，能效、水效、污染物和碳排放水平已成为产业、企业和产品的核心竞争力之一，绿色低碳产业和技术顺理成章地成为新一轮国际科技竞争的制高点，进而也成为工业转型发展的目标。作为全球最大的工业化国家，中国应扮演先行者的角色，加速推进转型升级与低碳发展，实现高速度和高水平的兼得。中国的成功经验将成为其他发展中国家的参考，这也是提升中国"软实力"、构建人类命运共同体的重要途径。

2. 推动工业部门低碳发展具有多重协同效益

推动工业部门低碳发展和深度脱碳，除了二氧化碳排放本身得以控制，还具有更加深远的多重价值和协同效益。首先，将为工业实现由大到强、由高速增长向高质量发展的战略转变提供强大驱动力。其次，将有助于建立全球领先的绿色、高效工业组织和生产体系。再次，将为其他部门和全社会提供高质量、环境友好型的原材料和产品。最后，工业部门能源消费和二氧化碳排放要率先达到峰值，将为全社会绿色发展留出空间、赢得时间。

3. 新一代信息技术变革为工业转型升级与低碳发展"赋能"

新一轮产业变革给工业转型升级和低碳发展带来了重大战略机遇。智能化、精细化的工业生产方式可以极大地节省能源及原材料的消耗，提高能源资源的利用效率。不仅如此，新一轮产业革命最重要的功能是实现个性化、分众化产品的大规模生产，"私人定制"产品取代流水线大众产品，意味着终端产品市场竞争力和附加价值将得到本质性的提升，能源资源利用的广义经济效率也随之大幅提高。

工业低碳转型需全方位创新和系统性变革

工业部门低碳发展涉及理念转变、模式转型和路径创新，是一个战略性、全局性、系统性的变革过程，必须坚持在发展中实现低碳，以低碳促发展。其总体思路是：第一，坚持把技术可支撑、经济可持续作为工业低碳发展的出发点；第二，坚持把提高质量、提升效益、重塑竞争力作为工业低碳发展的落脚点；第三，坚持把理念转变、科技引领、体制创新作为工业低碳发展的强大动力；第四，坚持把需求减量、智能制造、系统集成、循环链接、能源替代等作为工业低碳发展的核心内容；第五，坚持把循序渐进、目标倒逼、破旧立新作为工业低碳发展的实施策略。

研究框架及方法

工业部门碳排放的影响因素和减排途径识别

Kaya 恒等式是目前分析碳排放驱动因素的主流分析方法，在解释全球历史排放变化原因方面具有重要的作用。基于 Kaya 恒等式分析原理，本章将工业部门碳排放进行了恒等变换和驱动因素分解，如公式（8.1）所示：

$$GHG = VA \times \frac{P}{VA} \times \frac{M}{P} \times \frac{E}{M} \times \frac{GHG}{E} \qquad (8.1)$$

经恒等变换后，工业部门碳排放驱动因素由五部分构成：

（1）"VA"（Value-added），该因素为正向影响因素，即到 2050 年实现"中国梦"、建设社会主义现代化强国时，工业部门的经济产出还将出现倍数级增长，随着经济产出的增加，在不考虑其他变量的前提下，工业部门碳排放量也会随之增加。

（2）"P/VA"（Product/Value-added），该因素的含义为工业的"去物质化"（dematerialization），推动产业结构、产品结构方面的深度调整。

（3）"M/P"（Manufacture/Product），该因素的含义为生产的减量化，即在满足全社会物质消耗需求的前提下，通过合理手段减少国内生产规模。

（4）"E/M"（Energy/Manufacture），该因素的含义为用能的集约化，即用更少的能源来支撑工业实际生产，提升能源利用效率。

（5）"GHG/E"（GHG/Energy），该因素的含义为能源的低碳化，即尽可能使用低碳能源或应用碳减排措施，降低能源消费带来的碳排放量。

恒等变换公式的后四部分构成了工业部门低碳转型的四大途径（如图8-1所示）。

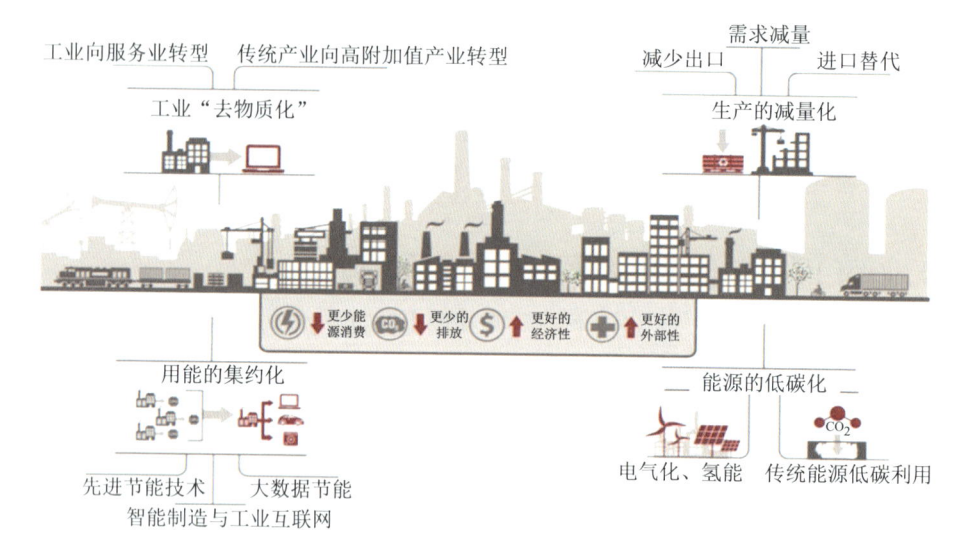

图8-1　工业部门转型升级和低碳发展的四大途径

工业部门低碳发展情景设定

根据低碳发展情景设计的基本原则和方法，以及测算不同途径减碳潜力和制定低碳发展路线图的需要，本章基于不同目标约束、不同模式选择、不同政策力度等假设条件，设置了4种情景来对工业部门能源需求和碳排放进行分析。

政策情景：该情景为基准情景，基于中国政府于2015年提出的到2030年二氧化碳排放达到峰值并争取尽早达峰、单位国内生产总值二氧化碳排放比2005年下降60%~65%、非化石能源占一次能源消费比重达到20%左右等一系列应对气候变化的自主行动目标，以满足上述目标对工业部门二氧化碳减排和低碳发展提出的要求为参照进行情景设定。这一情景结果是中国应对气候变化、控排二氧化碳的最低要求。

强化政策情景：该情景在政策情景的基础上，综合考虑了经济社会的可持续发展、能源安全、国内环境和低碳之路的要求，是在改变经济发展模式、改变消费方式、强化技术进步、推动能源结构调整、控制温室气体排放等方面做出重大努力的能源需求与碳排放情景。该情景在设想经济发展方式、能源结构优化、节能减排技术乃至生活方式引导方面均有重大改观，经济社会发展与能源、环境之间达到较和谐的状态，属于主要依靠国内自身努力，以经济上合理、技术上可行、全社会可接受的方式尽可能多地减少能源需求和二氧化碳排放，为中国应对气候变化做出更加积极贡献的情景。

2℃情景：该情景在强化政策情景主要强调国内自主努力的基础上，考虑了全球一致减缓气候变化的共同愿景，瞄准到21世纪末全球实现2℃温升控制目标[3]，根据多种公平分配方案下中国未来二氧化碳累计排放空间对工业部门二氧化碳减排量提出的更高要求来设定相应情景参数，其基本原则是工业部门要充分支撑和保障我国能够实现较为主流的碳排放配额分配方案下的二氧化碳减排目标。该情景下的结果顺应当前全球应对气候变化的共识和潮流，与经济社会可持续发展的协同度也比较高，是我们应该积极追求的目标，较为适宜作为中国中长期低碳发展的政策目标，是本章研究分析的重点。

1.5℃情景：该情景在2℃情景的基础上进一步强化目标约束，确保到21世纪末地球温升控制在1.5℃以内，人类命运共同体理念被世界各国广泛接受，到2050年全球温室气体接近零排放，碳排放成为全社会各部门、各领域发展的最重要外部约束。该情景的减排潜力主要来自零碳氢能、CCS/CCUS等重大前沿性技术的大规模应用，高碳能源将被可再生能源、氢能等无碳能源基本替代，大部分行业将实现近零排放。该情景下的结果是我们努力追求的理想目标，但受限于各种客观、现实条件，目前来看实现这一目标的难度非常大，在本章中仅做简单讨论。

LEAP模型建构

基于对四种情景的设定，本章搭建了工业部门中长期能源需求预测LEAP模型，基本构架如图8-2所示。"工业"之下分为"制造业""采

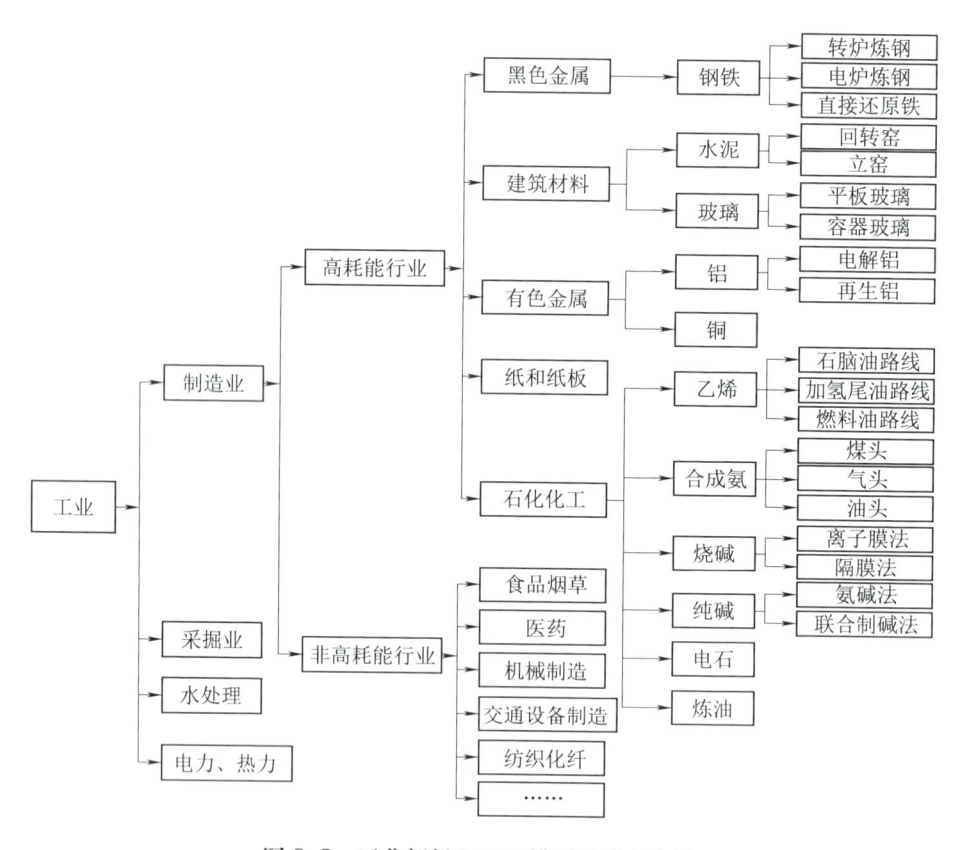

图 8-2 工业部门LEAP模型的基本构架

掘业""水处理""电力、热力"四个子部门。"制造业"之下按照能源消费强度划分为"高耗能行业"和"非高耗能行业",前者主要包括黑色金属(钢铁)、建材、有色、化工等能源密集型产业,后者包括食品、医药、机械、交通设备制造等产业。在"高耗能行业"之下,按照该行业所生产的高耗能产品进行进一步延伸,对于每一种高耗能产品,按照生产工艺和原料路线对其进行进一步拆分。综上所述,工业部门 LEAP 模型实现了从产业到产品再到工艺路线的延伸。

LEAP 模型界面如图 8-3 所示。左边部分为行业和部门分类。右上区域为参数设定区,活动水平、能源强度、成本等数据均在此区域输入。右下区域为结果的图形展示区,可将选定的参数数据以图形方式表达。

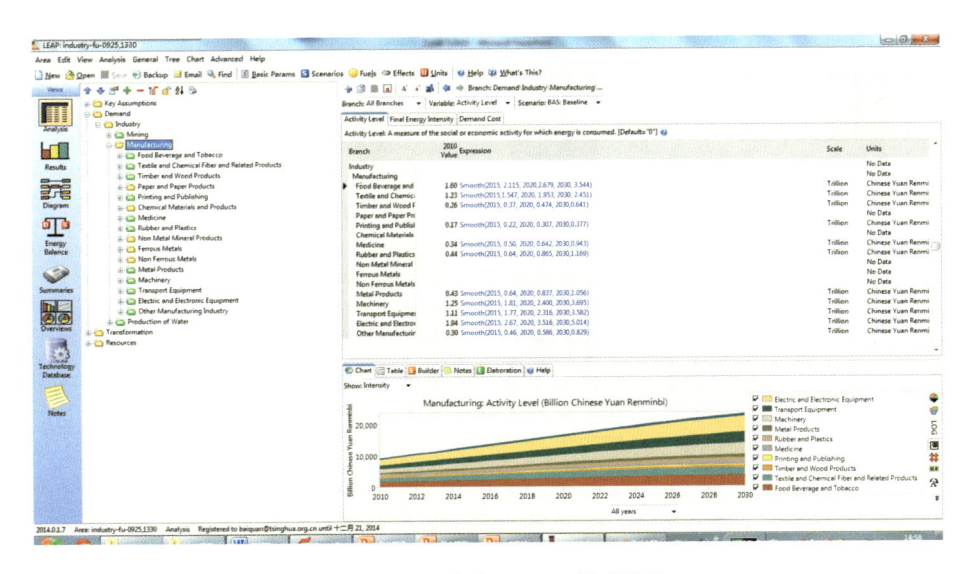

图 8-3　工业部门 LEAP 模型结构

本章采用自下而上的需求导向型预测方法来分析主要高耗能产品的下游应用领域以及各领域对高耗能产品的物质消耗系数,并对各应用领域的发展趋势及物质消耗系数进行预测,汇总后得到对应的高耗能产品产量结果。

例如，在预测未来水泥产量时，如图8-4所示，将水泥分为五个消费领域：城乡建筑、城市道路及基础设施、公路、铁路和净出口，再分别根据交通、建筑等部门的反馈数据，建立主要高耗能产品与其他部门活动水平的链接，形成了部门间的交互影响，从而使主要高耗能产品产量的预测更具有科学性。

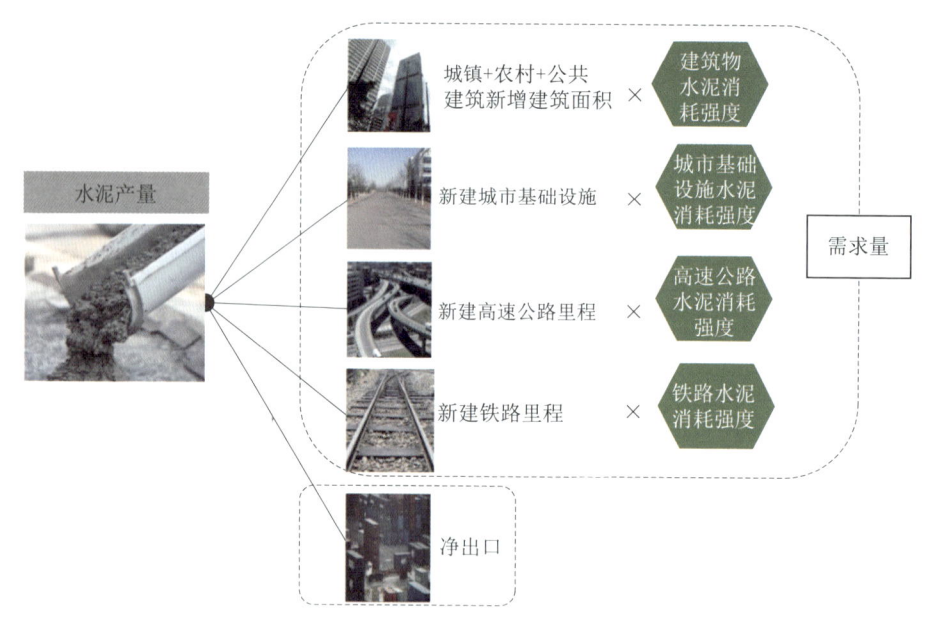

图 8-4 需求导向型预测方法（以水泥为例）

参数设定及模型分析结果

主要参数设定

1. 基年工业部门终端能源消费数据校核

为使能源消费数据与能源消费行为相一致，本章对基年工业能源消费数据进行了校核和部门间重新调整，方法学如图 8-5 所示，采取"双向校核"方式：一方面在各主要工业行业，通过单位产品能耗和产量得出终端能源需求；另一方面根据行业和工艺特点，剔除部分非生产用能，例如钢铁、水泥行业的油品需求，得出工业生产所带来的分品种能源消费量。双向校核之后获得了 2015 年用于工业实际生产过程的能源消费数据，作为模型的基年数据使用。

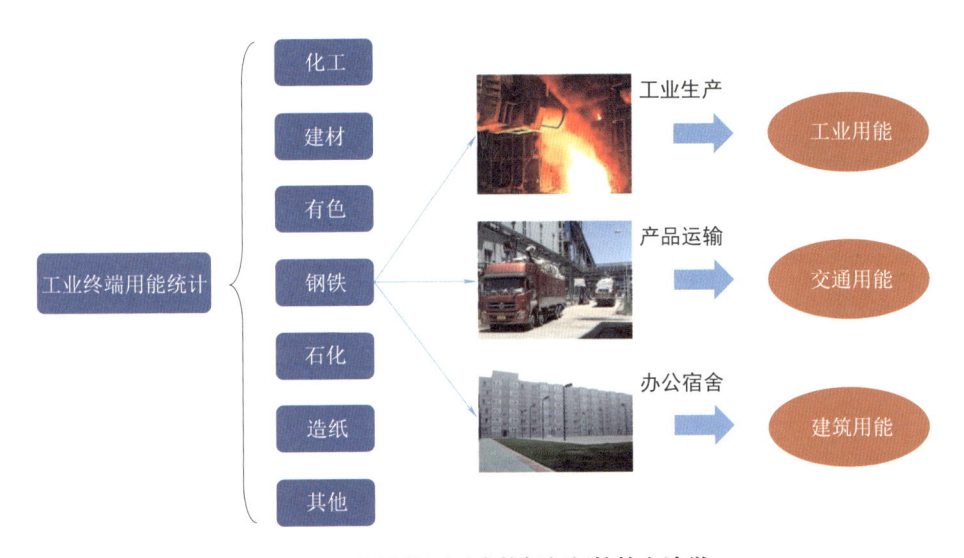

图 8-5　终端能源需求的部门间校核方法学

2. 产业结构参数设定

三次产业结构展望结果如图 8-6 所示。由于工业部门碳排放强度高于其他经济活动部门，从政策情景到强化政策情景再到 2℃情景，二氧化碳排放的约束逐渐增强，在一定程度上会对工业发展造成影响，增加值占比有所下降。在政策情景、强化政策情景和 2℃情景下，2050 年工业增加值占比分别为 26.3%、23.3% 和 19.0%。在工业内部结构方面，碳排放约束会对高耗能、高排放行业发展造成明显影响，而高附加值产业则会得到较多发展空间。工业各行业 2050 年增加值占比如图 8-7 所示。在 2℃情景下，医药、机械制造、交通设备制造等高附加值产业占比会显著提升，占工业增加值的比重为 61.6%，比强化政策情景高出近 10 个百分点。

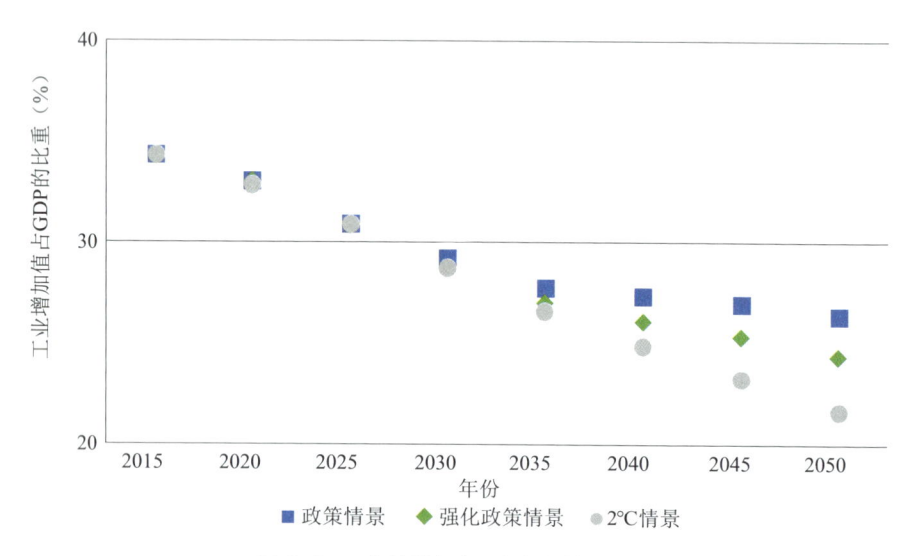

图 8-6　不同情景下三次产业结构展望

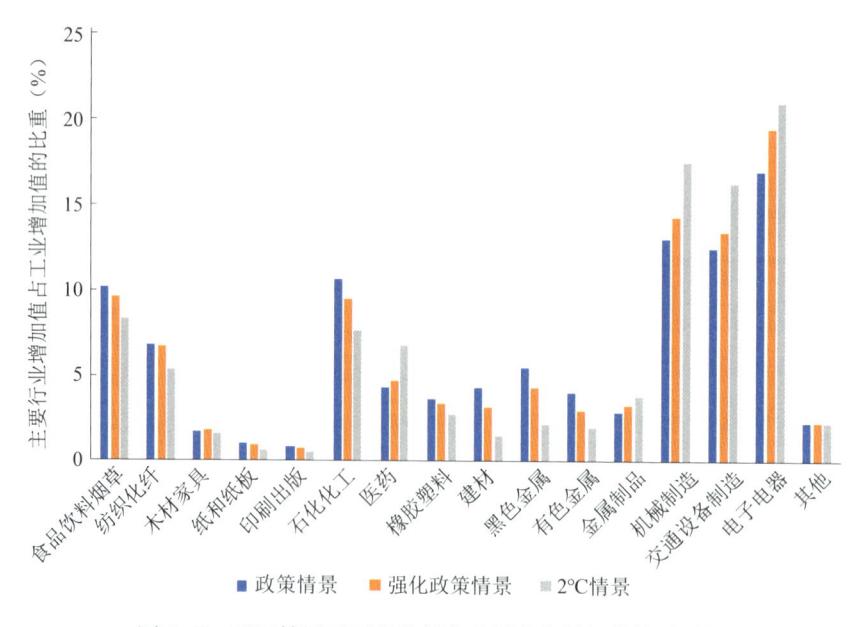

图 8-7　不同情景下工业各行业 2050 年增加值比重展望

3. 高耗能产品生产规模及产量设定

在定量分析的基础上，本章对三种情景下主要高耗能产品的产量进行了设定，如表 8-1 所示。同时，本章基于终端需求导向型高耗能产品产量预测方法，量化分析了减少不合理需求、优化产品出口结构、构建全球供应链扩大进口、提高材料质量和强度等 4 个减量化因素对不同情景下高耗能产品生产规模和产量减量的影响和贡献，如图 8-8~ 图 8-11 所示（以粗钢、水泥、乙烯、电解铝 4 种产品为例）。

表 8-1 三种情景下主要高耗能产品产量设定

产品	2015 年	2050 年 政策情景	2050 年 强化政策情景	2050 年 2℃情景
粗钢（万吨）	80 400	51 000	45 000	32 000
水泥（亿吨）	23.6	16.0	10.0	6.0
平板玻璃（万重量箱）	78 700	51 000	39 000	37 000
电解铝（万吨）	3 140	3 400	2 600	2 400
合成氨（万吨）	5 790	4 700	4 100	3 600
烧碱（万吨）	3 020	1 900	1 300	1 100
纯碱（万吨）	2 590	1 900	1 200	1 000
纸和纸板（万吨）	11 740	8 500	7 500	6 000
乙烯（万吨）	1 720	4 800	3 000	2 700

4. 高耗能产品工艺结构设定

根据各工艺技术、经济性、能效、碳排放等特点，本章对主要高耗能产品的工艺结构进行了设定，如图 8-12~ 图 8-15 所示。从总体趋势来看，随着能效和碳排放约束的强化，低碳、零碳工艺比重会明显提升。例如，钢铁行业氢能炼钢工艺的比重在强化政策情景下仅为 5%，而在 2℃情景下则提升至 30%，这意味着大量长流程炼钢将被氢能直接还原铁技术所取代。

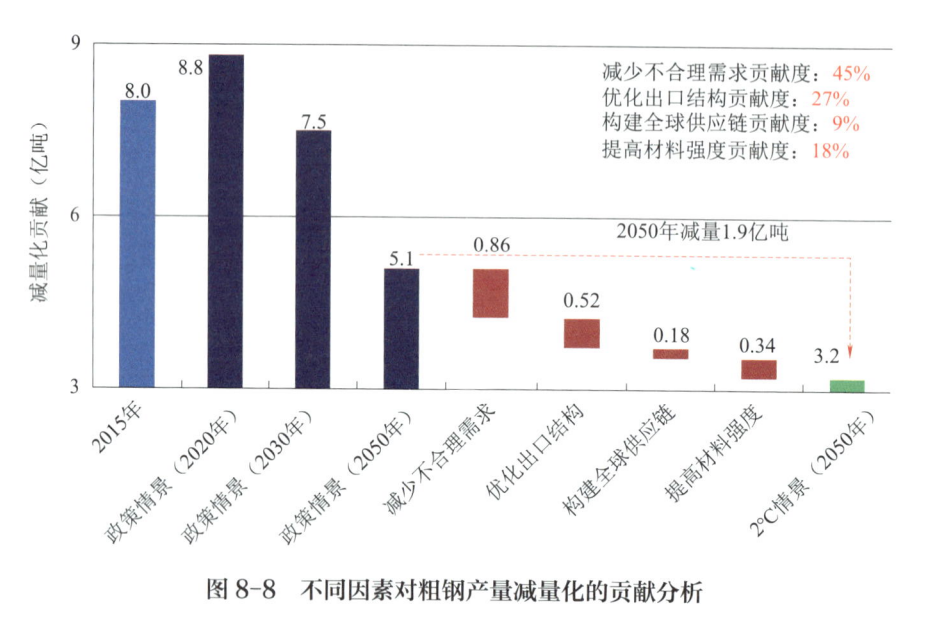

图 8-8　不同因素对粗钢产量减量化的贡献分析

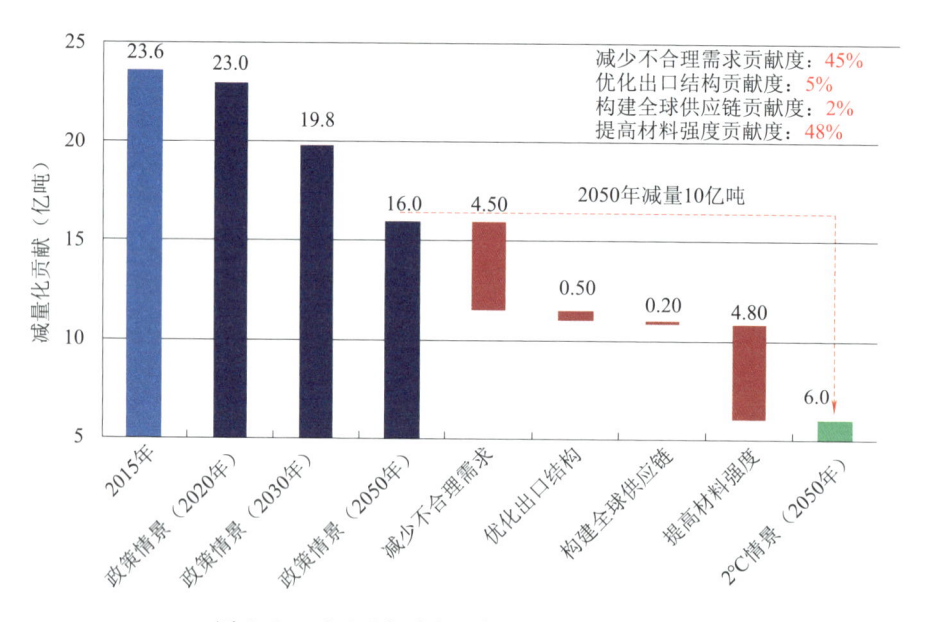

图 8-9　不同因素对水泥产量减量化的贡献分析

图 8-10　不同因素对乙烯产量减量化的贡献分析

图 8-11　不同因素对电解铝产量减量化的贡献分析

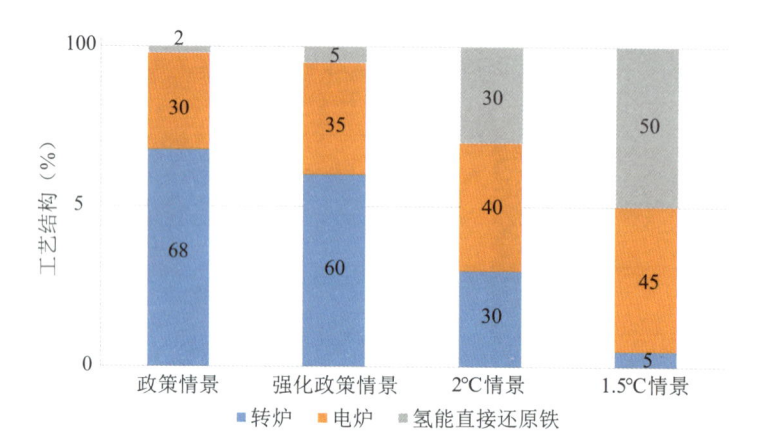

图 8-12 2050 年各情景下粗钢生产工艺结构展望

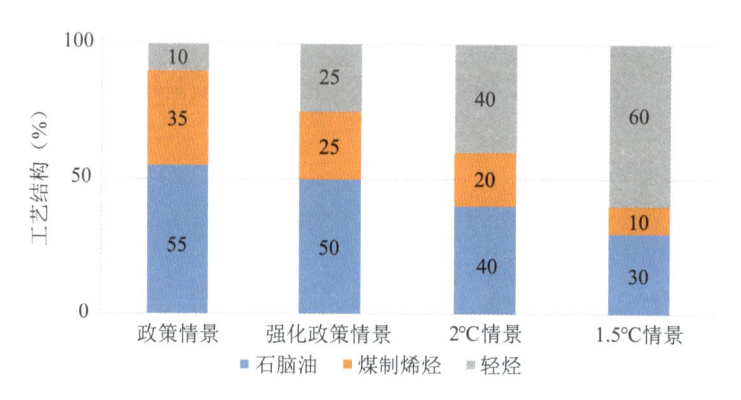

图 8-13 2050 年各情景下乙烯生产工艺结构展望

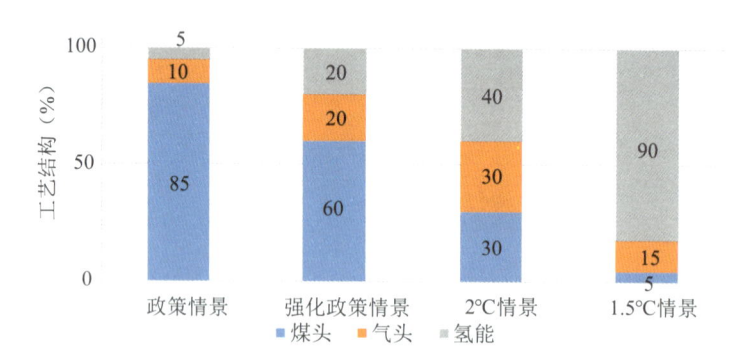

图 8-14 2050 年各情景下合成氨生产工艺结构展望

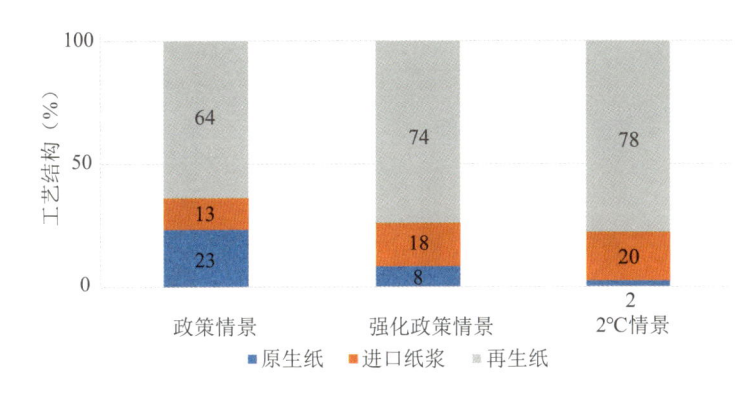

图 8-15　2050 年各情景下纸和纸板生产工艺结构展望

5. 能源利用效率设定

在不同情景下，主要高耗能产品能耗下降情况如图 8-16 所示。需要说明的是，本章计算的产品能耗降幅既包括节能技术改造带来的成效，也包括工艺结构调整形成的节能效果。具体而言，在政策情景下，由于技术自然进步，各高耗能产品的能耗将出现 10%~20% 的降幅；在强化政策情景下，促进能效的政策措施将推动具有成本效益的节能技术快速普及，各产品能耗比在政策情景下还可再降低 15% 左右；在 2℃情景下，能耗下降主要得益于低碳、零碳工艺的大规模应用，降幅普遍在 5%~10%，其中合成氨、乙烯、钢铁行业因为省去了原料制备工艺能耗（例如制氢），能耗降幅达 15%~20%。

模型分析结果

1. 工业部门终端能源需求总量

根据上述 4 种情景设定的基本考虑，本章应用 LEAP 模型对工业部门中长期（到 2050 年）终端能源需求进行了测算，结果如图 8-17 所示。其中，2℃情景和 1.5℃情景下的终端能源需求是相同的。从趋势上来看，4 种情景下的终端能源消费均在 2025 年前后达到峰值，之后进入持续下降通道。其

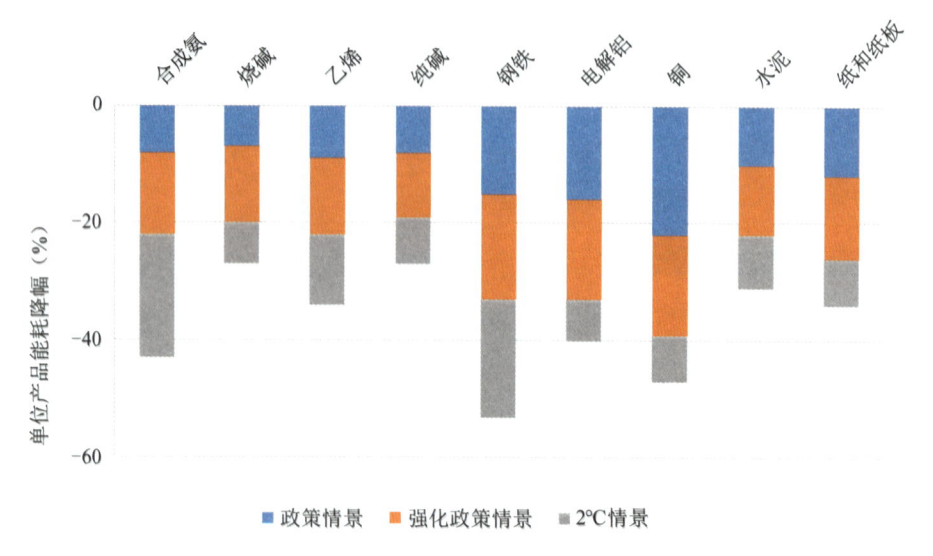

图 8-16　不同情景下主要高耗能产品单位能耗下降展望

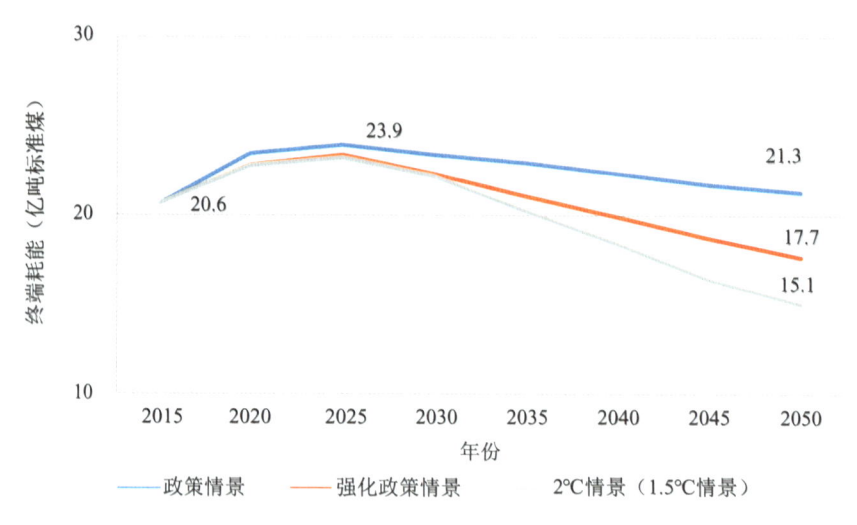

图 8-17　不同情景下工业部门终端能源消费变化趋势

注：终端电力消费按当量值折算标准煤，下同。

中，政策情景下 2050 年工业部门终端能源消费需求为 21.3 亿吨标准煤；强化政策情景下 2050 年工业部门终端能源消费需求为 17.7 亿吨标准煤；2℃

情景（1.5℃情景）下 2050 年工业部门终端能源消费需求为 15.1 亿吨标准煤，比政策情景减少 6.2 亿吨标准煤，相比 2015 年下降 5.5 亿吨标准煤，降幅达到 26.8%。

2. 终端能源需求结构

不同情景下 2050 年工业部门终端能源需求结构如图 8-18 所示。随着二氧化碳排放目标约束的不断增强，从政策情景到 1.5℃情景的终端能源消费结构低碳化程度也在不断提高。政策情景下的煤炭焦炭消费比重为 26.3%，而在强化政策情景、2℃情景、1.5℃情景下该比重分别为 23.2%、11.3% 和 4%。政策情景下的终端电力消费比重为 32.4%，而在强化政策情景、2℃情景、1.5℃情景下该比重分别为 33.4%、44.4% 和 45.2%。可以看出，电气化率的提高对能源结构低碳化发展至关重要。政策情景下的氢能消费比重为 2.3%，而在强化政策情景、2℃情景、1.5℃情景下该比重分别为 5.0%、11.9% 和 18.3%，分别比政策情景下提高 2.7 个百分点、9.6 个百分点和 16 个百分点，氢能将成为推动工业部门深度脱碳的重要力量之一。

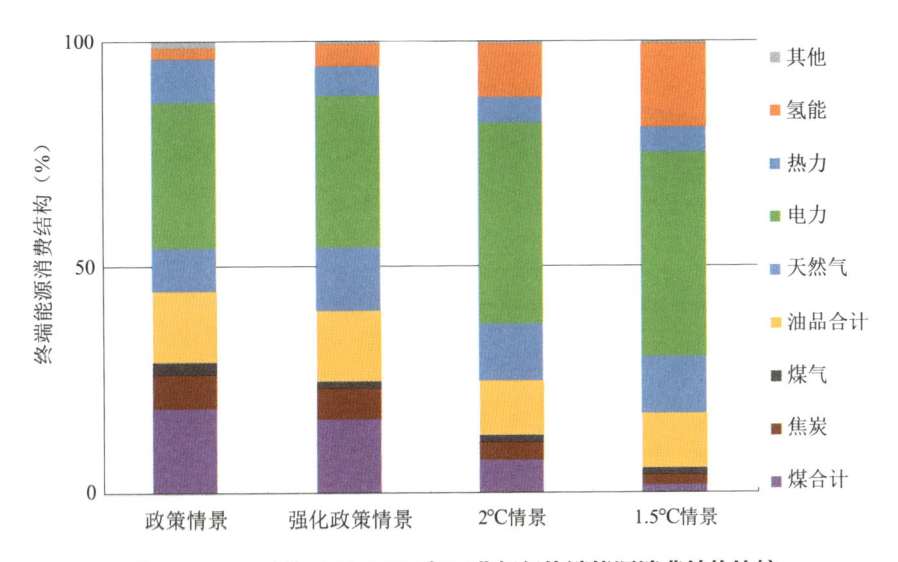

图 8-18　4 种情景下 2050 年工业部门终端能源消费结构比较

3. 工业部门二氧化碳排放量

从工业部门全口径二氧化碳排放来看（见图 8-19），4 种情景下的二氧化碳排放量均在 2020 年前后达到峰值，其中政策情景下的峰值排放为 47.8 亿吨，比 2015 年（基年）增长 5.7%；强化政策情景下的峰值排放为 46.7 亿吨，比政策情景下的峰值下降 1.1 亿吨，比 2015 年增长 3.3%；2℃情景下的峰值排放为 46.5 亿吨，在强化政策情景下的峰值基础上进一步下降 2 000 万吨，仅比 2015 年增长 2.9%；1.5℃情景下的峰值年份及排放量与 2℃情景下保持一致。在 2020 年达到排放峰值后，工业部门二氧化碳排放即进入持续下降通道。其中，政策情景下 2050 年工业部门二氧化碳排放量为 30.7 亿吨，相比 2015 年下降 14.5 亿吨，降幅 32.1%；强化政策情景下 2050 年工业部门二氧化碳排放量为 25.1 亿吨，比政策情景下减少 5.6 亿吨，相比 2015 年下降 20.1 亿吨，降幅近 45%；2℃目标情景下 2050 年工业部门二氧化碳排放量为 10.8 亿吨，比政策情景下减少近 20 亿吨，相比 2015 年下降 34.4 亿吨，降幅达到 76%；1.5℃目标情景下 2050 年工业部门二氧化碳排放量为 6 亿吨，在 2℃情景基础上进一步减少 4.8 亿吨，相比 2015 年下降近 40 亿吨，降幅达到 87%。

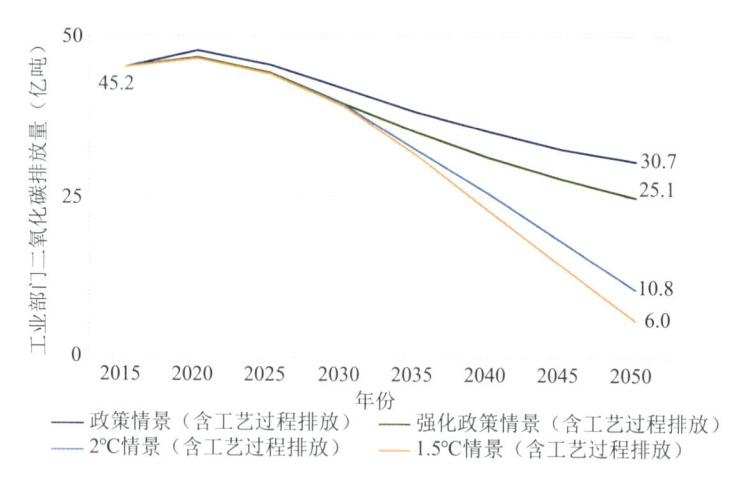

图 8-19 不同情景下工业部门二氧化碳排放量变化趋势

注：本章二氧化碳排放量未计入终端电力消费产生的二氧化碳间接排放量，下同。

工业部门低碳发展四大途径

以产业现代化为支撑提升能源生产力

1. 发展生产性服务业

与发达国家相比，中国工业比重偏高、服务业发展相对不足，且服务业与工业发展关联度不高、互动和支撑能力不足。发达国家的经验表明，工业化发展到一定程度，经济结构将出现"服务化"发展趋势，而生产性服务业快速发展是经济结构服务化的显著表现，也是工业全要素生产率提升的重要因素。与发达国家相比，中国生产性服务业发展滞后，进而制约了工业部门综合竞争力和能源生产力的提升。未来应围绕实体经济发展服务型产业，发挥其"黏合剂"作用，实现工业与服务业融合发展，为现有工业企业提质增效，同时还能够支撑和促进中国产业结构向高附加值、低消耗、低污染升级[4]。

2. 工业结构优化升级

中国工业经济基础雄厚，但高端制造业发展滞后。通过国际比较可以看出，在发达国家工业结构中，以精密仪器、交通设备为代表的机械制造业和交通设备制造业所占比重较大，德国、日本、韩国所占比重几乎都在50%以上，而中国仅有37%；在以钢铁、建材为代表的传统制造业方面，发达国家所占比重通常不超过10%，而中国接近20%。按照经济合作与发展组织的分类方法，中国中高技术产业产值比重比发达国家低近20个百分点。因此，应加快推进工业结构优化升级，将发展重心从高耗能产业转移至高附加值、高科技含量产业和战略性新兴产业，实现以更少的能源投入创造更多的经济产出[5]。

3. 传统产业提质增效

中国传统行业发展质量和效益有大幅提升的潜力空间。在规模庞大的传统行业中，企业发展水平差异明显、高端产品供给严重不足问题非常普遍。同时，尽管近几年去产能和淘汰落后产能工作取得积极进展，但仍难以改变传统产业遍地开花、龙头企业缺失、产业集中度低的情况。在典型国家的工业化过程中，传统产业都陆续走上集约式发展道路，实现了增产不增能和增值不增产。面对中国传统产业盘子大和发展水平参差不齐的情况，未来应引导传统产业集约发展，一方面要持续推进淘汰落后产能工作，优化生产力布局，发挥规模效益，另一方面要顺应消费升级潮流，优化产品结构，提升产品附加价值，实现增长与物耗能耗双解耦。

4. 推广服务制造新模式

服务型制造是在消费升级、产品个性化发展等趋势下，制造业向纵深发展、实现价值增值的新模式。目前，全球知名制造企业均已将服务型制造作为发展重点，其产值占比逐年提高，凝结在产品上的利润也随之提高。实践证明，服务型制造能够推动工业生产向"微笑曲线"的两端延伸，拓展产品的价值链，提升商品的附加值。未来应围绕制造环节和产品，提供增值服务、创造更多价值，进而提高劳动生产率和全要素生产率。同时，服务型制造也会让工业生产与需求贴合更为紧密，减少产品滞销、积压造成的浪费，还能够通过在线监测、全生命周期管理等模式，提高生产效率和资源能源利用效率，进而产生直接的能源和环境效益[6]。

以需求减量为支撑控制高耗能产品生产规模

1. 抑制不合理需求，实现原材料需求减量化

当前大拆大建的发展模式造成了原材料和能源的巨大浪费，据测算，每年拆除短命建筑将多消耗 4 000 万~5 000 万吨钢材、2.2 亿~2.6 亿吨水泥。此外，城镇住宅空置率过高也是低效浪费的表现。因此，要运用一体化设计的理念指导城乡建设规划，明确不同发展时期全国城镇建筑面积和各类基础设施总量，并通过规划控制和引导新增建筑总量规模。通

过杜绝大拆大建、削减不合理需求，可以在满足相同服务需求的条件下降低建设规模20%以上，钢铁、水泥、有色金属产品等高载能产品的生产需求将下降10%左右，对节约资源、降低能源消耗和二氧化碳排放具有显著效果。

2. 优化出口模式，减少低附加值、高耗能、高排放产品出口

当前中国对外贸易结构导致大量隐含能源净出口。中国是全球最大的工业产品出口国，快速扩张的出口规模推动近年来隐含能源净出口量大幅增加。据测算，隐含能源净出口量接近5亿吨标准煤[7]。然而，不论是从经济可持续发展对出口质量和效益的要求来看，还是从国内外环境资源条件对出口规模和结构的约束来看，中国当前的出口模式难以为继。未来应着力优化出口结构，推动国际贸易格局向低碳方向转型，一方面尽可能提高隐含能源强度低的行业商品和服务价值的出口比重，另一方面出口附加价值高、处于产业链高端的商品和服务，不断降低行业隐含能源强度。

3. 构建全球供应链，适度增加高载能产品的进口

未来中国高耗能产品的生产成本将大幅上升，行业发展必然受到一定程度的限制；同时在国际上，由于新一轮能源技术革命以及不同地区能源资源价格比较优势的影响，许多高耗能产品（例如部分乙烯下游产品、烧碱等）的进口到岸价格仍然低于国内生产价格，因此中国完全有能力、有必要利用好国际市场，通过进口高载能产品来满足国内生产和建设需求。未来可以积极利用"两个市场、两种资源"，在进口环节实施更加积极主动的贸易战略，加大重要资源能源和原材料产品的进口；深入实施"走出去"战略，扩大国际产能合作，在有条件的地区建立资源供应基地和初级产品生产基地[8]。

4. 提高材料强度，创新使用方式，推动原材料利用集约化

中国幅员辽阔、发展迅速，全社会对于基础原材料产品需求较大是客观事实，然而大量低标准甚至低质量产品充斥市场，造成了原材料的粗放使用，放大了产品产量并造成大量能源浪费。未来应从提高材料强度和创新材料使用方式两个角度入手，推动原材料利用的集约化。具体而言，一方面应推广高强钢筋、高性能混凝土等产品，实践证明，高标号、高强度产品虽然单价稍高，但在满足同等需求条件下用量更少，具有明显的能源、环境和经济效益；另一方面，应创新材料使用方式，实现材料高效应用，例如推广钢结构建筑甚至3D打印建筑，达到缩短工期、提升工程质量、减少原材料消耗、提升建材回收率等效果。

以生产和组织方式变革为支撑实现能效倍增

1. 发展智能制造与工业物联网

当前，全球正在经历新一轮工业革命和制造模式升级。依托新一代信息技术、数字化控制技术、新材料技术的重大突破，大规模、批量化、流水线式的传统制造模式将逐渐被智能化、数字化、网络化制造模式所取代[9]。中国已开展智能制造试点，根据中国工程院的评估，智能化升级工厂的生产效率和能源利用效率都得到显著提升，同时运营成本和产品不良品率下降，产品研发周期缩短。未来中国应以更积极的态度融入新一轮工业革命浪潮之中，提高工业机器人、精密数控机床等先进生产设备的应用，减少人为操作不当导致的能源浪费；通过大数据跟踪消费者需求，以柔性制造工艺生产定制化商品，提升产品价值，实现工业高质量发展。

2. 建设复合型工厂与社会化企业

未来工业节能提效应与循环经济发展协同推进，把企业放到整个产业体系和区域系统中，从更高视角研究如何优化物质流和能源流[10]。发达国家近几年在循环经济领域进行了很多尝试，探索出很多新机制和新模式，复合型工厂和社会化企业就是其中最为典型的代表。例如，复合型钢铁厂可同时生产钢铁、甲醇、城市燃气、中低品位热力等多种产品，社会化水泥企业可协同处置城市垃圾、污水等。这种循环经济的新模式可提升资源、设备利用效率，实现更高层面上的系统节能[11]。中国正处于城镇化深入发展时期，应加快工业化与城镇化的融合发展，以复合型工厂和社会化企业为突破口，优化工业企业与城市系统的关系，实现产城融合[12]。

3. 大数据能源精细化管理

中国节能设备普及率已得到显著提升，但由于管理不到位，导致节能效果不能充分展现。能源管理"短板"的存在，既有能源计量监测器具方面的原因，也有人员素质和数据分析能力不足的原因，而责任主体落实不到位、企业内部信息沟通不畅，是能源管理水平落后的深层次原因。通过加强能源管理来挖掘节能潜力，不仅是节能的"富矿"，还是以较少投入获取较多节能效益的有效途径。实现精细化的能源管理，需要企业从人员、管理体系到先进工具等方面的全方位能力提升。未来应着力建设"三位一体"（管理人才、管理体系、管理中心）的企业能源管理格局，同时探索智慧节能和大数据节能新模式，深入挖掘管理节能潜力[13]。

4. 应用节能减碳新技术

中国的工业能效已显著提升，但仍与先进水平存在差距。未来节能提效工作应从单点节能、多点节能、流程节能三个角度入手。单点节能是指在工业生产的某个工序或设备层面，通过实施节能技术改造、应用节能设备，在单点上取得节能效果。多点节能是将工艺各环节统筹起来，通过优化生产组织方式，尤其是环节间的接续，来提高"多点"能源利用效率[14]。钢铁行业"一罐到底""近净成形"技术、铜冶炼行业"一步炼铜"技术等，都是多点节能的典型代表技术。流程节能是将整个企业甚至产业链上下游企业视为一个整体，从最终产品出发，从全系统角度"自上而下"进行考虑，优化工艺路线、各生产单元配置和分工，实现能源的最优化利用，从而在整个"流程"上节约能源，例如炼化一体化、水泥熟料烧成系统优化、铝液直供、园区热力梯级利用等。

以低碳能源替代为支撑推动能源结构升级

1. 压减工业部门煤炭消费

当前，在工业部门终端能源消费结构中，煤炭和焦炭占比接近50%。在中国能源向清洁、低碳转型的过程中，工业部门应一马当先，优化能源消费结构，压减煤炭消费量[15]。具体途径包括三个方面：一是推进规模小、工艺差、能效低、污染重的中小型工业锅炉、窑炉的清洁化改造和淘汰工作；二是控制高耗煤行业煤炭消费总量，针对钢铁、水泥等高耗能行业，结合不同部门行业特征、发展特点、技术水平等，提出各个部门煤炭消费总量目标和主要途径；三是稳妥有序地发展煤化工，基于提升能源安全战略保障能力对煤化工发展进行规划部署，考虑到国际油气市场供需格局总体宽松，煤制油、煤制气可以作为战略储备技术，但不宜大规模发展，同时要严格落实环保准入条件，推进多产业共生耦合以提高煤炭利用率。

2. 加快工业部门电气化进程

电气化既是智能化、数字化生产方式变革的必然结果，也是使工业用能更加清洁、低碳并减少环境破坏的有效途径。应加快推广电加热、自动化控制等先进生产技术工艺，加快工业企业电气化发展进程。同时，利用厂房屋顶、厂区空地等发展可再生能源，使企业由能源消费者变为能源产消者。此外，企业可通过应用蓄热式电锅炉、分时生产等设备和模式，为电力系统提供辅助服务，成为电网调峰、消纳可再生能源发电的重要领域。总之，未来中国电力将更多来自可再生能源，如果工业电气化进程与之相匹配，则不仅可以实现能源结构的优化，同时工业企业还能够成为协助调峰、生产和消纳可再生能源的重要领域[16]。

3. 推进绿色氢能规模化应用

氢能是近几年能源界的"新宠"，其发展对于工业部门深度脱碳至关重要[17]。国际能源署、国际可再生能源机构、麦肯锡等多家研究机构都认为，绿色氢能可以在工业原料、高品位热源等"难以减排领域"弥补电气化的不足，进而实现工业的深度脱碳[18,19,20]。同时，工业部门大规模用氢也可迅速摊薄氢能发展成本、加速氢能社会建设。目前，全球已涌现出氢能炼钢、绿氢替代灰氢、天然气掺氢燃料等多种氢能在工业部门的应用技术和模式。中国在绿色氢能供应上具有数量和价格上的巨大优势，应以此为基础，逐步构建"三点一线"氢能应用场景，即石化行业、化工行业、钢铁行业这三个具体的行业"点"，以及天然气掺氢燃料生产高品位热力这一条技术"线"。

4. 推广 CCUS 技术

CCUS 技术是一项有望实现化石能源大规模低碳利用的新兴技术，受到了国际社会的广泛关注。CCUS 技术能够实现化石能源利用的二氧化碳近零排放，在各类减排技术中被认为未来将填补可再生能源技术减排的不足。国际能源署在《通过 CCUS 改造工业》中提出，在清洁技术情景（与《巴黎协定》路径一致）下，2060 年工业部门的 CCUS 累计量将达到 280 亿吨，能源加工和转换部门的累计量为 310 亿吨，电力部门的累计量为 560 亿吨。CCUS 技术将实现 38% 的化工行业减排、15% 的水泥和钢铁行业减排。截至 2019 年年底，中国已开展的 CCUS 项目累计二氧化碳封存量约为 200 万吨。随着技术进步、成本下降以及碳排放约束的加强，CCUS 技术将有望在 2℃情景和 1.5℃情景下发挥重要作用[21]。

碳减排效果和贡献度分析

四大途径的减排贡献及优先排序

为了明确工业部门低碳发展的工作方向和重点任务，需要对各途径的二氧化碳减排效果和目标贡献度进行定量测算和优先排序。本章按照简便有效的原则，采用层次分解法进行量化分析，以期给出各途径在二氧化碳减排效果和目标贡献度方面的优先排序，为制定相关政策、指导行动实践提供参考和支撑。具体结果如图 8-20 所示。

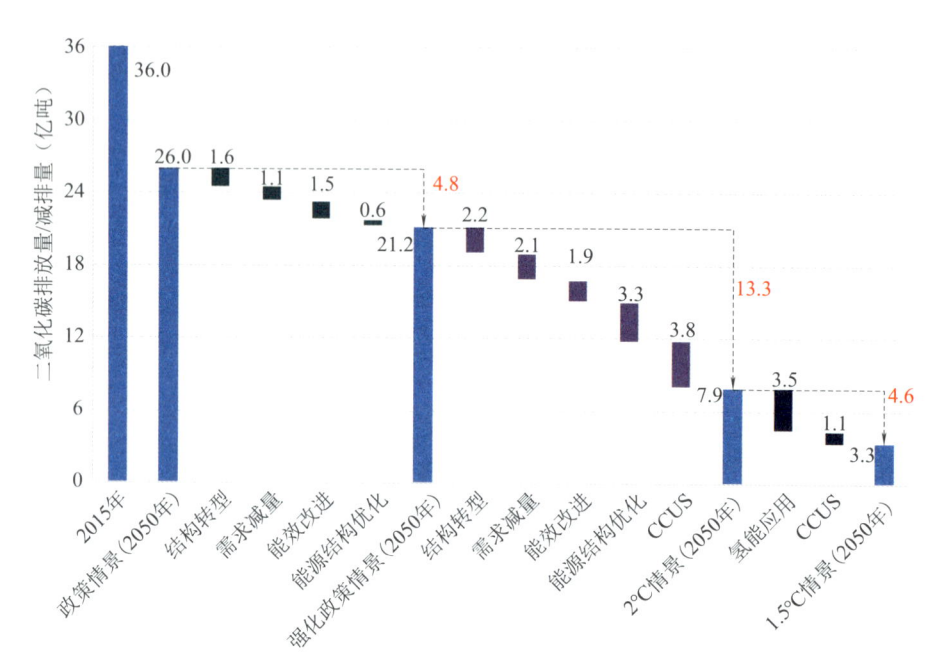

图 8-20　四大途径的二氧化碳减排效果和目标贡献度

注：此处二氧化碳排放量仅计入与能源消费相关的二氧化碳排放。

以政策情景作为基准，2050 年强化政策情景下产生的二氧化碳减排空间为 4.8 亿吨。其中，结构转型途径（产业结构升级与新业态培育）产生的二氧化碳减排量为 1.6 亿吨，对实现强化政策情景目标的贡献度为 33%；需求减量途径（需求减量与新材料应用）产生的二氧化碳减排量为 1.1 亿吨，对实现强化政策情景目标的贡献度为 23%；能效改进途径（生产方式变革与能效倍增）产生的二氧化碳减排量为 1.5 亿吨，对实现强化政策情景目标的贡献度为 32%；能源结构优化途径（用能形态革新与低碳能源替代）产生的二氧化碳减排量为 0.6 亿吨，对实现强化政策情景目标的贡献度为 12%。

在强化政策情景基础上，进一步提高二氧化碳减排力度，努力向 2℃目标迈进，则产生的二氧化碳减排空间为 13.3 亿吨。其中，结构转型途径产生的二氧化碳减排量为 2.2 亿吨，对实现 2℃情景目标的贡献度为 17%；需求减量途径产生的二氧化碳减排量为 2.1 亿吨，对实现 2℃情景目标的贡献度为 16%，相比从政策情景到强化政策情景的目标贡献度也有一定幅度的下降；能效改进途径产生的二氧化碳减排量为 1.9 亿吨，对实现 2℃情景目标的贡献度为 14%，相比从政策情景到强化政策情景的目标贡献度有较大幅度的下降；能源结构优化途径产生的二氧化碳减排量为 3.3 亿吨，对实现 2℃情景目标的贡献度为 25%，相比从政策情景到强化政策情景的目标贡献度有较大幅度的上升，是在强化政策情景基础上实现 2℃情景目标的较为重要的一个途径。此外，CCUS 技术应用产生的二氧化碳减排量为 3.8 亿吨，对实现 2℃情景目标的贡献度为 29%，是需要重点考虑的关键措施。

如果要实现 1.5℃情景下的二氧化碳减排目标，则需要在 2℃情景基础上进一步减排二氧化碳 4.6 亿吨，主要依靠两项措施：一是零碳氢能的更大规模应用（也属于能源结构优化范畴），产生的减排量为 3.5 亿吨，对实现 1.5℃情景目标的贡献度为 76%；二是 CCUS 技术的进一步普及和部署，产生的减排量为 1.1 亿吨，对实现 1.5℃情景目标的贡献度为 24%。

如果考察在政策情景基础上直接实现 2℃情景目标，则四大途径及 CCUS 技术的目标贡献度分别为 21.9%、17.9%、18.8%、21.4% 和 21.0%。可以看到，这四大途径及 CCUS 技术的贡献度基本相当，均保持在 20% 左右。这意味着要实现工业部门较大幅度的二氧化碳减排目标，各途径必须全面推进、多点发力，同时要根据不同目标约束情况，重视减碳潜力较大、减碳成本较低、实施难度较小、目标贡献度大的重点途径和措施，制定更有针对性、更具前瞻性的政策措施。

主要耗能行业的减排潜力分析

钢铁、石化化工、建材、有色金属四大行业是当前工业部门二氧化碳排放的主要来源，二氧化碳排放量分别占到工业部门总排放量的 40%、28%、

17%和2%（2015年），未来这些行业也是工业部门二氧化碳减排的主要贡献者。本章分析测算了四大重点行业在不同情景下的减排潜力及对实现相应减排目标的贡献（见图8-21）。以政策情景作为基准，2℃目标情景下各行业形成的总减排量为18.1亿吨，其中钢铁行业形成的减排量为6.5亿吨，贡献度为36%；石化化工行业形成的减排量为6.1亿吨，贡献度为34%；建材行业形成的减排量为3.1亿吨，贡献度为17%；有色金属行业形成的减排量为2 000万吨，贡献度为1%；其他行业合计形成的减排量为2.2亿吨，贡献度为12%。值得注意的是，有色金属行业在此结果中减排量及贡献度相对较小，原因是本研究中终端电力消费产生的间接二氧化碳排放不计入工业部门二氧化碳排放总量，而有色金属行业用电比重较高，按此计算方法导致其减排量和贡献度被低估。如果考虑电力消费产生的二氧化碳排放，则有色金属行业将是重点减排行业，不可忽视。

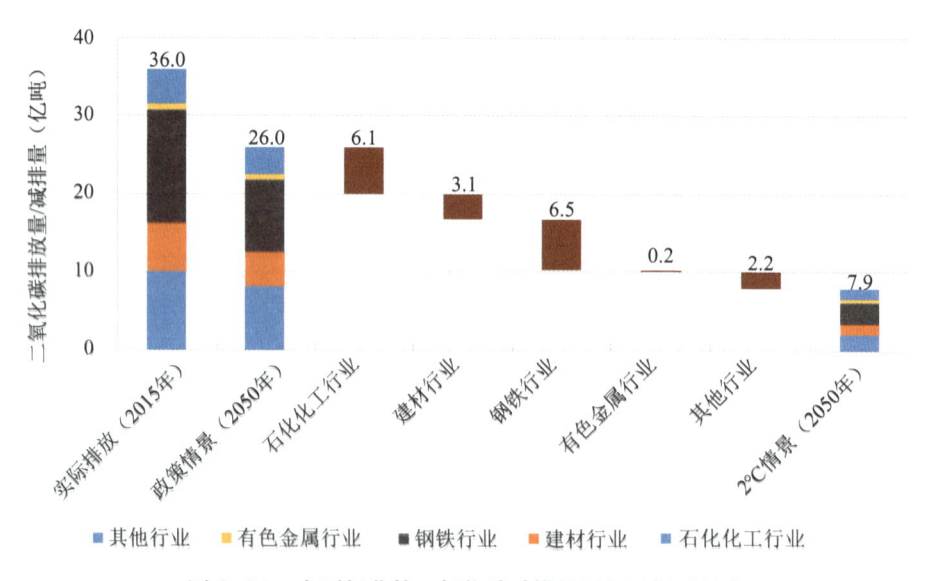

图8-21　主要行业的二氧化碳减排效果和目标贡献度

注：此处二氧化碳排放量仅计入与能源消费相关的二氧化碳排放，且不包括终端电力消费产生的间接排放。

工业部门低碳发展目标与实施路线图

工业部门低碳发展目标建议

工业部门中长期低碳发展目标设置的总体思路是，2030年前的目标按照国家应对气候变化的国家自主贡献目标对工业部门提出的要求来确定，2030—2050年的目标按基本实现全球2℃温升控制目标对中国工业部门提出的要求来确定，同时考虑工业部门自身发展需要、全球碳排放空间对中国的配额分配、工业部门与其他部门间的减排任务分配、外部约束条件的发展变化及关键政策措施实施的可能性等诸多因素进行适当调整[22]。据此，提出工业部门中长期不同阶段的低碳发展目标（见图8-22）。

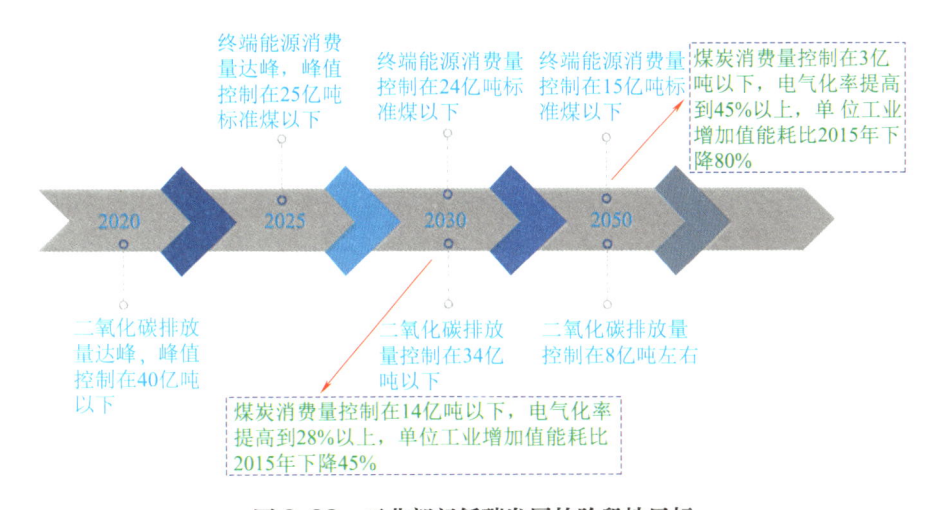

图 8-22 工业部门低碳发展的阶段性目标

2020：二氧化碳排放量达峰，峰值控制在40亿吨以下

2025：终端能源消费量达峰，峰值控制在25亿吨标准煤以下

2030：终端能源消费量控制在24亿吨标准煤以下；二氧化碳排放量控制在34亿吨以下；煤炭消费量控制在14亿吨以下，电气化率提高到28%以上，单位工业增加值能耗比2015年下降45%

2050：终端能源消费量控制在15亿吨标准煤以下；二氧化碳排放量控制在8亿吨左右；煤炭消费量控制在3亿吨以下，电气化率提高到45%以上，单位工业增加值能耗比2015年下降80%

2030年前，工业部门终端能源消费量和二氧化碳排放量均达到峰值，其中终端能源消费量在2025年前后达峰，峰值水平控制在25亿吨标准煤

以下；二氧化碳排放量在 2020 年前后达峰，峰值水平控制在 40 亿吨以下。到 2030 年，工业部门终端能源消费量控制在 24 亿吨标准煤左右，二氧化碳排放量控制在 34 亿吨左右，煤炭消费总量（不包括发电和供热用煤，下同）控制在 14 亿吨以下，电气化率提高到 28% 以上，单位工业增加值能耗比 2015 年下降 45% 左右，单位工业增加值二氧化碳排放量比 2015 年下降 55% 左右。

2050 年，工业部门终端能源消费量控制在 15 亿吨标准煤左右，二氧化碳排放量控制在 8 亿吨左右，煤炭消费总量控制在 3 亿吨以下，电气化率提高到 45% 以上，单位工业增加值能耗比 2015 年下降 80% 左右，单位工业增加值二氧化碳排放量比 2015 年下降 90% 左右。

工业转型升级与低碳发展"三步走"战略

1. 2020—2025 年：控产能、提质量、抓能效、促环保

在这一阶段，工业占 GDP 的比重持续回落，服务型制造模式、生产性服务业发展迅速，为工业提质增效提供支撑。规模效应、技术改进和管理水平提高将大幅提高工业部门全要素生产率水平，工业部门增加值率明显提升。循环型工业生产体系初步确立，废旧钢材、铝材、纸等废弃物利用水平明显提升。开展智能制造试点项目，以试点形式开展智能制造示范项目，鼓励企业应用自动化、智能化生产控制技术。高耗能行业为这一阶段的战略重点，其发展态势为：主要高耗能产品产量陆续达到峰值并进入平台期；企业兼并重组进程加速，产业集中度有所提高；企业规模化、装备高端化、产品多元化将成为各行业发展的共同趋势，产品综合能效得到进一步提高[23]。

2. 2025—2035 年：优势重构、系统优化、产城融合

在这一阶段，工业部门转型升级和低碳发展的主题是"优势重构、系统优化、产城融合"。优势重构主要表现在产业结构的深度调整，高附加值产业取代传统产业，成为工业发展新动能。届时，中国将形成一批具有较强国

际竞争力的跨国公司和产业集群,在全球产业分工和价值链中的地位明显提升,出口产品价值含量更高,并实现进出口的零能源负债。系统优化表现在工业企业通过优化工艺路线、能源梯级利用、区域物质循环、"单点、多点、流程"并重挖掘节能潜力,重点行业单位工业增加值能耗、物耗及污染物排放达到世界先进水平[24]。产城融合表现在工业企业与社会系统之间的"生态链接"全面建立,工业化与城镇化融合发展,循环型社会体系基本建成。

3. 2035—2050年,智能化、数字化、网络化、低碳化

在这一阶段,工业部门转型升级和低碳发展的主题是全面智能化、数字化、网络化和低碳化。基于工业互联网、大数据和智能控制技术的新一代工业交互生产方式将在各行业、各企业得以确立,关键工序数控化率达80%以上,工业机器人全面普及,信息物理系统得到广泛应用,大规模量身定制和柔性生产方式成为主导。工业发展质量和对社会进步的支撑作用本质性提高,医药、机械制造等四大高附加值产业在工业增加值结构中"三分天下有其二",工业部门劳动生产率增长6倍以上,工业增加值率提升至40%以上[25]。废弃物综合回收再利用体系将覆盖中国所有主要城市,生产、生活垃圾无害化处理率达到100%。电力、天然气、氢能的大规模应用将使工业终端能源消费日趋清洁化、低碳化。

实施路线图与里程碑

工业转型升级与低碳发展是一个复杂的系统工程,不仅是能源和排放的问题,更涉及工业部门增长动能转换、生产方式革新、用能形态升级、竞争力重塑等重大议题,需要根据不同时代的特点来制定不同的战略任务、路线图及里程碑,从而更好地指引、评价战略实施效果。在工业转型升级与低碳发展"三步走"战略实施过程中,不同时间段和关键时间节点上的里程碑如图8-23所示。

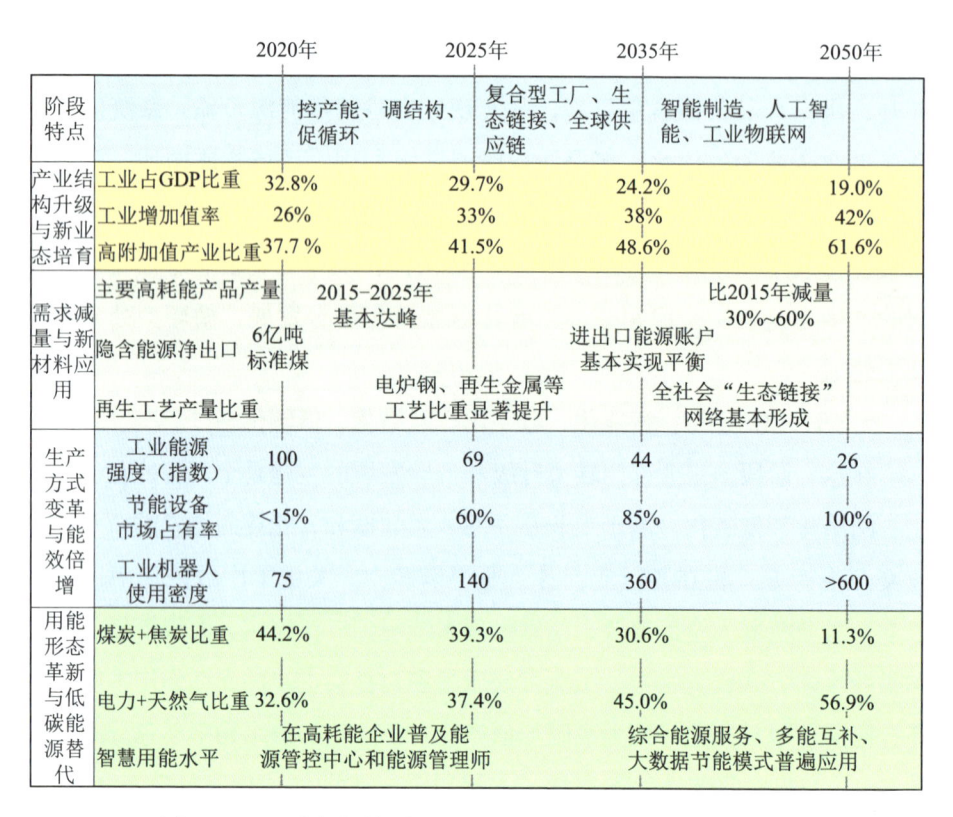

阶段特点		2020年	2025年	2035年	2050年
阶段特点		控产能、调结构、促循环	复合型工厂、生态链接、全球供应链	智能制造、人工智能、工业物联网	
产业结构升级与新业态培育	工业占GDP比重	32.8%	29.7%	24.2%	19.0%
	工业增加值率	26%	33%	38%	42%
	高附加值产业比重	37.7%	41.5%	48.6%	61.6%
需求减量与新材料应用	主要高耗能产品产量		2015-2025年基本达峰		比2015年减量30%~60%
	隐含能源净出口	6亿吨标准煤		进出口能源账户基本实现平衡	
	再生工艺产量比重		电炉钢、再生金属等工艺比重显著提升	全社会"生态链接"网络基本形成	
生产方式变革与能效倍增	工业能源强度（指数）	100	69	44	26
	节能设备市场占有率	<15%	60%	85%	100%
	工业机器人使用密度	75	140	360	>600
用能形态革新与低碳能源替代	煤炭+焦炭比重	44.2%	39.3%	30.6%	11.3%
	电力+天然气比重	32.6%	37.4%	45.0%	56.9%
	智慧用能水平		在高耗能企业普及能源管控中心和能源管理师	综合能源服务、多能互补、大数据节能模式普遍应用	

图 8-23 工业部门转型升级和低碳发展实施路线图及里程碑

第九章 ▶

建筑部门:
低碳转型战略及路径研究

中国建筑部门的能源消费与排放是全社会能源消费与排放的重要组成部分，也是中国节能减排及能源消费变革工作的重点。要解决中国目前面临的能源安全、气候变化、环境污染问题，不仅需要建筑部门节约用能，也需要建筑部门在电气化以及柔性用能方面有新的突破。本章基于中国建筑低碳发展分析模型（CBEM）对中国建筑规模、能耗及排放现状进行了分析，并针对未来建筑部门中长期发展路径，在分析能源转型对建筑部门的影响的基础上，建立了政策情景、强化政策情景、2℃情景以及1.5℃情景。本章得到的主要结论及政策建议如下：

　　（1）对建筑规模进行合理规划，控制总量规模，减少过量建设，同时以"修缮"代替"大拆大建"。

　　（2）引导适宜的建筑形式和系统设计，营造与室外和谐的室内环境，提高系统的灵活性和可调节性。

　　（3）维持居民绿色的生活方式，倡导"部分时间、部分空间"的建筑用能模式，追求适度的建筑服务水平和与生活方式相适宜的节能技术，使建筑能耗不出现大幅增长。

　　（4）彻底改变建筑用能模式和用能系统形式，全面实现建筑用能电气化，发展"光储直柔"模式的建筑用电系统，充分利用建筑表面的光电资源，实现建筑部门的柔性用电。

　　（5）充分利用余热和可再生电力实现北方地区的清洁采暖，加大力度开发生物质能源，实现建筑部门化石燃料的全面替代。

背景分析

研究背景

1. 中国面临的能源安全、气候变化、环境污染问题

近年来，中国能源消费量不断增长，随之产生了能源安全、气候变化、环境污染等问题，这些问题是中国未来能源生产和消费低碳发展的重要约束。

第一，中国能源依存度不断走高，未来能源发展需要将解决能源安全问题作为出发点之一。中国 2018 年能源对外依存度约为 21%，其中石油和天然气的对外依存度分别高达 70% 和 43%，天然气净进口量在 2018 年达到 1200 亿立方米，占国际贸易总量的近 15%。受到资源条件的约束，中国国产石油天然气在今后 10 年内很难出现大幅度增长，面对目前的世界形势，中国应当重视能源安全问题[1]。

第二，碳减排是中国未来能源发展过程中面临的重要问题。改革开放以来，中国碳排放量飞速增长，至 2006 年成为全球温室气体排放总量最大的国家。同时，在《巴黎协定》框架下，中国做出了到 2030 年前后二氧化碳的排放要达到峰值并且争取尽早达到峰值的减排承诺。在 2℃ 以及 1.5℃ 的温升控制目标下，到 2050 年，中国的二氧化碳排放量也要从目前的 100 亿吨降低到 35 亿吨乃至零排放，这是中国碳减排工作面临的严峻挑战[2,3,4]。

第三，中国未来能源发展还须考虑大气质量和老百姓对蓝天的需求。近年来，我国一些地区因细颗粒物造成的长时间持续的"雾霾"天已经严重影响了百姓的生理和心理健康，全面治理雾霾，还百姓以蓝天已经成为从中央到地方、从专业人士到普通百姓的共同要求和愿望。研究表明，目前 70% 以上的雾霾污染源都来自化石能源的使用。因此，简单靠煤改气已经不能根治雾霾，只有大规模改变能源结构，才有可能从根本上解决雾霾问题。

为了减小能源对外依存，破解雾霾问题，实现低碳发展，需要中国开展能源供给与消费侧革命，从碳基的以燃煤为主的能源结构变为以可再生能源为主导的低碳能源供给结构。新的供给结构也对能源消费提出了新的要求：首先，需要尽可能降低用能需求，减轻发展低碳能源的压力；其次，需要实现能源消费侧用电替代化石燃料，增大终端用能中电的比例；最后，需要从负载侧解决电力供需之间的刚性连接问题，变刚性为柔性。以上是本章开展建筑部门低碳发展转型路径研究的基本出发点。

2. 中国建筑部门的能源消费情况

中国建筑部门的能源消费与碳排放是全社会能源消费与碳排放的重要组成部分，也是中国节能减排与能源消费变革工作的重点。

过去 20 年，中国城镇化发展迅速，建筑规模的迅速增长也带动了中国建筑部门用能与碳排放的持续增长。一方面，大规模的建设活动消耗了大量建材，这些建材的生产、运输等过程产生了大量的能耗与碳排放，在全社会的能源消耗与碳排放中占有相当的比重。另一方面，不断增长的建筑面积也导致更多的建筑运行用能，加之随着经济社会的发展，人民的生活水平不断提升，使得采暖、空调、生活热水、家用电器等终端用能需求和产生的碳排放也不断上升。中国建筑运行用能约占全社会总用能的 20%，由建筑建造导致的原材料开采、建材生产、运输以及现场施工的能耗也占全社会总能耗的 20% 以上。

目前，中国仍处于经济相对快速发展的阶段，能源消费结构不断发生变化，从物质生产领域向类消费领域[5]不断转移，建筑用能作为类消费领域用能的主要部分，其重要性也将不断增加。同时，当前国内国际正处于能源供需格局变化的关键节点，在能源供给结构变革的大背景下，建筑部门能源消费的发展也应与之相适应。

因此，在这样一个关键节点下，需要对中国建筑用能与碳排放的现状进行全面认识和分析，建立建筑部门的宏观用能模型，对不同路径下建筑部门用能和碳排放的未来发展进行核算，并结合对中国能源转型的判断，提出中国建筑部门低碳发展转型战略及政策建议。

研究边界与研究方法

1. 与建筑部门相关的能耗及排放

本章中提到的与建筑部门相关的用能主要包含建筑建造用能和建筑运行用能两大部分。其中，建筑建造阶段的能耗主要产生于建筑建造需求所导致的原材料开采、建材生产、运输以及现场施工；建筑运行用能和排放指的是在住宅、办公建筑、学校、商场、宾馆、交通枢纽、文体娱乐设施等建筑内，为居住者或使用者提供采暖、通风、空调、照明、炊事、生活热水，以及其他为了实现建筑的各项服务功能所产生的能耗。实际上，与建筑建造相关的能耗和排放主要来源于建材生产阶段，属于工业部门用能。但由于建材的消费驱动力来源于建筑部门，不同的建设规模会造成不同的建材需求，进而对其工业生产能耗产生巨大影响。因此，除了建筑运行，本章也对与建筑建造相关的用能进行了讨论。

从二氧化碳排放的角度来看，与上述过程相关的碳排放可分为直接碳排放和间接碳排放两部分。建筑运行阶段的直接碳排放指建筑在运行过程中直接燃烧化石能源所产生的二氧化碳，主要包括在建筑末端使用锅炉满足北方城镇采暖需求产生的碳排放，以及城镇住宅、农村住宅使用天然气或燃煤满足采暖、炊事、生活热水需求所产生的碳排放。建筑运行阶段的间接碳排放主要包括建筑用电，以及北方城镇消耗的由热电联产产生的热力所导致的碳排放。在计算与建筑运行相关的间接碳排放时，电力导致的间接碳排放由电力供应结构决定，热电联产热力导致的间接碳排放按照㶲分摊的方法由电厂所生产的电力和热力共同分摊电力与热力生产过程中排放的二氧化碳。建筑建造阶段相关的二氧化碳排放则全部为间接碳排放。

此外，本章涉及的能源消耗包括电力、热力和化石能源消耗。由于这些能源具有完全不同的品位，而且它们之间的转换并非按照能量数量一比一进行，所以不应该把它们直接相加。因此，在提到能源数量时，尽可能分别列出电力、热力和化石能源消耗量。在必须将其合一时，采用发电煤耗法合为标准煤，具体计算方法是：

（1）化石能源：按照其低位热值直接计算。

（2）电力：无论风电、光电、水电、还是化石能源电力，一律按照300克标准煤/千瓦时折算。

（3）热力：按照热力的来源回溯到其转换过程，得到转换所消耗的化石能源；对于热电联产热源，则按照火用分摊的方法，由所生产的电力和热力共同分摊生产过程中消耗的燃煤量。

在本章中，在分析建筑部门的碳排放现状时，对直接碳排放和间接碳排放进行了区分。在进行情景分析时，由于电力相关间接碳排放与电力部门转型路径相关，因此对建筑部门的碳排放仅考虑了建筑部门的直接碳排放，以及由于热电联产供热所分摊的间接碳排放。

2. 建筑能耗的分类

本章所关注的建筑运行能耗指的是民用建筑的运行能源消耗，包括住宅、办公建筑、学校、商场、宾馆、交通枢纽、文体娱乐设施等非工业建筑。基于对中国民用建筑运行能耗的长期研究，考虑到中国南北地区冬季采暖方式的差别、城乡建筑形式和生活方式的差别，以及居住建筑和公共建筑人员活动及用能设备的差别，本章将中国的建筑用能分为以下四大类：

一是北方城镇供暖用能，指的是采取集中供暖方式的省、自治区和直辖市的冬季供暖能耗，包括各种形式的集中供暖和分散采暖。地域涵盖北京、天津、河北、山西、内蒙古、辽宁、吉林、黑龙江、山东、河南、陕西、甘肃、青海、宁夏、新疆的全部城镇地区，以及四川的一部分。西藏、川西、贵州部分地区等，因冬季寒冷，也需要供暖，但由于当地的能源状况与北方地区完全不同，其问题和特点也很不相同，需要单独考虑。将北方城镇供暖部分用能单独计算的原因是，北方城镇地区的供暖多为集中供暖，包括大量的城市级别热网与小区级别热网。与其他建筑用能以楼栋或者以户为单位不同，这部分供暖用能在很大程度上与供暖系统的结构形式及运行方式有关，并且其实际用能数值也是按照供暖系统来统一统计核算的，所以把这部分建筑用能作为单独一类，与其他建筑用能区别对待。目前的供暖系统按热源系统形式及规模分类，可分为大中规模的热电联产、小规模热电联产、区域燃煤锅炉、区域燃气锅炉、小区燃煤锅炉、小区燃气锅炉、热泵集中供暖等集中供暖方式，以及户式燃气炉、户式燃煤炉、空调分散采暖和直接电加热等分散采暖方式，使用的能源种类主要包括燃煤、燃气和电力。本章考察一次能源消耗，也就是包含热源处的一次能源消耗或电力的消耗，以及服务于供热系统的各类设备（风机、水泵）的电力消耗。这些能耗又可以划分为热源的转换损失、管网的热损失和输配能耗，以及最终建筑的得热量。

二是城镇住宅用能（不包括北方城镇供暖用能），指的是除北方地区的供暖能耗外，城镇住宅所消耗的能源。在终端用能途径上，包括家用电器、空调、照明、炊事、生活热水，以及夏热冬冷地区的省、自治区和直辖市的冬季供暖能耗。城镇住宅使用的主要商品能源种类是电力、燃煤、天然气、液化石油气和城市煤气等。夏热冬冷地区的冬季供暖绝大部分为分散形式，热源方式包括空气源热泵、直接电加热等针对建筑空间的供暖方式，以及炭火盆、电热毯、电手炉等各种形式的局部加热方式，这些能耗都归入此类。

三是商业及公共建筑用能（不包括北方地区供暖用能）。这里的商业及公共建筑指人们进行各种公共活动的建筑，包含办公建筑、商业建筑、旅游建筑、科教文卫建筑、通信建筑以及交通运输类建筑，既包括城镇地区的公共建筑，也包含农村地区的公共建筑。2014年前《中国建筑节能年度发展研究报告》在公共建筑分项中仅考虑了城镇地区的公共建筑，而未考虑农村地区的公共建筑，农村公共建筑从用能特点、节能理念和技术途径各方面与城镇公共建筑有较大的相似之处，因此从2015年起将农村公共建筑也计入公共建筑用能一项，统称为公共建筑用能。除了北方地区的供暖能耗，建筑内由于各种活动而产生的能耗，包括空调、照明、插座、电梯、炊事、各种服务设施，以及夏热冬冷地区城镇公共建筑的冬季供暖能耗也计入商业及公共建筑用能。公共建筑使用的商品能源种类是电力、燃气、燃油和燃煤等。

四是农村住宅用能，指农村家庭生活所消耗的能源，包括炊事、供暖、降温、照明、热水、家电等。农村住宅使用的主要能源种类是电力、燃煤、液化石油气、燃气和生物质能（秸秆、薪柴）等。其中的生物质能部分能耗未被纳入国家能源宏观统计，却是农村住宅用能的重要部分，本章将其单独列出。

本章考察建筑运行的一次能耗。对于建筑使用的电力，本章根据全国平均火力供电煤耗系数转化一次能耗。对于建筑运行导致的对于热电联产方式的集中供热热源，根据《民用建筑能耗标准GB/T51161-2016》[6]的标准，根据输出的电力和热量的火用分摊输入的燃料。

3. 中国建筑能耗与排放分析模型

基于对建筑用能与排放的长期深入研究，清华大学建筑节能研究中心积累了大量建筑用能数据，对建筑部门用能的特点进行了深入剖析，并建立了中国建筑低碳发展分析模型。该模型主要由中国建筑建造能耗及排放模块（CBCM），中国建筑运行能耗及排放模块（CBEM）以及中国建筑规模模块（CBSM）三部分组成，如图9-1所示。

图 9-1　中国建筑低碳发展分析模型

中国建筑规模模块基于现有的统计数据及相关研究，估算中国各类民用建筑逐年的新建、拆除以及实有面积情况。中国建筑建造能耗及排放模块基于实际调研和各类文献中所获得的建筑建造用能强度数据以及中国建筑规模模型输出的建筑建造规模数据，得到中国建造领域的用能以及碳排放情况。中国建筑运行能耗及排放模块基于从实际调研中得到的大量建筑运行用能信息数据和各类建筑实有规模数据，得到中国建筑运行阶段的能耗与排放情况。

其中，建筑运行用能强度基于两种途径获得：一是基于实测调研的大量建筑用能强度数据，在对中国建筑运行用能进行合理分类的基础上给出不同地区、不同种类建筑、不同用能终端以及不同家庭类型等维度下的建筑用能与排放强度，并进一步自下而上地得到中国建筑运行的宏观能耗与排放情况，这一途径基于实测用能强度数据，能够准确反映中国建筑运行部门的用能情况；二是以技术与用能行为为出发点，在更加深入细致的层面描述中国建筑运行用能情况，这种途径有助于深入研究技术进步以及行为模式的变化对建筑运行能耗的影响，并进一步给出相应的政策建议。两种途径相互校核，在宏观层面实现了对中国建筑运行能耗的准确描述，在微观层面阐述了技术与行为等各类影响因素对中国建筑运行能耗的影响。

清华大学建筑节能研究中心在长期的研究工作中采集了大量的建筑用能与排放数据，并建立了中国建筑低碳发展分析数据库，该数据库包括建筑建造信息数据库、DeST 典型建筑模型库、中国典型气象数据库、建筑技术及实践案例数据库、建筑节能政策数据库、建筑用能信息数据库等各类子数据库。该数据库是上述中国建筑部门低排放发展战略模型的基础。其中，建筑用能信息数据库是中国建筑低碳发展分析数据库的核心，该数据库包含了清华大学建筑节能研究中心自"十二五"至今通过问卷调研、长期监测、专题现场测试、收费第三方数据等方式所收集的超过 130 000 份样本数据，为中国建筑低碳发展分析模型研究打下了坚实的数据基础。

建筑运行部门的能耗及排放

中国建筑规模发展状况

近年来，中国城镇化发展迅速，大量人口从农村进入城市，城镇化率从 2001 年的 37.7% 增长到 2017 年的 58.5%（见图 9-2），这也带动了中国建筑规模的持续上升。

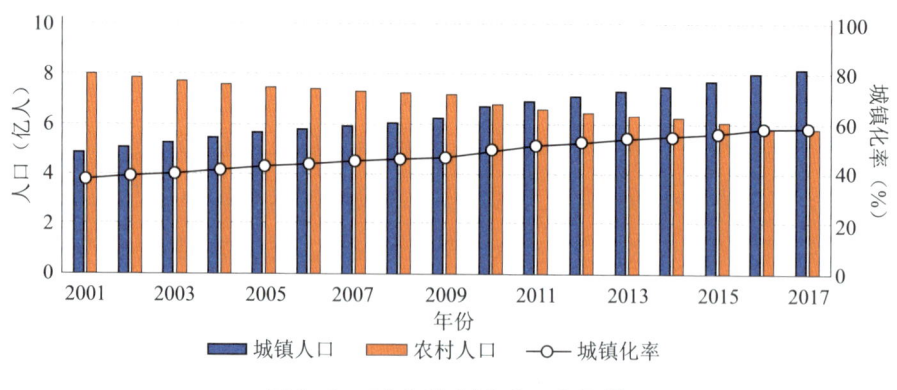

图 9-2 中国逐年城乡人口变化 [7]

如图 9-3 所示，2017 年，中国民用建筑总面积为 593 亿平方米，相比 2001 年增长近 1 倍，其中城镇住宅建筑面积为 238 亿平方米，农村住宅建筑面积为 231 亿平方米，公共建筑面积为 123 亿平方米。

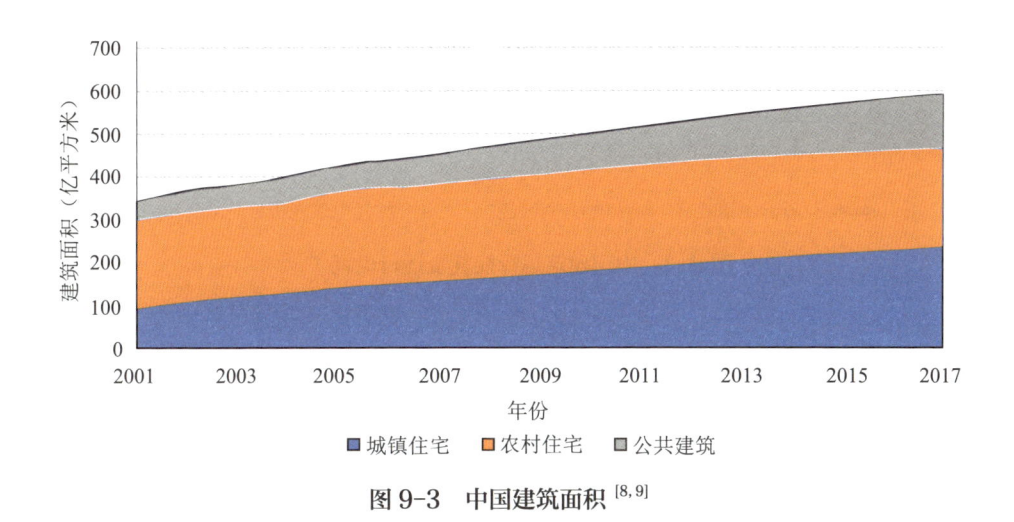

图 9-3　中国建筑面积 [8, 9]

建筑运行部门的能耗及排放

1. 能源消耗

2017 年，中国建筑运行按照发电煤耗折算的总商品能耗约为 9.6 亿吨标准煤，其中电力消耗 1.5 万亿千瓦时，化石能源消耗约 5 亿吨标准煤，见图 9-4。2017 年，建筑能耗占全国总能源消耗的 20%，若计入生物质能源消耗，则总能耗高达 10.5 亿吨标准煤。在商品能源消耗中，建筑运行的电力消耗占全国总电力消耗的比重超过 20%。

从 2001 年到 2017 年的近 20 年间，中国建筑运行能耗增长迅速，从不足 4 亿吨标准煤增长到近 10 亿吨标准煤。与总能耗增长相比，电力消耗增长速度更快，从不足 0.5 万亿千瓦时增长到超过 1.5 万亿千瓦时，增幅超过 2 倍。

图 9-4 中国建筑运行能耗及运行电耗 [8,9]

本章将建筑运行能耗分为四大类，分别是：北方城镇供暖用能、城镇住宅用能（不包括北方地区的供暖）、公共建筑用能（不包括北方地区的供暖），以及农村住宅用能[9]。将四部分建筑规模、运行用能强度和总量表示在图 9-5 的四个方块中，横向表示建筑面积，纵向表示每一类的单位平方米建筑能耗强度，四个方块的面积即是建筑能耗的总量。从建筑面积来看，城镇住宅和农村住宅的面积最大，北方城镇供暖面积约占建筑面积总量的 1/4 弱，公共建筑面积仅占建筑面积总量的 1/5 弱，但从能耗强度来看，公共建筑和北方城镇供暖能耗强度又是四个分项中较高的。因此，从用能总量来看，基本呈四分天下的局势，四类用能各占建筑能耗的 1/4 左右。近年来，随着公共建筑规模的增长及平均能耗强度的增长，公共建筑的能耗已经成为中国建筑能耗中比例最大的一部分。

2. 二氧化碳排放

一般而言，建筑运行相关的二氧化碳排放分为直接碳排放和间接碳排放，其中直接碳排放指建筑在运行过程中直接燃烧化石能源所产生的碳排放，主要包括在建筑末端使用锅炉以满足北方城镇集中采暖需求产生的碳排放，以及城镇住宅、农村住宅使用天然气或燃煤以满足采暖、炊事、生活热

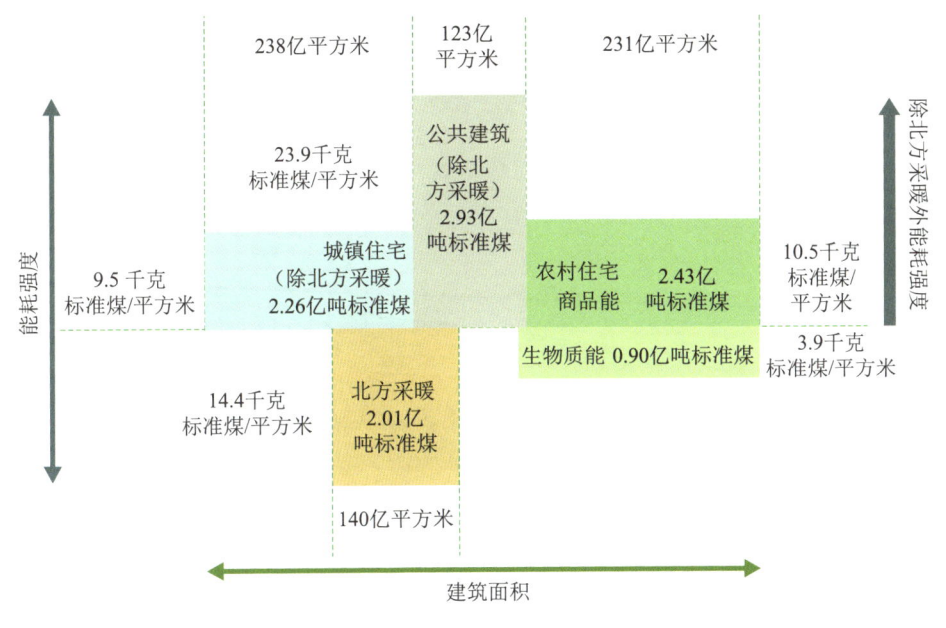

图 9-5 2017年中国建筑运行能耗总量及强度 [9]

水需求所产生的碳排放。间接碳排放主要包括建筑用电，以及北方城镇消耗的与热电联产热力相关的碳排放。

建筑能耗总量的增长、能源结构的调整都会影响与建筑运行相关的二氧化碳排放。建筑运行阶段消耗的能源种类主要以电、煤、天然气为主，其中，城镇住宅和公共建筑这两类建筑中70%的能源均为电，以间接二氧化碳排放为主；而在北方城镇采暖和农村住宅分项中，使用燃煤的比例更高，在北方城镇采暖分项中使用燃煤的比例超过了80%，农村住宅中使用燃煤的比例约为60%，这些都会导致大量的直接二氧化碳排放。

2017年中国建筑运行产生的直接碳排放约为10亿吨，如图9-6所示。如果加入使用电力和热电联产热力所造成的间接碳排放，那么二氧化碳排放总量将达到2 010亿吨，其中，与电力相关的间接碳排放为8.6亿吨，约占42%；热电联产热力相关的间接碳排放为1.7亿吨，约占8%。2017年中国建筑运行相关的直接二氧化碳排放折合人均指标为 0.7 吨 /cap，折合单位面积平均建筑运行碳排放指标为 17 千克 / 平方米。

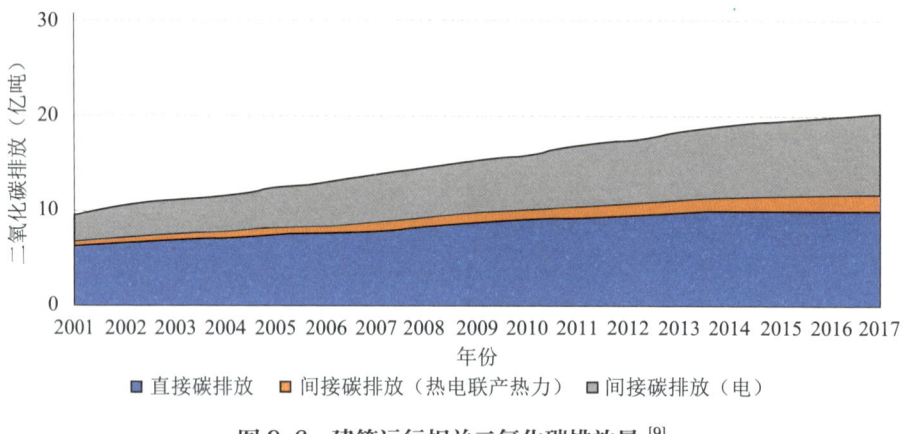

图 9-6　建筑运行相关二氧化碳排放量 [9]

3. 非二氧化碳温室气体排放

由于臭氧损耗潜值为零，HFC 类物质曾被认为是理想的臭氧层损耗物质替代品，被广泛用作冷媒。但由于其全球变暖潜值较高，目前也成为建筑部门非二氧化碳温室气体排放的主要来源。HFC 在建筑领域主要用于空调制冷设备中制冷剂的制造，由此导致的温室气体排放也是中国占比最大的非二氧化碳温室气体排放。根据北京大学的研究，2017 年中国由于家用空调和商业空调造成的 HFC 温室气体排放约为 0.6 亿 tCO_2-eq [10]。

值得注意的是，冷媒的实际泄漏量并不等于产出量。一方面，这是由于中国 30% 以上的空调制冷产品出口，冷媒随之出口；另一方面，安装在国内的空调制冷设施的当年冷媒泄漏量也小于当年的总充灌量。这是由于中国建筑的空调制冷装置安装量仍在逐年增加，泄漏量应为总安装量达到平衡之后的年充灌总量。目前，中国产出的制冷剂 80% 充灌在新生产的制冷设备中，只有约 20% 是作为补充制冷剂，而实际制冷设备的冷媒排放应当主要来源于运行设备的泄露以及废弃设备的排放。

随着中国家用空调和冰箱增量的减少和更新换代率的降低，以及使用期制冷剂泄漏问题的改善，未来建筑部门非二氧化碳温室气体排放将有较大的下降空间。为了减少排放总量，有如下三方面需要努力：

一是积极发展低全球变暖潜值（GWP）的替代工质。目前此领域已成为西方世界抑制中国制冷空调产业发展的重要手段。为此，需要研究领域和生产企业结合，各大生产企业合作，共同发展出适合我国资源、技术特点的新型环境友好制冷工质。

二是提高工艺水平和维修水平，大幅度减少制冷剂泄漏，加大维修过程中制冷剂回收率。这是在现有制冷剂系统下实现低非二氧化碳温室气体排放的最有效途径，近10年来中国制冷工艺水平有了显著提高，泄漏量大为减少。通过政策机制，包括大幅度提高非二氧化碳温室气体税收，可以有效降低这类泄漏。

三是发展低制冷剂充灌量和非压缩式制冷与热泵技术，大幅度减少对具有温室效应的制冷工质的需要量。例如，在干燥地区的直接和间接蒸发冷却技术。

中外建筑用能发展历史及对比

随着城镇化的推进，中国的人均居住建筑面积已逐渐接近部分发达国家水平。如图9-7所示，2017年中国的人均居住建筑面积接近40平方米，已经与德国、英国、法国、日本等发达国家接近。而目前公共建筑面积相对处在低位，低于上述发达国家15平方米的人均水平，还存在着一定的发展空间。

近年来，尽管中国建筑部门用能增长迅速，但与发达国家相比，中国建筑用能强度尚处于低位。从图9-8中可以看出，目前，从人均能耗来看，中国约为美国的1/4，不到欧洲一些国家及日韩的一半；从单位平方米指标来看，约为美国的1/3，约为欧洲一些国家的一半。

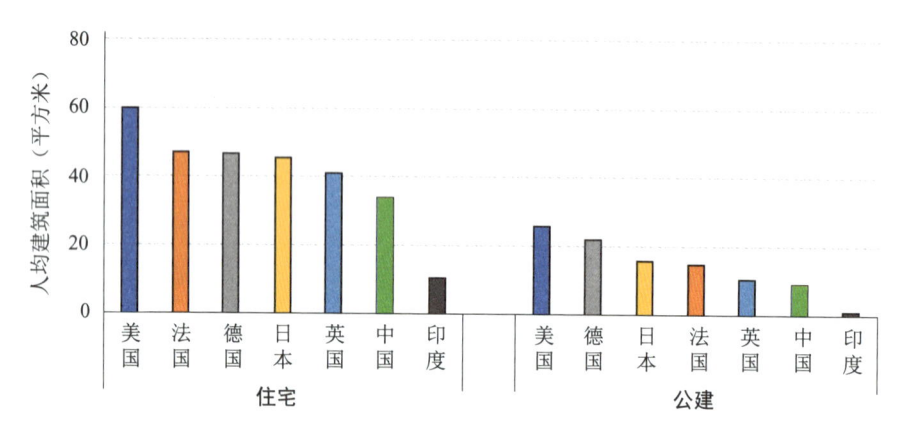

图 9-7 中外建筑面积对比（2017 年）[11, 12, 13, 14, 15]

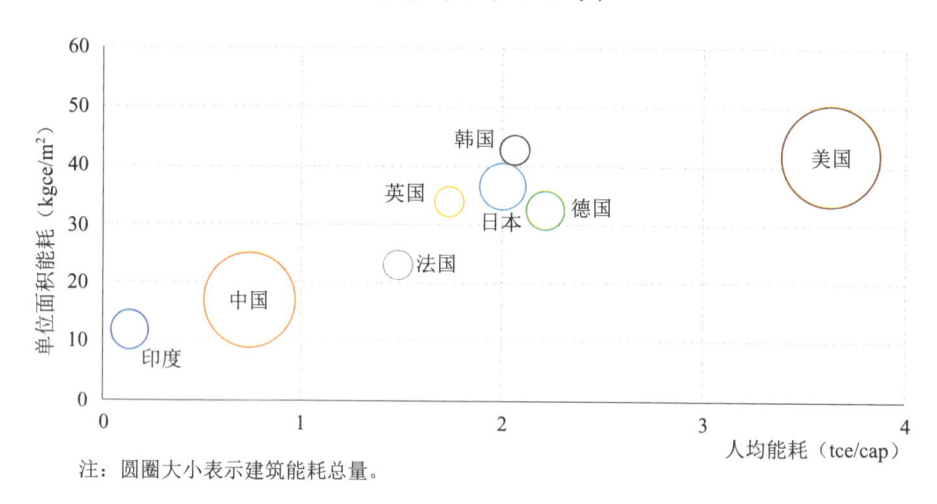

注：圆圈大小表示建筑能耗总量。

图 9-8 中外建筑用能对比（2017 年）[11, 12, 13, 14, 15, 16]

从人均能耗发展历史来看，如图 9-9 所示，大部分发达国家的人均建筑能耗都经历了先快速增长、后趋于平稳或稳中有升的发展过程，但各国人均能耗最终的平台期数值有较大差别。目前，中国人均建筑能耗尚处于低位，接近韩国 20 世纪 80 年代的水平，与日本、意大利等国 20 世纪 60 年代的水平相当，并且中国仍处在经济相对较快速发展的时期，因此未来建筑能耗还存在极大的增长可能。或者说，中国现在正处在建筑节能发展路径选择的关键点。在下一阶段，选择不同的用能模式以及建筑节能发展路径，会带来整体趋势的较大差别，进而直接影响中国总体能耗与碳排放的发展趋势。

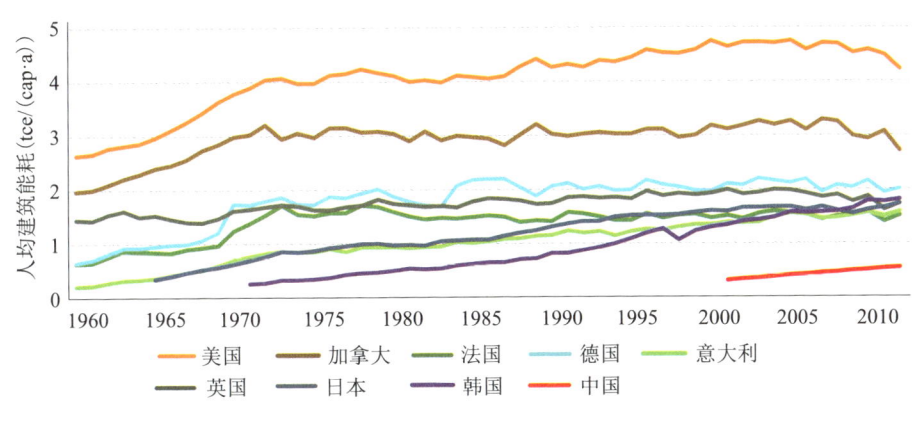

图 9-9　各国人均建筑能耗变化

低碳发展路径分析

能源转型路径对建筑部门的影响

中国能源体系面对气候变化、能源安全以及环境污染的三重压力，实现能源结构转型是解决这三大问题的唯一途径，即由以化石能源为主，转向以可再生能源与核能为主的低碳能源结构，大比例降低化石能源的使用。要实现这一转型目标，需要从供给侧、需求侧共同发力，多部门联动，以低碳能源转型为主要的最终目标之一，制定各部门的发展路径。

对应到建筑部门，结合中国建筑用能现状，需要实现用能总量控制与用能结构优化两个方面的转变，以匹配中国能源转型的大趋势和应对气候变化的要求。这些转变需求即为中国建筑部门未来低碳发展的主要目标。

从总量控制的角度来看，建筑用能需要将总量控制在合理范围内。目前，中国建筑规模还在不断增加，居民生活质量、服务业等都存在提升空间，因此中国建筑用能还将在一段时间内持续增长。与发达国家相比，中国建筑用能强度处于低位，但考虑中国低碳能源转型目标，中国建筑用能不能参照这些发达国家的发展模式，而是需要从中国实际出发，合理控制能耗总量、确定节能途径。

从结构优化的角度来看，建筑用能结构需要匹配未来的低碳能源供应。首先，考虑到风电、光电等可再生能源的输出形式均为电，电力在建筑用能中的占比需进一步加大；其次，生物质是唯一的低碳燃料，需要更合理充分地利用，尤其是在农村地区；同时，考虑到中国北方地区还有较大的供热需求，秉持充分利用能源品位的原则，应该充分挖掘火电厂余热、核电余热以及部分低品位工业余热作为冬季供热热源。此外，考虑到可再生能源具有较强的不确定性，未来电网对需求侧的负载特性提出了新要求，需要提升建筑的用能柔性，以减少其对电网的冲击，并通过需求侧响应的用电模式形成更大的对风电光电的接收能力。

建筑运行的碳排放主要包括建筑运行中使用化石燃料造成的直接碳排放和使用电力、热力造成的间接碳排放。目前，城镇建筑除北方冬季采暖外，直接碳排放主要源于居民炊事、生活热水；农村碳排放则源于大量的燃煤取暖和炊事。随着电炊事装置的不断发展，用电解决炊事和生活热水制备的制约既不是能源供应设施的限制，也不是成本和经济性问题，而完全是生活习惯的惯性。只要通过文化宣传和适当的政策机制（如提高居民用气价格），就可以实现城镇居民生活全部电气化，取消燃煤燃气。而北方地区城镇建筑供暖则可以通过热源方式的改造完全取消分散的化石燃料热源。技术措施可以是热电联产热源通过集中供热提供供暖热量，以及热泵或电热方式解决不能连接集中供热的建筑以实现分散取暖。而如何降低电力和集中供热的间接碳排放，则要与电力系统减排一同论证。农村低碳方式则可用生物质能、风能、光能和电网系统提供的电力形成农村的新能源系统，也可以完全消除直接碳排放。

实现上述城乡直接碳排放清零的关键问题是停止"煤改气"活动，避免大量投资建成的煤改气工程在 20 年后又全部废除，并使参与的城乡居民产生抵触情绪。

建筑中长期能耗与排放情景分析

低碳能源转型为中国建筑发展提出了新目标，同时中国目前正处于建筑用能发展变化的关键时期，不同的发展路径会在未来造成截然不同的建筑能耗与排放。因此，本小节在前述章节讨论的基础上，结合前文能源转型对中国建筑部门的要求，对中国建筑部门中长期能耗及排放的发展建立不同情景进行讨论，分析不同路径的发展情况。

1. 情景设定

根据研究需要，本章共设置了 4 种情景：

（1）政策情景。在这一情景下，假定中国建筑规模、用能强度基本维持近年来的增长趋势。建筑规模向日本和欧洲各国靠拢，能耗较高的居民生活方式占比明显增加。各项建筑节能政策基本以"十三五"期间的力度持续推进。

（2）强化政策情景。在这一情景下，假定中国建筑规模、用能强度还会有一定发展，但增速有一定放缓。人均住宅与公共建筑面积有一定增加，能耗较高的生活方式占比明显减少，建筑节能政策将考虑相关约束提出更严格的措施。

（3）2℃情景。在这一情景下，假定中国服务水平有一定增长，能够满足居民生活需求，同时由于各项政策以较强的力度全面推进，建筑用能以符合低碳能源转型的方向稳步发展，建筑总碳排放预计在 2030 年前后达峰，以达到我国 2℃温升控制目标。

（4）1.5℃情景。这一情景为在2℃情景的基础上，进一步增强各项节能政策力度，推进电气化进程。建筑预计在2050年前后无直接排放，以达到我国1.5℃温升控制目标。

2. 情景结果

基于以上假定，对中国建筑部门至2050年的建筑规模、能源消耗与碳排放使用CBEM进行情景分析，主要结果如图9-10所示。

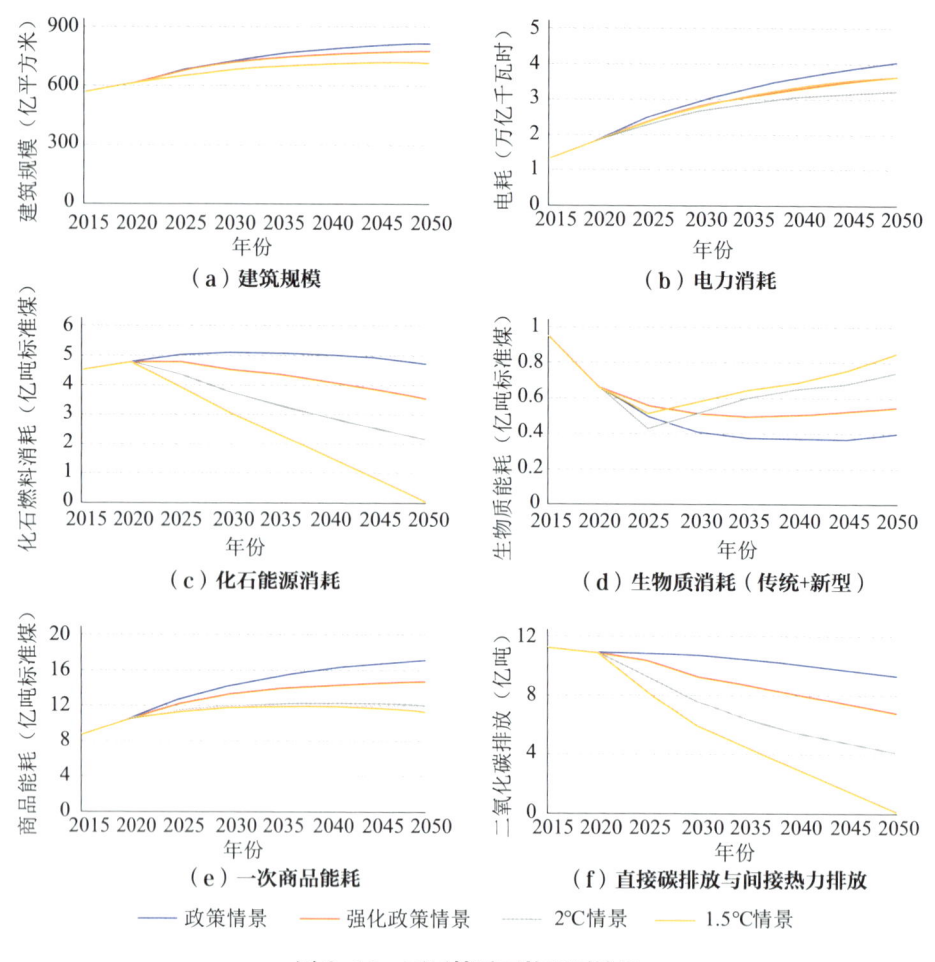

图9-10 不同情景下的预测结果

在政策情景下，建筑规模保持增长趋势，到 2050 年约为 820 亿平方米；电力消耗持续快速增长，2050 年超过 4 万亿千瓦时，接近目前水平的 3 倍；化石能源消耗 2025 年后进入平台期，峰值约为 5.1 亿吨标准煤，之后缓慢下降，到 2050 年约为 4.7 亿吨标准煤；总商品能消耗（发电煤耗法）持续增长，2050 年约为 17 亿吨标准煤，接近目前水平的 2 倍；此外，生物质用能显著下降至 0.4 亿吨标准煤，农村居民大部分改用电力或天然气作为主要的能源品种，到 2040 年后新型生物质燃料有所增长；直接碳排放与间接热力排放呈下降趋势，到 2050 年约为 9.4 亿吨二氧化碳。

在强化政策情景下，建筑规模增速有所放缓，到 2050 年约为 780 亿平方米；到 2050 年，电力消耗约为 3.7 万亿千瓦时，化石能源消耗约为 3.6 亿吨标准煤，总商品能消耗约为 15 亿吨标准煤；生物质能耗前期快速下降，之后由于新型生物质的发展，到 2050 年约为 0.6 亿吨标准煤；碳排放下降至 6.8 亿吨二氧化碳。

在 2℃情景下，建筑规模、电耗、商品能耗总量等均存在增长；到 2050 年，建筑规模约为 720 亿平方米，用电约为 3.2 万亿千瓦时，化石能源消耗 2.2 亿吨标准煤，约为目前水平的一半；能源消耗总量自 2025 年进入平台期，稳定在 12 亿吨标准煤左右；同时，这一情景下会大力鼓励发展高效生物质利用，到 2050 年，新型生物质燃料消耗迅速增加，约为 0.7 亿吨标准煤，碳排放降至 4.1 亿吨二氧化碳。

在 1.5℃情景下，中国将进一步推进节能减排与电气化，建筑规模、商品能总量均与 2℃情景下接近，但电力占比、高效生物质利用量显著增高。到 2050 年，建筑耗电约为 3.7 万亿千瓦时，化石燃料消耗约为 60 万吨标准煤，生物质燃料约为 0.9 亿吨标准煤，碳排放降至 1 500 万吨二氧化碳。

3. 分析与结论

情景分析的结果进一步说明，发展路径的差异会带来近 1 倍的商品能耗以及近 10 亿吨的碳排放（直接与间接热力部分）差别。结合我国低碳转型要求与情景分析结果，归纳得到未来路径中存在以下三个关键点：建筑规模的控制、建筑节能的推进以及能源结构的改变。

建筑规模直接影响建筑采暖、空调、照明等负荷，同时还会间接影响建筑建材等建造相关的碳排放。在本章中，未进一步采取建筑规模控制的政策情景与采取了较强措施的2℃情景相比，到2050年，建筑规模差别约为100亿平方米。因此，有必要通过合理规划，将建筑规模控制在一定范围内。

建筑节能的持续推进能够明显降低建筑用能增速。情景分析的结果表明，通过各项建筑节能工作的开展，可以在较低的能耗增长下实现居民的美好生活目标，同时实现碳排放的显著下降。因此，建筑节能也将是中国建筑发展中的重要组成部分。

此外，1.5℃情景下的结果表明，在实施建筑节能的基础上，配合用能结构调整，能够实现到2050年的近零排放。用能结构调整包括大力推进建筑电气化、积极利用各种余热解决北方城镇采暖、高效合理利用生物质燃料等，从而显著降低化石燃料在建筑用能中的占比。

本章的情景分析仅考虑建筑运行阶段的能源消耗与二氧化碳排放。而结合中国低碳发展要求，对于建筑发展路径的选择，还需要考虑如何提升建筑消纳可再生电力的能力、降低建筑运行的非二氧化碳排放等。后文中，将在三个关键点的基础上，结合相关文献研究，对中国低碳转型路径下的建筑发展路径进行进一步的分析与讨论。

北方清洁采暖路径的情景分析
1. 情景设定与分析结果

在目前的建筑用能中，最依赖直接燃料的是北方冬季采暖，它的能耗总量最大，对大气污染的影响最大，所以其节能潜力也最大，是中国建筑节能工作的重点。同时，北方冬季采暖也是决定中国建筑部门未来碳排放的关键领域。

目前就减少北方采暖碳排放而言，有两个方案。

方案一，继续采用集中供热，以热电联产及工业、核能的余热作为主要热源。热电联产是利用发电余热作为供暖热源。热电联产工艺不同，输出热量的能耗也不同。目前我国大多数热电联产电厂是抽凝机组，抽取部分原本进入低压缸继续发电的 0.5 兆帕左右的蒸汽把热网循环水从 50~60℃加热到 110~125℃。剩下的部分蒸汽仍进入低压缸发电，其冷凝热量在 20~40℃的温度下由冷却塔或空冷岛排出，排出余热为机组总热量的 20%~30%。近年来，部分电厂进行多种形式的背压改造，消除了冷端损失，但同时也减少了发电量。按照火用分摊方法把电厂消耗的燃煤分摊给输出的电力和热力，这两种方式输出热量的煤耗为 14~30 千克标准煤/吉焦，具体煤耗取决于取热流程和返回到电厂的回水温度。与直接燃煤锅炉的 40 千克标准煤/吉焦相比，节能 25%~50%。

方案二，采用可再生电力作为主要能源，以热泵作为主要热源，极严寒地区采用直接电热。目前，采用热泵在寒冷和严重地区供热，COP（能效比）已经可以达到 3，可以覆盖北方约 80% 的地区。其余不到 20% 的地区无法使用热泵，可以采用直接电热。当热泵的电力来自燃煤电厂时，这种方式实质的能源消耗与碳排放量比燃煤锅炉低 30%；当热泵的电力来自热电联产燃煤电厂时，该方式的能耗与碳排放低于燃煤锅炉 40%；当热泵的电力来自可再生能源时，则可以实现零碳。

在两种方案下，分别分析到 2050 年建筑部门的能耗消耗和碳排放，电力导致的间接碳排放由电力供应结构决定，此处不计，热电联产热力消费导致的间接碳排放按照火用分摊的方法计算。情景分析的结果如下，见图 9-11 和图 9-12。

方案一：3.2 万亿千瓦时电 + 1.5 亿吨标准煤燃料 + 1 亿吨标准煤生物质（农村），直接碳排放约为 0.33 亿吨。

方案二：4 万亿千瓦时电 + 1 亿吨标准煤生物质（农村），直接碳排放为 0。

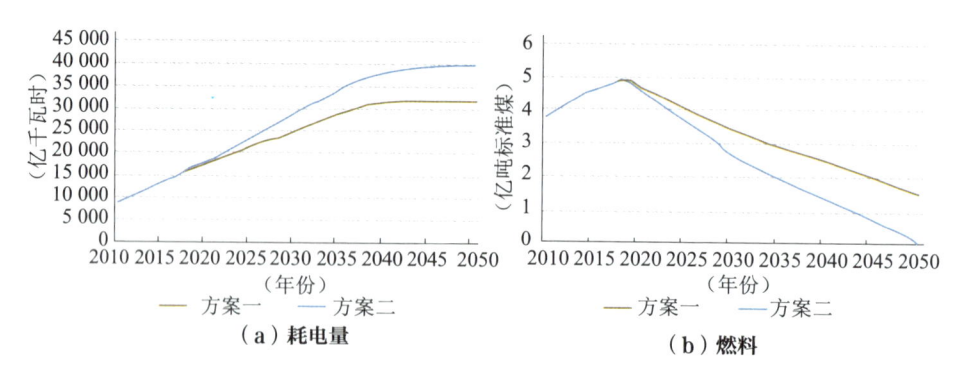

图 9-11　北方采暖热源选择的能耗情景分析结果

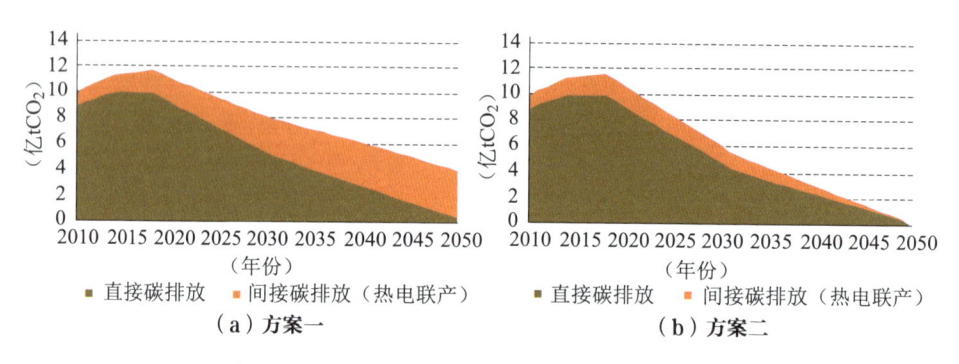

图 9-12　北方采暖热源选择的排放情景分析结果

2. 分析与结论

通过比较可以发现，方案一与方案二都可以在 2050 年实现较低的建筑部门排放，那么到底如何选择未来北方采暖的热源？这就需要综合考虑中国未来能源系统中燃煤火电厂的功能、必要性，基于未来整体能源系统转型路径来做出判断。因此，必须回答未来中国将保留多少燃煤电厂，同时还要考察这些热源的地理位置是否与需要热量的城镇位置相匹配，热量输送成本是否可接受。

中国北方采暖区域内目前已有热电厂装机超过 8 亿千瓦。未来大规模发展风电、光电，需要有足够的蓄能能力和灵活电源，以适应风电、光电的大幅度日波动和电力负荷侧的日变化。为了实现电力低碳化，除2亿千瓦核电外，中国的风电、光电装机容量将在25亿~35亿千瓦，为使其得到充分利用，至少需要60%容量的调峰电厂，即15亿~21亿千瓦的调峰电厂，或者是其他具有同等蓄电容量的蓄电装置。水电和抽水蓄能电站是最好的蓄能和灵活电源，然而中国的地理资源决定了水电和抽水蓄能电站总量很难超过4亿千瓦，这样调峰电源的缺口达10亿千瓦。即使考虑到电动汽车、具有柔性用电能力的直流建筑等可以提供约4亿千瓦的蓄电和电力调峰能力，也还需要6亿千瓦以上容量的热电厂作为调峰电厂，才可能与风电、光电互动，满足未来中国的电力需求。此外，北方冬季受枯水期限制和黄河冰凌的影响，水力发电能力大幅下降，也需要额外1亿千瓦火电来补充冬季水电的不足。这样，中国北方冬季应有5亿千瓦以上的火电和核电运行，才能在大比例发展风电、光电、水电的前提下满足未来的电力供应，大于供热所要求的4亿千瓦火电的装机容量。

然而，这些冬季按照热电联产方式运行的火电和核电必须同时承担电网的快速峰谷调节任务，而不能按照传统的"以热定电"模式运行。当进入电厂的热网回水温度低于20℃时，通过在电厂配备大容量的蓄热装置和电动热泵，可以在需要发电时全功率发电，用蓄热罐的热量供热并蓄存发电余热；而在电力需求低谷期最大量抽气并开启大容量电动热泵，以提升电力高峰期蓄存的低品位余热。通过工艺流程优化，可以使热电厂全天的综合热效率高于95%，输出电力在35%~100%的范围内快速调节，而全天输出电力与输出热量之比不低于45%。

对于沿海修建的核电和火电，还可以进一步利用发电余热进行海水淡化，从而通过改变抽气量、蓄热量和使用电动热泵提升低温余热的品位，使得全年都可以实现大范围的电力峰谷调节和高效余热利用。北方沿海地区同时也是淡水资源匮乏区，热、电、水联产可以实现全年的电力灵活调节和余热的充分利用。

我国北方 90% 的县以上城镇都已建成较完善的城区供热管网，这是发展余热供热的必备条件，世界上绝大多数发达国家都不具备。具体考察北方各县以上城镇地理位置，可以发现 80% 的城镇都能在 100 公里半径的范围内找到足够的具有潜在可利用的余热资源。当把输送距离提高到 150 公里时，则热源与热负荷的匹配度高于 90%。采用低回水温度技术，热量输送的经济距离可增长 50%。同时，单位热量的输送成本也随容量增大而下降，单位热量管道热损失亦与管径成反比，输送 5 000 兆瓦热量管网的经济输送距离是 500 兆瓦热量管网的 3 倍。实现大温差输送，输送容量可达几千兆瓦，经济输送距离是常规温差、容量为几百兆瓦管网的 4~5 倍。自 20 世纪 80 年代起，我国建设了不少输送距离达 30~40 公里的热网，至今仍在安全运行。由此，采用大温差和大容量技术，可接受的输送距离就是 100~150 公里，目前北方大多数城镇在这个半径内都可以找到与建筑规模相匹配的热电联产或工业余热热源。近年来，我国已在太原、银川、石家庄等地相继建成 40~60 公里的大容量长距离热网，其建设和运行实践也证实了这一点。目前又有多地正在规划、设计和建造规模更大、距离也更长的热网，并都将在未来 2~3 年内完工投运。

冬季供热是重要的民生工程，以单一的工厂或电厂为热源为一个区域供热，很难达到高安全、高可靠。实现区域大联网，多个热源联合供热，再加上终端的天然气调峰，就可以实现多源互补、优化运行，保证系统的可靠与安全。完善地建成覆盖北方大多数城镇的区域热网，全面采集各种余热资源，相互补充，并实现发电、调峰、供热、供气之间的协同，将是在低碳的要求下中国未来城市能源系统的最适模式。这需要统一规划，分散建设，在中央统一规划协调下发挥地方的积极性，依靠市场机制调动逐步实施，还需要相应制定合理的定价机制，均衡热、电、气价格，并充分考虑各种调峰对系统的贡献。

建造相关的节能减排

建筑建造引起高能耗和高排放

随着中国城镇化进程不断推进，民用建筑建造能耗也迅速增长。大规模建设活动的开展导致大量使用建材，建材的生产进而导致了大量能源消耗和碳排放的产生，这是中国能源消耗和碳排放持续增长的一个重要原因。

2017 年，中国钢铁、水泥、铝材、玻璃、建筑陶瓷五类工业产品的生产能耗约为 14 亿吨标准煤，占全社会能耗的 1/3，占工业生产能耗的 1/2。这其中，房屋建造是这几类工业产品的主要用途之一。从 2004 年到 2017 年，与中国民用建筑建造相关的二氧化碳排放从 6.8 亿吨增长到 18.2 亿吨，增长约 2 倍。在这其中，与能源消耗相关的排放约占 70%，水泥生产工艺过程的排放约占 30%（见图 9-13）。

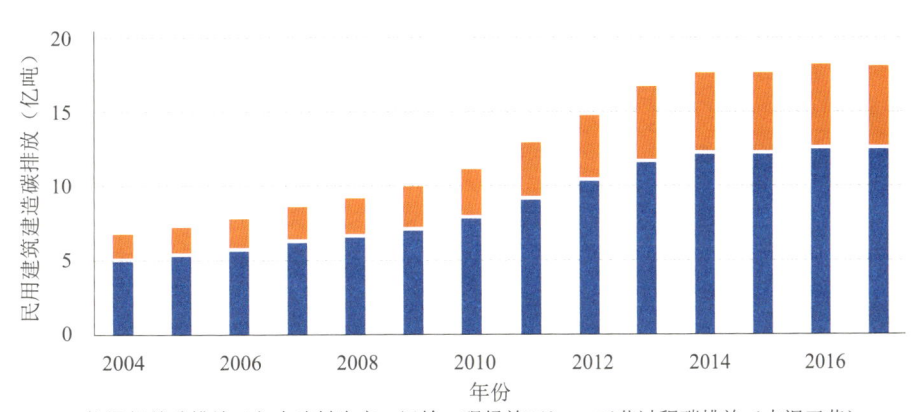

图 9-13　历年竣工民用建筑建造排放 [8,9]

中国快速城镇化的建造需求不仅直接带动建造能耗的增长，还决定了中国以钢铁、水泥等传统重化工业为主的工业结构，这也是导致中国目前单位工业增加值能耗高的主要原因。目前世界主要发达国家如日本、法国、德国、英国以及其他经济合作与发展组织国家工业部门的单位增加值能耗都在 0.1 千克标准煤 /2010 年不变价美元之下，而中国则超过 0.3 千克标准煤 /2010 年不变价美元，是多数发达国家的 3 倍以上，全球平均水平的近 2 倍。

在中国的工业用能中，钢铁、有色、化工、建材生产用能占到了工业总用能的 67%，而多数发达国家钢铁、建材、化工的用能之和都低于 50%，部分国家如英国、美国仅在 30% 左右。钢铁等五大高耗能产业单位工业产值增加值对应能耗是机电产业平均单位工业产值增加值对应能耗的 10 倍以上，是第三产业单位产值增加值对应能耗的 15 倍左右。中国工业生产碳排放高，其主要原因是钢铁、有色、建材、化工等高能耗产业在工业总量中的比例过大，而这一过大比例完全是由国内巨大的时长需求所致。在中国，有 70% 的钢铁、90% 的建材、20% 的有色金属用于建筑与基础设施的建设，建设耗材生产用能占到了中国工业总用能的约 42%。可见，我国快速城镇化导致的大量建设用材需求，使得钢铁、建材、有色、化工等重化工业在中国现有的工业生产结构中占比很高，进而导致中国工业单位增加值偏高。

合理规划建筑规模

建筑规模总量是影响建筑部门能耗与排放的重要因素，因此合理规划和控制未来建筑规模总量，减少新建建筑规模，是实现建筑部门低碳发展的必要条件[17]。

要减少建筑建造相关碳排放，一方面要控制建筑规模总量。在城镇化过程中，大量的居民从农村进入城市，房地产市场在经济利益的驱动下，地方政府在拉动经济发展的需求下，都会推动城镇住宅和公共建筑大面积建设。从目前建筑竣工面积来看，已经大大超出了城镇化新增人口对建筑的需求。目前，中国人均建筑面积已经接近发达国家水平，甚至已经超过部分欧洲和亚洲的发达国家。即使考虑未来城镇化率的继续增长，按照现有人均建筑面积水平，需要新增的房屋规模也有限。因此，要严格控制新开工房屋，控制住宅套内面积。目前全社会已有建成民用建筑约 600 亿平方米，人均约为 40 平方米。按照亚洲其他发达国家的状况，人均 50 平方米民用建筑（包括住宅、商建和公建）已完全可以满足经济、社会和文化发展的需要。所以，中国未来按 14 亿 ~15 亿人口计算，建筑总规模达到 720 亿平方米应该可以完全满足现代化和人民美好生活的需要。这样，建筑总量仅还有 100 亿 ~120 亿平方米的增长空间，如果继续以每年 20 亿平方米的速度建设，仅还有不到 8 年的建设空间。如果逐渐从 20 亿平方米竣工的速度减缓到每年 15 亿平方米（2025 年）、10 亿平方米（2030 年）和 5 亿平方米（2035 年），每年相关碳排放量也会逐渐减少到 5 亿吨以下。

另一方面需要抑制房屋的大拆大建，发展建筑维修技术，增加建筑维修与功能提升的比例。在过去 20 年中，中国开展了大量的房屋和基础设施建设，但同时也伴随着大量建筑的拆除。如图 9-14 所示，近 10 年间，中国建筑年竣工面积都在 25 亿平方米左右[7,18]，但同时每年的建筑拆除面积在 15 亿平方米左右，并且呈增长的趋势。

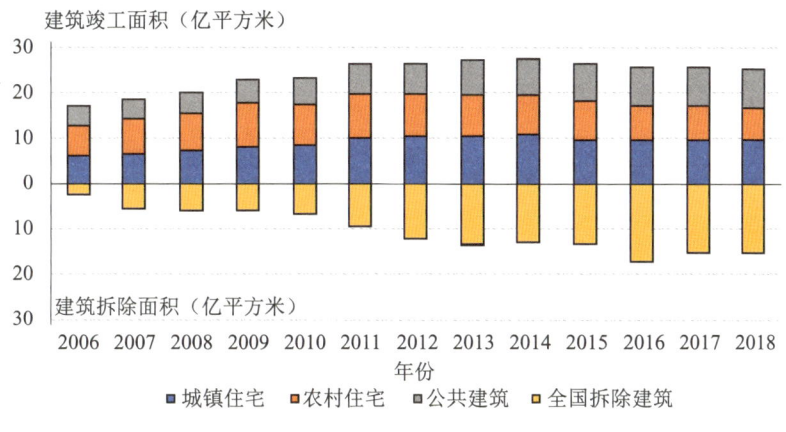

图 9-14 中国民用建筑新建及拆除面积 [9]

在下一阶段，中国将由大规模建设逐渐转为大规模维修、改造和功能提升，因此如何实现城镇化任务由"大拆大建"转为"延寿升质"，是下一阶段的重要议题。建筑修缮和拆除新建相比，人工费用高，但建材的用量、能耗和碳排放会大幅减少，以"结构加固 + 精细修缮"模式对建筑功能提供改造，碳排放量是拆除重建的十分之一。如果每年有 3% 的建筑需要大修和改造，就对应着每年 20 亿平方米的维修改造量，因此对既有建筑是"大拆大建"还是科学修复与功能提升，将对应着两个差别巨大的碳排放结果。如果是大拆大建模式，其结果就是巨大的钢铁、水泥和建材的需求与每年 15 亿吨以上的碳排放量；反之，则可以大幅度降低对钢铁水泥等高碳材料的需求，实现建造业的低碳发展。

要实现这一目标，需要相关的政策机制，也要加速科学研究，探讨低碳的建筑延寿和功能提升途径。为此，大力发展精细修缮模式所需要的技术，例如建筑物寿命监测、诊断与评估，全寿命期演变与控制，改造技术提升将是促进建筑建造领域低碳发展的重要手段。

运行相关的节能路径

中国建筑部门的节能政策路径

实际上，目前中国建筑部门能耗与排放发展面临着两条不同的路径，将这两条路径放到建筑服务水平与建筑能耗的曲线上，如图 9–15 所示。路径一是以服务标准作为硬约束，先确定统一的服务水平，在此服务水平下，建筑节能低碳工作的重点是通过各类提升能效的措施来尽量降低能耗；路径二是以能耗的总量和强度目标作为硬约束，保证任何情况下都不超过这个总量目标，通过建筑节能工作的技术创新来尽量提升整体的服务水平。选择不同的路径会导致未来建筑部门截然不同的能耗和排放水平。

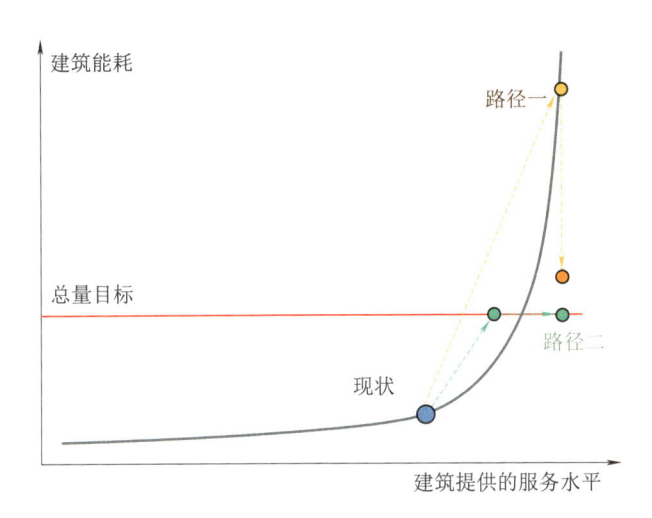

图 9-15　中国建筑节能工作的路径选择

在路径一下，建筑的室内服务标准是硬性约束，而建筑能耗总量的控制是建筑节能工作追求的引导发展的柔性目标。在这样的技术路径下，建筑的设计者按照统一的建筑室内服务标准来进行设计。在这种情况下，为了保证较低的不满意率，就必须按照最高的服务水平和最大的服务量来进行供应，从而导致服务量的过量供应。而从能耗的角度来说，为了保证系统的运行效率，就需要鼓励高效的建筑节能技术，例如保温、密闭的围护结构和集中、大规模的用能系统。

而在路径二下，建筑能耗总量是硬性约束，建筑服务水平的提高和不满意率的降低是建筑节能工作追求的引导发展的柔性目标。在这样的技术路径下，首先要根据建筑能耗总量目标，一方面进行建筑规模的总量控制，另一方面在合理建筑规模的规划下确定各类建筑的能耗强度标准。实际上，不同的服务模式和技术系统都可以提供较高的服务水平，将不满意率控制在一定范围内。因此，在这样的技术路径下，鼓励使用者根据自己的生活习惯和消费倾向来自主选择满意的服务模式和技术系统。

上述两条路径所代表的不同的建筑用能理念，也正是导致中国和以美国为代表的发达国家建筑用能差异的核心因素。目前，美国住宅户均年用电量超过 1 万千瓦时，日本为 6 000 千瓦时，而中国城镇住宅户均年用电量不到 2 000 千瓦时，80% 以上的居民户均年用电量小于 3 000 千瓦时。公建和商业建筑在美国、日本的单位面积年用电量超过 150 千瓦时 / 平方米，而我国目前平均值在 70 千瓦时 / 平方米左右。这一巨大差别主要源于建筑及其机电系统使用模式的巨大差别。在美国，无论是居住建筑还是商业建筑，其基本的使用模式是一切依靠机械系统，全空间、全时间运行室内环境控制系统；而中国则是以自然环境为主，机械系统为辅，即使运行机械系统，也是"部分时间、部分空间"的室内环境系统调控模式。尽管这一模式所提供的服务水平略低于发达国家的"全时间、全空间"模式，但用电量却有 2~5 倍之差。如果放弃这一传统的绿色使用模式，代之以美国目前的建筑使用和运行模式，中国建筑运行用电量就会从目前的每年不到 1.6 万亿千瓦时增加到 5 万亿~6 万亿千瓦时，这将给中国发展低碳电力系统带来极大的困难，并增加巨大的投资。

因此，选择以建筑能耗总量为硬约束的发展路径，维持中国现有的绿色用能模式，在此基础上提高服务水平和用能效率，是中国未来建筑节能低碳发展的重要途径[19]。

引导适宜的建筑形式和系统设计

是选择完全依靠机械系统营造和维持要求的人工环境，还是选择依靠外界自然环境相通来营造室内环境，只有在极端条件下才依靠机械系统的人工环境，是公共建筑设计的两条不同路径，其具体差异体现在对建筑的要求、室内环境参数控制、谁是室内环境状态的维持和调节者、提供服务的模式等方面，并最终导致不同的建筑运行能耗，如表 9-1 所示。

在营造人工环境的理念下，建筑尽可能与外环境隔绝，避免外环境的干扰，采用高气密性、高保温隔热，挡住直射自然光。室内环境参数都维持在

表 9-1　同室内环境营造特点

	营造人工环境	营造与室外和谐的环境
基本原则	完全依靠机械系统营造和维持要求的人工环境	主要依靠与外界自然环境相通来营造室内环境，只是在极端条件下才依靠机械系统
对建筑的要求	尽可能与外环境隔绝，避免外环境的干扰：高气密性、高保温隔热，挡住直射自然光	室内外之间的通道可以根据需要进行调节：既可自然通风，又可以实现良好的气密性；既可以通过围护结构散热，又可以使围护结构良好保温；既可以避免阳光直射，又可以获得良好的天然采光
室内环境参数	温度、湿度、二氧化碳含量、新风量、照度等都维持在要求的设定值周围	根据室外状况在一定范围内波动，室外热时室内温度也适当高一些，室外冷时室内温度也有所降低，室外空气干净适宜则新风量加大，室外污染或极冷极热则减少新风
谁调整和维持室内环境状态	运行管理人员或自动控制系统，尽可能避免建筑使用者的参与	使用者起主导作用（开/闭窗，开/关灯，开/停空调等），管理人员和自控系统起辅助作用
提供服务的模式	机械系统全时间、全空间运行，24小时全天候提供服务	"部分时间、部分空间"维持室内环境，也就是只有当室内有人，并且通过自然方式得到的室内环境超出容许范围时，才开启机械系统
运行能耗	高能耗，单位面积照明、通风、空调用电量可达 100 千瓦时/平方米	低能耗，大多数情况下单位面积照明、通风、空调能耗不超过 30 千瓦时/平方米

要求的设定值周围，由运行管理人员或自动控制系统调节室内环境状态，尽可能避免建筑使用者的参与；机械系统按"全时间、全空间"模式运行，24 小时提供服务，进而建筑能耗也较高，单位面积照明、通风、空调用电量可达 100 千瓦时/平方米。

而在营造与室外和谐的环境理念下，室内外之间的通道可以根据需要进行调节：既可以自然通风，又可以实现良好的气密性；既可以通过围护结构散热，又可以使围护结构良好保温；既可以避免阳光直射，又可以获得良好的天然采光。室内环境参数根据室外状况在一定范围内波动，室外热时室内温度也适当高一些，室外冷时室内温度也有所降低，室外空气干净适宜则新风量加大，室外污染或极冷极热则减少新风；由使用者控制室内环境状态，管理人员和自控系统起辅助作用，按"部分时间、部分空间"模式维持室内环境，只有当室内有人并且不能通过自然方式实现室内要求的时候才开启机械系统。在这种模式下，建筑能耗远低于前者，大多数情况下单位面积照明、通风、空调能耗不超过 30 千瓦时/平方米。

因此，对于公共建筑，应当以合理的理念去引导建筑形式和系统形式的设计，对于新建建筑要尽量营造与室外和谐的室内环境，并应当注意特殊类型公共建筑的节能设计与运行。对于既有建筑，应当以《民用建筑能耗标准》为基础开展全过程能耗定额管理，在升级改造过程中不能盲目提高服务水平，加大系统供应。

倡导绿色生活方式与适宜技术

对比中美两国典型居民家庭除住宅、采暖和生活热水以外的用电量可以发现，中国绝大部分家庭的年总用电量小于 3 000 千瓦时，而美国中等收入家庭的年用电量通常要达到约 10 000 千瓦时。这其中的差距来源于家庭用电设备类型以及使用方式的不同。

中国绝大多数居民家庭采用分体空调+"部分时间、部分空间"的空调使用模式，也即仅在人在的时间和空间开启空调设备，因而用能强度较低，年空调用电量仅为 300 千瓦时左右。而户式中央空调是美国居民家庭常见的空调形式，其使用方式往往是"全时间、全空间"的，空调开启时长以及制冷面积要远大于中国家庭。相关实测表明，使用中央空调系统的住宅空调能耗是其他使用分散式空调的 10 倍以上，这就是由于不同空调设备导向不同的使用方式，进而造成了巨大的能耗差异。另外，干衣机、大容量冰箱冰柜等高电耗家电是美国家庭常见的用电设备，但目前在中国这类家电的拥有量还比较低，这也是导致用电量差异的重要原因。例如，有烘干功能的洗衣机每个洗衣周期的用电量要远远高于没有烘干功能的常规洗衣机，使用有烘干功能洗衣机的美国家庭洗衣年耗电量可高达 1 000 千瓦时，是中国家庭的 7 倍。

然而，近年来中国居民家庭开始广泛使用电热饮水机、电热马桶圈等，这些常开的用电设备 70% 以上的用电量是由备用过程中的散热消耗的。如何规范这类产品的性能，避免这类产品进一步广泛使用后带来的居民用电总量的上涨，注意这些"常处在通电备用状态"下的装置的待机电耗，是不可忽视的重要问题。

因此，维持中国居民现有的绿色低碳的生活方式是实现中国住宅建筑节能低碳的重要途径，在建筑中充分利用自然通风，坚持节约传统和"部分时间、部分空间"的空调使用模式，追求适度的建筑服务水平和与生活方式相适宜的节能技术，才可以在提升居民服务水平的同时，使建筑能耗不出现大幅增长。

能源转型

彻底改变建筑用能模式和用能系统形式

1. 全面实现建筑用能电气化

基于前述讨论，在继续推进建筑节能，实现建筑能耗总量和强度双控的基础上，实现建筑用能的全面电气化，以充分利用可再生能源，适应未来能源供给侧的低碳发展，是建筑部门未来低碳发展的重要要求。

目前，城镇建筑主要的用能形式以及实现电气化的途径如下：

（1）冬季的建筑采暖：这是建筑用能中的燃料需求最主要的用能目的，也是建筑全面实现去燃料化面临的最大挑战。将在下一节中详细讨论。

（2）制备生活热水以及医院消毒、洗衣等的蒸汽需求：可以通过电驱动热泵，或者直接电热来替代分散的和集中的燃气锅炉。实践表明，即使采用分散的电热方式制取热水或蒸汽用于医院等对蒸汽的特殊需求，由于减少了输送过程中的热损失,其能耗也低于集中的燃气锅炉(按照 1 立方米天然气折合 5 千瓦时电力计算)。

(3)炊事:实际上,电炊事设备早已进入千家万户,除了中式炒菜,其他各种方式的电炊事完全可以替代燃气。而电炒锅器具现在也可以满足炊事要求,不能实现完全替换的原因更多的是文化因素。当把绿色低碳能源作为目标来推广电炊事装置时,可以很快实现这一替换。除了采暖、生活热水、炊事,其余各类建筑用能设备,例如照明、空调、电梯、黑白家电等均已基本实现电气化。

2. 大力发展光伏建筑,充分利用建筑屋顶和垂直外表面

在未来大力发展西部地区可再生能源的背景下,东部地区也应当结合建筑特点发展光伏,充分利用可再生能源,减少建筑对外界能耗的需求。这主要是由下面三方面的因素决定的:第一,目前我国的太阳能光伏电池成本已经大幅下降,光伏电池投资已从 2004 年的 60 元 /Wp 降低到 2 元 /Wp 以下,大规模发展光伏建筑在经济上是可行的;第二,在光伏电池投资成本大幅下降的情况下,土地和空间资源就变成了太阳能光伏发展重要的约束条件,东部地区人口密集,土地资源紧缺,因此更应该充分利用建筑表面的空间以吸收太阳能资源,减少从西部长途输送可再生能源的需求;第三,目前建筑光伏一体化技术已较为成熟,我国在单晶和多晶光伏器件、各类透明和不透明的新型薄膜型光伏电池等方面都建成巨大产能,可分别适应于屋顶、外立面和透明里面等建筑外围护结构,与其在建筑建成之后再加装光伏电池等设备,不如在建筑设计阶段就实现建筑与光伏的一体化,以保证光伏利用的高效和建筑的美观[20]。

发展光伏发电,关键的问题已经从器件成本转为安装空间。建筑屋顶和可以获得较多太阳辐射的垂直外表面是安装光伏的最佳场所。我国城市建筑的外表面约有 50 亿平方米的空间资源,全部安装可形成 5 亿千瓦的装机容量,年发电量可达到 5 000 亿千瓦时;农村及农用设施(猪场、鸡场等)

可安装面积约 200 亿平方米，全部安装可形成 20 亿千瓦的装机容量，形成 2 万亿千瓦时的发电能力。建筑表面的光伏发电可优先用于建筑的自身用电，这就要解决蓄电问题并发展与其相适应的建筑配电系统。应对这一需求并考虑电力电子技术的突飞发展以及用电器具的电子化、智能化，已经到了改变建筑内交流 220/380 供配电系统为 350/48 直流配电系统的时候。由于城市建筑大多为高层，并存在严重的相互遮挡现象，光伏发电量与自身用电量之间的比例与建筑形态等多种因素有关，因此无必要追求"全光伏供电"或"零能耗建筑"，而是希望尽可能利用建筑用电器具的特点，发展更大容量的柔性负载，提高电网的接受可再生电力的能力。反之，农村建筑多为低层，依靠光伏解决全部用电需求成本并不高。由于农村用电负荷低、地理分布稀疏，集中的农电供应方式空载率高，供电的实际成本高于城市。目前，北方多地开展农网扩容改造工程，电网公司和地方政府投入大量资金增加农网容量，而这将使农网运行利用率更低。如果能利用这一资金，再结合社会资金与农民自有资金，建立完全不同的分布式可再生电力系统，实现农村电力自给，多余部分还可以反向出售到电网，则可以使农村大量的空闲建筑表面空间资源得到利用，并彻底改变农村能源状况，实现高可靠、高质量的低碳能源系统。

3. 城镇建筑发展"直流配电 + 分布式蓄电 + 光伏 + 智能充电桩"的柔性用电建筑

（1）通过建筑直流配电和分布式蓄电技术实现建筑的柔性用电

建筑外表面安装的光伏电池输出直流电，如果通过逆变器转为同步的交流电力再接入建筑内配电网，既增加成本又形成损耗。根据前面的讨论，目前建筑内大部分用电设备本质上都已经使用直流电，然而这些设备都是通过整流器把交流电转变为直流电，环节多、损耗大，如果改为直接以直流供电，即可简化并减少转换损耗。

建筑物实行直流母线供电，再根据不同的电压要求，通过 DC/DC 转换产生所要求的电压。在 DC/DC 转换装置中增加智能环节，就可以根据直流母线的电压及所驱动的用电设备的性质确定输出电压或交流频率（对变频器来说），从而根据母线电压调节用电功率，使建筑用电从目前的"刚性用电"转为"柔性用电"。根据初步分析，居住建筑改为这样的直流柔性用电方式后根据直流母线电压的变化，用电功率可自行在 ±20%~30% 的范围内调节，办公建筑可在 ±10%~20% 的范围内调节。如果再进一步在建筑内不同空间布置一些蓄电池，电池的接入也通过智能的 DC/DC 进行调控，则建筑用电功率可根据母线电压状况，自行在 ±50% 的范围内调节。直流母线电压由建筑入口的 AC/DC 控制，可以根据需要采用三种模式进行功率调节：一是恒功率模式，二是按照峰谷不同电价的最小电费模式，三是直接响应电力调度命令，实现"需求侧响应"的模式。这三种调控模式都使建筑用电由目前的刚性负载转为柔性负载，从而缓解了目前电网用电侧负荷大幅度变化带来的问题，并有利于大比例接受可再生电力。同时，这样的变革也大幅度减少了建筑接入变压器的空载电流，减少了变压器和楼外电网的损耗，并提高了建筑供电的质量、安全性和可靠性。图 9-16 为光伏建筑一体化、直流建筑 + 分布式蓄电示意图。

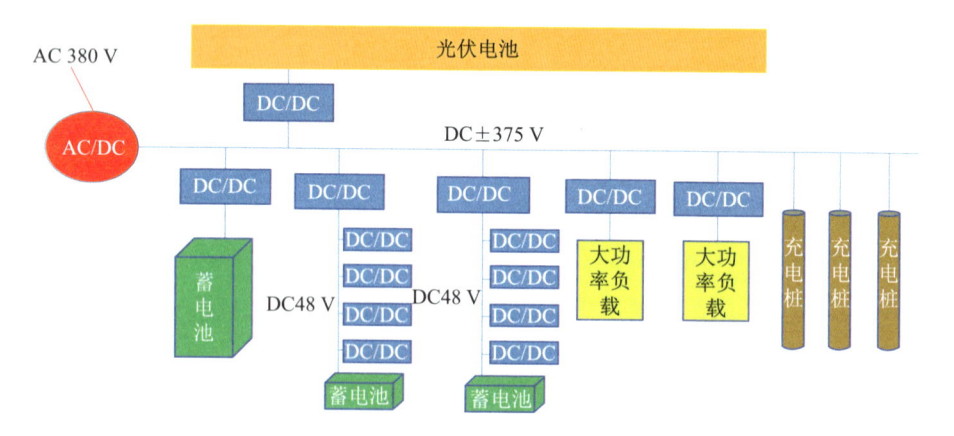

图 9-16 光伏建筑一体化、直流建筑 + 分布式蓄电示意图

在这一技术背景下，城镇建筑可发展"直流配电＋分布式蓄电＋光伏＋智能充电桩"的柔性建筑用能系统。分布设置蓄电池，用于吸纳光伏发电和接收电网低谷电，并提高建筑用电可靠性；同时，制冷和供暖充分利用建筑围护结构自身的热惯性，其他部分用电设备（冰箱、洗衣机、热水器等）可充分利用自身灵活用电的特性，实现柔性用电和需求侧响应。此外，该系统还可以与充电桩相连接，利用汽车电池智能充放电协调建筑用电变化。如果未来城镇75%的居住建筑和40%的公共建筑实现"直流＋分布式蓄电"的用电模式，就可以有效接纳2.5亿千瓦的光伏发电，同时形成12亿千瓦的柔性负载。在农村，也可以在充分开发建筑和农业设施表面光伏的基础上，形成需求侧响应的用电模式，建成柔性直流微网，使农村地区电力以自发自用为主，少部分向电网取电或供电。

（2）发展直接接入建筑内配电网的智能充电桩

未来交通将以电力为主要能源方式，汽车全面"油改电"势在必行。而大力发展纯电动小轿车，就必须建立完善的充电服务系统。如果通过专门的变压器把停车场充电桩接入电网，则按照目前"即插即充"的模式，100个充电桩的配电功率就可达到2兆瓦以上，远远大于为300个人提供办公场所的3 000平方米办公建筑的配电容量，将给城市供电系统带来巨大的负担。因此，需要发展慢充系统并实现充电系统与建筑内部配电一体化，使汽车电池成为建筑柔性用电系统的一部分，在居住建筑、办公建筑等居住和工作场所周边配备智能充电桩，吸收居住建筑夜间空余电力，并在需要的时候为办公建筑等提供峰值用电，同时在商场、体育场、高速路等处设置极少的快充桩，解决紧急时的汽车充电需求。

4. 农村全面发展光伏屋顶，利用直流微网接纳光伏发电和风电

农村的非生产用能的其他部分应依靠电力。进入21世纪以来，风电、光伏发电装置的成本已大幅下降，如果不包括对应的土地或空间成本，风电、光伏发电的发电成本已经低于煤电。从21世纪初开始，光伏就被作为扶贫方式，通过上网高价售电，补贴贫困户。农村未能普遍推广光伏电池，是受限于光伏元件的高成本和上网权。现在，光伏元件本身的成本已不是障碍，如果有低成本安装的方式，并且自用而不是上网，就有可能迅速发展。风电也早就是边缘地区获得电力的方式[21]。

目前农村发展风电、光电需要解决的问题是蓄电和微电网系统。如果每户LED照明和晚上需要家电功率为300瓦，每晚使用4小时，则每户只要有2千瓦时的蓄电池就可保证基本需求，车辆充电、其他家电和农机具都尽可能在白天使用，搭建分户的全直流系统，则每个农户蓄电和配电微网投资可以在1万元以内。加上光伏或小型风电，每户也可以在2万元内解决基本问题。目前农村电网扩容，各地的扩容标准是每户5~8千瓦，为实现这样的容量，户均农网改造费都高于2万元。改造后为了实现"煤改电"，再把谷间电价降低到每度0.1元，完全依赖地方政府和电力部门的补贴。如果取消这样的补贴电价，同时把电网改造费用投向农村微网改造，在农村建成分布式电力系统，而大电网在现有基础上承担辅助和补充的作用，仅承担农村用电的20%~50%。这种"分布式、半自给"的电力模式，就是我们希望的从集中转为分布式的未来农村建筑电力系统模式。

能源革命的核心是由以化石能源为主转为以可再生能源为主的低碳能源系统。化石能源系统依赖矿产资源，而发展风电、光电和生物质能源依赖土地空间资源。相比高密集的城市，我国农村拥有这些资源，农村建筑屋顶、农业设施表面以及不能耕作的空地都可以安装太阳能光伏电池。在不影响生产和生活的条件下，也可以零星布局风力发电装置，一些山区还有发展小水电的条件。而作为农林牧畜业的副产品所产出的生物质材料，是唯一的零碳燃料资源。能源产业是资源依赖型产业，对低碳能源系统来说，农村恰恰可为可再生能源提供丰富的资源。

能源革命的另一特征是从集中的生产、运输和转换方式转变为分布式生产、产与用同地。农村的可再生能源正好符合这一特点。我们完全可以从农村的电力系统开始，探讨怎样实现基于可再生电力的分布式发电、分散式蓄电、就地用电新模式。农村用电负荷稀疏，集中的电力输配方式投资高、效率低。长途输送天然气，成本高、效率低、安全性差；继续使用燃煤，高污染、低效率，积攒的炉灰还会成为公害。采用新的分布式模式，依赖自身资源，建立起以可再生能源为基础的农村新能源系统，正好与农村的资源环境条件相符，又是未来能源发展的目标。为什么不可以在农村先行先试，先迈出这一步呢？

实现北方城镇的清洁供暖

在目前的建筑用能中，最依赖直接燃料的是北方冬季采暖热源。目前北方城镇仍约有一半建筑的供暖热源由燃煤燃气锅炉提供。由于采暖只是维持室内温度不低于20℃，因此从原理上来说，任何可向20℃以上环境释放热量的热源都可用来充当供暖热源，而燃煤燃气锅炉都是用化石燃料提供几百摄氏度的热量，再最终传递到20℃的室内，所以造成巨大的热量品位损失，完全不符合"温度对口、梯级利用"的原则。

在未来，水电将成为匹配风电、光电的重要手段。目前我国水电总的装机容量为3.5亿千瓦，未来加上抽水蓄能电站，总的调蓄能力很难超过4.5亿千瓦，远低于我国未来20亿~30亿千瓦以上风电、光电需要的调峰15亿~21亿千瓦的能力，除发展空气压缩等蓄能方式外，还需要一定的火电用于调峰。因此，未来供暖的合适的低品位热源来源主要有两类：一是燃煤燃气火电厂，二是大量高用能的工业企业。上述环节在生产过程中会排放大量的低品位热量，而且为了保证发电和工业生产的正常运行，往往还要消耗大量的工业用水通过冷却塔蒸发排热，或者消耗电能驱动风机通过空冷岛排热。充分回收这些热量既可满足供热需求，还可以减少冷却塔的水耗和空冷岛的电耗。

因此，未来的燃煤燃气火电厂冬季要实现双重功能：一是为电网电力调峰，二是为城市建筑供热。根据风电、光电的变化，火电厂在一天内输出的电功率应能迅速在 35%~100% 范围内调整变化，同时又要满足供热需求，因此现有的高背压方式并不能满足要求，而是需要新的工艺流程，其目标包括：能够实现输出电力的 35%~100% 范围内的快速调节；能够全额回收冷端余热，使热效率在 92% 以上；保证足够的输出电热比，日均输出的电力与热力的比应不低于 0.5。这将是对未来燃煤燃气热电厂的基本要求。

为实现这一目标，中国城镇供热协会与清华大学建筑节能研究中心共同提出"中国清洁供热 2025"新的技术框架，由五大特征（见图 9-17）、四个改变、三个效果组成。

五大特征：第一，低回水温度供热，把返回到热源厂的回水温度降低到 10~20℃，以充分回收利用热源厂的低温余热；第二，回收利用热电联产和工业余热的低品位余热，包括北方核电厂排出的低品位余热，在为城市供热的热源中，冬季累计有 60%~70% 的热量来自原本会排放到外界的废热，这样就极大地降低了冬季供热能耗；第三，长距离输热，通过拉大供回水温差，大容量地（千兆瓦以上）进行热量输送，可以使输送距离超过 100 公里时其经济性仍然优于燃气锅炉热源，这就解决了在地理位置上热源与需要大量采暖热量的建筑密集区的不匹配问题；第四，燃气末端调峰，这一技术又可以避免远距离大容量的集中热源调节缓慢，难以应对末端各种不同需求的问题，使快速与精细调节的问题主要由终端燃气调峰解决，同时还大大提高了系统的安全可靠性，并且使大容量的热源与长距离输送管网可在整个冬季稳定地全负荷运行，从而获得最大的经济效益；第五，热电协同，这一特征是使热电厂得以在低碳能源环境下保留的关键，通过在热源厂建立大容量蓄能装置和热泵等电热转换装置，实现在热电联产工况下在发电侧仍具有很好的灵活性，从而在冬季承担起电力调峰和为供热提供基础热负荷的双重功能。

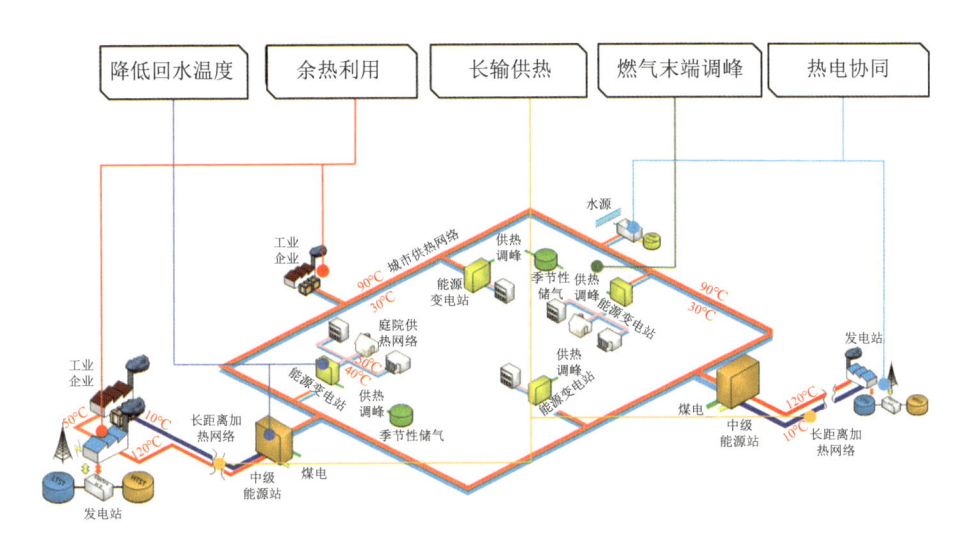

图9-17 中国清洁供热2025技术方案五大特征

四大改变：第一，变燃烧化石能源的热源为回收各类低品位余热作为供热热源；第二，变热源与用热终端直接连接的同步供热方式为通过蓄能和热泵提升技术，使热源与终端之间热量并非同步的柔性供热；第三，变单纯换热功能的热力站或热入口为具有热量变换和降低回水温度功能的能源站；第四，变目前的城市热网+小区热网的二级供热网模式为跨区域输热、城市网、小区网三级模式。

三个效果：第一，降低北方城镇采暖能耗；第二，减少冬季由于供暖导致的污染物向大气的排放；第三，实现总的投资和运行成本与以燃煤锅炉为主要热源的方式相同。

我国未来北方城镇总的供暖面积将达到200亿平方米，燃煤与核电热电联产可提供140亿平方米建筑的基础供热负荷，坐落在北方的各类工厂所排放的工业低品位余热可为约20亿平方米建筑提供基础负荷，这样采用前面的"中国清洁供暖2025"模式可以为160亿平方米建筑解决供暖需求，其余约40亿平方米难以接入城市热网的建筑则可以采用分散式燃气锅炉或多种方式的热泵满足供热需求。这样，可以使城镇供暖基本满足未来低碳的要求。

北方未来约 100 亿平方米的农村建筑的供暖则需要采用不同的解决方案。除了少数农村临近区域或城市的集中供热网可以如城市建筑一样接入集中供热系统，大多数农村建筑相对稀疏，采用集中供热方式投资高，运行管理也存在很多问题。目前，农村居住建筑每户房间多、面积大，但使用率并不高。大多数家庭仅少数成员平时在家，仅需要 2~3 个房间，而春节或周末则全家团聚，所有房间都要使用。采用集中供热就会长期连续为这些平时不用的房间供热，造成很大的浪费，所以分户、分室的分散供暖方式应该是这种建筑使用模式下供暖的优先选择方式。在当地具备足够的生物质能源时，可以采用生物质成型颗粒的采暖炉。当生物质资源不足时，可以采用分散的空气源热泵热风机，实现分户分室采暖，并能根据使用需要快启快停。当电力供应来源大比例源自可再生电力时，农村全面采用分散的生物质成型燃料锅炉和空气源热泵热风机这两种方式，可以满足供热需求，同时也实现对大气的低排放和零碳目标[22]。

加大力度开发和利用生物质能源

可再生能源和核能绝大多数的能源产出形式是电力，目前唯一以燃料方式出现的零碳能源就是生物质能源。因此，怎样开发利用好这一宝贵的零碳燃料，满足用能领域的燃料需求，是需要特别注意的问题。

生物质能包括农业秸秆、林业枝条、牲畜粪便、城市绿化需要排除清理的枯叶枝条以及餐厨湿垃圾等。根据不完全统计，我国的这些生物质资源每年可提供 7 亿~8 亿吨标准煤的能源，而目前作为能源利用的还不到 2 亿吨标准煤，利用率低于欧洲、南美的许多国家。可作为能源利用的生物质材料与化石能源不同，减少化石能源的利用就是减少开发化石能源，将其继续留在地下。而每年产出的生物质材料是各类生产活动的副产品，不论是否将其作为能源利用，都必须将其消纳。以往较多是将这些生物质材料堆积发酵制备绿肥，或者直接填埋于地下自然发酵。这样的发酵过程会释放大量甲烷等温室气体，其全球变暖潜值是二氧化碳的几十倍。因此，只有将其作为燃料燃烧，仅释放二氧化碳，才可认为是零碳排放的消纳方式。把各类生物质材料作为能源利用，既可作为零碳能源替代化石燃料，又可以避免这些生物质转变为非二氧化碳类温室气体，对缓解气候变化有重要作用。

生物质材料的能源利用有两个路径：一是压缩成型为生物质颗粒状燃料，二是转化为生物质燃气。目前已有成熟的生物质压缩成型技术和装置，压缩成型的生物质燃料便于储存、运输，并可以实现高效清洁燃烧。现在已经开发出各类使用压缩颗粒的燃烧器、炉具、锅炉，可以分别用于炊事、采暖等。燃烧效率可以从秸秆散烧时的不到10%提高到接近40%。除氮氧化合物外，各类生物质燃烧器排放水平也已经接近天然气的排放标准。因此，农村生活用能应首先选用当地自产的颗粒压缩成型生物质燃料，再由电力补充，实现农村的零碳能源目标。在满足当地农民生活用能的基础上，多余的生物质压缩成型燃料还可以进入能源商品流通市场，成为优质的零碳燃料。

另一种生物质能源的利用方式是用生物质材料产生沼气，再进一步分离出其中的二氧化碳，制备成高质量的生物燃气。几十年来，在农村推广沼气并不能持续，其主要原因是推广的是户用小沼气，由于维护管理不善，这些小沼气都不能持久。目前成功的经验是建立大型沼气池，按照工业化生产方式生产生物燃气。这已经在北方很多粮产区和畜牧业基地（养猪场、养鸡场）取得成功，所产出的生物燃气可以直接成为汽车燃料，也可罐装后进入燃气流通市场，成本与常规天然气接近。生物燃气的副产品沼渣、沼液又可以作为优质肥料替代化肥。

大力开发利用生物质能源，使其占我国的能源总量由目前的不到4%提高到15%以上，是实现能源低碳转型中必须完成的重大任务。目前我国对生物质能的利用和发达国家相比相对落后，我们需要高度重视，迎头赶上。

开发利用生物质能，应该和目前北方农村开展的清洁取暖行动充分融合，"煤改生物质"可能是最宜的选择。生物质材料消纳的能源化，还会为改善农村经济状况、改善农村大气与水环境做出重要贡献。

政策建议

对建筑规模进行合理规划，以"修缮"代替"大拆大建"

  一是合理控制建筑总量规模，减少过量建设。尽量将全国民用建筑总量控制在720亿平方米之内是合理的目标。在此目标下，各地政府应当在未来人口规模的基础上明确建筑规模总量，制定控制规划并严格执行。在执行过程中，地方政府应严格控制新开工房屋面积，将这一指标列入新建房屋节能论证体系，控制住宅套内面积与人均公共建筑面积。同时，地方政府也应当持续落实"房子是用来住的"这一基本理念，通过房产税等经济手段，摆脱对土地财政的依赖，避免依靠房地产刺激经济，以遏制投机性住房投资。

  二是要避免大拆大建，由大规模建设转入既有建筑的维护与功能提升。在对总量进行合理规划的基础上，逐年减少新建建筑量，稳定建筑业及相关产业市场，实现软着陆。抑制房屋的大规模拆除与新建，发展建筑寿命监测、诊断、评估、维修改造等技术，增加建筑维修与功能提升的比例。合理规划并逐步实施全国范围内对老旧小区、既有市政基础设施等的改造升质，实现未来每年30亿平方米左右的修缮以匹配对建筑功能的需求。

构建和完善"以建筑实际用能为核心评价指标"的建筑节能政策体系

  一是修订建筑节能相关法律法规体系，明确应以控制建筑实际用能作为建筑节能工作的核心目标。目前，在《民用建筑节能管理规定（修订稿）》中已经增加了相关规定。从中央到地方应当尽快落实这一规定，并以此为基础，制定以控制用能总量与强度为核心的建筑节能规划与工作方案，将建筑实际用能作为考核指标，并制定与落实相关措施。

二是修订并完善《民用建筑能耗标准》，并以此标准为母标准，制定配套的标准体系。《民用建筑能耗标准》作为效果性标准，给出了建筑实际运行的能耗目标，对最终效果进行了约束；其他设计、调适、运维等标准为指南性标准，提出合适的措施，使建筑在根据自身情况达到相应标准的要求时，其能耗能够符合能耗标准的要求。下一步应当在现行标准的基础上，增加医院、学校等建筑类型的能耗指标；优化指标取值，使标准能够更好地反映建筑的用能水平；同时鼓励各地结合自身实际情况编订地方标准，细化相关指标，使得标准落地更易推动。

三是建立清晰统一的建筑用能数据统计体系，此为实现以建筑能耗数据为导向的建筑节能工作的基础。改进建筑部门能耗统计制度，增强统计数据的准确性、可靠性与适用性；建立并完善能耗数据公开发布制度，使能耗数据更好地发挥作用；在上述工作基础上，进一步借助大数据平台，在2030年前后建成实时的全国建筑运行能源管理系统，动态掌握全国的建筑用能实时数据，对其进行有效的量化管理。

将建筑用能模式和系统形式的低碳转型纳入建筑节能专项发展目标

一是全面推进用能电气化，大力推广光伏建筑，并提升对可再生电力的消纳能力。目前已经存在成熟的技术，可以用电力满足各项建筑终端需求，因此需要对居民生活方式与理念进行引导，尤其是促进传统炊事方式的转变，以推动建筑电气化率的提升。充分利用建筑屋顶和可接受阳光的垂直外表面，大力发展光伏建筑，增加建筑自身的可再生发电量。同时，为了更好地消纳可再生电力，建议在城镇大力发展"直流配电＋分布式蓄电＋光伏＋智能充电桩"的柔性建筑用能系统，以解决电力实时的供需不匹配问题。在农村可以全面发展光伏屋顶，并利用直流微网接纳风电与光电，改变用电方式。

二是充分利用热电联产与工业生产所产生的低品位余热用于北方城镇供热。目前，绝大多数城市的大型热电厂仍然存在大量余热尚未得到利用，潜力巨大，应当优先挖掘这部分余热资源，使之成为北方供热的基础热源。除以调峰为目的的燃气锅炉和燃气热泵外，停止各种以天然气锅炉为主要方式的清洁供暖改造。同时，改变热电厂"以热定电"的运行模式，通过在热源厂建立大容量蓄能装置、热泵等电热转换装置等，实现热电协同。

三是鼓励农村地区大力开发和高效利用生物质能源，发展生物质能采集、加工、销售体系。充分挖掘当地的生物质资源，通过发展压缩成型固体燃料、规模化沼气等技术，使生物质能源在满足当地的炊事、生活热水需求的基础上，同时满足一定的采暖需求。避免堆肥、秸秆还田带来的温室气体排放，同时催生生物质采集、加工、应用的产品和产业。逐步建成农村以可再生能源为主、以电网电力为辅的新能源系统，实现农村用能现代化。为此，应停止目前在农村开展的"煤改气"行动，集中资金和各种社会力量进行农村的新能源系统建设。

发展适宜的建筑节能技术，科学对待"被动房"等节能概念

从技术角度来看，被动房仅适用于我国以采暖能耗为主且夏季不炎热的地区。被动房通过加强围护结构保温与气密性来降低采暖能耗的做法是值得肯定的。我国节能工作在这方面也有不少卓有成效的行动，例如对既有建筑外墙保温的改造等。但是，由于我国和欧洲国家在气候条件、能源结构、用能习惯等方面都有很大不同，因此被动房在我国并非处处适用。在供暖能耗为主且夏季不炎热的地区，采用被动房技术，通过加强围护结构保温和气密性，进一步降低供暖能耗，这应该是进一步开展建筑节能工作的有效方向；然而，对于建筑制冷需求大于采暖需求的区域，例如，在以空调能耗为主的

南方和全年有一半以上时间室外处于温和天气范围的长江流域，对于建筑围护结构的要求则以通风、遮阳为主。推行"高保温、高气密"的被动房技术会造成"过度保温"，不利于室内热量排出，反而会增加制冷能耗。因此，在这些区域被动房不是进一步降低建筑能耗的有效途径。

从市场发展角度来看，由于被动房政策中存在对被动房项目的各种补助和奖励，并且奖励和补助往往与建成建筑实际的能耗水平无关，因此往往会导致政府为改善建筑性能降低能耗出了钱，但并未使建筑的使用者得利，也没有使建筑部门的能耗降低。建筑项目将以取得"被动房"标签获得奖励或补助为目标，从而出现"节能建筑不节能"的现象，不利于中国建筑节能市场发展。

总体而言，"被动房""超低能耗建筑"只适合中国寒冷及严寒地区，并不适合夏热冬冷地区、夏热冬暖地区，因此不宜作为中国建筑节能低碳工作中大力推广的技术措施和发展方向。

积极推动绿色节约的生活方式与行为模式创建

一是坚持绿色节约的使用模式。"部分时间、部分空间"的使用模式是目前中国建筑能耗强度显著低于发达国家的主要原因，应引导居民保留这一绿色行为模式，避免对奢侈型生活模式的盲目跟从。呼应《绿色生活创建行动总体方案》，在绿色社区、绿色建筑创建行动中进一步强化对绿色生活方式的引导。

二是在建筑系统设计过程中优先考虑与绿色生活方式相匹配的技术。不同的行为模式需要不同的节能技术，同时各类技术也会作用于行为模式，对其产生一定的引导作用。需要在倡导居民维持绿色生活方式的基础上，设计建造与中国居民传统的节约用能模式相适应的建筑与系统。坚持"自然环境为主，机械系统为辅"的建筑设计理念，倡导分散优先的空调系统形式。在进行技术评估时，使用与绿色生活方式相匹配的行为模式作为参考模式。

第十章 ▸

交通运输部门：
低碳排放战略与途径研究

为主动适应应对全球气候变化的新目标、建设生态文明和美丽中国的新形势、加快建设交通强国的新使命、推动交通运输高质量发展和绿色转型新要求，迫切需要研究提出新时代中国交通部门低碳排放战略与途径。本章在全面分析交通运输部门低碳发展现状与趋势、总结借鉴典型发达国家经验与启示的基础上，运用情景分析等方法，进行了以下的研究：

　　（1）探讨不同情景下交通运输碳排放趋势。中国交通运输碳排放总量呈快速增长趋势，必须采取强有力的政策和手段，才有可能在2030年前后达峰。

　　（2）系统提出了交通运输低碳发展战略目标。提出到2050年，交通运输碳排放总量控制在4.7亿吨以下。交通运输终端能源消费量控制在4.3亿吨标准煤左右，油品消费总量控制在1.6亿吨以下，电力能源占比达到44%以上。

　　（3）在战略路径上要着力推动"五大变革"。即：运输方式结构变革，建设低碳综合交通运输体系；交通消费理念变革，打造绿色出行服务体系；低碳技术能源变革，提升交通运输综合能效和减排效率；智慧交通模式变革，构建高效运输模式；交通运输治理变革，实现低碳交通治理体系和治理能力现代化，分析其减排效果，为科学制定中国交通运输部门低碳发展战略提供决策支撑。

低碳发展现状与形势

交通运输部门低碳发展成效

1. 交通基础设施网络集约化和投资绿色化趋势明显

（1）交通基础设施规模及运输能力快速提升，网络集约化水平明显提高

"五纵五横"综合运输大通道全面贯通，中国基本形成了由铁路、公路、水路、民航、管道等多种运输方式构成的综合交通基础设施网络。2005—2019年，高速铁路从无到有，所占比重提高了25个百分点；高速公路、内河三等级以上航道、万吨级以上泊位所占比重也均有明显提升，分别提高了0.9、4.0和8.1个百分点，综合交通网络结构明显优化，高速化、集约化趋势明显。详见表10-1。

表10-1　2005—2019年综合交通基础设施发展状况

类别	2005年	2019年	增长幅度
铁路营业里程（万公里）	7.5	13.9	75%
高速铁路里程（万公里）	0	3.5	-
高速铁路占营业里程比例	0	25%	提高25个百分点
公路总里程（万公里）	193	501	159%
高速公路里程（万公里）	4.1	15	2.7倍
高速公路占公路总里程比例（%）	2.1	3	提高0.9个百分点
内河航道里程（万公里）	12.3	12.7	3%
内河三级以上航道里程（万公里）	0.86	1.4	62%
内河三级以上航道里程占比（%）	7.0	11.0	提高4.0个百分点
生产性码头泊位数量（个）	35 242	22 893	-35%
万吨以上泊位数量（个）	1 034	2 520	143%
万吨以上泊位数量占比（%）	2.9	11.0	提高8.1个百分点
民航机场数量（个）	135	238	76%
航线里程（万公里）	199	839	3.2倍
油气管道总里程（万公里）	4.3	13.9	2.3倍

资料来源：历年《中国统计年鉴》《交通运输行业发展统计公报》《铁道统计公报》等

（2）绿色投资为低碳交通发展注入新动能

2019 年我国交通固定资产投资额达 32 451 亿元，其中绿色投资（铁路、水运）占比达 28.2%，同比提高 8.5 个百分点。2019 年绿色债券发行规模达 2 318 亿元[1]，其中约 11% 的募集资金投向了清洁交通领域；绿色贷款余额 10.2 万亿元，其中 41.3% 投向了绿色交通项目，基本覆盖了铁路、港口、内河航道、航空机场等基础设施建设。

2. 综合运输结构绿色化水平呈现先降后升趋势

全国货运量、货运周转量增长迅速，但铁路、水运占比持续下降，如图 10-1、图 10-2 所示。2005—2019 年，货运量和货运周转量分别增长 153% 和 172%，公路货运量和货运周转量占比分别从 2005 年的 72%、46%，上升至 2019 年的 78%、61%。同时，尽管铁路货运周转量绝对量在增加，但占比在持续下降。

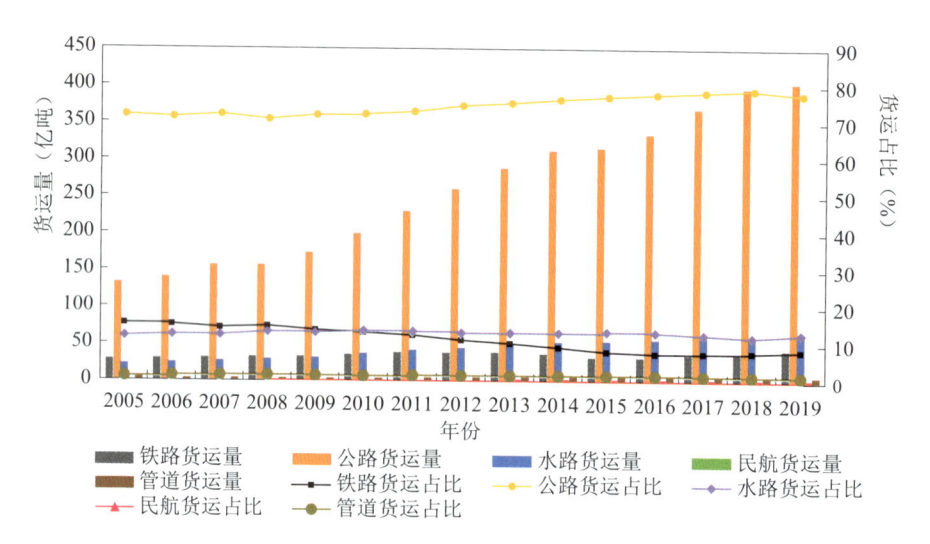

图 10-1　2005—2019 年全社会货运量及结构变化趋势

资料来源：《交通运输行业发展统计公报》《铁道统计公报》《民航行业发展统计公报》等

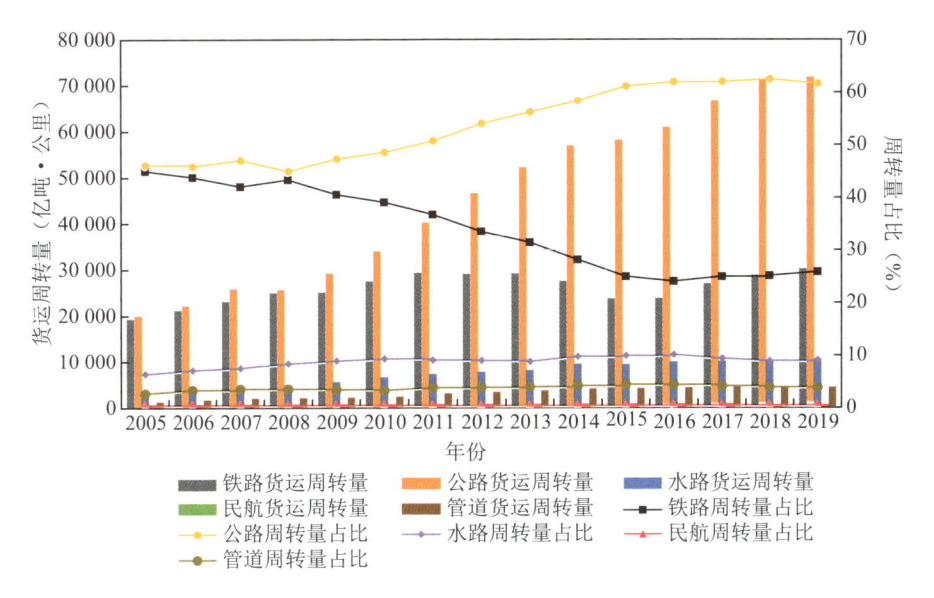

图 10-2　2005—2019 年全社会货运周转量变化趋势

资料来源：《交通运输行业发展统计公报》《铁道统计公报》《民航行业发展统计公报》等

全国城际客运量和旅客周转量均呈快速增长态势，如图 10-3、图 10-4 所示。2005 年以来，城际公路客运量①占比有所下降，公路旅客周转量及其占比呈先升后降的趋势，铁路客运量、旅客周转量稳步增长，民航客运量、旅客周转量及其占比呈较快增长趋势。

城市出行客运总量不断上升。其中，私人乘用车出行客运量增长最快，从 2005 年的 69 亿人次，增长到 2019 年的 736 亿人次，增长了近 10 倍。城市公共汽电车出行呈现先增后降趋势，轨道交通出行呈现持续增长趋势。2019 年轨道交通客运量达到 238 亿人次，同比 2005 年增长 2.8 倍。2005—2014 年，城市巡游出租车客运量②稳步增长，2015 年后受"网络预

---

① 本章中城际公路客运包括公路营运性客运、私人乘用车城际出行客运。
② 交通运输部公布的中国交通运输行业发展统计公报中，城市出租车营运量不包含"网约车"运量。本章在历史数据中将网约车客运量数据纳入私人乘用车客运量分类中。

约出租车（网约车）"的冲击，巡游出租车客运量及其占比呈现下降趋势，如图10-5所示。2005—2019城市客运中主要运输方式的出行分担率见图10-6。

图10-3　2005—2019年城际客运量变化趋势

资料来源：《交通运输行业发展统计公报》《铁道统计公报》《民航行业发展统计公报》等

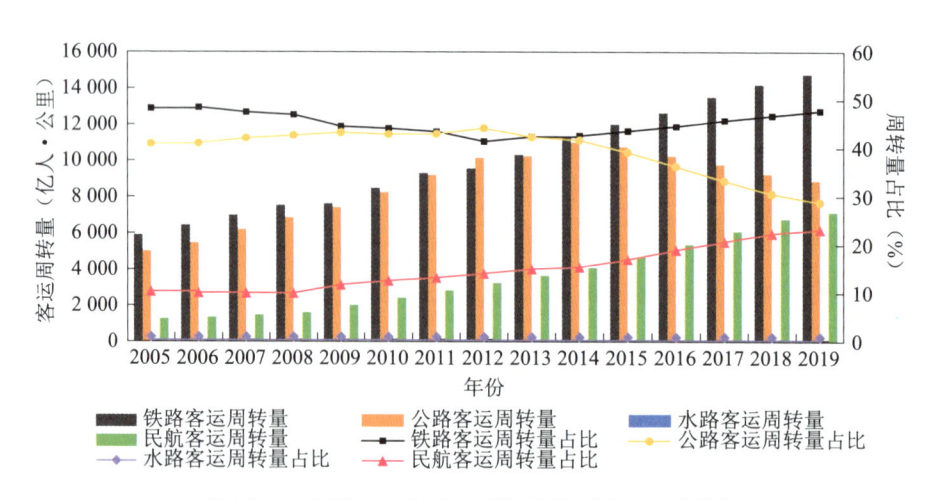

图10-4　2005—2019年城际旅客周转量变化趋势

资料来源：《交通运输行业发展统计公报》《铁道统计公报》《民航行业发展统计公报》等

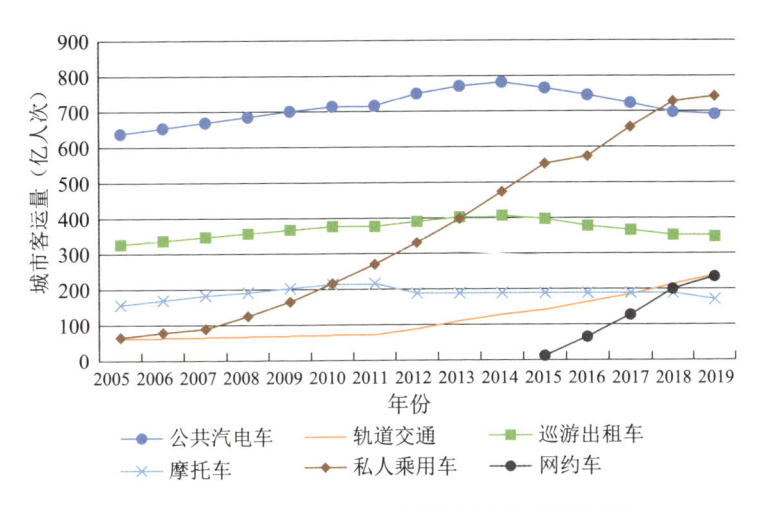

图 10-5 2005—2019 年城市客运量变化趋势

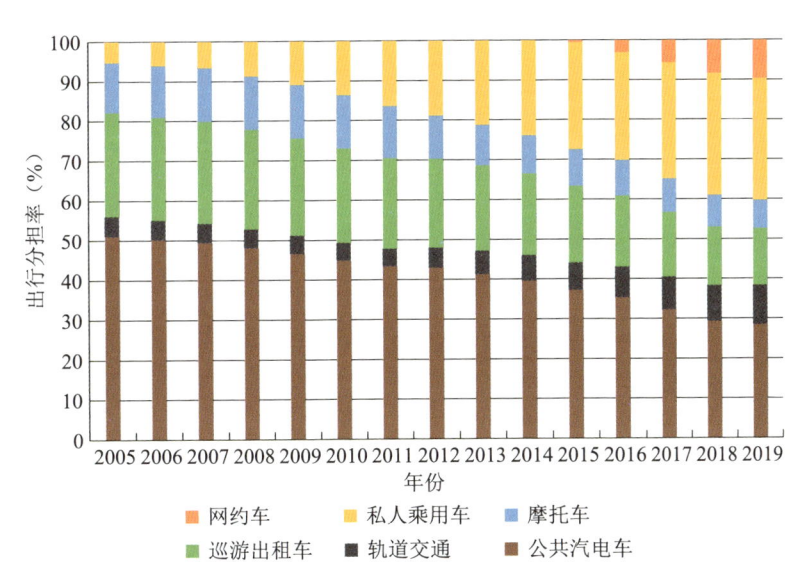

图 10-6 2005—2019 年城市客运中主要运输方式的出行分担率

3. 交通运输装备技术现代化和绿色化水平不断提高

（1）交通运输装备大型化、专业化和标准化水平明显提升

交通装备制造技术水平显著提升[2,3]。目前，中国已掌握了高速铁路成套

技术，并已进入 350 公里/小时的高铁时代。铁路重载运输技术达到世界先进水平，大型油轮、集装箱货船建造水平大幅提高，大飞机研发取得显著成效。

如图 10-7 所示，2019 年中国专用货车为 50.5 万辆，较 2005 年增长 106%，营运货车平均吨位 11.7 吨/辆，较 2005 年增长 179%。2019 年大型专业客车 30.3 万辆，较 2005 年增长 120%，平均载客位 25.8 客位/辆，较 2005 年增长 80%；标准船型呈现大型化趋势，2019 年平均净载重量 1 951 载重吨/艘，较 2005 年增长 2.8 倍。

图 10-7　交通运输装备大型化、专业化、标准化水平变化

资料来源：《交通运输行业发展统计公报》《铁道统计公报》《民航行业发展统计公报》等

（2）新能源与清洁能源应用比例逐步提升

一是铁路电气化比例明显上升。2019 年铁路电气化比例达 72%，较 2005 年提高 42 个百分点。

二是新能源汽车增速迅猛。交通运输部积极推广应用新能源和清洁能源汽车，印发了《关于加快推进新能源汽车在交通运输行业推广应用的实施意见》等政策文件，支持新能源装备的推广和配套设施的建设，推动电动汽车普及应用。2019 年全国新能源汽车保有量达 381 万辆，占汽车总量的 1.5%，年均增长率达 62%。相关配套基础设施发展较快，2019 年已在 810 个高速公路服务区内建成充电桩 7 629 个。特别是在公共汽电车领域，新能源车辆推广应用尤为突出。2019 年在全国 69.3 万辆公共汽电车中，新能源公交车超过 41 万辆，占比超过 58%；而同期柴油车和天然气车占比则分别下降至 17.4% 和 21.5%。

三是水运领域新能源推广应用成效逐步显现。2017 年，交通运输部印发了《港口岸电布局方案》，计划重点对 493 个既有大型专业化泊位进行岸电改造。截至 2019 年年底，全国共建成岸电设施 5 400 多套，覆盖泊位 7 000 余个。此外，为大力推进水运行业应用液化天然气（LNG），交通运输部会同国家发展和改革委员会等 13 部委联合发布了《加快推进天然气利用的意见》，大力推进 LNG 清洁燃料在水运行业的应用，截至 2019 年已建成 LNG 动力船舶 280 余艘。

4. 交通运输低碳技术进步与管理工作取得显著成效

（1）交通运输低碳发展政策制度和管理体系逐步完善

中国综合交通运输管理体制机制和绿色低碳管理体系日益健全，形成了由交通运输部管理国家铁路局、中国民用航空局、国家邮政局的大部门管理体制架构；低碳交通法律法规规章体系不断完善，用最严格的制度与最严密的法治保护生态环境，制定和修改了一系列法律法规，包括《节约能源法》《环境保护法》《大气污染防治法》《铁路法》《公路法》《港口法》《航道法》《民航法》等法律；低碳交通政策制度体系逐步完善，国务院和相关综合部门制定发布了《大气污染防治行动计划》《关于加快新能源汽车推广应用的指导意见》等相关制度文件；绿色交通标准规范体系不断完善，交通运输部制定发布了《绿色交通标准体系（2016 年）》，从节能降碳、生态保护、污染防治、资源循环利用、监测、评定与监管等方面制定相关标准，印发了《关于实施绿色公路建设的指导意见》《船舶与港口污染防治专项行动实施方案（2015—2020 年）》，着力推进公路工程、航道建设的资源节约与生态环保。

（2）绿色交通科研创新成果丰硕

交通运输部制定发布了《交通运输行业重点节能低碳技术推广目录》，鼓励引导交通运输企业应用先进适用的节能低碳技术。遴选行业先进节能低碳新技术，收录进入《交通运输行业重点科技项目清单》《交通运输重大科技创新成果库》，强化推进绿色交通新技术、新产品、新装备的科技创新和成果应用。加快科研平台建设，在船舶和港口节能减排与污染防治以及新能源、新材料、新装备应用方向建设了6家行业研发中心，在生态安全屏障区交通网设施管控及循环修复方面建设了3家行业重点实验室，不断加大绿色交通科技成果研发及推广应用力度。

（3）绿色低碳交通试点示范取得明显成效

深入开展了绿色交通省、绿色交通城市等区域性试点，以及绿色公路、绿色港口、绿色交通运输装备等主题性试点示范工程建设，有效地调动了全行业推进绿色低碳交通运输体系建设的积极性和创造性，取得了一批可复制、可推广的先进经验与典型模式；持续开展了"车、船、路、港"千家企业低碳交通运输专项行动，充分发挥了重点企业作为交通运输节能低碳发展中的主体作用和示范引领。2016—2019年，完成了62个试点示范工程，形成节能减排投资47.39亿元，年节能量约63万吨标准煤，替代燃料量约213万吨标准油，减少碳排放约621万吨。表10-2为中国交通运输低碳发展现状。

表10-2 中国交通运输低碳发展现状

指标名称	2005年	2010年	2019年	2005—2019年增长情况
交通基础设施建设低碳化发展				
交通固定资产投资中绿色投资（铁路、水路）占比（%）	20	—	28.2	提高8.2个百分点
绿色债券规模中清洁交通领域（%）	—	—	11	占比快速增加
综合运输结构绿色低碳化水平				
货物运输周转量中铁路占比（%）	45	39.1	25.8	下降19.2个百分点

（续表）

指标名称	2005 年	2010 年	2019 年	2005—2019 年增长情况
货物运输周转量中水路占比（%）	6.2	8.2	8.9	提高 2.7 个百分点
旅客周转量中铁路占比（%）	48.3	44.2	47.8	下降 0.5 个百分点
城市客运结构绿色低碳化水平				
轨道交通占比（%）	4.9	4.4	9.3	提高 4.4 个百分点
公共汽电车占比（%）	50.4	44.1	27.4	下降 23 个百分点
自行车占比（%）	0.8	0.7	3	提高 2.2 个百分点
交通运输装备绿色低碳化水平				
新车销售量中新能源汽车占比（%）	—	0.27	5.8	提高 5.8 个百分点
公共汽电车中新能源车辆占比（%）	12.3	22.9	59.1	提高 46.8 个百分点
交通运输能源消耗水平				
交通运输能源消耗总量（亿吨标准煤）	2.3	3.3	4.9	1.1 倍
交通运输清洁能源占比（%）	6.8	7.7	8.8	提高 2 个百分点
交通运输碳排放水平				
交通运输碳排放总量（亿吨）	4.6	6.6	9.8	1.1 倍
铁路货运单位周转量碳排放强度下降率（%，相比 2005 年）	—	6	19	—
公路货运单位周转量碳排放强度下降率（%，相比 2005 年）	—	4.9	21	—
水运货运单位周转量碳排放强度下降率（%，相比 2005 年）	—	9.1	27.8	—
航空货运单位周转量碳排放强度下降率（%，相比 2005 年）	—	7	11	—
铁路客运单位周转量碳排放强度下降率（%，相比 2005 年）	—	13	28	—
公路客运单位周转量碳排放强度下降率（%，相比 2005 年）	—	8.7	18.9	—
水路客运单位周转量碳排放强度下降率（%，相比 2005 年）	—	9.1	27.8	—
航空客运单位周转量碳排放强度下降率（%，相比 2005 年）	—	8	14	—

交通运输部门碳排放现状

1. 交通运输碳排放总量增长迅速，占比呈上升趋势

随着中国经济社会快速发展，全社会货运量和货物周转量大幅增长，交通运输碳排放总量从 2005 年的 4.6 亿吨增长到 2019 年的 9.5 亿吨，增长了 107%，年均增长率达 5.3%。交通运输碳排放占全国碳排放总量的比重从 2005 年的 7.2% 上升为 2019 年的 9.2%。如图 10-8 所示。

图 10-8　2005—2019 年交通运输碳排放量及占比

资料来源：本章课题组测算结果

如图 10-9 所示，货物运输是交通运输部门中碳排放量最多的领域[4]，城际客运碳排放量自 2005 年起持续增长，但增速相对较慢。城市客运的碳排放量也呈现出持续增长的趋势，且增速较快。

2. 货物运输碳排放持续增加，公路货运碳排放总量最大且增速较快

2019 年公路货运碳排放占比达 83.1%。随着我国经济的快速发展，对货物运输需求显著提升，我国货物运输主要以公路为主，2005—2019 年公路

货物周转量年均增长 8.5%，导致公路货运碳排放量增长 2.4 倍，如图 10-10 所示。

图 10-9　2005—2019 年交通运输分领域的碳排放情况

图 10-10　货物运输碳排放情况

3. 城际客运碳排放增长迅速，民航碳排放占比最高

居民城际出行方式逐步转向以铁路、航空出行为主。铁路实现了较为全面的电气化改造，铁路客运碳排放强度较低，碳排放量呈逐渐下降态势。航空客运碳排放从 2005 年的 0.2 亿吨增长到 2019 年的 0.81 亿吨，增长 3.1 倍，占比达到 56.3%，如图 10-11 所示。

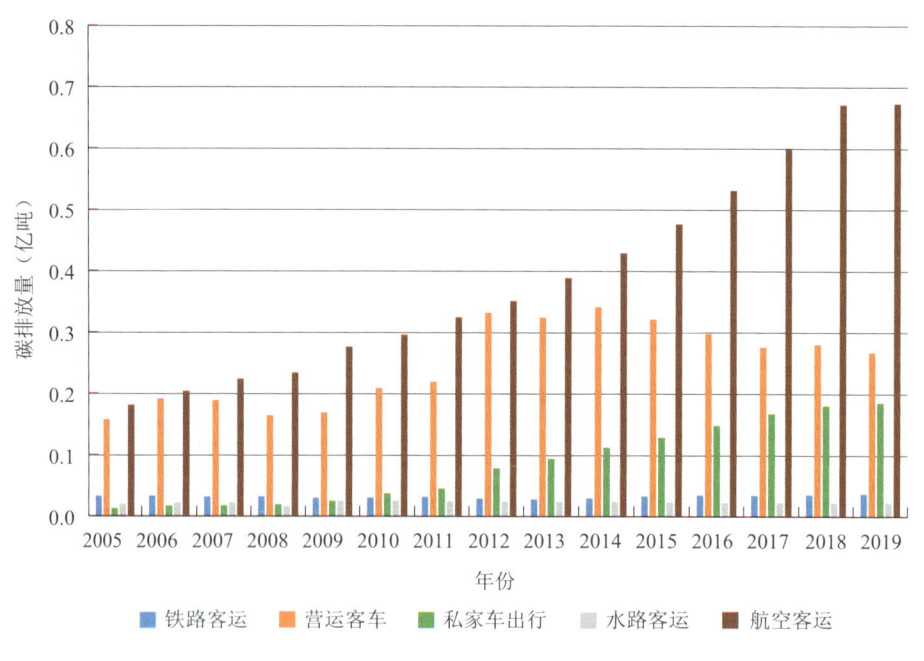

图 10-11 2005—2019 年城际客运碳排放情况
资料来源：本章课题组测算结果，私人乘用车数据来自《中国高速公路运输量统计调查分析报告》

4. 私人乘用车保有量快速增长，成为城市客运碳排放最多的方式

2005—2019 年，私人乘用车保有量从 2005 年的 0.24 亿辆快速增长到 2019 年的 2.07 亿辆，年均增长率为 15.4%，导致其碳排放量的快速增加，如图 10-12 所示。2013 年，私人乘用车超越出租车成为城市客运中碳排放最多的方式。

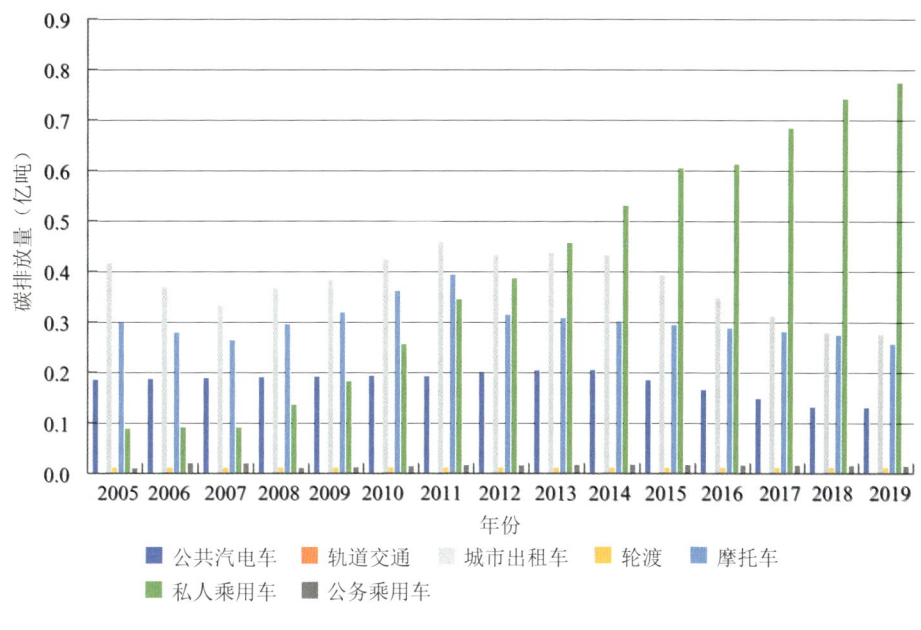

图 10-12　2005-2019 年城市客运碳排放情况

交通运输部门低碳发展面临的战略形势

1. 面临形势与要求

交通运输部门低碳发展是应对全球气候变化、实现全球可持续发展的重要途径，是协调推进"四个全面"战略布局、全面落实"五位一体"总体布局、加快生态文明和美丽中国建设的迫切要求，是加快建设交通强国、构建安全便捷高效绿色经济的现代化综合交通体系的重要内容，是抢抓科技革命和产业变革、能源革命与数字化转型新机遇的必然选择。

2. 主要问题与挑战

一是交通运输结构不优、效率不高的问题仍然存在，铁水联运、水水中转、空铁联运等高效组织模式有待进一步发展[5,6]。相当比例的大宗货物中长距离运输仍然依靠公路运输来完成，沿海港口集装箱铁路和水运疏港比例明显偏低，铁路、水运等节约能源资源、长距离大宗货物成本较低的比较优势尚未充分发挥；综合运输组织化水平不高，经营主体过于分散，企业经营的综合优势难以发挥，交通运输结构性矛盾尚未根本解决。

二是绿色生产消费理念和绿色出行发展模式尚未形成，绿色交通分担率有待提升[5-7]。城市公共设施与交通系统规划衔接性不够，"职住分离"的城市布局增加了城市出行需求，导致了交通拥堵。基础设施供给不足，慢行系统建设相对滞后，自行车、步行分担率有待进一步提升。公共交通服务质量有待改善，旅客联程运输发展尚处于初级阶段，与人民群众高品质的出行期待还有较大差距。

三是技术创新有待进一步加强，运输装备标准化、清洁水平和配套设施仍需提升[5,6]。老旧和高耗能、高排放交通工具更新缓慢；以清洁能源和新能源为燃料的运输装备设备应用缓慢，目前新能源车主要应用于公交、出租、城市配送等场景，在货物运输、班线客运等应用较少，加气、充换电等配套设施建设不足。

四是交通低碳治理基础能力薄弱，绿色交通治理能力和推进手段有待提升[5,6]。一些地区，特别是县区级有关部门，对交通运输绿色低碳发展的认识不高、能力不强、行动不实。交通部门信息化、智能化进程缓慢，相关法规制度仍不完善，绿色交通标准较为缺乏，统计监测等基础能力薄弱。

碳排放情景分析

情景描述

伴随着移动互联网、物联网、云计算、大数据等新技术的应用，新能源汽车、储能技术、自动驾驶等技术突破，"互联网+"渗透到交通运输各领域，推动了交通运输发展业态创新，给交通运输格局带来了革命性影响。在经济新常态的宏观背景下，我国 GDP、产业结构、城镇化进程、人口、收入水平等宏观经济社会因素，共享出行、电子商务、城市配送、自动驾驶等新业态和新模式，消费理念、工作方式的转变等因素，都将对未来交通运输部门碳排放产生重要影响[5-14]。

如图 10-13 所示，本章选取 6 个方面共 19 个影响因素进行量化分析，并将对应的量化数据作为本项研究模型开发的重要参数。考虑的影响因素主要包括：宏观经济中的 GDP 总量、人均 GDP、经济结构、人口、城镇化率，绿色出行中的共享出行、定制公交、轨道交通，模式转变中消费理念、汽车租赁等因素对交通运输的需求和结构变化两方面的影响；游轮、私人游艇对交通运输需求变化单方面的影响；智能化中智能交通技术应用、智慧物流，新能源化中新能源车、新能源船舶、生物质能飞机对交通运输能源消耗和碳排放的影响；自动驾驶应用对交通运输需求及能耗和碳排放的影响；基础设施中货运、客运通道对交通运输结构的影响[6,8-19]。

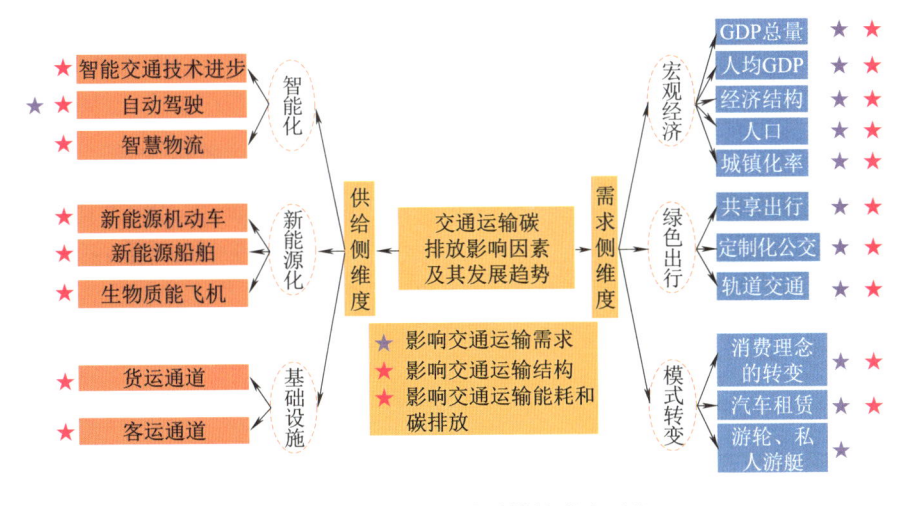

图 10-13 交通运输碳排放影响因素

本章设置政策情景、强化政策情景、2℃情景以及 1.5℃情景共 4 种情景。

政策情景：考虑现有政策手段和技术水平的城市交通碳排放趋势，中国产业布局、客货运结构、不同交通模式的能效改进、替代燃料技术的发展没有大的变化或重大技术突破。

强化政策情景：在政策情景的基础上，考虑优化运输结构，交通节能减排技术不断应用，绿色出行比例提升，新能源车船普及率上升。

2℃情景：为实现《巴黎协定》中温升控制在2℃之内的目标，在强化政策情景基础上，交通运输部门在运输结构、燃油经济性等方面均有显著提升，新能源车船普及加快，绿色出行比例上升幅度加大。

1.5℃情景：探索为实现温升控制在1.5℃的目标，在2℃情景基础上，交通运输部门在运输结构、低碳技术等方面出现跨越性、突破性发展，绿色出行比例大幅上升，新能源车船成为绝对主流。

情景分析主要结论

1. 需加快创新技术应用和采取有力政策措施保障交通运输达峰

随着经济社会的快速发展，工业化和城镇化进程加快，中国交通运输碳排放总量呈快速增长趋势，必须要采取强有力的政策和手段，才有可能在2030年前后达峰。从4种情景的对比分析来看，强化政策情景下，2035年交通运输碳排放峰值比政策情景峰值下降10.2%；2℃情景、1.5℃情景下，2030年交通运输碳排放峰值比政策情景峰值下降12.5%，如图10-14所示。

在政策情景下，交通运输碳排放总量持续增加，2030年达到11.1亿吨，2040年达到峰值11.5亿吨，2050年下降到10.7亿吨。

在强化政策情景下，随着交通运输装备结构的优化、技术的发展以及资源的合理配置，交通运输碳排放总量将呈现先增长后下降的趋势，约在2035年前后达峰，峰值为10.3亿吨；2050年下降到7.8亿吨，相比政策情景下降27.1%。

在2℃情景下，强化综合交通运输枢纽衔接协调，加强区域和城乡交通一体化，提升交通运行效率；加强"互联网+交通运输"应用，推进智能交通建设；优化运输结构，合理配置铁路、公路、水路和民航客货运输；改善运

图 10-14　2015—2050 年交通运输碳排放情景结果

输工具燃料结构；通过采用更为激进的新能源车辆渗透率等措施，交通运输碳排放总量有望于 2030 年前后达峰，峰值为 10.1 亿吨，相比政策情景峰值下降 12.5%。2050 年碳排放量下降到 5 亿吨，较政策情景下降 53%。

在 1.5℃情景下，交通基础设施网络布局持续优化、新能源载运工具大规模普及，自动驾驶成为乘用车的主流，铁路和水运承担绝大部分大宗货物运输，交通运输现代科技在各领域广泛应用，共享交通等新业态、新模式不断涌现并得到大规模应用。交通运输碳排放总量有望于 2030 年前后达峰，峰值为 10.1 亿吨，2050 年下降到 1.5 亿吨，较政策情景下降 85.7%。

2. 车辆用油占比将持续下降，清洁能源占比不断上升

交通运输消耗最多的能源品种是柴油、汽油。在政策情景下，交通运输能耗将在 2040 年达峰，峰值为 6.26 亿吨标准煤。到 2020 年、2030 年、2050 年，车辆用油占比分别为 84.7%、81%、78.6%。电力增幅最大，从 2020 年的 4.3% 增长到 2050 年的 6.8%，如图 10-15 所示。

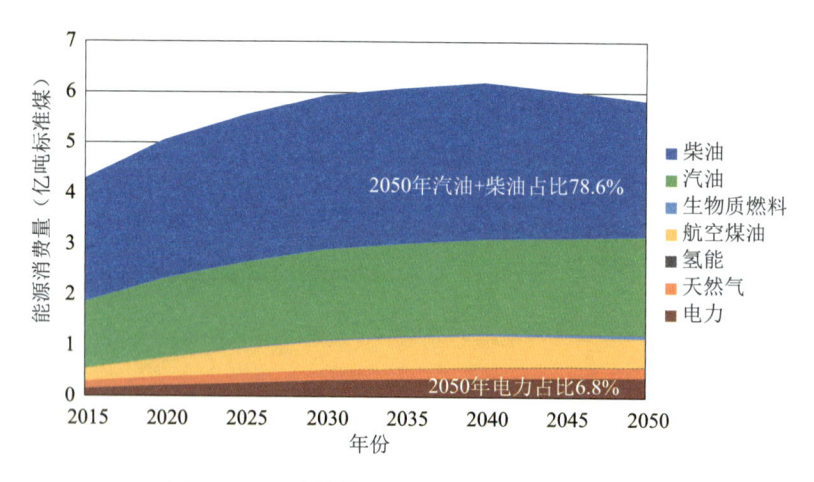

图 10-15　政策情景下交通运输能源消费结构

在强化政策情景下，交通运输能源消费有望在 2038 年达峰，峰值为 5.76 亿吨标准煤，较政策情景下降 8%。油品占比持续下降，从 2020 年的 84.7% 下降到 2050 年的 67.9%，下降 17 个百分点。同时，受到铁路电气化、车辆电动化的推动，电力占比从 2020 年的 4.5% 上升到 2050 年的 14.4%，如图 10-16 所示。

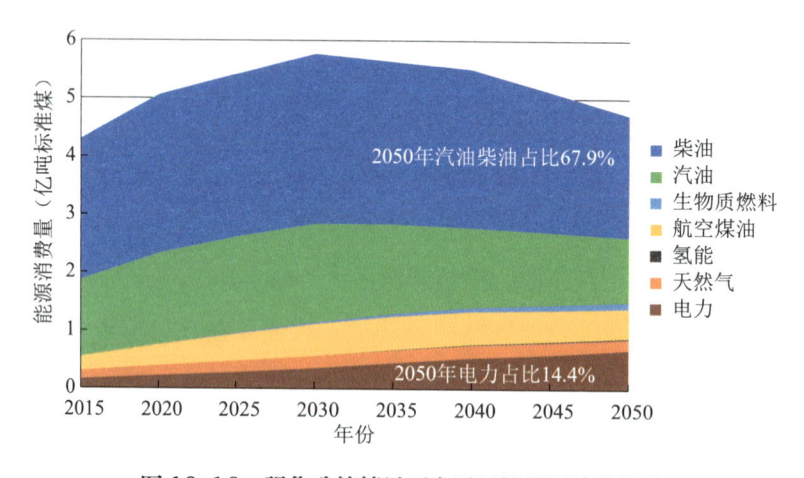

图 10-16　强化政策情景下交通运输能源消费结构

在 2℃情景下，交通运输能源消费将在 2033 年达峰，峰值为 5.68 亿吨标准煤，较政策情景下降 9.3%。电力逐步成为主要能源品种，从 2020 年的 4.4% 增长到 2050 年的 24.2%；氢能使用量也有所提升，到 2050 年氢能占比达 0.5%。车辆用油占比高速下降，从 2020 年的 84.7% 下降到 2050 年的 56.9%，下降 28 个百分点，如图 10-17 所示。

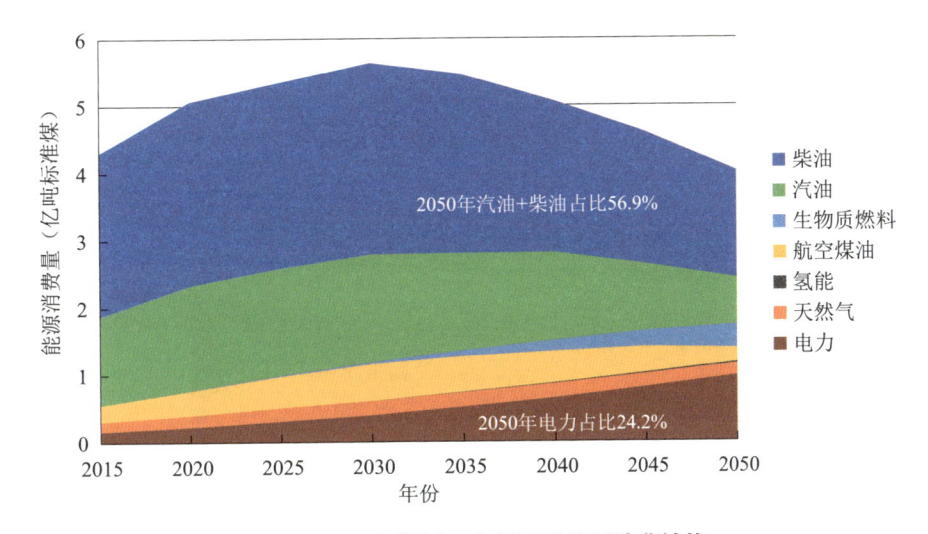

图 10-17　2℃情景下交通运输能源消费结构

在 1.5℃情景下，清洁能源成为最主要的能源，电力占比高速增长到 2050 年的 56.7%，生物质能占比达 13.3%，占航空能源的 80%。车辆用油主要集中在公路货物运输和特殊场景下的长途客运，占比下降到 19.6%。同时，氢能源车也将承担一部分公路长途货运、长途客运及内河水路货运，2050 年占比达 5.2%，如图 10-18 所示。

3. 公路货运碳减排是货运碳排放达峰的主要驱动力

在政策情景下，公路货运碳排放量 2030 年占货运碳排放总量的 82.3%，2030 年前占比持续增长，2050 年占比下降至 77.9%。在强化政策情景下，运输结构调整优化是未来货运碳排放总量和强度下降的重点方向。从运输方式来看，公路货物碳排放量是未来行业碳排放增长的重点，占货运能耗的70%以上。在2℃情景和1.5℃情景下，通过各种运输方式结构调整，继续发挥铁路和水路运输方式的比较优势，在满足货运运输需求的基础上，降低能源需求和碳排放量。

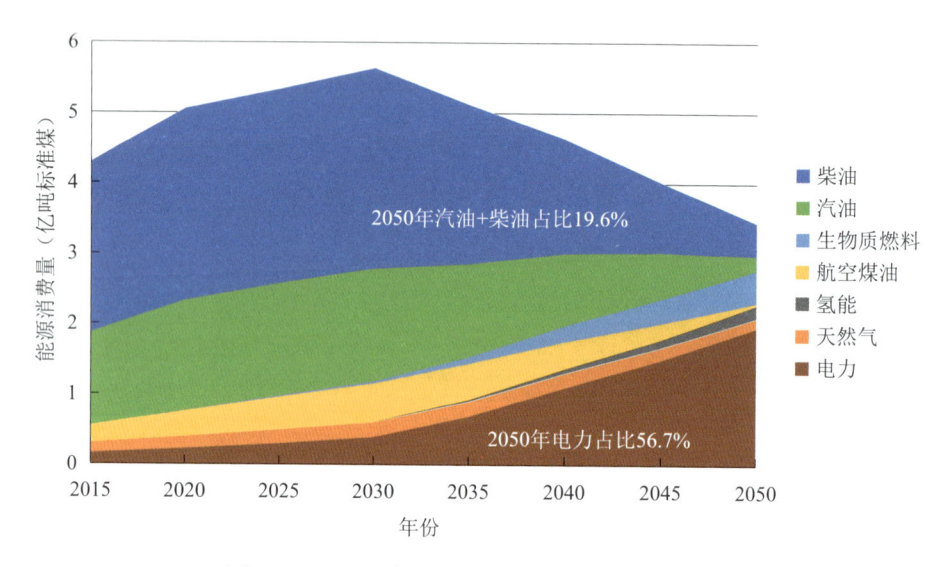

图10-18　1.5℃情景下交通运输能源消费结构

4. 航空客运碳减排是城际客运碳排放达峰的主要驱动力

在政策情景下，城际客运碳排放量会保持增长。在工业化、新型城镇化发展背景下，对交通运输服务水平的要求会越来越高，高端出行比例增加。另外，我国航空客运依然处于发展期，航空客运还有很大的发展空间，城际客运的碳排放量在2030年前保持较高速度的增长，2035—2050年增长放缓。在强化政策情景和2℃情景下，随着客运结构的逐步优化，以及各种运输方式能效的不断提升，城际客运总体碳排放量有所下降。到2050年，强化政策情景和2℃情景下碳排放量分别比政策情景下碳排放量下降9.4%和15.8%。

5. 新能源车占比将会决定城市客运碳排放的结构和趋势

在政策情景下，如果依然按照目前的发展方式，到 2050 年，全国城市客运碳排放总量将持续增加，私人乘用车依旧是最主要的增长源。通过优先发展公共交通、控制私人汽车出行比例、进行技术革新和推广电动汽车，到 2050 年，在强化政策情景、2℃情景和 1.5℃情景下，碳排放量分别比政策情景下降 22.6%、40.8% 和 82.9%。

战略思路与目标

总体思路

以习近平新时代中国特色社会主义思想为指导，深入贯彻党的十九大精神，紧紧围绕统筹推进"五位一体"总体布局和协调推进"四个全面"战略布局，全面落实《交通强国建设纲要》《国家综合立体交通网规划纲要（2021—2050）》等战略部署，以调结构、转方式、重创新、强治理为主线，形成绿色低碳导向的交通运输发展方式、生产方式和消费模式，更好地服务交通强国和美丽中国建设 [5,19]。

战略目标

1. 2030 年目标

到 2030 年，努力实现交通运输碳排放达峰，总量控制在 10.1 亿吨以下。交通运输终端能源消费量控制在 5.3 亿吨标准煤左右，油品消费总量控制在 3.9 亿吨标准煤以下，电力能源占比达到 10% 以上。绿色低碳的综合运输结构和出行服务体系基本形成，结构减排作用得到充分发挥；低碳交通技术创新能力和总体水平进入世界先进行列，节能低碳先进适用技术和产品得到广泛推广应用，智能交通体系建设达到世界前列；低碳能源转型取得突破性进展，清洁能源和新能源占比明显提升；基本实现交通运输低碳治理体系和治理能力现代化，总体适应并适度超前基本建成美丽中国和交通强国的需要，为基本实现社会主义现代化充分发挥支撑保障和先行引领作用。

集约低碳的综合运输结构基本形成。各种运输方式的比较优势得到充分发挥，基本实现"宜水则水、宜陆则陆、宜空则空"；重要港区基本实现铁路进港全覆盖，港口集装箱铁水联运比例显著上升，铁路、水运的货物周转量承运比例达54.5%，沿海港口集装箱铁水联运比例达到10%以上，结构减排效应与贡献得到充分挖掘。

绿色出行方式和消费模式基本形成。公交分担率在大型城市达到63%，中型城市达到50%，小型城市达到35%，轨道交通运营里程达到8 000公里，共享出行比例占比达到15%，共享单车日均使用量达到6 000万人次，电子商务占社会消费零售比例达到40%。

交通运输低碳能源和技术革命基本实现。智能化水平显著提升，成为交通运输低碳发展的最重要途径。轻型车辆中新能源汽车占比达18.5%，货运车辆中新能源货车占比达10%；智慧交通、智慧物流在大部分城市得到广泛应用。

交通运输低碳治理体系和治理能力现代化基本实现。基础设施网络综合覆盖度进一步提升，国内通达、通畅性显著提高，私人乘用车保有量控制在260辆/千人以下。

2. 2050年目标

到2050年，交通运输碳排放总量控制在4.7亿吨以下。交通运输终端能源消费量控制在4.3亿吨标准煤左右，油品消费总量控制在1.6亿吨以下，电力能源占比达到44%以上。全面实现交通运输低碳治理体系和治理能力现代化，全面建成与社会主义现代化强国、美丽中国和交通强国相适应的低碳交通运输体系。

集约低碳的综合运输结构全面形成。绿色运输方式在综合交通运输体系中居于主导地位，各种运输方式的综合优势和组合效率显著提升，实现"宜水则水、宜陆则陆、宜空则空"。铁路、水运承担货运周转量比例达 40.3%，沿海港口集装箱铁水联运比例达到 30% 以上。

便捷优质的绿色出行体系全面形成。公交分担率在大型城市达到 65%，中型城市达到 55%，小型城市达到 40%，轨道交通运营里程达到 12 500 公里，共享出行比例占比达到 50%，共享单车日均使用量 8 000 万人次，电子商务占社会消费零售比例达到 70%。

交通运输电动化、智能化和共享化革命全面实现。新增运载工具绝大部分使用新能源或清洁能源；通过技术、管理、创新等方面的协同效应，形成交通运输全过程各环节的清洁低碳，形成与资源环境承载力相匹配、与生产生活生态相协调的绿色低碳综合交通运输体系。新能源汽车占全部轻型车比例达到 85.5%，新能源货车占全部货车比例达到 50%，智慧交通、智慧物流得到全面普及应用。

交通运输低碳治理体系和治理能力现代化全面实现。全面建成资源节约、衔接高效的综合立体交通网，全面形成 TOD（transit-oriented development，以公共交通为导向的开发）发展模式，私人乘用车保有量控制在 300 辆 / 千人以下。

战略重点与路径

战略途径

实现交通运输低碳发展，在战略路径上要着力推动"五大变革"，即运输方式结构变革、交通消费理念变革、低碳技术能源变革、智慧交通模式变革、交通运输治理变革，在科学谋划和有序推进现代综合交通运输体系建设的总体框架下，加快构建低碳综合交通运输体系[5,19]（见图 10-19）。

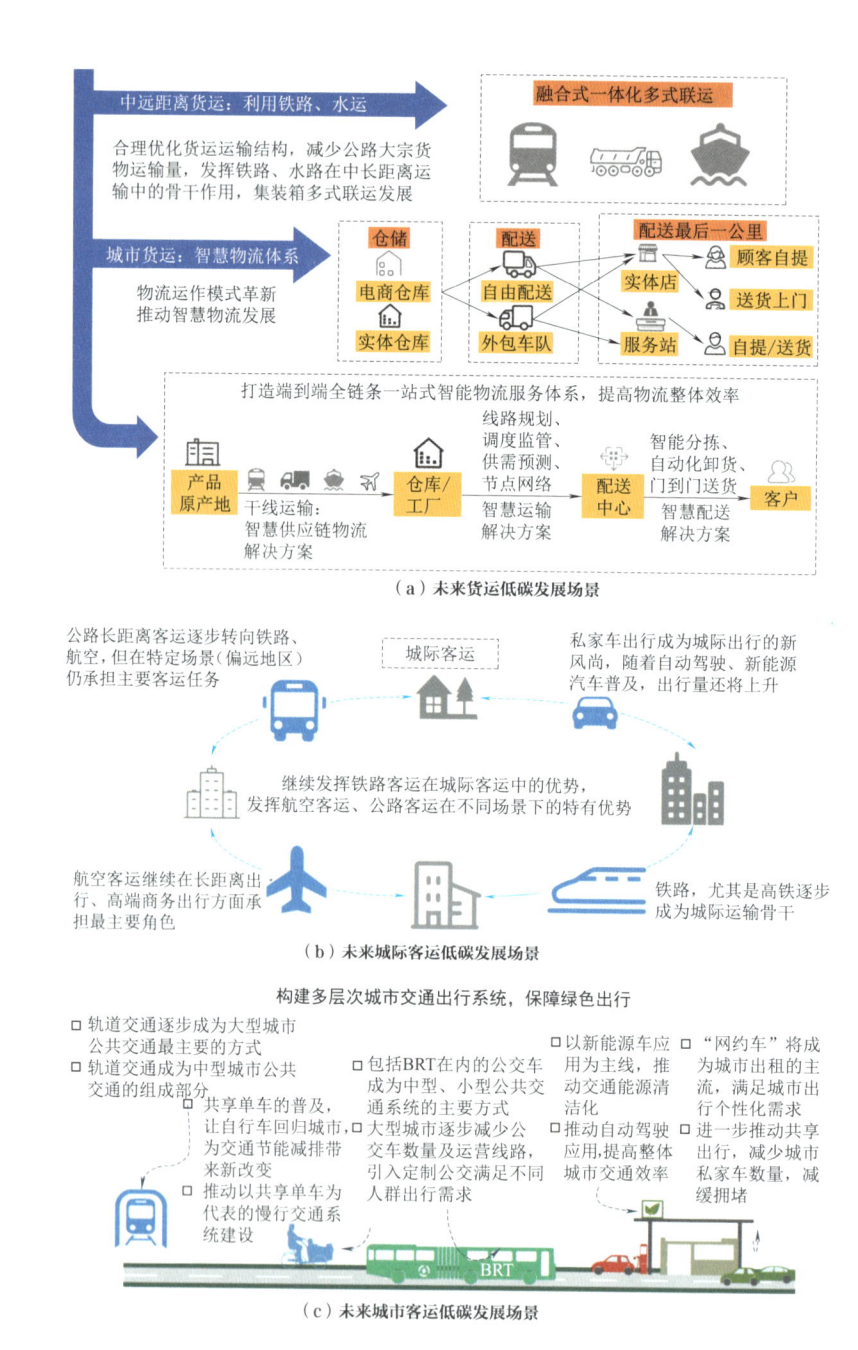

图 10-19 未来低碳综合交通运输体系的发展场景

资料来源：本章课题组根据研究结果整理

1. 推动运输方式结构变革，建设低碳综合交通运输体系

坚持把调整交通运输结构作为交通运输低碳发展的主攻方向，以建设以低碳排放为特征的现代综合交通体系为统领，按照"宜水则水、宜陆则陆、宜空则空"的原则，充分发挥各种运输方式的比较优势和组合效率，加快发展水运、铁路等绿色运输方式，实现结构减排效应的最大化[20,21]。

（1）加快调整货物运输结构，充分发挥结构性减排效应

积极调整优化运输结构，推进大宗货物及中长距离货物运输向铁路和水运有序转移。加快推进港口集疏运铁路、物流园区及大型工矿企业铁路专用线等建设，加大"公转铁"重点项目建设，加大货运铁路建设投入，加快完成蒙华、唐曹、水曹等货运铁路建设。显著提高重点区域大宗货物铁路、水路的承运比例，提高沿海港口集装箱铁路集疏港比例，大力推进环渤海、山东、长三角等地区的沿海主要港口，以及唐山港、黄骅港的矿石、焦炭等大宗货物改由铁路或水路运输[22,23]。

（2）积极推进运输方式创新，打造绿色高效现代物流体系

推进电商物流、冷链物流、大件运输、危险品物流等专业化物流发展，促进城市末端配送有机衔接，鼓励发展集约化配送模式；持续推进无车承运人试点工作，引领和带动物流转型升级，提高物流业整体竞争力和服务水平；利用移动互联网手段，实现资源集约整合和高效配置，支持大型龙头骨干物流企业以资产为纽带，构建跨区域的物流运输服务网络。积极推进运输方式创新，加快推进多式联运、江海直达运输、甩挂运输、滚装运输、水水中转等先进运输组织方式，提高运输及物流效率；推进多式联运型和干支衔接型货运枢纽（物流园区）建设，加快推进集装箱多式联运；建设城市绿色物流体系，提高海铁联运比例。

（3）着力优化旅客运输结构，构建便捷优质的客运服务体系

着力提升客运服务水平，加快构建便捷舒适、优质高效的客运服务系统。

积极构筑以高铁、航空为主体的大容量、高效率区际快速客运服务，提升主要通道旅客运输能力。鼓励开通连接机场、铁路站点等重要枢纽的快速客运班线，提高运输接驳水平；加大省际班线、市际线路、县际线路运力投入，建立以高速公路、国省道为依托的快速客运网络。

（4）优化交通运输网络布局，合理引导交通运输需求

统筹优化交通基础设施网络布局，科学编制交通运输规划，充分衔接协调国土空间规划，促进国土综合开发和优化利用，交通基础设施网络、运输服务网、能源网和信息网的深度融合。统筹考虑区域间、区域内产业布局、资源条件及发展需求，合理确定交通运输大通道的结构与规模，提升完善通道功能，节约集约利用线位资源，避免重复建设，提高综合交通枢纽衔接转换效率和能源资源利用效率。大力发展TOD模式，支撑引领新型城镇化、乡村振兴等战略实施，从源头上合理控制、科学引导交通运输需求。到2025年，形成内外互联互通的"十纵十横"综合运输大通道。到2050年，建成布局完善、规模合理、结构优化、资源集约、衔接高效、互联互通的综合立体交通网络。

（5）运输结构方式变革减排的短中期效果显著，应长期坚持、持续推进

本章研究关于运输结构的减排路径设计的量化分析参数为：货运结构方面，铁路、公路、水路、航空、管道货运占比2030年为20.7%、42.5%、33.8%、0.2%、20.8%，2050年达到21.5%、46%、30%、1%、2.5%；城际客运结构方面，铁路、公路（含私人乘用车）、水路、航空客运占比2030年为39.2%、37.6%、0.3%、22.9%，2050年达到44%、29%、26%、1%。综合测算，到2030年、2050年，可分别减少碳排放5 612万吨和2 055万吨。初期随着公路货运向铁路和水运转移，货运结构调整的减排效果明显。从中长期来看，受公路运输技术水平提升、交通基础设施建设基本完成等因素影响，运输结构调整力度减弱，减排效果有所下降，见图10-20。

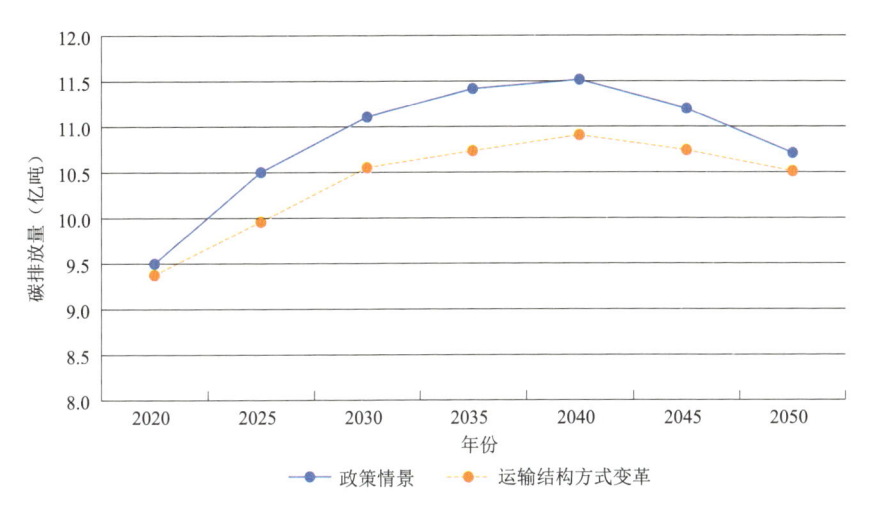

图 10-20　运输结构方式变革的减排效果对比

2. 推动交通消费理念变革，打造绿色出行服务体系

坚持把倡导绿色交通消费理念、完善绿色出行体系作为交通运输低碳发展的重大战略选择。深入实施城市公交优先发展战略，大力发展自行车、步行等慢行交通，发展完善网约车、共享单车、汽车租赁等共享交通模式，从需求源头上促进交通运输系统减排[20,21,24-26]。

（1）深入实施公交优先发展战略

深入实施城市公交优先发展战略，实现公共交通的规划优先、用地优先、资金优先和路权优先，加快快速公交（BRT）、公交专用道、轨道交通的建设，发展大运量公共交通系统；优化公交线网布局，通过新开辟和延伸公交线路，提高线网覆盖率，加快推进符合不同城市发展实际的大容量、快速化城市公交方式发展。着力打造高品质、快捷化、多样化的城市客运服务体系，积极推进"公交都市"创建示范工程，落实票价优惠政策，强化智能化手段在城市公共交通管理中的应用；推广品质公交，推出商务公交、旅游班车、定制公交等车辆类型，适应日益多样化的出行需求，使公共交通成为民众出行的优先选择，不断提高公交出行分担率。推动轨道交通健康快速发展，持续提高城市轨道交通在公共交通中的承运比例[27-30]。

（2）大力发展慢行交通和共享交通，构建多层次城市出行系统

积极推进"网约车"发展，不断提升网约车车辆运营效率和服务精细化水平，2020—2025年网约车客运量还将保持15%左右的增长，2030年后有望成为城市出租汽车的主流，不断满足城市出行个性化需求。积极推进共享单车健康发展，让自行车回归城市，在人口密集的城市中心地带，鼓励城市居民倾向于骑行而非搭乘公共交通工具来解决短途交通；在人口密度较低的城市外围，积极推进共享单车出行，增加人们使用公共交通的频率，为交通运输节能减排带来新改变。推进慢行交通系统规划建设，制定分类步行交通系统规划设计导则或规范，并将其纳入国家相关城市规划体系；城市内部因地制宜建设温馨舒适的步行、自行车系统，重视独立设置的绿道，推进慢行系统与城市公交系统的衔接，促进公共交通、高铁系统与电动汽车、慢行出行相结合。

（3）推动消费理念变革，改变未来交通需求结构

未来消费理念将从产品、服务、体验三个方面出现升级趋势，进而带来多元化、个性化的交通运输需求。以小汽车为代表的个体出行大幅度增长，对交通运输体系提出了规划设计、运行管理、停车管理甚至信号控制等新要求。随着城乡消费转型升级，以特色蔬菜、新鲜水果、水产海鲜和花卉苗木等为代表的高端农村消费将会提升，亟须推进冷链物流、绿色运输和即时配送等新模式发展。消费将更注重体验性和参与性，无论是文化教育、休闲购物还是餐饮娱乐，都需要亲身参与，而交通出行作为服务消费的派生需求也会随之增加。城乡居民休闲娱乐、购物餐饮等出行需求的增多，会带来出行目的多样化，这就要求交通运输体系提供多元差异化的服务。随着大众旅游和全域旅游时代的到来，人们对交通运输网络的通达性和服务功能提出了更高要求。

（4）消费理念变革的减排贡献逐步增加，且潜力巨大

本章研究关于消费理念变革减排的路径设计参数为：到2030年，城市

客运的公共交通出行占全机动车出行分担率达到49.5%，轨道交通运营里程达到 8 000 公里，共享单车日均使用量 6 000 万人次，共享出行比例达到 15%，电子商务占社会消费零售比例达到 40%，预期相比政策情景可减少碳排放量 4 497 万吨；到 2050 年，城市客运的公共交通占全机动车出行分担率达到 56.3%，轨道交通运营里程达到 12 500 公里，共享单车日均使用量 8 000 万人次，共享出行比例达到 50%，电子商务占社会消费零售比例达到 70%，预期同比政策情景可减少碳排放量 16 510 万吨（见图 10-21）。

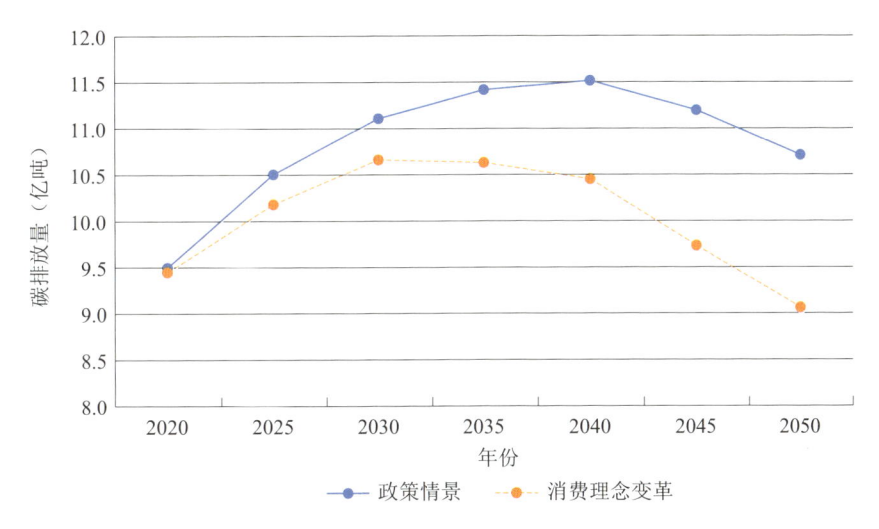

图 10-21　消费理念变革的减排效果对比

3. 推动低碳技术能源变革，提升交通运输综合能效和减排效率

贯彻落实创新驱动发展战略，坚持把创新作为推动交通运输低碳发展的第一动力，把低碳交通技术创新与能源转型作为重要着力点，推广应用清洁能源，着力加强节能与新能源装备设备的研发创新，充分挖掘交通运输发展各领域、各环节的技术减排潜力。

（1）加快交通能源系统清洁化和低碳化

一是加快推广普及新能源汽车，逐步降低新能源汽车的制造和使用成本，使其发展成为市场的绝对主流[28]。

二是稳步推进氢燃料汽车发展，重点在长距离货运和城际公交等领域，充分挖掘释放氢能汽车的发展潜力。

三是积极推广应用清洁能源船舶，力争到 2025 年基本建成 LNG 加注码头体系，为加快 LNG 燃料动力船舶推广发展提供有力保障；积极推进我国电动船舶在渡轮、游船、集装箱船、货船、工程船等船舶中的应用。

四是积极推进生物质能源在民航飞机中的应用，根据国际民航组织相关规划和发展路线图，预计到 2030 年、2050 年，全球航空生物燃料将分别占总用量的 30% 和 50%。

（2）推广应用先进适用低碳交通技术

铁路运输方面，加快推动铁路电气化进程，力争到 2050 年实现电气化率达到 99% 以上；大力推进运输设备轻量化，包括车辆轻型化、转向架轻量化和电器设备的轻量化等；在城际轨道交通等停站较多的列车运行模式中，推广再生制动技术，可降低能耗 15%~30%；不断发展重载运输技术，重点在蒙陕甘宁等能源富集地区与鄂湘赣等华中地区，加快建设长距离重载铁路运输通道。

道路运输方面，积极推动燃油经济性和运输装备技术等应用，大幅提高车辆装备制造技术，大力提升运输装备专业化、标准化和大型化水平。

水路运输方面，积极推进船舶大型化和标准化，可节能减碳潜力达 10%~25%；大力推进船体防污技术发展，可降低船舶燃料消耗 5% 左右。

航空运输方面，加快航空生物质燃料的应用技术开发应用，推动航空生物燃料的应用技术；加快新型发动机/飞机的研发应用，提升发动机/飞机的燃效水平，积极推进国产"大飞机"及新型发动机的应用[31]。

（3）低碳技术能源变革的减排贡献效果显著，是低碳发展的关键性根本性途径

本章研究关于低碳技术变革和能源转型减排路径的关键因素量化参数

为：未来新能源车将加快普及，轻型乘用车领域新能源车逐步成为主流，2030年、2050年新能源汽车（轻型车）保有量分别达到6 500万辆、3.5亿辆，占全部轻型车的比例分别为14.2%、85.5%，其中私人乘用车新能源汽车保有量分别为5 200万辆、2.5亿辆。2030年、2050年货运车辆（轻型货车、中型货车和重型货车）中新能源车保有量分别为300万辆、1 500万辆，占比分别为10%、50%。其中，2030年氢燃料电池车在特定场景、特定线路中实现商业化发展，特定线路客车（城市公交、产业园区）达到10万辆，长途客车达到1万辆，重型货运车辆达到10万辆；2050年氢燃料电池车继续快速发展，特定线路客车将达到25万辆，长途客车达到15万辆，重型货运车辆达到100万辆。2030年、2050年城市轻型物流车中，新能源车占比分别达到60%和100%。2030年、2050年内河新能源船舶占比分别达到15%，40%，其中，纯电动船舶数量分别达到1 000艘和1万艘。综合测算，2030年、2050年相比政策情景分别减少碳排放量6 191万吨和24 308万吨（见图10-22）。

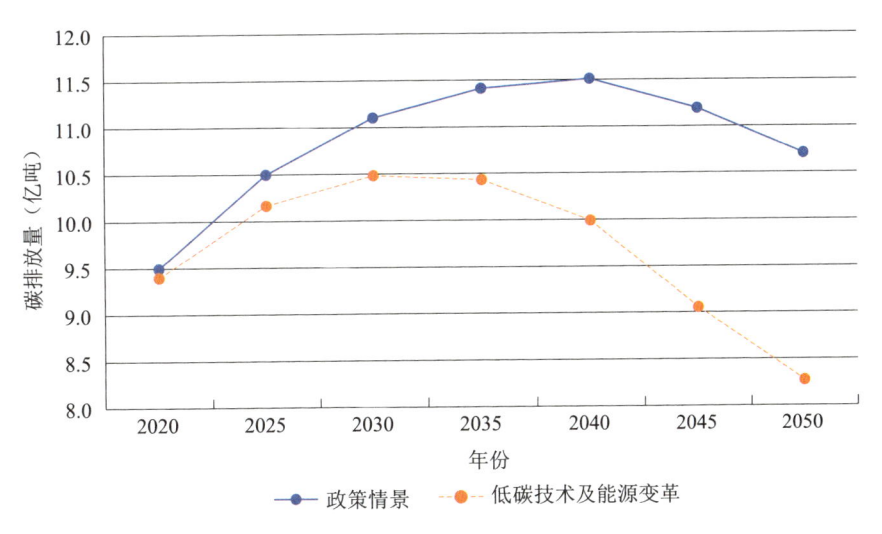

图10-22 低碳技术能源变革减排效果对比

4. 推动智慧交通模式变革，构建高效运输模式

大力推进互联网＋现代交通发展，以互联网为依托，通过运用大数据、人工智能等先进技术手段，实现智慧交通。

（1）强化以自动驾驶为代表的新模式应用，提高交通减排效率

将自动驾驶和车路协同作为未来智能交通系统发展的核心内容，在公共交通、快递物流等领域，率先推广自动驾驶技术，逐步拓展自动驾驶应用，以建设"智慧的路"为重要途径，最终实现智能交通换道超车。自动驾驶技术研发与应用的具体目标及实现路径如图 10-23 所示[20]。

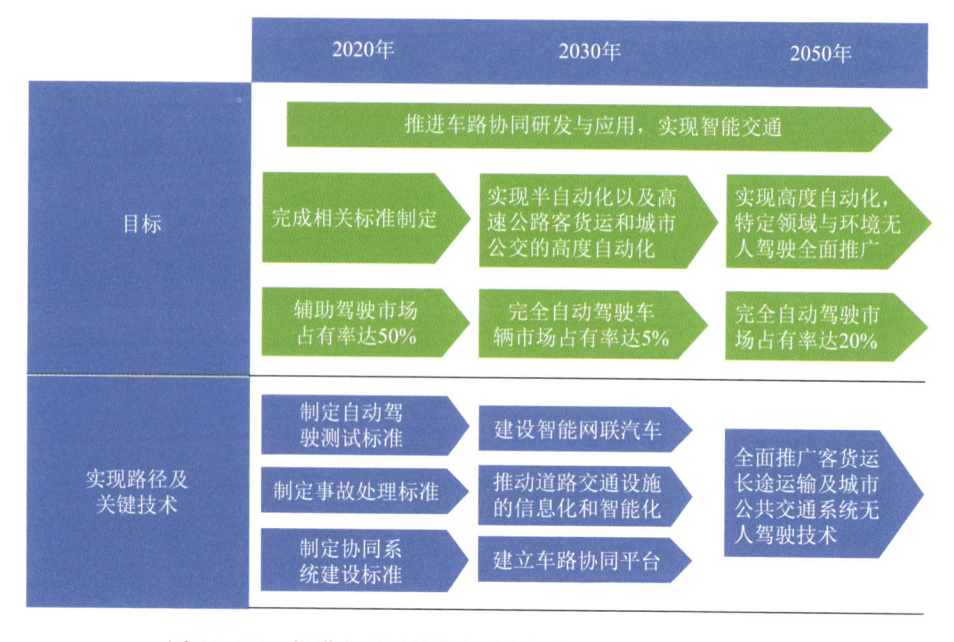

图 10-23 推进自动驾驶技术研发与应用的目标及实现路径

（2）智能交通、智慧物流连接用户与场景，提升出行效率

大力推进互联网＋现代物流发展，以互联网为依托，通过运用大数据、人工智能等先进技术手段，形成线上服务、线下体验与现代物流深度融

合的零售新模式,不断提升物流的及时响应、定制化匹配能力。积极推进物流运作模式革新,促进物流行业与互联网深度融合,推动智慧物流需求提升,不断适应物流企业在物流数据、物流云、物流设备三大领域对智慧物流发展的需求。2018年中国智慧物流市场规模超过2 000亿元,预计到2030年,中国智慧物流市场规模将超过万亿元。此外,要大力推进大数据、无人技术、智慧物流等现代信息技术研发应用。无人机、机器人与自动化、大数据等技术已相对成熟,即将商用;可穿戴设备、3D打印、无人卡车、人工智能等技术在未来10年左右逐步成熟,将广泛应用于仓储、运输、配送、末端等各物流环节。未来智慧物流的场景如图10-24所示。

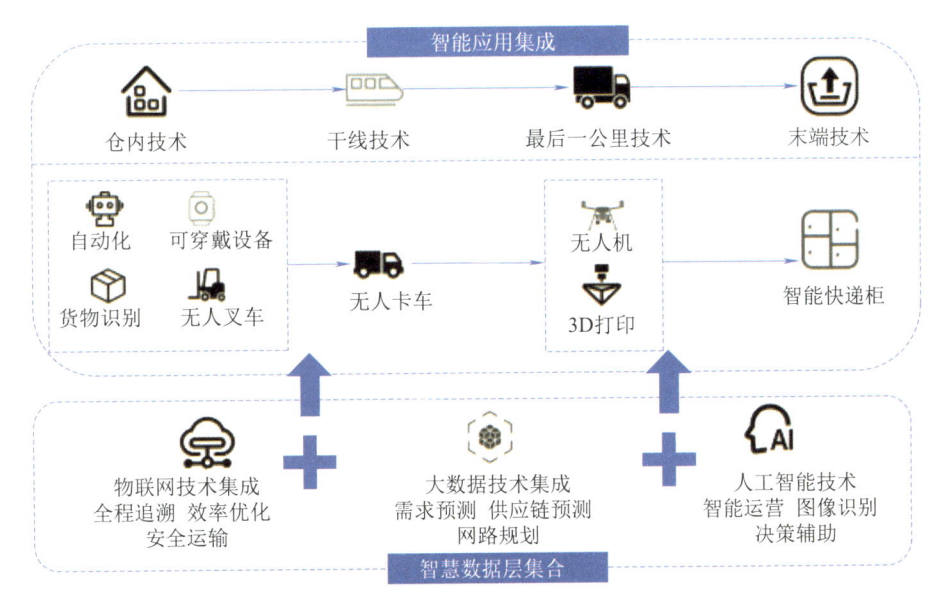

图10-24 智慧物流技术发展全景图

资料来源:《中国智慧物流发展报告》,德勤中国,本章课题组整理

(3) 智能交通模式变革对减排贡献逐步增大,是未来减排的主要方向

本章研究关于智慧交通模式变革路径的关键因素量化参数为:到2025

年，完成自动驾驶测试标准、事故处理标准及车路协同系统建设标准；到 2030 年，实现半自动化以及有限场景下（高速公路客货运和城市公交）的高度自动化示范，完全自动驾驶的占有率达到 5% 以上，部分城市实现智慧物流的大范围应用；到 2050 年，实现高度自动化，客货运长途运输及城市公共交通系统自动驾驶常态化推广，完全自动驾驶的占有率达到 50% 以上，全部城市均实现智慧物流的应用。到 2030 年、2050 年，相比政策情景能够分别减少碳排放量 968 万吨和 8 596 万吨（见图 10-25）。

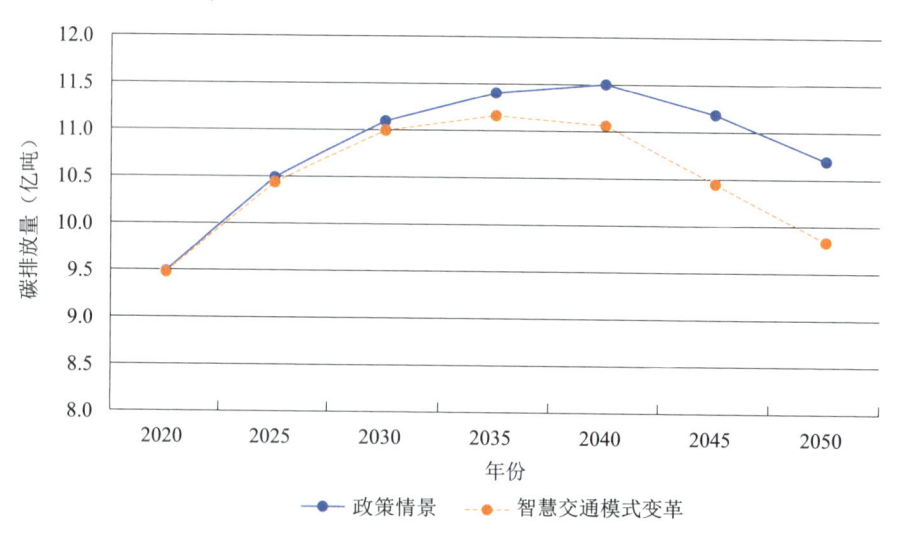

图 10-25　智慧交通模式变革的减排效果对比

5. 推动交通运输治理变革，实现低碳交通治理体系和治理能力现代化

坚持把强化低碳交通治理、提升交通运输效率作为实现交通运输低碳发展的重要途径。强化交通需求管理，合理抑制私人小汽车的过快增长和过度使用，科学引导交通运输需求。

（1）实施差别化的交通管理，减缓私人乘用车保有量增长

一是加强交通需求管理（TDM）政策创新，因地制宜探索实施限行限购

政策、差别化停车收费、智能停车管理、交通拥堵收费、错时上下班等交通需求管理政策措施，保障城市交通顺畅运行，有力促进碳减排。

二是通过燃油税等经济手段引导小汽车发展，通过制定合适的燃油税率，提高燃油使用成本，促进消费者选择燃油经济性高的车型、改变出行行为或方式，以减少车用燃料消耗，降低城市交通碳排放水平。

三是实施差别化交通管理，研究小汽车停驶相关配套优惠措施，探索建立与机动车保险优惠减免相挂钩的长效制度。

四是在供需失衡、交通压力大的区域或者路段，探索实施小汽车分区域、分时段、分路段通行管控措施，提高城市核心区小汽车使用成本，引导降低小汽车出行总量。

（2）完善低碳交通治理体系，提升低碳交通治理能力

加强低碳交通发展的顶层设计，健全低碳交通制度标准，加快完善低碳交通监督管理体系，完善低碳交通统计及考核评价体系，建立低碳交通考核评价指标体系，鼓励重点省份或区域先行开展低碳交通考核评价试点。积极推进交通运输能耗统计监测体系建设，加强交通运输碳排放统计核算平台和监测网络建设，建立标准统一的行业能耗及碳排放统计数据库。积极推进交通运输领域碳交易、绿色金融等市场机制应用，加快制定交通运输行业参与碳交易的技术路线，明确交通运输行业参与碳交易主体范围、时间节点、准入退出门槛等，积极研究并制定适用于我国交通运输行业的碳配额分配方法。

（3）低碳治理变革的减排贡献相对较小，但不可或缺

本章研究关于交通运输治理路径的关键因素量化参数为：到2030年，私人乘用车保有量达到260辆/千人；到2050年，私人乘用车保有量达到300辆/千人。在此情况下，2030年、2050年相比政策情景减少碳排放量2 454万吨和5 251万吨（见图10-26）。

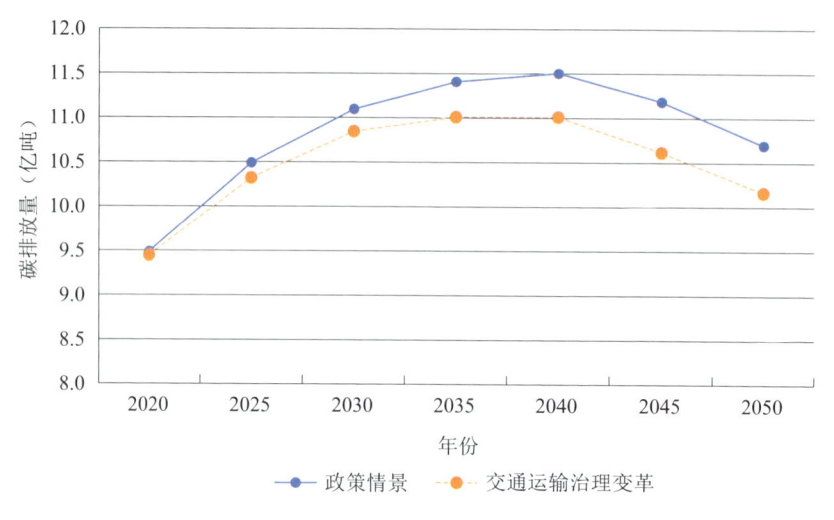

图 10-26　交通运输治理变革的减排效果对比

行动计划

1. 交通运输碳强度降低行动

切实增强交通运输低碳转型的紧迫感，把交通运输低碳发展理念全面融入国家、地区和企业的行业中长期发展规划，长期坚持把交通运输碳强度控制作为重要指标。积极开展交通运输综合能效提升行动，加快提升运输装备设备的专业化、标准化和大型化水平，加快淘汰高耗能、高排放的老旧运输车辆，提升交通运输装备设备能效水平。加快推进物流业转型升级和提质增效行动，加快货运规模化发展和连锁化经营，发展精益物流、共同配送等多样化专业化城际货运服务体系，推进现代化物流网络建设。

2. 运输结构调整行动

积极推进大宗货物的"公转铁"行动，加快推进港口集疏运铁路、物流园区及大型工矿企业铁路专用线等"公转铁"重点项目建设，持续推进煤炭、矿石等大宗货物及中长距离货物运输向铁路有序转移。大力开展内河航运振兴行动,加快畅通重要航段和运输通道,补齐内河航运短板,提升内河航运干支联动能力。大力推广应用集装化运输装备,推进内河运输船舶、江海直达船舶的标准化。

3. 绿色出行行动

深入实施"公交+"优先发展战略,积极推进公交都市建设示范创建工程,加强城市交通拥堵综合治理,优先发展城市公共交通。积极构建完善的绿色出行客运服务体系,大力发展绿色低碳出行方式,加快构建以高速铁路和城际铁路为主体的大容量快速客运城际系统,推进城市群交通一体化。积极开展全民绿色出行宣传教育活动,面向政府、企业等社会单元深入开展绿色出行常态化教育和培训。

4. 新能源汽车推广行动

加快促进交通能源动力系统的电动化和高效化,大力推进新能源车辆的推广应用。加快推进新能源汽车的智能化应用,积极推动无人驾驶技术在城市普通公交、消防车、物流车、出租车、智慧高速、景区无人摆渡、清扫等不同类型车辆上的应用。加快推进新能源汽车的共享化应用,积极推进新能源汽车的分时租赁、网约车、综合出行服务等商业模式发展,满足未来个性化出行需求。

5. 低碳交通科技创新行动

加快提升低碳交通技术研发能力,集中优势资源,在国家重点研发计划等科研专项中设置绿色低碳交通相关研究,着力突破制约交通运输低碳发展的相关技术瓶颈。加快推进低碳交通成果转化与推广,编制交通运输行业重点节能低碳技术目录,加快节能、环保、生态、先进适用技术、产品的推广和应用。加快完善低碳交通的科技创新机制,建立健全绿色交通科技投入机制,逐步形成以政府为引导、企业为主体、社会和中介机构积极参与的交通科技投入体系。大力发展智慧交通,推动大数据、互联网、人工智能、区块链、超级计算等新技术与交通行业深度融合。

6. 低碳交通示范引领行动

强化低碳交通试点示范顶层设计，统筹谋划、周密部署，充分发挥试点示范的引领带动作用，广泛调动各级地方政府、各专业领域层面的全面参与和实践。大力推进低碳交通示范区域示范，积极组织开展以绿色交通省区、城市（群）、区（县）乡镇等为主的区域性绿色交通示范重大工程。注重打造低碳交通示范企业，密切配合国家企业节能低碳专项行动，深入开展交通运输行业低碳交通运输企业示范行动。着力建设绿色交通示范工程，积极推进绿色铁路、绿色公路、绿色港口、绿色航道、绿色机场、绿色场站、绿色枢纽等重大示范工程建设。

7. 低碳交通能力提升行动

建立健全低碳交通战略规划体系，强化低碳交通发展的顶层设计与宏观指导。加快完善低碳交通法规制度和标准规范体系，着力完善低碳制度体系，提升低碳治理效能。积极推进交通碳排放统计监测考核体系建设，继续完善交通运输能耗统计监测制度，加快在线监测平台建设。积极推进碳交易、绿色金融等市场机制在交通领域的应用，积极探索和制定市场调节政策，设置合理的鼓励和引导政策。加强低碳交通财税等政策研究与储备，研究完善促进低碳交通发展的财税、金融、土地、贸易、保险、投资、价格、创新等激励政策。

政策建议

1. 强化战略协同

要与"一带一路"、长江经济带、粤港澳大湾区、黄河流域生态环境保护和高质量发展，以及可持续发展、创新驱动发展等国家重大倡议和战略协同，统筹推进交通强国与美丽中国、健康中国与法治中国建设，实现战略协同。统筹协调推进绿色、循环、低碳发展的有机统一，特别是注重推动绿色革命与低碳转型、智能经济与数字经济、科技革命与能源革命的同频共振，切实强化碳减排与大气污染减排之间的协同效应。统筹推进综合交通、智慧交通、绿色交通、平安交通协调发展，强化协同发力。在组织实施层面，强化中央与地方之间的分工协作、上下联动，加强不同部门之间的协同合作、左右互动，充分发挥政策叠加效应。

2. 强化组织领导

加强统筹领导，充分发挥国家应对气候变化及节能减排工作领导小组的统筹领导和组织协调作用，进一步强化交通运输部应对气候变化及节能减排工作领导小组的职责定位。严格落实目标责任，积极会同相关部门健全工作机制，建立低碳交通发展的任务落实情况督导和第三方评价机制。强化智力支持，积极争取国家应对气候变化专家委员会等国家高端智库对交通运输低碳发展工作的关心指导和支持帮助。

3. 培育低碳文化

强化交通运输低碳发展意识，在交通运输规划、建设、运行中充分考虑绿色低碳发展需求，结合低碳交通运输发展成果，探索建设一批交流推广科普展示平台。加强低碳交通宣传引导，深入开展形式多样的节能低碳宣传、培训、交流与实践活动，组织"节能宣传周""全国低碳日"等活动，培育低碳交通文化。

4. 强化人才保障

加强低碳交通人才发展战略规划的顶层设计，加快培养造就数量充足、素质优良、具有国际视野的低碳交通专业技术人才和管理人才队伍。以创新能力建设为核心，以"高精尖缺"为重点，培养造就一批高水平的低碳交通科技创新人才和创新团队。大力加强低碳交通国际化人才培养，把低碳交通与应对气候变化专业人才作为国际交通组织后备人才培养和输送的重点之一，制订国际化人才定向培养计划，建立国际交通组织后备人才库。

5. 加强合作交流

加强国内合作交流，继续加强与发展改革、生态环境、自然资源、工信、科技等主管部门和地方政府的合作，加强国内相关政府机构、高等院校、研究咨询机构、交通运输企业等的交流合作。加强国际交流合作，积极参与国际运输论坛（ITF）、世界交通运输大会（WTC）、美国交通研究委员会（TRB）年会、世界道路协会（PIARC）、联合国可持续交通大会等国际会议。着力推进低碳交通"国际拓展计划"，大力创新国际交流合作机制，深入拓展国际交流合作空间，全面提升国际交流合作水平，提高利用全球人才资源、汇聚全球智慧的能力。积极参与联合国气候变化框架公约（UNFCCC）和国际海事组织（IMO）及其他国际框架下应对气候变化谈判，积极参与海运业、航空业减排全球治理。

第十一章

中国能源基础设施转型与投资战略研究

展望中长期，大国能源竞争将从资源成本比拼向提升基础设施创新能力转变。推动能源基础设施转型发展，应深刻认识当前我们所处的为实现中华民族伟大复兴打基础的重要历史阶段。立足新中国成立70年的关键节点，距2050年仅余30年时间，甚至短于部分能源基础设施的设计寿命。因此，新时代能源基础设施部署需要有穿透历史、引领未来的眼光，以更长尺度的产能周期视角审视中长期发展趋势和当前问题，既要防范当前投资方向与2035年、2050年发展目标脱节而带来较大资产沉没的风险，也要顺应能源发展大势，及时开启高水平、保长远的能源基础设施建设，为伟大时代造就伟大工程。

本章主要从能源需求驱动下的能源基础设施产能变化审视投资需求，探究中长期低碳发展可能带来的新增投资机遇、存量改造投资需求和资产搁浅风险，进而探索适应于绿色低碳要求的能源基础设施投资方向，加快走出一条"投资于绿色、投资于增长"的转型路径。需要说明的是，低碳转型影响深远，能源基础设施仅是受其影响的一大领域，该领域投资体量不能等价于转型成本，特别是本章暂未考虑该领域投资所带来的社会效益。

能源基础设施的内涵

研究背景

1. 基础设施对经济发展和社会进步的贡献显著

在联合国提出的 17 个可持续发展目标（Sustainable Development Goals，SDGs）中，关于工业、创新以及基础设施的 SGD 9 指出，对基础设施和创新的投资是经济增长的关键驱动力。基础设施投资巨大、产业链长，拉动经济增长的效果显著，具有一定的公共产品属性，需要在长周期内体现价值。以美、欧、日为代表的发达国家在经济起步和腾飞阶段均经历了基础设施大规模建设，当前已进入更新换代期，新一轮基础设施建设有望成为引领经济进一步增长的重要动力。中国基础设施建设自改革开放以来取得了显著成就，有力支撑了经济社会发展。从能源基础设施来看，拉动经济和培育市场的作用突出（见图 11-1）。一方面，能源基础设施投资对经济增长的拉动作用较大，对相关产业投资的带动效应也较为显著；另一方面，稳定盈利的能源基础设施对培育消费市场的作用尤为突出，带动大量滚动投资并持续产生经济和社会效益。

2. 基础设施发展仍具有广阔空间和巨大潜力

中国各类基础设施发展取得了举世瞩目的成绩，自改革开放以来，与经济社会经历了瓶颈制约、被动适应到基本缓解各阶段。以能源基础设施为例，经过多年建设发展，中国工业生产和居民生活告别了拉闸限电，取得了全面解决无电人口用电问题、大中城市天然气推广使用覆盖超过 90% 等一系列成绩。但着眼于全面建设社会主义现代化国家及其"两步走"战略安排，从满足人民日益增长的美好生活需要、建设现代化经济体系、保持基础设施全球竞争力来看，中国基础设施建设发展仍有广阔空间和巨大潜力。二十国

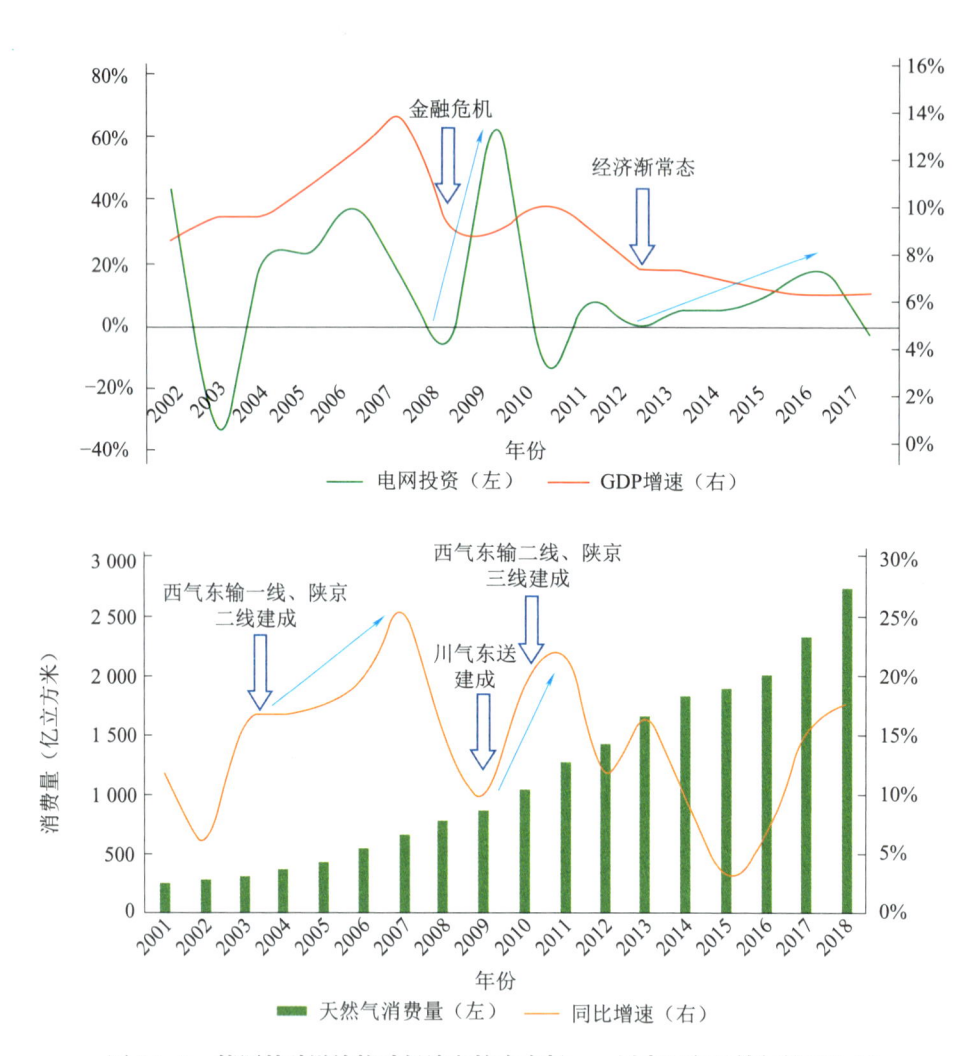

图 11-1 能源基础设施拉动经济和培育市场——以电网和天然气管网为例

集团（G20）旗下的全球基础设施中心（Global Infrastructure Hub）测算，全球基础设施建设投资需求强劲，2016—2040 年，全球交通、电力（仅包括发电和电网）、信息、水利等四大类基础设施投资需求将达到 94 万亿美元，每年需投资 4 万亿美元。其中，中国投资需求为 28 万亿美元，占全球基础设施投资需求的近 30%[1]，详见图 11-2。

（a）基础设施投资趋势与需求

（b）电力基础设施投资趋势与需求

图 11-2　中国基础设施及电力基础设施投资趋势与需求展望

资料来源：Global infrastructure outlook: Infrastructure investment needs 50 countries, 7 sectors to 2040, 2017.

3. 加快推动能源基础设施高质量发展意义重大且更为迫切

基础设施具有基础性、先导性、战略性等产业特征和高沉没性、长周期性等技术特征。我国长期坚持基础设施先行发展、投资要适度超前的战略定位，"要想富、先修路""经济发展、电力先行"等理念已深入人心，但在迈过基础设施为主要瓶颈制约的初级阶段后，基础设施投资所面临的环境趋于复杂，需立足中长期发展大势制定基础设施战略和规划，防止基础设施投资的路径锁定效应。显著区别于交通、信息等其他类基础设施，传统能源基础设施直接和间接导致的大气污染物和温室气体排放体量庞大，且煤、油、气、电等不同能源品种需要构建不同的基础设施体系来支撑，在推动能源革命的进程中既要满足当前需求，也要兼顾长远转型，还需做好各能源品种的统筹协调和能源代际更替的衔接过渡。在交通、信息等其他类基础设施的全生命周期贯彻绿色低碳要求，更多的是不但要以绿色低碳的方式建设，还要以绿色低碳的方式运营，而对于能源基础设施则可能将是重大路径的抉择。

能源基础设施框架

1. 总体框架

（1）顺应能源发展大势，再定位能源基础设施

从传统观念来看，能源基础设施一般专指能源输送基础设施，如铁路输煤通道、油气管网、输配电网等，以上设施一般以网络形态呈现，在能源系统内属于受到严格监管的部分，具有较强的公共产品属性，更需要在长周期内体现价值，既是能源设施具有重资产、专用性、系统性等特征的集中体现，也是能源产业在国民经济中基础性、保障性定位的具体表现。但随着能源转型的不断推进，能源基础设施呈现出三方面的新特征：一是从能源输送的狭义概念向能源输送、转化、存储等多种角色拓展；二是从能源通道的基本定位向联动能源生产和消费环节的枢纽转变；三是在涵盖传统的煤油气电输送通道的基础上，正与能源新技术、新模式、新业态深度融合，承担起推动能源生产和消费革命的支撑引领作用。表11-1为主要国际机构对能源基础设施边界的划定。

表 11-1 主要国际机构对能源基础设施边界的划定

发布机构	能源基础设施研究范围	报告来源
世界银行[2]	电力 管道气	Infrastructure for Development, 1994
全球基础设施中心[1]	电力生产、传输与分配	Global Infrastructure Outlook, 2017
亚洲开发银行[3]	电力生产、输配网络 油气传输与分配 其他能源	Financing Infrastructure in Asia, 2018

（续表）

发布机构	能源基础设施研究范围	报告来源
麦肯锡全球研究院[4]	经济基础设施：电力 社会基础设施：油气 社会基础设施：矿业开采	Bridging Global Infrastructure Gaps, 2016

（2）立足国内能源新形势，再审视能源基础设施

近年来，随着天然气和非化石能源在一次能源结构中占比的不断提升，能源产供储销、发输配用协同的必要性越发凸显，仅将能源基础设施局限于网络型能源设施的认识已经难以适应新形势。2018年10月，国务院办公厅发布《关于保持基础设施领域补短板力度的指导意见》（国办发〔2018〕101号）[5]，其中能源领域可概括为补四大短板，分别为清洁能源短板、区域不平衡短板、环境质量短板、能源安全短板。上述指导意见所指的能源基础设施已经不局限于传统能源基础设施，而是从经济社会发展全局的角度出发，立足能源产业作为国民经济基础产业的定位，坚持以供给侧结构性改革为主线，与时俱进划定能源基础设施体系边界。图11-3为能源基础设施体系示意图。

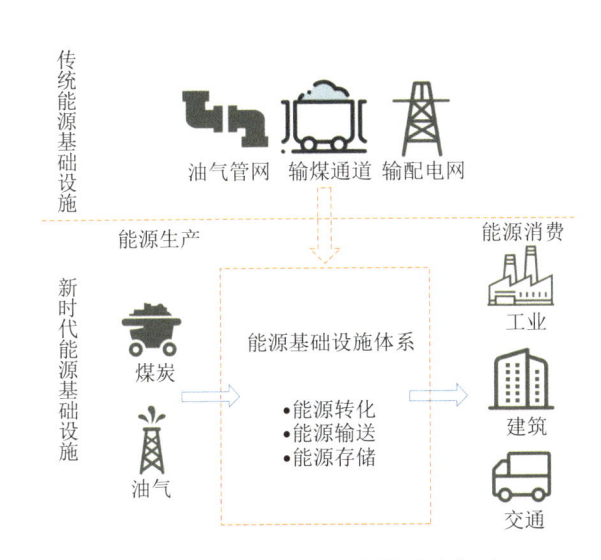

图 11-3　能源基础设施体系示意图

2. 分领域框架

煤炭基础设施体系涵盖了煤运通道、煤炭接卸港口等煤炭专用设施（见图 11-4）。其中，煤运通道是煤炭领域的核心基础设施，对连接煤炭产需两端、决定需方用煤成本、协调输电基础设施等方面具有关键作用。

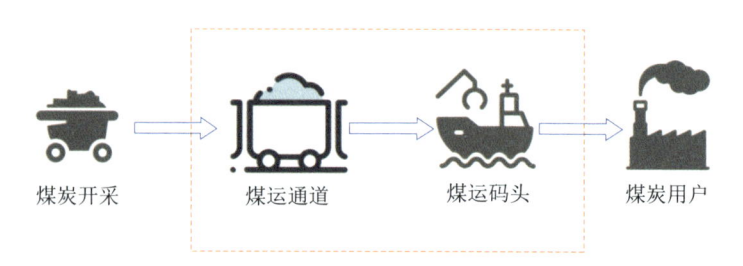

图 11-4　煤炭基础设施框架图

石油基础设施体系涵盖了原油管网、成品油管网、加油站等石油专用设施，以及炼厂等与化工领域相交叉的基础设施（见图 11-5）。其中，随着炼化一体化的大力发展，当前炼厂正从燃料型向油化结合型加速转型，从产出成品油向成品油、基础化工品并重的方向发展，对成品油管网布局调整也将带来重大影响，将成为"十四五"时期乃至今后较长时间内深化供给侧结构性改革的重点领域。

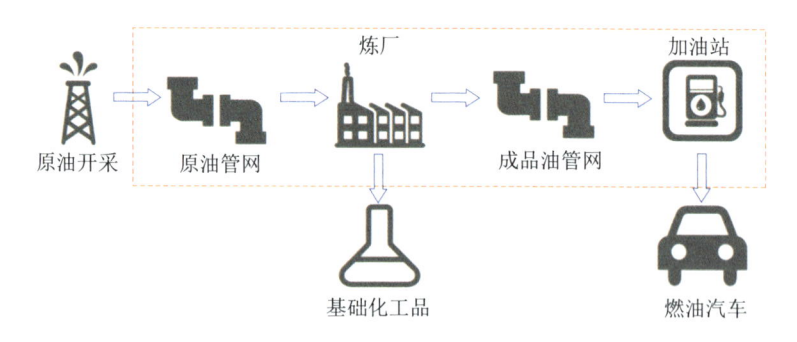

图 11-5　石油基础设施框架图

天然气基础设施体系涵盖了天然气输送、接收、存储等多种定位的设施（见图 11-6），以天然气输送、接收基础设施为核心、天然气存储基础设施为重要组成部分。其中，天然气输送基础设施是指各级天然气管网，天然气接收基础设施是指 LNG 接收站，天然气存储基础设施主要包括储气库等各类储气设施。

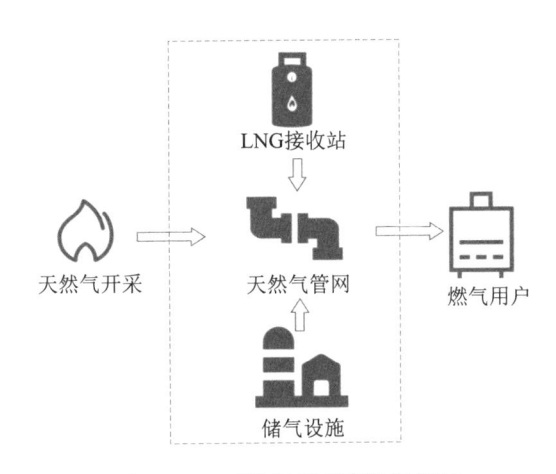

图 11-6　天然气基础设施框架图

电力基础设施体系涵盖了电力生产、输送、存储等多种定位的设施（见图 11-7），以电力生产和输送基础设施为核心、电力存储基础设施为重要组成部分。其中，电力生产基础设施包括火电、核电以及可再生能源发电等，电力输送基础设施是指输电网和配电网，电力存储基础设施主要包括抽水蓄能、电化学储能等储能设施。而充电桩则属于能源、交通、市政基础设施跨界融合的典型代表。

热力基础设施体系通常包括热源、热网以及热力用户配套设施（见图 11-8）。考虑到与热力用户相关的热力站、热网一般属于市政基础设施的范畴，本章重点考虑清洁供暖要求下以跨区域热力管网为核心的余热供暖基础设施。

图 11-7　电力基础设施框架图

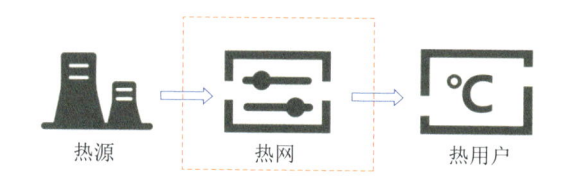

图 11-8　热力基础设施框架图

投资分析方法学

模型概述

本章构建了中国能源基础设施投资分析模型（见图 11-9），以能源中长期供需数据为输入参数，其中包含终端能源需求、一次能源需求和一次能源供给等，并在给定宏观参数的基础上结合能源基础设施转型发展的路径选择、布局调整和流向优化，给出不同情景下支撑保障能源需求、适应高质量发展要求的能源基础设施产能规模、投资资金需求、资金来源结构，以及重要基础设施的搁浅资产规模。

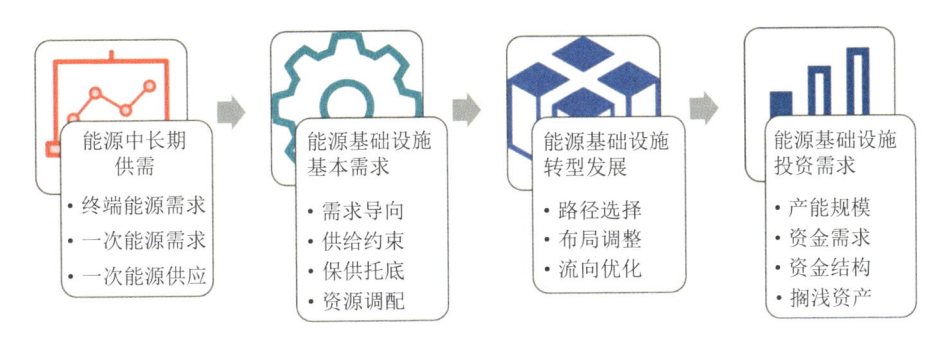

图 11-9　能源基础设施投资分析模型框架图

产能分析框架

1. 基本产能规模分析

满足生产生活用能需求是能源基础设施的第一要务，基础性、保障性是能源基础设施的基本属性。因此，本章在给定能源中长期供需数据的基础上，按照"能源需求－能源供给－能源盈亏－能源流向"的分析框架（见图 11-10），根据能源基础设施各自的特点将其分为需求导向、供给约束、托底责任和资源调配等四大类别，分步骤明确承担不同功能的各类能源基础设施在不同时段的基本产能规模需求。

2. 转型发展产能优化分析

立足中长期，能源基础设施在满足生产生活用能需求的基础上，还将面临越来越紧迫的转型发展需求。

（1）提升电力基础设施体系的灵活性

未来高比例可再生能源发电将是世界和中国电力发展的必然趋势。当可再生能源电力成为电力系统的主导时，电力系统需要配置大容量高效的调峰机组和储能设施，以保障风电、太阳能发电的有效利用。本章暂不考虑需求侧各类灵活性资源，主要以发电侧和电网侧灵活性基础设施推动电力基础设施体系转型发展。其中，发电侧灵活性基础设施包括灵活性煤电、可调节水电、调峰气电等，电网侧灵活性基础设施包括抽水蓄能、网级储能等。

图 11-11 为提升电力基础设施体系灵活性的产能需求分析示意图。

图 11-10　能源基础设施基本产能规模分析框架示意图

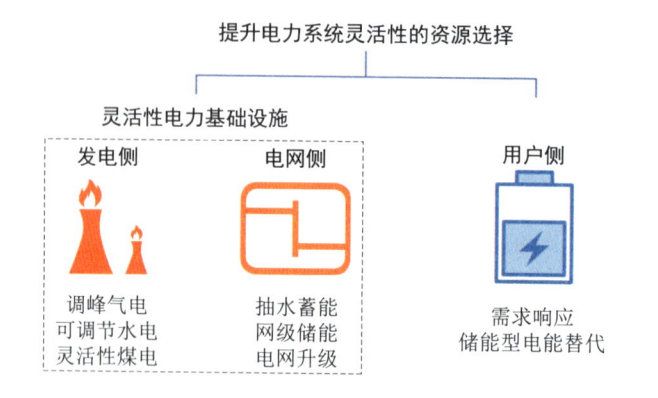

图 11-11　提升电力基础设施体系灵活性的产能需求分析示意图

（2）提升天然气基础设施体系的韧性

以提升韧性为导向的天然气基础设施体系，就是既要防止因突发事件等导致全国或局部地区天然气供应中断或大幅减少，还要在季节性需求波动的影响下保障供需平衡、平抑价格。本章暂不考虑调峰气田、煤制气厂对提升天然气系统韧性的作用，主要以地下储气库和 LNG 接收站作为推动天然气基础设施体系转型发展的重要选择，并同时考虑基础设施互联互通对系统韧性提升的影响。

（3）提升石油基础设施体系的平衡性

考虑到我国炼油产能过剩风险不断积聚，烯烃和芳烃等基础化工原料对外依存度较高，但项目集中上马将导致产能过剩风险，因此推动炼化一体化及向原料型炼厂转型成为解决我国石化产业供需结构不均衡矛盾的努力方向。为了确保中长期"炼油–乙烯–芳烃"均衡发展，本章主要以炼厂作为推动石油基础设施体系转型发展的重要选择，考虑了燃料型炼厂、油化结合型炼厂和原料型炼厂。图 11-12 为提升石油基础设施体系平衡性的产能需求分析示意图。

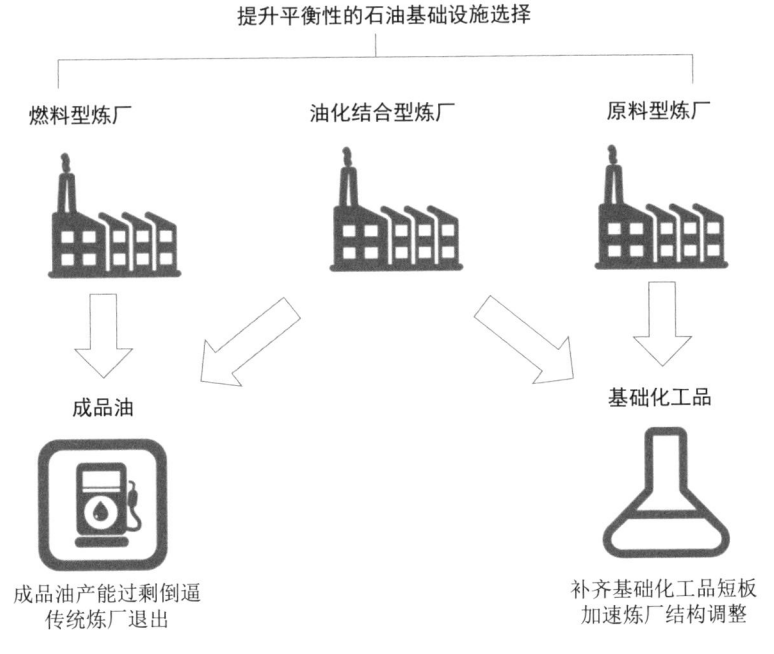

图 11-12 提升石油基础设施体系平衡性的产能需求分析示意图

（4）提升煤炭基础设施体系的适应性

煤炭是东部沿海地区的基础能源，是发电、供热、冶炼建材等工业领域的主要能源。东部地区经济发展长期以来就是建立在消费大量煤炭的基础上，相比其他能源品种，经济发展依靠煤炭已形成发展惯性。未来，东中部地区仍将是引领我国经济发展的地区，对能源的需求仍是刚性的，但对标双碳目标要求，煤炭消费应逐步减量，意味着今后将改变传统用能模式。结合我国"西煤东调"和"北煤南运"的大背景，本章按照煤运通道港口一体化的思路分析煤炭输送基础设施的适应性。图11-13为提升煤炭基础设施体系适应性的产能需求分析示意图。

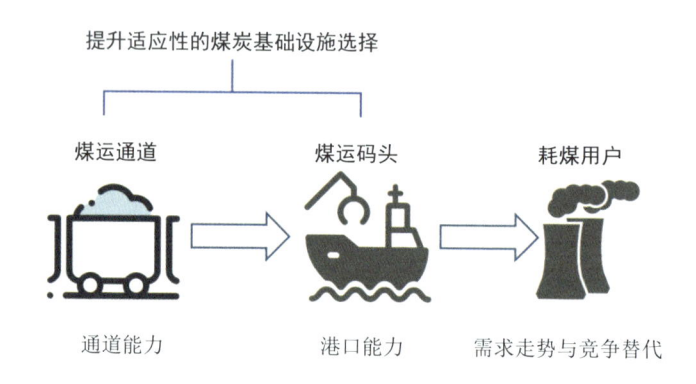

图 11-13　提升煤炭基础设施体系适应性的产能需求分析示意图

投资成本演化

能源基础设施投资成本变化主要受技术进步和外部成本两大因素驱动。在技术进步驱动下，能源基础设施创新能力不断提升，初始投资成本呈下降趋势，这在以可再生能源发电为代表的电力生产设施方面表现得尤为明显；而在外部成本驱动下，能源基础设施的建设受到土地、环境、安全等多方面约束，初始投资成本不断上升，这在以油气管网、输电线路为代表的资源调配型基础设施中表现得更为突出。对于技术进步驱动下的能源基础设施，其投资成本演化趋势主要采用当前已有项目数据和模型测算相结合的方式。对于外部环境驱动下的能源基础设施，其投资成本演化趋势主要采用当前已有项目数据和专家意见相结合的方式，如表 11-2 所示。

表 11-2　能源基础设施投资成本

驱动因素	分领域	基础设施类型
技术进步	电力	燃气电站 陆上风电 海上风电 光伏发电 光热发电 电化学储能
	石油	炼厂
	碳捕集	低浓度 高浓度
外部环境	电力	燃煤电站 核电 常规水电 抽水蓄能 输电网
	石油	原油管网 成品油管网
	天然气	LNG 接收站 天然气管网 地下储气库
	热力	热力管网

资金需求测算

能源基础设施投资资金需求主要按新增投资、存量改造投资和资产搁浅三个方面来测算。其中，新增投资和存量改造投资是能源基础设施转型发展带动的投资增量，资产搁浅则是能源基础设施转型发展对已有投资带来的资产减值。三个方面的投资合计为不同转型情景下的能源基础设施直接投资成本。

从基础设施新增投资来看，主要以电力和油气领域为重点。一是根据不同类型发电设施的成本变化和其在不同阶段的规模需求，分别测算各个时期的新增投资资金需求；二是以发电设施投资与输电设施投资的经验关系为基础推演各时期对应的常规电网设施投资需求，并在此基础上将可再生能源接入的额外成本、电化学储能、抽水蓄能、跨区输电等作为衔接发电与电网设施的额外新增投资需求；三是在天然气需求、供给、盈亏和流向分析的基础上，分别测算天然气管网、储气库、LNG接收站的新增投资资金需求。

从基础设施存量改造投资来看，主要从适应低碳转型新要求和低成本满足新需求两大方面来考虑。一是为促进高比例可再生能源发展的存量煤电设施灵活性改造，主要包括存量煤电、气电碳捕集改造；二是为满足碳排放控制目标的化石能源发电设施碳捕集改造；三是为满足新增天然气需求和储气能力的现有LNG接收站扩建。

从基础设施资产搁浅来看，主要考虑在能源系统快速向低碳转型下受到冲击最大的煤电、煤运通道，以上设施均属于国有资产，产能规模难以根据市场供需变化灵活调整，何时搁浅受政策因素影响较大。为了更为直观地量化搁浅资产，本章将未到退役年限即封存的煤电资产价值等价为煤电搁浅资产规模，将被挤出煤炭运输市场的煤运专线剩余价值等价为煤运通道搁浅资产规模，如表11-3所示。

表11-3 能源基础设施资金需求

投资需求类型	分领域	基础设施类型
新增投资	电力	燃煤电站 燃气电站 核电 常规水电 抽水蓄能 陆上风电 海上风电 光伏发电

（续表）

投资需求类型	分领域	基础设施类型
新增投资	电力	光热发电 生物质发电 电化学储能 输电网
	石油	油化结合型炼厂 燃料型炼厂
	天然气	LNG 接收站 天然气管网 地下储气库 小型 LNG 储罐
存量改造投资	碳捕集 热力 其他 电力 天然气 碳捕集	燃气电站 热力管网 氢能、生物液体燃料等 存量煤电灵活性改造 现有 LNG 接收站扩建 存量煤电 CCS 改造 存量气电 CCS 改造 存量生物质发电 CCS 改造
资产搁浅	电力 煤炭	燃煤电站 煤运通道

低碳情景分析

中长期低碳情景设计

本章主要依据既定政策对 2030 年前，特别是"十四五"时期的能源基础设施布局思路进行总体把握。而对于宏观情景设计，则主要依据中长期低碳转型的整体要求，分别根据"中国低碳发展战略及转型路径"项目给定的 2020 年、2030 年和 2050 年碳排放总量建议方案，参考国家发展改革委能源研究所在《中国可再生能源展望 2019》给出的我国中长期经济社会发展、能源消费总量与结构的已有研究成果[6]，并根据该研究成果设定的政策情景、强化政策情景、2℃情景和1.5℃情景下分阶段的终端能源总量及结构、一次能源总量及结构、碳捕集利用与封存减排量，作为分析能源基础设施产能规模和投资需求的基础。表11-4为情景总体说明，图11-14和图11-15分别为不同情景下一次能源需求变化趋势和二氧化碳排放变化趋势。

表 11-4　情景总体说明

情景	2020年碳排放量	2030年碳排放量	2050年碳排放量	备注
政策情景	< 100 亿吨	~110 亿吨	70 亿~80 亿吨	依据当前既定政策
强化政策情景	< 100 亿吨	~105 亿吨	50 亿~55 亿吨	能源系统 + 碳捕集
2℃情景	< 100 亿吨	~95 亿吨	20 亿~30 亿吨	能源系统 + 碳捕集
1.5℃情景	–	–	低于 5 亿吨	能源系统 + 碳捕集

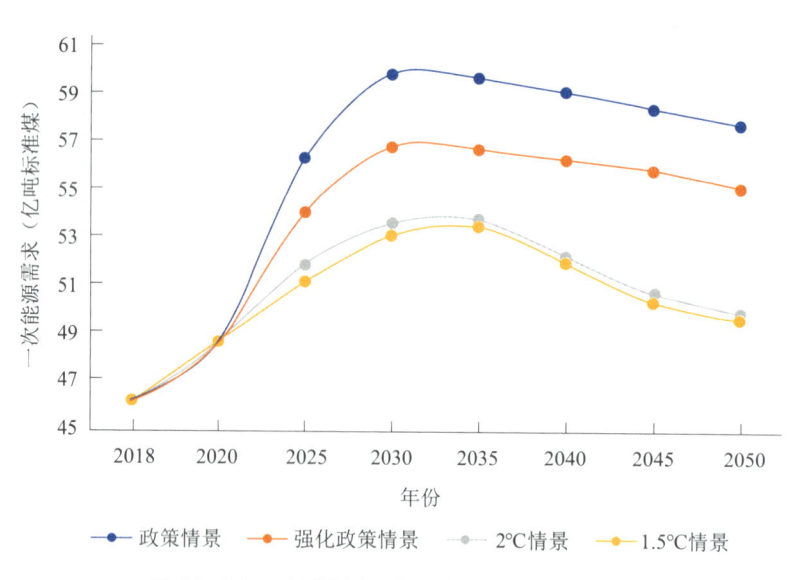

图 11-14　不同情景下的一次能源需求变化趋势

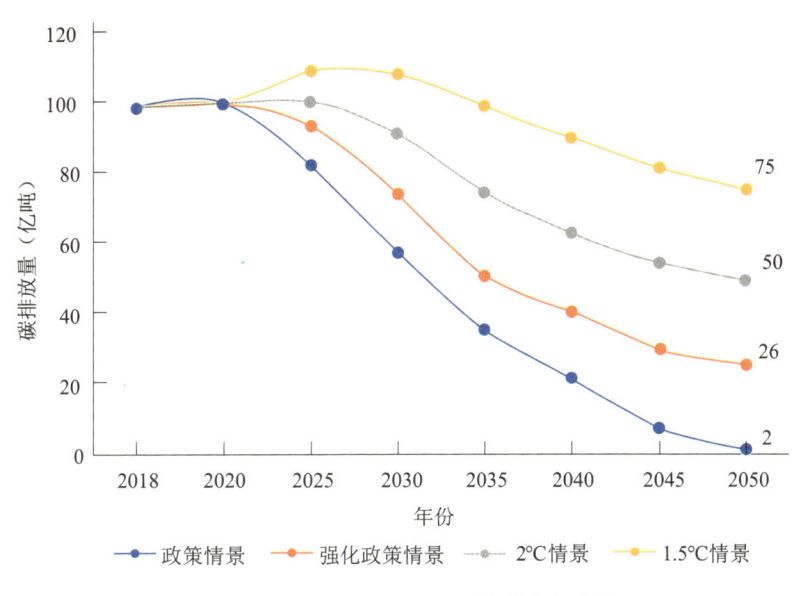

图 11-15　不同情景下的碳排放变化趋势

投资成本演化

对于技术进步驱动下的能源基础设施，其投资成本演化趋势主要采用当前已有项目数据和模型测算相结合的方式。其中，电力基础设施成本演化主要是综合了国际可再生能源机构、拉扎德公司（Lazard）、彭博新能源财经（BloombergNEF）与国家可再生能源实验室（NREL）等机构对不同发电技术平准化电力成本（LCOE）的分析结果，并结合中国各类发电技术特有的成本发展趋势对电源侧基础设施中长期平准化电力成本变化进行分析。炼厂投资成本则主要参考当前项目数据。其中，油化结合型炼厂主要参考恒力石化已建成的 2 000 万吨炼化一体化项目；原料型炼厂主要参考埃克森美孚、巴斯夫有投资意向的项目信息。对于外部环境驱动下的能源基础设施，其投资成本演化趋势主要采用当前已有项目数据和专家意见相结合的方式。其中，天然气管网投资主要参考业内专家意见，天然气储气库及接收站投资主要参考建成项目和国际平均数据。图 11-16 为电力生产基础设施新增及改造投资成本变化趋势图。

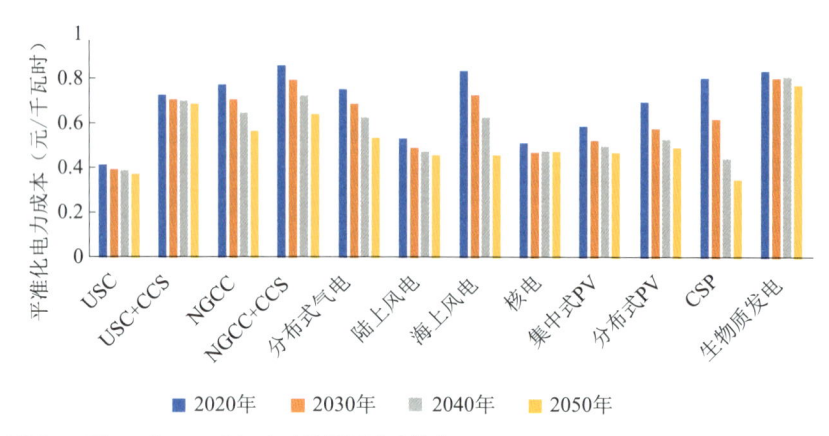

图 11-16 电力生产基础设施新增及改造投资成本变化趋势

注：USC——Ultra-Supercritical，超超临界发电技术。
NGCC——Natural Gas Combined Cycle，天然气联合循环发电。
CSP——Concentrating Solar Power，聚焦式太阳能热发电技术。

产能规模分析

1. 电力基础设施

总体来看，从政策情景、强化政策情景到2℃情景，电力装机规模和非化石能源发电装机占比大体呈逐步提升趋势，在满足不断增长的电力需求的前提下，主要通过电源结构调整来实现减碳目标。2050年，不同情景下的电力装机规模分别为38.8亿千瓦、53.0亿千瓦、64.2亿千瓦和65.0亿千瓦。其中，在政策情景下，2050年非化石能源装机占比为86%，非化石能源发电量占比为78%；在强化政策情景下，2050年非化石能源装机占比为89%，非化石能源发电量占比为80%；在2℃情景下，2050年非化石能源装机占比为91%，非化石能源发电量占比为83%；而在1.5℃情景下，保留了更多经过碳捕集改造的煤电设施，因此与2℃情景相比，非化石能源装机占比略微降至90%，但非化石能源发电量占比同样为83%。图11-17、图11-18分别为强化政策情景与 2℃ 情景下的电力装机变化趋势。

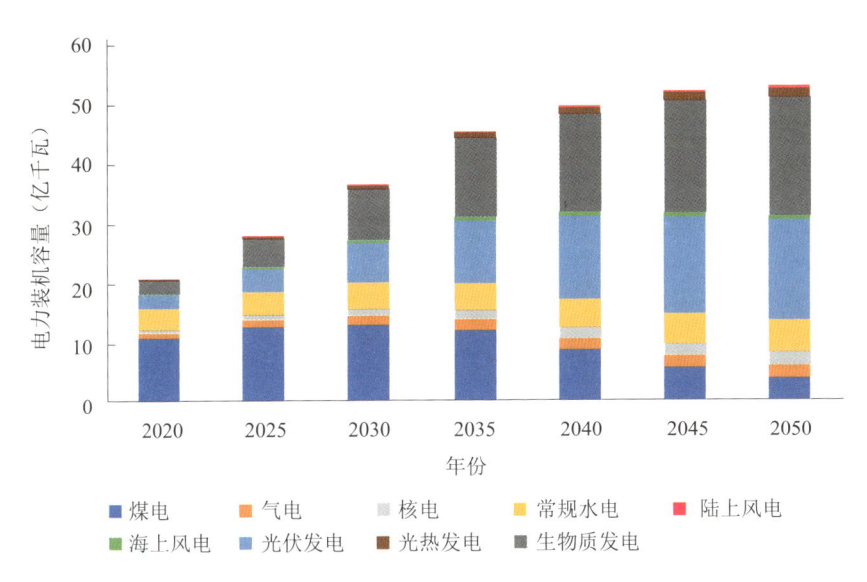

图 11-17 强化政策情景下的电力装机变化趋势

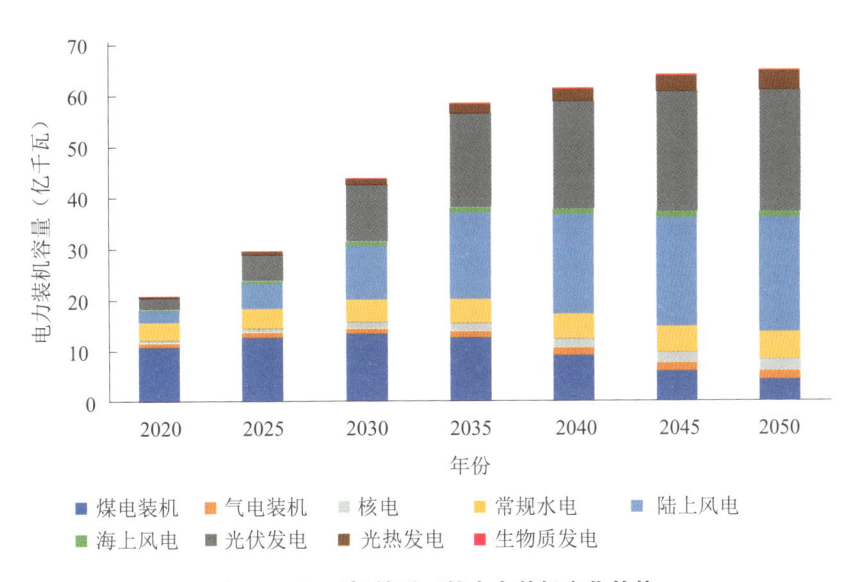

图 11-18 2℃情景下的电力装机变化趋势

从煤电设施来看，预计"十四五"时期煤电难以改变发展惯性，增量将超过1亿千瓦，在不同情景下，2025年煤电装机将达到12亿~12.5亿千瓦，2025年后的煤电装机规模将更多地由电力系统保供托底的基本需求和煤电服役年限来决定。而在1.5℃情景下，考虑到碳捕集技术的高能耗将导致机组出力显著下降，从系统安全和挖掘存量价值的角度考虑，适宜在系统中留有比2℃情景相对较多的煤电装机。图11-19为不同情景下的煤电装机走势。

从各个情景来看，在不考虑电力需求侧响应的前提下，仅从电源侧和电网侧发力来提升电力灵活性基础设施装机占比将面临不小的挑战。特别是对标当前电力转型走在前列的发达国家，将电力灵活性基础设施装机占比稳步提升并力争达到30%~40%以上的水平，在加快煤电灵活性改造的基础上，还将不得不加大电化学储能和光热发电的部署，以便较好地支撑高比例可再生能源电力系统。图11-20、图11-21分别为强化政策情景与2℃情景下的电力灵活性基础设施规模变化趋势。

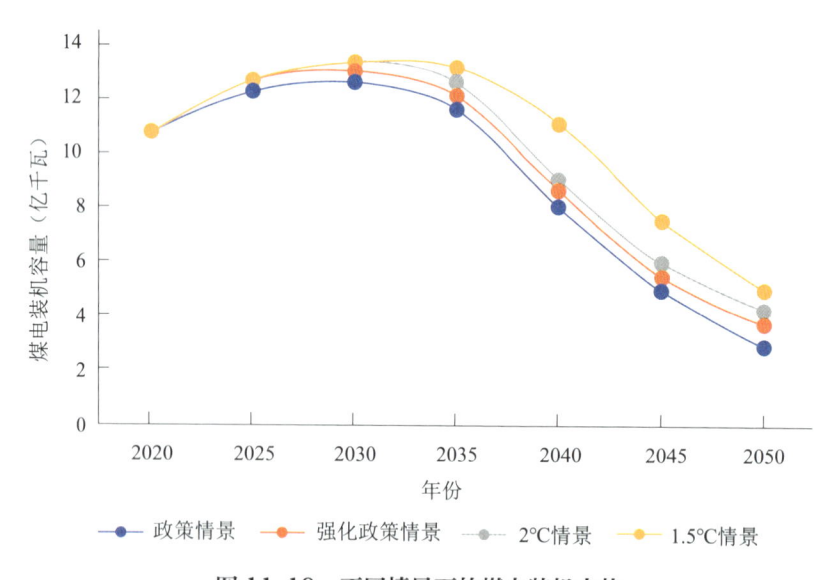

图 11-19　不同情景下的煤电装机走势

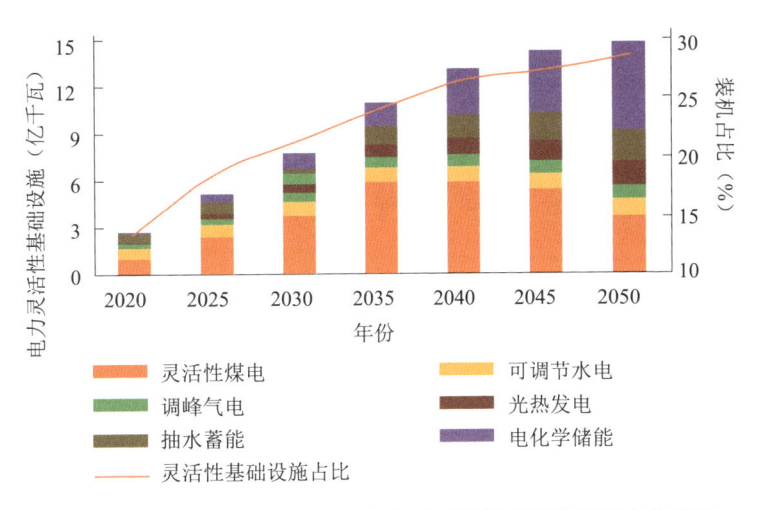

图 11-20 强化政策情景下的电力灵活性基础设施规模变化趋势

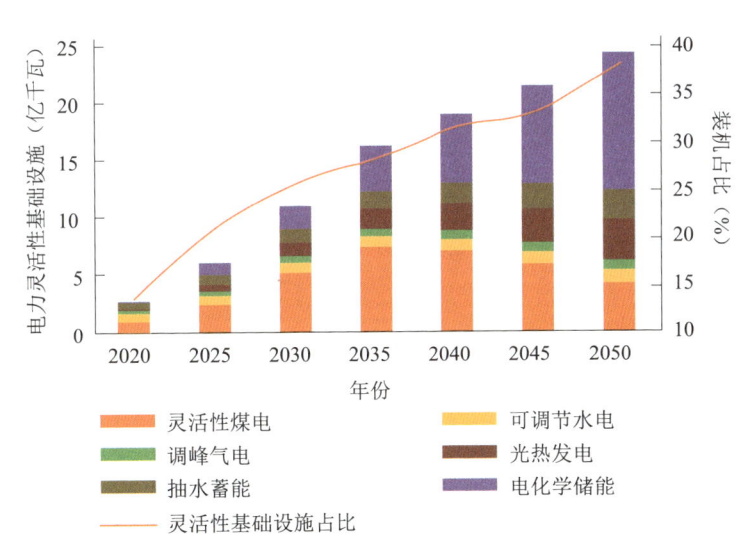

图 11-21 2℃情景下的电力灵活性基础设施规模变化趋势

2. 天然气基础设施

从 LNG 接收站来看,"十四五"时期将是 LNG 接收站的加速建设期。如图 11-22 所示,在政策情景及强化政策情景下,到 2025 年,LNG 接收站

第十一章
中国能源基础设施转型与投资战略研究

369

产能规模将从 2019 年的 8 410 万吨扩建为 14 000 万吨，但 LNG 接收站产能利用率仍将呈持续上升趋势。2025 年后，随着产能的进一步释放，LNG 接收站承担保供托底的压力将逐步缓解，产能利用率将呈现下行趋势。从 2035 年开始，按服役周期 30 年考虑，随着区域统筹调配资源能力的提升，早期投建的 LNG 接收站将逐步退出市场，从而维持存量设施的产能利用率保持在相对合理水平。而在 2℃情景及 1.5℃情景下，由于天然气需求的峰值将提前至 2035—2040 年，这也使得"十四五"时期建设的 LNG 接收站产能基本能满足中长期需求。2040 年后，受天然气需求下行的影响，在服役期满的 LNG 接收站逐步退出的情况下，整个 LNG 接收站的利用率仍呈不断走低的趋势。

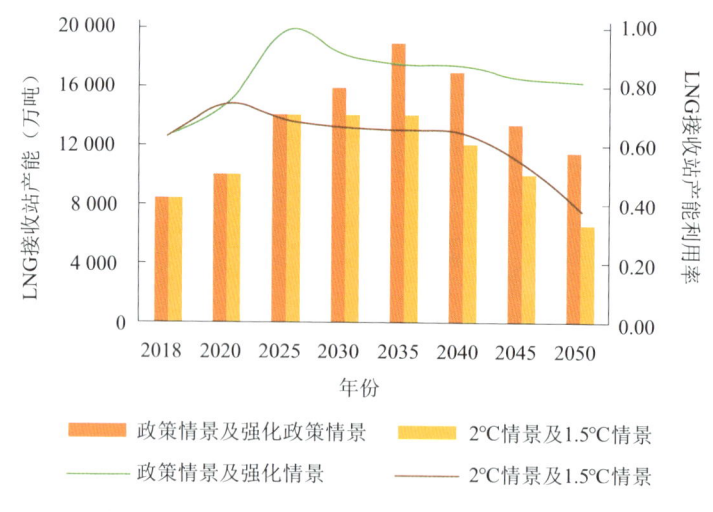

图 11-22 不同情景下的 LNG 接收站产能变化趋势

从储气设施来看，"十四五"时期将会是地下储气库、LNG 接收站储罐与小型 LNG 储罐齐头并进的快速发展期，三大类储气设施的储气能力均将获得实质性提升。如图 11-23 所示，在政策情景及强化政策情景下，2025 年地下储气库产能相比当前水平将增加一倍多，LNG 接收站储罐产能将增加3倍，建设灵活的小型LNG储罐产能则将增加多达19倍。受制于建设周期，地下储气库产能将在2025—2030年迎来飞跃，2030年产能将在2025年的基础上再增加一倍多，储气能力接近500亿立方米，地下储气库的集群式开发将加速小型LNG储罐的退出。此外，储气设施产能规模的快速提升将显著改变中国天然气系统抗击外部风险的能力，主要表现为韧性的提升（本章将韧性指标量化为最主要进口气来源中断时能够提供的最大供应量与消费量之比）。本章选取天然气消费峰值的冬季典型日，对假设出现的规模最大的管道气量或者50%的海上LNG气量出现断供的情况分别进行分析，可以发现"十四五"时期仍将是我国天然气系统韧性提升的攻坚期，储气能力的倍增并没有使天然气系统的韧性得到显著提高，这也是由当前中国储气能力建设缺口较大所致，预计"十四五"末期仍与西方主要用气国家的水平有一定的差距。同时，产能快速提升的小型LNG储罐在极端断供风险下的响应能力也较为有限，2025年后，随着地下储气库能力的跨越式提升，为了迅速提升储气能力而建设的小型LNG储罐将会快速退出。2℃情景及1.5℃情景下储气设施规模、结构及韧性变化如图11-24所示。

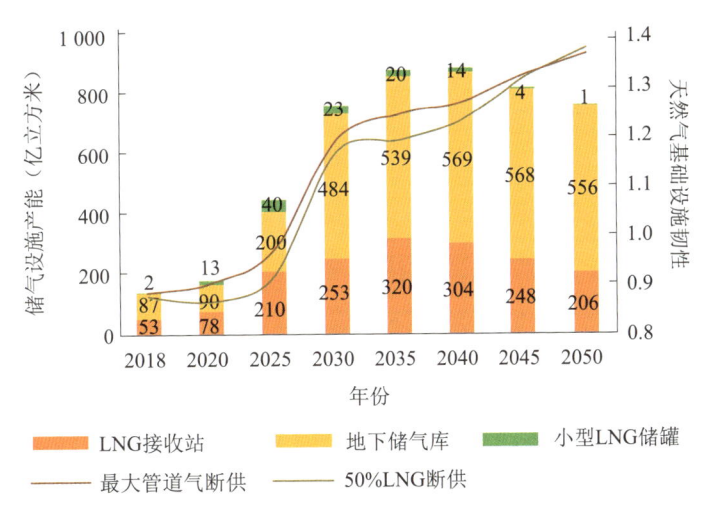

图 11-23 政策情景及强化政策情景下的储气设施规模、结构及韧性变化趋势

图 11-24　2℃情景及 1.5℃情景下的储气设施规模、结构及韧性变化趋势

3. 石油基础设施

从原油生产基地来看，目前已有原油管道总体可以适应"十四五"及以后原油流向与规模，所需的新增投资相对较小。在这一前提下，原油供需格局将推动未来我国炼油能力进一步向沿海地区集中，炼厂将是石油基础设施体系转型发展的关键。预计 2020 年一次炼油能力将超过 9 亿吨，产能利用率将降至 70% 左右。随着目前正在建设和计划投资的炼化一体化项目逐步投产，国内炼化产能的集中释放将使烯烃、芳烃的对外依存度显著降低。在加大燃料型炼厂淘汰力度的前提下，预计 2025 年炼厂产能将达到 9.5 亿吨。2025 年后，受需求下行影响，炼厂结构调整步伐将进一步加快，燃料型炼厂的生存空间被持续挤压，预计 2040 年前后将基本退出市场。而在 2℃情景及 1.5℃情景下，石油需求在达峰后以相对较快的速度下降，2020—2030 年炼厂产能利用率将呈持续下降趋势，这不但将加快燃料型炼厂的退出速度，也将对炼化一体化项目的产能扩张形成一定抑制。图 11-25、图 11-26 分别为不同情景下炼油设施规模、结构及产能利用率变化趋势。

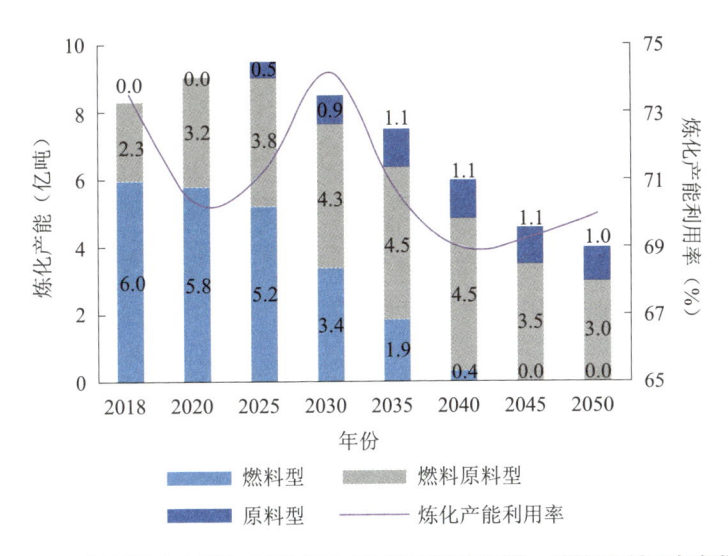

图 11-25　政策情景及强化政策情景下的炼油设施规模、结构及利用率变化趋势

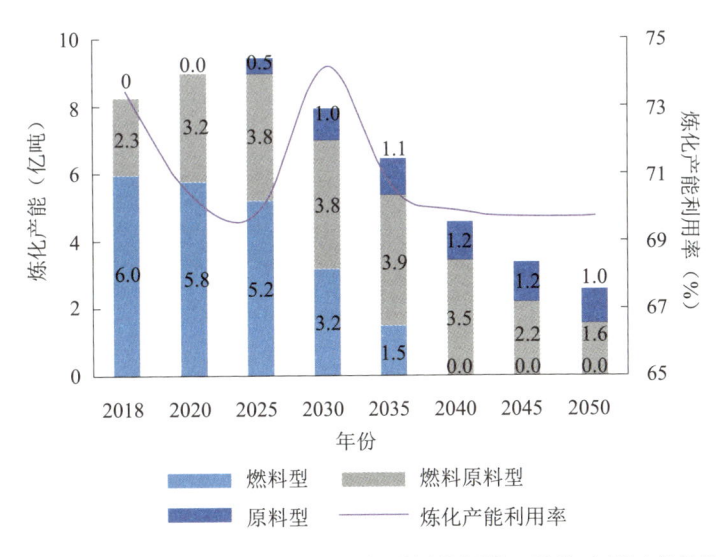

图 11-26　2℃情景及 1.5℃情景下的炼油设施规模、结构及利用率变化趋势

4. 煤炭基础设施

当前围绕晋陕蒙地区已形成庞大的"西煤东调""北煤南运"基础设

施体系。从煤运专线与对应煤运码头一体化的角度来看，当前煤炭供需区域性时段性紧张的主要短板在于煤运专线。从当前发展趋势来看，"西煤东调"的通道运力约为 13 亿吨；随着浩吉铁路配套设施的不断完善，预计"北煤南运"的通道运力将逐步超过 4 亿吨。"西煤东调"和"北煤南运"的合计通道运力可以满足晋陕蒙地区的煤炭调出需求。考虑到我国铁路运输的计划管理体制以及季节性需求波动，本章提出需求导向下的理论通道运力配置需求，即在保供应要求下铁路运力需预留一定裕度，可以发现当前"西煤东调"和"北煤南运"都难以达到要求，但随着能源结构调整进程的加快，二者都将在 2030 年前后达到理论运力配置的要求。2030年后，两大煤炭基础设施体系都将出现一定程度的运力闲置，届时瓦日、唐呼等投运不足 20 年的高成本煤运通道将可能面临资产搁浅的风险。图 11-27、图 11-28 分别为政策情景下"西煤东调"与"北煤南运"运力需求变化趋势。

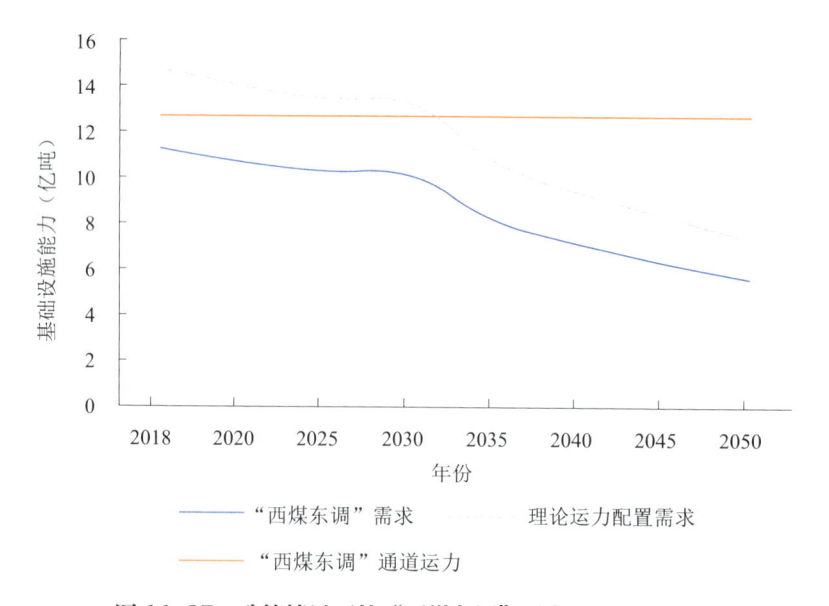

图 11-27 政策情景下的"西煤东调"运力需求变化趋势

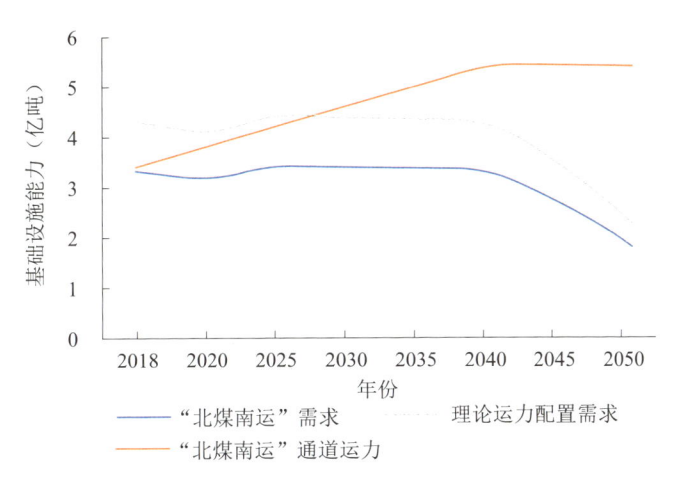

图 11-28 政策情景下的"北煤南运"运力需求变化趋势

5. 热力基础设施

从清洁供暖需求来看，仅我国北方地区就有超过 200 亿平方米的需求。其中，城镇地区约有 120 亿平方米，略高于农村地区，是集中供热方式的主战场。本章简化对热力基础设施的需求和结构分析，以 1.5℃情景下北方城镇地区基本实现余热清洁供暖为目标，用于简单核算不同情景下的跨区域热网投资需求。图 11-29 为不同情景下余热清洁供暖规模变化趋势。

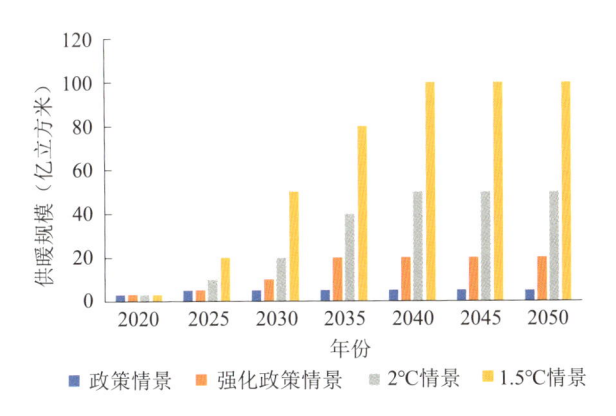

图 11-29 不同情景下的余热清洁供暖规模变化趋势

6. 其他

氢能、生物液体燃料、生物天然气、地热能和海洋能等技术的投资也是能源基础设施投资的重要组成部分。绿色氢能既是零碳能源，也是储能载体，可弥补可再生能源的波动性、间歇性等短板。氢能投资包括制氢、储氢和运氢等多个环节，目前可再生能源电解水制氢技术的单位投资成本较高。随着氢能基础设施规模不断扩大，氢能成本有望实现大幅下降。生物液体燃料包括燃料乙醇、生物柴油、生物航空煤油等，投资成本主要体现在生物液体燃料制备过程中的投资。以农林业剩余物为主要原料的先进生物液体燃料技术的成本目前相对较高，未来随着生物液体燃料产业规模扩大和技术进步，单位投资成本具有一定下降空间。

投资需求分析

不同情景下的投资差距

加速向低碳转型将显著增加能源基础设施的投资需求。如图 11-30 所示，从总量来看，在政策情景、强化政策情景、2℃情景和1.5℃情景下，2020—2050 年累计能源基础设施投资需求从 55 万亿元逐步攀升到 150 万亿元，1.5℃情景下的能源基础设施投资需求是政策情景下的 2.7 倍。分新增投资、存量改造投资和资产搁浅来看，不同情景下能源基础设施投资均以新增投资为主，且随着碳排放约束趋严，新增投资与存量改造投资均将呈上升趋势（见图 11-31）。其中，政策情景、强化政策情景、2℃情景和1.5℃情景下新增投资从 54.5 万亿元增加至 124.3 万亿元；从政策情景、强化政策情景到 2℃情景，存量改造投资从 3 200 亿元小幅上升至 5 700 亿元，而在 1.5℃情景下，存量改造投资将飙升至 24.5 万亿元，部分煤电机组的封存备用还将带来 1.3 万亿元的资产搁浅规模。

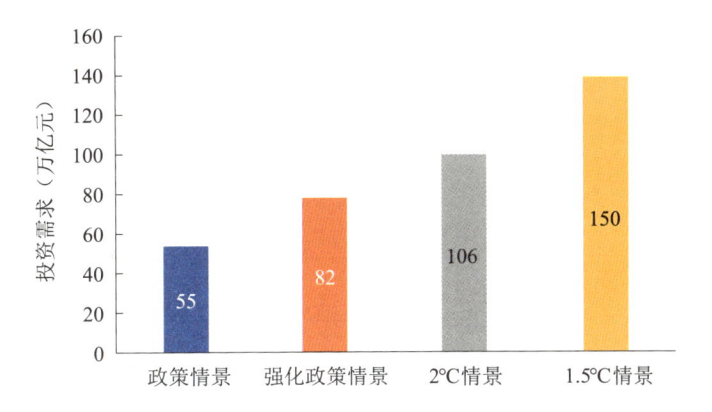

图 11-30　不同情景下 2020—2050 年能源基础设施投资总量

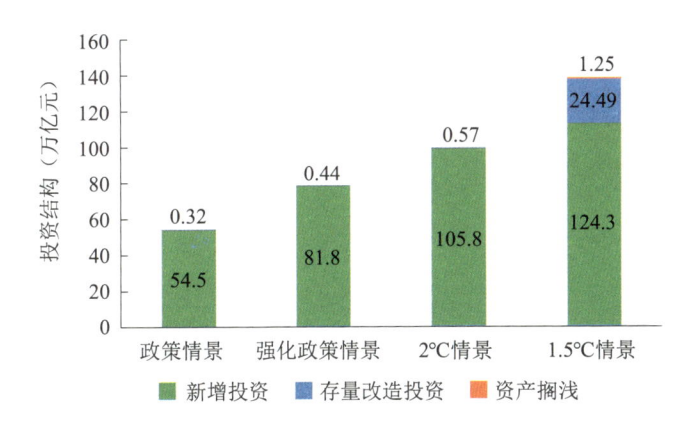

图 11-31　不同情景下 2020—2050 年能源基础设施投资结构（分新增与存量改造）

不同情景下的搁浅资产

若不能及时预见低碳转型情景，则将在能源基础设施的诸多领域带来资产搁浅风险。从整体来看，随着二氧化碳排放约束的趋严，电力基础设施将对其他领域基础设施形成较大规模的替代，在有效减少煤炭、石油、天然气领域新增投资的基础上，还将对以上领域的存量资产形成挤压。分领域来看，加速向低碳转型将对存量煤电、煤运通道产生极大冲击，1.5℃情景下将带来 1.3 万亿元搁浅资产；在天然气领域，为了避免出现搁浅资产，天然气基础设施建设应以提升韧性为出发点，在满足系统应急调峰能力的同时，还要积极适应中长期能源转型进程，逐步实现基础设施升级融合，在政策及强化政策情景下天然气基础设施规模化投资需提前到 2040 年前，2℃情景及 1.5℃情景下需进一步提前到 2035 年前；在石油领域，虽然产业内部竞争是颠覆现有燃料型炼厂的核心因素，但加速向低碳转型将使竞争进一步加剧，这一变化也将对围绕炼厂布局的成品油管网带来一定影响。

不同情景下的投资重点

从政策情景转向强化政策情景和 2℃情景，需要充分调动社会投资，而转向 1.5℃情景需要国家加强战略性投资布局。如图 11-32 所示，从政策情景、强化政策情景、2℃情景到 1.5℃情景，国有资本均为能源基础设施领域投资的主力。但从政策情景、强化政策情景到 2℃情景，国有资本投资占比呈下降趋势，社会资本投资占比从 30% 提升到 39%，对推动能源系统加速向低碳转型的贡献不断提升。而在 1.5℃情景下，对电力基础设施深度脱碳的一系列改造则需要更好地发挥国有资本投资的关键作用。

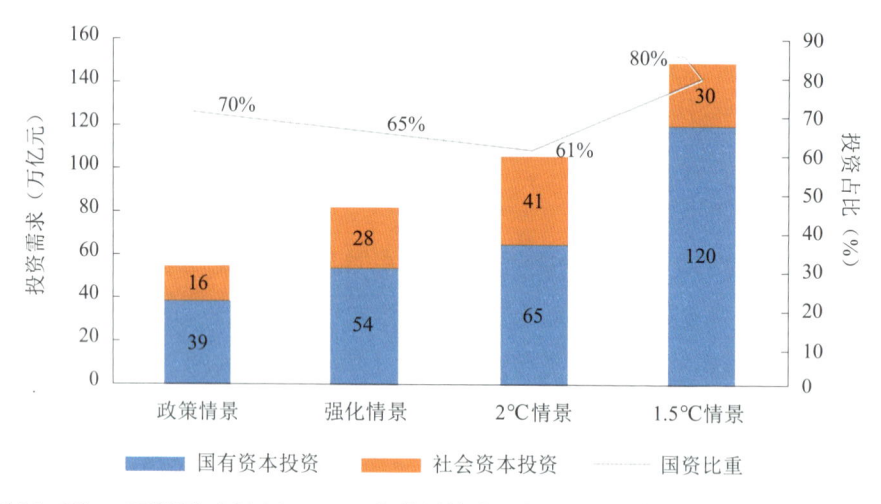

图 11-32　不同情景下 2020—2050 年能源基础设施投资结构（分国有资本和社会资本）

能源基础设施转型发展的关键在于发挥好电力基础设施投资的引领和统筹作用。如图11-33所示，不同情景下的电力基础设施投资占比均高于75%，且投资需求随着二氧化碳排放约束趋严而增长最为显著，对其他领域基础设施形成较大规模的替代，推动了石油、天然气基础设施投资需求减少，并有助于从根本上更为迅速地缓解煤炭供需区域性、时段性紧张，不必再增加大型煤炭基础设施投资。

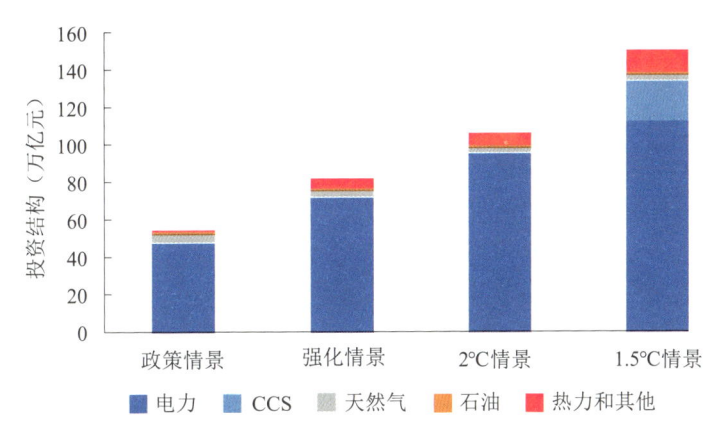

图 11-33　不同情景下2020—2050年能源基础设施投资结构（分能源领域）

不同情景下的投资难点

中长期能源基础设施转型发展带来新投资领域和新投资风险。从电力领域来看，围绕高比例可再生能源电力系统打造新一代电力基础设施，电力灵活性基础设施将成为新的投资方向，但也可能因需求不足而成为转型发展的制约。从天然气领域来看，储气设施在未来面临从并行发展向结构优化、区域协同的快速转变，难以推动天然气系统韧性显著提升的设施将被快速淘汰。从石油领域来看，炼化一体化是全球石油化工发展的重要方向，但若在补上基础化工品缺口后随即迎来我国石油需求峰值，也将面临极大的挑战。

"十四五"时期能源基础设施保持惯性发展带来的问题较为突出。从能源基础设施的各个领域来看,均存在一些设施面临"十四五"发展格局基本定型、调整难度极大的现象。例如,到"十四五"时期末,煤电装机容量基本为 12 亿千瓦左右,还需新增至少 6 000 亿元投资;政策驱动下的小型 LNG 储罐产能可能将增加 19 倍,与"十四五"时期地下储气库的投资需求基本相当。此外,还有炼化设施结构调整力度加大将使得"十四五"时期全行业整体产能利用率偏低。

投资思路与建议

总体思路

推动中国能源基础设施转型发展,需立足中长期能源需求走势加强战略谋划,加快从注重投资规模的"铺摊子"转变为强化投资可持续性的"上台阶",应在坚持以绿色低碳为引领的基础上,进一步坚持效益优先、合理布局、融合创新、开放共享、以人为本等原则(见图 11-34),从优质量、提效率、升活力、降风险、增效益、促公平等多个方面发力,全面适应经济社会中长期发展对能源基础设施投资的基本需求和不断增加的外在约束。

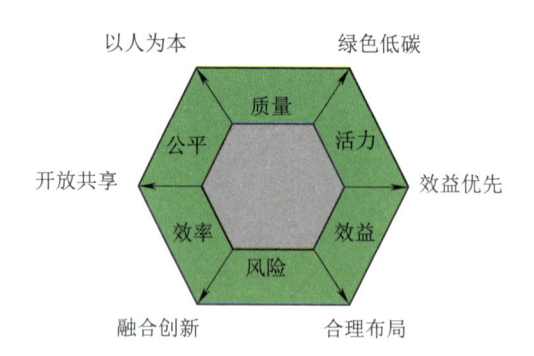

图 11-34 能源基础设施转型发展投资战略的总体思路

坚持绿色低碳，推动能源基础设施发展有效支撑美丽中国建设。立足中长期低碳转型要求，进一步丰富完善基础设施适度超前的发展理念，从满足需求的适度超前向顺应绿色低碳的适度超前转变，推动由"经济发展、能源先行"向"美丽中国、能源先行"转变，以建设美丽中国的中长期战略目标锚定"十四五"规则方向和重点，加快形成"投资于绿色、投资于增长"的能源基础设施发展新格局。

坚持效益优先，推动能源基础设施发展与经济高质量发展相协调，提高能源基础设施投资效率。转变能源基础设施以放大冗余保供应的片面要求，更加注重做好能源基础设施冗余度与经济性的平衡，更加重视通过盘活能源基础设施存量来降低实体经济用能成本。加快资源要素市场化改革，以市场价格信号合理引导能源基础设施投资，推动能源基础设施投资回归顺应市场之道，降低能源基础设施资产搁浅风险。

坚持合理布局，推动能源基础设施发展与区域协调发展战略相促进，破解能源基础设施路径锁定。改变单一依靠大基地、大通道的发展模式，转向更加突出分布式、更多考虑区域与市场平衡的发展方式，全面适应能源基础设施向消费端贴近的趋势，加强能源流向优化统筹，加快构建集中式与分布式并举、相互协同的可靠能源基础设施体系。

坚持融合创新，推动能源基础设施发展与基础设施体系高质量发展相衔接，激发能源基础设施投资活力。加快推动能源基础设施投资从基于资源禀赋转向创新驱动。推动能源基础设施与交通、信息等基础设施融合联动发展，摆脱商业模式单一且各自为政的不足，合力应对去补贴、降成本的要求，以多基础设施协同融合促进加速实现爬坡过坎，加快形成智慧用能方式。

坚持开放共享，推动能源基础设施发展融入共建"一带一路"，降低能源基础设施投资风险。坚持国家能源安全与企业经营效益并重的投资理念，紧抓"一带一路"建设重大机遇，巩固与"一带一路"沿线国家在油气管网互联互通、非化石能源开发利用等领域合作，强化与"一带一路"重点国家地区在绿色能源开发、能源可及性等领域合作，积极参与全球能源治理，降低国内高成本能源基础设施投资需求。

坚持以人为本，推动能源基础设施发展进一步满足人民日益增长的美好生活需要，提升城乡基本服务保障水平。推动以改善民生和普遍服务为导向的能源基础设施建设和升级，加强能源基础设施与市政、水利基础设施的融合衔接，更加注重做好能源可及性与经济性的平衡，因地制宜推动民生相关能源基础设施部署。

分领域思路

电力基础设施投资需及早围绕以新能源为主体的新型电力系统开展前瞻性部署。我国电力基础设施投资将长期处于兼顾新增需求和存量优化的阶段，未来围绕高比例可再生能源打造新一代电力系统将带动规模庞大的基础设施投资。但前期"轰油门"式的煤电投资透支了中长期煤电产能有序优化的空间，部分投资将难以改变资产搁浅的命运，能否通过持续性的改造在电力灵活性基础设施体系中占有一席之地，也是挑战大于机遇。克服中长期电力灵活性不足不能仅局限于电力行业、局限于电力基础设施硬件，需在保障电源侧和电网侧灵活性基础设施投资的基础上，寻求需求侧灵活性资源提供极为必要的支援，并探索与其他领域基础设施协同解决方案。

低碳转型对天然气基础设施投资的影响主要在于增量，天然气基础设施转型发展的重点在于结合天然气定位做好增量投资优化。天然气基础设施的投资布局还有未来 10~20 年的时间，但关键是把握好当前至 2030 年的窗口期，合理把握投资节奏、确保投资质量效益是中长期天然气基础设施投资需考虑的重点，这要求天然气基础设施投资要与天然气在能源转型中的战略定位紧密结合，与非化石能源基础设施协同互补、与氢能基础设施融合共享等思路需提早研究。

低碳转型对石油基础设施投资的影响既有存量也有增量，存量优化的压力更大，转型发展的重点在存量资产处置。我国原油基础设施基本满足中长期需求，技术创新和进口替代下加速升级的炼化设施是石油基础设施转型发展的关键。一方面，需结合石油需求达峰时间开展前瞻性部署，避免宏观层面快速转型与企业层面战略趋同的同向叠加效应放大，难以适应供需形势的快速反转；另一方面，还需在深化炼化供给侧结构性改革上有长远布局，对燃料型炼厂的改造及退出路径进行有针对性的部署。

煤炭基础设施转型发展的重点在于流向优化，投资需高度重视长期经济性。当前以"西煤东调""北煤南运"为主的煤炭基础设施体系基本可满足中长期需求，化解区域性、时段性煤炭供需矛盾不能盲目上基础设施，防范煤炭基础设施投资风险需加强与建设交通强国下的高速铁路发展的统筹，从能源与交通基础设施融合衔接发展的方向来推进，坚持以存量挖潜为主的投资思路，对涉及关键节点的煤运通道、港口以及煤炭储备设施进行优化。

相关建议

1. 加快制定创新驱动型能源基础设施新战略，防范设施落伍于时代

研判能源基础设施中长期发展要求和自身发展需求，处理好当前发展和长远转型的关系，转变以大型能源基础设施稳投资、"拉郎配"确定消费市场的传统思路，加快推动能源基础设施由基于资源禀赋的资源调配型向创新驱动型转变，提高创新驱动型能源基础设施投资比重，深化有助于培育创新驱动型能源基础设施的市场化改革，鼓励传统能源企业向技术驱动型能源企业转型，构建善于投资于"小快灵"项目并适应市场风格快速切换的能源基础设施投资主体，提升化石能源基础设施投资的抗压性和非化石能源基础设施投资的可持续性，推动能源基础设施抗风险、降成本、促转型的综合能力提升。

2. 加强送受两端基础设施统筹，有效衔接区域协调发展战略

在推进跨区域大范围优化资源配置的同时，更多考虑区域间平衡和地方利益补偿，探索以市场机制共商共建、基础设施共建共享等方式推动形成省间利益共享、风险共担的基础设施发展路径。立足既有设施加强输煤输电优化，对送端能源基地要有明确合理的定位，避免不同能源品种的产能敞口式扩张、流向粗放式累加。优化畅通"北煤南运"体系，充分利用高铁建设释放的既有铁路闲置运力，避免再上马煤炭运输专线。高度重视天然气对外依存度上升带来的流向调整，加强管道气、LNG流向统筹，推动储气设施规模化集群式开发，推动管网等基础设施发展适度超前适应天然气流向的变化。在东中部地区，大力发展分布式光伏发电、分散式风电，推动天然气与可再生能源基础设施融合发展。加强东部沿海地区能源基础设施厂址资源保护，为东部地区引领非化石能源跨越发展奠定基础。推动城市群能源基础设施互联互通、共建共享，推动域内电网、油气管网、热力管网互联互通，统筹安排LNG接收站、储气库、电力调峰资源建设和布局，减少重复投资并提高资源利用效率。

3. 加快构建能源基础设施可持续发展新模式，推动发展方式创新

立足绿色发展要求，以降低能源基础设施全生命周期碳排放为落脚点，加强能源基础设施全生命周期管理。在规划阶段，以是否符合绿色低碳方向为能源基础设施战略谋划的根本考量，以是否适应绿色低碳要求为能源基础设施投资决策的基本条件；在建设运营阶段，推动能源基础设施以绿色低碳化的方式建设并以绿色低碳化的方式运营。研究能源基础设施稳投资、补短板与降成本的优化解决方案，加强能源基础设施存量价值挖掘，推动既有能源基础设施加快适应经济能源发展新要求。建立价格合理、灵活响应的定价机制，促进能源基础设施与能源产销两端联动，探索构建能源基础设施东西帮扶机制，推动软硬件能源基础设施协同发展，带动能源与交通、信息等基础设施融合发展。适时优化调整政府的能源基础设施调控模式，由传统模式下的总量、结构和布局调控，向以重点领域、关键短板为主的方向引导转变。

第十二章

中国消费方式转型和低碳社会建设

居民消费是生产端产品和服务需求的最终主体，其直接消费和间接消费都对碳排放有着重要影响。居民生活水平的提升与能耗物耗总量直接相关，将生活质量提升与碳排放量增长脱钩是当前应对气候变化的关键之一。公众是否具有低碳化的价值取向和消费偏好，将在很大程度上影响生产端运营与供应链绿色化的形成，因此，提升需求侧的低碳消费能力将推进供给侧低碳发展。

本章阐述了在当前全球气候变化背景下中国低碳消费的重要地位和深远意义；分析了中国居民消费领域的碳减排潜力和低碳消费发展的制约因素；提出了2030/2050年的低碳消费发展战略和促进居民低碳消费的政策建议，特别是在简约低碳生活方式选择、生活用能结构转型、引导绿色出行的基础设施和政策管理创新等方面提出了切实可行的方法，以期为国家层面的相关决策提供参考；创新提出了引导公众消费低碳化选择的传播策略和居民低碳消费行为指南，以推动全社会形成低碳消费的价值取向和社会风尚，通过消费领域低碳化实现对生产领域低碳化的引导和倒逼作用。

本章所强调的需求侧所需减排水平，要求对可持续性治理和新商业模式的需求进行彻底的重新思考，两者都在改变和完善社会基础设施、经济体系以及塑造消费者选择和模式方面发挥着重要作用。因此，发展社会中所有利益相关者的能力，不仅要了解变革的必要性，而且要设计出满足当前需求的替代品。

低碳消费的深远意义

气候变化国际形势发生新变化，低碳选择刻不容缓

联合国政府间气候变化专门委员会（IPCC）发布的各次评估报告和联合国环境规划署发布的年度《排放差距报告》是当前关于气候变化方面最受各方关注的科学信息来源[1]。2018年10月，IPCC发布的最新报告称，将全球变暖控制在工业化前水平以上1.5℃是一项艰巨任务，地球升温超过1.5℃乃至2℃，可能会产生可怕后果。要达到并保持升温1.5℃的目标，在2030年前，净人为二氧化碳排放量必须比2010年的水平下降45%；全球碳排放量必须控制在2017年的49%以内，到2050年实现碳中和。

2019年11月，联合国环境规划署发布的2019年《排放差距报告》警告称，如果全球温室气体的排放量在2020—2030年不能以每年7.6%的水平下降，世界将失去实现气候变化《巴黎协定》规定的1.5℃温控目标的机会。报告还指出，即使《巴黎协定》中的所有无条件承诺都得以兑现，全球气温仍有可能上升3.2℃，从而带来更广泛、更具破坏性的气候影响。

中国碳减排压力持续增加，应采取积极应对气候变化的国家政策与行动

据世界银行数据，中国的温室气体年度排放总量在2005年超越美国，升至全球第一。2018年，全球新增排放总量中有超过1/4来自中国[2]。中国是全球人口第一大国，并且尚未成为高收入国家，因而不少人主观地认为排放总量大主要是因为人多，中国的人均排放量并不高。但事实是，

2005 年中国温室气体排放总量增至世界第一时，中国的人均排放量也开始超越全球平均水平，并且保持着高于全球水平的增速。2010 年，中国的人均温室气体排放升至 G20 国家的平均水平[3]；2016 年，中国的人均温室气体排放为 8.8 吨二氧化碳当量（CO_2e），比 G20 国家平均值高出 17%（见表 12-1）。

表 12-1 2016 年世界主要国家人均温室气体排放

（单位：吨二氧化碳当量）

国家	人均温室气体排放	国家	人均温室气体排放
中国	8.8	美国	18.1
印度	1.9	德国	11.1
巴西	7.4	法国	6.3
印度尼西亚	5.0	日本	9.9
英国	7.4	澳大利亚	21.8

为此，在《中国应对气候变化的政策与行动 2019 年度报告》中，对于《联合国气候变化框架公约》第 25 次缔约方大会的基本立场和主张包括：积极推动完成《巴黎协定》实施细则遗留问题谈判；推动资金问题取得积极进展；做好 2020 年前行动和力度盘点，国际社会应清晰梳理 2020 年前发达国家在减排力度、为发展中国家提供支持等方面的差距，针对进一步弥补差距做出明确安排，确保不在 2020 年后向发展中国家转嫁责任；坚定发出支持多边主义的强烈政治信号。

低碳消费对中国应对气候变化的影响与作用

低碳消费是全民参与气候变化应对的最直接途径。中国改革开放 40 多年来，消费规模持续快速扩张，居民消费增长空间巨大；居民消费已从温饱向小康转型升级，消费方式也日益多元化；消费对中国经济增长贡献率快速提升，成为驱动经济增长的重要引擎。同时，中国消费领域对资源环境的压力持续加大，消费对能源的需求持续刚性增长[①]，过度型、浪费型等不合理的消费方式加剧了资源环境问题，消费领域成为环境污染和温室气体排放的主要来源[4]。

居民消费是生产端产品和服务需求的最终主体，其直接消费和间接消费都对碳排放产生着重要影响。居民生活水平的提升与能耗物耗总量直接相关，将生活质量提升与碳排放量增长脱钩是当前应对气候变化的关键之一。公众是否具有低碳化的价值取向和消费偏好，将在很大程度上影响生产端运营与供应链绿色化的形成，因此，提升需求侧的低碳消费能力，将推进供给侧低碳发展。

一是低碳消费本身能够直接带来碳排放量减少。研究显示，2017年，中国城镇居民直接二氧化碳排放量为2.7亿吨，农村居民直接二氧化碳排放量为2.89亿吨。预测2037年中国城乡居民直接二氧化碳排放量将达到峰值（6.73亿吨），之后缓慢下降，至2050年仍有4.41亿吨。消费领域低碳化转型将有效降低居民生活方式中的直接碳排放，为国家自主减排做出直接贡献。

二是低碳消费能够有效促进低碳生产和社会绿色转型。目前，消费领域已经成为制约中国经济整体绿色转型的重要方面。而绿色低碳消费可以通过价格机制、竞争机制、信息传导、共存机制，倒逼生产领域的绿色转型。通过消费者价值观念和消费行为的变化，间接推动生产端的绿色转型，从而对整个社会的绿色转型产生巨大带动力。

三是低碳消费为政策制定提供抓手，有助于培养有更高环境素养的新公民。消费领域碳排放已经成为温室气体减排政策管理创新的重点领域，迫切

---

① 2018年，中国能源消费总量为46.2亿吨标准煤，较2017年的44.9亿吨增长2.9%，增速持平。其中，非化石能源占比14.3%。2020年，15%的消费占比目标有望如期甚至提前实现。2018年，中国发电量达6.8万亿千瓦时，同比增长6.8%，其中，核电、水电、风电、太阳能等非化石能源装机占比达到30%左右。

需要把低碳消费纳入政府决策层面，制订符合我国国情的低碳消费战略与行动计划。通过消费观念的创新和消费方式的转变，引导消费由增量型向高质型转变，以较低碳排放水平奋力实现人民群众日益增加的对美好生活的向往。

居民消费的碳排放空间

概念界定

1. 关于消费的界定

在中国统计体系中，住户调查中的居民消费包括农村住户调查中的居民消费和城镇住户调查中的居民消费，主要包括 8 个大类：食品、衣着、居住、家庭设备用品及服务、医疗保健、交通和通信、教育文化娱乐用品及服务，以及其他商品和服务。基于这 8 个大类的统计，将支出法 GDP 的居民消费统计口径和投入产出表中的居民消费分类统一起来。

2. 关于低碳消费的界定

"低碳消费"以"低碳"为导向，强调当代消费者必须对社会和后代负责任。本章中所述的低碳消费是指人们在日常生活中购买、使用和处置低碳产品及服务时，尽可能节约资源、保护环境并且降低能耗的节约型消费。低碳消费模式的宗旨是人文消费、保护生态环境和气候，主张适度消费、低碳化的消费，提倡消费者以低碳产品和低碳服务的购买、使用、处置为主，并将消费行为进一步法制化、规范化。

3. 关于消费碳排放的界定

在本章中，温室气体排放量和减排潜力是使用基于消费的核算，而不是基于生产的核算。基于消费的核算（碳足迹）既包括直接排放，也包括因生产和销售产品和服务（包括进口产品和服务）而产生的嵌入式碳排放，这反映了最终消费和个人生活方式的全球影响。

中国居民消费规模扩张及其对碳排放的影响

1. 中国居民消费规模持续快速扩张

近年来,中国消费一直保持平稳较快增长。2012年以来,中国社会消费品零售总额由21万亿元增长到2018年的38万亿元,年均增速为11%。不过,即使这样,居民消费增长的空间依然巨大。截至2017年,中国城乡居民消费占人均GDP的比重为40%,仍远低于发达国家70%的占比。2018年,中国人均家庭最终消费支出约2 800美元,仅是日本、欧洲、新加坡等国家和地区近年平均水平(20 000美元)的14%,中长期消费增长潜力巨大。预计2015—2020年消费年均增长7.2%左右,2021—2035年消费年均增长5.3%,到2035年年底中国居民消费规模达到135万亿元;2036—2050年消费年均增长3.5%,2050年中国居民消费规模将接近340万亿元(见图12-1)[4]。

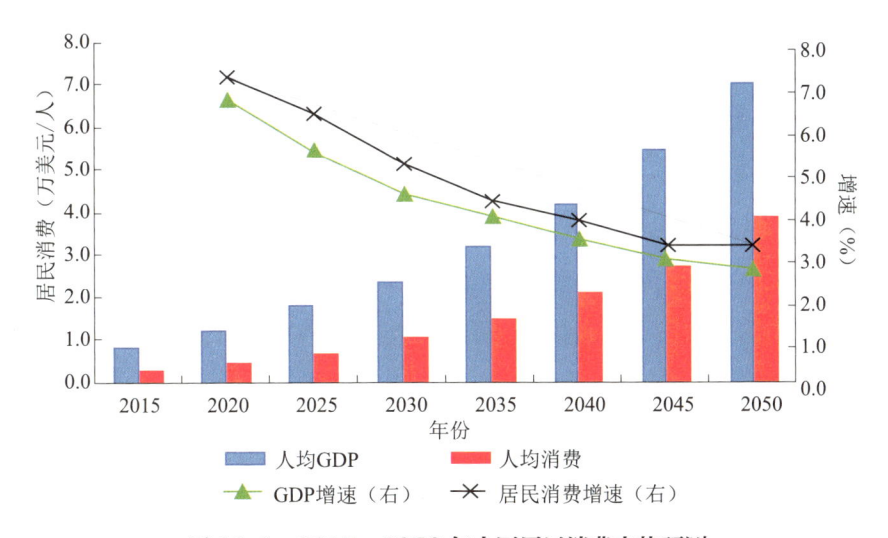

图12-1 2015—2050年中国居民消费走势预测

资料来源:中国环境与发展国际合作委员会发布的《"绿色转型与可持续社会治理"专题政策研究报告》

2. 居民消费对社会整体能源消费和排放影响显著

在后工业经济社会，部分发达国家的居民直接、间接能源消费已超过包括工业、商业、交通部门在内的产业部门，成为国家碳排放的主要增长点，因而与由居民消费产生的能源消费及碳排放相关的研究逐渐受到政策制定者、学界和公众的广泛关注。在 20 世纪 90 年代，欧盟的居民消费已取代工业部门，成为最大的能源需求和消费单位[5]。Schipper 等的研究表明，美国 45%~55% 的能源消费由消费者的行为活动产生。韩国消费者产生的能源需求和相关碳排放占全国的比重是 52%。在英国，居民碳排放占全国总排放的 74%。

根据发达国家的经验，发展中国家的居民碳排放在未来极有可能成为新的碳排放增长点。例如印度就面临这样的趋势：从消费需求侧的角度，居民能源消费占总体能源消费的 75%。在我国，居民能耗的增速连续多年超过工业能耗增速，居民能耗占总能耗的比重基本维持在 20% 以上。居民碳排放将是国家碳排放的重要构成部分。

居民消费的碳减排量潜力预测

居民消费碳排放比重研究

通过文献梳理，总结部分居民消费碳排放占国家碳排放比重的有关研究结果，将中国的居民消费碳排放比重与之进行比较，结果如表 12-2 所示[6]。

表 12-2　居民消费碳排放比重的研究

国别	年份	消费碳排放占总碳排放的比重（%）	文献来源
中国	2012	47.5	米红等，2016
瑞士	1970	45~55	Schipper，1998

（续表）

国别	年份	消费碳排放占总碳排放的比重（%）	文献来源
韩国	1990	54.8	Park and Heo, 2007
美国	1997	80	Bin et al., 2005
英国	2010	74	Baiocchi et al., 2010
欧盟	2016	65±7	Ivanova, et al., 2016.
全球	2001	72	Hertwich, et al., 2009.

从表中可知，发达国家已完成工业化过程，其居民消费产生的碳排放已成为国家碳排放的主要增长点，可以高达60%~80%；中国居民碳排放水平与1970年瑞士的水平接近，略低于韩国1990年的水平，但与发达国家如英国、美国相比尚存在较大差距。预计未来工业化进入后期，居民碳排放在国家碳排放的占比会不断加大，可通过此发展特征预计中国未来的居民碳排放发展趋势。

在1.5℃全球人均碳减排目标下的居民消费碳排放研究

1. 研究基础

全球环境战略研究所、阿尔托大学和D-mat有限公司联合发布的《1.5℃生活方式：减少生活方式碳足迹的目标和选择》技术报告[7]对生活方式改变与基于IPCC等给出的气候变化解决方案明确目标之间建立了量化关系，从营养、住房、交通、消费品、休闲和与服务有关的消费等生活方式角度，审视了温室气体排放和减排潜力。①

按照《巴黎协定》1.5℃的温升控制目标下的排放情景，在不依赖广泛使用负排放技术的情况下，需要将生活方式碳足迹的目标定为2030年的2.5（单位：吨CO_2e，下同）和2050年的0.7；如果考虑到负排放技术，2030年

---

① 此处不包括政府消费和基础设施等资本形成所产生的排放。生产阶段的温室气体排放归为家庭消费造成的间接排放。

和 2050 年的目标上限可提高到人均 3.2 和 1.5。基于中国 2017 年的数据分析，得到年人均年生活方式碳足迹的估计值 4.2（见图 12-2）。

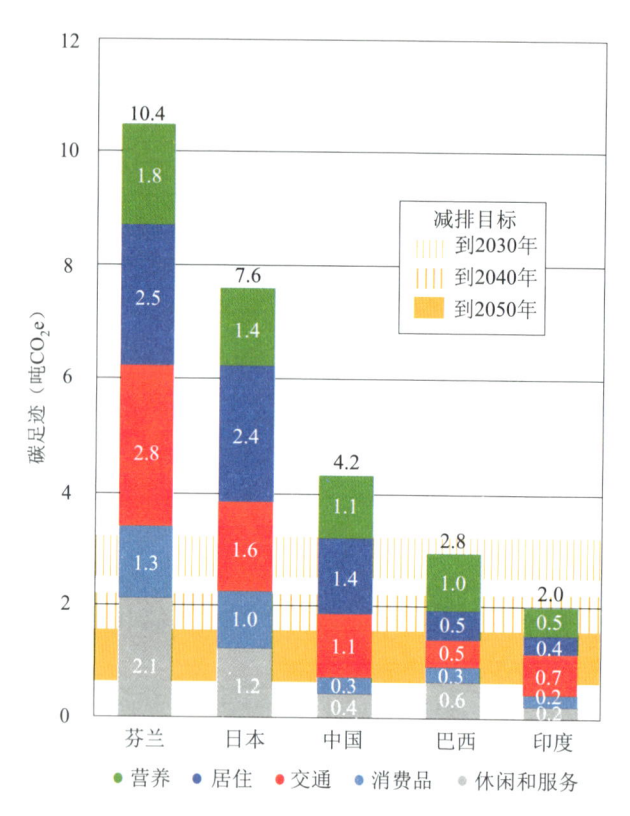

图 12-2 案例国家生活方式碳足迹（基于 2017 年的数据）

2. 重点消费领域碳减排潜力

在消费领域，营养、居住和交通往往对生活方式碳足迹的影响最大（约占 75%），因此，这些领域具有很大的干预潜力。

（1）营养：在大多数情况下，肉类消费是一个人碳足迹最大的贡献者。在中国，每年人均肉类消费量约为 60 千克，其中主要是猪肉（占肉类消费的 63%）和家禽（占肉类消费的 22%）。中国年人均营养碳足迹为 1 050 千克，其中肉类占 44%，鱼和蔬菜各占 10% 以上，谷物占比不到 10%。如图 12-3 中的虚线矩形所示，目前中国人均碳足迹已经超过 2030 年的目标，但还需要在 2050 年前大幅减少与营养相关的碳足迹。在满足营养需求的同时，尽可能改变营养来源，减少碳强度或身体消耗量，有助于减少碳足迹。

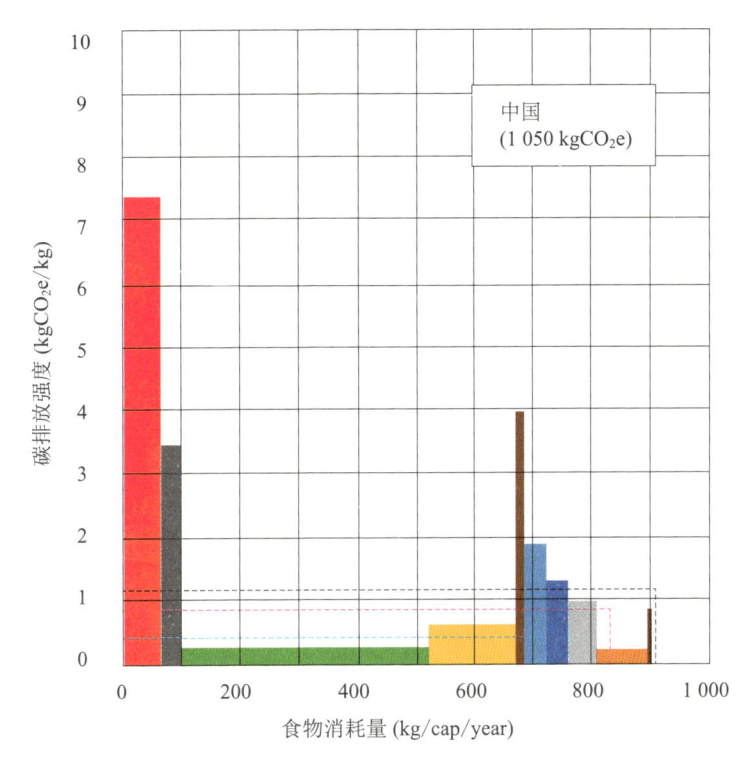

图 12-3　中国居民生活方式中营养领域碳足迹（基于 2017 年数据）

注：彩色矩形表示每个组件的平均生活方式碳足迹。面积的宽度、高度和大小分别代表实际消耗量、碳强度和碳足迹。黑色虚线矩形显示了截至 2017 年的平均强度和总物理消耗。红点矩形表示到 2030 年 1.5℃ 的目标，蓝点矩形表示 2050 年的目标。红色和蓝色虚线矩形的水平和垂直比例仅指示。如果数量不能减少，就需要减少强度。但是在营养领域，这部分数量是居民生存必需量，很难减少。

（2）居住：中国人均每年居住碳排放 1 350 千克 CO_2e，单位面积的碳排放量为 39 千克/平方米。其中，家庭用电量占住房碳足迹的 1/3 以上。与 2030 年和 2050 年的 1.5℃ 目标相比，中国已经超过 2030 年的目标（见图 12-4）。

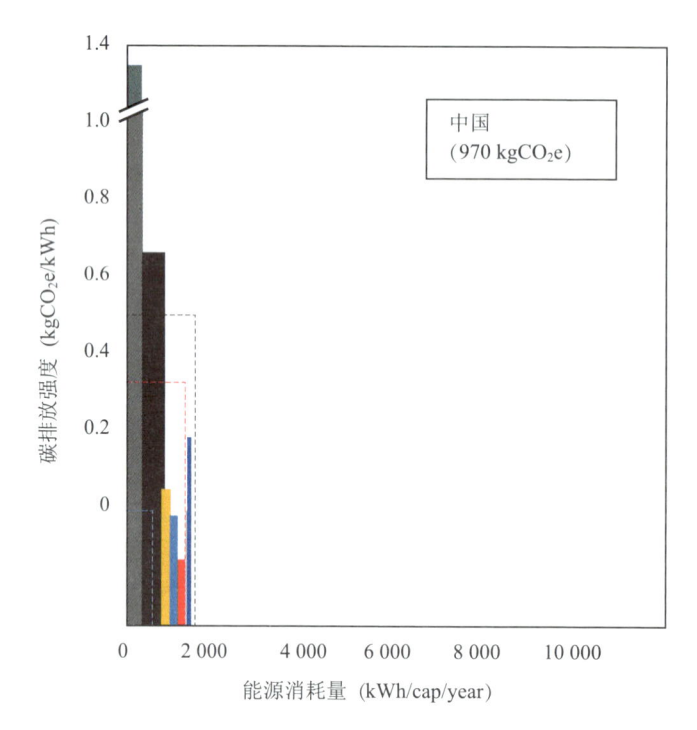

图12-4 中国居民生活方式中居住领域碳足迹（基于2017年数据）

注：彩色矩形表示每个类别的平均生活方式碳足迹。面积的宽度、高度和大小分别代表实际消耗量、碳强度和碳足迹。黑色虚线矩形显示了截至2017年的平均强度和总物理消耗。红点矩形表示到2030年1.5℃的目标，蓝点矩形表示2050年的目标。红色和蓝色虚线矩形的水平和垂直比例仅指示。如果数量不能减少，就需要减少强度。

（3）交通：对普通中国人来说，交通占其生活碳足迹的约1/4，人均每年行驶6 000公里左右（包括步行），贡献了1 090千克CO_2e（见图12-5），其中一半以上是由于汽车使用所致。中国人陆基公共交通的使用率更高，达到31%~49%。摩托车使用率超过20%，虽然摩托车的碳排放强度比汽车低，但仍远高于公共交通。与2030年和2050年的1.5℃目标相比，中国目前的碳足迹已经超过2030年的目标，这意味着国家迫切需要开始在交通系统和消费模式方面的低碳转变。表12-3为不同交通工具出行的人均百公里碳排放量比较数据。

表12-3 不同交通工具出行的人均百公里碳排放量比较

（单位：千克/100公里）

出行方式	私家车	飞机	高铁	地铁	轮船	自行车	步行
碳排放量	21.6	12.2	1.4	1.3	1.02	0.01	0.0

资料来源：朱翔，贺清云，2015.[8]

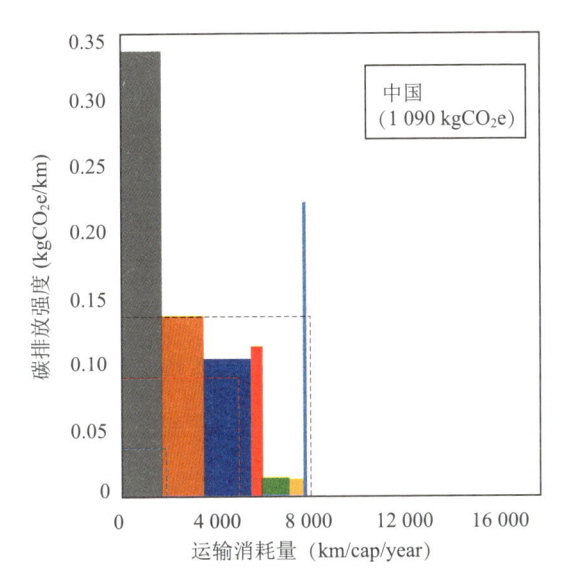

图 12-5 中国居民生活方式中交通领域碳足迹（基于 2017 年数据）

注：彩色矩形表示每个类别的平均生活方式碳足迹。面积的宽度、高度和大小分别代表实际消耗量、碳强度和碳足迹。黑色虚线矩形显示了截至 2017 年的平均强度和总物理消耗。红点矩形表示到 2030 年 1.5℃的目标，蓝点矩形表示 2050 年的目标。红色和蓝色虚线矩形的水平和垂直比例仅指示。如果数量不能减少，就需要减少强度。

（4）小结：基于全球环境战略研究所（IGES）报告对 2017 年的数据分析，中国人均年营养碳足迹为 1.05 吨，在 1.5℃情景下，到 2030 年中国年人均营养碳足迹应降低为 0.7 吨，到 2050 年应降低为 0.3 吨；基于 2017 年的数据分析，在 1.5℃情景下，中国人均年居住碳排放为 1.35 吨，到 2030 年中国年人均营养碳足迹应降低为 0.6 吨，到 2050 年应降低为 0.12 吨；基于

2017年的数据分析，中国人均年行驶6 000公里左右（包括步行）贡献约1.09吨，在1.5℃情景下，到2030年中国年人均营养碳足迹应降低为0.4吨，到2050年应降低为0.07吨。

低碳消费的制约因素

政策制度方面的制约

1. 相关立法不能适应低碳产品的生产和市场流通

低碳生产经营与消费的众多领域缺乏必要的法律制度和管理性法规文件及配套的实施细则，使得低碳消费的市场规则无法可依。

2. 低碳消费政策支持力度不够

低碳产业政策、低碳税收政策以及低碳消费政策等滞后。

3. 缺乏规范性和长期性的低碳税收、信贷鼓励政策

提供低碳消费产品和服务的企业与同类企业竞争时处于不利地位，而国家在低碳生产和消费方面的鼓励和补贴政策相对单一，且存在不稳定性。

市场机制方面的制约

市场方面存在低碳产品流通服务以及市场环境有待改善、市场管理体制不健全、技术服务体系不完善的制约。绿色低碳消费产品供给不足，无论是绿色食品、节能产品、绿色建筑、公共交通还是环境标志产品，规模都较小，远未成为衣食住行必需消费品的主流，相关可持续消费选择的资源环境的规模效益有限。

首先，低碳产品生产和服务提供的行业标准和监管体系有待完善。其次，国家层面推进的低碳产品主要还是集中于工业产品，而消费端产品的制造和生产还远远落后。最后，低碳产品技术服务体系不完善。

企业方面的制约

目前，中国企业在低碳产品研发推广方面还存在技术创新能力不足、市场推广能力不够的问题。

1. 企业研发低碳产品能力不足

低碳产品研发难度大、成本高、风险大、获利不稳定，在与非低碳产品竞争时处于不利地位。企业出于赢利的目的以及利润最大化的考虑，短时期内可能会选择放弃生产和开发长期前景好但眼前利益低、能长期增加社会收益的低碳产品。此外，低碳产品研发要进行深入的市场调查和分析，了解消费者的需求情况以及消费水平，进而明确低碳产品的定位，以利于销售。

2. 低碳技术创新能力不够

我国目前对低碳技术创新的投入力度还不够，缺乏对低碳技术研究开发的中长期规划，研究开发与产业发展脱离，转化能力比较弱，没有形成完整有效的研究开发与推广普及相结合的体系。

消费者方面的制约

消费者对低碳消费认知不足，低碳消费意愿不强，低碳消费能力较弱，低碳消费规模不大。具体表现在以下几个方面：

1. 消费心理扭曲

"勤俭节约"的传统美德和"天人合一"的理念在中国代代传承。这些朴素的思想指导着人们的消费行为，防止了对环境的破坏以及生态的恶化。现代消费主义文化扭曲了人们的消费观念，误导了人们的消费行为，导致人们过度追求物质消费。

2. 低碳消费知识缺乏

消费者对绿色低碳消费品选择的意愿增长较快，但由于缺乏环保知识，消费者不能将产品服务对环境的影响与自身生活需求建立密切联系，环境因素往往不在消费者选择消费品时的考虑范围之内，或仅关注对自身健康的直接影响，这些都不利于低碳消费品的市场推广。

3. 消费者存在感知障碍

低碳产品价格高昂、低碳产品使用和处置较为麻烦、消费者无法识别低碳产品、消费者对低碳消费的益处没有直观感知（认为低碳似乎离个人生活比较远，是一种"利他"的行为），这些都是导致消费者感知障碍的因素。

4. 消费水平的制约

消费者的消费水平是影响消费行为的重要因素之一，人们只有在基本需求得到很好满足的情况下才会去追求更高层次的消费需求。

重点路径和方向性建议

重点路径

当前，低碳消费是以政府为主导、企业为着力点、居民为主体、社会为支撑，全方位参与和推进的一种全新消费方式。政府部门应该从战略层面出发，运用行政管理手段及价格机制引导企业开展绿色生产，加强宣传工作，同时带头推进低碳消费；企业应该从清洁生产、低碳产品研发、低碳市场模式的建设等方面铺开，主动参与到低碳社会的建设中来；广大居民应该树立低碳消费观念，积极学习低碳知识，以实际行动实践低碳消费；社会应依靠其布局优势加强舆论引导和监督，全方位保障低碳消费的建设[8]。

1. 以政府为主导引领低碳消费

推进路径：政策支持—广泛宣传—示范引导。政府应以现有法律法规为基础，健全低碳消费法律法规，完善低碳消费激励政策，专门出台关于提升居民低碳消费水平的法律法规或条例；必须加强低碳消费宣传力度，培育全民低碳消费意识，营造低碳消费理念氛围；创建绿色节能政府机关，发挥政府在低碳社会建设中的引领、示范和表率作用，建设节约型低碳政府。

2. 以企业为着力点推动低碳消费

推进路径：清洁生产—开发低碳产品—建设低碳市场模式。企业一方面要在内部推行清洁生产，加强节能降耗，另一方面应当加大低碳消费产品的研发力度，尽可能生产更多的绿色产品以满足人们日益增长的需求。

3. 以居民为主体实现低碳消费

推进路径：改变观念—积极学习—自觉实践。树立正确的低碳消费观念，广大居民要从思想上摒弃物质主义、消费主义、享乐主义消费价值观，坚决杜绝面子消费、奢侈消费习俗，树立低碳消费的价值观。养成日常低碳消费习惯，自觉养成节约用水、垃圾分类、随手关灯等良好的消费习惯，选择公交、自行车和步行等绿色出行方式；自觉选购、使用低污染、低消耗的生态洗涤剂、环保电池、绿色食品等绿色日常用品；自觉减少一次性餐具、一次性日用品等产品的使用。

4. 以社会为支撑保障低碳消费

推进路径：舆论引导—加强监督—全方位参与。广大社会组织及媒介应发挥舆论引导作用，同时加强低碳消费监督管理；广大社会组织应该积极开展低碳消费宣传活动，发挥共青团、工会、妇联、居委会等群团组织及各级消协组织的作用，在全社会多渠道、多形式、全方位参与低碳消费建设。

方向性建议

1. 高度重视并紧紧抓住当前推进消费低碳转型的历史机遇期

中国目前推动消费低碳转型具有强烈的政治意愿。习近平总书记在2017年5月就推动形成绿色发展方式和绿色生活方式问题进行了专门的论述。党的十九大也明确提出，要推进绿色发展，加快建立绿色生产和消费的法律制度和政策导向，建立健全绿色低碳循环发展的经济体系，倡导简约适度、绿色低碳的生活方式，反对奢侈浪费和不合理消费，开展创建节约型机关、绿色家庭、绿色学校、绿色社区和绿色出行等行动，形成节约资源和保护环境的空间格局、产业结构、生产方式、生活方式。这为推动形成低碳生活方式和低碳消费提供了强有力的行动指南[9]。

（1）将低碳消费作为满足人民日益增长的美好生活需要的支撑点和推动高质量发展的增长极

现阶段，中国消费正不断转型升级，体现了人民日益增长的美好生活需要。其中，社会公众的低碳消费意愿不断提升，消费市场上低碳生态产品溢价率不断增长，互联网消费中的低碳渗透率不断提高，可以说，低碳消费是人民日益增长的美好生活需要的重要内容之一。因此，着眼和适应当前及未来中国社会主要矛盾变化，大力推动低碳消费是满足人民日益增长的美好生活需要的有力支撑。同时，消费的低碳转型升级可以引领低碳生态产品和服务的供给创新，通过低碳生态产品和服务的供给创造新的低碳消费需求，这种低碳生产与消费、低碳供给与需求的良性互动循环不仅是经济的新动能和引擎，也是生态环境质量改善的内生条件，是推动高质量发展的新增长极。当前低碳消费的短板之一是低碳生态产品和服务的有效供给不足，需要顺应社会低碳消费升级的趋势，围绕吃、穿、住、行、用等消费环节，满足居民分层次多样性的低碳消费需求，构建更加成熟的低碳消费细分市场，加大低碳、环保、节能产品和技术的认证和营销推广力度，提高低碳生态产品和服务的社会覆盖度，大力提高低碳生态产品和服务的有效供给，真正为满足人民日益增长的美好生活需要以及推动高质量发展提供支撑和动力。

（2）将低碳消费作为促进经济和社会系统转型以及推动供给侧结构性改革的重要内容和手段

首先，将低碳消费作为经济低碳转型的基本内容，作为推动供给侧结构性改革的重要动力。经济的低碳转型包括生产和消费两个环节的低碳化，消费的低碳化对生产的低碳化发挥着引导和倒逼的作用。经过低碳理念和措施引导的消费规模、消费方式、消费结构、消费质量、消费偏好的变化必然会传导到生产领域，左右着要素资源的配置方向、生产方式的改进、产品结构的调整和产品品质的改善，推动供给侧的结构性改革。

其次，将低碳消费作为社会低碳转型的重要内容和手段。低碳消费是促进绿色生活方式形成的核心内容，是推动全民行动的有效途径。生活方式是一个内涵广泛的概念，既包括人们的衣食住行、劳动工作休息娱乐、社会交往等物质生活，也包括精神生活的价值观、道德观及相关方面，消费方式是生活方式的重要内容。低碳消费活动可将低碳理念与要求传递、渗透到公众生活的各个方面，引导、带动公众积极践行低碳理念和要求，形成低碳生活全民行动，改善社会低碳转型的治理体系。

（3）把低碳消费作为推动生态文明建设和生态环境治理体系现代化的重要措施

低碳消费是低碳发展和生态文明建设的有机组成部分。有人认为，消费具有上下游传导效应，减少消费能成几何级数地减少资源能源投入，还可以减少数十倍以上的污染排放；消费又具有弹性效应，消费数量的增加，往往会抵消提高生产效率、节约资源投入和减少污染排放的效果。因此，合理适度和资源节约、环境友好型的消费必然对减少污染排放和改善环境质量乃至生态文明建设全局发挥重要的作用。在生态环境治理体系现代化领域，中国目前的环境政策多集中在生产领域，且以约束和监管为主要方式、以政府和企业为主体。建立引领低碳消费模式的制度机制，一是可以将生态环境治理结构从生产环节拓展到消费环节，拓展了生态环境治理的领域，增加激励和自愿领跑的方式，有助于建立激励与约束并举的制度体系；二是消费是社会公众的基本行为选择，低碳消费可以促使公众真正进入环境治理过程，用其低碳消费行为以及低碳生态产品选择倒逼企业改善环境行为，增加低碳生态产品和绿色生产收入，是切实的、自发的公众参与生态环境保护；三是消费端的低碳转型通过低碳供应链实践传导至生产端，可以引导产业链条中的

"低碳先进"企业管理"低碳落后"企业，开辟生态环境治理的新途径，完善生态环境治理体系。

（4）将低碳消费作为重要任务纳入国家"十四五"规划中，并制订国家推进低碳消费的专门战略或行动计划

中国正处在推动消费绿色转型的机遇期、窗口期，居民消费方式和意愿在发生明显变化，消费对经济的拉动作用显著增强。中国公众的环境意识、参与意识和环境维权意识明显提升，对享有良好生活质量的要求和期待日益增长，形成了推动绿色消费的社会基础。在准确把握低碳消费对推动低碳发展、满足群众日益增长的美好生活需要以及完善生态环境治理体系的战略定位和作用之后，中国政府需要把推动低碳消费纳入日常的工作日程之中，在零散的实践和政策基础上，将强烈的政治意愿，转化为全面推动消费低碳转型的系统战略部署、具体有效的政策措施和全民的社会实践。

因此，在中国的"十四五"规划中，应将推动形成绿色消费和绿色生活方式，作为推动绿色发展和生态文明建设的重要内容，明确相关目标、任务，以及考核或评价指标。同时，针对目前相关政策及实践分散、效果不显著等问题，借鉴德国、瑞典等国经验，中国应研究制定专门的推进绿色消费和绿色生活方式的国家战略或行动计划，从目标任务到体制机制创新、评估方法与评价指标等方面都要做出系统安排，提高推进绿色消费行动的整体性和效果。

2. 理顺并协调好各方的利益关系

（1）协调低碳消费与经济目标的利益关系

从科学发展观角度看，低碳消费与经济目标并不矛盾，实质上，两者之间应当是一种相互依赖、相互制约的辩证统一关系，体现着人与自然共生共荣的和谐关系。推广低碳消费要真正树立起低碳目标与经济效益的双赢意识。一方面，我们应在全社会倡导低碳意识和低碳化原则，在经济活动中明确树立起低碳环保的价值取向和原则，并将其纳入经济发展战略目标中，作

为一切低碳化创新活动的指导观念，在现实工作中将利用新能源技术、提高现有能源和资源利用率、降低能耗等低碳减排的要求与经济发展目标有机结合起来，实现经济效益与节能减排、降低能耗等方面利益的最优化。另一方面，我们还要努力破除作为传统经济模式主导思想的利润价值观，正确认识和把握好低碳目标。

（2）协调低碳发展与大众消费的利益关系

要成功地推广低碳消费，必须具有广大消费者对低碳技术、低碳产品较大的市场需求，即要使广大社会公众都成为低碳消费、低碳消费的主体，这是发展低碳经济的市场基础。但是，长期以来在传统经济模式下形成的大众消费一般都属于高碳排放型消费，目前低碳消费的市场受众还是少数，这显然与低碳发展所要求的低碳消费构成矛盾。要解决目前低碳发展与大众消费的矛盾，必须转变人们的思想观念，努力使低碳需要成为广大消费者的自觉需要，同时采取经济手段，促进居民节能减碳。一方面，政府、企业、文化教育部门等社会组织，通过各种宣传教育方式来引导社会大众的低碳消费需要，营造出低碳环保、节能减排的绿色文化氛围，使全体国民都成为发展低碳经济的真正主体，积极支持和参与低碳经济建设。另一方面，对居民消费行为，要综合利用税收、补贴和价格政策（能源价格与低碳产品价格）等经济手段，直接或间接干预能源、家电、汽车、服饰、五金等市场的供求关系，以达到引导居民减少高碳消费需求的目标。

3. 建立并出台低碳消费的奖惩机制

政府、企业、居民等都是低碳生活的实践者，有效推进低碳生活，应对各主体采取相应的奖惩措施。

（1）政府低碳政务奖惩办法

充分参考国外出台的相关奖惩办法，结合实际情况，初步建立并实施政府低碳生活工作问责制，作为政府领导干部综合考核评价的重要内容。建立政府低碳生活目标管理考核领导小组，负责制定考核指标与考核标准，以及政府部门低碳生活的具体考核工作。对考核结果为"优秀""良好"的责任单位，政府予以通报表彰；对成绩特别优异的单位责任人，则可给予一定的精神和物质奖励；考核为"一般"的责任单位，政府责成责任人提出整改措施；对弄虚作假、谎报成绩的单位，将追究当事人的责任。

（2）企业低碳生产奖惩办法

建立健全企业低碳生产奖惩办法，充分调动企业从事低碳生产的积极性。政府可通过经济、社会、奖惩等手段激励企业推广低碳生产。实行一系列优惠政策积极引导企业加大资金投入，鼓励并扶持企业研发低碳产品。建立严格的行政审批制度，对高污染、高排放的企业禁止投产；对于污染物的转移排放，要实施严格的环保立法和标准；强化现有收费制度，按规定对企业排放的范围、数量征收排污费，超标处罚。在此基础上，转变排污费的使用处理方式，改变无偿拨款或贴息贷款给企业进行治污的形式，采用商业模式运作，促使企业采取措施，积极防治污染。

（3）建立健全低碳运行机制

强化政府和企业责任，加快结构调整，加强重点领域节能减排，完善政策体系，健全保障机制，形成以政府为主导、企业为主体、全社会共同推进的工作格局。一是建立健全节能减排工作责任制和问责制，完善节能减排统计、监测和考核体系。二是建立新建项目准入制，严格执行新建项目节能评估审查、环境影响评价制度和项目核准程序。三是建立落后产能退出机制，大力淘汰行业落后产能，继续开展小矿山冶炼、小水泥、小火电、小造纸以及城市污水等专项治理工作。四是建立节能减排的市场化机制，推进资源价格改革和环境容量有偿使用制度改革，探索建立资源有偿使用制度、生态环境补偿机制和排污权交易制度。五是建立节能减排投入机制，做大节能减排专项引导基金，通过贷款贴息、以奖代补等方式引导社会资金投入。六是积极推广清洁能源机制、合同能源管理等节能新机制，加快推进既有建筑节能改造，严格执行新建建筑节能标准。七是强化高耗能行业和重点企业节能减排，实施重点企业能源审计和能源利用状况月报制度。

（4）居民低碳生活奖惩办法

制定系统可行的评比标准，深入开展"低碳生活示范家庭""低碳生活示范社区"等系列评选活动。"低碳生活示范社区"注重考核环境监督体系、污染防治措施、生态环境质量、社区文化氛围、居民环境意识等。对于成绩靠前的社区，除颁发荣誉证书外，还要给予一定的物质奖励，以激励全体居民争创低碳生活社会；而对于成绩靠后的社区，不仅要通报批评，还要给予一定的罚款。

4. 培育低碳生活理念，形成低碳生活社会氛围

充分调动社会各方面力量，形成全方位推行低碳生活、践行低碳生活的合力。加大低碳宣传力度，全面普及低碳理念，积极引导和鼓励居民低碳生活，形成可持续的低碳生活方式，为整个社会低碳转型奠定基础。多领域践行低碳生活，大力推行绿色公务、清洁生产、绿色商务，全方面引导社会低碳转型，多层次践行低碳生活。

（1）强化政府的低碳引导功能

政府是低碳生活的引导者，不仅要出台一些正面激励的政策，以引导人们的低碳生活行为，还应考虑采用适当的惩罚措施(如对消费后产生的多余垃圾进行收费，征收环境税)，以强化企业和居民的低碳生活意识，鼓励企业采取绿色生产方式。一方面，要健全低碳消费社会宣传教育机制，构筑低碳文化传播的经济社会条件。通过建立跨部门的协调机制平台，公共部门联合相关企业、专家学者等，组建低碳消费问题研究机构，发展低碳消费支持技术，提供低碳消费问题解决方案，协助各种组织降低碳排放。另一方面，要引导和鼓励社会各界建设低碳文化传播所需的专业团队，如政府宣传机构、各类媒介、非政府组织等。可采用专项资金形式，通过政府投资、企业运行的方式，鼓励和支持低碳文化传播队伍能力建设，为大众传媒提供具有权威性和科学性的低碳消费信息来源。

（2）发挥绿色大学和绿色社区带头试点作用，带动全社会共同践行低碳生活方式

建议在中国重点高校，比如清华大学（曾被授予绿色大学称号），创建入校共享电动车优惠停车试点应用项目，倡导绿色出行。首先，当一辆电动车内乘坐人数为三人及以上时，可由校园入口处设置自动识别系统，自动放行，快速通行。其次，校园可单独设置共享电动车停车位，免收或收取部分停车费用。这样共享电动车停车的便利和价格的优惠能够凸显。鉴于清华大学在国内外的影响力，以及校内往来进行办公、互访、交流的人数众多，共享电动车优惠停车试点应用项目的影响力会快速扩大，产生较大的社会反响，进而成为带动全社会践行绿色出行和低碳生活方式的力量。

建议选取部分居民小区作为试点，对居民家庭的能源消费状况实行一个可量化、可比较、可鼓励的措施。比如，在台湾地区，夏季用电高峰时段，为了减少用电高峰的峰值，台湾电力部门在夏季的4个月，以家庭为单位将上一年和今年的用电量做比较，若今年用电量比上一年低了一定比例，这户家庭便可以得到奖励，奖励会根据用电减少量进行相应的设置。同样，如果可以在若干个城市的小区开展类似的活动，逐月比较家庭用能消耗量，给予减量化的家庭一定奖励，会是一项很好的激励措施，逐渐让这些低碳转型所带来的内在变化和外部变化带动居民在日常行为中做出一些改变。

（3）发挥媒体的宣传导向作用

充分利用广播、电视、互联网、报刊等媒体，加大低碳公益广告力度，采取专题讲座、研讨会、成果展示会等形式，加大低碳理念宣传力度，组织开展低碳理念宣传活动和科普活动。宣传低碳消费理念，减少温室气体排放，促进全社会从战略和全局高度认识低碳发展的重要性；鼓励居民使用低碳产品，举行低碳消费义演晚会或活动，募集捐款；开展一年一度的"低碳消费示范家庭""十大绿色生产杰出企业""十大低

碳消费杰出个人"等网络或电视评选活动；逐步提高居民的低碳消费意识，培育低碳消费的价值理念和社会文化，形成较强的道德规范和行为约束，使低碳消费理念成为每一个居民的自觉行为；成立低碳消费宣传组织，以大学生和中学生为主要推广志愿者，促进绿色产品的推广和绿色文化的广泛传播。

（4）加强低碳宣传教育，全面提升公众低碳意识

形成"政府引导、全民参与"的良好氛围，开展低碳教育。鼓励中小学校创新开展低碳教育，开展各种形式的低碳专题活动，普及低碳知识，树立低碳理念，倡导低碳消费，培育低碳消费习惯，强化公众低碳意识。这是居民低碳消费意识建立的重中之重，要通过政策鼓励、产品支撑、教育与引导并行的手段改变居民的固有消费观念。在消费中注意细节，养成良好的消费习惯，节约每一度电，节约每一滴水，朝着低排放、低消耗、自然化、健康化、可持续化的方向努力。

创新引导手段

针对不同低碳能力人群的策略干预方式，即综合利用"教育、宣传、科普""政策和社会规范""基础设施配套建设""部门协同""企业产品与服务提供"五种干预手段，针对不同消费类型人群的特征，采取不同策略提升其低碳能力。

创新低碳消费的传播要素

1. 低碳消费的传播主体

低碳消费的传播主体主要包括三部分：

一是政府及环境保护相关部门。低碳消费的传播首先需要政府及环境保

护相关部门进行主导和推进。

二是非政府性质的社会各环保组织、环保人士。低碳消费的传播需要舆论领袖的作用，非政府性质的社会各环保组织和环保人士具有社区性、区域性乃至跨国性特点，能利用自身网络辐射广、影响大的效应，通过交流、学习、宣传等手段克服信息的不对称状况，从而有效传播低碳消费，形成良好的低碳环保氛围。

三是市场主体与社会公众。市场主体和社会公众是低碳消费传播不可或缺的重要组成。市场主体树立低碳意识、低碳责任，在现实消费中减少污染和排放，并加强对低碳科技、低碳产品的研发，这本身就是对低碳消费的传播。随着传播技术的飞速发展，社会公众摆脱了新闻传播的被动地位，他们能主动参与低碳消费的传播，社会公众的消费状态、消费方式、消费习惯都会影响低碳消费的传播并反映传播效果。

2. 低碳消费的传播媒介

媒介是信息传递或接受及受众信息反馈过程中的载体和中介，是消费传播的主渠道。一般而言，信息的传播媒介主要分为四大类：大众传播媒介、人际传播媒介、户外媒介以及实物媒介。低碳消费的传播需要充分把握四大传播媒介来连接传播内容与传播受众。大众传播媒介主要包括传统媒介（报纸、杂志、电视、广播）及新媒介（手机、微信、微博、交互网络电视等）。随着新媒体技术不断发展，新媒体所拥有的全民传播、全域传播、全时传播、全速传播的特点使得新媒体传播更容易调动受众积极性，因此新媒体对低碳消费的传播具备超越传统媒介的优越性。人际传播媒介是指"介于从事传播活动的个体之间的物理中介形式"[10]，比如面对面的语言和肢体语言，非面对面的电话沟通、书信等形式，具有较强的互动性，并且反馈迅速。人际传播媒介的运用具有广泛性，它能让低碳消费的传播融入百姓的日常生活中，让每个公民都明白低碳不仅是一种生活方式，更是一种责任。此外，要让低碳消费传播逐步稳定下来，让社会公众共同传承，以便低碳意识得到延续，这需要将低碳消费的传播程式化，类似于民风民俗的传承。户外媒介和实物媒介在低消费传播中也应充分运用，户外媒介主要是指存在于公共空间的一种传播介质，包括路牌、电子屏幕、社区走廊等，而实物媒介主要包括低碳产品及低碳象征物。

3. 低碳消费的传播受众

分析和研究大众传播的受众，对增强传播的有效性至关重要。在传播学中，受众是指"对社会信息传播接收者的群体总称"[11]。媒介的一切传播活动均以受众为中心，受众是传播系统的主体，传播系统的其他要素均围绕受众展开。因此，受众并不是被动消极接受传播信息，而是在充分发挥主观能动性后对信息进行选择。由此，在低碳消费传播过程中需要以满足受众需求为出发点，特别是要最大限度维护受众利益，传播受众喜闻乐见的信息，只有这样才能让低碳消费得到受众的认同，甚至作为一种优秀的消费形态得以传承。低碳消费能不能形成一个群体的消费特征和传统，关键在于能不能使这个群体的人们找到一种共享的、群体特有的归属感，并由此而形成代代传承的对这种身份归属的记忆、自豪和自尊。

在低碳消费传播过程中的受众主要包括市场主体与社会公众。市场主体在持续的工业化生产过程中积累资本，"过去，这种积累一直靠全球环境不断被系统地剥夺其自然财富得以维持"。因此，市场主体是制造生态污染、高碳排放的主要源头，应唤起市场主体低碳环保的自觉意识与主动参与的积极性。社会公众既是生态环境污染的受害者，又是保护生态环境、低碳减排的主力军。要解决生态问题，必须依靠公众来响应，必须依靠公众来参与并落实，形成广泛的管理、监督环境保护的条件和氛围。低碳消费的有效传播，能进一步推进社会公众形成低碳减排意识，养成低碳环保习惯，并逐步参与环境决策和环境监督。

4. 低碳消费的传播内容

传播内容就是信息，信息是传播者和受传者之间社会互动的介质，通过信息，两者之间发生意义的交换，达到互动的目的。按照传播学中信息符号的类别进行划分，低碳消费的传播包括语言符号和非语言符号两大类。低碳消费传播的语言符号包括介绍低碳消费的文字、对低碳消费的解说以及广告宣传中的文字性内容等。而视觉性符号、行为性符号、听觉性符号及嗅觉性符号等则属于非语言符号的范畴，比如关于低碳消费传播的图像、影像、动作、符号、活动等。按照传播内容的类型进行划分，低碳消费传播内容主要涉及政策信息、休闲娱乐及实用知识两部分。政策信息主要涉及党和政府对生态文明建设和低碳消费建设的最新政策法规及最新决策资讯；休闲娱乐及实用知识主要是通过开展丰富多彩的娱乐活动、教育活动来对低碳消费进行传播。

积极调动低碳消费文化传播主体，创新低碳消费的传播策略

1. 政府

政府作为低碳消费文化传播的重要主体，可以围绕积极应对全球气候变化这个主题，主动响应国家节能减排目标，制订一个完整的居民绿色消费行动方案。

一是构建一个指标体系。由政府部门牵头，组织经济学、地理学、社会学等领域的专家、市民代表研究制定出一个低碳消费指标体系与标准。

二是出台一个行为守则。建议结合实际出台《居民低碳消费行为守则》，以有效引导居民低碳消费转型。

三是颁布一个指导手册。收集、整理国内外居民低碳消费的小窍门和实用方法，按餐饮、服饰、交通等要素分门别类地总结形成便于居民学习、操作的《居民低碳消费指导手册》。

四是发出一个倡议书。为提升居民低碳消费水平，提高居民低碳消费意识，加快居民低碳消费转型，发布低碳消费倡议书。

五是做好一批试点居民。低碳消费水平的提升是一个系统性工程，广泛

涉及餐饮的绿色化、交通的绿色化等多个方面，加之城乡社会经济发展水平的差异化，这些客观情况决定了提升居民低碳消费发展水平必须在试点的基础上总结经验教训，如先期速选若干低碳生活示范学校、低碳生活示范社区等，从而逐步建立起一批有带动性、示范性和辐射性的低碳生活示范点。

2. 企业

作为低碳消费产品供应主体，企业应积极践行清洁生产和绿色商务，应着力淘汰高能耗、高物耗、高污染的工艺和装备，积极在企业内部推行清洁生产，发展绿色环保生产工艺，从源头上减少固废的产生；开展绿色商务活动，在产品推介、营销、售后服务及回收利用等各环节融入绿色低碳理念，提倡目录销售和电子商务，鼓励发展网上交易、虚拟购物中心等新兴服务业态；搭建绿色物流体系，鼓励物流企业共享第三方物流平台，实施一批共同配送示范项目；完善绿色市场服务，加强对绿色产品流通销售的支持力度，坚持实施"限塑"行动，系统开展限制过度包装工作。

3. 居民

传播策略着重作用于如何转变生活方式和消费方式。低碳消费建设必须将低碳理念引入居民生活的衣、食、住、行等各个方面，推进居民整个生活系统的低碳化。低碳生活，是指生活作息时所耗用的能量尽量减少，从而降低碳排放，特别是二氧化碳排放量。尽量减少使用消耗能源多的产品，从而减少对大气的污染，减缓生态恶化。积极引导合理选购、适度消费、简单生活等低碳生活理念成为社会时尚，形成低碳消费模式和低碳生活方式。

4. 社会

发挥舆论引导的组织功能，把人们的思想和行动统一到低碳消费上来，使可持续发展始终成为舆论引导的主旋律。充分发挥各类媒体的作用，靠主流媒体组织宣传并引导舆论，靠网络媒体抢占先机并互动参与；认真关注大众需求，积极回应群众普遍关注的热点难点问题，宣传人民群众从低碳消费中得到的好处，引导群众积极参与低碳消费实践；加强对舆论监督导向的引导，有针对性地提高其监督素质，积极引导其客观、正确地进行监督，提高监督质量，避免由于监督不当对低碳消费的推进带来一些负面影响。

设计低碳消费行为指南

全球一体化的形成、不断出现的新媒体以及纷至沓来的各路信息，使人们开始思考自己的购买决策会给全球气候变化、地球环境、人类社会和经济带来什么样的影响。作为消费者，人们已经开始意识到这些问题会对自己产生直接的影响，因此人们希望获取更多的相关信息。对消费者来说，能够进行知情选择是非常重要的。

2020年年初发布的《家庭低碳生活与低碳消费行为研究报告》，从侧面证实了人们"旺盛的消费需求"，报告发现网购的便利和快捷催生了36%的不必要购物，有61%的不必要购物与网购有直接关系。过度消费现象加剧了过度浪费，容易使社会进入"大量生产—大量消费—大量浪费—再大量生产"的恶性循环。因此，低碳生活需要打破人们对物质消费的依赖，并由此开启一种新的可持续生活方式。

设计低碳消费行为指南，旨在提供一份清晰明了的清单或者指导手册，明确地告知公众，为什么要低碳消费，什么样的消费行为是低碳消费，选择何种消费方式既能够满足基本生活和未来发展需求还能够实现减碳效益，通过现实案例引导人们主动选择低碳消费。

第十三章

非二氧化碳气体减排与农林业的减排增汇技术

本章对非能源活动的温室气体减排及农业、林业与草原的减排增汇技术进行了评估。从工业过程、农业活动、废弃物管理、森林及草原碳汇等多个方面对这些非能源活动涉及的二氧化碳（CO_2）、甲烷（CH_4）、氧化亚氮（N_2O）、氢氟碳化物（HFCs）、全氟化碳（PFCs）和六氟化硫（SF_6）等六种温室气体的排放现状、减排技术和政策进行了分析和情景研究。情景研究表明，政策情景下非二氧化碳温室气体排放不会出现峰值，并将在2050年继续增长约50%；强化政策情景下非二氧化碳温室气体可以与二氧化碳同步达峰，但2050年仍比2015年增长约10%；2℃情景下可以提前于2025年达峰，且比2015年减排约20%；1.5℃情景下则可以在2020年实现绝对下降，到2050年比2015年减排40%。

根据以上研究，建议中国在低排放发展战略及未来的国家自主贡献目标更新中，适时纳入非二氧化碳温室气体减排目标。建议提出的非二总体控制目标如下：非二氧化碳温室气体与二氧化碳温室气体在2030年同步达峰，并在达峰后尽快稳定并下降，到2050年将非二氧化碳排放相对基准线减排25%~40%，控制在不超过2010年的排放水平上；森林碳汇在2035年达到210亿立方米，2050年达到265亿立方米。

非二氧化碳温室气体的排放现状

人为活动引起的温室气体排放增加是导致以全球变暖为主要特征的全球气候变化的主要原因。温室气体可进一步划分为二氧化碳类温室气体和非二氧化碳类温室气体（以下简称"非二气体"）两大类别。2005 年生效的《京都议定书》对人为源温室气体种类给出明确界定，包括二氧化碳（CO_2）、甲烷（CH_4）、氧化亚氮（N_2O）、氢氟碳化物（HFCs）、全氟化碳（PFCs）和六氟化硫（SF_6）。2011 年南非德班气候变化大会对《京都议定书》中的温室气体种类进行了拓展，增加了三氟化氮（NF_3）。其中，非二气体是对甲烷、氧化亚氮、氢氟碳化物、全氟化碳、六氟化硫和三氟化氮的统称。为简便起见，进一步将氢氟碳化物、全氟化碳、六氟化硫和三氟化氮归类为含氟气体（F-gas）。

IPCC 第五次评估报告显示，非二气体在全球温室气体总排放量中的占比稳定在 25% 左右。2016 年全球温室气体总排放（不包含 LULUCF[①]）约为 460 亿吨 CO_2e（二氧化碳当量，下同），其中二氧化碳排放约 340 亿吨，非二氧化碳排放约为 120 亿吨。2014 年中国温室气体总排放（不包含 LULUCF）约为 123 亿吨，其中非二气体排放约为 20 亿吨，约占中国温室气体总排放的 16%。

若不对非二气体加以管控，未来非二气体排放将持续增长，并可能抵消全球二氧化碳的减排努力。已有研究表明，与二氧化碳减排相比，非二气体减排具有成本低、灵活度高、响应迅速和协同效益等优势。对《京都议定书》发达国家履约进展的分析表明，发达国家实现其减排承诺的主要贡献来自非

---

① LULUCF，即 Land Use, Land Use Change and Forestry，土地利用、土地利用变化和林业。

二气体减排。例如，2012年德国、英国和法国的非二气体减排对其温室气体减排贡献率分别为28.7%、45.2%和53.2%，对欧盟温室气体减排的贡献率接近1/3。因此，非二气体的减排在温室气体总减排中占有重要的地位。为了缩小全球减排力度与2℃目标之间的排放差距，非二气体减排在全球应对气候变化进程中受到的关注度也在日益提升。

中国非二气体排放近年来逐渐增加，已经从1994年的约10亿吨增加到2014年的超过20亿吨，增长了约1倍（见图13-1）。2014年非二气体约占中国总温室气体排放的16%。本章考虑的非二气体排放包括甲烷、氧化亚氮和含氟气体，涉及的排放源主要为能源系统的煤炭开采、油气系统、生物质燃烧和交通，农业部门的水稻种植、肠道发酵、粪便管理和农用地，废弃物处理中的固体废弃物、生活污水和工业废水，以及工业部门的硝酸生产、己二酸生产、二氟一氯甲烷（HCFC-22）生产、半导体制造、电力系统、ODS（消耗臭氧层物质）生产与使用（家用空调、汽车空调制冷）等。

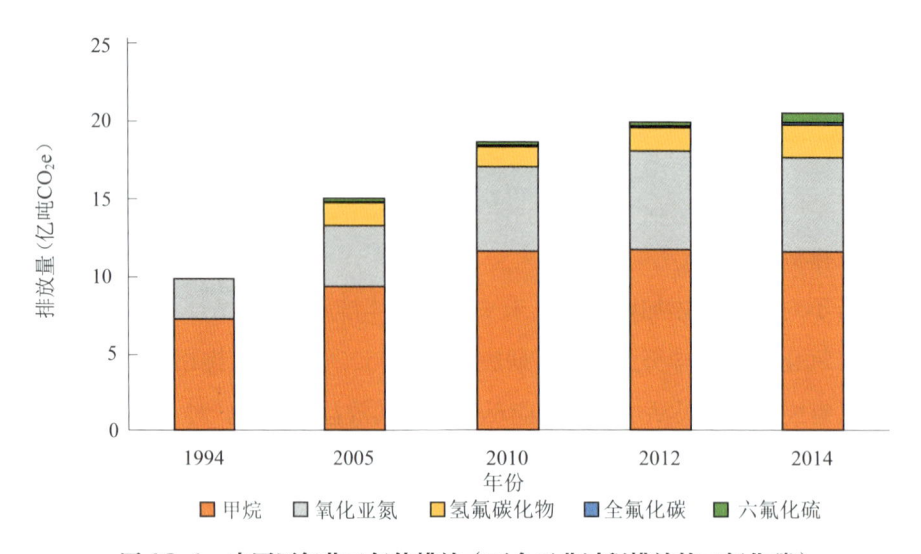

图13-1 中国历年非二气体排放（不含工业过程排放的二氧化碳）

在三种主要的非二气体中，甲烷是排放的主要来源。2014年中国的甲烷排放量为11.25亿吨，占非二气体排放的56%。甲烷排放主要来自能源活动（5.20亿吨）、农业活动（4.67亿吨）和废弃物处理部门（1.38亿吨）。此外，甲烷还是典型的短寿命温室气体，减排甲烷的短期气候效益十分明显。氧化亚氮是排放量第二大的非二气体，2014年的排放为6.10亿吨，主要来自农业活动（3.63亿吨）、能源活动（1.14亿吨）、工业生产过程中的硝酸和己二酸生产（1.14亿吨）以及废弃物处理（0.37亿吨）。

2014年中国含氟气体的排放总量约为2.91亿吨，主要包括氢氟碳化物（2.14亿吨）、全氟化碳（0.16亿吨）和六氟化硫（0.61亿吨）。氢氟碳化物目前主要用作制冷剂、发泡剂、灭火剂、气雾剂和化工产品的原料，涉及多个工业领域。全氟化碳的主要排放源来自电解铝生产和半导体制造，其中95%以上来自电解铝生产。六氟化硫排放主要涉及4个部门：电力传输和分配设备（以下简称"电力设备"）、镁冶炼、半导体生产、六氟化硫生产。目前中国半导体生产和镁生产中已经基本停止使用六氟化硫气体，电力设备是六氟化硫排放的主要来源。

从排放部门来看，2014年中国最大的非二气体排放部门是农业活动，其后依次是能源活动、工业生产过程和废弃物处理。2014年，中国农业活动排放的非二气体总量为8.3亿吨，占非二气体总排放的40%以上。其中，农业甲烷排放4.67亿吨，农业氧化亚氮排放3.63亿吨。2014年，中国能源行业非二气体排放总量为6.34亿吨，其中主要为甲烷（5.2亿吨），其余为氧化亚氮(1.14亿吨)。2014年，中国工业生产过程中非二气体排放为3.87亿吨，其中，氢氟碳化物排放2.14亿吨，氧化亚氮排放0.96亿吨，六氟化硫排放0.61亿吨，全氟化碳排放0.16亿吨。2014年，中国废弃物处理非二气体排放总量为1.75亿吨，其中，甲烷排放1.38亿吨，氧化亚氮排放0.37亿吨。

非二氧化碳气体的未来排放情景

非二气体的排放大多与消费行为相关，例如，由于食品消费引起的农业活动排放、由于煤炭消费引起的煤矿甲烷排放和由于建筑及汽车空调消费引起的氢氟碳化物排放等。为分析和评估未来非二气体的排放和减排潜力，本章重点对能源活动中煤炭开采、油气系统、交通部门、生物质材料燃烧，农业生产中水稻种植、动物肠道发酵、动物粪便管理、农用地，废弃物处理部门中固体废弃物、工业废水和生活废水，以及工业生产过程中硝酸生产、己二酸生产、铝冶炼、半导体制造、ODS 生产及使用等环节进行了情景分析。

以煤炭开采为例，情景分析过程覆盖的活动环节包括地下开采、露天开采和废弃矿井，其中，地下开采和露天开采过程的产出为煤炭，废弃矿井与煤炭产量相关但关联度较弱。针对煤炭开采过程的情景分析框架如图 13-2 所示。本章设计了如下 4 种情景：政策情景、强化政策情景、2℃情景和 1.5℃

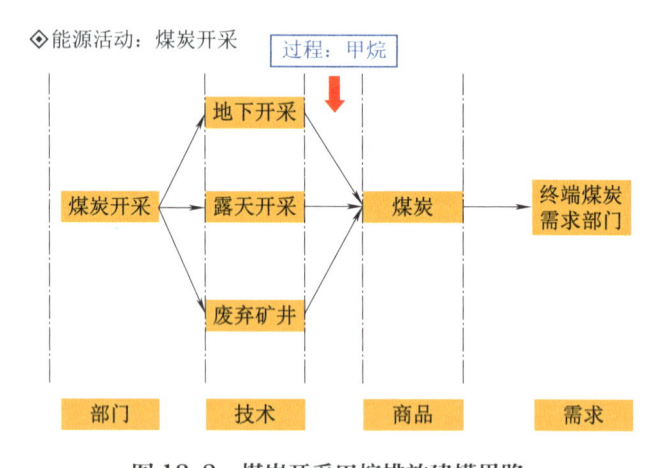

图 13-2 煤炭开采甲烷排放建模思路

情景。各情景的基准年均设定为 2015 年，目标年为 2050 年，每 5 年作为一个间隔进行预测。

各情景的定义如下：政策情景包含了中国目前已经采用的非二气体减排技术和政策，因为包含了现有政策，所以也可称为现有政策情景；强化政策情景主要考虑在现有减排政策基础上，进一步强化非二气体的减排技术与政策；在 2℃情景中，考虑了可预见的非二气体的减排政策与技术潜力，并主要考虑了各行业成本可接受的减排技术和措施；1.5℃情景考虑了采用所有技术可行的减排技术与政策，以实现非二气体最大的减排潜力。

不同情景的差异主要体现在对需求消减、需求替代、末端回收利用、末端处置分解等这些环节关键技术假设的差异。从政策情景到强化政策情景、2℃情景和 1.5℃情景，后一种情景均假设了比前一种情景更加积极的减排目标与减排技术及措施。各种情景之间的差异主要体现在活动水平和减排技术两个方面：通过消减和需求替代，低排放情景比高排放情景的活动水平均有不同程度降低；此外，低排放情景也假设了更高的末端回收利用和处置分解技术的比例，进一步减少了非二气体的排放。例如，随着中国控煤政策的不断加强，煤炭的生产不断下降，进而会导致煤矿开采的甲烷排放不断下降。而通过对煤炭甲烷的回收和利用，则可以进一步通过末端回收和处置分解减少甲烷的散逸性排放。

在政策情景下，中国非二气体的排放将从 2015 年的 21 亿吨，增加到 2050 年的 32 亿吨，约增长 50%，年均增长率约为 1%（见图 13-3）。在 2050 年前并没有出现排放峰值。2015—2050 年中国非二气体排放量的增长主要来自氢氟碳化物的使用以及农业部门温室气体排放的增加。在政策情景下，我国废弃物领域的非二气体排放基本保持稳定。在能源领域，能源相关的甲烷排放由于煤炭消费达峰也不再增加。

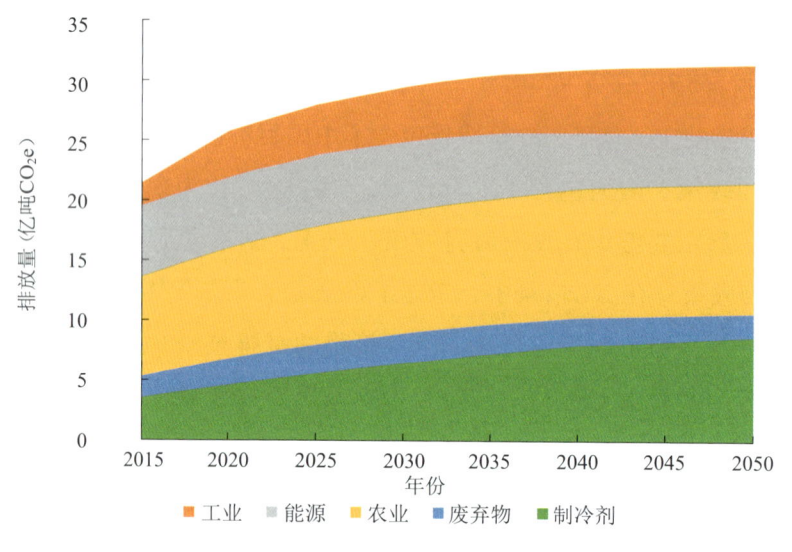

图 13-3　政策情景下非二气体排放的部门分布

甲烷

在政策情景下，2015 年甲烷排放量约为 12.2 亿吨，2030 年排放量达到峰值 13.85 亿吨，比 2015 年增长 14%，2015—2030 年年均增速为 0.85%。2030 年后甲烷排放逐年下降，2030—2050 年，甲烷排放量年均下降 0.7% 左右，2050 年回落至 12 亿吨。

从部门分布来看，煤炭开采一直是甲烷排放最主要的来源，但其排放总量随着煤炭消费量的下降而一直下降。煤炭开采的甲烷排放量在 2015—2020 年基本稳定在 5.4 亿吨左右，随后排放逐年下降，至 2050 年达到 3.1 亿吨。农业部门中的动物肠道发酵和水稻种植也是十分重要的甲烷排放源。农业甲烷排放在政策情景下缓慢增加，从 2015 年接近 4.7 亿吨，到 2030 年增加至 5.8 亿吨，2050 年进一步增加到 6.3 亿吨。农业甲烷排放呈现逐年增加的态势，并未在 2050 年前达到峰值。废弃物处理部门中的固体废弃物填埋处理方式对甲烷排放也有一定贡献，其排放量保持先增加后下降的趋势，2015 年为 0.8 亿吨，所占份额为 6.8%；到 2030 年和

2050 年分别达到 1.04 亿吨和 0.8 亿吨，排放占比在 2030 年进一步提高到 7.5%。

从甲烷排放的部门分布来看，农业是甲烷排放的第一大部门，且其排放占比逐年增加；能源相关的甲烷排放占比则逐年下降；废弃物处理的甲烷排放占比基本保持稳定。2015—2020 年，煤炭开采过程的甲烷排放占甲烷总排放量的比例为 38.8%~44.2%。2020 年后煤炭开采过程的甲烷排放占甲烷总排放的比例逐步降低，到 2050 年减少至 25%。农业甲烷排放占甲烷总排放的比例在 2015—2030 年基本稳定在 38.5%~42.4%，至 21 世纪中叶提高到 52.8%，相对基年提高了近 10 个百分点。废弃物处理的甲烷排放在 2015—2050 年大致稳定在 7% 左右。

从排放增量构成来看，2015—2030 年甲烷排放增量约为 1.65 亿吨，其中最主要的增量来自农业活动中的肠道发酵、能源领域的油气逸散和固体废弃物填埋等部门。上述部门分别贡献了甲烷排放增量中的 1.18 亿、0.35 亿和 0.2 亿吨。甲烷排放在 2030 年达峰后开始下降，2030—2050 年甲烷排放总净减少 1.84 亿吨，但农业活动中的动物肠道发酵甲烷排放仍然在持续增加，增量为 0.43 亿吨。2030 年后的甲烷排放减少主要源于煤炭开采甲烷排放的持续下降，煤炭消费量下降导致开采过程甲烷排放量持续下降，2050 年相对 2030 年降低约 1.83 亿吨。

氧化亚氮

在政策情景下，氧化亚氮排放在 2030 年前缓慢增加，并在 2030 年后进入平台期。2015 年氧化亚氮排放量约为 4.94 亿吨，2030 年增长 44.0% 达到 7.1 亿吨，在此期间，年均增速为 2.4%。2030—2050 年，氧化亚氮排放进入平台期，不再显著增加，2050 年排放量维持 7 亿吨左右。

从排放部门来看，农用地管理过程中的氮肥和粪肥施用是氧化亚氮排放最主要的来源。在政策情景下，氮肥施用氧化亚氮排放从 2015 年的 3.6 亿吨稳步上升，至 2020 年达到峰值水平（4.5 亿吨），随后进入缓慢增长的平台期，并一直延续至 2050 年。在这一情景下，基本满足我国国家自主贡献中提出的 2020 年后农业氮肥使用零增长要求。氧化亚氮排放源具有明显的分散性，除最主要的农用地排放源外，工业生产过程中的硝酸与己二酸生产、废弃物处理中的废水处理以及农业部门中的动物粪便管理对氧化亚氮排放均有贡献，其中己二酸的贡献最大。

从排放增量构成来看，2015—2030 年氧化亚氮排放增量约为 2.2 亿吨，其中最主要的增量来源依次为己二酸、氮肥及粪便管理和粪肥，分别贡献了 1.28 亿和 0.8 亿吨。2030—2050 年，由于氧化亚氮排放进入平台期，净增量明显减少至 0.17 亿吨，在此阶段增量主要来源为粪便管理、能源活动和粪肥。

含氟气体

在政策情景下，2015 年的含氟气体排放量约为 4.52 亿吨，之后快速增长，到 2030 年增长到 8.7 亿吨，在此期间年均增速为 4.51%，是增速最快的非二气体排放。2030—2050 年，含氟气体排放量增速显著放缓至 1.88% 左右，但仍然高于其他非二气体。2050 年含氟气体的排放量相对 2015 年增加 181%，达到 12.7 亿吨。

从排放部门来看，HCFC-22 生产过程和空调制冷环节的氢氟碳化物是含氟气体最主要的排放源。在 2015 年，HCFC-22 生产过程的排放量约为 1.1 亿吨，随后稳步上升，于 2025 年达到峰值水平（1.6 亿吨），随后进入平台期。与此同时，房间、汽车和商用空调制冷的氢氟碳化物排放量则呈现出迅猛增长势头，2015 年排放水平为 2.2 亿吨，至 2030 年相对基年水平增长近一倍，达到 4.3 亿吨，在此期间年均增速约为 4.5%。2030—2050 年，排放增速放缓回落至 2.3% 左右，相对基年增幅高达 213%，增长至 6.9 亿吨。氢氟碳化物排放从 2015 年的 1 680 万吨逐渐增加到 2025 年的 2 092 万吨。全氟化碳排放在 2025 年达到峰值后开始逐渐下降，2050 年下降到 1 824 万吨。六氟化硫排放从 2015 年的 7 840 万吨开始增长，一直增长到 2050 年的 3.8 亿吨，这期间并没有出现峰值。六氟化硫排放一直增加的主要原因是人均电力增加驱动电力装机总量增加，进而需要更多的电气设备及六氟化硫作为绝缘气体。

在排放增量构成方面，2015—2030 年，含氟气体排放增量为 4.2 亿吨，其中最主要的驱动因素为空调制冷和 HCFC-22 生产，分别贡献了 2.9 亿吨和 0.4 亿吨，占总增量的 89.2%，其中空调制冷贡献度达到 77.8%。2030—2050 年，含氟气体排放增量为 3.9 亿吨，在此阶段最主要的增量来源为空调制冷，增量为 2.2 亿吨，其次是六氟化硫排放，增量为 1.7 亿吨。在空调制冷环节，房间空调是最重要的增长点。

非二气体排放增量分析

图 13-4 给出了政策情景下 2010—2030 年和 2030—2050 年非二气体总排放增量的主要来源，有助于我们识别潜在的重点减排领域。

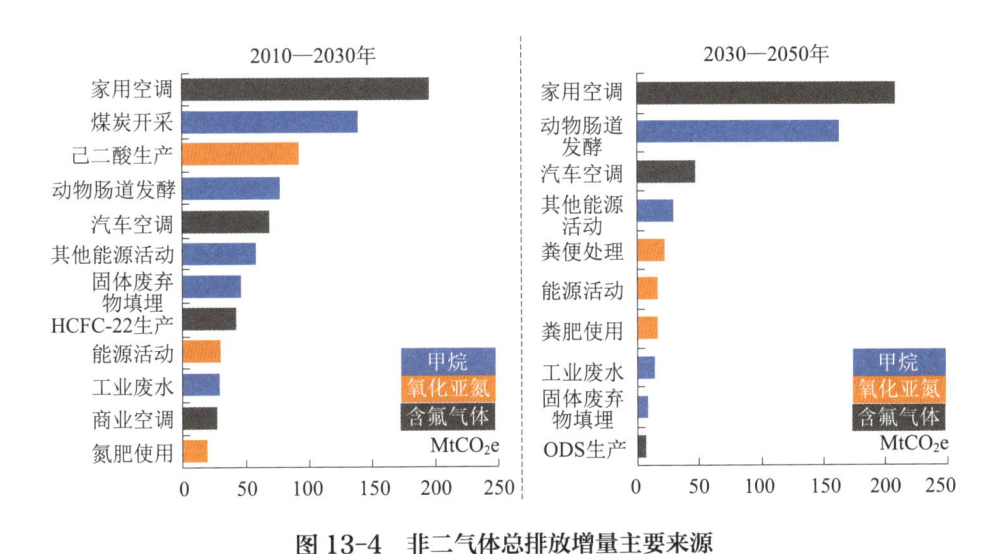

图 13-4 非二气体总排放增量主要来源

2010—2030 年，非二气体排放增量约为 9.2 亿吨，分部门来看，贡献较高的领域依次为家用空调（21.4%）、煤炭开采（15.2%）、己二酸生产（10.2%）、动物肠道发酵（8.5%）、汽车空调（7.6%）、其他能源活动（甲烷，6.4%）、固体废弃物填埋（5.1%）和 HCFC-22 生产（4.7%）等，这些排放源的累计排放贡献率超过 90%。2030 年后，非二气体排放增量约为 5.1 亿吨，分布更集中在空调制冷和农业领域，房间空调、汽车空调、动物肠道发酵、动物粪便管理、粪肥施用等排放源对增量的贡献率达到 89.9%。

非二氧化碳气体的减排技术与减排潜力

非二气体的减排技术

在强化政策情景、2℃情景和 1.5℃情景下，本章针对非二气体减排技术的划分方式，考虑了不同的减排技术。按照减排行为发生的阶段和方式，本章将各类减排措施划分为前期、中期、后期三个阶段，以及完全消减需求、替代原有需求、生产方式改良、提高利用效率、末端回收利用和末端处置分解等 6 个类型（见表 13-1）。

前期代表非二气体排放产生前，该阶段的减排措施主要包括两类，分别为完全消减需求和替代原有需求。所谓消减需求，是指从源头控制并减少相应排放源的活动水平，例如能源系统转型降低了煤炭消费量，从而减少煤炭开采过程的活动水平；引导改善居民饮食结构，减少对红肉的消费量，由此间接导致对应牲畜品种存栏量的降低；对固体废弃物而言，将填埋处理的废弃物改为焚烧处理，从根本上减少了固体废弃物的填埋处理量，进而在填埋气产生前即实现了排放量的减少。与之相对应的是，对原有需求或活动水平的替代，典型代表是在汽车空调领域利用低 GWP（全球变暖潜能值）的

HFO-1234yf 物质替代具有较高 GWP 的 HFC-134a 作为制冷剂，以及在家用空调中利用 R290 工质替代 R410a 作为制冷剂等。

中期代表非二气体产生的过程，该阶段的减排措施包括生产方式改良和提高利用效率。生产方式改良的典型措施为在水稻种植过程中推广湿润灌溉和间歇灌溉、生长期间歇式排水与烤田相结合；牲畜饲养过程中合理搭配日粮精/粗料比；在铝冶炼行业中采用自动熄灭阳极效应、无效应铝电解工艺替代原有阳极效应较为明显的生产线。提高利用效率的措施主要是在氮肥施用中推广测土配方施肥，以提升氮肥的使用效率。

后期代表非二气体产生后的阶段，此时非二气体的减排措施主要为末端的回收利用和处置分解，其中煤炭开采、固体废弃物填埋处理等环节的甲烷排放均可回收用于发电，而 HCFC-22、硝酸和己二酸生产等环节的排放需要采用热分解处理或催化分解处理方法予以消除。

实现非二气体减排在近中期需要重点关注末端回收和处理措施的推广利用，例如煤层气回收、工业部门尾气排放的催化分解处理等；而从长期来看，非二气体减排的加强则需要稳步推进前期需求消减或替代进程，例如倡导健康饮食结构、新型低 GWP 制冷剂替代等。

表 13-1　非二气体减排措施分类

阶段	类型	排放源	具体措施
前期	完全消减需求	煤炭开采 动物肠道发酵 动物粪便管理 农用地 固体废弃物	能源系统转型 改良和推广高生产力牲畜品种、改善居民饮食结构 改良和推广高生产力牲畜品种、改善居民饮食结构 降低化学氮肥施用 焚烧处理
	替代原有需求	电力系统 半导体制造 汽车空调 家用空调	SF_6+N_2 混合气体替代 碳酰氟（COF_2）替代 HFO-1234yf 替代 R290 替代

（续表）

阶段	类型	排放源	具体措施
中期	生产方式改良	水稻种植 动物肠道发酵 铝冶炼	推广湿润灌溉和间歇灌溉、 生长期间歇式排水与烤田相结合 合理搭配日粮精/粗料比 自动熄灭阳极效应、无效应铝电解工艺
	提高利用效率	农用地	测土配方施肥（配方肥）
后期	末端回收利用	煤炭开采 动物粪便管理 固体废弃物 废水处理	回收发电 堆肥产沼气 回收利用、回收发电 回收发电
	末端处置分解	煤炭开采 固体废弃物 HCFC-22 生产 硝酸生产 己二酸生产	封闭燃烧、氧化处理 排空燃烧 热分解处理 二级处理法、三级处理法 催化分解法

减排情景下非二气体的排放路径

在强化政策情景下，甲烷排放于 2030 年达峰，峰值水平为 13.7 亿吨；在 2℃情景下，甲烷排放达峰时间提前到 2020 年，峰值水平降至 12 亿吨；在 1.5℃情景下，甲烷排放达峰时间大幅提前至 2015 年前后，峰值水平为 12 亿吨。2050 年，在强化政策情景、2℃情景以及 1.5℃情景下，甲烷排放量分别为 11.8 亿吨、8.1 亿吨和 5.2 亿吨，相对政策情景的减排率分别为 2%、32% 和 57%。

在强化政策情景下，氧化亚氮排放于 2020 年达峰之后进入缓慢下降的趋势，2030—2050 年排放量维持在 5.6 亿~6.5 亿吨；在 2℃情景下，氧化亚氮排放达峰时间为 2020 年，峰值水平为 6.5 亿吨，2050 年降低到 4.5 亿吨；在 1.5℃情景下，氧化亚氮排放达峰时间仍为 2020 年，但峰值水平小幅回落至 5.8 亿吨，2050 年排放降低到 3.2 亿吨。在强化政策情景、2℃情景和

1.5℃情景下，2030年氧化亚氮排放量分别为6.3亿吨、5.7亿吨和4.2亿吨，相对政策情景的减排率依次为11%、19%和40%。在这三种减排情景下，2050年的氧化亚氮排放相比政策情景的减排率分别为22%、35%和54%。

在强化政策情景下，含氟气体排放大约在2035年后开始缓慢下降，而在2℃情景和1.5℃情景下基本上是在2030年后增速放缓，峰值水平为7.3亿吨。相对政策情景的减排率为16.3%；而2050年，含氟气体排放量分别为5.1亿吨和4.4亿吨，减排率进一步提高到60%和65%。

在强化政策情景下，预计非二气体大约在2030年前后达到峰值后进入平台期并缓慢下降，其峰值水平约为27亿吨，至2050年缓慢下降到24亿吨。在强化政策情景下，非二气体的排放可以与二氧化碳排放在2030年同步实现达峰。相比强化政策情景，2℃情景下非二气体排放峰值可以提前于2025年前后实现，峰值排放水平约为24.8亿吨，2050年的非二排放可以大幅度下降到17亿吨，比政策情景下降约44%。而1.5℃情景下非二气体排放可以在2020年达到峰值，峰值水平约为23.8亿吨，2050年非二气体排放比政策情景下降约60%，即2050年下降到12.2亿吨，约为峰值的一半水平。

虽然非二气体减排潜力巨大，但由于非二气体难以实现零排放，随着社会经济能源转型的加速，二氧化碳会实现大幅度减排甚至达到近零排放或负排放，而非二气体的排放占全部温室气体排放的比例会进一步增加。2015年非二气体排放占全部温室气体排放的20%左右，在2℃情景下，预计非二气体的排放占比会增加至36%，而在1.5℃情景下，非二气体的排放占比则会增加至58%。图13-5为不同情景下非二气体排放比较。

非二气体的减排潜力

从减排潜力的领域分布来看，相比政策情景，在2℃情景下，2030年

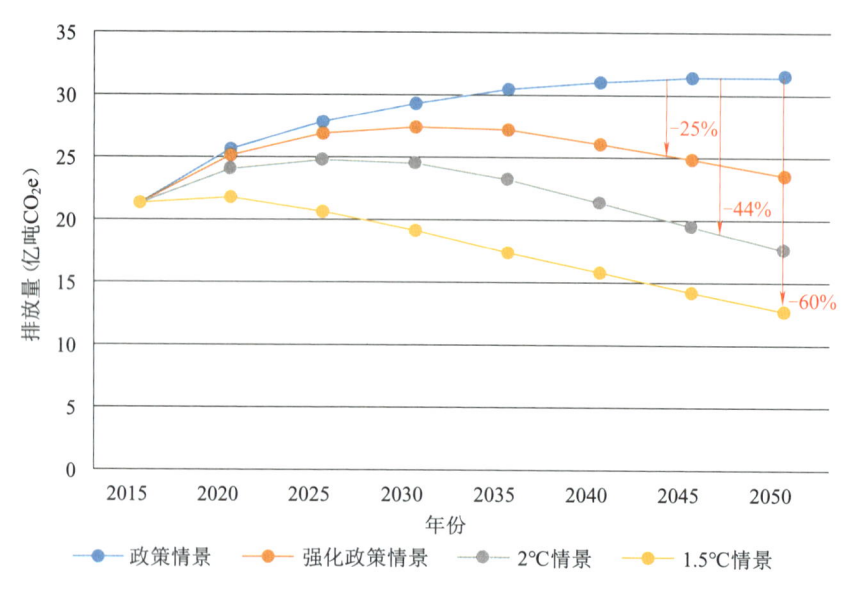

图 13-5 不同情景的非二氢体排放比较

含氟气体减排量为 1.4 亿吨，其中贡献度最高的领域依次为家用空调、HCFC-22 生产和汽车空调，减排量分别为 0.84 亿吨、0.28 亿吨和 0.28 亿吨。2050 年，含氟气体减排量提高至 7.6 亿吨，主要来自家用空调和汽车空调的制冷剂替代，产生的减排量分别为 4.7 亿吨和 2.9 亿吨。在 1.5℃情景下，2030 年、2050 年的减排量分别上升到 1.45 亿吨和 8.3 亿吨。比较后发现，2030 年含氟气体减排量增量主要由 HCFC-22 生产过程贡献（1.2 亿吨），而 2050 年减排量增量主要来自 HCFC-22 生产（20%）、家用空调（19%）和汽车空调（19%）等方面。

2030 年，在 2℃情景下，非二气体排放相对政策情景减少 4.86 亿吨，减少量主要由完全消减需求、替代原有需求、末端回收利用、末端处置分解措施实现，占比分别为 37.6%、17.6%、21.5% 和 10.9%。在 1.5℃情景下，非二气体减排量相对 2℃情景提高了 5.43 亿吨，减排增量来源为末端处置分解、回收利用措施普及程度的提高，以及前期需求消减与替代力度的加强，带来的减排量分别为 28.5%、23.0%、27.6% 和 13.3%。

2050 年，在 2℃情景下，非二气体减排量的技术类型构成与 2030 年较为接近，完全消减需求、替代原有需求、末端回收利用、末端处置分解产生的减排占比依次为 55.2%、19.9%、11.6% 和 6.5%。与 2030 年不同的是，在 1.5℃情景下，非二气体减排量增量来源主要为前期的需求消减和需求替代，末端处置分解措施的增量水平有明显回落，上述三类技术产生的减排增量分别为 1.5 亿、2.1 亿和 1.6 亿吨，此时对应的减排量占比分别为 47.1%、26.6% 和 14.8%。

非二气体减排的关键领域

非二气体减排的关键领域包括煤炭开采、HCFC-22 生产、家用空调、动物肠道发酵、氮肥施用及汽车空调等，这些领域的累计减排量占到了非二气体总减排潜力的 80% 左右。图 13-6 所示为 1.5℃情景中按照部门加总的 2030 年和 2050 年非二气体减排量。其中，煤炭开采、HCFC-22 生产、家用空调、动物肠道发酵、氮肥施用、汽车空调等 6 个方面的减排努力对非二气体总减排量的贡献最大。2030 年，上述关键减排领域分别贡献了 4.1 亿吨、2.0 亿吨、0.9 亿吨、0.6 亿吨、0.6 亿吨和 0.3 亿吨的减排量，累计占比达到 82.6%；2050 年分别减排 5.2 亿吨、1.7 亿吨、3.0 亿吨、2.2 亿吨、1.1 亿吨和 1.6 亿吨，累计占比 78.3%。

从这些领域的减排技术和措施看，近中期的非二气体减排需要源头控制和末端治理并重，而在长期和深度减排的情景下，由于末端治理措施已经达到极限，因此只有从源头控制入手才能实现深度减排。

从减排量（相对政策情景）的部门分布来看，在 2℃情景下，2030 年甲烷减排量为 2.0 亿吨，其中贡献度最高的部门依次为煤炭开采、固体废弃物处理、水稻种植、动物肠道发酵和动物粪便管理，减排量分别达到 1.4 亿吨、0.2 亿吨、0.2 亿吨和 0.2 亿吨。在 2℃情景下，2050 年甲烷减排量进一步提

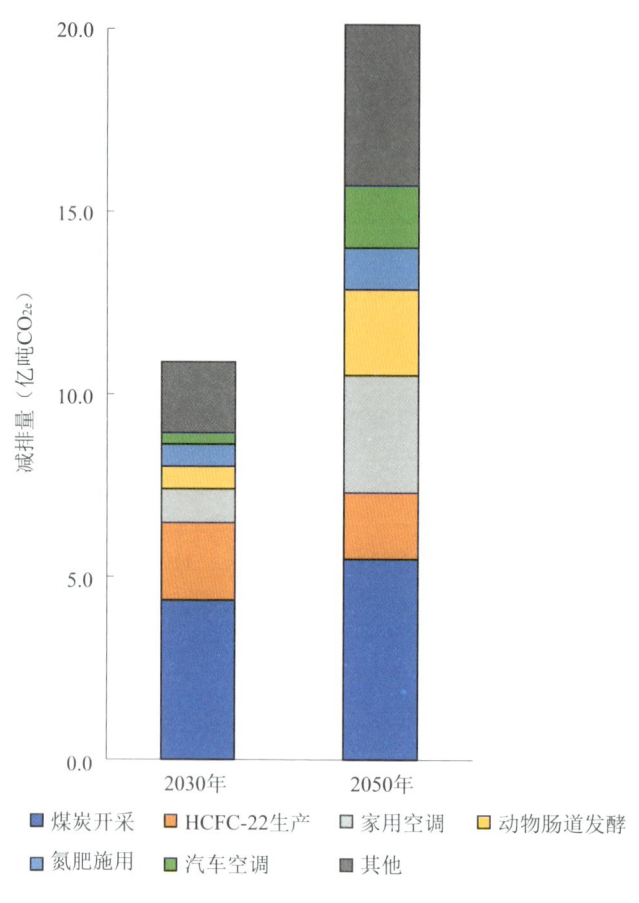

图 13-6　我国非二气体减排关键领域

高为 4.0 亿吨，主要来自煤炭开采、动物肠道发酵和水稻种植、固体废弃物处理，部门减排量依次为 1.9 亿吨、1.7 亿吨和 0.12 亿吨。在 1.5℃情景下，非二气体减排力度得到加强，2030 年和 2050 年的减排量分别上升到 5.9 亿吨和 6.8 亿吨。情景结果比较发现，2030 年减排量增量部分来自煤炭开采过程，而 2050 年减排量增量主要来自煤炭开采、动物肠道发酵和固体废弃物处理过程的额外减排努力。

从减排量的部门分布来看，在 2℃情景下，2030 年氧化亚氮减排量为 2.4

亿吨，其中贡献度较高的部门依次为氮肥施用、动物粪便管理和粪肥施用，减排量分别为 0.77 亿吨、0.23 亿吨和 0.2 亿吨；2050 年氧化亚氮减排量为 1.5 亿吨，主要来自氮肥施用和生物质材料燃烧与移动源等能源活动，减排量分别为 0.8 亿吨和 0.64 亿吨。在 1.5℃情景下，氧化亚氮减排力度有所加强，2030 年和 2050 年的减排量分别上升到 2.8 亿吨和 3.8 亿吨，增量部分主要由己二酸生产和氮肥施用等环节的减排努力实现。

非二氧化碳气体的减排成本

非二气体减排的成本可以通过如图 13-7 所示的减排边际成本曲线表示。这一曲线给出了非二气体减排边际成本（即额外增加一单位减排量的减排成本）与减排率之间的关系。首先，非二气体的边际减排成本曲线呈现前半部分平缓、后半部分非常陡峭的趋势。这样的结果表明，非二气体在减排初期减排成本较低，只需较低成本即可实现大幅度减排，因此成本曲线前半部分平缓。但一旦超过一定的减排率，非二气体的减排难度就会大幅增加，减排成本也随之快速上升。其次，非二气体减排受到减缓技术的物理限制，难以实现零排放。减排曲线的结果显示，非二气体低成本可以实现的减排率在 2030 年为 40%~50%，2050 年为 50%~70%。如果没有进一步的技术突破，超过这一减排率后，减排边际成本将大幅度提高。同时由于减排技术的限制，非二气体难以实现零排放，1.5℃情景下仍然有大约 40% 的非二气体难以减排。

从不同情景下的减排总成本来看，非二气体的减排成本总体可控。在强化政策情景下，2030 年（当年）减排成本为 38.5 亿元，2050 年为 160.5 亿元；而在 2℃情景下，2030 年减排成本为 105.8 亿元，2050 年为 306.2 亿元。

减排边际成本曲线（2030年）   减排边际成本曲线（2050年）

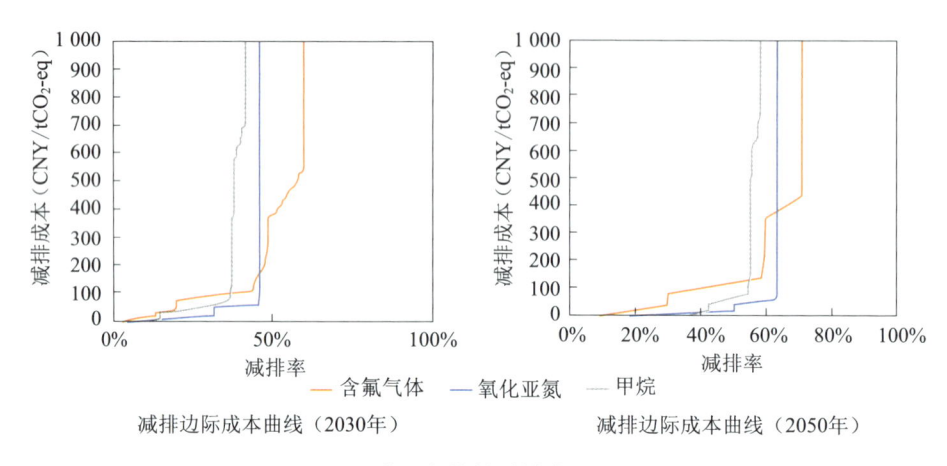

图 13-7 非二气体的减排边际成本曲线

非二气体减排曲线的特点是在前期有大量低成本的减排潜力，因此可以有效降低温室气体的减排成本，有助于部分缓解碳减排对经济的影响。在不同减排目标下，与仅靠二氧化碳减排相比，二氧化碳与非二气体联合减排策略将大幅降低减排成本。与仅靠二氧化碳减排的策略相比，2030年联合减排策略的减排成本将下降 23.1%~45.2%，2050 年减排成本下降 16.7%~56.7%。因此，通过联合减排策略，能够在同样的碳价下实现更高的减排量。换言之，可以利用较低的碳价、付出较小的减排成本实现预定减排目标。

针对非二气体减排潜力的情景研究表明，甲烷、氧化亚氮和含氟气体三类非二气体的减排潜力和实现难度差异显著。因此，本章建议在全国碳排放交易体系中设置抵消机制时采用渐进方式对各类非二气体及其排放源实行逐步纳入，研究探讨在"十三五"末期优先纳入减排潜力大、实现难度低且监控方法丰富的气体与排放源，如煤炭开采过程甲烷排放、己二酸生产过程氧化亚氮排放、HCFC-22 生产过程 HFC-23 排放等；2020—2025 年，紧密追踪家用空调和汽车空调低 GWP 制冷剂研究进展，合理解决 R290 工质安全性问题，妥善应对 HFO-1234yf 制冷剂的专利保护事项，通过技术标准等政策在 2025 年前将空调制冷环节含氟气体减排纳入减排范围；针对氮肥施用过程氧化亚氮排放等分散源，以及动物肠道发酵与粪便管理等主要通过膳食结构调整以实现减排的甲烷与氧化亚氮排放源，本章仍建议采用政策管制和政府引导等方式促进其实现减排。

研究结论与政策建议

在政策情景下，甲烷及氧化亚氮在 2030 年前后达峰后缓慢下降。含氟气体特别是氢氟碳化物气体快速增加，2050 年比 2015 年增长约 3 倍。非二气体排放从 2015 年的 21 亿吨增加到 2050 年的 32 亿吨。在政策情景下，2015—2050 年的非二气体排放增量主要来自制冷剂氢氟碳化物、工业过程以及农业活动，废弃物领域的非二气体排放基本稳定，能源相关甲烷排放由于煤炭达峰也不再增加。

在强化政策情景下，非二气体 2025 年前后达到峰值后进入平台期并缓慢下降，峰值水平约为 27 亿吨，2050 年缓慢下降到约 23 亿吨。在强化政策情景下，氢氟碳化物排放在 2050 年相比 2015 年大幅下降，非二气体排放的主要增量来自工业和农业领域。政策情景、强化政策情景下的减排潜力主要来自氢氟碳化物、工业非二气体排放及工业二氧化碳减排；农业废弃物领域减排总量相对有限；由于天然气消费增加，能源行业甲烷排放有轻微增加。

在 2℃情景下，非二气体排放的峰值和 2050 年排放量均大幅下降。非二气体排放峰值下降到约 24.8 亿吨，2050 年下降到 17.6 亿吨，比政策情景下降低约 44%。而在 1.5℃情景下，非二气体排放 2020 年达峰，峰值约为 23.8 亿吨，2050 年下降到 12.2 亿吨，约为峰值的一半。相比政策情景，1.5℃情景下 2050 年非二气体排放约减排 60%。

总体而言，政策情景下非二气体排放不会出现峰值，并将在2050年继续增长约50%；强化政策情景下非二气体可以与二氧化碳同步达峰，但2050年仍比2015年增长约10%；2℃情景下可以提前于2025年达峰，且比2015年减排约20%；1.5℃情景下则可以在2020年实现绝对下降，2050年比2015年减排40%。

根据以上研究，建议中国在低排放发展战略及未来的国家自主贡献更新中，适时纳入非二气体减排目标。建议提出的非二气体总体控制目标如下：非二氧化碳温室气体与二氧化碳温室气体在2030年同步达峰，在达峰后尽快稳定并下降，到2050年将非二气体排放相对基准线减排25%~40%，控制在不超过2010年的排放水平上；森林碳汇在2035年达到210亿立方米，2050年达到265亿立方米。此外，为进一步加强我国非二气体减排，本章还提出如下政策建议：

1. 强化中国温室气体排放清单数据基础，降低非二气体排放测量、报告与核查过程中的不确定性

当前，中国国家信息通报和两年更新报告中的非二气体排放测算数据基础较为薄弱，测算结果不确定性远高于二氧化碳排放。二氧化碳排放在2005年和2012年的不确定性范围分别为±5.61%和±5.92%，而各类非二气体排放不确定性高达±55%~60%，最低也在±15%左右。国家排放清单结果与国际排放数据库之间也存在明显差异，主要集中于甲烷排放方面。显著的不确定性是非二气体减排目标制定及后续核查过程中的重要障碍，因此本章建议在煤炭开采、HCFC-22生产、硝酸生产、己二酸生产等重点排放领域优先试点非二气体排放量直报工作。为提升排放清单编制准确度，建议在活动水平方面，尽快完善统计体系以完全覆盖非二气体排放源的活动水平信息，替代或完善现有的样本调研或专家判断方式；针对排放因子，虽然样本检验、实地测量方法已被采用，但限于开展范围和持续时间，测算结果的典型性需要进一步增强。

2. 在非二气体排放源中，合理运用政策管制与市场机制等手段，因地制宜推进非二气体减排

当前，中国全国碳排放交易体系已经投入运行，其交易对象仍为二氧化碳排放配额，暂未纳入非二气体。非二气体的主要减排潜力来自煤炭开采、HCFC-22 生产、家用空调、动物肠道发酵、氮肥施用和汽车空调等领域，而各排放源自身属性和减排实现方式差异化明显。本章建议针对不同类别和来源的非二气体排放，在"政府＋市场"共同治理的前提下，合理运用政策管制与市场机制手段，实施有效率也有区别的减排规划方案，因地制宜地实现非二气体减排。对于排放集中、减排潜力大、实现难度低、监测方法成熟且 CDM（清洁发展机制）项目经验丰富的领域，如煤炭开采中的甲烷排放、己二酸生产中的氧化亚氮排放、HCFC-22 生产过程中的 HFC-23 排放等，建议可考虑优先纳入全国碳排放交易体系，利用市场机制促进减排；对于有一定 CDM 减排项目经验积累、减排潜力相对优先、减排难度较高的领域，如固体废弃物与废水处理等，建议通过 CCER（国家核证自愿减排量）等方式实现与碳市场的连接；对于排放源分散特征明显、减排实现难度较低的家用空调和汽车空调制冷剂排放，建议密切关注低 GWP 替代制冷剂的研究进展，以较严格的技术标准推进低 GWP 制冷剂空调的推广利用；对于排放源分散程度较高、减排难度较大的农业部门水稻种植、农用地管理等环节，建议沿用政策管制和加强信息引导的方式推进减排工作。

3. 兼顾非二气体排放源前端需求管理与末端回收利用及处理，多措并举实现非二气体减排

研究表明，针对特定非二气体排放源的前端需求管理措施与末端回收利用及处理措施在近中期能够实现显著的非二气体减排，而中长期减排则主要来自前端需求管理。高碳化能源消费结构支撑了中国经济在过去 40 年的高速增长，人民生活条件得到大幅改善，进而带来对高碳型生活方式、出行方式和饮食结构的偏好。因此，应当对通过降低非二气体排放源活动水平实现

减排的可行途径予以高度关注。本章建议，针对牲畜源排放需进一步加强关于居民膳食结构调整的政策引导力度，以期实现我国人均红肉消费量的下降，进而从源头上降低动物肠道发酵、粪便管理过程的甲烷和氧化亚氮排放；在空调制冷环节，依托政府绿色采购目录加大低 GWP 制冷剂空调市场占有率，制定和实施新的汽车空调标准和监管体系以准备迎接新的市场形势；加大力度推广垃圾分类，为固体废弃物焚烧处理的大规模应用提供重要基础；在半导体制造和电力系统中，尽快明确行业标准，加速对六氟化硫气体使用的替代进程；对于 HCFC-22、硝酸和己二酸生产等主要通过尾气分解处置措施实现减排的环节，应在已有 CDM 减排项目基础上进一步丰富减排基金来源渠道，以确保相应末端处置设备的持续平稳运行。

4. 在中国中长期低排放发展战略中加强非二气体管控力度，初步构建非二气体与二氧化碳综合减排策略的整体框架

相对二氧化碳单独减排策略而言，非二气体减排的多温室气体减排策略具备减排成本低、灵活性强和存在协同效益等优势。对非二气体实施针对性的管控，也能够避免非二气体照常排放持续增长趋势抵消二氧化碳减排努力的正面效果。研究指出，2030 年单位 GDP 的温室气体排放强度能够满足 60%~65% 的强度下降目标；2050 年的强度降幅进一步扩大至 90%~95%，而温室气体排放总量回落至接近 2005 年水平。在加强非二气体减排的政策情景下，中国可以实现非二气体排放在 2020 年达峰，进而带动温室气体在 2020 年实现全面达峰。本章建议在中国中长期低排放发展战略中进一步加强非二气体排放的管控力度，在充分研究和广泛调研的基础上，未来如果国际社会对中国减排力度提出进一步要求，可以考虑将非二气体和温室气体排放总量纳入达峰目标并相应提前达峰时间，从而以鲜明的显示度在国际社会中继续引领应对气候变化进程的发展。

第十四章

中国未来排放情景：温室气体减排与环境治理

我国当前空气质量距美丽中国愿景和欧美发达国家水平仍存在较大差距。本章设计了中国 2030 年和 2050 年的清洁空气总体目标，结合能源转型和末端控制措施构建了中国未来排放情景，评估了不同情景的环境与健康效益。

　　研究表明，在国家自主贡献承诺和"蓝天保卫战"政策的强化作用下，中国基本可以在 2030 年达到 35 μg/m^3 的国家环境空气质量标准，但难以实现未来中长期（2030—2050 年）的根本性改善。与 2℃全球温升控制目标相适应的能源转型对中国在 2050 年实现 15 μg/m^3 的环境目标起到关键性作用；1.5℃下的能源转型则有助于将全国平均暴露水平进一步降低至 10 μg/m^3 以下。相较于现有政策情景，同时开展深度能源转型（2℃和 1.5℃）和最佳可行末端治理，可分别在 2030 年、2050 年避免 24 万~37 万人和 136 万~164 万人的过早死亡，有效缓解未来人口变化导致的健康负担。

大气污染防治

中国大气污染防治历程

中国大气污染防治进程始于20世纪70年代，在经历了1970—1990年对工业点源的悬浮颗粒物控制，1990—2000年对燃煤和工业源的二氧化硫（SO_2）和悬浮颗粒物的控制后，于2000年进入对多污染源导致的区域复合型污染的控制阶段。2000—2018年，我国加快了大气污染防治进程。2001—2005年，我国大气污染防治工作的综合目标是将全国二氧化硫排放量削减10%，并将"两控区"[①]二氧化硫排放量降低20%以控制全国的酸雨污染。在"十一五"规划中，我国将二氧化硫排放量纳入国家约束性总量控制目标，要求以火电厂建设脱硫设施为重点，确保2010年全国二氧化硫排放量较2005年下降10%。"十二五"期间，我国进一步将氮氧化物（NO_x）排放纳入国家约束性总量控制目标，要求到2015年全国的氮氧化物和二氧化硫排放量分别较2010年降低10%和8%。

2013年，国务院颁布了《大气污染防治行动计划》（以下简称"大气十条"），以颗粒物浓度为约束对各地区的大气污染防治工作提出了具体要求，这是我国大气污染防治的重大举措，是第一次以环境质量为目标约束的战略行动。2018年，继"大气十条"之后，生态环境部发布实施《打赢蓝天保卫战三年行动计划》，制定了未来三年内，我国在大气污染防治方面的任务、目标及计划，以期大幅减少大气污染物的排放，明显改善环境空气质量，增强人民的蓝天幸福感。

[①] "两控区"指酸雨控制区或者二氧化硫污染控制区。

中国当前的大气污染

近年来,我国大气 PM2.5(细颗粒物)污染显著改善。2018 年全国 PM2.5 年均浓度为 39 μg/m³,相较 2013 年降低了 45.8%。从重点区域的变化来看,表 14-1 展示了 2013—2018 年全国及京津冀、汾渭平原、长三角和珠三角等重点区域 PM2.5 年均浓度及降幅。京津冀、长三角、珠三角作为"大气十条"中的重点区域,2013—2017 年 PM2.5 污染显著改善,且京津冀的改善幅度最大,PM2.5 年均降幅达到 11.9%。2017 年,汾渭平原成为全国 PM2.5 污染最严重的区域之一,PM2.5 年均浓度达 67 μg/m³,京津冀、长三角和珠三角地区的 PM2.5 年均浓度分别为 64 μg/m³、44 μg/m³ 和 34 μg/m³,珠三角地区的 PM2.5 年均浓度已达到全国空气质量二级标准。2017—2018 年,作为"蓝天保卫战"的重点区域,京津冀和汾渭平原的 PM2.5 污染得到明显改善,相较 2017 年的 PM2.5 年均浓度分别降低了 14.1% 和 10.8%,远高于全国的平均降幅,但浓度值仍高达 55 μg/m³ 和 58 μg/m³,距离国家二级空气质量标准(35 μg/m³)和世界卫生组织第三阶段过渡限值(15 μg/m³)仍存在较大差距。

表 14-1 全国及重点区域 2013—2018 年年均 PM2.5 浓度变化

区域		2013年(74城市统计)	2017年(74城市统计)	2013—2017年年均降幅(%)	2017年(338城市统计)	2018年(338城市统计)	2017—2018年年降幅(%)
全国		72	48	9.6	43	39	9.3
京津冀	北京	90	58	10.4	58	51	12.1
	天津	94	62	9.9	62	52	16.1
	河北	108	68	10.9	65	55	15.4
	全区域(13市)	106	64	11.9	64	55	14.1
长三角	上海	59	39	9.8	39	36	7.7
	江苏	70	49	8.5	50	46	8.0
	安徽	82	58	8.3	56	49	12.5
	全区域(25市)	67	44	10.0	48	44	10.2

(续表)

区域		2013年（74城市统计）	2017年（74城市统计）	2013—2017年年均降幅（%）	2017年（338城市统计）	2018年（338城市统计）	2017—2018年年降幅（%）
珠三角	广东	49	36	7.4	33	31	6.1
	全区域（9市）	47	34	7.8	31	29	6.5
汾渭平原	陕西	90	54	12.0	55	48	12.7
	山西	79	59	7.0	63	55	12.7
	河南	105	62	12.3	66	61	7.6
	全区域（12市）	93	67	7.9	64	58	10.8

图 14-1 展示了 2013—2018 年全国各省级行政区年均 PM2.5 浓度变化情况。从图中可以看出，各省级行政区的 PM2.5 浓度均呈现出总体下降趋势。北京、天津、河北、内蒙古、浙江、湖北和湖南等省区市的 PM2.5 浓度在这 6 年间的降幅在 40% 以上，吉林、黑龙江、四川和青海等省的 PM2.5 浓度降幅则达到 50% 以上。至 2018 年，内蒙古、吉林、黑龙江、浙江、福建、广东、海南、贵州、云南、西藏和青海等省区的 PM2.5 年均浓度已达到国家二级空气质量标准。

不同于 PM2.5 污染的显著改善，近年来全国臭氧（O_3）污染日益凸显。2013—2018 年各省市臭氧最大 8 小时平均浓度如图 14-2 所示。2013 年，全国 74 个重点城市臭氧日最大 8 小时平均浓度第 90 百分位数为 72~190 $\mu g/m^3$，平均为 139 $\mu g/m^3$，日均值超标天数比例为 5.9%。2017 年，全国 74 个重点城市臭氧日最大 8 小时平均浓度第 90 百分位数上升至 117~218 $\mu g/m^3$，平均为 167 $\mu g/m^3$，较 2013 年上升 20.1%。继 2017 年后，2018 年全国 338 个城市大气臭氧浓度持续走高。全国 338 个城市的臭氧轻度污染天次比例达到 7.2%。考虑到全球大气臭氧背景浓度在持续升高，加之颗粒物污染的持续改善，未来臭氧污染可能会进一步加剧，并成为影响大气环境、公众健康、气候变化的重要因素，应给予高度关注，并加强臭氧和颗粒物污染的协同控制，制定氮氧化物和挥发性有机化合物（VOCs）等多污染物非线性协同控制策略。

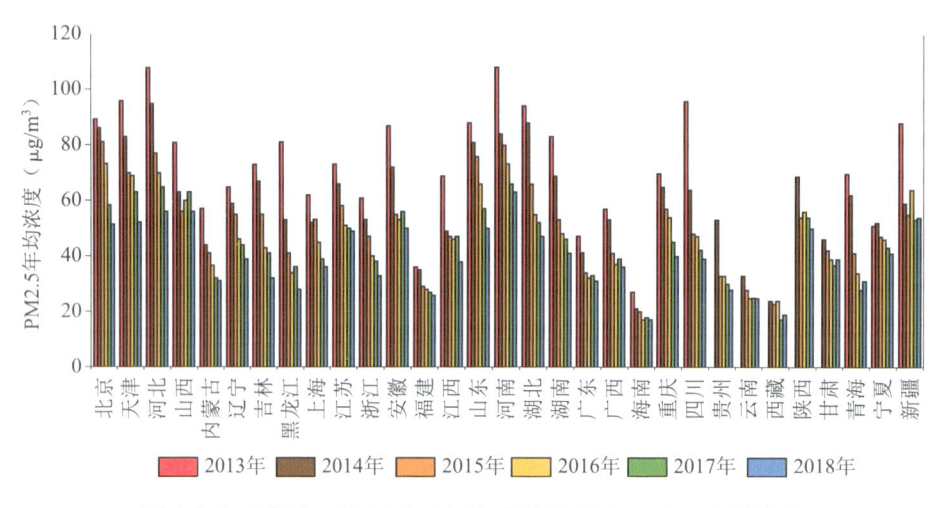

图 14-1　2013—2018 年全国各省级行政区 PM2.5 年均浓度

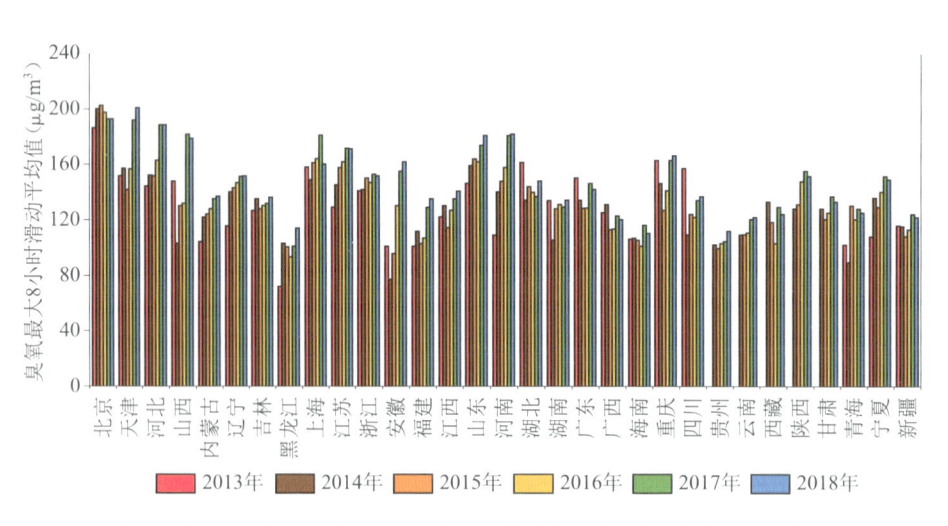

图 14-2　2013—2018 年全国各省级行政区臭氧最大 8 小时平均浓度

我国建设美丽中国的愿景

2012年，中国共产党第十八次全国代表大会提出，要把建设生态文明作为党的政治思想中心，并提出了建设"美丽中国"的愿景。到2035年，生态环境质量实现根本好转，美丽中国目标基本实现。到21世纪中叶，物质文明、政治文明、精神文明、社会文明、生态文明全面提升，绿色发展方式和生活方式全面形成，人与自然和谐共生，生态环境领域国家治理体系和治理能力现代化全面实现，建成美丽中国。当前"美丽中国"的愿景已全面融入经济、政治、文化和社会建设的方方面面，已经纳入国家"十三五"发展规划当中，要在实现其他社会经济发展目标的同时更好地实践生态环境保护。建设美丽中国，描绘了社会主义生态文明新时代的美好蓝图，也将满足人民群众对于美好环境的愿望，特别是对于改善空气质量的诉求。

我国的大气污染治理虽取得了阶段性进展，但结构性污染问题仍然突出。一方面，我国当前PM2.5浓度与发达国家及世界卫生组织的建议值存在明显差距；另一方面，我国是目前世界上最大的二氧化碳排放国，2016年二氧化碳排放量达到92亿吨，占全球总排放量的1/4以上。《中国气候变化蓝皮书（2019）》[1]指出，1901—2018年，中国地表年平均气温呈显著上升趋势，近20年是20世纪初以来的最暖时期。1951—2018年，中国年平均气温每10年升高0.24℃，升温率明显高于同期全球平均水平，气候系统变暖趋势进一步持续。为应对气候变化，中国签署了《巴黎协定》，提交了国家自主贡献减排承诺：到2030年，单位国内生产总值的碳排放量相比2005年下降65%左右；非化石能源占一次能源消费比重达到20%左右；二氧化碳排放量在2030年前后达到峰值并争取尽早达峰。治理空气污染和应对气候变化在目标措施等方面具有协同效应，协调相关政策和行动将更好地发挥协同增效的作用。因此，在中国中长期发展规划中，应推进节能、碳强度减排和污染物减排目标的紧密结合。

清洁空气总体目标设计

中国空气质量标准演变历程

图 14-3 展示了我国空气质量标准的演变历程。我国自 1979 年颁布并实施《中华人民共和国环境保护法（试行）》之后，对大气环境质量保护工作有了明确的要求。1982 年，我国制定并颁布了《大气环境质量标准》(GB 3095-82)，对总悬浮颗粒物、飘尘（参考）、二氧化硫、氮氧化物、一氧化碳、光化学氧化剂等 6 种空气污染物的浓度进行了规定。1996 年进行了第一次修订，增加了二氧化氮、铅、苯并芘和氟化物的浓度限值，并且将飘尘改为 PM2.5，光化学氧化剂改为臭氧。2008 年，环境保护部（现生态环境部）下达修订《环境

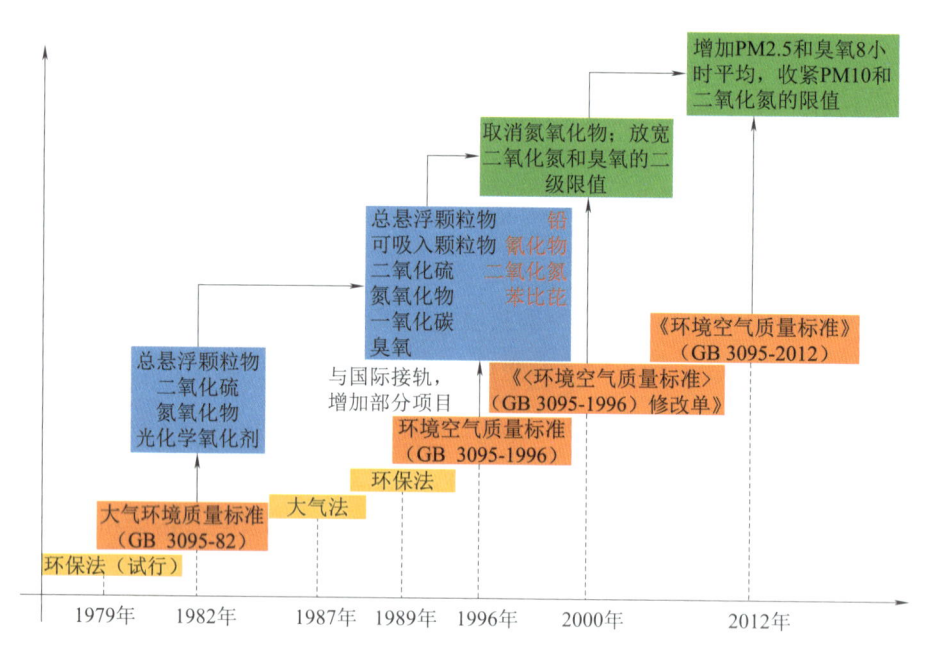

图 14-3 我国的空气质量标准演变历程

空气质量标准》(GB 3095-1996)项目计划。随后,2012年颁布了《环境空气质量标准》(GB 3095-2012),增加了PM2.5年均、日均浓度限值和臭氧8小时平均浓度限值,收严了PM10和二氧化氮的浓度限值,同时提高了数据的有效性要求。

  虽经过多次修订,中国现行的环境空气质量标准与世界卫生组织污染物浓度限值[2]相比仍有一定差异。表14-2展示了我国当前各类污染物的浓度限值和相应的世界卫生组织建议值,可以看出,当前我国大部分污染物浓度限值在一级、二级水平上与世界卫生组织各阶段目标值并非完全匹配。以二氧化硫为例,我国当前的浓度限值中设置年平均、24小时平均和1小时平均,而在世界卫生组织的浓度准则中,出于健康最大化的考虑,最新的标准分为1小时平均值和10分钟平均值。此外,我国当前的空气质量标准浓度限值较为宽松,如我国PM2.5年均浓度为35 $\mu g/m^3$,相比美国15 $\mu g/m^3$、欧盟25 $\mu g/m^3$和世界卫生组织的推荐值10 $\mu g/m^3$,还存在较大差距。总结欧美的污染防治历程可以发现,曾饱受空气污染困扰的国家通过积极立法、加严标准、科学管控,基本实现了空气质量的根本性改善。未来我国也需要通过逐步推行更严格的空气质量标准实现清洁空气的目标。

表14-2 我国与世界卫生组织的环境空气质量浓度限值对比

污染物	《环境空气质量准则》(GB 3095-2012)			世界卫生组织《空气质量准则》				
	类型	一级	二级	类型	第一阶段	第二阶段	第三阶段	建议值
二氧化硫	年平均	20	60	1小时平均	125	50		20
	24小时平均	50	150	10分钟平均				500
	1小时平均	150	500					
氮氧化物	年平均	40	40	年平均	40	40	40	40
	24小时平均	80	80	24小时平均	200	200	200	200
	1小时平均	200	200					
臭氧	日最大8小时平均	100	160	日最大8小时平均	160	160	160	100
	1小时平均	160	200					
PM10	年平均	40	70	年平均	70	50	30	20
	24小时平均	50	150	24小时平均	150	100	75	50
PM2.5	年平均	15	35	年平均	35	25	15	10
	24小时平均	35	75	24小时平均	75	50	37.5	25

中国中长期清洁空气总体目标设计

通过对比中国空气质量标准与发达国家及世界卫生组织的差距，本章制定了中国中长期清洁空气总体目标，如图14-4所示。中国中长期空气质量目标分为两个阶段：第一阶段，在2030年前后全国所有地区基本实现35 μg/m³ 的国家标准，到2035年生态环境质量实现根本好转，美丽中国目标基本实现；第二阶段，到21世纪中叶，生态文明建设全面提升，对空气质量的要求进一步提高，全国所有地区基本实现15 μg/m³ 的世界卫生组织第三阶段过渡时期目标（IT-3），尽可能地保护居民健康。

第一阶段	2030年全国PM2.5浓度达到35 μg/m³的国家标准		
重点地区	京津冀及周边	汾渭平原	长三角地区
达标时间	2030年	2030年	2025年
浓度目标	35 μg/m³	35 μg/m³	35 μg/m³

第二阶段　2050年全国PM2.5浓度达到15 μg/m³的世界卫生组织第三阶段推荐值

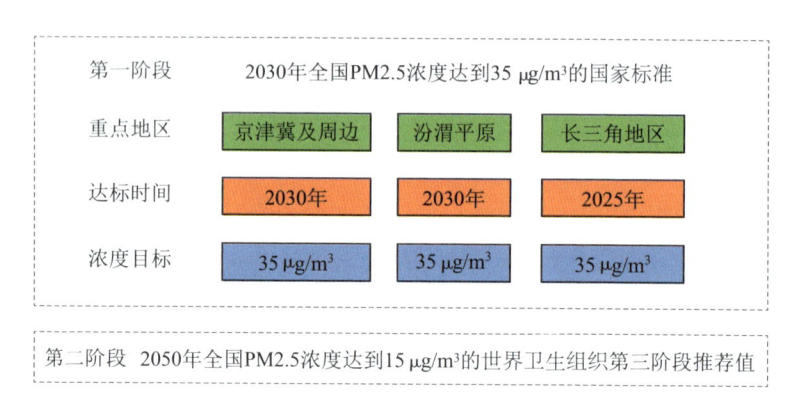

图14-4　中国中长期清洁空气总体目标

从重点区域来看，2018年京津冀及周边、长三角和汾渭平原地区的PM2.5年平均值分别为60 μg/m³、44 μg/m³ 和58 μg/m³，均高于国家空气质量标准。《打赢蓝天保卫战三年行动计划》将京津冀及周边、汾渭平原和长三角地区设立为三个重点区域，本章同样将上述三个污染相对严重的地区设置为重点区域。对于长三角地区，由于当前44 μg/m³ 的PM2.5年均浓度与35 μg/m³ 的国家标准相距不远，同时近年来保持了相对稳定的减排幅度，因此，将长三角地区第一阶段目标设定为在2025年达到35 μg/m³ 的国家标准。对于京津冀及周边和汾渭平原地区，2018年这两个地区的 PM2.5 平均值尚未达到的国家标准，所以第一阶段标准设定与全国标准一致，在 2030 年前后实现 35 μg/m³ 的目标值。到 2050 年，全国所有地区都应实现 15 μg/m³（世界卫生组织 IT-3）的空气质量目标，珠三角、长三角等区域可进一步推进实现 10 μg/m³（世界卫生组织 AQG）的目标。

减排路径探究

研究方法学框架

本章的方法学框架如图 14-5 所示，为探究我国中长期污染物排放、空气质量演变和健康影响，本章耦合了 GCAM-China 综合评估模型[3]、DPEC 排放预测模型[4]、WRF-CMAQ 空气质量模型、IER 综合暴露评估模型[5]。首先，依据不同的空气质量目标和气候目标设立不同的清洁空气情景，在不同的清洁空气情景下设置具体的能源气候政策与污染防治政策。不同的能源气候政策和社会经济发展途径相结合，共同驱动综合评估模型 GCAM-China，生成不同情景下中国未来分省、分部门的能源消费情况。以 MEIC 历史排放清单为基础，排放预测模型 DPEC 在污染防治政策约束和未来能源驱动下，动态演替中国未来大气污染物与温室气体的排放变化，生成不同情景下的中国未来排放，作为人为源排放清单输入到 CMAQ 空气质量模型。多尺度区域空气质量模型 CMAQ 的气象场由 WRF 模型模拟提供，边界场由全球化学模式 GEOS-chem 模拟提供。为合理体现全球未来排放变化对中国空气质量的影响，GEOS-Chem 模型由不同 RCP 情景下的全球未来排放驱动。CMAQ 模型模拟生成中国区域未来的大气污染物浓度变化，一方面，结合未来的人口分布情况，分析不同情景下中国未来的 PM2.5 暴露情况，并利用 IER 暴露响应方程计算不同情景下的过早死亡人数，量化能源与污染防治政策带来的健康效益；另一方面，基于各城市的观测站点，分析不同情景下中国未来的PM2.5达标情况，量化相应的环境效益。此外，通过设置不同的敏感性实验，进一步分析气候能源政策和污染防治政策对实现空气质量目标的相对贡献，为我国中长期空气质量改善战略制定提供支持。

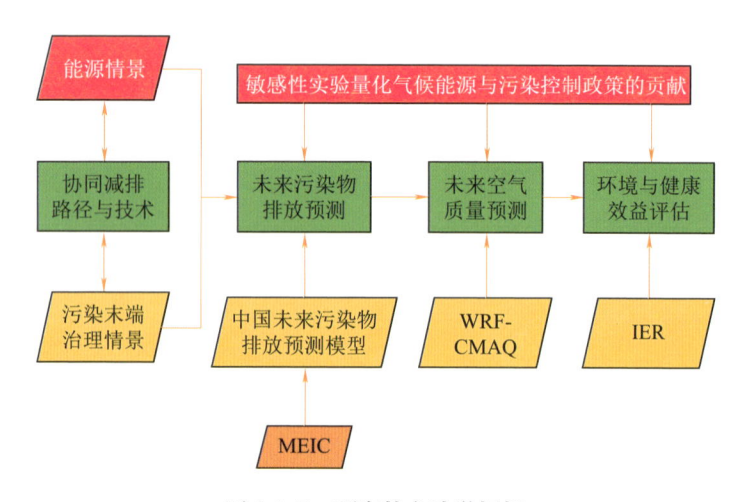

图14-5 研究的方法学框架

实现清洁空气目标的减排路径设计

以能源结构、产业结构调整为主的源头治理和以除污技术升级、排放管理强化为主的末端治理，是实现我国中长期清洁空气战略的两个主要方向。本章从能源产业结构调整和污染末端控制升级两个方面出发，结合中国已发布的能源与环境政策、国际应对气候变化的气候政策、不同社会经济发展情景、欧美发达国家最先进的污染治理技术，在省级层面构建了四组中国未来的大气污染物与温室气体排放情景（政策情景、强化政策情景、2℃情景和1.5℃情景，如表14-3所示）。

表 14-3 排放情景的定义与描述

排放情景	情景描述
政策情景	◆ 描述现有气候能源政策与污染防治政策约束下中国未来的排放和空气质量演变 ◆ 能源转型方面，以国家自主贡献目标为依据，2030 年碳排放强度较 2005 年下降 65%，非化石能源比例提升至 20%，2030 年实现碳达峰 ◆ 环境治理方面，考虑已发布的大气污染防治政策措施，各行业实施现行排放标准，钢铁、有色、水泥、玻璃等重点行业在 2020 年前后实现特别排放限值
强化政策情景	◆ 以实现我国中长期清洁空气第一阶段目标为依据，在 2030 年建成美丽中国；同时提前、超额完成国家自主贡献承诺 ◆ 能源转型方面，在 2025 年前后实现碳达峰，2030 年时非化石能源比例提升至 30% 以上，煤炭比重低于 45% ◆ 环境治理方面，持续推动污染治理升级，钢铁、水泥等重点行业先后完成超低排放改造
2℃情景	◆ 与《巴黎协定》下全球 2℃温升目标和 2050 年全国实现 15 µg/m³ 浓度目标相适应，中长期空气质量得到本质好转 ◆ 实施低碳能源深度转型，2030 年和 2050 年时煤炭消费占比降至 40% 和 15% 以下，清洁低碳能源占比提升至 35% 和 60% 以上 ◆ 环境治理方面，在重点行业全面完成超低排放改造后逐步采用欧美发达国家的最佳污染治理技术，移动源排放逐步优于国际标准，同时加强对农业和溶剂使用的控制
1.5℃情景	◆ 与《巴黎协定》下全球 1.5℃温升控制目标和 2050 年全国实现 10 µg/m³ 浓度目标相适应，中长期空气质量得到本质好转 ◆ 实施快速的低碳能源深度转型，2030 年和 2050 年时煤炭消费占比降至 35% 和 8% 以下，清洁低碳能源占比提升至 45% 和 75% 以上 ◆ 环境治理方面，在重点行业全面完成超低排放改造后逐步采用欧美发达国家的最佳污染治理技术，移动源排放逐步优于国际标准，并加强对农业和溶剂使用的控制

在气候能源政策方面，为更好体现全球气候变化的背景和影响，本章选取了 IPCC 报告中的几组不同典型浓度路径 RCPs，代表在 2100 年时可以实现不同的碳排放浓度和辐射强迫目标。RCP1.9 和 RCP2.6 路径下辐射强迫均在 2100 年之前达到峰值，至 2100 年时分别下降至小于 2.6 W/m² 和 2 W/m²，已有研究表明，RCP1.9 和 RCP2.6 的排放路径可以大概率将 2100 年的全球升温控制在 2℃和 1.5℃以内，也常被应用作 2℃路径和 1.5℃路径[6]。在其

他 RCP 情景中，RCP3.4 与 RCP2.6 较为接近，均为先升后降的变化趋势，且在 2100 年时碳排放下降水平逐步接近 RCP1.9。RCP4.5 是气候政策相对较弱的排放情景，辐射强迫在 2100 年分别稳定在 4.5 W/m²，2100 年后的二氧化碳当量浓度稳定在 860 ppm 左右[7]。

在排放控制政策方面，本章构建了现有排放控制、强化排放控制、最佳排放控制三种情景。其中，现有排放控制政策全面考虑迄今为止发布的大气污染防治政策、规划，包括电力行业的超低排放、"大气十条"和"蓝天保卫战"等。强化排放控制政策以 2035 年建成美丽中国为目标，在现有政策基础上分地区、分行业进一步推行超低排放治理升级。深度减排情景在确保 2035 年可以实现美丽中国目标基础上，逐步采用欧美发达国家的最佳污染治理技术，以期在 2050 年实现世界卫生组织第三阶段过渡目标，末端控制措施依据《环保部污染防治最佳可行技术指南》、欧盟的 BREFs 和美国环保局的 Air Control NET 等设定。

未来污染物排放和空气质量演变

不同路径下的污染物排放变化

根据 MEIC 模型测算，2015 年时，我国二氧化硫、氮氧化物、一次 PM2.5 和非甲烷挥发性有机物（NMVOCs）等主要污染物的排放量分别为 1 741.0 万吨、2 369.6 万吨、913.9 万吨和 3 104.9 万吨。图 14-6 显示了不同情景下上述主要污染物在未来分部门的排放变化情况；图 14-7、图 14-8、图 14-9 进一步显示了不同情景下全国主要污染物在 2030 年和 2050 年时的减排比例。

政策情景刻画了在现有政策约束下我国未来的污染物排放变化。如图 14-6 所示，该情景下各主要污染物排放在 2015—2020 年显著下降，尤其是

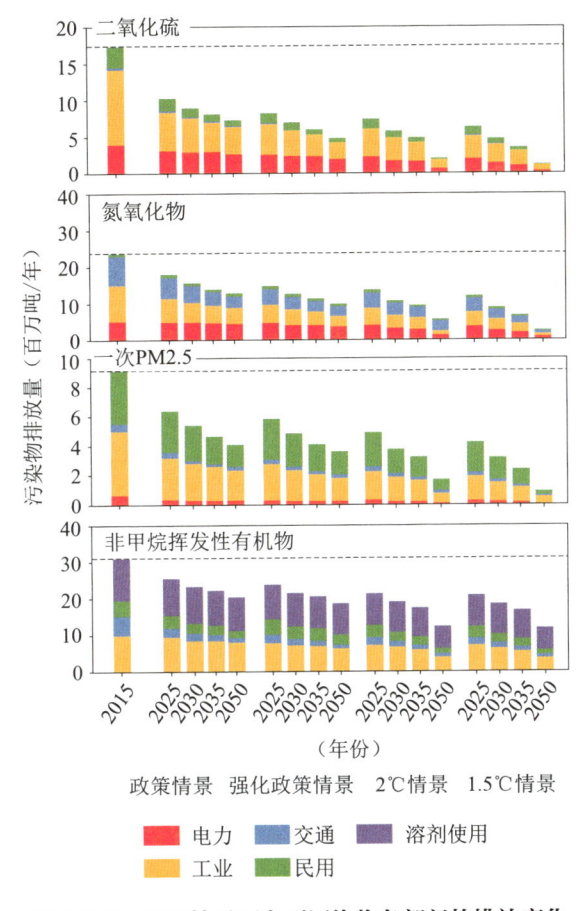

图 14-6 不同情景下主要污染物各部门的排放变化

二氧化硫在 2025 年时已降至 1 094.9 万吨，较 2015 年降低了 37.1%；至 2030 年时进一步降低至 831.1 万吨。2030 年时，氮氧化物和一次 PM2.5 分别排放了 1 252.5 万吨和 496.7 万吨，较 2015 年分别降低了 28.1% 和 73.0%。较快的污染物排放下降趋势反映出我国自 2015 年以来持续有效的污染防治政策，过去及未来 5 年也将是我国二氧化硫、一次 PM2.5 等主要污染物排放下降最快的时段。2030 年后，由于没有额外的控制政策约束，各污染物的减排力度大大变缓，2030—2050 年的排放趋于平稳，这一时期主要污染物的减排幅度都在 25% 以内。

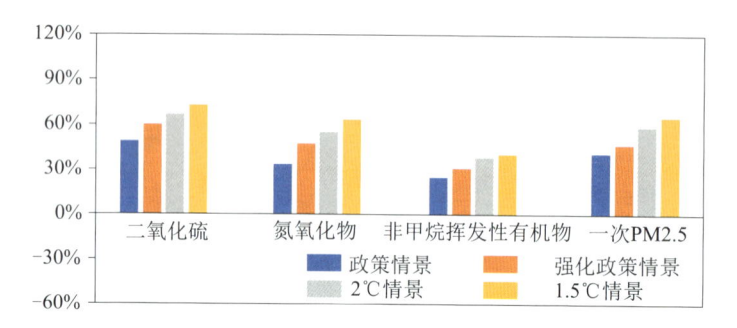

图 14-7 2030 年时主要污染物较 2015 年的减排比例

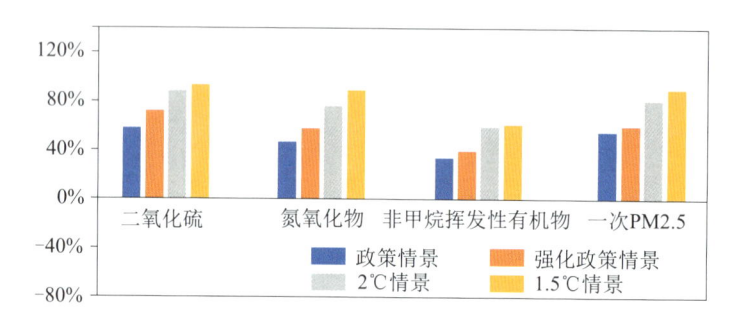

图 14-8 2050 年主要污染物较 2015 年的减排比例

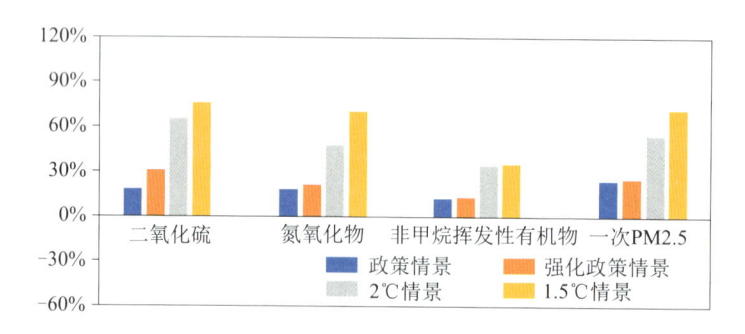

图 14-9 2050 年主要污染物较 2030 年的减排比例

强化政策情景进一步考虑了更为严格的控制政策，刻画了在加严现有政策执行力度、前置现有减排目标完成时间的假设下我国未来污染物的排放演变情况。该情景下各主要污染物在2015—2030年呈现出更加稳定快速的减排趋势。至2030年时，全国二氧化硫、氮氧化物、一次PM2.5和非甲烷挥发性有机物排放分别降低至697.4万吨、1 250.6万吨、485.1万吨和2 149.9万吨，较2015年分别降低了59.9%、47.2%、46.9%和30.8%。相较政策情景，得益于钢铁、水泥、冶炼等高污染行业的超低排放改造和工业部门的电气化转型，额外的减排主要由工业部门主导。此外，全国范围内机动车排放标准的再次升级也对氮氧化物减排有较大贡献。至2050年时，二氧化硫、氮氧化物、一次PM2.5和非甲烷挥发性有机物排放进一步降低至480.8万吨、978.4万吨、361.0万吨和1 865.6万吨，较2015年的排放水平分别降低72.4%、58.7%、55.1%和33.6%。

2℃情景和1.5℃情景与国际2℃和1.5℃的温升目标、15 $\mu g/m^3$和10 $\mu g/m^3$的空气质量目标相适应，刻画了在深度能源转型和最佳污染防治下中国未来污染物的排放演变。2030年，2℃情景和1.5℃情景下的末端控制水平略强于强化政策情景，额外的减排量主要得益于更加彻底的能源低碳转型，表明能源转型在中短期污染排放控制中同样有重要作用。2030年后，深度减排情景下中国以化石能源为主的能源结构在各个行业都得到本质改善，污染物末端控制逐步达到欧美等发达国家的水平，农业氨和挥发性有机物排放也得到有效管控。污染物排放水平相较前述政策情景大幅降低。至2050年时，二氧化硫、氮氧化物、一次PM2.5和非甲烷挥发性有机物排放在2℃情景下分别降至198.5万吨、594.1万吨、168.9万吨和1 247.6万吨，较2015年分别降低了89%、77%、82%和60%；在1.5℃情景下进一步降低至111.7万吨、183.4万吨、83.3万吨和1 118.1万吨，较2015年分别降低了94%、89%、90%和62%。2030—2050年的污染物排放降幅也非常显著，2℃情景下达到50%，1.5℃情景下除非甲烷挥发性有机物外其他污染物较2030年的降幅均达到70%以上。

不同路径下的空气质量演变

2015 年全国 PM2.5 年均浓度高达 53.1 μg/m³，超出我国的环境空气质量二级标准（NAAQS，35 μg/m³）51.7%，较世界卫生组织的环境空气质量第三阶段过渡值（IT-3，15 μg/m³）和指导值（AQG，10 μg/m³）更是有明显差距。除西部地区受沙尘天气影响外，京津冀及周边、汾渭平原和长三角地区是三个 PM2.5 污染最严重的区域，部分高值区的 PM2.5 浓度甚至高达 150 μg/m³ 以上。

图 14-10 量化了在不同情景下全国及重点区域未来人口加权 PM2.5 浓度的变化，表 14-4 则进一步细致统计了不同情景下未来城市及站点 PM2.5 浓度变化及达标情况。

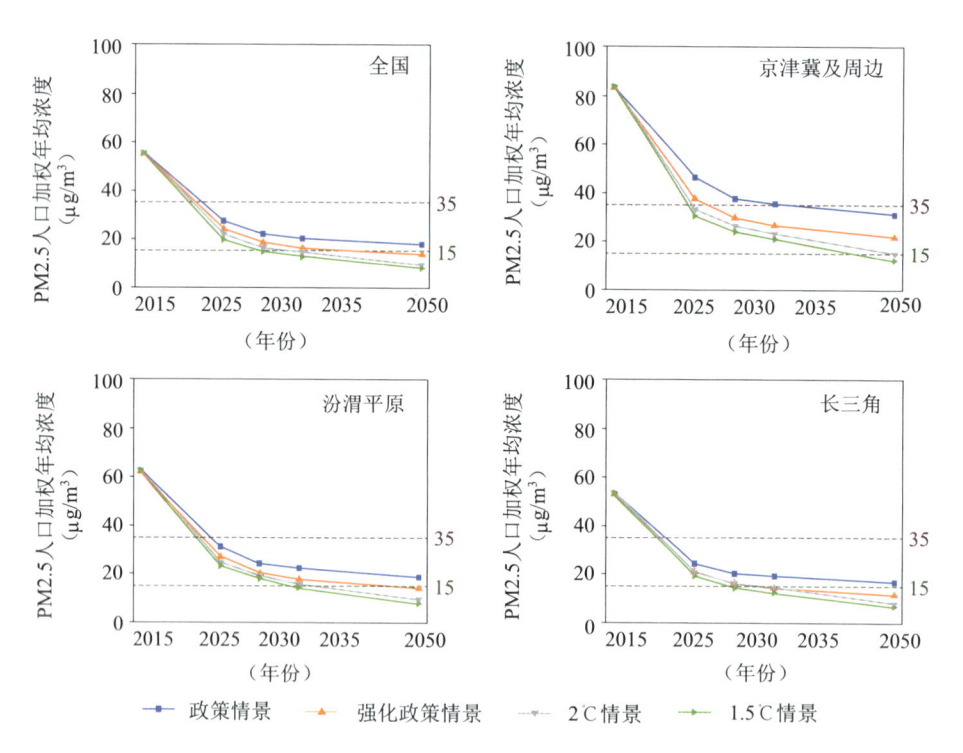

图 14-10 不同情景下全国及重点区域未来人口加权 PM2.5 浓度变化

表 14-4 不同情景下未来城市及站点 PM2.5 浓度变化及达标情况

情景	年份	空气质量目标 PM2.5年均限值	空气质量目标 PM2.5日均限值	全国 年均浓度	全国 城市年均浓度达标率(%)	全国 站点年均浓度达标率(%)	全国 城市日均浓度达标率(%)	京津冀及周边(226城市) 年均浓度	京津冀及周边 城市年均浓度达标率(%)	京津冀及周边 站点年均浓度达标率(%)	京津冀及周边 城市日均浓度达标率(%)	汾渭平原 年均浓度	汾渭平原 城市年均浓度达标率(%)	汾渭平原 站点年均浓度达标率(%)	汾渭平原 城市日均浓度达标率(%)	长三角 年均浓度	长三角 城市年均浓度达标率(%)	长三角 站点年均浓度达标率(%)	长三角 城市日均浓度达标率(%)
政策情景	2015	35	75	53.1	29	17	82	81.3	0	0	57	60.4	0	0	78	55.0	8	4	81
政策情景	2025	35	75	26.2	92	89	96	41.6	29	29	87	28.8	100	95	94	25.6	100	100	98
政策情景	2030	35	75	21.2	97	95	98	34.7	68	62	91	22.9	100	100	97	20.9	100	100	99
政策情景	2030	25	50	21.2	89	84	94	34.7	18	17	83	22.9	82	88	92	20.9	96	93	97
政策情景	2035	35	75	20.0	98	96	98	33.0	82	69	93	21.3	100	100	97	19.8	100	100	100
政策情景	2035	25	50	20.0	91	88	95	33.0	25	24	85	21.3	91	97	93	19.8	96	95	97
政策情景	2050	15	35	17.0	76	69	94	26.9	4	5	82	16.6	64	66	92	16.0	69	65	96
政策情景	2050	10	25	17.0	39	27	88	26.9	0	0	70	16.6	0	0	86	16.0	15	9	90
强化政策情景	2015	35	75	53.1	29	17	82	83.3	0	0	57	60.4	0	0	78	55.0	8	4	81
强化政策情景	2025	35	75	24.6	95	92	96	39.1	50	42	88	28.2	100	97	93	23.0	100	100	98
强化政策情景	2030	35	75	19.3	98	97	98	31.7	89	76	92	21.8	100	99	96	18.1	100	100	100
强化政策情景	2030	25	50	19.3	92	89	95	31.7	32	28	85	21.8	91	97	92	18.1	100	100	98
强化政策情景	2035	35	75	17.3	98	98	99	28.9	90	85	96	19.4	100	100	98	16.3	100	100	100
强化政策情景	2035	25	50	17.3	95	93	96	28.9	54	47	88	19.4	100	97	94	16.3	100	100	99
强化政策情景	2050	15	35	12.1	91	88	97	21.3	32	29	88	13.4	100	97	95	11.3	100	100	99
强化政策情景	2050	10	25	12.1	65	61	93	21.3	0	1	80	13.4	9	35	90	11.3	77	66	97

(续表)

情景	年份	空气质量目标 PM2.5年均限值	PM2.5日均限值	全国 城市年均浓度	全国 城市年均达标率(%)	全国 站点年均达标率(%)	全国 城市日均达标率(%)	京津冀及周边(226城市) 年均浓度	京津冀及周边 城市年均达标率(%)	京津冀及周边 站点年均达标率(%)	京津冀及周边 城市日均达标率(%)	汾渭平原 年均浓度	汾渭平原 城市年均达标率(%)	汾渭平原 站点年均达标率(%)	汾渭平原 城市日均达标率(%)	长三角 年均浓度	长三角 城市年均达标率(%)	长三角 站点年均达标率(%)	长三角 城市日均达标率(%)
2℃情景	2015	35	75	53.1	29	17	82	81.3	0	0	57	60.4	0	0	78	55.0	8	4	81
	2025	35	75	23.5	95	93	97	37.2	58	47	90	26.2	100	99	95	23.0	100	100	99
	2030	35	75	18.2	99	98	98	30.0	93	87	93	20.2	100	100	98	18.0	100	100	100
	2035	25	50	16.1	93	91	96	27.0	36	34	86	17.8	100	97	94	15.8	100	100	98
	2035	35	75		99	99	99		96	92	95		100	100	98		100	100	100
	2035	25	50		96	94	97		64	54	89		100	99	95		100	100	99
	2050	15	35	10.3	97	94	98	16.1	95	78	90	11.6	100	99	96	9.5	100	93	98
	2050	10	25		82	78	95		4	5	84		64	62	93		96		
1.5℃情景	2015	35	75	53.1	29	17	82	81.3	0	0	57	60.4	0	0	78	55.0	8	4	81
	2025	35	75	21.7	97	95	97	34.5	68	58	91	24.6	100	100	95	21.1	100	100	99
	2030	35	75	16.9	99	99	99	27.8	96	94	94	18.9	100	100	99	16.3	100	100	100
	2035	25	50	14.6	95	93	97	24.8	54	48	88	16.4	100	97	80	14.2	100	100	95
	2035	35	75		100	100	100		100	99	96		100	100	100		100	100	100
	2035	25	50		97	96	98		75	69	90		100	99	96		100	100	99
	2050	15	35	9.1	99	97	98	14.4	98	89	97	10.7	100	100	98	8.6	100	100	100
	2050	10	25		87	84	96		11	12	86		82	77	94		96	96	99

在政策情景下，全国的空气质量已经得到普遍好转，汾渭平原和长三角2030年将不再是PM2.5污染的重点区域，但仍有相当一部分区域（如京津冀及周边）无法实现NAAQS目标。但2050年全国多数区域较IT-3仍有较大差距，而且在京津冀及周边的部分高PM2.5污染区并未得到明显改善。在强化政策情景下，2030年全国仍然有部分区域无法实现NAAQS目标；2050年多数区域基本可以实现IT-3的空气质量目标值，但在京津冀仍然有一部分PM2.5污染热值区，对人群健康仍然有不可忽视的影响。在2℃情景和1.5℃情景下，全国大部分区域2025年即可实现NAAQS目标，并在2030年进一步降低。2050年，2℃情景下全国绝大部分区域可以实现IT-3的空气质量目标值，1.5℃情景下大部分区域可进一步实现AQG指导值。

从PM2.5的人群暴露水平变化来看，图14-11展示了不同情景下未来中国人群PM2.5暴露曲线的变化，图14-12进一步展示了全国及重点区域人群暴露水平变化。2015年，全国大部分人群分布在35~75 μg/m³的PM2.5浓度

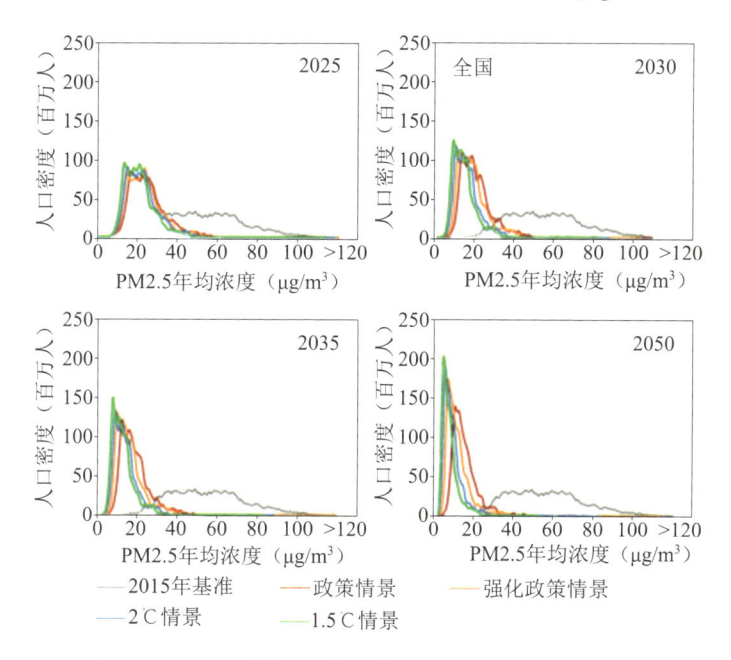

图14-11 不同情景下未来中国人群PM2.5暴露曲线

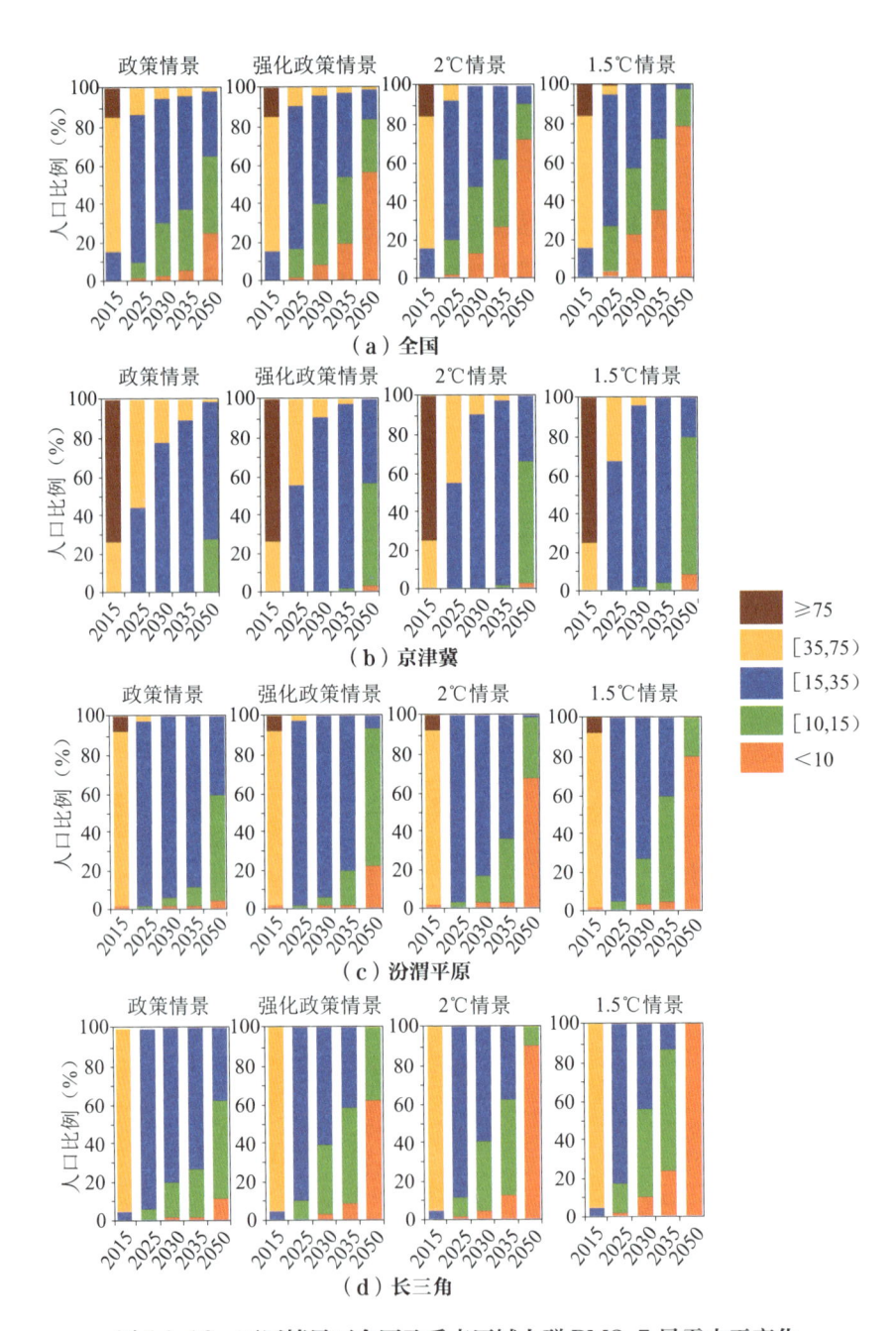

图 14-12 不同情景下全国及重点区域人群 PM2.5 暴露水平变化

区间。在一定的能源结构转型和末端控制政策下，人群 PM2.5 暴露曲线显著向低浓度区间偏移，到 2030 年，即使在政策情景下，全国大部分人口也基本暴露在 35 $\mu g/m^3$ 的 PM2.5 浓度下；但 2050 年主体人群仍暴露于 15 $\mu g/m^3$ 的 PM2.5 浓度之上。在 2℃情景和 1.5℃情景下，人群 PM2.5 暴露水平显著向 15 $\mu g/m^3$ 以下的低浓度区间偏移，全国 PM2.5 暴露水平得到根本性改善。

从具体的人群暴露水平变化来看，2015 年全国有近 85% 的人群暴露于 35 $\mu g/m^3$ 的浓度之上，高于 75 $\mu g/m^3$ 的人群暴露比例达到 15%。在当前政策情景、强化政策情景下，2030 年全国暴露水平高于 35 $\mu g/m^3$ 的人群比例分别下降至 6% 和 4% 以下，但政策情景下 2050 年暴露水平低于 15 $\mu g/m^3$ 的人群比例不足 65%。在强化政策情景下，2030 年全部人群基本暴露在 35 $\mu g/m^3$ 以下；在 2℃情景下，2050 年暴露水平低于 15 $\mu g/m^3$ 的人群比例高达 91%；在 1.5℃情景下，这一比例提升至 97%，且有 75% 以上的人群暴露于 10 $\mu g/m^3$ 以下。京津冀及周边的人群暴露水平高于全国。2015 年，京津冀及周边有 99% 以上的人群暴露于 35 $\mu g/m^3$ 之上，高于 75 $\mu g/m^3$ 的人群暴露比例达到 74%。在政策情景、强化政策情景下，2030 年京津冀及周边暴露水平高于 35 $\mu g/m^3$ 的人群比例分别下降至 31% 和 23% 以下，但 2050 年暴露水平低于 15 $\mu g/m^3$ 的人群比例不足 25%。在 2℃情景下，2030 年京津冀地区仍有近 9% 的人口暴露于 35 $\mu g/m^3$ 以上，2050 年有 34% 人口暴露于 15 $\mu g/m^3$ 以上，表明该区域需要更强有力的能源转型才能实现空气质量的根本改善。

从表 14-4 统计的站点达标情况来看，在政策情景下，2030 年全国有 97% 的城市可以实现 35 $\mu g/m^3$ 的目标，且有 89% 的城市 PM2.5 年均浓度可以达到 25 $\mu g/m^3$ 以下，不达标的城市和站点主要位于京津冀及周边地区，该区域 2030 年的城市和站点 PM2.5 年均浓度达标率仅分别为 68% 和 62%；2050 年全国有 76% 的城市可以实现 15 $\mu g/m^3$ 的空气质量目标，但京津冀及周边地区和汾渭平原的达标情况不容乐观，两区域仅 4% 和 64% 的城市

PM2.5 年均浓度可以达到 15 μg/m³ 以下。在 1.5 ℃情景下，2030 年时基本所有的城市和站点均可以实现 35 μg/m³ 的目标，且 2050 年时 99% 和 96% 的城市和站点可以实现 15 μg/m³ 的目标，但有 13% 和 16% 的城市与站点 PM2.5 年均浓度无法降到 10 μg/m³ 以下。

气候政策与清洁空气目标

气候与环境政策对污染物减排的贡献

能源转型和末端控制是实现清洁空气目标的重要途径。我国自 1990 年即开始了长达 30 年的空气污染治理历程，并在不同阶段针对各自主要的污染源和污染特征制定了相应的控制政策。在这一过程中，我国以煤炭、石油为主的能源结构并未得到明显改善，1990 年，煤炭、石油的消费量占比分别为 76.2% 和 16.6%，到 2010 年，煤炭、石油的消费占比仍高达 69.2% 和 17.4%，末端控制在这一空气污染治理过程中始终发挥着主导作用。自"大气十条"实施以来，通过淘汰燃煤锅炉、落后产能、民用燃料清洁化等一系列措施，我国能源结构得到一定的优化升级，2017 年，煤炭消费比重降低至 60.4%，石油消费比重为 18.8%，但以化石燃料为主的能源结构仍未得到实质性的转变。有研究表明，末端治理升级仍是近 10 年污染物减排、PM2.5 污染改善的关键。下面将重点讨论若要实现我国中长期清洁空气目标，能源转型和末端控制对污染物减排的相对贡献。

在现有的能源转型和末端控制政策推动下，我国的能源结构和末端控制均得到一定优化。图 14-13 展示了相较于政策情景，2050 年能源转型和末端控制对污染物深度减排的贡献。在现有政策基础上，若要进一步实现污染物的长期深度减排，能源转型将发挥明显的主导作用。

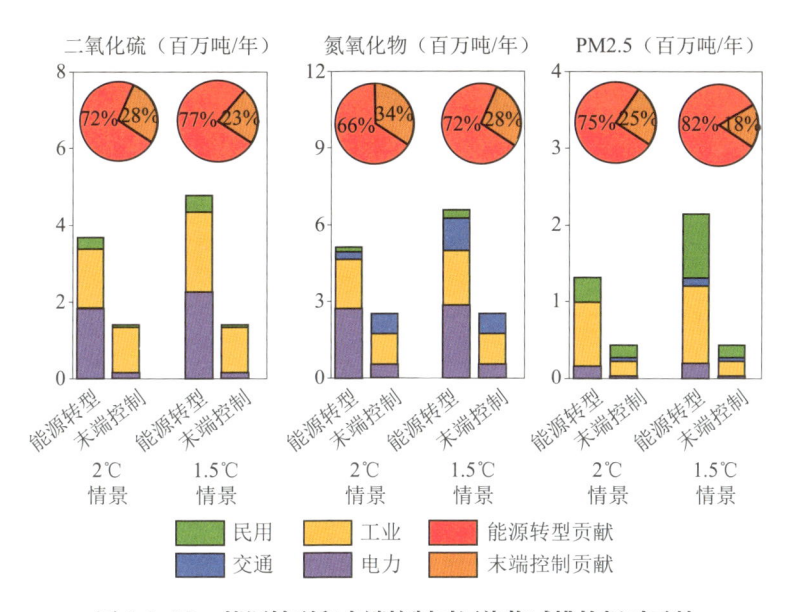

图 14-13 能源转型和末端控制对污染物减排的相对贡献

到 2050 年，相较于政策情景，能源转型对二氧化硫、氮氧化物、一次 PM2.5 深度减排的贡献分别达到 72%~77%、66%~75%、75%~83%。在政策情景下，电力部门已完成超低排放改造，超低排放标准已接近国际上最强的电力排放限值，末端治理升级的减排空间已大幅压缩，因此电力部门的进一步减排基本由能源转型主导。在 2℃情景下，能源转型对电力部门二氧化硫、氮氧化物、一次 PM2.5 的减排贡献分别达到 92%、83% 和 85%；在 1.5℃情景下，这一比例进一步提升至 94%、84% 和 89%。对工业部门而言，政策情景下钢铁等高污染行业逐步完成超低排放改造，但一方面工业超低排放改造后距国际最先进的排放限值仍有一定差距，另一方面还有相当一部分重污染行业，如有色金属、砖瓦石灰等尚未进行超低排放改造，因此末端治理升级仍有一定的减排空间。在 2℃情景下，末端控制对工业二氧化硫、氮氧化物、一次 PM2.5 的减排贡献占比分别为 43%、39% 和 20%；在 1.5℃情景下，随着工业能源转型的进一步加剧、电气化程度的进一步提升,末端控制对工业二氧化硫、氮氧化物、一次 PM2.5 的减排贡献占比降低至 36%、35% 和 16%。对民用部门减排而言,在 2℃情景下,能源转型对民用二氧化硫、氮氧化物、一次 PM2.5 的减排贡献占比已高达 78%、86% 和 67%,得益于民用部门电气化比例的大幅提升和民用燃煤与传统生物质消费的削减,末端控制的贡献则主要得益于燃煤硫份、灰分含量的进一步降低和民用炉灶的升级改良。在 1.5℃情景下,民用燃煤和传统生物质基本被完全替代,能源转型的减排贡献进一步提升至 84%、91% 和 84%。对交通部门而言,在 2℃情景下,由于交通能源转型仍较为滞后和不足,末端控制贡献仍占有较大比重,对交通氮氧化物和一次 PM2.5 的减排贡献占比分别为 71% 和 94%。在 1.5℃情景下,交通部门能源结构得到显著优化,电力、燃气和氢能使用比例在 2030 年之后明显提升,能源转型对交通氮氧化物和一次 PM2.5 的减排贡献占比达到 63% 和 66%。

总体而言,在现有政策基础上,能源转型将主导电力、工业、民用部门污染物的长期深度减排,对交通部门深度减排也将发挥关键作用。末端控制仍有一定的减排潜力,2050 年末端控制对二氧化硫、氮氧化物和一次 PM2.5 减排的贡献分别为 23%~28%、28%~34% 和 18%~25%。

气候与环境政策对空气质量改善的贡献

图 14-14 展示了在 2℃情景与 1.5℃情景下,相较于政策情景,能源转型和末端控制对我国长期空气质量改善的相对贡献。

相较于政策情景,能源转型对实现我国 PM2.5 空气质量中长期的根本改善将起到重要主导作用。在当前的能源结构和末端控制水平基础上,若要在 2050 年实现 15 μg/m³ 的目标值,能源转型和末端控制对 PM2.5 浓度的削减量分别为 8~9 μg/m³ 和 3~4 μg/m³,能源转型对 PM2.5 浓度下降的贡献将在 69% 以上。若要进一步实现 10 μg/m³ 的目标值,能源转型对 PM2.5 浓度的削减量将达到 11~12 μg/m³，贡献占比进一步增加，达到 75% 以上。

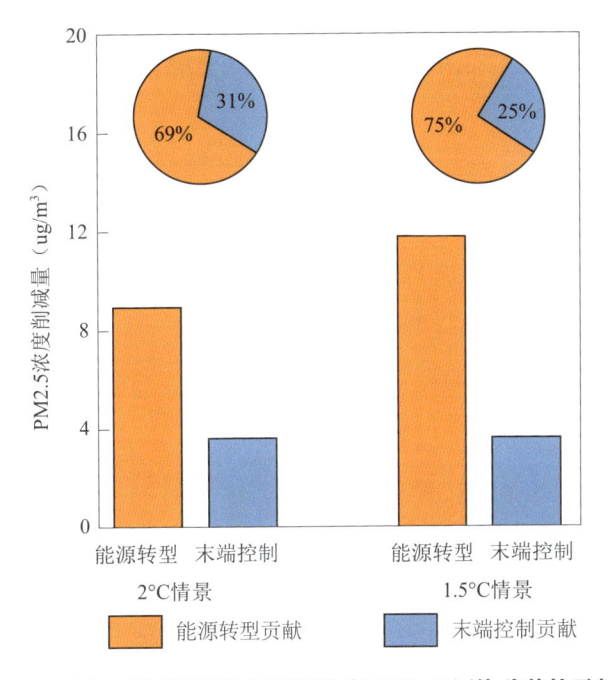

图 14-14 能源转型和末端控制对 PM2.5 污染改善的贡献

从空间分布来看，能源转型导致的 PM2.5 浓度下降同 PM2.5 浓度下降总量具有相似的空间分布性。这表明在当前能源转型和末端控制政策下，京津冀等主要污染区域的能源结构仍以高碳高污染的化石燃料为主，高污染区域的能源转型力度明显不足。同时，这也凸显了当前政策对高污染区域的污染治理仍以末端控制为主，能源转型对这些区域空气质量的根本好转有巨大潜力，并将发挥关键主导作用。空气污染严重的京津冀及周边区域，同样应是未来能源转型力度最大的区域之一。相较于能源转型，末端控制导致 PM2.5 浓度下降的空间分布性相对较低，各区域呈现出相似的改善水平。这表明在当前政策下，各区域的末端控制水平逐渐趋于一致；在未来逐步向最佳控制技术过渡发展的过程中，末端控制水平的区域差异将进一步减小。

空气质量改善的健康效益

空气污染是影响公众健康的重要因素之一，本章进一步量化分析了不同情景下我国未来空气质量改善的健康效益。图 14-15 展示了不同情景下全国及重点地区未来由于 PM2.5 暴露导致的过早死亡人数。

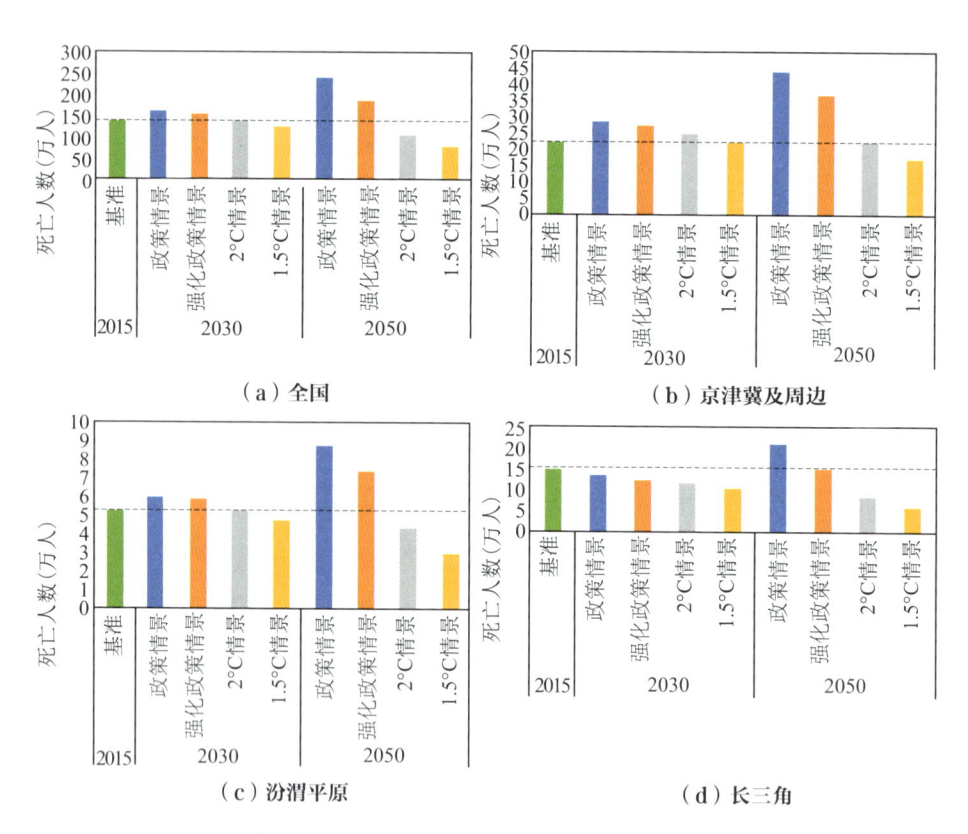

（a）全国

（b）京津冀及周边

（c）汾渭平原

（d）长三角

图 14-15　各情景下 2030 年、2050 年 PM2.5 暴露导致的过早死亡人数

读懂碳中和

466

从全国来看，在政策情景下，2030年和2050年的过早死亡人数分别为162.9万和242.4万，相比2015年的137.9万增加18.2%和75.8%。大幅增长的过早死亡人数一方面是因减排力度匮乏、PM2.5污染暴露严重所致，另一方面未来人口老龄化也是不可忽视的因素。根据SSP1的情景预测，中国未来的人口老龄化将不断加剧，50岁以上人口占比从2015年的28.7%增加到2030年的41.2%和2050年的58.1%。

在强化政策情景下，2030年的过早死亡人数达到154.1万，相比政策情景避免了8.8万人的过早死亡，凸显了减排的贡献。相较于政策情景，2050年减排带来的健康效益进一步提升，PM2.5相关过早死亡人数减少了54.5万。但相较于2015年，政策情景和强化政策情景在2030年和2050年的过早死亡人数均有所增加，表明现有强化政策下空气质量改善带来的健康效益不足以抵消人口老龄化导致的健康损失。在2℃情景和1.5℃情景下，2030年PM2.5暴露导致的过早死亡人数为138.7万和126万，相比2015年减少了0.8万和11.9万，相比政策情景则下降了14.8%和22.6%；2050年PM2.5暴露导致的过早死亡人数下降至106.5万和78.2万，与2030年相比减少了23.2%和37.9%。这表明随着能源结构的深度转型和末端控制措施的加严，空气质量改善带来的健康效益可以抵消大部分人口老龄化和人口分布变化带来的健康损失。

从各重点地区来看，2015年京津冀及周边地区、汾渭平原和长三角地区由于PM2.5暴露导致的过早死亡人数分别为24.5万、5.5万和15.2万，占全国的32.8%，与上述区域严重的PM2.5暴露和密集的人口分布有关。在政策情景下，2050年京津冀及周边地区、汾渭平原和长三角地区的过早死亡人数分别为46.0万、9.1万和21.0万，相比2030年分别增长了53.3%、46.9%和52.3%；而在1.5℃情景下，上述区域2050年的过早死亡人数分别为18.3万、3.5万和6.2万，相比2030年分别减少了23.6%、29.9%和40.9%，相比2015年则分别下降25.5%、36.4%和58.7%。这表明，同时实施强有力的末端控制和深度能源转型可以避免大量的过早死亡人数，空气质量改善效益可以抵消人口老龄化带来的健康损失。同时说明了2030年空气质量达标后持续改善的重要性，弥补人口老龄化情况下空气污染对健康的损害。

研究进一步核算了未来不同情景下全国各省的PM2.5相关过早死亡人数。2015年全国PM2.5暴露致死人数最多的是河南、山东和河北，分别为11.7万、11.5万和9.5万。最少的3个省份是西藏、海南和青海，分别为0.3万、0.5万和0.6万。

从分省的健康效益来看，未来各省区与PM2.5相关的过早死亡人数将逐渐增加，各省由于空气质量改善带来的健康效益存在较大差异。如图14-16所示，在政策情景下，各省PM2.5暴露致死人数迅速增加，2050年过早死亡人数最多的省份仍然是山东、河南和河北，分别为34.2万、33.2万和27.5万。在强化政策情景下，所有省份在2030年、2050年的PM2.5致死人数较政策情景均有所降低，山东、河北、河南、广东、四川和江苏6省在2050年相较于政策情景避免的过早死亡人数均超过2.5万，贡献了全国41.6%的PM2.5致死人数下降量。另外，由于人口老龄化的影响，相对清洁地区空气质量的持续改善带来的公共健康效益也会随时间变化而增加。如海南、宁夏、青海和西藏四省，2050年政策情景的过早死亡人数分别为0.7万、1.3万、1.4万和2.4万。在1.5℃情景下，上述省份在2050年相比政策情景可分别避免0.5万、0.4万、0.3万和0.8万的过早死亡人数。这说明当前相对清洁的地区通过继续加强空气质量控制同样能够带来可观的健康效益。

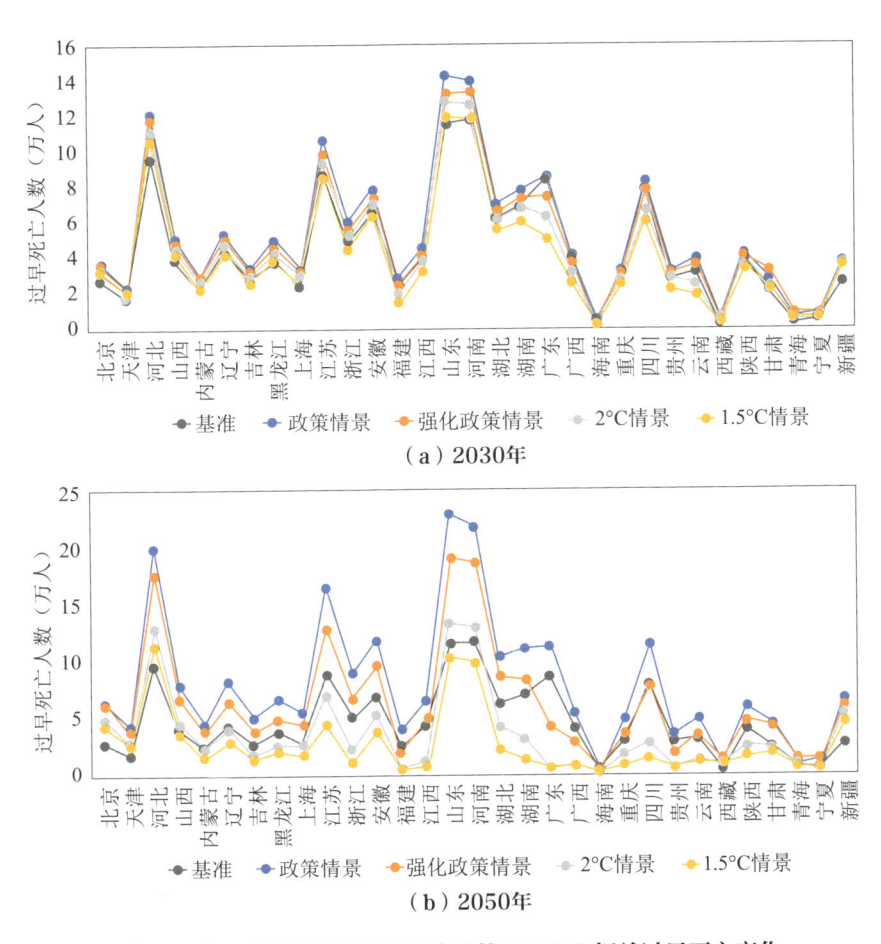

图 14-16 不同情景下未来各省区的 PM2.5 相关过早死亡变化

主要结论

我国当前空气质量距美丽中国愿景和欧美发达国家水平仍存在较大差距。本章设计了中国 2030 年和 2050 年的清洁空气总体目标，结合能源转型和末端控制措施构建了中国未来污染物排放情景，评估了不同情景的环境与健康效益。研究的主要结论总结如下：

（1）结合发达国家与我国 PM2.5 浓度变化趋势、PM2.5 暴露的健康影响，设计了我国中长期的清洁空气总体目标：2030 年全国绝大部分城市实现 35 μg/m³ 标准；2050 年全国绝大部分地区实现 15 μg/m³ 的世界卫生组织 IT-3 目标值，部分城市可进一步实现 10 μg/m³ 的世界卫生组织 AQG 指导值。

（2）在政策情景和强化政策情景下，2030 年二氧化硫、氮氧化物、PM2.5 排放相较于 2015 年分别降低 49%~60%、34%~47% 和 41%~47%，但 2030 年后减排幅度下降。在 2℃情景和 1.5℃情景下，2050 年二氧化硫、氮氧化物、PM2.5 较 2015 年分别下降 89%~94%、77%~89% 和 82%~90%，较 2030 年的降幅分别达到 66%~76%、48%~71% 和 55%~72%。

（3）在政策情景下，我国空气质量有所好转，但难以在 2030 年实现 35 μg/m³ 的目标。在现有政策的强化作用下，中国基本可以在 2030 年达到 35 μg/m³ 的国家环境空气质量标准，但仅依靠末端控制难以实现未来中长期（2030—2050 年）的根本性改善。与 2℃全球温升目标相适应的能源转型对中国在 2050 年实现 15 μg/m³ 的环境目标起到关键性作用；1.5℃情景下的能源转型则有助于将全国平均暴露水平进一步降低至 10 μg/m³ 以下。从协同效益来讲，实现 2℃情景或 1.5℃情景目标下的能源结构深度调整优化，才能使我国空气质量得到根本改善，实现 10~15 μg/m³ 的环境目标，使人群暴露水平显著降低。

（4）相比政策情景，2030 年 2℃情景和 1.5℃情景可分别避免 24.2 万和 36.9 万人的过早死亡；2050 年则分别避免了 135.9 万和 164.2 万人的过早死亡。因此，需要同时强化能源和末端深度减排，才能有效缓解未来人口变化导致的健康负担。

（5）在现有政策基础上，若要实现 15 μg/m³ 的目标值，能源转型将发挥重要主导作用，对 PM2.5 浓度下降的贡献在 69% 以上；若要进一步实现 10 μg/m³ 的目标值，能源转型的贡献占比将进一步增加至 75% 以上。

第十五章

中国低碳发展政策保障体系建设

低碳发展既要依靠技术，又需要制度和政策支撑，制度和政策可以为技术研发和应用提供重要保障。目前，中国低碳发展缺少行之有效的制度安排和相关政策，甚至存在缺口和短板。因此，在应对全球气候变化挑战和新冠肺炎疫情常态化的挑战下，中国"十四五"及中长期低碳转型和发展需要在制度与政策方面统筹布局，明确时间表和路线图，为此建议：

（1）研究和制定中国低碳发展中长期战略规划，探索未来实现近零乃至净零排放的方式和路径。

（2）在"十四五"期间制定更有力度的温室气体减排约束性目标和总量控制管理制度，渐进更新中国国家自主贡献目标。

（3）加快应对气候变化法律体系的顶层设计，根据减排目标统筹制修订相关法规标准，为长期低排放战略的部署提供法律保障。

（4）稳步推进全国碳市场建设进程，推动碳交易市场配套制度体系建设，研究碳定价及碳税政策的可行性。

（5）利用经济激励手段促进低碳技术创新，通过绿色复苏推动低碳结构性调整。

（6）完善气候投融资政策体系，多元化资金来源。

（7）低碳政策应继续由生产端向消费端延伸，完善和创新推动低碳消费的制度和政策。

（8）打好"气候外交"牌，将全球气候治理作为加强国际绿色低碳转型合作、实现人类可持续发展的重要载体。

当前，全球气候变化的影响日趋明显，对中国自然生态系统和社会经济系统均构成了严重威胁。中国政府始终高度重视气候变化问题，把积极应对气候变化作为国家经济社会发展的重大战略，把绿色低碳发展作为生态文明建设的重要内容。同时，中国经济在经历 30 多年的高速增长之后，正处在生态环境与发展战略转型的"十字路口"。2017 年 10 月，习近平总书记在党的十九大报告中指出，我国经济已由高速增长阶段转向高质量发展阶段。绿色低碳发展不仅是衡量高质量发展成效的重要标尺，也是促进高质量发展的有效手段，能够倒逼企业提升技术水平，降低污染和能耗，增强企业供给有效性和市场竞争力，促进高质量发展。因此，要实现中国经济的高质量发展，应充分发挥绿色低碳发展对高质量发展的引领作用。此外，2018 年 3 月以来，美国采取单边主义措施，挑起贸易战，导致中美之间贸易摩擦和争端不断升级。在此背景下，中国更应坚持低碳发展路线，以实现经济高质量发展，为在应对中美经贸摩擦与外部环境演变复杂形势下赢得更大的主动。

近年来，中国虽已经采取了调整产业结构、优化能源结构、节约能源和资源、提高能源资源利用效率、发展非化石能源、恢复自然生态环境、养护森林增加碳汇、发展碳市场等各方面政策措施，但由于工业化和城市化进程仍在进行、政府以不当方式干预市场、资源与生态环境管理体制和制度机制缺陷等体制性和结构性问题，导致资源与生态环境保护难以取得显著的进展和效果。从中国可持续发展总体形势和未来情景的各种研究来看，一个基本的共识是：只有在今后 20~30 年内超越工业化发展的中期阶段，进行一系列重大的体制和制度机制变革，中国资源与生态环境保护的总体状况才能够出现根本性转变。这必须要有一系列重大的创新型体制和制度机制以及政策的引导和支撑，才能达到所谓的"绿色低碳发展情景"。这其中有两个关键环节，一是逐步解决经济和政治方面的体制机制性问题，二是有效解决资源与生态环境管理方面的体制机制性问题。面对这一多重的发展转型和体制与制度变革的需求，仅仅从传统的行政管理视角去考察资源与生态环境管理体制与制度保障问题，已经远远不够。

本章借鉴国外低碳发展的政策保障体系建设经验，通过研究中国低碳发展的政策保障体系现状，分析了低碳发展的政策保障体系存在的问题，进而结合所面临的机遇和挑战，提出中国实现低碳发展的政策保障建议。

从国际看国内

通过分析研究国际社会发展低碳经济的政策和措施，得出以下四点关于中国发展低碳经济的启示：

加快推动低碳领域立法进程

法律作为政府的主要政策工具之一，是调节低碳经济的重要手段。近年来，我国先后制定了《节约能源法》《清洁生产促进法》《可再生能源法》《循环经济促进法》《气候变化国家评估报告》等法律法规，这些法规总结了国内外发展循环经济的有益经验，以"减量化、再利用、资源化"为主线，为促进循环经济发展做出了一系列制度安排。这对促进我国循环经济的发展，保护和改善环境，实现可持续发展，增强全社会环境意识，推进资源节约型、环境友好型社会建设，都将发挥积极作用。虽然中国政府已经制定和颁布了一些旨在促进低碳发展的法律法规，但仍缺乏一部具有能源领域母法作用的法律，来为我国低碳发展路线提供法律框架。

制定发展低碳经济规划与政策体系，引导低碳经济的发展

在促进低碳经济的发展中，法律手段是通过国家的立法职能使低碳发展之路沿着法制方向前进。然而，立法过程往往由于各种利益的博弈、各种因素的考虑而进展缓慢。相对于法律手段，由政府来制定规划以引导社会走向

低碳发展则更为有效，因此，规划引导是发展低碳经济的一项重要政策工具。近年来，我国政府提出了加快建设资源节约型、环境友好型社会的重大战略构想，不断强化应对气候变化的措施，先后制定了一系列促进节能减排的政策，在客观上为低碳经济的发展起到了推动作用。但同低碳制度的创新要求相比，这些政策措施还远远不够，应在以下方面着力强化：其一，进一步强化清洁、低碳能源开发和利用的鼓励政策，通过经济、法律等途径引导和激励国内外各类经济主体参与开发利用可再生能源，促进能源的清洁发展；其二，大力推动中国可再生能源发展的机制建设，培育持续稳定增长的可再生能源市场，改善健全可再生能源发展的市场环境与制度创新；其三，加快推进中国能源体制改革，建立有助于实现能源结构调整和可持续发展的价格体系。

重视低碳产业发展，加大资金投入力度，鼓励低碳经济发展

提高核心技术知识产权和创新理念。相较于发达国家，中国低碳领域的研发工作起步较晚，投入也远低于发达国家。尽管近年来中国可再生能源、新能源领域发展态势良好，但相关领域的核心技术知识产权仍被发达国家垄断。在低碳发展过程中，英美等发达国家先后提出"低碳经济""碳足迹""碳标签""碳认证"等先进理念，并实施了多项创新性的能效政策，为其他国家提供了示范。而中国在低碳理念和制度研究上的创新不足，对中国在气候变化国际谈判中获取话语权也有一定的不利影响。

完善低碳发展市场机制

进一步降低对行政手段的依赖。目前中国各项低碳政策的贯彻实施仍依赖于行政命令，政府主要通过推行严格的节能减排问责制等手段来促使地方政府完成本地区的节能减排目标。这些行政手段在短期内可能收到一定成效，但对长期的节能减排工作并非十分有利。广大发达国家和一部分发展中

国家在其低碳发展过程中都十分重视市场机制的作用，采取多种财政税收政策来鼓励各个产业部门较好地参与到节能减排的工作中来。中国在未来低碳发展的过程中，应积极学习发达国家的经验，建立起完善的全国层面的低碳市场运作机制，通过市场机制和行政手段的有效结合来实现低碳发展的总体目标。

中国低碳发展制度和政策体系现状

中国低碳发展制度和政策体系逐渐完善，形成以约束性目标为引领，抓大放小，突出重点行业和地区，包括规划、法律、行政命令、试点、市场、财税等多方面政策保障体系。从"十二五"开始，碳排放强度目标写入我国国民经济和社会发展五年规划纲要，"十三五"形成了一套包括能源总量、能源强度、碳强度的多维度约束目标体系。在政策类型方面，从行政命令型逐渐过渡到行政命令和市场型政策并重的局面。初步探索构建了应对气候变化的投融资和市场机制，并注重试点示范在政策制定和实施过程中的重要作用。同时，积极参与气候合作，为中国参与全球治理提供了有力的支持。但我国当前的低碳发展制度和政策体系还存在一定的问题，尤其是不能满足当前高质量发展以及未来实现长期低排放战略的政策需求，主要问题有以下几点：

1. 缺少低碳发展中长期战略

现阶段，我国有 2020 年短期目标和 2030 年碳排放达峰目标，但仍缺乏低碳发展长期规划战略。2035 年，我国基本实现现代化，生态环境根本好转，美丽中国建设目标基本实现；2050 年，我国实现社会主义现代化强国目标，因此，要以 2℃目标和 1.5℃目标的全球减排路径为导向，制定我国中长期低碳发展战略规划，对于促进我国低碳发展、生态环境改善和实现绿色经济转型进而配合实现我国"两个一百年"奋斗目标具有重大现实意义。

2. 国家层面的碳排放总量控制制度缺位

现有能源总量和强度双控制度不利于实现温室气体排放总量控制,并容易抑制可再生能源发展。能源消费总量控制的关键是控煤,用碳排放总量控制代替能源消费总量控制,不仅可以有效降低煤炭使用增量及其占比,而且不限制清洁能源尤其是零碳能源的增长。另外,碳排放总量控制也给地方政府更多的选择空间,在控煤和发展可再生能源之间寻求平衡,激励地方政府提高可再生能源消费比重,同步实现能源结构调整和产业绿色转型发展。

3. 应对气候变化立法缺位

目前,虽然《大气污染防治法》《森林法》《环境保护法》《节能法》《循环经济法》等低碳相关法律对于应对气候变化具有推动作用,但作用有限;同时,中国缺乏能在温室气体核算和碳排放交易方面提供必要法律基础的、统领气候变化全局的法律,温室气体管理领域目前仍存在法律空白。

4. 中国碳交易市场建设进展缓慢,行业纳入范围较小

相比于预期,中国碳交易市场目前发展比较缓慢。在碳交易试点运行过程中,各试点之间的碳交易规模和碳交易价格有明显不同。此外,目前全国碳交易市场虽已开启,但仅涉及电力领域,其他过去预期纳入碳交易市场的如化工、钢铁、有色金属等行业,由于多种因素还没有被纳入,因此,中国现有碳市建设步伐慢于预期,需要进一步加快建设。

5. 地方低碳发展政策执行能力不足

应对气候变化职能转隶后,地方的低碳发展政策执行能力面临不足,部门间制度体系配合不畅,各部门协同作用未充分发挥。我国近年来实施了应对气候变化的职能转隶行动,因此同中央层面一样,地方的应对气候变化相应职能也从过去的发改委部门转向地方的生态环保部门。然而,在低碳发展的政策执行能力方面，地方生态环境保护部门的能力还远不如发改部门，因此地方层面的低碳发展政策执行能力面临着不足。此外，由于目前我国低碳发展的行政管理体系还存在着部门职能交叉重叠、利益切割明显、政策执行效率低等问题，应对气候变化的职能转隶并没有完全解决政策执行不畅的问题，而且还带来了应对气候变化与生态环境治理协同的问题。

6. 气候投融资体系不健全

我国气候投融资体系不健全，社会资金主动性和投入不足，尤其在适应气候变化领域存在明显的资金短板。相比于政府投资，社会投资突显不足，而且对私营企业、中小企业投入太少；此外，当前我国应对气候变化融资渠道狭窄，还未形成市场撬动效应。从应对气候变化类别的角度来看，当前我国 80% 的气候资金投向了减缓领域中的节能减排、可再生能源领域，用于适应、能力建设、国际合作领域的资金投入不足。若要实现 2030 年碳达峰目标，来自碳市场、绿色信贷和绿色债券等传统金融市场、自有资金、私有资金的需求缺口巨大。

7. 公众对低碳发展认知水平不足，参与度不够

目前我国与发达国家的低碳发展的社会参与水平有较大差距，公众对我国低碳发展的概念内涵、目标体系、具体行动以及公众自身定位都缺乏系统理解。由此导致公众对我国低碳发展的参与度不够，而公众的低碳理念和行动是中国最终实现高质量低碳发展的关键一环。因此，学习发达国家的公众低碳理念培育和具体做法是十分必要的。

8. 对低碳发展的消费端重视不足

现有经济发展阶段和排放结构过度针对重点行业的生产层面，对低碳发展的消费端重视不足。由于当前的经济结构和产业结构特征，我国的行业低碳发展体系主要面向生产领域，而对于引致生产类碳排放的消费领域重视不够。随着我国经济的转型，势必要将低碳发展的关注重点，由生产转向消费。

机遇和挑战

在当前的国际环境下,全球气候变化治理体系正面临深度变革,美国退出《巴黎协定》,欧盟领导乏力,中国继续推动低碳发展势必会有助于取得道义优势,也有助于提高中国全球话语权与影响力,但同时也会面临全球治理引领者的责任压力,全球气候治理提出的新定位对中国将是一个新挑战。而在国内方面,中国提出高质量发展理念,旨在建立绿色低碳的现代化经济体系,并落实到社会经济的结构性变化;把应对气候变化职能从国家发改委转隶到生态环境部;在面对众多国内外变化因素的情况下,中国政府把绿色发展作为新的机遇,努力走一条高质量发展之路,培养绿色低碳发展新动能,促进应对气候变化与生态环境保护协同增效。

政策建议

研究和制定我国低碳发展中长期战略规划,探索未来实现净零排放的方式、路径和具体措施

把实现深度减排作为完成 2050 年社会主义现代化强国目标的重要组成部分。提高中国在全球气候治理中的引领作用,提出更有力度的中长期目标。强化非二气体排放控制目标的战略导向作用,将非二气体排放逐步纳入温室气体排放量化管控范围,落实相应的政策与行动。以制定和实施"世纪中叶战略"为契机和抓手,建立健全应对气候变化与经济绿色低碳发展、产业提效升级、能源低碳转型的部门协调机制,形成有效的统筹手段,具体体现中国在全球气候治理中的引领作用,并将之与党的十九大部署的 2020 年、

2035 年和 2050 年中国实现社会主义现代化目标、路径和措施紧密联系起来，与中国编制实现 2030 年《巴黎协定》国家自主贡献目标承诺的行动方案以及联合国 2030 年可持续发展目标的国家方案联系起来，与"十四五"规划的编制联系起来；在基础设施投资、重大低碳技术研发及产业化、相关投融资精准配套政策与体制安排、利益相关者行为转变战略等重大中长期问题上，将中国的长远愿景与近中期规划和行动联系起来。

"十四五"期间制定更有力度的温室气体减排约束性目标，强化中国国家自主减排承诺和行动落实

"十四五"期间建立全国碳排放总量控制、分解落实和考核制度，目标的分解落实要体现时空差异，为中国未来的低碳发展提供重要制度抓手。"十四五"时期要在"高质量发展"框架下有序推动绿色低碳发展，包括制定碳排放总量控制目标、加快碳减排和提前达峰速度、促进低碳经济转型。

在减排力度上，建议设置高中低三套方案：高方案，碳强度降低幅度相比"十三五"进一步增加，建议下降幅度大于 20%，并以二氧化碳排放总量控制制度取代能源消费总量制度，积极推动有条件地区和行业率先达峰，将非二气体、NBS 等纳入国家自主贡献更新文件中；中方案，保持"十三五"碳强度降低力度，推动地方、行业开展达峰行动；低方案，保持"十三五"碳强度降低力度，确保国家自主贡献目标实现。

在目标的分解落实上，延续"十二五"和"十三五"的方案，继续采取自上而下与自下而上相结合的路径，通过中央和地方协商来制定总量目标，并根据区域经济发展情况，分地区实施"碳排放增量总量控制"和"碳排放减量总量控制"相结合的方式。甄选东部相对发达地区和重点行业，制定"十四五"规划重点地区和重点行业实现碳排放达峰的目标和路线图。"十四五"规划要结合中长期战略，重点关注三个领域：避免锁定化石燃料模式的基础设施投资，加速低碳技术的开发和部署，以及打造低碳未来的国家政策体系。

加快应对气候变化法律的顶层设计，为长期低排放战略的部署提供法律保障

迄今为止，应对气候变化法始终未能进入实质性立法程序，这给我国应对气候变化工作造成了上位法缺失的遗憾。

从近期来看，要加强与立法机构的深度互动，推动气候变化议题在更高政治决策层的显示度和影响力，加强与人大代表和政协委员的互动，建立多渠道的立法建议机制。在当前立法资源紧张的情况下，可考虑通过修订与应对气候变化相关的法律法规将应对气候变化内容融入其中，特别是环境保护与能源发展等领域的法律法规（例如环境保护法或大气污染防治法），从加强同常规大气污染物的协同控制等角度提出控制温室气体的排放，最大限度地优先确保应对气候变化相关工作有法可依。

从长期来看，一部专门的应对气候变化法是有必要的。充分参考国际立法及制度创新经验，并总结吸收中国应对气候变化实践和制度建设成果，将温室气体管理的"评价考核制度""统计核算制度""标准化制度""信息公开制度""总量控制制度""核算报告制度""排放权交易制度""预测预警制度""保险制度"等核心制度纳入立法视野。

继续完善全国碳市场顶层设计，推动碳交易市场配套制度体系建设，择机推动碳税政策落实

1. 继续完善全国碳市场顶层设计，提供长期稳定的市场预期

碳市场的顶层设计与阶段性建设目标需要长期视野，与新时代中国特色社会主义发展的新要求和我国全面建设社会主义现代化国家的两个阶段目标相匹配。这就需要更高决策层针对碳市场发出更加清晰和明确的政治意愿。同时，制定和颁布清晰可靠的路线图以及配套政策框架与体系，告诉市场随着未来我国碳排放控制目标愈加严格，碳市场未来会通过确保配额总量的稀缺性、包含碳金融在内的市场机制设计以及严格的市场监管来使碳价保持

在一定水平，从而实现市场主体对碳价格的长期稳定预期，并通过有效的价格传导机制实现对企业投资决策的影响，推动企业加强低碳技术与产品的创新。

2. 夯实碳市场建设的法律基础，加快碳市场的立法进程

在立法过程中，明晰碳排放权的法律属性，包括碳排放权是否需要以及是否能够赋予财产权属性，以及如果要确认碳排放权具备财产权属性的话，以何种方式进行确认。这些重大问题的回答有助于明晰碳市场产权，避免碳排放权的分配和交易过程中的市场失灵，同时对于违约的严格执法也有法律依据，可以有效地保障碳市场的顺利运行，也有利于碳市场引入配额有偿拍卖、开发碳金融产品、链接资本市场等，从而更好地完善碳市场的建设，使碳市场能够发挥其基本功能。

3. 制定碳市场国际合作路线图，设定分阶段目标与重点任务

加强碳市场国际合作，不仅对我国碳市场的长期发展有利，还可以使碳市场有潜力更好地服务于我国的对外开放战略，甚至有可能助推人民币国际化。一方面，继续加强与欧盟等发达国家和地区的合作，通过借鉴国际碳市场的发展经验和教训，完善我国碳市场的顶层设计，预判市场发展过程中可能出现的问题。另一方面，中国作为发展中国家，结合现有发展阶段和体制机制基础建设碳市场的路径，也对其他发展中国家在既有条件下发展碳市场具有重要的借鉴作用，是我国开展南南合作的潜在重点领域。

4. 开展碳交易的同时，中国仍有必要为开征碳税预留政策窗口，并择机推动碳税政策落实

中国作为世界二氧化碳排放大国，减排任务艰巨，仅靠碳交易机制难以实现这一目标。作为碳减排的两种政策手段，碳税与碳交易各有优缺点。相比碳交易机制，碳税的覆盖面更广，更为公平，碳税计量较碳交易简单，可操作性强。同时，在中国的国情下，开征碳税具有独特的优势：

立法效力更高，开征更为灵活。碳税的制度设计建议：明确限定征收范围，采用简易计税方式，合理选择征税环节，选择低税率起步，合理选择开征时机。在碳税和碳交易同时实施的情况下，需要在制度和政策上合理构建二者调控范围的协调机制、调控力度的协调机制，以更好地实现碳减排目标，同时避免对企业造成过重负担。

把握低碳技术创新的市场规律，为实现低排放战略、占领未来绿色市场超前布局

基于国家推进"能源革命"的路线图和工作部署，借助国家加快实施创新发展战略的东风，把握以低碳技术发展为基础的低碳产业变革的重大机遇，从中国发展阶段和能源资源禀赋等基本国情出发，着眼于形成、保持和提高整体技术体系的竞争比较优势并将之转化为产业竞争优势。

一是强化对减排技术成本—效益的多维度、系统性研究，传统的仅考虑技术成本和减排潜力的成本效益分析难以支撑中长期减排技术战略和部署方案的制定。综合考虑技术的就业、环境、生态、健康影响及公众可接受度等因素，可以改进技术的潜力、成本有效性和空间布局等评估的系统性和可操作性，有利于促进碳减排目标与可持续发展目标实现过程中的协同增效。

二是提高应对气候变化重大专项针对性，着力解决减缓和适应气候变化领域的关键"卡脖子"难题，形成关键技术自主知识产权体系。

三是系统持续地建设需求端管理和能效提升技术的创新体系，大力推行节能减排合同管理服务体系，推进政府等公共机构执行节能产品强制采购制度。

四是加快实现清洁能源和低碳领域关键技术突破，加快实施可再生能源、氢能、电化学储能、负排放技术等重大能源科技研发及工程示范，提高核心技术成熟度与关键能源装备自主化水平，构建针对战略性技术研发的多元投融资保障机制和针对储备性技术的风险分担机制，通过强化知识产权保护、

优化知识产权利益平衡机制来促进技术发展与技术扩散。

完善气候投融资政策体系

1. 出台《关于促进气候投融资工作的指导意见》，逐步构建气候投融资政策体系

将气候因素纳入现有的绿色投融资体系，从源头上确保气候友好的投融资导向。落实《国家应对气候变化规划（2014—2020年）》"完善投融资政策"的要求，尽快出台《关于促进气候投融资工作的指导意见》[1]，明确气候投融资工作的指导思想、重要意义、适用范围、支持重点、信息披露和组织保障，为引导市场主体开展气候投融资活动和规范金融机构产品创新提供标准依据。加强各有关部门间的协同配合，促进形成政策合力，推动构建有利于气候投融资工作的政策环境，引导资金从高碳排放行业逐步退出，更多地投向气候友好型企业和绿色低碳产业。

2. 尽快启动气候投融资地方试点工作

尽快选择有条件的城市，启动第一批气候投融资试点工作，鼓励和引导试点城市探索差异化的气候投融资发展路径和模式，创新组织形式、融资模式、服务方式和管理制度，营造有利于气候投融资的政策环境，持续推动地方投融资结构的调整，推动形成可复制、可推广的先进经验和最佳实践。生态环境部应切实加强对地方气候投融资的指导力度，引导地方政府合理调整投融资结构、积极培育气候机构投资者，提升地方管理和决策能力，为地方应对气候变化工作提供稳定的金融支持和资金保障。

3. 推动建立气候投融资专业研究，开展广泛交流合作

组建气候投融资专业委员会，充分发挥组织优势、专业优势和人才优势，凝聚各职能部门共识，推动气候投融资的基础研究和政策创新，力争形成一

---

[1] 2020年10月21日，生态环境部、国家发展和改革委员会、中国人民银行、中国银保监会、中国证监会印发了《关于促进应对气候变化投融资的指导意见》。——编者注

批有价值、有影响力的研究成果。支持有条件、有意愿的地方机构开展气候投融资的交流与合作，搭建国内金融机构、企业、研究机构和国际组织的交流合作平台，通过调查研究、学术交流、学习培训、管理服务等方式，为气候投融资的发展创造良好的内外部环境。

4. 鼓励开展气候投融资产品和工具创新

大力发展气候信贷，针对气候友好型项目出台信贷优惠政策和相关税收减免政策。设立政府引导基金并加大相关投入，降低投资者和金融机构对气候友好型项目的风险成本。推动发行气候债券，探索开展气候保险，鼓励金融机构在服务模式、金融产品、风险管控等方面不断创新实践。结合碳市场建设，在保证碳市场稳步发展、风险可控的基础上，进行碳金融产品的开发研究，做好相关政策储备。鼓励互联网金融企业围绕气候投融资开发金融科技业务，利用"互联网＋金融"提供多样化、个性化、精准化的气候投融资产品，助力气候投融资方式的创新，更好地帮助中小型企业开展绿色低碳项目。

5. 推动制定气候投融资标准，助力"一带一路"绿色低碳发展

总结多边金融机构、政策性和商业银行、企业等在"一带一路"沿线国家的投资实践，分析其面临的绿色低碳投资风险，开发适用、高效、先进的气候投融资标准体系，完善多元资金的治理结构，规范金融机构和企业的投资行为和取向，降低"一带一路"投资的气候风险，帮助东道国实现经济增长的同时，实现其应对气候变化的国家自主贡献承诺和可持续发展目标，构建绿色低碳的"一带一路"建设。

低碳政策应继续由生产端向消费端延伸，完善和创新推动低碳消费的制度、政策和行动

1. 强化宣传教育，提高低碳消费意识

在全社会积极开展低碳消费宣传教育是培育低碳消费的基础性工作。降

低低碳消费成本的基本前提是扩大低碳产品生产的规模,这需要政府、企业和消费者共同努力。政府可以从加强低碳消费价值观的培养和引导方面采取系统的措施来影响消费者低碳消费态度,从而影响消费者低碳消费意愿和行为。政府和企业可以通过为消费者提供更多的低碳或低碳消费信息和知识,从而转变消费者的低碳消费态度和增强其低碳购买意愿。

2. 扩大低碳产品和服务的供给

一是尽快推进低碳产品认证工作。低碳认证和低碳标识是提高消费者认知的重要手段,应尽快推进现有低碳产品的认证工作,降低消费者甄别低碳产品的成本,提高低碳产品在市场中的识别度和占有率。

二是党政机关、学校、医院等公共机构要率先垂范,优先采购和使用绿色低碳产品。开展创建节约型机关、低碳学校、低碳社区、低碳医院等。

三是科学规划城市建设,合理布局城市功能分区,发展低碳化的公共休闲娱乐设施和文化消费基础设施,大力发展城市公共交通,为低碳出行提供便利。

3. 加大推动循环经济发展力度

推动落实生产者责任延伸制度,构建企业和社会绿色低碳供应链,把生产者对其产品承担的资源环境责任从生产环节延伸到产品设计、流通消费、回收利用、废物处置等全生命周期,通过生命周期管理促进低碳生产和消费。

4. 建立并完善低碳消费的治理机制

明晰政府相关部门在推动绿色消费中的职能定位,在促进低碳消费的起步阶段,政府要发挥主导作用,把低碳消费纳入经济社会发展规划,制定分阶段目标,有计划、有步骤地推进低碳消费。强化消费者协会推动绿色消费的职能作用,鼓励企业承担更多环境社会责任,同时建立面向社会公众的绿色消费激励和惩戒制度。

始终打好"气候外交"牌，将全球气候治理作为构建人类命运共同体的重要载体

1. 注重规则制定，加强在重要议事和科学研究平台中气候议题的设置和引导能力

在双边外交中，中国应把气候变化议题列为必选项，在双边合作中强化应对气候变化的共识与行动，以"中国+"的双边治理模式与多边治理模式形成良性互动，引领全球气候治理进程。中国应积极开展多边和双边气候科研合作，构建气候科研合作机制和成果共享机制，并通过联合国相关机构的机制平台，与世界各国共同为落实《巴黎协定》中的各项实施细则提供科学理论和数据支撑，确保实施路线图的科学性和可行性。同时加强对IPCC的参与，改变其由发达国家主导的局面，促使其更多关注发展中国家亟须解决的重大问题，保证其评估报告的科学性和客观性。

2. 实现开放共赢，推动与发达国家的科技与市场合作

从国家外交大局出发，避免战略误判，保持与美国的沟通、交流与合作，敦促美国更具建设性地参与国际气候谈判，做好美国正式退出《巴黎协定》或重新"二次谈判"的两手准备。加强与欧盟在应对气候变化领域的全方位合作，特别是在技术开发和市场机制方面。

3. 坚持义利相兼，百分之百落实南南合作承诺

重视发展中国家的问题研究和变化认识，特别是处理好与其他发展中大国在气候变化领域的关系，正视可能存在的分歧，坚决维护我国的发展中国家地位，坚决巩固发展中国家的战略依托。设立气候变化南南合作引导基金，鼓励、引领我国社会各界参与并充分发挥其主观能动性，提高对外援助的可持续性。强化气候变化南南合作的"系统思维"和"协同效应"，关注受援国民生，加强对外援助的宣传和人文交流。

4. 推动"一带一路"沿线国家更好实施《巴黎协定》

加强"一带一路"倡议气候合作的顶层设计和规划制定，在《关于推进

绿色"一带一路"建设的指导意见》《"一带一路"生态环境保护合作规划》的基础上,进一步识别、评估和完善应对气候变化国际合作的主要目标和重点任务。打造"一带一路"应对气候变化多双边合作平台。加强"一带一路"应对气候变化第三方国际合作。

5. 建立"统一战线",调动非国家主体的积极性

随着全球气候变化影响的深化和民众环保意识的增强,国家以外的非国家行为体的作用开始日益凸显。鉴于此,中国有必要对非国家行为体的力量和积极作用予以重视,结合当前的全球气候治理形势,因势利导,为非国家行为体参与全球气候治理创造更为有利的环境和条件,利用非国家行为体的力量推动全球气候治理,与非国家行为体组成多种多样的联盟,推动全球气候治理取得实质成效。

第十六章

推动全球气候治理和国际合作

全球气候治理在百年未有之大变局中占据重要地位，也受到政治、经济、科学等多重因素影响。目前，全球气候治理愿景明确，但模式和路径存在巨大不确定性。中国如何在大变局中应对气候变化挑战并把握其带来的机遇，在确保自身发展的同时引导应对气候变化国际合作并推动全球生态文明建设，需要清晰、坚定的全球气候治理长期战略。

本章梳理了全球格局变化趋势及中国的定位，通过回顾全球气候治理机制的演变，评估《巴黎协定》主要治理机制的有效性和可持续性，分析新冠肺炎疫情对全球气候治理的影响，总结未来全球气候治理的新形势、新局面与新特征，就中国推动全球气候治理与国际合作的战略和对策得出以下结论：

（1）国际气候条约仍将发挥基础性作用，但条约外机制的作用不容忽视。

（2）中国参与全球气候治理面临科学话语权缺乏、本国排放居全球第一、低碳转型压力巨大、维护发展中国家整体利益困难等关键挑战。

（3）从长期来看，中国应坚持《联合国气候变化框架公约》（以下简称《公约》）基本原则，全面落实《巴黎协定》各项规定，确保低排放发展实施效果，反对单边主义和保护主义，推动应对气候变化合作共赢。

（4）从短期来看，中国应坚定支持基于多边主义应对气候变化，积极善意履行《公约》和《巴黎协定》，在开展国际合作方面完善统筹协调、信息统计和披露、评估机制、公众参与、融资机制等工作并加强"一带一路"应对气候变化国际合作。

国际环境长期变化趋势和中国定位

全球格局长期变化趋势和中国定位

习近平总书记在 2018 年中央外事工作会议上发表讲话时指出,"当前,我国处于近代以来最好的发展时期,世界处于百年未有之大变局,两者同步交织、相互激荡"。[①] 在这一大变局中,国际力量对比正在发生变化,世界经济格局面临调整,全球治理体系将发生变革。气候变化虽然是近 40 年才引起全球各界关注,近 30 年才成为全球治理的内容,近 20 年才率先由一部分国家开始全球治理的实践,近 10 年才成为全球治理和各国国内政策的重点领域,然而应对气候变化是科学问题,但归根到底是发展问题的属性,使其在大变局中必然占据重要地位,也必然受到政治、经济、科学、治理结构等多方面的重要影响。全球气候治理愿景明确,但模式和路径存在巨大不确定性。

近年来,国际经济政治格局不断变化,气候变化的紧迫性与科学性认识进一步增强,随着《巴黎协定》的生效,全球气候治理进入新篇章。回顾历史形势,并结合新形势对中国在参与全球气候治理的整体思路进行系统性梳理,将帮助中国在全球气候治理上制定更清晰、坚定的长期战略。

1. 政治格局变化

21 世纪以来,在经济全球化趋势加速发展的催化下,全球格局呈现出更加复杂、多元的发展趋势。一方面,各国对于国际形势的观念发生了变化,主权意识、民族意识不断强化;另一方面,随着自身实力的不断增长,新兴大国在世界的影响力与话语权也得到了增强。美国企图维护其世界霸主

[①] 习近平出席中央外事工作会议并发表重要讲话 [OL]. 中国军网,2018-06-23.

地位，而欧盟和欧洲各国则希望以西方价值观为主导建立新的国际秩序，中国也在秩序变革中寻求自身的发展以维护自身利益。中国的崛起与中美之间的博弈备受瞩目。近年来，中美博弈不断升级，甚至有演化成对抗的趋势。在美国宣布"亚太再平衡"和"重返亚洲战略"后，美国的动作越来越多，越来越大，中美贸易战、美国借知识产权和新冠肺炎疫情等向中国抹黑也愈演愈烈。面对新形势、新变化，中国应进一步夯实国际竞争的国内基础，科学分析中国在世界格局演变中的地位和作用，以开放、合作、包容的思路发展国际关系，积极应对，谋篇布局，力争在国际战略博弈中掌握主动权。

2. 经济格局变化

低速增长和可持续发展是当今世界经济发展的主格调。从2000年至今，世界经济的年平均增长率约为2.92%。21世纪之初，世界国民生产总值为33.6万亿美元，2018年达到85.5万亿美元。世界经济与科技的发展，也带动了社会劳动生产率的提高。国际贸易作为联系各国经济的重要纽带，在21世纪初也得到了很好的发展。2000年，全球贸易总额约为13万亿美元，2018年达到39万亿美元。其中，2018年中国占全球贸易总额的11.75%，成为世界第一贸易大国，美国以10.87%紧随其后。在国际直接投资方面，由于2018年全球国际直接投资同比上年下降了13%，仅占当年GDP的1.52%，创下2009年以来的最低值（1.3万亿美元）。自2020年以来，受新冠肺炎疫情全球蔓延的影响，全球经济增长出现下滑，国际货币基金组织预计2020年全球经济将萎缩3%，是自"大萧条"以来的最严重经济衰退；美国、欧洲等发达经济体经济预计萎缩6.1%；亚洲地区经济预计在2020年停滞在零增长，但情况仍好于其他地区。2019年国际贸易将进一步放缓，2020年后，随着新兴市场和发展中经济体投资需求逐渐复苏，预计贸易增长基本保持2018年的速度。1990—2018年全球商品出口总额如图16-1所示，2005—2018年外国直接投资总额如图16-2所示。

图 16-1　1990—2018 年全球商品出口总额

资料来源：世界银行数据库 [1]

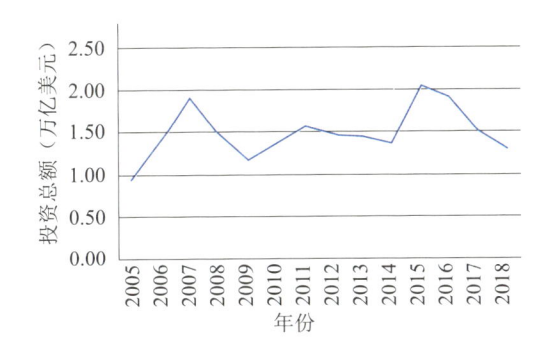

图 16-2　2005—2018 年外国直接投资总额

资料来源：联合国贸易和发展会议数据库 [2]

3. 人口增长和结构变化

《世界人口展望 2019》预计全球人口将在未来 30 年再增加 20 亿，即从 2019 年的 77 亿增加至 2050 年的 97 亿，并于 21 世纪末继续增长至约 110 亿[3]。世界银行数据显示，2018 年末中国大陆人口总量已达到 13.93 亿人，比上年度增加 634 万人，占全球总人口的 18.37%[4]。目前，中国人口主要呈现四个特征，分别是总量上人口增速放缓、老龄化、低生育率程度增加，以及生育率和育龄人口下降。根据联合国中性情景的预测，中国人口将在 2031 年达到峰值 14.64 亿，从 2032 年开始进入持续的负增长，2050 年减少到 14.02 亿，2065 年减少到 12.95 亿[3]。长期的人口衰退，尤其是伴随着不断加剧的老龄化，势必给社会经济带来严峻挑战。

4. 技术竞争格局

当今全球正在迎来以互联网产业化、工业智能化、工业一体化为代表，以5G、人工智能、清洁能源、无人控制技术、量子信息技术、虚拟现实以及生物技术为主的全新技术革命，也称为第四次工业革命。美国、日本、德国等发达国家在本次工业革命中更加注重前沿技术的研发，因为前沿技术是各国保持制造业优势和国家竞争力的核心元素。根据世界经济论坛发布的《2018年度全球竞争力报告》，在2018年全球竞争力排行榜中，美国的竞争力排名第1，在12项竞争力支柱因素[创新能力、商业活力、市场规模、金融体系、劳动力市场、产品市场、技能、卫生、宏观经济稳定、ICT（信息和通信技术）应用、基础设施、制度建设]中，8项排在前10名，其中，劳动力市场、金融体系和商业活力3项指标排名第1。新加坡、德国、瑞士、日本的竞争力列第2—5位（见表16-1）[5]。

表 16-1　2018年全球竞争力排名前30位的经济体

排名	国家/地区	分数	排名	国家/地区	分数	排名	国家/地区	分数
1	美国	85.6	11	芬兰	80.3	21	比利时	76.6
2	新加坡	83.5	12	加拿大	79.9	22	奥地利	76.3
3	德国	82.8	13	中国台湾	79.3	23	爱尔兰	75.7
4	瑞士	82.6	14	澳大利亚	78.9	24	冰岛	74.5
5	日本	82.5	15	韩国	78.8	25	马来西亚	74.4
6	荷兰	82.4	16	挪威	78.2	26	西班牙	74.2
7	中国香港	82.3	17	法国	78.0	27	阿拉伯	73.4
8	英国	82.0	18	新西兰	77.5	28	中国	72.6
9	瑞典	81.7	19	卢森堡	76.6	29	捷克共和国	71.2
10	丹麦	80.6	20	以色列	76.6	30	卡塔尔	71.0

资料来源：《2018年度全球竞争力报告》[5]

中国的竞争力排第 28 位，在发展中国家（地区）中名列前茅，领先于金砖国家的俄罗斯、印度、南非和巴西。从竞争力支柱的角度具体来看，中国在市场规模、基础设施、ICT 应用、宏观经济稳定等方面都占据优势，但在劳动力市场、技能、制度建设上仍处于弱势。

5. 能源格局变化

继电气化、高效化之后，当前世界能源发展已呈现出智能化、低碳化甚至零碳化趋势。在能源政策变化和新技术发展的影响下，世界正进入第四次能源转型阶段——逐渐替代以煤炭与石油为主的化石能源，转而广泛利用天然气和可再生能源，探索利用氢能和新式核能。可持续发展、环境保护、能源供应成本和能源保障安全的结构性变化，将决定全球能源多样化发展的格局，进而导致全球经济和地缘政治格局变革。然而，这种转型和变化的速度具有高度的不确定性。随着能源创新力量的不断积蓄，以及国家能源政策的倾斜与变化，世界能源体系进入了一个根本性的变革时期。从勾勒世界能源未来图景的关键指标来看，各主要能源展望报告的预测数据皆表明，未来世界能源需求量将继续增加，从现在到 2040 年，世界能源需求将增长 25%~40%。研究显示，清洁能源将成为满足世界能源需求增长的主体，除煤炭外的其他燃料消费量均呈增加态势。

改革开放 40 多年以来，中国能源行业发生巨变，取得了举世瞩目的成就，能源生产和消费总量跃升世界首位，能源基础设施建设突飞猛进，能源消费结构持续优化。据预测，随着中国工业化进入后期，城市化稳步推进，能源需求的重心将由生产用能逐步转向生活用能，工业用能占终端用能比重将逐步回落，交通和建筑用能则将稳步提升。同时，随着可再生能源成本竞争力增强，天然气发电技术提升，以及核电安全更有保障，清洁发电可基本满足 2035 年前的发电增量需求。2035 年后，清洁能源将替代部分存量煤电。随着风能、太阳能等新能源技术的大规模应用，新能源技术成本有望进一步降低，应用场景有望进一步创新，商业模式也可能发生变革，这将助推世界能源体系的低碳清洁转型。

6. 碳排放格局变化

IPCC第五次评估报告指出，自1950年以来，气候系统观测到的许多变化是过去几十年甚至千年以来史无前例的，而人类活动极有可能是20世纪中期以来全球气候变暖的主要原因。《巴黎协定》确定了"把全球平均气温升幅控制在工业化前水平以上低于2℃之内，并努力将气温升幅限制在工业化前水平以上1.5℃之内"的目标。IPCC认为，要实现2℃目标，2050年人为温室气体排放量要在2010年的基础上减少40%~70%，到2100年实现零排放[6]。然而，在大多数能源展望的情景中，全球能源系统的二氧化碳排放量将远远超过实现《巴黎协定》目标所需的控制幅度[7]。目前，中国已是世界上最大的温室气体排放国，排放量超过美国、欧盟和日本的总和，约占全球排放量的1/4。在中国温室气体排放总量中，85%以上的二氧化碳排放来自化石燃料燃烧，而其中大部分源于工商业活动。中国在依据《巴黎协定》提出的国家自主贡献中承诺将于2030年实现碳排放达峰，目前多数研究认为中国在2030年前后具备实现碳排放达峰的条件，能够顺利实现达峰承诺。

中国海外战略和议程潜在发展趋势

1. "一带一路"倡议

2013年9月和10月，中国国家主席习近平在出访哈萨克斯坦和印度尼西亚时先后提出共建"丝绸之路经济带"和"21世纪海上丝绸之路"的重大倡议。2013年以来，共建"一带一路"倡议以政策沟通、设施联通、贸易畅通、资金融通和民心相通为主要内容扎实推进，取得明显成效。签署共建"一带一路"政府间合作文件的国家和国际组织数量逐年增加。截至2019年7月底，已有136个国家和30个国际组织与中国签署了194份共建"一带一路"合作文件。共建"一带一路"国家已由亚洲、欧洲延伸至非洲、拉美、南太平洋等区域。"一带一路"倡议在国际经济走廊和通道建设、基础设施互联互通、贸易自由度，以及资金融通、产业合作等领域成效显著。随着绿色"一带一路"建设的推进，生态保护合作也成为"一带一路"合作的一项重点工作。未来"一带一路"倡议的发展还将以互联互通为重点，坚持绿色发展理念，倡导绿色、低碳、循环、可持续的生产生活方式，致力于加强生态环保合作，防范生态环境风险，增进沿线各国政府、企业和公众的绿色共识及相互理解与支持，共同实现2030年可持续发展目标。

2. 应对气候变化南南合作

中国的应对气候变化南南合作指中国与一个或多个发展中国家在应对气候变化领域的合作关系，也包括中国和发展中国家共同开展与发达国家或联合国机构、国际组织的合作关系。通过应对气候变化南南合作，中国确立了相对完整的气候援助理念，即坚持气候援助与总体对外援助的统一性，坚持以可持续发展为基本导向，倡导南北合作与南南合作共存并进，确保平等互信、包容互鉴、合作共赢，进一步完善了中国气候外交体系，丰富了中国对外援助的模式和内涵，推动了国际政治经济新秩序的建立[8]。

中国以援外为主的南南合作经过了60多年的发展历程，涵盖了双边、多边、地区和地区间等多个层级规模。近年来，中国帮助部分发展中国家实施了一些应对气候变化、解决实际困难的中小型项目，如中国援建马尔代夫的"安全岛"民用住宅工程，保护当地居民免受海啸及海水侵蚀之苦；分别帮助孟加拉国和马尔代夫建立了极端天气预警系统，提升两国对气候自然灾害的预警能力等。国家海洋局设立了"南海及周边海洋国际合作框架计划（2011—2015）"，将"海洋与气候变化""海洋防灾减灾"列为主要合作领域，联合周边国家开展了"中-印尼热带东南印度洋海-气相互作用与观测"和"印度洋季风爆发观测研究项目"等。中国还加强了与非洲的科技合作，实施了100多个中非联合科技研究示范项目。从2012年起，中国应对气候变化对外援助开展了可再生能源利用与海洋灾害预警研究及能力建设、

LED 照明产品开发推广应用、秸秆综合利用技术示范、风光互补发电系统研究推广利用、滴灌施肥水肥高效利用技术试验示范等项目，帮助发展中国家提高应对气候变化的能力。

战略和对策：推动全球气候治理

全球气候治理机制的沿革和演化

自《公约》诞生至今 30 来年，应对气候变化国际合作进程既有成功的经验，也有失败的教训。人们也更深刻地意识到应对气候变化是一项全球性的、长期的任务，不能一蹴而就，需要一个立即行动但循序渐进的过程。以国际气候谈判为主线，应对气候变化国际合作进程可以按照《公约》、《京都议定书》、"巴厘岛路线图"、"德班平台"、后《巴黎协定》时期划分为五个阶段。世界科学、政治、经济和技术的发展也在不同程度上与各个阶段的全球气候治理进程相互作用。全球气候治理的趋势与世界科学、政治、经济和技术的发展，将共同塑造未来应对气候变化国际合作进程。

1. 1990—1994 年《公约》诞生和生效

1990 年 12 月，联合国大会决定成立一个政府间谈判机构（INC）来拟定《公约》文本；自 1991 年 2 月开始，历经 15 个月、5 次会议之后，INC 确定了《公约》最终案文；1992 年 6 月，《公约》在联合国环境与发展大会上正式开放签署；1993 年 12 月 22 日，《公约》生效的条件满足；1994 年 3 月 21 日，《公约》正式生效。《公约》体现了各方极高的政治智慧，达到了求同存异的目的，为之后应对气候变化国际合作进程奠定了良好基础。《公约》取得的最重要的三项成果是：全球应对气候变化的目标、全球气候治理的原则和各缔约方义务。作为框架性的条约，《公约》尚未给各缔约方设定量化、定期需要完成的目标和任务，同时《公约》基于"共同但有区别的责任和各自能力原则",为作为附件一缔约方的发达国家和经济体设定了与非附件一缔约方"共同但有区别"的义务[9]。

在这一时期,国际社会对环境与发展的问题高度关注[10]。1987年,世界环境与发展委员会发布了《我们共同的未来》报告;1988年IPCC发布了《气候变化第一次评估报告》;1992年,在巴西里约热内卢召开的联合国环境与发展大会上,183个国家代表团、102位国家元首或政府首脑到会,达成了包括《公约》在内的"环境三公约"。这个时期的科学研究基础和政治力量的推动是开启应对气候变化国际进程最重要的力量。

2. 1995—2005年《京都议定书》诞生和生效

在1994年《公约》生效后,1995年3月的《公约》第一次缔约方大会(COP1)上,各方通过了"柏林授权",决定启动进程强化附件一缔约方的承诺。为此成立的"柏林授权特设工作组"在1995年8月至1997年10月期间组织召开了8次会议,最终各方在1997年年底《公约》第三次缔约方大会上达成了《京都议定书》。与此前《公约》的诞生和生效阶段不同,在《京都议定书》谈判过程中,国际社会对应对气候变化问题的困难进行了重新评估,与此前过于乐观的态度不同,各方应对气候变化的态度更加务实。随着新兴经济体崛起,温室气体排放总量不断增加,发达国家要求发展中国家加强减排行动的诉求也越来越强烈。

3. 2005—2010年"巴厘岛路线图"和"哥本哈根-坎昆协议"

《京都议定书》虽然经各方谈判达成,但美国参议院以发展中国家没有承担可比的义务为由拒绝批准,国际社会在应对气候变化问题上的热情遭受打击。为了进一步推动国际气候合作,各方于2005年《公约》第十一次缔约方大会上通过新的授权,启动"应对气候变化的长期合作行动对话",包括四个主题:推动实现可持续发展目标,适应气候变化,全面实现技术潜力,以及充分发挥市场机制的作用。

2007年《公约》第十三次缔约方大会在此基础上形成"巴厘岛路线图"

谈判授权，要求在2009年达成包括长期愿景、减缓、适应、资金、技术、能力建设在内的一揽子平衡结果。其中在减缓方面，要求属于《京都议定书》缔约方的《公约》附件一缔约方，在《京都议定书》下承担第二承诺期的量化减排或限排承诺，非《京都议定书》缔约方的《公约》附件一缔约方在《公约》下承担可比的全经济范围量化减排承诺，非附件一缔约方在《公约》下承担国家适当减缓承诺。

2009年举世瞩目的《公约》第十五次缔约方大会，即哥本哈根气候大会，因事前磋商不足和组织程序失误，导致谈判未能取得预期结果，最核心的谈判结果仅以不具有任何效力的"哥本哈根协定"记录，未能完成"巴厘岛路线图"谈判授权。各方又经过一年的谈判和完善，"哥本哈根协定"的主要内容在2010年以《公约》第十六次缔约方大会1号决定形式通过，成为"坎昆协议"。"坎昆协议"和2012年《京都议定书》第八次缔约方会议达成的《京都议定书多哈修正案》一道，形成了各方2020年前全球应对气候变化合作的依据。

4. 2011—2015年"德班平台"进程和《巴黎协定》达成

2011年《公约》第十七次缔约方大会1号决定启动了"德班平台"谈判进程。"德班平台"在一定程度上是"巴厘岛路线图"进程的延续[11]。由于"坎昆协议"仅是缔约方会议决定，不具有国际条约的法律约束力，各方根据"坎昆协议"做出的2020年前减缓承诺与实现2℃目标的路径也距离甚远，因此2011年，在《公约》缔约方大会主席国南非和欧盟等其他缔约方的推动下，"德班平台"谈判进程启动。谈判的授权包括达成一个2020年生效的具有法律约束力的新协议，以及提高2020年前的行动力度。

2015年《公约》第二十一次缔约方大会在法国巴黎举行，近200个缔约方和非政府组织、各方人士出席了会议。大会的重点是要达成关于2020年后应对气候变化国际合作的安排。在各缔约方共同努力下，具有里程碑意义的《巴黎协定》最终达成[12]。基于《公约》的原则和规定，《巴黎协定》

进一步提出了量化的全球温升控制目标，建立了"自下而上"的国家自主贡献承诺和定期通报机制，强化了各方履约透明度、遵约和全球盘点安排，认可了对气候变化造成损失与损害的关注[13]；然而，《巴黎协定》并未在适应气候变化，为发展中国家提供资金、技术和能力建设方面提出新的、强化的目标和机制安排[14]。《巴黎协定》对缔约方义务和行动的规定，形成了与《公约》不同的格局，其中最典型的就是不再按照《公约》附件一和非附件一缔约方设定义务，全文以所有缔约方、每个缔约方、发达国家缔约方、发展中国家缔约方、其他缔约方等为主体，设定义务和规定行动，打破了《公约》的"二分法"。

5. 2016—2020 年《巴黎协定》实施细则及后续安排

2015 年在《巴黎协定》达成的同时，各方授权建立"《巴黎协定》特设工作组"，并在《公约》附属机构下设立其他与《巴黎协定》实施相关的议题，就《巴黎协定》的实施细则进行谈判。这一谈判自 2016 年启动，2018 年年底完成。2018 年 12 月《公约》第二十四次缔约方大会在波兰卡托维兹闭幕，会议达成了包括《巴黎协定》实施细则在内的一揽子成果，为复杂形势下的国际气候多边进程重新注入了信心和动力，也向全球再次释放出多边主义、绿色发展的坚强决心，用行动宣示了人类共同推动全球可持续发展的潮流不可逆转，共同建立公平合理、合作共赢的全球气候治理体系的进程不可逆转[15]。

《巴黎协定》实施细则中与第六条相关的内容未能在卡托维兹达成，各方同意延期一年，以期谈判达成。然而，在 2019 年 12 月的智利-马德里气候大会上，由于主席国智利在主题设定、议题安排和组织形式上出现的偏差，各方无法在会议上形成相互谅解，最终谈判在延时 40 多个小时后仍未能就第六条问题达成一致，谈判被迫再次延长授权。

2020 年《公约》第二十六次缔约方大会主席国英国计划将完成《巴黎协定》第六条等实施细则未尽事宜作为最重要议题，同时同步、平衡推进减缓、适应、资金等各方关注的问题，以期为 2020 年前全球应对气候变化合作画上圆满句号，为 2020 年后的全球气候治理开启新的篇章。然而，受新冠肺炎疫情全球蔓延的影响，英国和《公约》秘书处不得不宣布将联合国气候变化格拉斯哥大会（COP26）延期至 2021 年举行，相应地，原本计划在 2020 年 6 月举行的《公约》附属机构会议谈判也延期举行。面对 2019 年联合国气候变化马德里大会（COP25）给各方互信造成的打击，新冠肺炎疫情对气候变化在全球治理和各国内政中优先度的冲击，英国必须一鼓作气重振全球各方应对气候变化的信心和决心。

近年来，除了主权国家，非国家利益攸关方在气候变化多边进程中也发挥了重要作用[16]。非政府组织、企业、行业组织、城市、原住民社区、智库、高校、知名人士等非国家利益攸关方为《巴黎协定》的达成和后续实施起了重要的助推作用[17]。在 2017 年 6 月 1 日美国宣布将退出《巴黎协定》，并于 2019 年 11 月 4 日正式启动退出的法定程序后，非国家利益攸关方在"后巴黎"时代与缔约方携手共同应对气候变化的重要性更加突出，这将导致未来全球气候治理格局的进一步演变。

《巴黎协定》后全球气候治理机制的有效性和可持续性

1. 国家自主贡献模式及其效果

国家自主贡献是《巴黎协定》的核心制度之一，是最终实现全球长期目标的"国家贡献+全球盘点"序贯累进机制中最为重要的组成部分。国家自主贡献最大的特征是自主性和渐进性，即依据缔约方自身的历史责任、发展阶段和具体国情，自主决定未来一个时期的贡献目标和实现方式，同时参考较为宽泛的通用信息导则和核算规则，以及全球盘点提供的总体信息，来不断调整、更新并序贯提出下一阶段提高力度的贡献方案[18]。

以条约规定的"自下而上"国家自主贡献模式，解决了缔约方广泛参与的问题[19]。相比在"坎昆协议"下只有 44 个发达国家缔约方"自下而上"

做出全经济范围量化减排承诺,以及58个发展中国家缔约方做出国家适当减缓行动承诺,在《京都议定书》第二承诺期只有38个缔约方做出"自上而下"量化减排或限排承诺,在《巴黎协定》下做出国家自主贡献承诺的缔约方更加普遍。截至2020年4月30日,《巴黎协定》共有189个缔约方,其中185个缔约方按照《巴黎协定》及其实施细则要求,通报了共157份第一轮的国家自主贡献,欧盟与其28个成员国共同提交1份国家自主贡献,7个缔约方更新了第一轮国家自主贡献,2个缔约方通报了第二轮国家自主贡献。

然而,国家自主贡献模式无法解决全球集体承诺目标与IPCC给出的全球减排路径之间差距的问题。如图16-3所示,从已经通报的国家自主贡献看,联合国环境规划署(UNEP)在2019年《排放差距报告》中分析指出,与2℃情景相比,完全实施无条件的国家自主贡献,2030年全球排放差距预计在150亿吨二氧化碳当量(120亿~180亿吨二氧化碳当量);完全实施有条件的国家自主贡献将使这一差距缩小20亿~30亿吨二氧化碳当量,即与2℃情景相比,差距在120亿吨二氧化碳当量(90亿~140亿吨二氧化碳当量)[20]。

与此同时,有127份国家自主贡献明确提出实施贡献的条件,尤其是小岛国和最不发达国家。其中,53份提出了明确的资金需求数额,总额约为4.4万亿美元,平均每年约为3 000亿美元。各国提出资金需求的数量级从百万美元到万亿美元不等,体现了发展中国家开展气候行动对于资金、技术转移和能力建设支持的迫切需求。例如,印度的资金支持需求为2.5万亿美元,南非约为8 000亿美元,埃塞俄比亚为1 500亿美元,巴基斯坦为1 450亿美元,摩洛哥1 275亿美元,津巴布韦980亿美元,坦桑尼亚748亿美元,孟加拉国670亿美元,赞比亚500亿美元,肯尼亚400亿美元。《巴黎协定》既有机制无法解决发展中国家实施国家自主贡献所需的这些支持,因此,该协定的实施效果面临巨大不确定性。

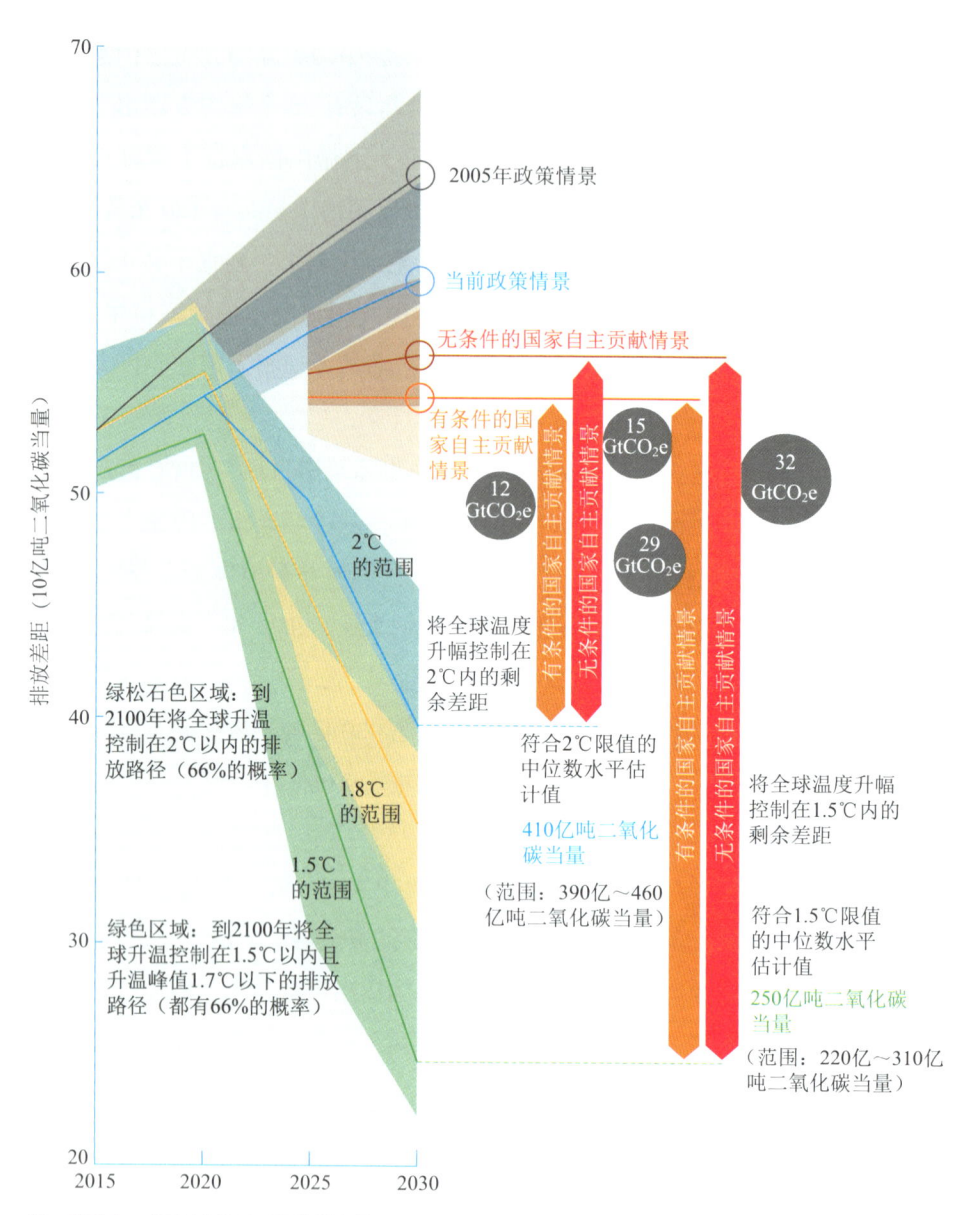

图 16-3 不同情景下的全球温室气体排放量及到 2030 年的排放差距

资料来源：联合国环境规划署 2019 年《排放差距报告》[20]

2. 全球盘点机制的潜在影响

全球盘点是《巴黎协定》"国家贡献+全球盘点"序贯累进机制中的重要环节，也是欧盟等缔约方推动建立提高力度"棘轮机制"的信息反馈环节。全球盘点虽然是《巴黎协定》建立的新机制，但实际上《公约》在第10条第2（a）款就规定要对全球采取的应对气候变化行动及其效果进行评估。全球盘点机制设计源于《巴黎协定》和巴黎会议决定（第1/CP.21号决定）。《巴黎协定》第14条对全球盘点机制的目的、原则、范围、时间和盘点结果的应用做出了规定，巴黎会议决定（第1/CP.21号决定）第99段列出了盘点的初步信息来源（见表16-2），为全球盘点机制的落实奠定了良好的基础。

表16-2 《巴黎协定》及其实施细则对全球盘点的规定

主要问题	规定
目标	盘点本协议的履行情况，以评估实现《巴黎协定》宗旨和长期目标的集体进展情况
原则	以全面和促进性的方式展开，并顾及公平和利用现有的最佳科学
范围	减缓、适应、实施手段和支持问题
时间	首次盘点在2023年，此后每5年进行一次，除非协定缔约方会议另有决定
信息来源	来源包括但不限于： ①关于以下内容的信息：缔约方通报的国家自主贡献的总体影响，《巴黎协定》第七条第10款和第11款所述信息通报以及《巴黎协定》第十三条第8款所述报告提供的关于适应努力、支持、经验和优先事项的现状，提供和撬动的支持情况 ② IPCC最新报告 ③附属机构的报告
结果	全球盘点的结果应为缔约方以国家自主的方式根据《巴黎协定》有关规定更新和加强它们的行动和支持，以及加强气候行动的国际合作提供信息

《巴黎协定》建立的全球盘点虽然是一种程序性机制，但并不是要求单一缔约方履行的义务。全球盘点旨在通过每5年一次收集气候变化科学、目标、政策与行动、实施效果与进展等方面的信息，汇总评估得出全球应对气

候变化的概貌，帮助全球气候治理各行为主体了解全球趋势，从而做出应对气候变化的更佳决策，共同推动各缔约方努力向前推进，逐步实现《巴黎协定》确定的目标。

全球盘点的理念十分有益，但实践面临信息滞后和前景不明两大挑战。全球盘点，第一要盘点各国应对气候变化的进展，了解全球所处的状态；第二要盘点科学认知，了解各国共同的目标和距离目标的差距；第三还应该盘点各国的优良做法与经验、科技发展的进展和趋势，识别未来达到目标应该遵循的路径。然而，一方面，由于透明度机制有天然的时滞性，使全球盘点的第一项任务同样存在时间滞后。例如，在2022—2023年开展的第一次全球盘点，按照现有透明度规则的产出，盘点只能基于全球2020年前的行动效果。要达到为各国在2025年通报新一轮针对2035年或2040年的国家自主贡献提供信息参考的目的，实际上很牵强。另一方面，科学评估对未来全球排放量、温升情景的认知主要基于模型计算，本身就存在很大的不确定性，尤其是科学模型无法预知未来科技发展的状态，如果模型假设科技迅猛发展、科技应用的成本快速降低，那么就可能得出各国有望大幅提高应对气候变化行动力度，实现《公约》和《巴黎协定》目标的结论；反之，可能得出悲观结论。因此，如果全球盘点因为信息输入的时滞性和对未来预期的偏颇，得出各国行动进展缓慢、可能实现不了既定目标的结论，必须加大行动力度，但又不知道可行的技术和可供调动的资金何在，这种结论只会打击各国应对气候变化的信心，无益于全球气候治理。

3. 透明度和遵约机制对全球气候治理的影响

为落实国际环境法为缔约方规定的义务，法律条约根据一般程序性规定和本身所适用的环境领域特征，构建了不同的机制促进缔约方履约。在《公约》和《京都议定书》下先后建立了国家报告、国际专家审评、遵约委员会和缔约方多边审议的机制，来督促和帮助缔约方履行条约义务。基于这些经验，《巴黎协定》第13条和第15条分别建立了透明度机制、促进履行和遵约机制。

以信息报告和审评为主要内容的透明度体系是《巴黎协定》有效实施的重要保障。强化透明度在《巴黎协定》谈判过程中就已经成为主要国家的政治共识。近年来，气候谈判主要缔约方均对透明度原则持接纳态度，改变了以往在此问题上的对立态势。在 2015 年 9 月达成的《中美元首气候变化联合声明》和 11 月达成的《中法元首气候变化联合声明》中，中国、美国、法国确认了在国际气候变化法体系下强化透明度安排的立场。最终，《巴黎协定》建立了"强化的透明度框架"，并由各缔约方按照授权在卡托维兹完成了实施细则的谈判。

这一体系建立在既往透明度履约实践基础上，针对缔约方在《巴黎协定》下所承担"共同但有区别"的义务，在为发展中国家提供履约灵活性和支持的情况下，遵循通用的模式、程序和指南。该规则体系有利于提高缔约方履约报告质量和可比性，督促各方履行条约义务，增进全球气候治理多边机制互信。然而，相比既往实践，这一体系在给发展中国家提出强化要求的同时尚未落实强化的支持，且体系本身的运行效率还有待观察。

《巴黎协定》建立的促进履行和遵约机制同样也只是条约的程序性机制，而不是缔约方的义务。与全球盘点不同的是，促进履行和遵约规则分析评估的重点是单一缔约方履行协定的努力。然而，由于《巴黎协定》确立的国家自主贡献机制要求各国自己提出行动目标，并且各国的目标并不是国际条约的组成部分，因此是否完成国家自主贡献提出的目标，不能成为促进履行和遵约规则评估的对象。根据缔约方达成的《巴黎协定》实施细则，促进履行和遵约规则评估和处理的主要包括四类问题：第一，缔约方书面提出的关于自身履约的任何问题；第二，缔约方是否履行了《巴黎协定》规定的强制性义务，如提交国家自主贡献；第三，在当事缔约方同意的情况下，就其在《巴黎协定》第 13 条第 7 款和第 9 款的报告所出现的严重性、持续性问题进行审议；第四，多个缔约方都出现的系统性履约问题。其中，处理第四类问题是《京都议定书》遵约机制没有的功能。

透明度机制与促进履行和遵约机制之间的联系如图16-4所示。

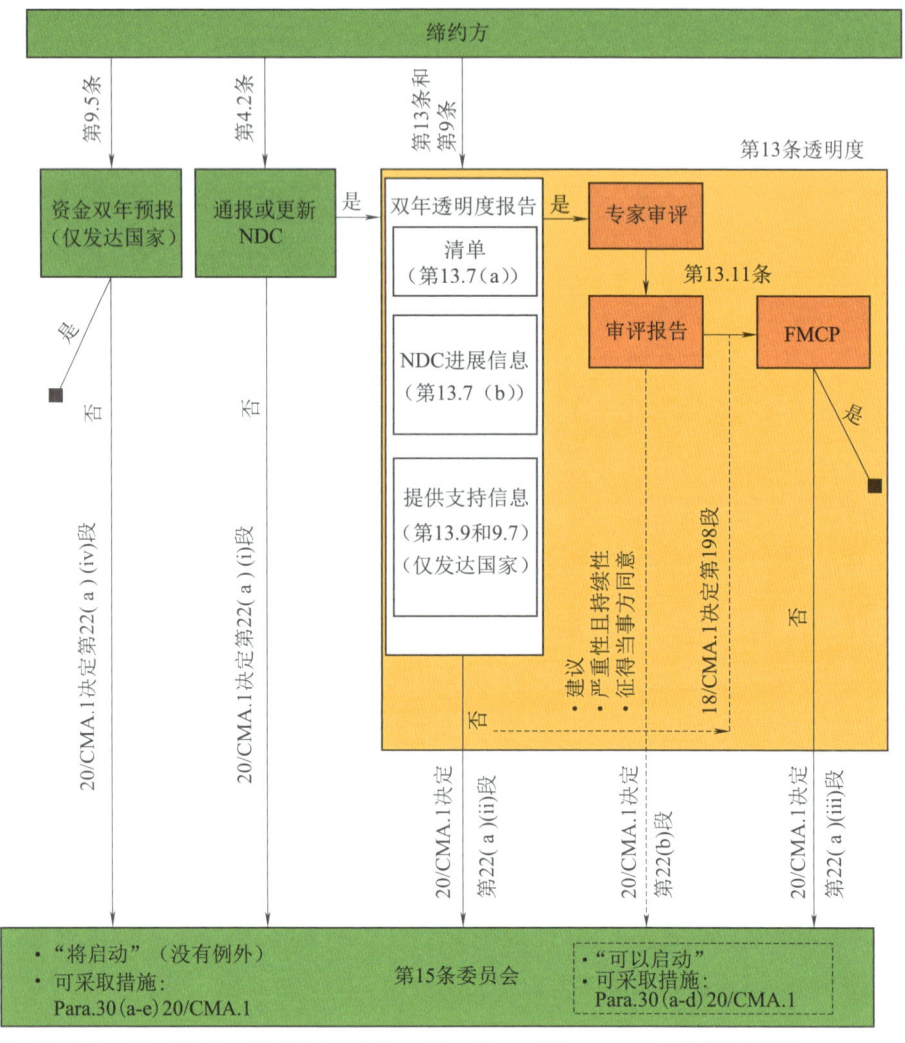

图 16-4 《巴黎协定》透明度机制与促进履行和遵约机制的联系

注：FMCP——Facilitative Multilateral Consideration of Progress，促进性多方审议。
NDC——Nationally Determined Contributions，国家自主贡献。
CMA——Conference of the Parties Serving as the Meeting of the Parties to the Paris Agreement，《巴黎协定》缔约方会议。

资料来源：高翔、Christina Voigt 根据《巴黎协定》及其实施细则自制

4. 全球气候治理进程在条约外的磋商与合作

在气候变化多边进程中，中国参与并形成了立场相近发展中国家集团、基础四国集团以及"气候行动部长级会议"（MoCA）等合作机制，同时也与美国、欧盟等主要缔约方开展了务实合作和交流，为全球气候治理做出了重要贡献。

中国、印度、巴西、南非组成的基础四国集团，于2009年11月28日联合国气候变化谈判哥本哈根会议召开前夕，在中国的倡议和推动下形成，标志着面对发达国家主导国际体系的现状，发展中大国开始有意识地团结、协调并坚持自身立场，以维护广大发展中国家利益，这对现有气候变化全球治理而言是一个新变量。立场相近发展中国家集团是2012年5月在《公约》附属机构会议期间自发形成的谈判集团，成员国分别来自阿拉伯集团、非洲集团、印度、中国、部分东南亚新兴经济体和部分拉美国家，这些国家和地区在维护《公约》在全球气候治理中的主渠道地位，坚持"共同但有区别的责任和各自能力原则"[21]，要求发达国家为造成全球气候变化的历史责任负责，要求发达国家加大对发展中国家应对气候变化和可持续发展的支持等问题上，有着共同的立场，共同捍卫发展中国家的整体利益。

在发达国家和发展中国家的小多边合作方面，2009年由美国时任总统奥巴马提议成立的"主要经济体能源和气候变化论坛"（MEF）及其后继者"气候行动部长级会议"具有典型意义。MEF由中国、美国、欧盟等17个主要经济体组成，通常开展部长级对话，以期识别全球气候治理和联合国气候变化谈判中的关键问题，并提供政治层面的解决思路。MEF在2009年哥本哈根会议前还举行了首脑峰会，为哥本哈根会议提供了政治动力。随着2017年6月美国总统特朗普宣布将退出《巴黎协定》，并且不再组织MEF，2017年，中国与欧盟、加拿大共同召集气候行动部长级会议，旨在为主要经济体和气候变化国际谈判其他关键缔约方部长提供交流平台，为推动气候多边进程和全球气候行动提供部长级指导和政治推动力。

在能源、环境和气候变化领域，中国与美国已经有 30 多年的合作历史。2013 年到 2016 年期间，两国元首就气候变化发表了四次联合声明，同期建立的中美气候变化工作小组推动了能效、电动汽车、绿色港口、数据监测等领域的合作。两国合作还推动成立了美国非国家行为体应对气候变化合作机制和中国达峰先锋城市联盟，加强了两国在地方政府层面开展的气候合作。中美的密切合作也为《巴黎协定》的达成奠定了坚实基础。近年来，中国与欧盟在碳市场、低碳城市、适应等相关领域开展了一系列务实合作，在贡献于各自应对气候变化政策与行动的同时，也增进了中欧双方在全球气候治理中的互信。

新冠肺炎疫情对全球气候治理的中长期影响

2020 年新冠肺炎疫情不断蔓延，已影响全球 200 多个国家和地区，至今仍未止息，不仅给各国人民生命安全和身体健康带来巨大威胁，也给全球公共卫生安全带来巨大挑战，相应地也影响到全球气候治理的进程。

1. 气候变化的关注度受到削弱

新冠肺炎疫情严重冲击各国经济，对经济复苏和公共卫生的关注势必使气候变化议题在国际政治议程中的地位降低，应对气候变化行动在各国资源分配中的优先度也将下降，发达国家也将借口削弱向发展中国家提供应对气候变化资金、技术、能力建设支持的意愿和力度。疫情是短期突发重大公共卫生安全事件，气候变化则是中长期国际生态安全和环境危机，尽管气候变化对全球的影响足以使各国像应对疫情一样共同行动，但从全球应对疫情危机的历程来看，迅速蔓延的疫情对于应对全球变化所做出的努力可能是一次严峻挑战，全球气候治理进程将面临更为严重的国际合作应对的互信危机。应对疫情还影响了一些国家通报或更新国家自主贡献的力度和进度，截至 2020 年 4 月 30 日，仅有马绍尔群岛和苏里南通报了第二轮的国家自主贡献，挪威、瑞士、摩尔多瓦、新加坡、日本、智利和新西兰等 7 个缔约方更新了第一轮的国家自主贡献。许多发展中国家表示因受疫情影响，原本应该获得用于支持研究和编制国家自主贡献的资金难以到位，人员也无法安排，预计将推迟提交国家自主贡献。

2. 全球低碳转型进程将延缓

新冠肺炎疫情快速蔓延，导致全球经济陷入短期停滞状态，而且有迹象表明，全球经济增长趋势可能由此遭到巨大冲击。同时，各种短期救灾、恢复和刺激措施也将在一定程度上影响全球低碳转型进程。根据摩根大通对2020年各国GDP的预测，如果2020年第三季度和第四季度全球经济复苏，那么2020年的全球碳排放量可能会从2019年的水平下降0.5%~2.2%，出现短期的、不可持续的V形反应。

根据国际能源署和石油输出国组织的初步分析，受疫情影响，能源需求可能出现急剧下降，主要国家近期将能源安全放在更加优先的位置，石油、天然气、煤炭和碳价格也可能会在较长一段时间内保持低位，从而降低节能的经济效益，影响可再生能源发展的竞争力。特别是随着疫后复苏和刺激政策的集中出台，将推动阶段性的经济反弹和报复性消费，全球碳排放量短期内将可能再次上升。如果当前各国政府和投资主体因疫情而忽视对低碳能源和绿色基础设施的投资，从长远来看将会导致全球低碳转型的目标脱轨，最终阻碍绿色经济的转型。

受疫情影响，欧盟已经宣布推迟"欧洲绿色新政"的部分内容，捷克总理提出放弃"绿色新政"以便将全部注意力集中于应对疫情，波兰国有资产部副部长则建议暂停欧盟碳排放交易计划，或将波兰豁免，以便集中精力和资金应对疫情。美国特朗普政府2020年3月末发布了新的汽车排放标准，要求到2026年前，将汽车的燃油效率由奥巴马政府时期规定的每年提高5%降至每年提高1.5%，这项政策虽在短期内有利于刺激美国低迷的汽车产业，却提高了车辆的碳排放水平。

3. 逆全球化加剧将恶化气候变化国际合作和全球治理环境

新冠肺炎疫情在全球快速蔓延，导致许多国家的国际交通、人员、资金、物流中断，疫情期间的救灾和民生物资保障成为许多国家面临的难题，可能引发社会动荡，加剧部分国家出现的民粹主义和逆全球化趋势。同时，为了保障本国经济发展和民生需求，一些发达国家将加快恢复那些已经转移到发展中国家、关系到重大民生和战略物资生产的基础制造业，全球产业链、供应链可能出现重大变化，有可能使各国在全球联通、产业链合作等方面趋于保守，将使发展中国家在全球产业合作和治理博弈中进一步处于劣势地位。逆全球化，尤其是气候变化领域的单边主义抬头，将促使美国政府继续重弹疫情老调，在自身不作为的同时，抹黑中国的努力与成效，并将全球应对气候变化责任甩锅给中国。欧盟等部分发达国家和地区也可能趁机分化发展中国家，加大对发展中大国提高减排力度和出资的施压。一些发展中国家在关系到发展中国家整体利益的重大问题上可能做出妥协，以获取发达国家在资金、技术、能力建设上支持的可能性增加。

未来全球气候治理的新形势、新局面、新特征

全球气候变化形势严峻，迫切需要全球有力度的气候行动。2018年10月，IPCC发布了关于全球温升控制1.5℃的特别报告，从科学上进一步凸显了气候变化问题的紧迫性和严峻性。其他很多国际机构和研究机构的报告也都表明，各方提交的国家自主贡献不足以实现《巴黎协定》确定的2℃和1.5℃全球长期目标，国际社会面临提高减排力度的压力。美国海洋大气管理局（NOAA）的监测数据显示，2019年6月是人类140年观测史上最热的6月，国际社会也普遍意识到气候变暖的现实。

国际多边环境越发复杂，全球气候治理面临领导力缺乏等多重挑战（潘家华，2014）。2017年6月，美国总统特朗普宣布美国将退出《巴黎协定》。作为全球第一大经济体、最大的发达国家、最大的温室气体排放国之一，美国政府的气候政策转向消极，认为应对气候变化的政策行动阻碍了经济增长。美国的不作为给各国气候行动和国际应对气候变化合作带来了巨大冲

击[22]。欧盟虽然在2019年年底由新任欧盟委员会主席冯德莱恩提出了"欧洲绿色新政"，试图重塑欧盟在引领全球环境和气候治理中的地位。然而，近年来由于经济增长乏力、英国"脱欧"、难民危机、民粹运动等一系列内部问题，欧盟在担当全球气候治理进程"旗手"角色方面逐渐呈现出的"心有余而力不足"局面尚未得到根本缓解。巴西总统博索纳罗在气候变化问题上表态消极，受此影响，巴西政府撤回了举办2019年联合国气候变化大会的申请。一些新兴经济体和发展中国家也面临经济增长、消除贫困、保护环境、应对气候变化等多方面挑战，在缺乏资金、技术、人力资源的情况下，难以兼顾各项发展议程。

气候变化是全人类面临的最严峻和最紧迫的挑战之一，应对气候变化是当前国际关系中各国利益交汇点大于矛盾分歧的领域，也是最具有合作空间和潜力的领域，更是最需要通过多边主义凝聚共识、协调行动的领域。在近年来全球单边主义、孤立主义、保护主义、民粹主义盛行的大背景下，通过多边主义维护世界和平与发展、应对全球性挑战的方式，面临来自不同国家、群体越来越多的质疑和挑战。卡托维兹会议的成功，极大地鼓舞了全球维护和平发展、坚持多边主义、推进全球治理的进步力量，然而智利-马德里会议又打击了这一多边互信。中国应当坚定倡导通过多边主义团结合作应对气候变化，与欧盟、英国等积极方面共同为多边进程注入更多正能量，平衡并充分照顾各方在全球气候治理多边进程中的关切，进一步巩固和维系多边进程的有效性，尽可能将美国带回积极应对气候变化的进程当中，恢复并巩固来之不易的以和平、合作、发展为主流的国际秩序。

在中国，党的十九大报告开创性地提出了习近平新时代中国特色社会主义思想，首次提出了"引导应对气候变化国际合作，成为全球生态文明建设的重要参与者、贡献者、引领者"的论断，这是对中国参与全球气候治理作用的历史性认识。这一重大论断既指出了应对气候变化国际合作在全球生态文明建设中的重要地位，也明确了中国在全球气候治理中的国家定位，不仅体现了党中央对气候变化国际合作工作的高度肯定，也回应了国际社会期待中国展现领导力的舆论声音，更为在新时代开启中国引领全球气候治理新征程、树立为全球生态安全做贡献的新使命、推动构建人类命运共同体的新梦想指明了方向。

战略和对策：推动应对气候变化的国际合作

气候变化是当下全球瞩目的热点议题，其全球性、潜在性、长期性、危害性决定了只有通过最广泛的国际合作才能有效应对其影响和危害[15]。应对气候变化国际政治进程在过去近30年内不断发展和完善，基于《公约》，各国在协商一致的基础上达成了《京都议定书》、"坎昆协议"、《巴黎协定》等一系列成果，并建立了相关机制、机构和一系列技术规则。2020年后的全球气候治理基本形成了以《公约》和《巴黎协定》为核心、其他多边和双边进程为补充的基本体制，要求各国政府在"自主决定"的基础上积极开展应对气候变化行动与合作，充分调动气候资金，激励技术创新，加强能力建设，鼓励全社会广泛参与，共同应对气候变化带来的挑战。在牢固树立人类命运共同体意识的基础上，中国将更广泛和深入地参与全球气候治理。

国际气候条约仍将发挥基础性作用，但条约外机制发挥的作用不容忽视

当前全球应对气候变化的国际合作主要以《公约》体系下的谈判、规则制定和合作为主，包括《京都议定书》和《巴黎协定》，通过气候资金支持、气候友好技术的开发与转移、加强能力建设、应对气候变化的政策行动与进

展分享等方式展开。

在气候资金合作方面,《公约》第4.3条明确提出了资金由发达国家提供给发展中国家这一流向;《巴黎协定》进一步演化为发达国家有向发展中国家提供资金支持的义务,同时鼓励其他国家向发展中国家提供资金支持。IPCC第五次评估有关结论显示,在实现2℃目标的情景下,全球2010—2029年对非化石能源的投资增量需求约为每年1 470亿美元,对提高能效的投资增量需求约为3 360亿美元。与《公约》外其他双边资金合作机制相比,《公约》下气候资金机制更透明、公平,各国可通过缔约方大会决定审议资金支持并施加影响,能够更好地反映发展中国家的诉求。

气候友好技术的创新突破、大规模扩散和应用是实现全球应对气候变化目标的关键,因此,气候友好技术合作也是全球气候治理的重要内容。气候友好技术的开发和转让与一般技术有共性也有区别。与其他技术一样,气候友好技术要经历研发、示范、商业化应用等环节,部分减缓技术可以且正在通过商业途径按照一般性技术的过程,实现从发达国家向发展中国家的转让。其中,《京都议定书》建立的"清洁发展机制"(CDM)为发达国家向发展中国家转让可再生能源等现代化减排技术并提供必要的配套资金,提供了有效的运作方式。《公约》正是出于寻求维护国际技术市场秩序和加快气候友好技术开发与转让步伐平衡的目的,对发达国家提出了向发展中国家转让气候友好技术的要求。

《公约》就发达国家向发展中国家提供能力建设方面的支持也提出了详细的要求。应对气候变化能力建设活动首先应充分考虑发展中国家的切实需要,考虑到发展中国家的能力需求会随着经济、社会发展以及应对气候变化行动的深入实施而发生动态变化,能力建设活动应按照国别不断跟踪评估各国的具体能力建设需求,并反映各国可持续发展战略重点和行动规划。图16-5展示的是《公约》下涉及能力建设活动的议题机构及其活动内容。

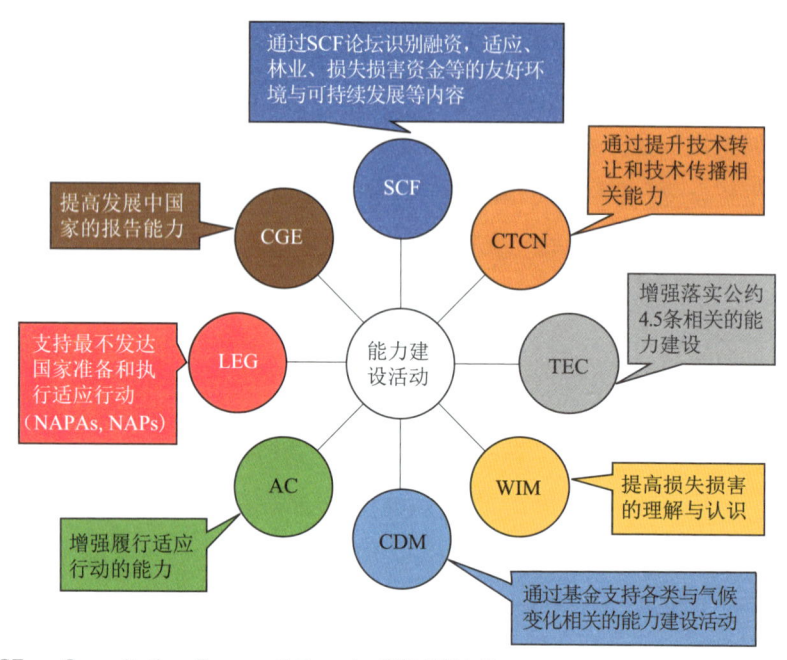

注：CGE——Consultative Group of Expert，咨询专家小组。
　　SCF——Standing Committee on Finance，常设资金委员会。
　　CTCN——Climate Technology Centre and Network，气候技术网络中心。
　　TEC——Technology Executive Committee，技术执行委员会。
　　WIM——the Warsaw International Mechanism for Loss and Damage，气候变化相关损失损害华沙国际机制。
　　CDM——Clean Development Mechanism，清洁发展机制。
　　AC——Adaptation Committee，适应委员会。
　　LEG——Least Developed Countries Expert Group，最不发达国家专家组。

图 16-5 《公约》下涉及能力建设活动的议题机构及其活动内容

《公约》建立的透明度机制在督促和约束各方履约的同时，也为各方分享信息和行动进展提供了平台，有利于鼓励各方相互学习和建立互信[23]。透明度机制中的报告规则，要求各方报告与应对气候变化相关的国情、气候变化观测与科学研究、遭受的气候变化风险和危害、采取的适应措施、实施的减缓政策与行动及其效果、参与国际碳市场合作、提供或收到应对气候变化支持等信息。国际专家审评可以帮助缔约方提高报告质量。多边审议则提供了缔约方之间相互交流讨论、分享经验的机会。报告信息的披露和多边审议，有助于其他缔约方和利益攸关方理解当事缔约方采取气候政策的出发点、面临的困难、对未来的规划、希望得到的帮助、实践中的经验和教训等，既可帮助各方建立互信，也为各方寻求新的合作领域提供了权威信息。

除《公约》体系外，发达国家的官方发展援助（ODA）、应对气候变化南南合作、非国家行为体应对气候变化合作，以及其他多边机制下的气候合作等多种机制，也在全球应对气候变化国际合作中发挥重要作用。

发展援助委员会（Development Assistance Committee，DAC），是经济合作与发展组织下属的委员会之一。该委员会负责协调向发展中国家提供的官方发展援助。DAC 在发展援助环境指标 Rio markers 的基础上，针对减缓和适应气候变化行动的支持进一步完善了相关指标。DAC 成员需要根据该套评价指标体系汇报每一项开发性金融活动或援助活动的类别和涉及与气候变化相关的要素，以供评估。

随着新兴发展中国家在国际事务中发挥更重要的作用，南南合作将在全球应对气候变化进程中发挥更积极作用。巴西、印度、南非及中国组成的"基础四国"是新兴发展中大国的代表，在区域事务和国际气候合作中有重要的影响力。四国依托自身优势和发展需求，开展了卓有成效的气候变化南南合作。

在 20 余年中，非缔约方行为体逐渐成为全球气候治理中不可或缺的重要角色，应对气候变化国际机制转向"多层治理"与"利害关系交织的网络治理"的趋势已较为清晰。传统的"国家中心"范式已出现新变化，很多行动已经超越政府间的多边协定，权力分散在社会组织和不同类型的行为体层面。国际航空和航海产生的温室气体排放虽然纳入《公约》下国家温室气体清单编制，但并不计入国家排放总量，因此各方在国际航空和航海组织下发起减排行动，国际航空和航海组织在主导国际航空和航海相关的减排谈判、引领节能和减排技术升级、促进国际合作方面会发挥不可替代的作用。为了提高应对气候变化进程的效率，在一些大国的推动下也涌现了新的应对气候变化"小多边"机制，包括20国集团、主要经济体能源和气候变化论坛、气候行动部长级会议等。

中国参与全球气候治理面临的关键挑战

经过近30年的发展，全球气候治理已经形成科学认知—政策建议—条约规制—各国落实—国际合作的实践链。各国参与全球气候治理都顺应这一链条而行，对任何一个环节的抵制和破坏，都受到国际社会的谴责，比如美国、巴西等一些国家领导人对气候变化科学的质疑，加拿大不落实《京都议定书》下的义务转而退出，美国拒绝在《公约》和《巴黎协定》下为发展中国家提供国际合作支持等。与此同时，还形成了经济发展—温室气体排放—温室气体在大气中积累—气候变化—气候变化风险—损失与损害的科学逻辑链。中国未来积极参与和引领全球气候治理，必须关注这两个链条，从维护国家利益和构建人类命运共同体的角度，在每个环节上做好战略部署。从当前的实践看，中国未来主要面临四个关键挑战。

第一，缺乏科学话语权，无法扭转全球气候治理的错误决策方向。IPCC给出的应对气候变化科学逻辑链中，最根本的科学事实是温室气体在大气中的累积造成了气候变化。然而，自《京都议定书》第一承诺期在2012年结束以来，这一最根本的科学事实并未成为全球气候治理机制和各国制定气候政策的依据。根据这一科学事实，各国为了实现全球温升控制目标，应当对一段时期内各自的温室气体排放总量进行限制，这也是《京都议定书》按承诺期设立整个承诺期内排放许可限制的科学依据。然而，依据这一科学事实决策的《京都议定书多哈修正案》自2009年至今尚未生效，而修正案设定的第二承诺期于2020年12月31日到期；所有国家在设定和落实排放控制目标时，都以某单一年份为目标设定，偏离了科学事实；而全球气候治理也逐渐不再以历史累积排放衡量各国责任，不以人均历史累积排放衡量公平，而只看当前和未来某一年份各国排放总量。中国的科学家应当深入研究并引导学界、舆论和政策决策者重新回归这一科学事实，维护中国公平发展权益。不能任由科学界完全顺着欧美等发达国家建立起来的既不公平也不合理的话语体系推进，并要求各国设定高强度的减排目标，给新兴发展中大国的发展施加外部压力。

第二，中国如果在近中期无法实现净零排放，将长期保持全球第一排放大国地位，甚至成为历史累积排放第一大国。尽管中国已经明确建设生态文明，坚定走绿色低碳发展的道路，但中国当前每年温室气体排放量达到100多亿吨，而碳汇吸收的二氧化碳大约10多亿吨，不可能通过天然的碳汇来抵消排放。而碳捕集与封存技术在短期内实现商业化应用的前景尚不明朗，因此实现90%规模的减排，只能依托降低能源和资源消费、零碳能源技术和工业制造过程的免温室气体排放工艺革新。能源和工业低碳及零碳技术虽然已经得到长足发展，但在中国大规模应用以实现能源和工业部门零碳发展的时间尚难以预期。与此同时，主要发达国家已经实现温室气体排放下降。从现在到2050年，欧盟、英国、美国等发达国家如果通过产业转移、能源革命、工业技术革新等措施，持续大幅降低温室气体排放，并以碳汇和国际减排指标抵消排放，从而实现净零排放，发达国家在百年内历史累积的温室气体排放也有可能低于中国。届时，中国在全球气候治理中将毫无疑问承担最大责任。

第三，作为全球第一大排放国是否要为气候变化造成的损失和损害买单。根据气候变化科学逻辑链，气候变化最终造成的损失和损害，与大气中累积的温室气体排放有因果关系。按照这一逻辑，如果以国家作为全球气候治理的主体，则历史累积排放温室气体多的国家，应当承担更多的责任。如果这一因果链在科学上没有改变，而中国又成为历史累积排放最多的国家，则摆在中国面前的不仅是承担减排责任，更是道义谴责的问题。可以想象，届时美国、欧盟等发达国家和地区将极力借机煽动全球对中国的对抗，在百年未有之大变局中孤立和压垮中国。改变这一结果的根本是要扭转中国碳排放趋势,尽快实现低碳转型和向净零排放发展。同时,也应当在学术、道义和全球治理中探讨气候变化影响和经济社会发展需求的问题,对如何更好地平衡一些人群合理正当发展需求与其他一些气候变化脆弱人群的生存和发展需求,给出更合理的逻辑和更好的解决方案。

第四,如何维护发展中国家整体利益。出于国家利益,发达国家和发展中国家的对立博弈将持续存在。发展中国家整体团结是中国外交的战略依托。然而,随着经济社会的不断发展,发展中国家在发展水平上的差距越来越大,发展中国家在经济发展、应对气候变化等问题上的利益分化也越来越明显,维护发展中国家整体团结越发困难。而不团结的发展中国家在与相对团结的发达国家博弈时,将处于更加劣势的地位。发达国家可以利用少量资源和空口许诺,挑起发展中国家内部的相互争斗,将发展中国家各个击破,并将责任转嫁到发展中大国。维护发展中国家团结不能停留在口头上,根本是要通过务实合作,帮助发展中国家实现可持续发展和增强应对气候变化的能力。

中国应对气候变化国际合作的长期战略

气候变化是全球共同面临的挑战,任何一个国家都无法置身事外,应对气候变化必须坚持人类命运共同体理念,遵循多边主义国际法治,通过可持续发展实现经济发展和应对气候变化双赢。党的十九大明确了到21世纪中叶分两步走建成富强民主文明和谐美丽的社会主义现代化强国的目标。中国在应对气候变化国际合作领域寻求定位时,需综合考虑各种因素,既要尊重科学要求,体现责任和能力,妥善应对关键挑战,也要以我为主满足本国可持续发展需求,并兼顾国际预期和国际形象。

第一,坚持《公约》基本原则,维护国际公平和正义。《公约》是全球气候治理必须遵循的基本规则,《公约》确立的公平、共同但有区别的责任和各自能力原则，是全球气候治理体系的基石[23]。实现低排放发展是世界各国共同的目标，但各国走向这一目标的历史、路径各不相同。实现全球低排放发展，必须充分考虑发达国家和发展中国家在气候变化问题上不同的历史责任[24]，以及在发展上不同的起点和现处阶段，任何"一刀切"的做法都有违公平。各国应当遵循《公约》的原则和规定，制定符合本国历史责任、发展路径的低排放发展战略，承担符合历史责任、国情、发展阶段的国际义务。

第二，全面落实《巴黎协定》各项规定，确保低排放发展实施效果。《巴黎协定》是实施《公约》的重要阶段性安排，符合全球发展大方向，成果来之不易，应该共同坚守[19]。《公约》目标不可能自然而然地实现，各国的长期低排放发展战略也不可能一天完成。各国应当系统盘点 2020 年前减排承诺的进展、成功的经验和存在的问题，以此为基础，善意、全面履行《巴黎协定》的各项规定，通过《巴黎协定》建立的国家自主贡献和全球盘点机制，不断巩固在符合本国国情的低排放路径上取得的成果，确保不断实现新的进展，最终达到本国战略目标，进而集体实现《公约》目标。

第三，反对单边主义和保护主义，实现应对气候变化合作共赢。单边主义和保护主义是全球应对气候变化的巨大威胁，违背了《联合国宪章》精神，更是对发展中国家实现可持续发展的巨大威胁。以避免"碳泄漏"、确保公平竞争为名，行单边主义、保护主义之实，只会导致全球气候治理丧失互信，为国际合作制造人为障碍，并导致发展中国家难以获得发展所需的资金和技术资源，从而继续陷入贫困。单边主义和保护主义注定会失败。只有在人类命运共同体理念下，坚持真理、不计较付出，通过深化务实国际合作，共同推动发展转型、产业升级、能源革命、技术创新、成果共享，应对气候变化才能实现。

第四，中国将主动承担应对气候变化的国际责任，欢迎各国搭乘中国低排放发展"顺风车"。中国是世界最大的发展中国家，仍处于并将长期处于社会主义初级阶段。作为负责任的大国，中国将持之以恒地积极应对气候变化，全面落实应对气候变化的各项国内政策，推动和引导建立公平合理、合作共赢的全球气候治理体系。到21世纪中叶，中国将建成富强民主文明和谐美丽的社会主义现代化强国，届时中国将有更大的能力进一步加大应对气候变化南南合作力度，支持发展中国家特别是最不发达国家、内陆发展中国家、小岛屿发展中国家应对气候变化挑战，同时为共建、共赢、共享的全球气候治理贡献更多的中国智慧和中国力量。

中国应对气候变化国际合作的近期策略

1. 应对气候变化国际合作近期策略的要素

坚定支持基于多边主义应对气候变化，积极善意履行《公约》和《巴黎协定》。中国应坚持以《公约》及其《京都议定书》《巴黎协定》为核心和主渠道，致力于在公平、共同但有区别的责任和各自能力原则基础上，推动构建公平合理、合作共赢的全球气候治理体系。推动各方全面准确理解和实施《巴黎协定》，特别是其目标、原则，以及"自下而上"的国家自主贡献机制。在共同但有区别的责任等原则基础上，扎实落实中国国家自主贡献，与各方一道推动减缓、适应，以及发达国家向发展中国家提供资金、技术开发与转让、能力建设等实施手段支持的行动和力度，不断提高履约透明度，积极参与全球盘点，促进履行和遵约进程，全面深入落实《巴黎协定》。

中国在近期应对气候变化国际合作的具体领域可能包括但不限于：气候变化研究与系统观测、气候灾害预警预报、气候友好技术研发、适应气候变化体制机制和基础设施建设、提高能效、发展可再生能源、绿色低碳交通、绿色建筑、基于自然的解决方案等。

中国开展应对气候变化合作应遵循以下原则选取合作的区域：一是应先考虑生态环境脆弱、应对气候变化能力较差的地区；二是应关注低碳发展需求较大、减排潜力较大的区域；三是要选取有互补优势的区域；四是将有益经验与最需要的国家和地区分享。

为了支撑中国开展更广泛和有力的应对气候变化国际合作，还应完善加强以下几个领域的机制和政策：

第一，国际发展合作的统筹协调机制。应对气候变化贯穿于发展的各个方面，涉及产业发展、能源安全、粮食安全、公共健康等，这使气候合作不仅局限在低碳能源等特定领域，而且几乎涵盖了所有的经济和公共部门，需要统筹协调。

第二，信息统计和披露机制。数据和信息是科学决策的基础，应加强国际气候合作的统一信息报告机制。

第三，事前、事中和事后评估机制。未来国际气候合作将涉及更多的国家，需要通过双边磋商、考察等多种形式了解各国真正的诉求，也需要与国际组织等第三方机构合作进行资源优化管理和调配。

第四，公众参与机制。要促进双方的公众参与，可以从加强对企业、民间组织的支持入手，建立针对企业的政策支持体系和管理服务体系，增加对民间组织的资金和政策支持。

第五，灵活多样的融资机制。建立灵活的筹资和捐赠机制，有效撬动私营部门资金，鼓励私营部门投资及与政府开展合作，创新绿色金融工具，加强政策引导，确保资金流向与低温室气体排放和气候适应型发展方向一致。

2. 强化"一带一路"共建国家应对气候变化国际合作

习近平多次强调要将绿色作为"一带一路"的底色，推动绿色基础设施建设、绿色投资、绿色金融，共建人类命运共同体。近些年来，中国秉承"共商、共建、共享"的原则不断推动"一带一路"建设，与"一带一路"共建国家在众多领域，包括应对气候变化行动上，都取得了重要进展和显著成效，无论是对中国还是对全世界都具有重大而深远的影响。据测算，如果"一带一路"共建国家继续传统增长模式，到2050年，这些国家的碳排放量可能会占全球碳排放量的66%；到2030年，"一带一路"共建国家至少要进行 12 万亿美元的绿色投资，才能确保与《巴黎协定》的目标路径相一致。

"一带一路"国际合作作为中国全方位海外发展战略重要部署，是中国向世界提供的全球治理中国方案，而"一带一路"倡议之初就是通过基础设施建设推动参与国的互联互通。加强对"一带一路"倡议低碳和气候韧性发展基础设施建设的投资，不仅本身能够形成新的增长点，激发区域内各国的潜力，更可以促进投资和消费，创造需求和就业，为"一带一路"沿线国家未来实现气候友好型发展打下坚实的基础。

绿色产能合作是实现绿色"一带一路"的重要途径。绿色产能合作发展的目的是要保护公众身体健康，维护生态环境系统和应对气候变化，保护人类和生物赖以生存的环境，支持社会和经济的可持续、绿色低碳和包容性发展。习近平提出打造"绿色、健康、智力、和平"的丝绸之路，其中绿色排在最前面。"一带一路"国际合作重点虽然还是基础设施建设，但中国在支持这些区域基础设施和相关行业发展中可以发挥重要作用。中国应发挥行业领先和节能环保等方面的优势，促进相关行业的绿色产能合作发展。

绿色投融资对"一带一路"共建国家应对气候变化合作具有重大意义。在世界多极化、经济全球化、社会信息化及文明多样化的发展趋势下，越来越多"一带一路"共建国家和地区计划考虑、开始发展绿色金融。巨大的绿色投融资空间不断得到极大激发，为新一代绿色产品和绿色技术提供了资源投入和广阔市场，绿色投资已成为经济增长的新引擎。全球可持续发展进入以绿色经济为主驱动力的新阶段，绿色投资逐渐成为世界主要经济体的发展新动能，也必将成为"一带一路"应对气候变化国际合作的重要支撑。

第十七章

中国中长期低碳排放战略情景

中国经济进入新常态，未来经济增长方式也将进行重大变革。需要研究如何以经济有效的方式实现承诺目标，履行负责任大国的国际义务。本章系统性梳理世界主要国家低碳排放政策及全球和主要国家低碳发展现状，利用中国－全球能源模型（C-GEM）分析面向 2050 年的四种中国低排放战略情景，并结合三个自下而上的技术模型分别对电力、交通和建筑三大重点排放部门进行校核验证。研究结果显示：

（1）中国低碳能源经济转型的力度与深度对中国未来的碳排放总量和达峰时间及能源总量产生显著的影响。

（2）能源结构优化是实现低排放路径的重要任务和长期目标。

（3）产业结构升级和技术进步是实现低排放路径的必要手段。

（4）低排放路径不能自发实现，需要强有力的政策法规推动，包括配套的法律法规、可再生能源发展和天然气利用等专项政策、碳市场等市场机制以及体制机制改革等方面。

（5）低排放路径的社会福利影响能控制在可接受的范围内。

针对 2050 年中国低碳发展战略的政策体系与保障机制，提出如下五点政策建议：

（1）实施经济发展、环境保护和减排二氧化碳多方共赢的协同对策。

（2）加强技术创新，为推动能源革命提供强有力的支撑和保障。

（3）扩大国际合作，实现开放互利与合作共赢。

（4）完善政策法规体系，逐步加强法治保障。

（5）完善市场机制，发挥价格信号低碳绿色发展导向作用。

世界主要国家低碳排放政策

欧盟

就欧盟而言，低碳转型和应对气候变化的法律和政策措施概括起来主要有四个方面：一是制订战略规划，主要是指设定温室气体排放控制及相关战略目标；二是测量、报告和核实体系建设；三是建立排放交易体系；四是出台技术、部门、温室气体排放等针对性的政策，包括碳捕集与封存、低碳交通、含氟气体管理等。

2019年12月欧盟委员会正式公布了具有全球领先意义的新绿色增长战略——《欧洲绿色新政》。2020年3月，欧盟委员会《欧洲气候法》草案出炉，提出以立法的形式明确到2050年实现气候中性的目标，要求欧盟所有机构和成员国都采取必要措施以实现上述目标，还规定了采取何种措施来评估成果，以及分步实现2050年气候目标的路线图。2020年3月，联合国气候变化框架公约网站公布欧盟"长期温室气体低排放发展战略"文件，欧盟委员会总秘书处代表欧盟及其各成员国正式承诺欧盟2050年实现气候中和。设定排放目标的政策包括三个层面：一是欧盟整体对国际社会的承诺；二是欧盟整体排放控制目标在各成员国之间的责任分担；三是欧盟中长期低碳发展和应对气候变化规划。除了低碳发展规划和体系建设，欧盟还制定了一些具有技术、部门、温室气体针对性的政策，包括碳捕集与封存、低碳交通、含氟气体管理等。

英国

英国2003年发布的能源白皮书《我们的能源未来：创造低碳经济》中提出了四项低碳转型的目标：一是减排温室气体，到2050年减排60%，并且在 2020 年取得显著进展；二是确保能源安全；三是增强市场竞争力，提高生产力，促进可持续发展；四是确保居民享用足够的、可负担的能源。自 2003 年以来，英国陆续推行了许多有特色的低碳转型政策，主要包括碳预算管理、碳排放权交易和气候变化税、节能政策体系等。2019 年，英国气候变化委员会（CCC）发布的报告 Net Zero—The UK's contribution to stopping global warming 发现，到 21 世纪中叶实现"净零"目标符合英国在 2015 年《巴黎协定》下的承诺。英国新修订的《气候变化法案》于 2019 年 6 月 27 日生效，正式确立英国到 2050 年实现温室气体"净零排放"的目标，即通过植树造林、碳捕捉等方式抵消碳排放。英国由此成为世界主要经济体中率先以法律形式确立这一目标的国家。

德国

尽管民主德国地区政治和经济体制剧变对德国整体 1990 年以来经济增长与碳排放"脱钩"的趋势起了一定作用，但是不可忽视的是，德国确实通过多方面的政策措施，实现了低碳转型，主要包括以下三个方面：一是通过市场化改革等措施促进经济转型、效率提高；二是制定和实施能源与应对气候变化一体化的政策，其中最重要的政策解决方案包括 2007 年的"能源与气候保护综合方案"，2010 年的"能源方案"、2011 年的"能源转型一揽子方案"和 2017 年的《2050 气候行动计划》，德国在 2016 年提交并于 2017 年修订了《2050 气候行动计划》，提出 2050 年温室气体较 1990 年减排 80%~95%，并以实现 2050 年大范围温室气体排放中性为指导原则，同时给出了 2030 年温室气体减排的行业分解目标[1]；三是传递价格信号引导低碳转型，一方面以税收手段为主，对能源资源使用、环境保护、碳排放管理进行调控，另一方面也对外部性显著存在的领域进行政府干预，采用可交易的排放权手段控制碳排放。

美国

奥巴马发布的一份"应对气候变化国家行动计划"是迄今为止美国总统发布的最为全面的气候变化应对计划。该计划的目标是全面减少温室气体排放,并保护美国免受日益严重的气候影响。这一目标是有可能实现的,但前提是多个经济部门必须联合开展进取行动。其中,减排的最大机遇存在于四个领域:电厂、能源效率、氢氟碳化物和甲烷,这些领域都已被明确列入气候变化应对计划。同时,该计划的内容还涉及应对气候影响和鼓励增强参与国际进程。2016 年,美国提交的《2050 深度脱碳战略》提出其长期减排目标为温室气体排放到 2050 年较 1990 年减排 80%,近中期目标为 2020 年和 2025 年分别较 2005 年下降 17% 和 26%~28%(陈怡,2019)。此外,美国应对气候变化领域最主要的政策行动还包括:清洁空气法案,发动机和机动车标准,能源效率标准,全经济范围减少其他温室气体排放的措施。

2017 年特朗普就职后,白宫网站删去"气候变化"所有内容,并发布了不含"气候变化"一词的"美国第一能源计划"。同年,美国宣布退出《巴黎协定》,并于 2019 年 11 月正式通知联合国要求退出《巴黎协定》。2020 年 11 月,美国正式退出《巴黎协定》。2018 年,美国联邦环保署宣布特朗普"廉价清洁能源规则",取代"清洁能源计划",该政策对煤电厂的严格程度更低,对可再生能源的激励程度也较低。尽管美国是唯一宣布退出《巴黎协定》的国家,但通过各州的努力美国仍有可能达成《巴黎协定》设定的温室气体减排目标。纽约市市长和加利福尼亚州州长发起"美国承诺"倡议,美国 50 个州、上百个城市和上千家公司已经绕开联邦政府,制定了减少温室气体排放的目标。

日本

日本政府一直非常重视低碳发展,先后出台了一系列相关政策措施。在 2014 年 4 月日本颁布的《能源基本计划》最新修订版中,将环境友好与能源安全、能源的稳定供应、经济效率并称为"3S+E"方针,并将为全球温室气体减排做贡献列为主要政策方向。该计划将可再生能源置于首位,定位为减少温室气体排放、保障能源安全的重要低碳能源,并确定了 2030 年可再生能源占比超过 20% 的战略目标,同时还将核能重新定位为稳定、低碳、高效的重要基荷电源,将天然气定位为地缘风险小、温室气体排放少、在发电领域具有核心作用的能源。2019 年,日本提交了长期低排放战略,提出 2050 年温室气体排放较 2013 年下降 80%,同时提出了 2036 年氢氟碳化物控制的中期目标,对包括全氟碳化物、六氟化硫、三氟化氮等其他非二氧化碳温室气体明确将维持现有的措施和行动[1]。

日本其他低碳发展主要政策措施包括:太阳能及可再生能源电力固定价格收购制度,发布《2014 年能源白皮书》,绿色汽车购买补贴制度,日本燃料电池汽车扶持补贴政策,绿色住宅生态返点制度,出台《日本节能技术战略 2011》等。

印度

自 2008 年"行动计划"发布以来,印度制定和更新了应对气候变化的目标、政策与行动,逐步形成了应对气候变化的政策体系。"行动计划"设定了 8 项国家行动,概括起来主要包括能源开发、资源利用、生态保护和能力建设四个方面。在"行动计划"公布后,印度政府逐步调整和完善其气候政策,设立了"国家清洁能源基金"、制定了"汽车燃油目标与政策 2025",并在推动太阳能利用方面做出了多项调整。2012 年印度向气候变化框架公约大会提交了《第二次国家信息通报》[2],明确到 2020 年碳排放强度在 2005 年基础上削减 20%~25%,并进一步在向《联合国气候变化框架公约》秘书处提交的"国家自主贡献"中提出,到 2030 年使国家碳排放强度在 2005 年基础上削减 33%~35%[3]。可以说,印度已经制定了完善的气候政策体系。

全球和主要国家低碳发展现状

国家自主贡献目标

根据《巴黎协定》要求,联合国气候变化框架公约网站公布了已经提交的国家自主贡献文件。截至 2018 年 11 月 26 日,共有 166 份国家自主贡献预案或国家自主贡献在联合国气候变化框架公约网站上公布,覆盖 192 个国家/地区。

各主要国家和地区的自主贡献减排承诺目标见表 17-1。

表 17-1 主要国家/地区自主贡献减排承诺目标

国家	自主贡献减排承诺目标
中国	二氧化碳排放 2030 年前后达到峰值并争取尽早达峰 2030 年单位国内生产总值二氧化碳排放比 2005 年下降 60%-65% 2030 年非化石能源占一次能源消费比重达到 20% 左右
美国	2025 年温室气体排放比 2005 年下降 26%-28%,并努力达到 28%
欧盟	2030 年温室气体排放比 1990 年至少减排 40%
日本	2030 年温室气体排放比 2013 年降低 26%,相当于比 1990 年减少 18%
韩国	2030 年温室气体排放比 BAU 情景("一切照旧情景")排放减少 37%
加拿大	2030 年温室气体排放比 2005 年下降 30%
澳大利亚	2030 年温室气体排放比 2005 年下降 26%-28%
新西兰	2030 年温室气体排放比 2005 年降低 30%
俄罗斯	2030 年人为温室气体排放比 1990 年下降 25%-30%
印度	2030 年单位国内生产总值二氧化碳排放比 2005 年下降 33%-35%
巴西	2025 年温室气体排放比 2005 年减少 37% 2030 年温室气体排放比 2005 年减少 43%
南非	温室气体排放峰值稳定期在 2025—2030 年,峰值为 398-614MtCO$_2$e
墨西哥	2030 年温室气体排放比 BAU 情景减少 22%(无条件)或者 36%(有条件)

全球和主要国家/地区减排进展

自 1990 年以来，全球主要发达国家/地区的温室气体和二氧化碳排放均发展平稳并开始出现下降趋势，而以中国和印度为主的发展中国家二氧化碳排放呈现快速上升趋势。全球主要五个国家/地区（中国、美国、欧盟、日本和印度）的二氧化碳排放总和约占全球排放总量的 70%，其二氧化碳排放趋势如图 17-1 所示。从 1990 年到 2016 年，中国的二氧化碳排放增长了 4 倍以上，尤其是 2000 年以来，经济增长的提速、城市化进程的逐渐加快，以及重化工业的发展，使得化石燃料燃烧的二氧化碳排放增长加快，并直接带动了温室气体排放的上升。

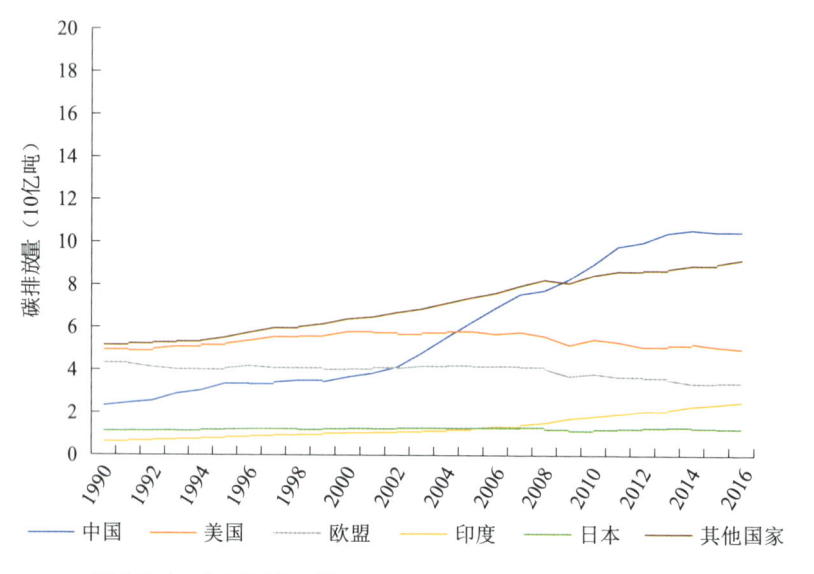

图 17-1 主要国家/地区 1990—2016 年二氧化碳排放量

从人均排放来看，2016 年全球人均二氧化碳排放量相比 1990 年增长了 14%，贡献主要来自以中国和印度为主的发展中国家。其中，中国的人均二氧化碳排放量从 1990 年的 2.0 吨增长到 2016 年的 7.4 吨，增长了约 2.7 倍。类似地，从 1990 年到 2016 年，印度的人均排放增长了 155%。同期，美国和欧盟的人均排放分别下降了 21% 和 26%；日本的人均排放上升了 4%。1990 年与 2016 年全球以及主要国家 / 地区人均二氧化碳排放量如图 17-2 所示。

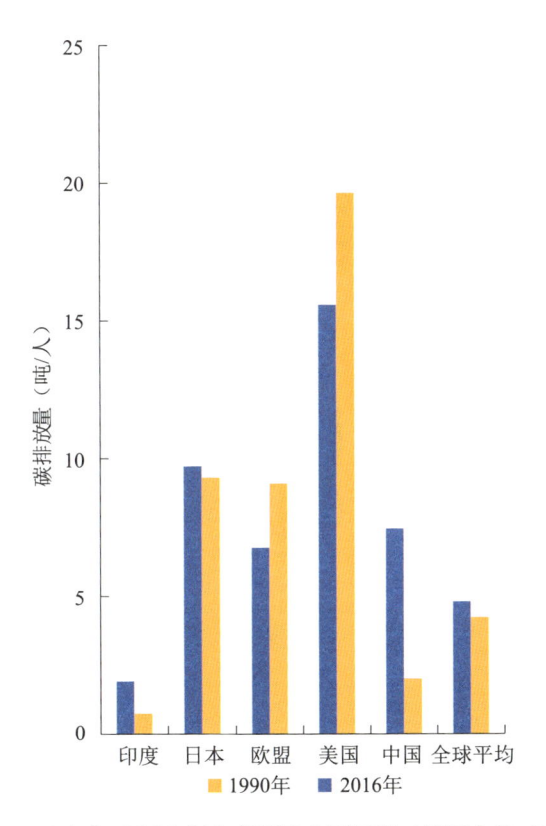

图 17-2　1990 年与 2016 年全球以及主要国家 / 地区人均二氧化碳排放

从单位 GDP 碳排放（也称"碳强度"）来看，2016 年全球碳强度相比 1990 年下降率了 32%，体现了碳生产率的提高。1990—2016 年，全球前五大排放国家 / 地区的碳强度均有所下降，其中下降最多的是中国，下降 58%，其次是欧盟（49%）、美国（46%）、印度（27%）和日本（17%）。1990 年与 2016 年全球以及主要国家 / 地区碳强度如图 17-3 所示。

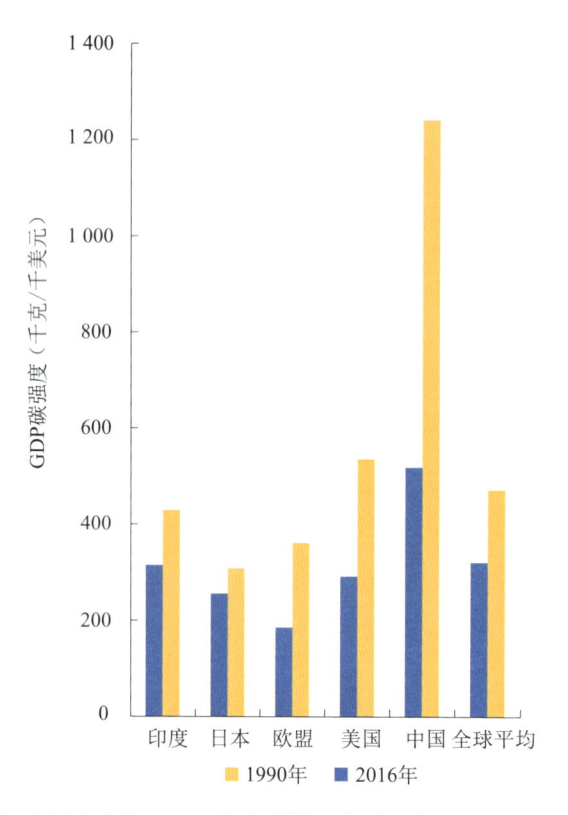

图 17-3 1990 年与 2016 年全球以及主要国家／地区 GDP 碳强度

中国能源活动二氧化碳低排放路径与战略

中国-全球能源模型开发

1. 模型概述

中国-全球能源模型（China in Global Energy Model，C-GEM）是全球多区域递归动态可计算一般均衡（CGE）模型。该模型是在清华大学能源环境经济研究所与美国麻省理工学院全球变化科学与政策联合项目（MIT Joint

Program on the Science and Policy of Global Change)共同开展的中国能源与气候项目（CECP）[①]下合作开发的，用于开展中国与全球低碳减排政策的经济、贸易、能源消费与温室气体排放的影响及评估研究。该模型涵盖全球 19 个区域与 21 个经济部门，注重对中国及其他发展中国家的经济特性表述，尤其对发展中国家能耗较高的工业部门细节与对能源系统低碳化转型十分重要的多种能源技术做出详细刻画。模型以 2011 年为基年，随后从 2015 年起以 5 年为一个周期运行到 2050 年。目前已应用该模型就"中国贸易隐含性碳排放及政策影响"[4]、"中国可再生能源发展的能源经济影响"[5]以及"建立全球跨区域碳市场的能源经济影响"[6]等相关问题进行了研究。

2. 中国经济转型在模型中的刻画

将中国的经济转型在模型里进行表达是进行情景模拟和分析的前提。在 CGE 模型中，各部门的生产和消费行为通过刻画常替代弹性（CES）函数实现。理论上，产业结构的改变应该通过改变生产行为，由价格内生驱动产生。但是 CES 函数的自身结构决定了其难以有效刻画该种经济结构转型[7,8]。因此，我们采用外生调节需求的方法，对最终消费结构、生产部门中间投入结构和投资结构进行了调节。我们参考了世界主要经济体的最终消费占总支出的比重以及各部门的最终消费占比，尤其是农业、食品加工和服务业等部门的最终消费占比，对中国未来的消费模式进行了外生调节。同时，比较了世界主要经济体在各部门的投资结构，对中国未来的投资结构进行外生调节。另外，参考世界主要经济体的主要部门如钢铁、机械、装备制造、交通等部门的投入产出结构，采用外生调节的方法对中国相关行业的投入产出结构进行调整。

3. 中国电气化进程在模型中的刻画

通过对世界主要经济体历年终端电力消费部门和比例进行比较，研究经

---

① 具体可查阅网站：http://globalchange.mit.edu/CECP/.

济发展水平与电气化程度的关系，总结中国终端能源消费结构中电力消费水平变化趋势，对中国中长期终端能源消费电气化水平进行了研判。研究发现，中国自2012年以来电气化水平持续提高，除2015年外，各年用电增速都显著高于能源消费总量增速，可以预见中国电气化水平持续提高，能源消费结构进一步清洁低碳化。参考发达国家的电气化程度和经验，考虑中国未来电气化的几个重要领域，通过动态调整各部门不同要素间的替代弹性来有效刻画未来电气化的进程。主要体现在：（1）在轻工业部门和农业部门，调整了劳动力与电力的替代弹性，以更好模拟劳动力与电力机械间的替代关系；（2）在重工业部门、交通部门、服务业和居民部门，调整了化石能源与电力的替代弹性，以更好模拟化石能源需求与清洁电力需求间的替代关系。

自下而上技术模型概述

1. 交通部门分析模型

关于交通部门的情景分析验证，采用清华大学综合交通能耗和碳排放模型。该模型可以耦合中国分省车用能源分析子模型和中国EV市场渗透子模块，实现长时间尺度综合交通模式—技术—能源—二氧化碳分析，也精细刻画了分省区、分车型的道路交通和EV消费者决策因素分析。通过采用自上而下和自下而上两种方法，综合交通分析模型可以刻画中国未来交通部门的发展。其中，自上而下的方法主要是通过外生的宏观经济、社会发展指标以及广义交通成本，采用弹性的方法预测中国未来交通客运和货运的服务总需求情况；在这样整体的客、货运服务需求下，再通过自下而上对交通技术的刻画和描述，运用离散选择的方法以及对相关技术的发展预测，计算未来各种交通技术所承担的交通服务份额，并测算总的能源消耗以及温室气体排放。清华大学综合交通能耗和碳排放模型的分析框架如图17-4所示。

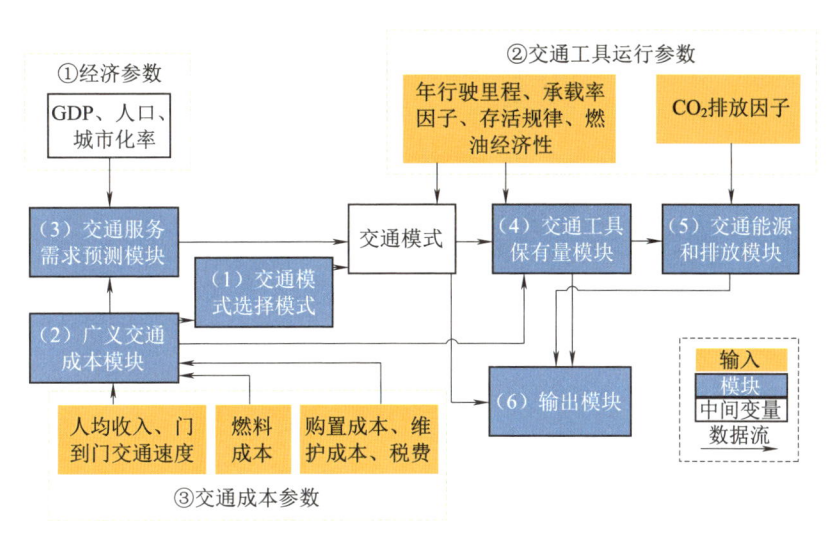

图 17-4　清华大学综合交通能耗和碳排放模型框架

2. 建筑部门分析模型

关于建筑部门的情景分析验证，采用基于中国建筑用能模型（China Building Energy Model，CBEM）框架的建筑用能分析模型。搭建模型的基本思路为：以大量统计、调研与实测数据为基础，构建典型建筑库；基于建筑全性能仿真平台，得到不同室外气象、建筑本体、设备性能及行为模式下的建筑全性能情况（能耗、碳排放、污染物、室内环境）；基于多源数据分析得到不同典型建筑在中国的整体分布情况，从而获得中国建筑用能现状与历史；通过文献分析与趋势判断，研究不同驱动因素在不同假设下如何变化，从而得到不同情景下的建筑部门发展情况。建筑部门分析模型总体框架如图 17-5 所示。模型中的典型建筑全性能分布模块通过构建典型建筑库、气象参数库、行为模式库、设备系统以及主要成本库，采用建筑全性能仿真平台 DeST 进行模拟仿真。DeST 为清华大学自主研发、拥有完全自主知识产权的模拟工具。典型建筑库主要基于文献调研与实际数据分析，其中各类建筑、设备、行为模式等覆盖中国实际总量的 70% 以上。

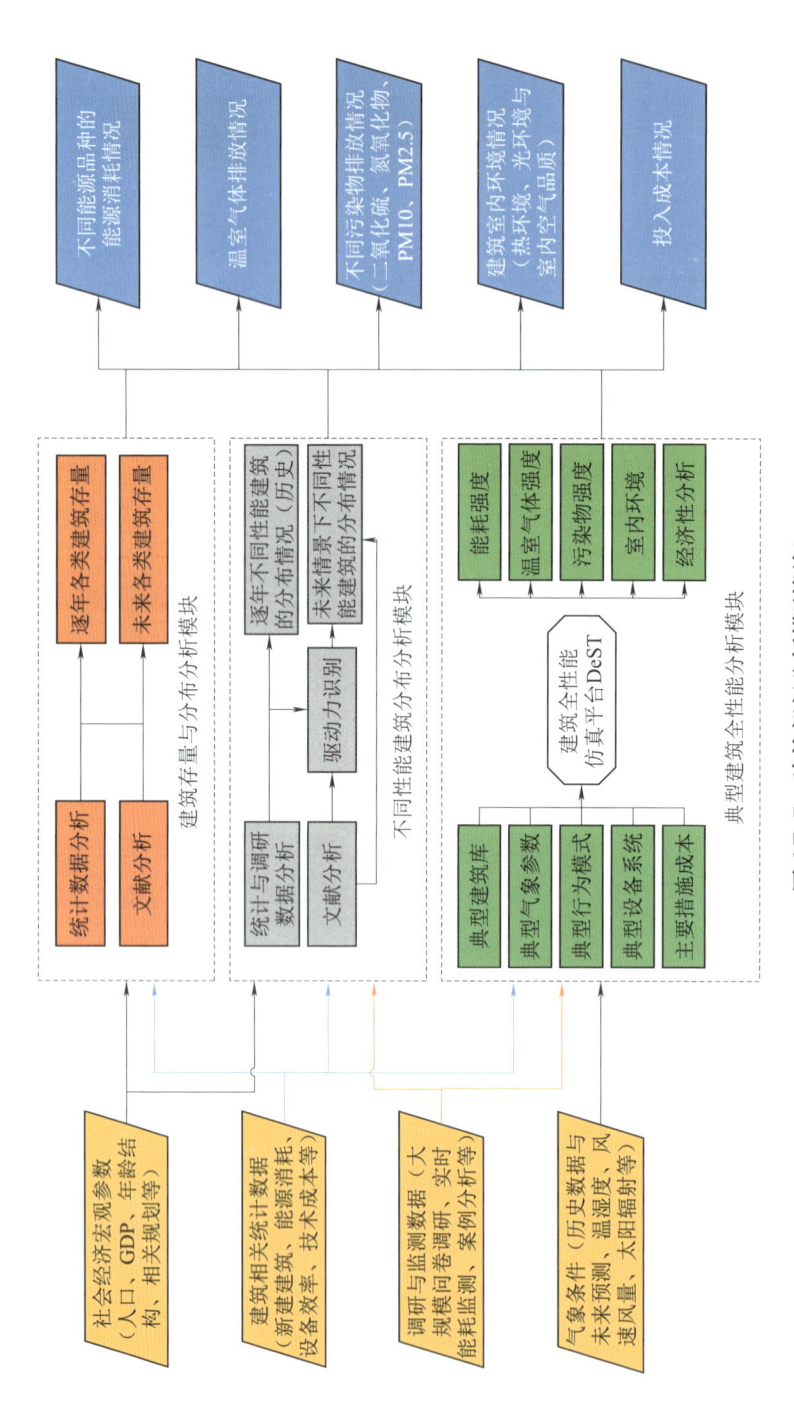

图 17-5 建筑部门分析模型全框架

3. 电力部门分析模型

关于电力部门的情景分析验证，采用中国可再生能源电力规划及运行（REPO）模型。REPO 模型是反映中国电力系统运行特征和省际差异的分省电力系统规划模型，框架如图 17-6 所示。该模型涵盖 32 个电网区域，在省级尺度上表达了电力和热力需求、资源潜力、已有装机容量和传输线容量信息。模型以 2015 年为基年，5 年为优化步长，可优化至 2050 年。在每个优化年份，模型选取 12 个典型日、每典型日 6 个时段代表全年电力运行情况进行优化。模型已涵盖燃煤发电、燃气发电、核电等常规发电技术，水电、风电、太阳能发电、生物质发电等多种可再生能源发电技术，燃煤 CCS、燃气 CCS、生物质 CCS 等带碳捕集的发电技术，以及抽水蓄能、电池储能、压缩空气储能等储能技术。REPO 模型可以模拟未来中国电力系统容量扩张和电力运行情况并分析能源、气候政策对电力系统的影响，研究中国电力系统转型路径，为我国低碳转型路径研究提供电力部门支撑。

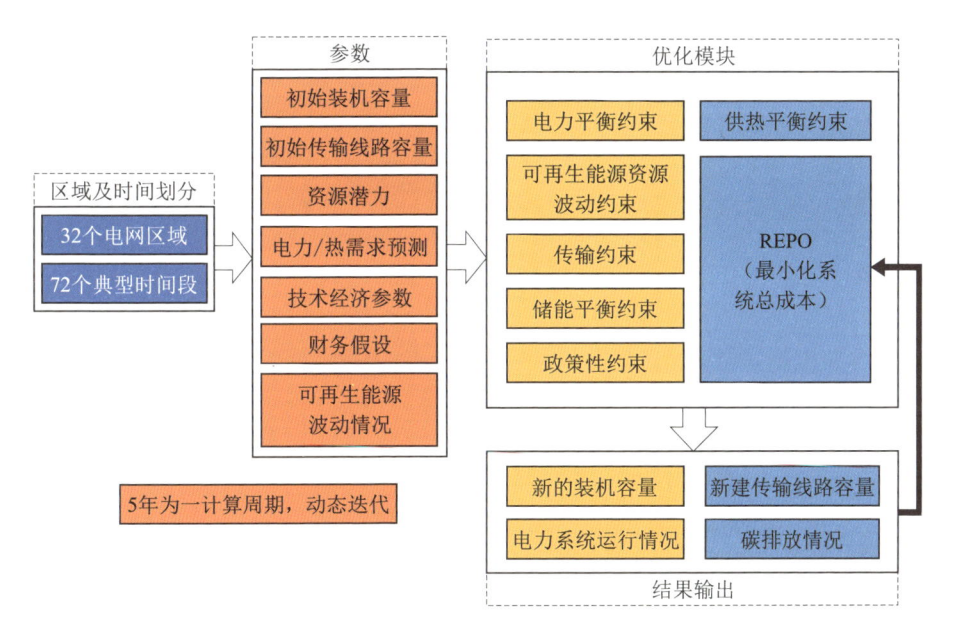

图 17-6 REPO 模型框架

面向 2050 年的中国低排放战略情景分析

1. 社会经济发展情景假定

C-GEM 模型中未来人口增长预测采用联合国秘书处经济和社会事务部（UNDESA）发布的《2015 世界人口展望》中的中等人口情景假设，对于未来经济增长的假定主要来自对其他经济发展研究的总结和分析。通过对世界银行、经济合作与发展组织、欧盟、联合国和国际货币基金组织等国际机构对中国未来经济增速的预测调研（见图 17-7），本章设定中国未来经济增速如表 17-2 所示。

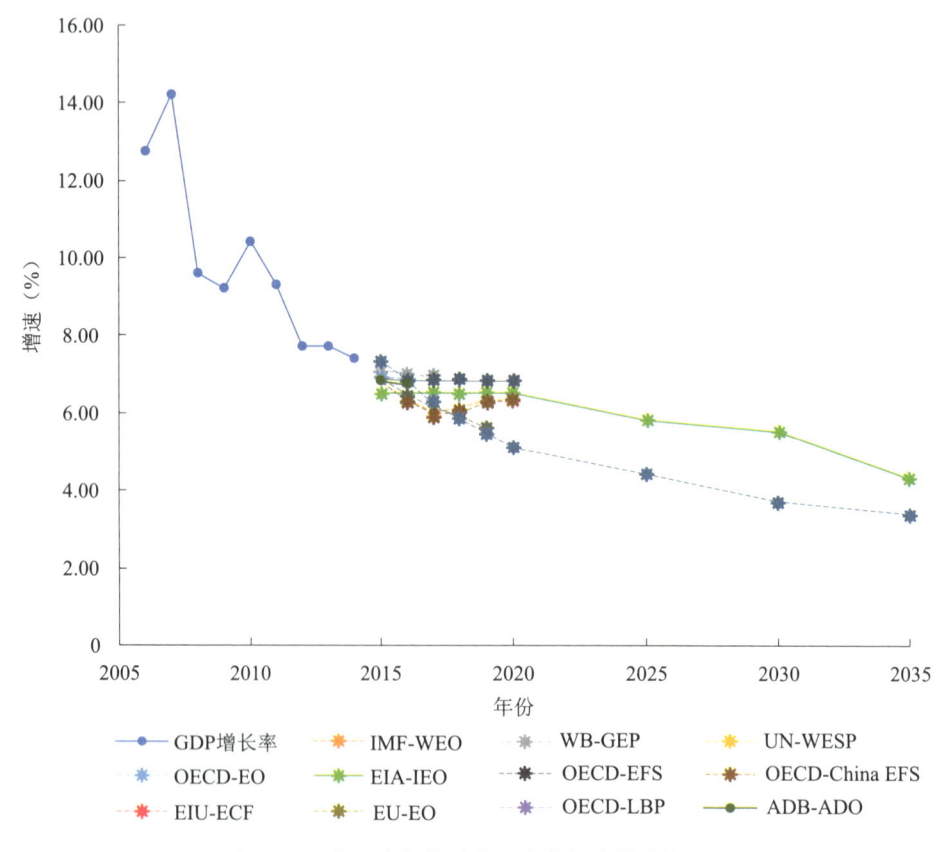

图 17-7 各研究机构对中国未来经济增速的预测

表 17-2　C-GEM 模型中 GDP 增速的设定

年份	2015—2020	2020—2025	2025—2030	2030—2035	2035—2040	2040—2045	2045—2050
GDP 年均增速	6.5%	5.8%	4.8%	3.8%	3.3%	3.0%	2.9%

自"十二五"以来，中国的经济结构也出现了较为明显的变化，工业部门对中国经济的贡献在下降，服务业的贡献在上升。在对发达经济体经济结构演变特点分析的基础上，中国未来产业结构变化趋势的判断如图 17-8 所示。

图 17-8　2015—2050 年中国未来产业结构变化趋势

我们假定中国经济未来的投入产出关系也会有明显的改变（见图 17-9）（圆环由内向外依次代表 2015 年、2020 年、2030 年、2040 年和 2050 年）。

2. 情景模拟与描述

本章从碳排放总量控制、能源消费总量控制、煤炭消费总量控制、非化

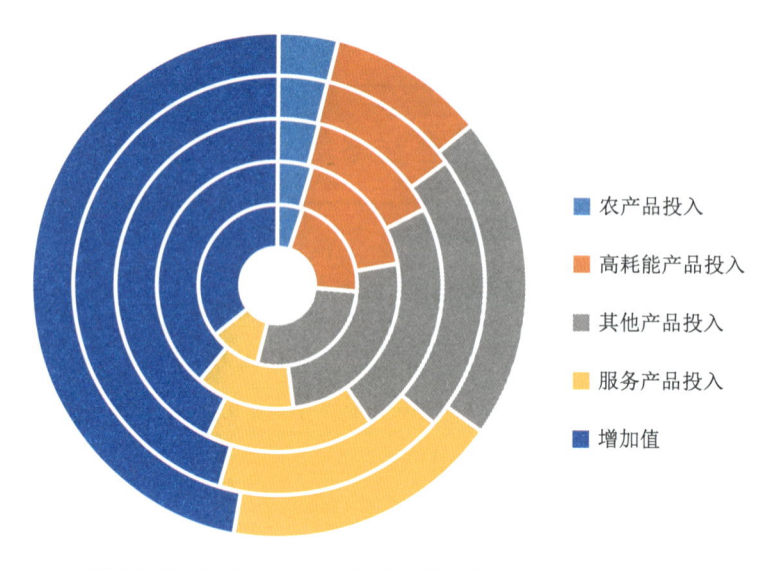

图 17-9　2015—2050 年中国全行业投入产出结构变化

石能源比例提升、碳强度下降与碳排放达峰等目标角度入手，开发了面向 2050 年中国低碳转型的四种情景，分别为：政策情景、强化政策情景、2℃情景和 1.5℃情景，来比较研究不同政策措施对中国中长期碳排放和能源需求的影响。

（1）政策情景

在政策情景下，考虑推动经济转型升级的经济政策，考虑国家自主贡献碳减排目标，以及综合的低碳发展转型政策（节能、可再生能源、碳市场）。假定 2030 年中国总人口为 14.5 亿左右；2014—2018 年年均 GDP 增速约为 6.7%，2018—2020 年 GDP 增速约为 4.5%，2020—2025 年 GDP 增速降至约 5.8%，2025—2030 年 GDP 增速进一步下降到约 4.8%，而后 GDP 增速缓慢下降至 2050 年的约 2.9%。未来单位 GDP 碳排放年均下降率持续保持在大约 4% 的水平，中国能源相关的碳排放在 2030 年达峰。具体政策措施包括：当前的低碳技术推广、节能标准、可再生能源鼓励政策、天然气鼓励政策、启动全国碳排放权交易体系等。

（2）强化政策情景

强化政策情景的人口假定与当前政策情景相同，2025年及以后在政策情景的基础上实行更加积极的碳减排政策，促使经济进一步加速向低碳转型，未来单位GDP碳排放年均下降率从2020年的4.5%逐渐增加至2050年的6.5%，2020—2050年年均GDP碳排放下降率约为5%。具体政策措施包括：较高的低碳技术推广比例、严格的节能标准、积极的可再生能源和天然气鼓励政策、更多行业被纳入碳排放交易市场、比较严格的碳市场配额总量等。

（3）2℃情景

2℃情景的人口假定与政策情景相同，2020年及以后在强化政策情景的基础上实行更加积极的碳减排政策，民众节能减排意识明显加强，2040年及以后采用BECCS等负排放技术。未来单位GDP碳排放年均下降率从2020—2030年的5.5%逐渐增加到2030—2040年的7.0%和2040—2050年的12%。具体政策措施包括：更高的低碳技术推广比例、进一步严格的节能标准、更积极的可再生能源和天然气鼓励政策、严格的碳市场配额总量，加快工业电气化进程，发展BECCS技术等。

为实现2℃温控目标，需对全球碳排放额度进行总量控制，因而必须对有效的全球碳排放轨迹进行识别，通过测算全球碳强度年均下降率来反推中国减排力度和雄心。对于全球能源燃料使用过程的碳排放轨迹，McCollum等人联合6个国际知名能源经济模型课题组在2018年于《自然—能源》（*Nature Energy*）杂志发表文章[9]，研究减排（2020年后）发生在最具成本效益的地点和时间，没有任何分担减排负担制度的机制下获得的全球最优减排曲线，且为了以大于66%的概率实现2℃温升控制目标，需要使2011—2100年的累计碳排放控制在1 000吉吨以内。尽管不同模型组对未来技术的假定不同，碳排放轨迹也存在差异，但是整体排放趋势比较接近。由图17-10可见，当全球自2020年起以8%的碳强度下降率进行减排（其轨迹如图 17-10 橙色曲线所示），该轨迹位于灰色区域的下方并与之相切。这意味着，全球在 2020—2050 年以 8% 碳强度下降率减排，可以保证以大于 66% 的概率实现 2℃温控目标。中国作为负责任的发展中国家，综合考虑现有"发展不充分，发展不平衡"的国情和 2050 年建成"社会主义现代化强国"的目标，近期碳强度下降强度不宜过大，应随着发展水平提高而逐步增强。本情景假设中国从 2020 年的 6% 逐渐增加到 2050 年的 12%，同时平均碳强度下降率为 8% 左右。

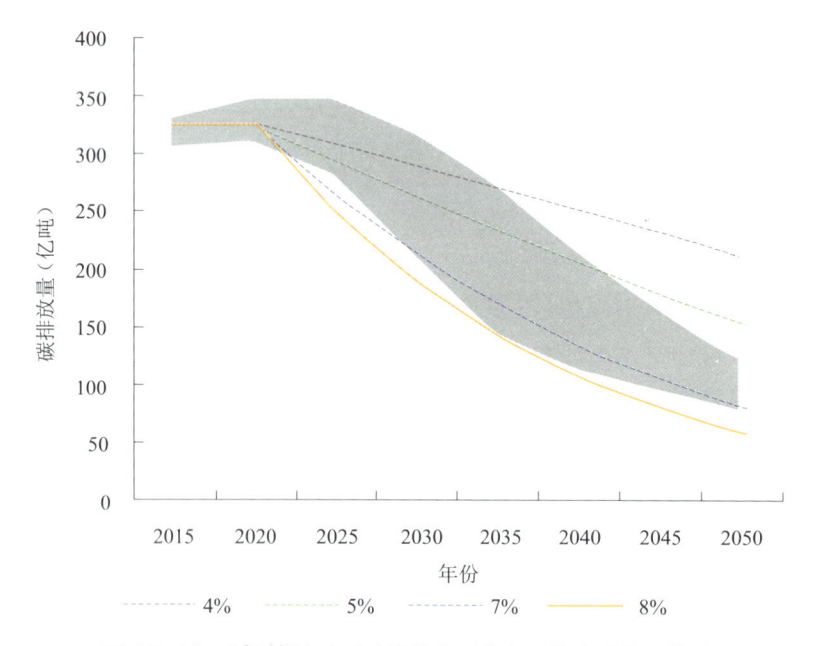

图 17-10 2℃情景下不同碳强度下降率下的全球排放轨迹

（4）1.5℃情景

1.5℃情景的人口假定与政策情景相同，2020 年及以后在 2℃温控情景的基础上实行更加积极的碳减排政策和碳减排技术，民众节能减排意识和行动大幅提升，未来单位 GDP 碳排放年均下降率从 2020—2030 年的 7.5% 逐渐增加到 2030—2040 年 10%，2040 年后快速增加到 2050 年的 27.5%。随着碳约束进一步增强，碳价大幅提高，航空航海电气化技术、航空航海氢气化技术、氢能炼钢技术等一系列革命性低碳技术得到突破并应用，BECCS 等负排放技术得到进一步推广应用。

对于 1.5℃情景，采用类似于 2℃情景的倒逼机制进行预测分析。Luderer 等人联合 GCAM 等 7 个模型组于 2018 年在《自然气候改变》（*Nature Climate Change*）上发表了关于 1.5℃路线的文章[10]。研究显示，2050 年全球碳排放在 −29 亿~56 亿吨的区间，平均为 8.72 亿吨。为了以大于 66% 的概率实现 1.5℃温升控制目标，需要使 2011—2100 年的累计碳排放控制在 400 吉吨以内。不同模型组对未来技术的假定不同，特别是负排放技术应用程度的判断差异很大，导致碳排放轨迹存在较大差异。由图 17-11 可见，若全球以 15.5% 的碳强度下降率减排（蓝色轨迹），2020—2050 年排放轨迹在其他课题组排放轨迹的包络线偏下区域，并于 2040 年与灰色区域下边界相切（灰色区域为

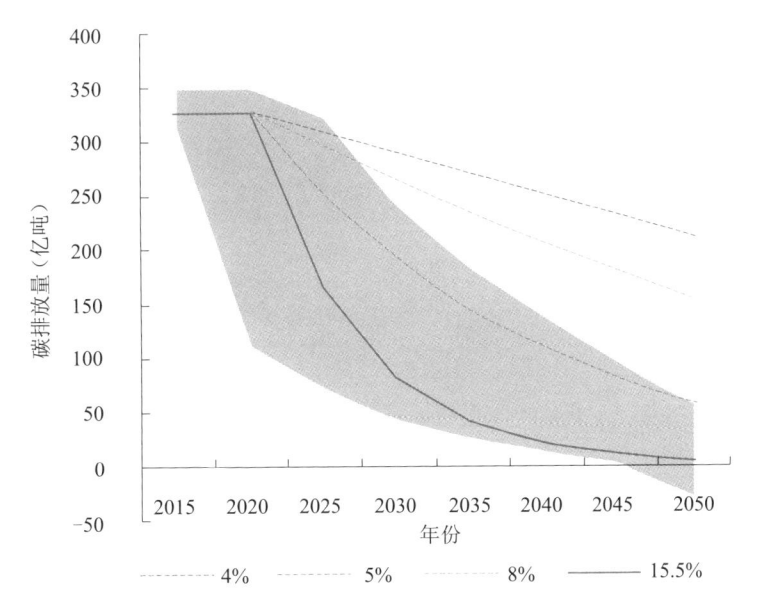

图 17-11　1.5℃情景下不同碳强度下降率下的全球排放轨迹

主要模型组研究所得的"以大于66%的可能性实现2℃温升控制目标"的碳排放轨迹）。这意味着，全球在2020—2050年以15.5%碳强度下降率减排，很可能以大于66%的概率实现1.5℃温升控制目标。中国作为负责任的发展中国家，综合考虑现有"发展不充分，发展不平衡"的国情和2050年建成"社会主义现代化强国"的目标，近期碳强度下降强度不宜过大，应随着发展水平提高而逐步增强。本情景假设中国从2020年的6%逐渐增加到2050年的28%，2020—2050年年均碳强度下降率为15.5%，于2050年基本实现净零排放。

3. 情景分析结果与讨论

（1）二氧化碳排放路径

四种情景下2015—2050年碳排放路径如图17-12所示。随着碳排放约束的不断增强，达峰时间不断提前，达峰水平不断下降。在政策情景、强化政策情景、2℃温控情景和1.5℃温控情景下，达峰时间分别为2030年、2030年、2050年和2050年前后，达峰水平分别为108亿吨、103亿吨、97亿吨和97亿吨，2050年总排放量分别为90亿吨、59亿吨、23亿吨和2亿吨。

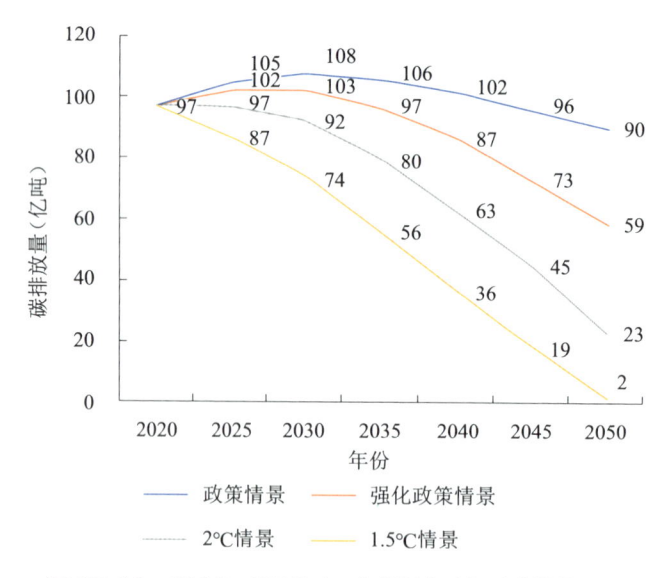

图17-12 2015—2050年不同情景下中国碳排放路径

（2）一次能源消费总量

按照发电煤耗法，四种情景下 2015—2050 年一次能源消费总量对比如图 17-13 所示。随着碳排放约束的不断增强，达峰时间有所提前。政策情景下一次能源消费总量在 2040 年后基本保持在 64 亿吨标准煤。在强化政策情景、2℃情景和 1.5℃情景下，能源消费达峰时间均为 2035 年，达峰水平分别为 63 亿、58 亿 55 亿吨标准煤，2050 年能源消费总量分别为 58 亿、51 亿和 47 亿吨标准煤。

图 17-13　2015—2050 年不同情景下的中国一次能源消费总量

（3）分品种一次能源消费

按照发电煤耗法，四种情景下 2015—2050 年一次能源消费结构对比如表 17-3 所示。政策情景、强化政策情景、2℃情景和 1.5℃情景下，2050 年非化石能源消费比例逐步提高，分别为 36.7%、50.6%、67.2% 和 82.6%。特别地，在强化政策情景下煤电 CCS 在 2045 年可以得以应用，在 2℃温控情景和 1.5℃温控情景下，煤电 CCS 和 BECCS 技术得以推广应用的时间分别为 2040 年和 2035 年。

表 17-3　四种情景下中国一次能源消费结构　　　　　（单位:%）

年份		2020	2025	2030	2035	2040	2045	2050
政策情景	非化石	16.2	18.5	21.9	26.3	29.2	32.8	36.7
	煤	58.3	53.7	49.6	45.8	42.2	39.2	35.3
	石油	17.5	17.6	16.8	16.3	16.1	14.9	14.2
	天然气	8.0	10.2	11.7	11.6	12.5	13.1	13.8
强化政策情景	非化石	16.2	20.2	25.1	31.7	36.6	43.3	50.6
	煤	58.3	52.2	46.7	40.7	35.2	29.8	23.5
	石油	17.5	17.4	16.8	16.6	16.5	15.3	14.7
	天然气	8.0	10.1	11.4	11.0	11.7	11.7	11.2
2℃情景	非化石	16.2	21.3	28.7	37.1	44.5	54.3	67.2
	煤	58.3	50.5	42.5	34.4	26.9	19.9	12.8
	石油	17.5	18.0	17.5	17.7	17.7	15.9	13.0
	天然气	8.0	10.3	11.3	10.8	10.9	9.9	7.0
1.5℃情景	非化石	16.2	25.8	36.6	49.4	60.0	72.2	82.6
	煤	58.3	45.4	33.9	23.3	15.1	10.6	8.1
	石油	17.5	18.6	18.5	18.1	17.2	12.4	7.3
	天然气	8.0	10.2	11.0	9.2	7.7	4.8	2.0

在政策情景下，能源消费总体呈现出"煤炭消费短期增加后不断下降，石油消费先增后减，天然气消费逐年增高，非化石能源消费不断升高"的趋势。如图 17-14 所示，煤炭消费在 2030 年前后达到峰值（约 30 亿吨标准煤），而后随着煤电被可再生能源发电取代、服务业和工业部门直接用煤减少，煤炭消费量不断下降至 2050 年的 22.7 亿吨标准煤左右。石油消费从 2020 年的 8.6 亿吨标准煤增加到 2035 年的 10.3 亿吨标准煤的消费达峰后，逐渐回落到 2050 年的 9.1 亿吨标准煤。随着开采技术的提升、页岩气和可燃冰的开发以及进口，天然气消费在未来年份不断增加，从 2020 年的 3.9 亿吨标准煤逐步增加到 2050 年的 8.9 亿吨标准煤。对于非化石能源、水电、核

电、风电、太阳能和生物质从 2020 年的 13 552 亿千瓦时、3 662.43 亿千瓦时、4 665 亿千瓦时、2 605 亿千瓦时和 1 326 亿千瓦时提高到 2050 年的 20 648 亿千瓦时、24 342 亿千瓦时、15 528 亿千瓦时、14 676 亿千瓦时和 3 761 亿千瓦时。

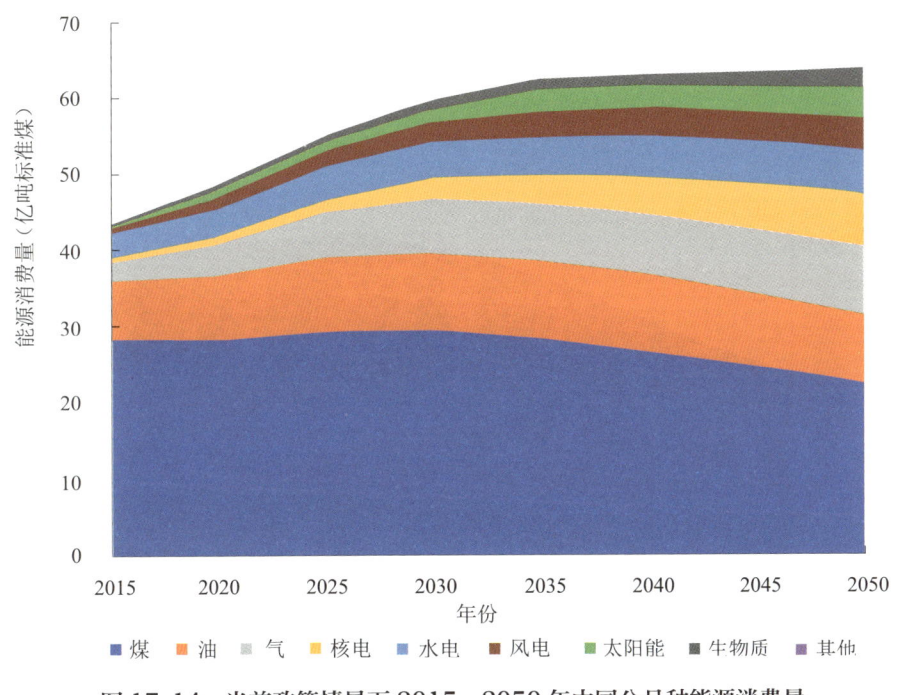

图 17-14　当前政策情景下 2015—2050 年中国分品种能源消费量

在强化政策情景下，能源消费呈现出"煤炭消费短期上升后大幅下降，石油和天然气消费先增后减，非化石能源消费不断升高"的趋势。随着碳价的提升，在 2045 年后配置有碳捕捉与封存装置的火力发电技术变得成本有效。如图 17-15 所示，煤炭消费在 2030 年前后达到峰值，而后不断下降至 2050 年的 13.6 亿吨标准煤左右。通过加强电动车研发投入、电动车优先上牌、限制燃油车上牌数等多种"支持电动车发展、限制燃油车"

的政策组合，石油消费增加到 2035 年的 10.4 亿吨标准煤峰值后，逐渐回落到 2050 年的 8.5 亿吨标准煤。由于碳约束的增强，天然气消费从 2020 年的 3.9 亿吨标准煤增加到 2040 年的 7.2 亿吨标准煤水平，此后逐步降低到 2050 年的 6.5 亿吨标准煤。非化石能源发展速度加快，其占比不断增长至 2050 年的 51%，在一次能源消费中占主导地位，水电、核电、风电、太阳能和生物质逐步发展到 2050 年的 21 301 亿千瓦时、24 733 亿千瓦时、24 915 亿千瓦时、24 189 亿千瓦时和 3 839 亿千瓦时。

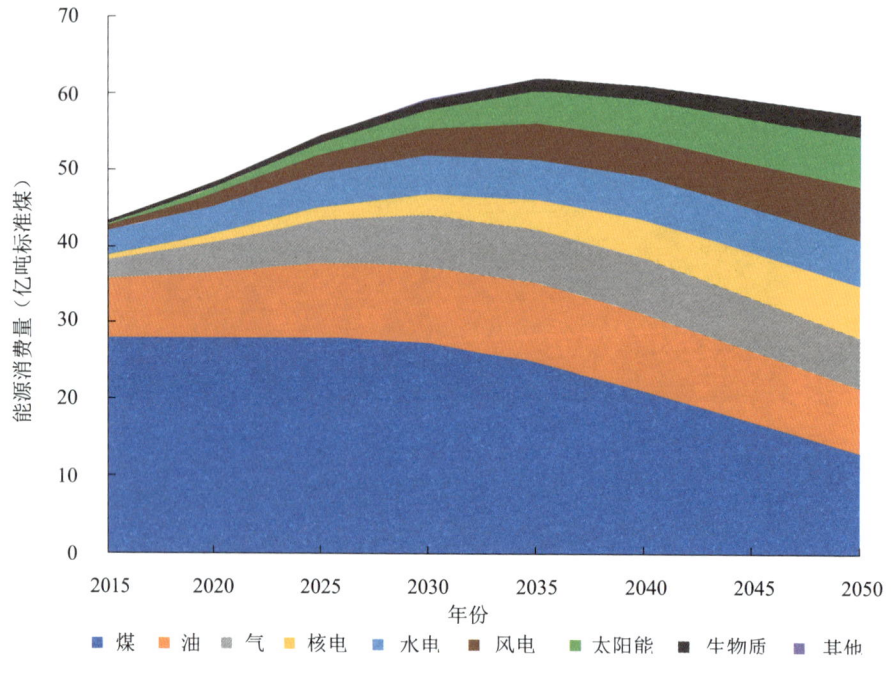

图 17-15　强化政策情景下 2015—2050 年中国分品种能源消费量

在 2℃情景下，能源消费趋势与强化政策情景类似。能源结构向可再生能源主导型结构转变的同时，随着碳价的提升，在 2040 年后配置有碳捕捉与封存装置的火力发电技术和生物质发电技术变得成本有效。如图 17-16

所示，煤炭消费在 2020 年达峰后，大幅下降至 2050 年的 6.5 亿吨标准煤左右。随着交通部门电气化和个人"优先使用公共交通工具"意识的提升，石油消费在 2035 年达到峰值后，2050 年进一步下降到 6.6 亿吨标准煤。由于碳约束进一步增强，天然气消费在 2030 年达峰（6.5 亿吨标准煤），此后逐步降低，2050 年达到 3.6 亿吨标准煤，2050 年时占比仅为 7%。非化石能源发展速度加快，其占比不断增长至 2050 年的 67%，2050 年非化石电力占比达到 85% 以上，水电、核电、风电、太阳能和生物质快速发展到 2050 年的 22 413 亿千瓦时、26 984 亿千瓦时、30 059 亿千瓦时、29 284 亿千瓦时和 9 457 亿千瓦时，其中 BECCS 达到 5 546 亿千瓦时。

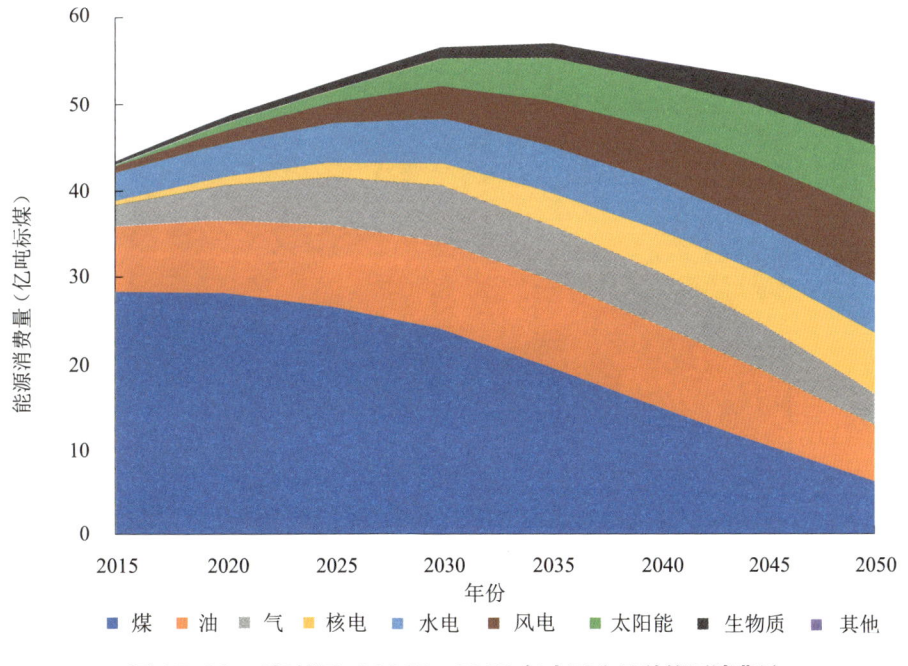

图 17-16　2℃情景下 2015—2050 年中国分品种能源消费量

在 1.5℃情景下，不仅 2035 年后配置有碳捕捉与封存装置的火力发电技术和生物质发电技术作为负排放技术变得成本有效，在 2040 年后非化石电力占比达到85%以上，而且能源消费总量得到进一步有效控制。如图 17-17 所示，2050 年，煤炭消费仅有 3.8 亿吨标准煤。交通电气化的大规模应用使得 2050 年石油消费量仅有 3.4 亿吨标准煤。同时，BECCS 技术和居民消费电气化等技术应用使得天然气消费在 2030 年达峰后迅速下降到 2050 年的 0.9 亿吨标准煤。非化石能源发展速度非常迅速，其占比增长至 2050 年的 83%，水电、核电、风电、太阳能和生物质大幅发展到 2050 年的 23 191 亿千瓦时、27 197 亿千瓦时、36 980 亿千瓦时、36 687 亿千瓦时和 12 538 亿千瓦时，其中 BECCS 达到 8 583 亿千瓦时。

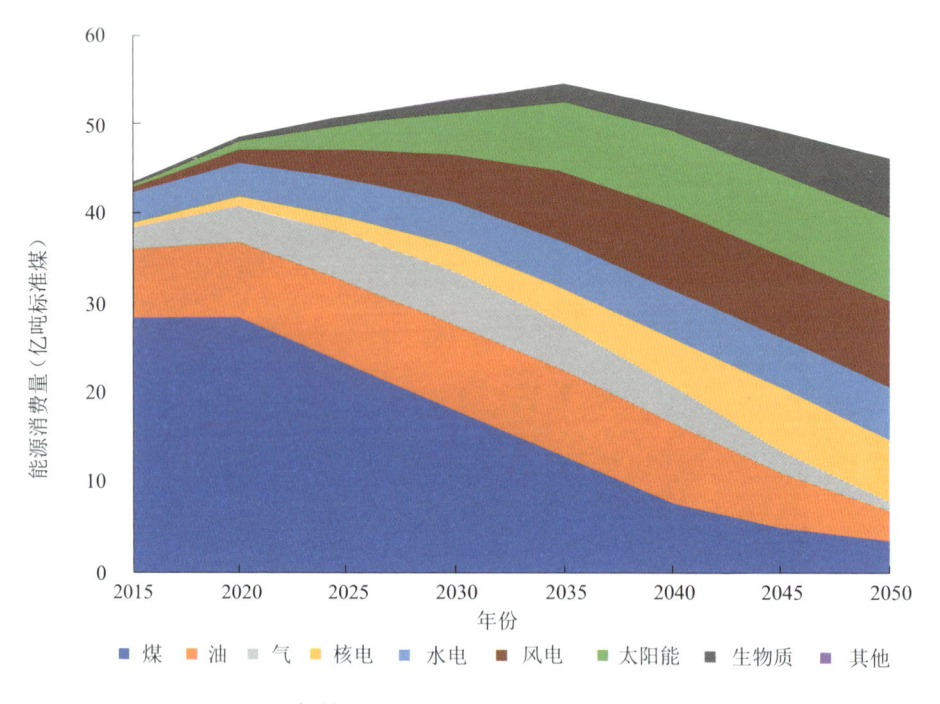

图 17-17　1.5℃情景下 2015—2050 年中国分品种能源消费量

（4）二氧化碳价格

在保障经济社会持续发展的同时，实现深度脱碳路径，要加大政策力度，也需投入较大资金。对经济系统而言，深度减排二氧化碳需要付出一定成本。需要注意的是，本章的碳价激励机制反映了整个能源经济系统为实现减排目标而要实施的除可再生能源发展和天然气利用的专项政策外的其他所有政策。这里的碳价表示二氧化碳减排过程中的边际减排成本，反映不同目标下的政策力度大小。四种情景下 2020—2050 年碳价水平如图 17-18 所示。在政策情景、强化政策情景、2℃情景和 1.5℃情景下，碳价分别从 2020 年的 7 美元/吨逐步增加到 2050 年的 40 美元/吨、77 美元/吨、206 美元/吨和 861 美元/吨。2050 年，2℃情景和 1.5℃情景下的碳价水平分别是政策情景的 5 倍和 21 倍，是强化政策情景的 3 倍和 11 倍。由此可见，要实现最严格的排放控制目标，全社会将会承担相当高的成本。值得说明的是，以上评估没有考虑应用空气碳捕集技术，若推广该技术，我国全社会减排有望下降至 300~400 美元。

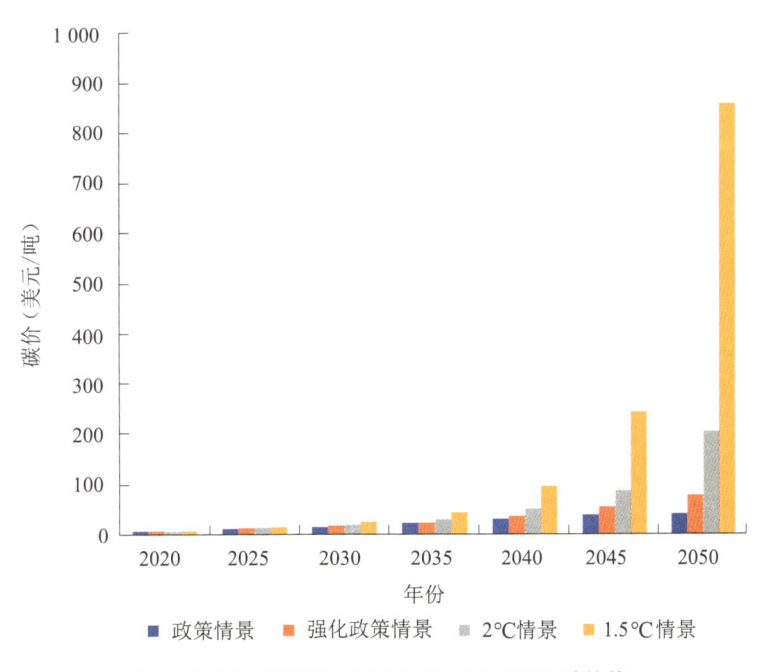

图 17-18　2020—2050 年中国二氧化碳价格

（5）不同情景的经济影响

四种情景下 2025—2050 年 GDP 损失如图 17-19 所示。在碳排放约束性最强的 1.5℃情景下，2050 年宏观福利损失大约 3.8%，几乎是强化政策情景的 5 倍；2℃情景下，2050 年宏观福利损失仅 1.5%，大约是强化政策情景的 2 倍；强化政策情景下，2050 年宏观福利损失不超过 1%。由此可见，要实现最为严格的排放控制目标，中国将会承担一定的经济损失。值得说明的是，以上评估没有考虑应用空气碳捕集技术，若推广该技术，我国经济损失将有所下降。

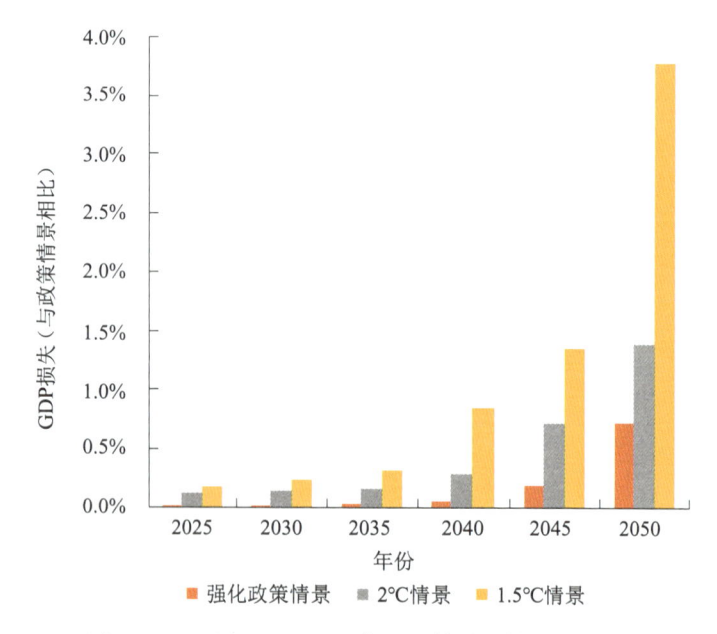

图 17-19　2025—2050 年不同情景下的 GDP 损失

四种情景下 2020—2050 年非化石电力投资量如图 17-20 所示。随着非化石能源的快速发展，相应投资额也随之增加。在政策情景、强化政策情景、2℃情景和 1.5℃情景下，2050 年资本量分别从 2020 年的 859 亿美元（2011 年美元不变价）提高到 2 081 亿美元、2 446 亿美元、3 316 亿美元和 3 993

亿美元。并且，政策情景与 1.5℃情景下资本量差异随着时间而逐步增大，从 2030 年相差 1.3 倍增加到 2050 年相差 1.9 倍。进一步从非化石能源所需资本量占该情景下 GDP 比例的角度比较，在政策情景、强化政策情景、2℃情景和 1.5℃情景下，非化石能源所需资本量占该情景下 GDP 比例在 2050 年分别为 0.5%、0.6%、0.8% 和 1.0%。在 2℃情景和 1.5℃情景下，非化石能源领域的投资将成为中国经济发展的重要增长点之一。

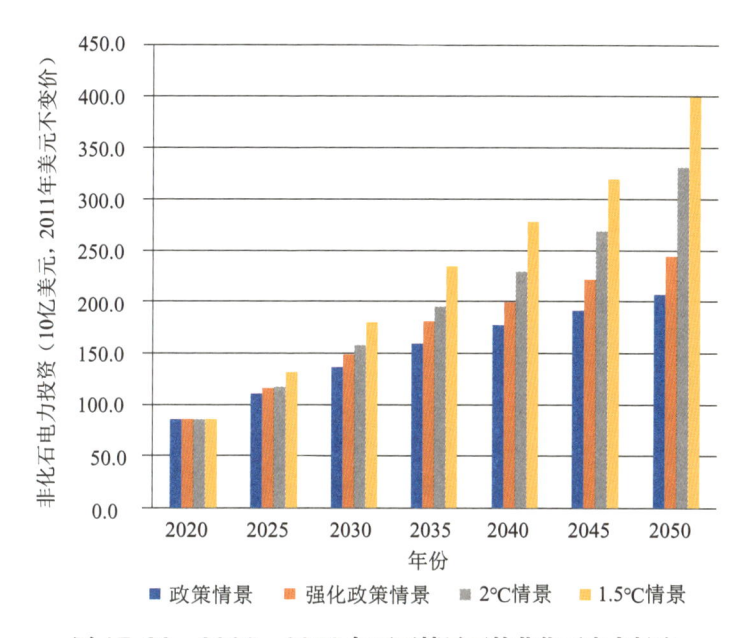

图 17-20　2020—2050 年不同情景下的非化石电力投资

与非化石能源相比，四种情景下 2020—2050 年火电（包括常规火电及煤电 CCS）发展所需的资本量如表 17-4 所示。在政策情景下，火电资本量在 2030 年前持续增加并达到峰值 422 亿美元，在 2030 年后火电资本量逐年降低至 2050 年的 373 亿美元。在强化政策情景下，火电资本量在 2040 年前变化趋势与当前政策情景类似，即先增后降，且 2030 年火电资本量水平略低于政策情景。但是，随着 2045 年后煤电 CCS 得到发展，火电总资本有所上升。2050年火电总资本量为524亿美元，其中常规火电为254亿美元，煤电CCS为270亿美元。而在2℃情景和1.5℃情景下，煤电CCS分别在2040年和2035年提前得到发展。受煤电CCS投资影响，2050年2℃情景和1.5℃情景下火电总资本量可以分别达到664亿美元和639亿美元，其中煤电CCS占主导地位，分别为536亿美元和616亿美元。

表 17-4　火电所需资本量

（单位：10亿美元，2011年美元不变价）

年份	2020	2025	2030	2035	2040	2045	2050
政策情景	33.0	38.0	42.2	41.0	41.5	40.8	37.3
强化政策情景	33.0	36.6	39.3	36.0	34.5	45.3	52.3
2℃情景	33.0	34.7	34.9	28.8	43.3	51.3	66.4
1.5℃情景	33.0	30.1	26.5	40.4	50.0	61.1	63.9

结论与建议

中国自"十一五"期间（2005—2010年）提出节能减排目标以来，多种减排措施并举，减排努力取得了明显成效。目前中国经济进入新常态，在经济增速放缓的同时，未来经济增长方式也将进行重大变革，由依靠资源大量投入驱动的经济增长方式转向价值创造型的可持续发展方式。在经济转型的背景下，如何以经济有效的方式实现减排承诺目标，履行负责任大国的国际义务，需要对中国未来低碳能源经济转型进行情景分析，研究实现减排承诺的不同路径和方法，明确中国低排放路径的条件，本章旨在通过模型模拟转型所需付出的经济代价，比较分析提出实现转型所需的政策支持以及实现这一目标需要进一步研究的方向。

研究结果显示：

1. 中国低碳能源经济转型的力度与深度对中国未来的碳排放总量和达峰时间及能源总量产生显著的影响

2050 年，与政策情景相比，强化政策情景下碳排放减少 35%，2℃情景下碳排放减少 74%，1.5℃情景下碳排放减少 98%。在政策情景下，一次能源消费总量在 2040 年后基本保持在 64 亿吨标准煤。在强化政策情景、2℃情景和 1.5℃情景下，能源消费达峰时间均为 2035 年，达峰水平分别为 63 亿吨标准煤、58 亿吨标准煤和 55 亿吨标准煤，2050 年能源消费总量分别为 58 亿吨标准煤、51 亿吨标准煤和 47 亿吨标准煤。

2. 能源结构优化是实现低排放路径的重要任务和长期目标

2050 年，在政策情景、强化政策情景、2℃情景和 1.5℃情景下，非化石能源在一次能源消费中的占比分别大约为 37%、51%、67% 和 83%。在强化政策情景下，煤电 CCS 在 2045 年得到应用；在 2℃情景和 1.5℃情景下，煤电 CCS 和 BECCS 技术得以推广应用的时间分别为 2040 年和 2035 年。

3. 产业结构升级和技术进步是实现低排放路径的必要手段

中国难以复制发达国家的发展道路和发展模式，必须探索新的生产方式，培育新的现代化发展动力。产业结构的调整升级能够大幅降低低排放路径所带来的经济影响。与此同时，只有增强关键低碳技术的突破和大规模应用，才能大大降低实现低排放路径的难度。

4. 低排放路径不能自发实现，需要强有力的政策法规推动

中国低碳能源转型必须有强有力的政策法规推动，包括配套的法律法规、可再生能源发展和天然气利用等专项政策、碳市场等市场机制以及体制机制改革等方面。将可再生能源发展和天然气利用的专项政策外的其他政策用碳价激励机制代表。在政策情景、强化政策情景、2℃情景和 1.5℃情景下，二氧化碳边际减排成本分别从 2020 年的 7 美元/吨逐步增加到 2050 年的 40 美元/吨、77 美元/吨、206 美元/吨和 861 美元/吨。要实现最严格的排放控制目标，全社会将承担相当高的碳价成本。

5. 低排放路径的社会福利影响能控制在可接受的范围内

四种情景下的2050年宏观福利损失最高不超过3.8%，强化政策情景下损失均不超过1%，2℃温控情景损失不超过1.5%。如果考虑低排放路径所能带来的协同效益，比如减少空气污染带来的健康影响等，会进一步抵消其福利损失。

针对至2050年中国低碳发展战略的政策体系与保障机制，提出以下五点政策建议。

1. 实施经济发展、环境保护和减排二氧化碳多方共赢的协同对策

绿色发展的核心理念在于促进人与自然的和谐共生，走绿色低碳的发展路径，促进经济社会与资源环境承载力相协调和可持续发展。这与《巴黎协定》所倡导的实现气候适宜型低碳经济发展路径相契合。走绿色低碳发展路径关键在于推动能源体系变革和经济发展方式的转型。推动能源生产和消费革命，节约能源，提高能效，控制能源消费总量，同时大力发展新能源和可再生能源，促进能源结构的低碳化，将有效减少常规污染物和二氧化碳排放。国内保护生态环境、推进生态文明建设的进程与应对气候变化、保护地球生态安全的目标和措施相一致，有广泛的协同效应。要统筹部署，协同推进，在立足国内可持续发展的同时，强化长期低碳发展和减排二氧化碳的目标导向。

2. 加强技术创新，为推动能源革命提供强有力的支撑和保障

实现能源供给和消费体系清洁、低碳、高效、安全的战略目标，必须推动能源技术的革命，以先进技术创新支撑能源体系的革命。夺取先进能源技术的竞争优势和制高点，是大国参与气候变化领域博弈的重要动因和战略目标。中国必须实施创新驱动战略，进一步加强先进能源技术的研发和产业化的力度，利用国内市场需求大的优势，打造能源企业先进技术的竞争优势，在世界能源体系变革的技术竞争中争取先机，实现跨越式发展。除大力发展太阳能、风能等可再生能源技术以及氢能技术、储能技术和智能电网技术外，中国应特别重视碳捕集与封存技术和先进核能技术的发展，以及常规和非常规天然气开发技术的突破性进展。

3. 扩大国际合作，实现开放互利与合作共赢

全方位加强国际合作，实施新形势下全方位"走出去"战略，加强对国际资源的获取和掌控能力，同时打造世界范围内有竞争力的国际化能源企业，扩大对国际能源市场的影响力和定价的话语权，积极参与国际能源安全体系的建设。加强绿色低碳资源开发合作，依托"一带一路"倡议实施。通过推动跨国天然气管道建设、跨境水利资源合作开发等途径，获取和利用国际资源，保障能源供应安全。同时，还要加强国际技术合作和技术转让，掌握先进技术的知识产权，提升核心技术竞争能力，在全球能源变革趋势中占据主动地位。消除贸易壁垒，不断增加高效节能技术产品供给和需求规模，推动节能环保和可再生能源相关产品和服务贸易自由化，促进高效节能和可再生技术产品在全世界加快推广应用。

4. 完善政策法规体系，逐步加强法治保障

建立和完善强有力的法律、法规和政策保障体系及实施运行机制，并将其作为生态文明制度建设的重要内容。要进一步加强各级政府节能减排目标责任制；深化资源、环境税费制度改革；进一步完善促进低碳发展的财税金融等政策体系；改革和完善能源产品价格形成机制和资源、环境税费制度；调整促进出口的各项政策，把扩大内需作为战略基点。同时，应从以行政和经济手段为主，逐步过渡到以法治手段为主的阶段。要将节能低碳相关的约束性目标、强制性标准、设计规范等内容尽快纳入法规保障。应加快完善碳市场等相关法律，建立稳定的市场预期。要严格法规标准的落实执行，通过维护法治的权威性，推动绿色低碳发展落到实处。

5. 完善市场机制，发挥价格信号低碳绿色发展导向作用

在划定生态保护红线和实行资源有偿使用和生态补偿制度的过程中，要

突出减排二氧化碳的协同效应和对低碳发展的政策导向。要从实际出发，深化能源价格改革，在抑制不合理消费、促进节能的同时，保障低收入家庭公平获得优质能源服务，促进社会和谐发展。特别是要加强能源市场机制改革，还原能源商品属性，建立公正公平、有效竞争的市场结构和市场体系。全国统一的碳排放权交易市场是政府主导下以市场机制实现国家碳减排目标的重要政策工具，是促进我国二氧化碳排放早日达峰的重要制度保障，将成为我国生态文明制度建设的重要环节。围绕全国统一碳市场建设所发展的碳排放统计、监测、上报和核查体系，也是中国构建绿色低碳循环发展经济体系的主要制度保障。

参考文献

第四章 中国能源系统转型的中长期战略与途径

[1] International Energy Agency（IEA）.World Energy Outlook 2018[R/OL]. Paris: IEA, 2018.https://webstore.iea.org/world-energy-outlook-2018.

[2] British Petroleum（BP）. Energy Outlook 2018[R/OL]. London: BP,2018. https://www.bakerinstitute.org/events/1927/.

[3] British Petroleum（BP）. Statistical Review of World Energy 2019[R/OL]. London: BP,2019. http://www.bp.com/statisticalreview.

[4] Intergovernmental Panel on Climate Change（IPCC）. Global Warming of 1.5 ℃ [R/OL]. IPCC,2018. https://www.ipcc.ch/sr15/.

[5] International Renewable Energy Agency（IRENA）. Global energy transformation: a roadmap to 2050 [R]. Abu Dhabi: IRENA,2019.

[6] International Renewable Energy Agency（IRENA）. A New World: The Geopolitics of the Energy Transformation[R/OL]. Abu Dhabi: IRENA. https://www.irena.org/publications/2019/Jan/A-New-World-The-Geopolitics-of-the-Energy-Transformation.

[7] International Renewable Energy Agency（IRENA）. Renewable Energy Statistics 2019[R/OL]. Abu Dhabi: IRENA,2019. https://www.irena.org/publications/2019/Jul/Renewable-energy-statistics-2019.

[8] International Energy Agency（IEA）. Annual Energy Outlook 2020 [R/OL]. Paris: EIA, 2020. https://www.eia.gov/outlooks/aeo/tables_ref.php.

[9] International Energy Agency（IEA）. International Energy Outlook 2019[R/OL].

Paris: EIA, 2019. https://www.eia.gov/outlooks/ieo/.

[10] Resources for the Future（RFF）. Global Energy Outlook[R/OL]. DC Washington: RFF, 2019. https://www.rff.org/topics/oil-and-gas/global-energy-outlook/.

[11] 新华社. 坚决打好污染防治攻坚战 推动生态文明建设迈上新台阶［EB/OL］. 2018-05-20［2018-07-17］. http://baijiahao.baidu.com/s?id=1600941295287079568&wfr=spider&for=pc.

[12] 中共中央国务院. 关于进一步深化电力体制改革的若干意见（中发〔2015〕9号）［Z］. 2015-03-15.

[13] 国务院. 国务院关于印发大气污染防治行动计划的通知［Z］.2013-09-10.

[14] 国务院. 打赢蓝天保卫战三年行动计划［Z］.2018-07-07.

[15] 国务院办公厅. 关于推广随机抽查规范事中事后监管的通知［Z］. 2015-07-29.

[16] 国务院办公厅. 关于印发国家能源局主要职责内设机构和人员编制规定的通知［Z］.2013-06-09.

[17] 国家发展改革委，国家能源局. 能源发展"十三五"规划［Z］.2016-12-26.

[18] 国家发展改革委，国家能源局. 电力发展"十三五"规划［Z］.2017-06-05.

[19] 新华社. 我国节能环保产业增加值占GDP比重已超过2%［EB/OL］. 2016-11-28［2018-06-30］.http://www.xinhuanet.com/2016-11/28/c_1120007907.htm.

[20] 国家发展改革委. 推动能源生产和消费革命战略（2016—2030）［Z］.［2017-04-25］.

[21] 国家统计局. 中国能源统计年鉴2000—2018［M］.北京：中国统计出版社，2000—2018.

[22] 吴敬琏. 中国增长模式抉择（第三版）［M］.上海：上海远东出版社，2008.

[23] 韩文科，张有生. 能源安全战略［M］. 海口：海南出版社，2014.

[24] 中国气象局气候变化中心. 中国气候变化蓝皮书（2019）［R/OL］. 北京：中国气象局气候变化中心，2019. http://www.cma.gov.cn/root7/auto13139/201905/P020190524559373710657.pdf.

[25] 仲云云. 中国省际能源消费碳排放的区域差异与时空演变特征［J］. 生态经济，2018，34（4）：30-33.

[26] 赵青. 消费升级新动力［J］. 法人，2019（7）：30-33.

[27] 蔚京. 消费升级注入市场新活力 转型升级发掘家电业新动力［J］. 现代家电，2016（3）：54-57.

[28] 徐绍史. 积极发挥新消费引领作用 加快培育形成新供给新动力［J］. 武汉商务，2015.

[29] 李俊峰. 能源消费升级与发展转型［J］. 科学与管理，2018，38（1）：44-46.

[30] 张锐. 中国农村能源消费的结构升级路径研究［D］. 上海交通大学，2017.

[31] 刘静. 我国农户生活能源消费升级研究［J］. 甘肃农业，2014（3）：14-16.

[32] 俞薇. 消费升级背景下居民低碳消费模式选择研究［J］. 商业时代，2012（28）：20-21.

[33] 徐顽强，李华君. 能源开发 基建扩张 产业转移 消费升级——中部崛起提供的投资机会［J］. 潮商，2006（1）：68-71.

[34] 展秀萍. 中国能源消费强度的区域差异研究［J］. 智库时代，2019（32）：25-28.

[35] 李旭洋，李通屏，邹伟进. 互联网推动居民家庭消费升级了吗？——基于中国微观调查数据的研究［J］. 中国地质大学学报(社会科学版)，2019，19（4）：145-160.

[36] 中国国际经济交流中心课题组. 中国能源生产与消费革命［M］. 北京：社会科学文献出版社，2014.

第五章　中国电源及电网优化构成及技术路线图

[1] British Petroleum (BP). BP Statistical Review of World Energy [R/OL]. London: BP, 2019. http://www.bp.com/statisticalreview.

[2] International Energy Agency (IEA). World Energy Outlook 2018 [R/OL]. Paris: IEA, 2018. https://webstore.iea.org/world-energy-outlook-2018.

[3] 中国石油技术经济研究院 .2050 年世界与中国能源展望 [R]. 北京：中国石油技术经济研究院，2018.

[4] 张宁, 邢璐, 鲁刚. 我国中长期能源电力转型发展展望与挑战 [J]. 中国电力企业管理 ,2018, 526(13):60–65.

[5] 国家发展和改革委员会能源研究所. 中国 2050 高比例可再生能源发展情景暨途径研究 [R]. 北京：国家发展和改革委员会能源研究所，2015.

[6] 国家发展和改革委员会能源研究所. 中国实现全球 1.5℃目标下的能源排放情景研究 [R]. 北京：国家发展和改革委员会能源研究所，2018.

[7] 国家可再生能源中心. 美丽中国 2050 年的能源经济生态系统 [R]. 北京：国家可再生能源中心，2018.

[8] 周孝信. 能源转型中构建中国新一代能源系统 [EB/OL].(2019-02-03) [2019-05-21]. https://www.sohu.com/a/293084741_100006059.

[9] 刘振亚. 推动中国能源电力转型与高质量发展 [EB/OL].(2019-04-19)[2019-06-07] http://www.slsdgc.com.cn/index.php?m=content&c=index&a=show&catid=12&id=2495.

[10] 秦世平，胡润青. 中国生物质能产业发展路线图 2050[M]. 北京：中国环境出版社，2015.

[11] International Renewable Energy Agency (IRENA). Global energy transformation: a

roadmap to 2050 [R]. Abu Dhabi: ARENA,2019.

[12] Energy Transitions Commission (ETC) & Rocky Mountain Institute (RMI). China 2050: a fully developed rich zero-carbon economy [R]. Colorado: ETC and RMI, 2019.

第七章 中长期减排技术：成本效益分析及发展路线图

[1] IEA, NEA. Technology Roadmap-Nuclear Energy 2015[R].2015.

[2] ROGELJ J, SHINDELL D, JIANG K, et al.Chapter 2: Mitigation pathways compatible with 1.5℃ in the context of sustainable development[M/OL]//Global Warming of 1.5℃ an IPCC special report on the impacts of global warming of 1.5℃ above pre-industrial levels and related global greenhouse gas emission pathways, in the context of strengthening the global response to the threat of climate change. Intergovernmental Panel on Climate Change，2018: 156-157.

[3] 国家能源局.《关于积极推进风电、光伏发电无补贴平价上网有关工作的通知》解读 [EB/OL].[2019-01-10] http://www.nea.gov.cn/2019-01/10/c_137733708.html.

[4] CAI W, MU Y, WANG C, et al. Distributional employment impacts of renewable and new energy-A case study of China[J]. Renewable and Sustainable Energy Reviews, 2014,39: 1155-1163.

[5] MU Y, CAI W, EVANS S, et al. Employment impacts of renewable energy policies in China: A decomposition analysis based on a CGE modeling framework[J]. Applied Energy, 2018,210: 256-267.

[6] CAO C, CUI X, CAI W, et al. Incorporating health co-benefits into regional carbon emission reduction policy making: A case study of China's power sector[J]. Applied Energy, 2019,253: 113498.

[7] CAI W, HUI J, WANG C, et al. The Lancet Countdown on PM2.5 pollution-related health impacts of China's projected carbon dioxide mitigation in the

electric power generation sector under the Paris Agreement: a modelling study[J]. The Lancet. Planetary health, 2018,2(4): e151-e161.

[8] 大自然保护协会，发改委能源研究所. 生态友好的中国可再生能源发展空间布局（2016—2030）[R].2018.

[9] TENG F, GU A, YANG X, et al. Pathways to deep decarbonization in China[R]. Paris, France: Sustainable Development Solutions Network (SDSN) and Institute for Sustainable Development and International Relations (IDDRI). 2015.

[10] GOSENS J, LU Y, HE G, et al. Sustainability effects of household-scale biogas in rural China[J]. Energy Policy, 2013,54: 273-287.

[11] RÖDER M, WELFLE A. 12-Bioenergy[M/OL]//LETCHER T M. Managing Global Warming. Academic Press，2019:379-398.

[12] RATHMANN R, SZKLO A, SCHAEFFER R. Land use competition for production of food and liquid biofuels: An analysis of the arguments in the current debate[J]. Renewable Energy, 2010,35(1): 14-22.

[13] JIANG D, HAO M, FU J, et al. Potential bioethanol production from sweet sorghum on marginal land in China[J]. Journal of Cleaner Production, 2019,220: 225-234.

[14] HAO M, JIANG D, WANG J, et al. Could biofuel development stress China's water resources?[J]. GCB Bioenergy, 2017,9(9): 1447-1460.

[15] GAO J, ZHANG A, LAM S K, et al. An integrated assessment of the potential of agricultural and forestry residues for energy production in China[J]. GCB Bioenergy, 2016,8(5): 880-893.

[16] NIE Y, CHANG S, CAI W, et al. Spatial distribution of usable biomass feedstock and technical bioenergy potential in China[J]. GCB Bioenergy, 2019,12(1): 54-70.

[17] NIE Y, CAI W, WANG C, et al. Assessment of the potential and distribution

of an energy crop at 1-km resolution from 2010 to 2100 in China-The case of sweet sorghum[J]. Applied Energy, 2019,239: 395-407.

[18] 聂耀昱. 2015—2100年中国生物质资源及能源技术潜力研究[D]. 北京：清华大学, 2020.

[19] LAWRENCE M G, SCHÄFER S, MURI H, et al. Evaluating climate geoengineering proposals in the context of the Paris Agreement temperature goals[J]. Nature Communications, 2018,9(1).

[20] LIPPONEN J, BURNARD K, BECK B, et al. The IEA CCS Technology Roadmap: One Year On[J]. Energy Procedia, 2011,4: 5752-5761.

[21] GLOBAL CCS INSTITUTE. Global Status Report[R/OL].2018.

[22] 科学技术部社会发展科技司，中国21世纪议程管理中心. 中国碳捕集利用与封存技术发展路线图（2019）[M]. 北京：科学出版社，2019.

[23] YU S, HORING J, LIU Q, et al. CCUS in China's mitigation strategy: insights from integrated assessment modeling[J]. International Journal of Greenhouse Gas Control, 2019,84: 204-218.

[24] GLOBAL CCS INSTITUTE. Database of CCS Facilities[EB/OL]. https://co2re.co/FacilityData.

[25] ASIAN DEVELOPMENT BANK. Roadmap for Carbon Capture and Storage Demonstration and Deployment in the People's Republic of China[M/OL]. 2015.

[26] DAPENG L, WEIWEI W. Barriers and incentives of CCS deployment in China: Results from semi-structured interviews[J]. Energy Policy, 2009,37(6): 2421-2432.

[27] VIEBAHN P, VALLENTIN D, HÖLLER S. Prospects of carbon capture and storage (CCS) in China's power sector-An integrated assessment[J]. Applied Energy, 2015,157: 229-244.

[28] 蔡博峰，李琦，林千果，等．中国二氧化碳捕集、利用与封存（CCUS）报告（2019）[R]．生态环境部环境规划院气候变化与环境政策研究中心，2020．

[29] JIANG Y, LEI Y, YAN X, et al. Employment impact assessment of carbon capture and storage (CCS) in China's power sector based on input−output model[J]. Environmental Science and Pollution Research, 2019,26(15): 15665-15676.

[30] YANG L, ZHANG X, MCALINDEN K J. The effect of trust on people's acceptance of CCS (carbon capture and storage) technologies: Evidence from a survey in the People's Republic of China[J]. Energy, 2016,96: 69-79.

[31] HYDROGEN COUNCIL. Hydrogen scaling up A sustainable pathway for the global energy transition[R].Hydrogen Council, 2017.

[32] 凌文，刘玮，李育磊，等．中国氢能基础设施产业发展战略研究 [J]．中国工程科学，2019，21(3): 76-83．

[33] 张有生，高虎，刘坚．技术进步推动中国新能源产业发展步入新阶段 [J]．国际石油经济，2019,27(4): 1-8．

[34] 邵志刚，衣宝廉．氢能与燃料电池发展现状及展望 [J]．中国科学院院刊，2019，34(4): 469-477．

[35] 高慧，杨艳，赵旭，等．国内外氢能产业发展现状与思考 [J]．国际石油经济，2019,27(4): 9-17．

[36] 李佳蓉，林今，肖晋宇，等．面向可再生能源消纳的电化工（P2X）技术分析及其能耗水平对比 [J]．全球能源互联网，2020,3(1): 86-96．

[37] 中国氢能联盟．中国氢能源及燃料电池产业白皮书 [R].2019．

[38] IEA. The Future of Hydrogen[R].2019.

[39] 谢欣烁，杨卫娟，施伟，等．制氢技术的生命周期评价研究进展 [J]．化工进展，2018,37(6): 2147-2158．

[40] VALENTE A, IRIBARREN D, DUFOUR J. Life cycle sustainability assessment of hydrogen from biomass gasification: A comparison with conventional hydrogen[J]. International Journal of Hydrogen Energy, 2019,44(38): 21193-21203.

[41] IEA. Energy Technology Perspectives 2015-Chapter 8 Energy Technology Innovation in China[R].2015.

[42] VAN DER ZWAAN B. The role of nuclear power in mitigating emissions from electricity generation[J]. Energy Strategy Reviews, 2013,1(4): 296-301.

[43] NEA, IAEA. Measuring Employment Generated by the Nuclear Power Sector[M]. Paris: OECD Publishing, 2018.

[44] IAEA. Energy, Electricity and Nuclear Power Estimates for the Period up to 2050[R].2019.

[45] BERGER A, BLEES T, BREON F-M, et al. Nuclear energy and bio energy carbon capture and storage, keys for obtaining 1.5℃ mean surface temperature limit[J]. International Journal of Global Energy Issues, 2017,3-4(40): 240-252.

[46] 中国政府网. 温家宝主持召开国务院常务会议讨论通过《能源发展"十二五"规划》再次讨论并通过《核电安全规划（2011—2020年）》和《核电中长期发展规划（2011—2020年）》[EB/OL]. http://www.gov.cn/ldhd/2012-10/24/content_2250357.html.

[47] JIANG K, HE C, DAI H. Emission scenario analysis for China under the global 1.5℃ target[J]. Carbon Management, 2018,5(9): 481-491.

[48] 杜娟，朱旭峰. 核能公众接受性：研究图景、理论框架与展望[J]. 中国科学院院刊，2019,34(6): 677-692.

[49] 任晓娜，王彦，陈法国. 我国提高公众核能接受度的工作现状及展望[J]. 中国核电，2018,11(3): 283-286.

[50] VENABLES D, PIDGEON N F, PARKHILL K A, et al. Living with nuclear power:

Sense of place, proximity, and risk perceptions in local host communities[J]. Journal of Environmental Psychology, 2012,32(4): 371-383.

[51] 韩自强，顾林生. 核能的公众接受度与影响因素分析 [J]. 中国人口·资源与环境，2015,25(6): 107-113.

[52] IRENA. Global energy transformation: A roadmap to 2050 (2019 edition)[R]. Abu Dahbi: International Renewable Energy Agency, 2019.

[53] BP. BP Technology Outlook[EB/OL]. https://www.bp.com/en/global/corporate/what-we-do/technology-at-bp/technology-outlook.html.

第八章　工业部门：转型升级和低碳发展战略

[1] 熊华文，符冠云. 重塑能源（中国）：工业卷 [M]. 北京：中国科学技术出版社，2017 年.

[2] 刘俊伶，夏侯沁蕊，王克，邹骥，孔英. 中国工业部门中长期低碳发展路径研究 [J]. 中国软科学，2019(11)：31-41，54.

[3] 崔学勤，王克，邹骥. 2℃和 1.5℃目标对中国国家自主贡献和长期排放路径的影响 [J]. 中国人口·资源与环境，2016，26(12)：1-7.

[4] 李杨，闫蕾，章添香. 中国生产性服务业开放与制造业全要素生产率提升——基于行业异质性的视角 [J]. 浙江大学学报，2018，48(4)：94-110.

[5] 刘名远，覃兰. 我国生产性服务业与制造业联动发展实证研究 [J]. 福建江夏学院学报，2018，8(6)：42-50，58.

[6] 李燕. 发展服务型制造，重塑产业价值链 [J]. 新经济导刊，2018(8)：47-49.

[7] 谢建国，姜珮珊. 中国进出口贸易隐含能源消耗的测算与分解——基于投入产出模型的分析 [J]. 经济学 (季刊)，2014，13(4)：1365-1392.

[8] 符冠云，田智宇. 关于调整钢铁行业发展及钢铁出口政策的思考 [J]. 中国经贸导刊，2018(36)：28-31.

[9] 工控网. 探秘奥迪柔性化的数字化工厂[EB/OL]. (2013-06)[2019-12]. http://gongkong.ofweek.com/2013-06/ART-310045-8500-28694006.html.

[10] 吴昊. 试论我国再生资源回收体系建设现状与问题及路径选择[J]. 低碳世界, 2016(18): 2-3.

[11] 张琦, 张薇, 王玉洁, 等. 中国钢铁工业节能减排潜力及能效提升途径[J]. 钢铁, 2019, 54(2): 7-14.

[12] 赵若楠, 马中, 乔琦, 等. 中国工业园区绿色发展政策对比分析及对策研究[J]. 环境科学研究, 2020, 33(2): 511-518.

[13] 雷莉, 时希杰, 李铁男. 关于能源管理体系推广路径的思考与建议[J]. 中国能源, 2019, 41(7): 15-17.

[14] 戴彦德, 熊华文, 焦健. 2020年中国工业部门实现节能潜力的技术路线图研究[M]. 北京: 中国科学技术出版社, 2014.

[15] 刘晓龙, 葛琴, 姜玲玲, 等. 中国煤炭消费总量控制路径的思考[J]. 中国人口·资源与环境, 2019, 29(10): 160-166.

[16] 李云. 废钢铁在钢铁行业中应用前景研究[J]. 再生资源与循环经济, 2020, 13(1): 23-29.

[17] 符冠云. 氢能在我国能源转型中的地位和作用[J]. 中国煤炭, 2019, 45(10): 15-21.

[18] International Energy Agency. The future of hydrogen: seizing today's opportunities[R/OL]. (2018-07)[2020-02]. http://www.Indiaenvironmentportal.org.in/content/464313/the-future-of-hydrogen-seizing-todays-opportunities/.

[19] Hydrogen Council. Path to hydrogen competitiveness: a cost perspective[R/OL]. (2020-01-20)[2020-03-12]. https://hydrogencouncil.com/en/path-to-hydrogen-competitiveness-a-cost-perspective/.

[20] McKinsey & Company. Decarbonization of industrial sectors: the next

frontier[R]. 2018.

[21] 王建行，赵颖颖，李佳慧，等. 二氧化碳的捕集、固定与利用的研究进展 [J]. 无机盐工业，2020，52(4)：12-17.

[22] 刘强，陈怡，滕飞，等. 中国深度脱碳路径及政策分析 [J]. 中国人口·资源与环境，2017，27(9)：162-170.

[23] 李新创，李冰. 全球温控目标下中国钢铁工业低碳转型路径 [J]. 钢铁，2019，54(8)：224-231.

[24] 严珺洁. 超低二氧化碳排放炼钢项目的进展与未来 [J]. 中国冶金，2017，27(2)：6-11.

[25] 熊华文. 从能源消费弹性系数看经济高质量发展 [J]. 中国能源，2019，41(5)：9-12，8.

第九章　建筑部门：低碳转型战略及路径研究

[1] 国家统计局. 中国能源统计年鉴 [M]. 北京：中国统计出版社，2019.

[2] IEA. Energy Technology Perspectives 2016[R]. Paris, 2016.

[3] IPCC. AR5 Climate Change 2014: Mitigation of Climate Change. Contribution of Working Group III to the Fifth Assessment Report of the Intergovernmental Panel on Climate Change [R]. Cambridge, United Kingdom and New York, NY, USA: Cambridge University Press, 2014.

[4] IPCC. Global Warming of 1.5℃. An IPCC Special Report on the impacts of global warming of 1.5℃ above pre-industrial levels and related global greenhouse gas emission pathways, in the context of strengthening the global response to the threat of climate change, sustainable development, and efforts to eradicate poverty[R]. Geneva, Switzerland: World Meteorological Organization, 2018.

[5] 郭偲悦. 类消费领域用能特征与节能途径研究 [D]. 北京：清华大学，2017.

[6] 住房和城乡建设部. GB/ T 51161-2016: 民用建筑能耗标准 [S]. 北京：中国

建筑工业出版社, 2016.

[7] 国家统计局. 中国统计年鉴 [M]. 北京: 中国统计出版社, 2017.

[8] 清华大学建筑节能研究中心. 中国建筑节能年度发展研究报告 2018[M]. 北京: 中国建筑工业出版社, 2018.

[9] 清华大学建筑节能研究中心. 中国建筑节能年度发展研究报告 2019[M]. 北京: 中国建筑工业出版社, 2019.

[10] Li Y X, Zhang Z Y, An M D, et al. The estimated schedule and mitigation potential for hydrofluorocarbons phase-down in China[J]. Advances in Climate Change Research, 2019, 10(3): 174-180.

[11] DOE. Annual Energy Outlook 2017[M]. Washion DC: 2017.

[12] EDMC. Handbook of energy & economic statistics in Japan[M]. Japan: the energy conservation center, 2016.

[13] JAPAN S. JAPAN STATISTICAL YEARBOOK 2017[M]. Japan: 2017.

[14] NSSO. Key Indicators of Drinking Water, Sanitation,Hygiene and Housing Condition in India[M]. Kolkata: Government of India, 2013.

[15] Kumar S, Yadav N, Singh M, et al. Estimating India's commercial building stock to address the energy data challenge[J]. Building Research & Information, 2019, 47(1): 24-37.

[16] IEA. India Energy Outlook 2015-World Energy Outlook Special Report[M]. Paris: OECD/IEA, 2015.

[17] 彭琛, 江亿. 中国建筑节能路线图 [M]. 北京: 中国建筑工业出版社, 2015.

[18] 国家统计局. 中国建筑业统计年鉴 [M]. 北京: 中国统计出版社, 2018.

[19] 胡姗. 生态文明视角下中国建筑节能路径研究 [D]. 北京: 清华大学, 2017.

[20] 江亿. 柔性直流用电: 建筑用能的未来 [N]. 中国科学报, 2020-2-25.

[21] 江亿. 农村新能源系统: 分布式革命第一步 [N]. 中国科学报, 2020-3-17.

[22] 江亿. 我国北方供暖能耗和低碳发展路线 [N]. 中国科学报.

第十章　交通运输部门：低碳排放战略与途径研究

[1] 国家统计局. 中国统计年鉴（2018）[M]. 北京：中国统计出版社，2018.

[2] 陆化普. 绿色智能一体化交通 [J]. 中国公路，2018，523(15):27-29.

[3] 陆化普. 智能交通系统主要技术的发展 [J]. 科技导报，2019，37(6) : 27-35.

[4] HE K, HUO H, ZHANG Q, et al. Oil consumption and CO_2 emissions in China's road transport: current status, future trends, and policy implications[J]. Energy Policy, 2005, 33(12):1499-1507.

[5] 宿凤鸣. 低碳交通的概念和实现途径 [J]. 综合运输，2010(05):13-17.

[6] 傅志寰，孙永福. 交通强国战略研究 [M]，北京：人民交通出版社，2019.

[7] 陆化普. 城市绿色交通的实现途径 [J]. 城市交通，2009，7(6):23-27.

[8] PENG T, OU X, YUAN Z, et al. Development and application of China provincial road transport energy demand and GHG emissions analysis model[J]. Applied Energy, 2018, 222:313-328.

[9] Fei C, Zhu D, Wei X. The Model of Urban Low-Carbon Transportation Development, Status Quo and Target Strategy——Taking Shanghai Empirical Analysis as an Example[J]. Urban Planning Journal, 2009(6):40-46.

[10] OU X, YAN X, ZHANG X. Life-cycle energy consumption and greenhouse gas emissions for electricity generation and supply in China[J]. Applied Energy, 2011, 88(1):289-297.

[11] HUO H, WANG M, LARRY J, et al. Projection of Chinese Motor Vehicle Growth, Oil Demand, and CO_2 Emissions Through 2050[J/OL]. Transportation Research Record Journal of the Transportation Research Board, 2007-01-01. https://journals.sagepub.com/doi/10.3141/2038-09.

[12] HUO H, HE K, WANG M, et al. Vehicle technologies, fuel-economy policies,

and fuel-consumption rates of Chinese vehicles[J]. Energy Policy, 2012, 43:30-36.

[13] HAO H, WANG H, YI R. Hybrid modeling of China's vehicle ownership and projection through 2050[J]. Energy, 2011, 36(2):1351-1361.

[14] 刘冬飞."绿色交通"一种可持续发展的交通理念[J].现代城市研究,2003(1):60-63.

[15] 白雁,魏庆朝,邱青云.基于绿色交通的城市交通发展探讨[J].北京交通大学学报（社会科学版）,2006(2):10-14.

[16] YANG Y, WANG C, LIU W, et al. Microsimulation of low carbon urban transport policies in Beijing[J]. Energy Policy, 2017(107): 561-572.

[17] MITTAL S, DAI H, SHUKLA P R. Low carbon urban transport scenarios for China and India: A comparative assessment[J]. Transportation Research Part D: Transport and Environment, 2016(44): 266-276.

[18] 张艳飞.中国钢铁产业区域布局调整研究[D].北京:中国地质科学院,2014.

[19] 荣朝和.对运输化阶段划分进行必要调整的思考[J].北京交通大学学报,2016,40(4):122-129.

[20] FAGNANT D J, KOCKELMAN K M. The travel and environmental implications of shared autonomous vehicles, using agent-based model scenarios[J]. Transportation Research Part C: Emerging Technologies, 2014(40): 1-13.

[21] HAO H, WANG H, OUYANG M. Fuel consumption and life cycle GHG emissions by China's on-road trucks: Future trends through 2050 and evaluation of mitigation measures[J]. Energy Policy, 2012(43): 244-251.

[22] 长安大学运输科学研究院.2017中国高速公路运输量统计调查分析报告[M]北京：人民交通出版社，2018.

[23] VAZIFEH M M, SANTI P, RESTA G, et al. Addressing the minimum fleet

problem in on-demand urban mobility[J]. Nature, 2018, 557(7706): 534-538.

[24] HAO H, WANG H, OUYANG M. Comparison of policies on vehicle ownership and use between Beijing and Shanghai and their impacts on fuel consumption by passenger vehicles[J]. Energy Policy, 2011, 39(2): 1016-1021.

[25] HUO H, WANG M, ZHANG X, et al. Projection of energy use and greenhouse gas emissions by motor vehicles in China: Policy options and impacts[J]. Energy Policy, 2012(43): 37-48.

[26] WANG H, OU X, ZHANG X. Mode, technology, energy consumption, and resulting CO_2 emissions in China's transport sector up to 2050[J]. Energy Policy, 2017(109): 719-733.

[27] 曹鸿飞，张铭，李平. 灰色动态模型群在城市轨道交通客流预测中的应用研究 [J]. 铁路计算机应用，2012, 21(3): 1-3,8.

[28] ZHANG Q, OU X M, ZHANG X L. Future penetration and impacts of electric vehicles on transport energy consumption and CO_2 emissions in different Chinese tiered cities[J]. Science China Technological Sciences, 2018, 61(10): 1483-1491.

[29] 周银香，李蒙娟. 基于IEA统计视角的我国交通碳排放测度与修正 [J]. 绿色科技，2017 (12): 264-268.

[30] ZHANG Q, OU X, YAN X, ET AL. Electric vehicle market penetration and impacts on energy consumption and CO_2 emission in the future: Beijing case[J]. Energies，2017，10(2): 228.

[31] 何吉成. 50多年来中国民航飞机能耗的生态足迹变化 [J]. 生态科学，2016，35(1): 189-193.

第十一章　中国能源基础设施转型与投资战略研究

[1] Oxford Economics. Global Infrastructure Hub. Global infrastructure outlook:

Infrastructure investment needs 50 countries, 7 sectors to 2040[R/OL]. Oxford: Oxford Economics, 2017. https://www.oxfordeconomics.com/recent-releases/Global-Infrastructure-Outlook.

[2] World Bank. World development report 1994: Infrastructure for development[M]. New York: Oxford University Press, 1994.

[3] SUSANTONO B., PARK D, Tian S. Infrastructure Financing in Asia [M]. Singapore: World Scientific Publishing Company Co. Pte Limited, 2020.

[4] Mckinsey Global Institute(MGI). Bridging global infrastructure gaps[R/OL]. MGI,2016. https://www.mckinsey.com/industries/capital-projects-and-infrastructure/our-insights/bridging-global-infrastructure-gaps.

[5] 国务院办公厅. 国务院办公厅关于保持基础设施领域补短板力度的指导意见, 国办发〔2018〕101号[EB/OL]. 2018-10-31. http://www.gov.cn/zhengce/content/2018-10/31/content_5336177.htm.

[6] Energy Research Institute of Academy of Macroeconomic Research/National Development and Reform Commission. China renewable energy outlook 2019[R]. Beijing: ERI, CNREC, CIFF, 2019.

第十二章 中国消费方式转型和低碳社会建设

[1] UN Environment Programme(UNEP). Emissions Gap Report 2019[EB/OL]. Nairobi: UNEP 2019. https://www.unenvironment.org/resources/emissions-gap-report-2019.

[2] KORSBAKKEN J J, Andrew R. China's CO_2 emissions grew slower than expected in 2018[R/OL]. London: Carbon Brief,2019. https://www.carbonbrief.org/guest-post-chinas-co2-emissions-grew-slower-than-expected-in-2018.

[3] Climate-Transparency. Assessing climate protection performance :G20 country profile China[EB/OL].2015, https://www.climate-transparency.org/wp-content/

uploads/2016/02/CP_CHINA_2015.pdf.

[4] 中国环境与发展国际合作委员会. 绿色转型与可持续社会治理专题政策研究报告[R]. 北京：中国环境与发展国际合作委员会, 2019.

[5] 陈佳瑛, 彭希哲, 朱勤. 家庭模式对碳排放影响的宏观实证分析[J]. 中国人口科学, 2009(5): 68-78.

[6] 张田田. 城镇化进程中家庭碳排放变化趋势、驱动因素和减排对策[D]. 浙江大学, 2017.

[7] Institute for Global Environmental Strategies(IEGS), Aalto University, D-mat ltd. 1.5-Degree Lifestyles: Targets and Options for Reducing Lifestyle Carbon Footprints[R/OL].IEGS, Aalto University, D-mat ltd ,2020.http://www.climateaction.org/white-papers/1.5-degree-lifestyles-targets-and-options-for-reducing-lifestyle-carbo.

[8] 朱翔, 贺清云. 绿色低碳生活[M]. 北京：中国环境出版社, 2015.

[9] 国合会绿色转型与可持续社会治理专题政策研究课题组, 任勇, 罗姆松, 等. 绿色消费在推动高质量发展中的作用[J]. 中国环境管理, 2020,12(1): 24-30.

[10] 罗春明. 人际传播媒介论——对一种蓬勃兴起的传播媒介的评说[J]. 西南大学学报：社会科学版, 1998(5): 81-85.

[11] 吴文虎. 传播学概论[M]. 武汉：武汉大学出版社, 2000.

第十四章 中国未来排放情景：温室气体减排与环境治理

[1] 中国气象局气候变化中心. 中国气候变化蓝皮书（2019）[R]. 北京：2019.

[2] World Health Organization. 世界卫生组织 Air quality guidelines for particulate matter, ozone, nitrogen dioxide and sulfur dioxide, Global update 2005[R]. Geneva: 世界卫生组织, 2006.

[3] CLAEKR L, KYLE P, WISE M, et al. CO_2 Emissions Mitigation and Technological

Advance: An Updated Analysis of Advanced Technology Scenarios[R]. Maryland: Pacific Northwest National Laboratory, 2008.

[4] TONG D, CHENG J, LIU Y, et al. Dynamic projection of anthropogenic emissions in China: methodology and 2015-2050 emission pathways under a range of socio–economic, climate policy, and pollution control scenarios[J]. Atmospheric Chemistry and Physics, 2020,20(9): 5729-5757.

[5] BURNETT R T, POPE C R, EZZATI M, et al. An integrated risk function for estimating the global burden of disease attributable to ambient fine particulate matter exposure[J]. Environ Health Perspect, 2014,122(4): 397-403.

[6] ROGELJ J, POPP A, CALVIN K V, et al. Scenarios towards limiting global mean temperature increase below 1.5℃ [J]. Nature Climate Change, 2018,8(4): 325-332.

[7] THOMSON A M, CALVIN K V, SMITH S J, et al. RCP4.5: a pathway for stabilization of radiative forcing by 2100[J]. Climatic Change, 2011,109(1-2): 77-94.

第十六章 推动全球气候治理和国际合作

[1] The World Bank. Merchandise exports datatotal [EB/OL]. https://data.worldbank.org/indicator/TX.VAL.MRCH.CD.WT?end=2018&most_recent_value_desc=false&start=1960.

[2] UNCTAD. e-HANDBOOK OF STATISTICS(2019) [EB/OL]. https://stats.unctad.org/handbook/EconomicTrends/Fdi.html.

[3] UNDESA Population Division. World Population Prospects 2019, Volume I: Comprehensive Tables (ST/ESA/SER.A/426).[R].2019.

[4] The World Bank. Population datatotal(1971) [EB/OL]. http://data.worldbank.org.cn/indicator/SP.POP.TOTL?view=chart.

[5] 世界经济论坛. 2018年度全球竞争力报告 [EB/OL]. https://cn.weforum.org/reports/the-global-competitveness-report-2018.

[6] GAO Y, GAO X, ZHANG X. The 2℃ Global Temperature Target and the Evolution of the Long-Term Goal of Addressing Climate Change—From the United Nations Framework Convention on Climate Change to the Paris Agreement[J]. Engineering, 2017,3(2): 272-278.

[7] 赵宗慈，罗勇，黄建斌. 回顾IPCC 30年（1988—2018年）[J]. 气候变化研究进展, 2018,14(5): 540-546.

[8] 高翔. 中国应对气候变化南南合作进展与展望[J]. 上海交通大学学报（哲学社会科学版）, 2016,24(1): 38-49.

[9] 张晓华，祁悦. 应对气候变化国际谈判现状与展望[J]. 中国能源, 2014, 36(11): 30-33.

[10] 马建英. 全球气候外交的兴起[J]. 外交评论（外交学院学报）, 2009,26(6): 30-45.

[11] 薄燕. 从华沙气候大会看国际气候变化谈判中的合作与分歧[J]. 当代世界, 2013(12): 44-47.

[12] 巢清尘，张永香，高翔，等. 巴黎协定——全球气候治理的新起点[J]. 气候变化研究进展, 2016,12(1): 61-67.

[13] 杜祥琬. 应对气候变化进入历史性新阶段[J]. 气候变化研究进展, 2016, 12(2): 79-82.

[14] 潘寻，朱留财. 后巴黎时代气候变化公约资金机制的构建[J]. 中国人口·资源与环境, 2016,26(12): 8-13.

[15] 何建坤.《巴黎协定》后全球气候治理的形势与中国的引领作用[J]. 中国环境管理, 2018,10(1): 9-14.

[16] 樊星，江思羽，李俊峰. 全球气候治理中的利益攸关方[J]. 中国能源, 2017,39(10): 25-31.

[17] 庄贵阳，周伟铎. 非国家行为体参与和全球气候治理体系转型——城市与城市网络的角色[J]. 外交评论（外交学院学报）, 2016,33(3): 133-156.

[18] 柴麒敏, 祁悦. 应对气候变化"塔拉诺阿对话"中国方案的若干思考与建议: 2018 气候变化绿皮书 [G]. 北京: 社会科学文献出版社, 2018.

[19] 李慧明.《巴黎协定》与全球气候治理体系的转型 [J]. 国际展望, 2016,8(2): 1-20.

[20] United Nations Environment Programme. Emission Gap Report 2019[R].2019.

[21] 薄燕.《巴黎协定》坚持的"共区原则"与国际气候治理机制的变迁 [J]. 气候变化研究进展, 2016,12(3): 243-250.

[22] 李慧明. 特朗普政府"去气候化"行动背景下欧盟的气候政策分析 [J]. 欧洲研究, 2018,36(5): 43-60.

[23] 何建坤, 滕飞, 刘滨. 在公平原则下积极推进全球应对气候变化进程 [J]. 清华大学学报（哲学社会科学版）, 2009,24(6): 47-53.

[24] 曹明德. 中国参与国际气候治理的法律立场和策略: 以气候正义为视角 [J]. 中国法学, 2016(1): 29-48.

第十七章 中国中长期低碳排放战略情景

[1] 陈怡, 刘强, 田川, 等. 部分国家长期温室气体低排放发展战略比较分析 [J]. 气候变化研究进展, 2019,15(06): 633-640.

[2] Ministry of Environment and Forests, Government of India. 2012. India. Second national communication to the United Nations Framework Convention on Climate Change[R]. 2012.

[3] Government of India. India's intended nationally determined contribution: Working towards climate justice[R].

[4] QI T, WINCHESTER N, KARPLUS V J, et al. An analysis of China's climate policy using the China-in-Global Energy Model[J]. Economic Modelling, 2016,52: 650–660.

[5] QI T, ZHANG X, KARPLUS V J. The energy and CO_2 emissions impact of

renewable energy development in China[J]. Energy Policy, 2014,68: 60-69.

[6] Qi T, Winchester N, Karplus V, et al. The Energy and Economic Impacts of Expanding International Emissions Trading[R].Cambridge, MA: MIT Joint Program on the Science and Policy of Global Change, 2013.

[7] Grübler A. Technology and Global Change [M]. Cambridge University Press, 2003.

[8] CAO J, HO M. Changes in China's Energy Intensity: Origins and Implications for Long-Run Carbon Emissions and Climate Policies[R]. Singapore: EEPSEA, 2009.

[9] MCCOLLUM D L, ZHOU W, BERTRAM C, et al. Energy investment needs for fulfilling the Paris Agreement and achieving the Sustainable Development Goals[J]. Nature Energy, 2018,3(7): 589-599.

[10] LUDERER G, VRONTISI Z, BERTRAM C, et al. Residual fossil CO_2 emissions in 1.5-2℃ pathways[J]. Nature Climate Change, 2018,8(7): 626-633.